Chronik des Konstanzer Konzils
1414-1418
von
Ulrich Richental
Historisch-kritische Edition
Band 3: G-Version
Eingeleitet, kommentiert und herausgegeben
von
Thomas Martin Buck

Konstanzer Geschichts- und Rechtsquellen

Herausgegeben vom
Stadtarchiv Konstanz
XLIX, 1–3

JAN THORBECKE VERLAG

Chronik des Konstanzer Konzils
1414-1418
von
Ulrich Richental

Historisch-kritische Edition

Band 3:
G-Version

Eingeleitet, kommentiert und herausgegeben
von
Thomas Martin Buck

JAN THORBECKE VERLAG

Publiziert mit finanzieller Unterstützung
des Stadtarchivs Konstanz,
der Sparkasse Bodensee,
der Sparkasse Freiburg und
der Erzdiözese Freiburg

Für die Verlagsgruppe Patmos ist Nachhaltigkeit ein wichtiger Maßstab ihres Handelns.
Wir achten daher auf den Einsatz umweltschonender Ressourcen und Materialien.

Bibliografische Information der Deutschen Nationalbibliothek
Die Deutsche Nationalbibliothek verzeichnet diese Publikation in der Deutschen Nationalbibliografie;
detaillierte bibliografische Daten sind im Internet über http://dnb.dnb.de abrufbar.

Umschlaggestaltung: Finken & Bumiller, Stuttgart
Umschlagabbildung: Rosgartenmuseum Konstanz, Inv. Hs. 1, fol. 12^r (oben) und
fol 25^r (unten), jeweils Ausschnitt
Satz: Schwabenverlag AG, Ostfildern
Druck: Memminger MedienCentrum, Memmingen
Hergestellt in Deutschland
ISBN 978-3-7995-6849-4

Vorwort

Eine historisch-kritische Neuedition der Konstanzer Konzilschronik Ulrich Richentals, welche die gesamte erhaltene Überlieferung samt dem Frühdruck von 1483 berücksichtigt, war ein in der älteren einschlägigen Literatur oft angemahntes Desiderat der historischen Forschung[1]. Seit 2010 liegt eine Neuausgabe des für die Konstanzer Konzilsforschung wichtigen Quellentextes vor. Sie ist in der vom Stadtarchiv Konstanz herausgegebenen Reihe der »Konstanzer Geschichts- und Rechtsquellen« als Bd. 41 erschienen und liegt mittlerweile in vierter Auflage vor[2].

Wenn hier nun erneut eine Edition der Chronik vorgelegt wird, so soll die 2010 erschienene »Leseausgabe« nicht ersetzt, sondern nur historisch-kritisch ergänzt oder komplettiert werden. Dass eine solche historisch-kritische Ausgabe für eine adäquate Erfassung des nachweislich »offenen« und »fluiden« Textes notwendig ist[3], hat mit neueren Tendenzen der historiographischen Forschung[4], aber auch mit der ebenso komplexen wie divergenten Überlieferung des Werkes zu tun. Die Konzilschronik Ulrich Richentals ist bekanntlich nicht nur in verschiedenen Handschriften und Drucken, sondern auch in unterschiedlichen Versionen bzw. Fassungen erhalten.

Die Eigenständigkeit der unterschiedlichen Versionen bzw. Textfassungen stärker und klarer, als dies bislang in der modernen Editionsgeschichte des Werkes der Fall war, kenntlich und für die wissenschaftliche Öffentlichkeit transparent und nachprüfbar zu machen, ist Aufgabe der vorliegenden Mehrtext-Edition. Denn wer das Werk in seiner Gesamtheit betrachtet, stellt fest, dass es sich im Laufe der Zeit gewissermaßen von seinem Verfasser »emanzipierte«[5]. Johannes Helmrath hat die Chronik 2011 im Blick auf

---

1 Vgl. W. Matthiessen, Ulrich Richentals Chronik, S. 99 und H. Heimpel, Königlicher Weihnachtsdienst auf den Konzilien von Konstanz und Basel, S. 390f. mit Anm. 21; Th. M. Buck, Zur Geschichte der Richental-Edition, S. 434 Anm. 1, 440f., 447f.

2 Chronik des Konstanzer Konzils 1414–1418 von Ulrich Richental. Eingeleitet und herausgegeben von Th. M. Buck (Konstanzer Geschichts- und Rechtsquellen, Bd. 41), 4. Aufl., Ostfildern 2014.

3 Vgl. G. J. Schenk, Die Lesbarkeit von Zeichen der Macht, S. 275.

4 Vgl. P. Eckhart / B. Studt, Das Konzil im Gedächtnis der Stadt, S. 83–89; P. Eckhart / M. Tomaszewski, Städtische Geschichtsschreibung in Spätmittelalter und Früher Neuzeit – Standortbestimmung und Perspektiven eines Forschungsfelds, in: Dies. (Hg.), Städtisch, urban, kommunal. Perspektiven auf die städtische Geschichtsschreibung des Spätmittelalters und der Frühen Neuzeit (Formen der Erinnerung, Bd. 69), Göttingen 2019, S. 11–43, bes. S. 16–19 und 22.

5 P. Eckhart / B. Studt, Das Konzil im Gedächtnis der Stadt, S. 88. Siehe auch G. J. Schenk, Die Lesbarkeit von Zeichen der Macht, S. 275f., bes. S. 276.

ihre Textgeschichte deshalb nicht von ungefähr als »mediales Produkt städtischer Sekundärmemoria« gekennzeichnet[6].

Mit dieser Mehrtext-Ausgabe steht der nachweislich »multiple Text«[7], überlieferungsgeschichtlich betrachtet, jedenfalls auf einem angemesseneren Fundament, als dies bei den bislang vorliegenden Editionen (einschließlich der von 2010) der Fall war. Wahrscheinlich ist eine Neuedition schon allein durch die vielen, teilweise umfänglichen und exzeptionellen Zusätze der Wolfenbütteler Handschrift (Cod. Guelf. 61 Aug. 2°)[8] gerechtfertigt[9], die bislang in der Forschung wenig Beachtung fanden[10], aber doch wichtig sind, weil sie einen »Überschuss« bieten, der zur näheren Erklärung mancher Vorgänge auf dem Konzil beitragen kann.

Der Codex der Bibliotheca Augusta stammt zwar aus dem frühen 16. Jahrhundert und ist als Dacher-Handschrift zur Richental-Rezeption bzw. Richental-Redaktion zu zählen, verfügt aber gleichwohl über singuläre Informationen, die unsere Kenntnis der Chroniküberlieferung nicht nur textlich, sondern auch inhaltlich erheblich bereichern. Es sind oft nur kleine, unscheinbare und marginale Zusätze und Weiterungen, die angesichts der Textmasse leicht zu überlesen, aber doch relevant sind, weil sie – im Verhältnis zur sonstigen erhaltenen Überlieferung – nicht selten klar machen, worum es eigentlich geht[11].

Bereits zur Genüge bekannte Sachverhalte – wie etwa die im römischen Papstkrönungszeremoniell vorgesehene Huldigung der Juden dem neu gewählten Papst Martin V. gegenüber oder die Zählung der »offenen« Frauen in Konstanz – werden im Wol-

---

6 J. Helmrath, Das Konzil von Konstanz und die Epoche der Konzilien, S. 50. Siehe hierzu auch B. Studt, Zusammenfassung, S. 394.

7 Vgl. J. Helmrath, Das Konzil von Konstanz und die Epoche der Konzilien, S. 50. Siehe auch Th. M. Buck, Ein Buch prägt die Erinnerung, S. 39–59.

8 M. R. Buck, Chronik des Constanzer Concils, Vorwort, S. 2 datiert die Handschrift, die er wohl nicht gesehen hat, auf das Jahr 1463; sie gehört jedoch in den Anfang des 16. Jahrhunderts.

9 Wegen ihrer exzeptionellen Stellung in der Überlieferung und der textlichen Weiterungen, über die sie verfügt, war eine digitale Bereitstellung der Handschrift für die Forschung von großer Wichtigkeit. Der Codex liegt seit neuestem digitalisiert unter folgendem Permalink vor: http://diglib.hab.de/mss/61-aug-2f/start.htm.

10 In der erst unlängst erschienenen Projektstudie von P. Eckhart / B. Studt, Das Konzil im Gedächtnis der Stadt, S. 83–103 könnte die 239 Blatt umfassende Handschrift (ohne den das Tridentinum betreffenden Anhang, foll. 242ʳ–421ʳ) noch beigezogen werden. Sie bestätigt die von den Autorinnen forcierte Argumentation, wurde allerdings nicht berücksichtigt.

11 Etwa fol. 141ʳ am Ende von c. 287, in dem König Sigmund vom Abt des Klosters Petershausen fordert, Holz durch seine Dienstleute für seine Küche hauen zu dürfen, oder fol. 144ᵛ am Ende von c. 289 weiterführende Hinweise zu Grigorij Camblaks Mission und orthodoxen Messen in Konstanz, oder fol. 149ʳ zu c. 297 Erläuterungen zur konkreten Umsetzung des Konstanzer Reformdekrets »Frequens« innerhalb der *naciones* vom 9. Oktober Jahr 1417. Zum letzten Punkt, der »Rotation eines Kreises von festen Kongreßorten«, siehe J. Helmrath, Locus concilii, S. 623 mit Anm. 120.

fenbütteler Codex differenzierter, präziser und ausführlicher dargestellt, als es die übrigen erhaltenen Textzeugen tun[12]. In beiden genannten Fällen erfahren wir bezeichnenderweise auch konkrete Namen, nämlich Ysaac Judmaiger und Burkhard von Haggelbach, auf die wir in den übrigen Textzeugen verzichten müssen[13]. Ich will es mit diesen zwei Beispielen bewenden lassen. Der Leser wird die entsprechenden Stellen in der Edition selbst leicht finden.

Nicht nur um dieser Varianz angemessener Ausdruck zu verleihen, sondern auch um den Text editorisch unabhängiger von seiner Fokussierung auf den Autor Ulrich Richental zu machen[14], sind in der vorliegenden Textausgabe daher alle drei erhaltenen Textversionen erstmals geschlossen zum Druck befördert sowie mit einem kritischen Apparat und einem Sachkommentar versehen worden[15]. Wie der Text editionstechnisch letztlich aufbereitet und präsentiert wird – analog, digital oder hybrid – ist keine Glaubensfrage, sondern eine Frage der technischen Möglichkeiten, die die zunehmende Digitalisierung auf dem Feld der Textedition und Textherausgabe bietet[16]. Es gibt in der einschlägigen Forschung jedoch durchaus relevante Stimmen, die – aus Nachhaltigkeitsgründen – für die Beibehaltung der analogen neben der digitalen Buchproduktion plädieren[17].

---

12 Ein Konstanzer Jude wird in Wo fol. 131^r – es handelt sich um Ysaac Judmaiger bzw. seinen Sohn – namentlich genannt und die in A und K recht knapp gehaltene Geschichte zu einer größeren Erzählung ausgebaut. Es dürfte sich um Isaak, Sohn des Meier, handeln. Er war Anfang des 15. Jahrhunderts Vorsteher der jüdischen Gemeinde in Konstanz. Vgl. K. H. Burmeister, medinat bodase, Bd. 2: Zur Geschichte der Juden am Bodensee 1350–1448, Konstanz 1996, S. 83 mit Anm. 172, S. 196. H. Fidler, König Sigismund, das Konstanzer Konzil und die Juden, S. 86–90 analysiert das in der Chronik geschilderte Geschehen, kennt aber die Zusätze der Wolfenbütteler Handschrift nicht.

13 Vgl. Th. M. Buck, *Und wie vil herren dar koment*, S. 313, 320; Ders., *Won es was das gröst concilium*, S. 120, 124.

14 Vgl. zu dieser neuen, weiterführenden Forschungstendenz G. J. Schenk, Die Lesbarkeit von Zeichen der Macht, S. 276; P. Eckhart / B. Studt, Das Konzil im Gedächtnis der Stadt, S. 90.

15 Dies gilt umso mehr, als sich die moderne Editionsphilologie von der klassischen Editionsmethode Karl Lachmanns angesichts zunehmend »fluider«, »unfester« und »offener« Texte relativ weit entfernt hat. An dieser Stelle sei nur die Neuausrichtung der so genannten »New Philology« oder »Material Philology« erwähnt. Hierzu im Blick auf editorische Fragen R. Schieffer, »Die lauteren Quellen des geschichtlichen Lebens« in Vergangenheit und Zukunft, in: Mittelalterforschung nach der Wende (HZ Beihefte 20), hg. von M. Borgolte, München 1995, S. 239–254, S. 244f.; H. Wenzel, Zum Stand der Germanistischen Mediävistik im Spannungsfeld von Textphilologie und Kulturwissenschaft, in: Mediävistik im 21. Jahrhundert. Stand und Perspektiven der internationalen und interdisziplinären Mittelalterforschung, hg. von H.-W. Goetz und J. Jarnut, München 2003, S. 149–160, S. 154f. und W. Paravicini, Von der Hilfswissenschaft zur Grundwissenschaft, S. 9 Anm. 35.

16 Hier bin ich den MGH zu großem Dank verpflichtet, da ich über die technische Expertise zur Erstellung einer digitalen Edition nicht verfüge.

17 Für die Beibehaltung der analogen neben der digitalen Buchproduktion plädiert R. Schieffer, Die Erschließung des Mittelalters am Beispiel der Monumenta Germaniae Historica, in: Ders. / L. Gall

Wie man sich in dieser Frage auch immer entscheiden mag, für die Forschung relevant ist ausschließlich, dass der Text in der vorliegenden Neuedition stärker in seiner durch den Gebrauch und die Rezeption bestimmten Vielfalt zur Kenntnis genommen und vergleichend, d. h. versionsübergreifend, gelesen werden kann[18], um auf die nachweislich vorhandenen Unterschiede aufmerksam zu werden[19]. Alle weiteren Einzelheiten werden in der Einleitung zur Gesamtedition aller drei Chronikversionen und in den einführenden Erörterungen zu den Einzelversionen A, K und G näher ausgeführt. Im Übrigen verweise ich auf die Editionsprinzipien, die ich bereits in der Ausgabe des Jahres 2010 niedergelegt habe[20].

Mir bleibt an dieser Stelle daher nur, für vielfache Hilfe und Unterstützung, die mir während der Arbeit zuteil geworden ist, zu danken. Jeder, der sich mit der Absicht trägt, einen mittelalterlichen Text zu edieren, weiß, dass die »Arbeit unter Tage«[21] ein aufwändiges, langwieriges und anspruchsvolles Geschäft ist[22], wie dies die ehemalige MGH-Präsidentin Claudia Märtl im Jubiläumsband der MGH 2019 noch einmal in aller Deut-

---

(Hg.), Quelleneditionen und kein Ende? Symposium der Monumenta Germaniae Historica und der Historischen Kommission bei der Bayerischen Akademie der Wissenschaften München, 22./23. Mai 1998, München 1999, S. 1–15, S. 15. Eine Lanze für die editorische Kärrnerarbeit bricht W. PARAVICINI, Von der Hilfswissenschaft zur Grundwissenschaft, S. 23, »denn es gibt keine historische Forschung ohne wissenschaftliche Grundlage«. Siehe zur Nachhaltigkeit digitaler Editionen auch die Tagung am 17. September 2018 in Düsseldorf: https://www.hsozkult.de/event/id/termine-37633.

18 Ein gutes Beispiel für die Notwendigkeit, die Chronik versionsübergreifend zu lesen, ist der Hinweis Gabriela Signoris, dass die Richentalchronik »mit keinem Wort auf die Privilegienfrage« eingehe. Es geht um das Privileg, das König Sigmund der Stadt am 20. Oktober 1417 als Dank für die Durchführung des Konzils ausgestellt hat. Es wird in der A- und K-Version, wie Signori zu Recht bemerkt, nicht erwähnt. Aber in der G-Version nach c. 310,2 wird es nicht nur genannt, sondern sogar wörtlich in den Chroniktext inseriert. Das Privileg findet sich in G, E, St_1 und D_1. Vgl. Th. M. BUCK, Fiktion und Realität, S. 73f.; G. SIGNORI, Das Konstanzer Konzil als Privilegienbörse, S. 69.

19 Dass diese Unterschiede durchaus auch Konsequenzen für die Chronikinterpretation haben können, geht aus c. 12,1 hervor. Dort heißt es nur in der A-Version am Ende des Kapitels: *und torst es nieman sagen*. Die Ergänzung findet sich in der K- und G-Version in dieser Form nicht. Es geht um die Konzilsankündigung, die dem Chronisten von Graf Eberhard von Nellenburg nach den Verhandlungen von Lodi 1413 im voraus gemacht wurde, die aber offenbar nicht publik werden sollte. A. FRENKEN, Wohnraumbewirtschaftung, S. 113 mit Anm. 10, 128 hat aus dem oben genannten Teilsatz auf »Insiderkenntnisse« und »Spekulationsgeschäfte« des Grafen geschlossen.

20 Vgl. Th. M. BUCK, Chronik des Konstanzer Konzils, S. XLV–LIII.

21 Zu diesem Begriff W. PARAVICINI, Von der Hilfswissenschaft zur Grundwissenschaft, S. 2 und 24. Zur Kunst des Edierens C. MÄRTL, Edieren – Handwerk, Kunst, Wissenschaft, in: Mittelalter lesbar machen. Festschrift 200 Jahre Monumenta Germaniae Historica, Wiesbaden 2019, S. 55–62. Zur Quellenkritik im digitalen Zeitalter siehe den im Netz verfügbaren Text von E. SCHLOTHEUBER / F. BÖSCH, Quellenkritik im digitalen Zeitalter: Die Historischen Grundwissenschaften als zentrale Kompetenz der Geschichtswissenschaft und benachbarter Fächer aus dem Jahr 2015.

22 Vgl. R. SCHIEFFER, »Die lauteren Quellen« (Anm. 15) S. 239–254.

lichkeit formuliert hat[23]. Gleichwohl leistet jedes Vorhaben zur Erschließung und Publikation von Quellen dieser Art unverzichtbare Grundlagenarbeit, auf die weitere Forschung aufbauen und zurückgreifen kann.

Dass Editionen tendenziell unabschließbar sind und eigentlich nie an ein Ende kommen, hatte bereits Rudolf Schieffer auf einem Symposion des Jahres 1998 betont[24]. Das hat nicht zuletzt damit zu tun, dass im Bereich der Editorik fast alle Fälle »Sonderfälle« sind. Einmal gewonnene Erkenntnisse lassen sich in der Editionswissenschaft nur in Ausnahmefällen von der einen Textsorte auf die andere übertragen. Es ist ein Unterschied, ob man mittelalterliche Urkunden, Briefe, Kapitularien, Reichstagsakten, Traktate, Streitschriften oder Chroniken ediert.

Was die letztgenannte Textsorte anbelangt[25], so ist schon allein die schiere Text- und Überlieferungsmasse nicht selten erdrückend[26]. Selbst wenn man die Überlieferung vollständig konsultiert, beschrieben und kollationiert hat, sie also in allen ihren bekannten Filiationen und Varianten kennt, stellen sich doch immer wieder Fragen, auf die man keine zureichenden Antworten findet[27]. Das hat mit der – so will ich es einmal nennen – grundsätzlichen und unaufhebbaren »Resilienz« oder »Widerständigkeit« der erhaltenen materialen Artefakte zu tun, die uns im historischen Alltag im Umgang mit dem Mittelalter allenthalben begegnen.

Dass sich diese Artefakte dem editorischen Zugriff nicht selten verweigern, macht zu einem großen Teil den Reiz und die Dignität des Editionsgeschäfts aus. Als Editor kann

---

23 Vgl. C. MÄRTL, Edieren – Handwerk, Kunst, Wissenschaft (Anm. 21) S. 55–62, bes. S. 60.

24 Vgl. R. SCHIEFFER, Die Erschließung des Mittelalters (Anm. 17) S. 6, 15.

25 Zur disparaten Gattung siehe die diesbezüglichen einleitenden Ausführungen im Katalog der deutschsprachigen illustrierten Handschriften des Mittelalters, Bd. 3, hg. von N. H. OTT u. a., München 2011, S. 130–135 und G. WOLF, Einleitung, in: Handbuch Chroniken des Mittelalters, hg. von G. WOLF und N. H. OTT, Berlin u. a. 2016, S. 20–31.

26 Ein gutes Beispiel sind die Papst-Kaiser-Chroniken des Spätmittelalters, die in allen Teilen des lateinischen Europa eine breite Rezeption erfuhren. Die bisherige Forschung hat bis zu 1000 Handschriften nachweisen können. Vgl. R. SCHIEFFER, Die Erschließung des Mittelalters (Anm. 17) S. 6 mit Anm. 19, 12 und H. J. MIERAU, Die lateinischen Papst-Kaiser-Chroniken des Spätmittelalters, in: Handbuch Chroniken des Mittelalters (Anm. 25) S. 105–126, S. 106f.

27 So findet sich z. B. in c. 336 der A-Version in einer Weiterung der Wolfenbütteler Handschrift fol. 175[r] Z. 9f. ein bislang unbekannter Hinweis auf Aristoteles, der sich in allen anderen Textzeugen so nicht findet. Nun ist Aristoteles im Mittelalter gewiss kein Unbekannter, aber in der mehrheitlich volkssprachlichen Chronistik Richentals taucht er sonst nirgends auf. Damit stellt sich aber die Frage, wie der für den Wissenshorizont der Chronikabschreiber und -redaktoren wichtige Hinweis in die Chronik geriet und ob er (nur) ein Produkt der späteren Rezeption oder bereits Bestandteil der Frühfassung(en) ist bzw. war. Was man in diesem Zusammenhang nicht vergessen sollte, ist, dass der Codex Wolfenbüttel eine Dacher-Handschrift (vgl. die Hinweise auf den Chronisten foll. III[v] und 229[r]) ist, die auch in anderer Hinsicht über nicht wenige exzeptionelle Zusätze verfügt, die der Erklärung bedürfen.

man der Quelle nicht nur nicht entgehen, man kann ihr auch nie vollumfänglich gerecht werden. Edieren bedeutet zwar, wie dies Claudia Märtl 2019 zutreffend formuliert hat, »mit einem Text so vertraut zu werden, als hätte man ihn selbst geschrieben, ohne die Distanz zu verlieren«[28], aber ganz verstehen und vollständig analysieren wird man den Text doch nie können.

Wenn man in seine Überlegungen noch Überlieferungsschwund, Überlieferungslücken und Überlieferungszufälle, wie sie für die vorliegende Chronik sehr wahrscheinlich sind, einbezieht, dann wird die Position des Editors methodisch noch diffiziler und fragiler. Kurzum: So vorteilhaft, bequem und zugänglich eine moderne kritische Textausgabe im Allgemeinen ist, der Leser sollte trotzdem beim Gebrauch niemals vergessen, dass hinter der »gefassten Quelle«[29] ein einstmals »lebendiger« und »virulenter« Text stand.

Was diese überlieferungsgeschichtlich ausgerichtete Neuausgabe der Konstanzer Konzilschronik Ulrich Richentals deshalb nicht abbilden kann, ist ein »idealer«, »originaler« oder »authentischer« Verfassertext, weil es den, wenn man von der erhaltenen Überlieferung ausgeht, in diesem Falle wohl nicht gibt bzw. gab. Was dagegen geboten wird, sind drei Versionen bzw. Textfassungen, die man auch als »Metamorphosen« bezeichnen könnte[30]. Das hat zur Konsequenz, dass jeder Textzeuge – je nach Provenienz – über seine eigene Situations- und Funktionslogik verfügt, die nur historisch angemessen erfasst, erklärt und analysiert werden kann.

Auch im digitalen Zeitalter muss der Ausgangspunkt für jede Edition selbstverständlich die Autopsie der einzelnen Handschriften und frühen Drucke sein. Um die materiale Textgrundlage noch einmal vollständig zu sichten und zu analysieren, waren daher aufwändige Handschriftenstudien und Kollationsarbeiten nötig. Die Deutsche Forschungsgemeinschaft (DFG) hat mir deshalb im Wintersemester 2014/15 zu diesem Zweck nicht nur ein Forschungssemester, sondern auch eine umfangreiche Sach- und Reisebeihilfe gewährt, die es mir erlaubte, alle relevanten Handschriften und Drucke noch einmal vor Ort einzusehen und zu prüfen.

Hinzu kommt, dass Frau Sabine Strupp in einem gleichzeitigen, seit 2013 laufenden Promotionsprojekt der Deutschen Forschungsgemeinschaft die nach dem Finke-Schüler

---

28 C. Märtl, Edieren – Handwerk, Kunst, Wissenschaft (Anm. 21) S. 61.

29 Zu diesem Begriff A. Esch, Der Umgang des Historikers mit seinen Quellen. Über die bleibende Notwendigkeit von Editionen, in: Quelleneditionen und kein Ende (Anm. 17) S. 129–147, S. 130.

30 Hierzu C. V. Franklin, Reading the Popes: The *Liber pontificalis* and Its Editors, in: Speculum 92 (2017) S. 607–629, S. 607: »Medieval texts are »living texts«, and the role of the philologist is to coax them into telling us their stories. [...] We ask not only what emendations were made to a text during its scribal reception, but also what the variations reveal about contemporary political, religious, and intellectual concerns«.

Joseph Riegel so genannten »Teilnehmerlisten«[31] des Konstanzer Konzils systematisch zusammengestellt, untersucht und analysiert hat und mir in diesem Zusammenhang viele nützlichen Informationen und Hinweise zur weit über die Chronik im engeren Sinne hinausreichenden Konzils- und Teilnehmerüberlieferung im Laufe ihrer wissenschaftlichen Arbeit hat zukommen lassen.

Dem Kuratorium des Historischen Kollegs – und hier insbesondere Andreas Wirsching und Karl-Ulrich Gelberg – habe ich ferner für die Gewährung eines Honorary Fellowship im Sommersemester 2015 in der Kaulbach-Villa in München zu danken. Es gestattete mir, mein Editionsprojekt im Bereich der nochmaligen Kollation aller skriptographischen und typographischen Textzeugen in der Bayerischen Staatsbibliothek nicht unerheblich voranzutreiben und die Ergebnisse zudem in einem Vortrag öffentlich vorzustellen.

Der Leitung der Herzog August Bibliothek Wolfenbüttel verdanke ich schließlich ein zweimonatiges Forschungsstipendium, das ich von August bis September 2017 wahrnahm. Es erlaubte mir, in einer unvergleichlich dichten Arbeitsatmosphäre, die von großer Freundlichkeit und Hilfsbereitschaft geprägt war, eine späte, aber wichtige Chronikhandschrift noch einmal eingehend vor Ort zu konsultieren, Varianten zu verifizieren, Textweiterungen zu analysieren und der Editionsarbeit, soweit dies überhaupt möglich ist, eine abschließende und publizierbare Form zu geben[32].

Für mich persönlich – das sei mir an dieser Stelle in eigener Sache zu sagen gestattet – ist das Konzils- bzw. Richental-Projekt, mit dem ich mich, von den Papststurzillustrationen ausgehend[33], mit kleineren Unterbrechungen seit nunmehr fast 20 Jahren mehr oder weniger intensiv beschäftigt habe, mit der Vorlage dieser text- und überlieferungsgeschichtlich ausgerichteten Edition abgeschlossen, was freilich nicht heißt, dass ich nicht für Kritik aufgeschlossen und zu Verbesserungen bereit wäre.

Gleichwohl hoffe ich, mit dem vorgelegten Text, der der Konzilsforschung, wie die Freiburger Mediävistin Birgit Studt 2011 auf der Reichenau betonte, ob seiner ikonischen Plastizität[34] nicht ganz zu Unrecht als ein »Leitmedium« gilt[35], nicht nur die wis-

---

31 Zur Problematik dieses Begriffs vgl. H. MÜLLER / S. STRUPP, Die Franzosen, Frankreich und das Konstanzer Konzil, S. 263–269, bes. S. 267. Strupp schlägt vor, von »Besucherlisten zu sprechen«.

32 Siehe in diesem Zusammenhang auch: Das Gedächtnis der Stadt. Neue Forschungen zur Chronik des Konstanzer Konzils und ihrer Überlieferung. Abschluss-Tagung des DFG-Projekts »Digitale Edition der Konstanzer Konzilschronik Ulrich Richentals« unter der Leitung von Thomas Martin Buck und Sabine Strupp, 4.–6. Oktober 2018, Herzog August Bibliothek Wolfenbüttel: www.hsozkult.de/ event/id/termine-36959 [9. April 2018].

33 Vgl. Th. M. BUCK, Text, Bild, Geschichte, S. 37–110.

34 Zu diesem Begriff J. HELMRATH / H. MÜLLER, Zur Einführung, S. 16.

35 B. STUDT, Zusammenfassung, S. 395. V. SKIBA, in: Die Päpste und die Einheit der lateinischen Welt. Antike – Mittelalter – Renaissance. Katalog zur Ausstellung, hg. von A. WIECZOREK und S. WEINFURTER, Regensburg 2017, S. 373 hat die Chronik erst unlängst »zu den wertvollsten Dokumenten eines der

senschaftliche Diskussion um den Konstanzer Konzilschronisten Ulrich Richental und sein exzeptionelles Werk auf eine neue, von den Quellen ausgehende Ebene gehoben[36], sondern auch die Erforschung des Constantiense und seiner Überlieferung zumindest in Teilen befruchtet und gefördert zu haben[37].

Ulrich Richental ist jedenfalls, auch wenn man den Autor und sein Werk nur schwer biographisch fassen kann[38], kein »Mythos«[39], sondern eine reale historische Person, die – so der Konstanzer Chronist Gebhard Dacher deutlich im Besitzervermerk der Prager Handschrift (Cod. XVI A 17, 1464)[40] – nachweislich am Anfang eines verschlungenen historiographischen Prozesses stand, auf den sich die heute erhaltene Chroniküberlieferung in ihrer skriptographischen und typographischen Gestalt nachweislich zurückführt[41].

---

spektakulärsten Großereignisse des späten Mittelalters« gezählt, J. HELMRATH, Schisma – Konzilien – Reform, in: Ökumenische Kirchengeschichte. Bd. 2: Vom Hochmittelalter bis zur frühen Neuzeit, hg. von Th. KAUFMANN und R. KOTTJE, Darmstadt 2008, S. 144 als »einzigartiges Werk« gewürdigt, »das ›Konstanz‹ auch zum medialen Ereignis machte und buchstäblich bildprägend wirkte«, nach P. ECKHART / B. STUDT, Das Konzil im Gedächtnis der Stadt, S. 102 lässt sich die Chronik als ein »zentraler historiografischer Gedächtnisort im 15. Jahrhundert« begreifen.

36   Einen leider veralteten Forschungsstand in Sachen Richental – ohne Kenntnis der Neuedition, die seit 2014 in der vierten Auflage vorliegt – präsentiert S. VALLERY-RADOT, Les Français au concile de Constance, S. 25f., S. 25 Anm. 77, 492, 561, die sich in ihrer ebenso ambitionierten wie voluminösen Dissertation den Teilnehmern der französischen Konzilsnation in biographisch-prosopographischer Manier zuwendet. Sie schreibt zur Chronik, dass die Forschung »actuellement« (S. 25 Anm. 77) nur drei Chronikhandschriften kenne. Am Ende ihrer Studie, auf S. 492, zitiert sie M. R. Buck und gibt dessen (mittlerweile überholtes) Urteil bezüglich der Überlieferung – die Wiener Handschrift sei eine Kopie des Wolfenbütteler Codex usw. – als rezenten Forschungsstand aus, obwohl dieser auf das Jahr 1882 zurückgeht. Vgl. zu dieser Arbeit H. MÜLLER, Die kirchliche Krise des Spätmittelalters, S. 91f., 94 und auch die Rezension von DEMS. / S. STRUPP, Die Franzosen, Frankreich und das Konstanzer Konzil, S. 260–264.

37   Das heißt allerdings nicht, dass ich nicht für jeden kritischen Hinweis dankbar bin, der zur Verbesserung der Arbeit beiträgt.

38   Hierzu jetzt H. DERSCHKA, Die Großeltern des Konzilschronisten, S. 39–53. Siehe auch D. MERTENS, Art. Richental, Ulrich, Sp. 55–60.

39   Hierzu Th. M. BUCK, Mythos Richental, S. 69–82. Siehe auch DERS., Der Konzilschronist Ulrich Richental, S. 21.

40   B. KONRAD, Kostbarkeiten der Buchmalerei, Nr. 11 äußert die Vermutung, dass es sich bei dem Prager Codex, da er überdies auch die Wappen des Ehepaars Dacher führt, »um das persönliche Exemplar des Schreibstubenleiters [= Gebhard Dacher] handelt«. Siehe auch W. BERGER, Johannes Hus und König Sigmund, S. 216 mit Anm. 1.

41   Der »neue Blick« auf die städtische Geschichtsschreibung, wie ihn P. ECKHART / B. STUDT, Das Konzil im Gedächtnis der Stadt, S. 90 zu Recht auch im Blick auf den Chronisten Richental forcieren, ist wichtig und legitim. Der bereits oben genannte Wolfenbütteler Richental-Codex könnte im Rahmen der von den Autorinnen vorgelegten Argumentation eine wichtige Rolle spielen. Seine digitale Präsentation ist jetzt durch Christian Heitzmann, den Leiter der Abteilung Handschriften und Sondersamm-

Dass ich in diesem Zusammenhang vielen Personen, Institutionen, Archiven und Bibliotheken im In- und Ausland zu großem Dank verpflichtet bin, ist angesichts der Größe der Aufgabe und der Länge der Zeit, die das Projekt in Anspruch nahm[42], selbstverständlich. Ich kann an dieser Stelle nicht alle, die zum Gelingen und erfolgreichen Abschluss des Werkes beigetragen haben, im Einzelnen nennen.

Besonders erwähnen möchte ich jedoch Martina Hartmann, die, nachdem das Projekt im Frühjahr 2013 von Claudia Märtl in das Editionsprogramm der MGH aufgenommen wurde, mir in vieler Weise geholfen, mich mehrfach beraten und stets großzügig unterstützt hat.

Mein besonderer Dank gilt auch den Mitarbeitern der MGH, insbesondere den Herren Clemens Radl, Horst Zimmerhackl und Bernd Posselt, die immer ein offenes Ohr für mich hatten. Ohne ihre fachlich kompetente und jederzeit freundliche und bereitwillig gewährte Hilfe wäre die Arbeit in der digitalen Form, wie sie 2019 auf der Homepage der MGH erschien, nicht möglich gewesen[43].

Herrn Christian Heitzmann, Leiter der Abteilung Handschriften und Sondersammlungen der Herzog August Bibliothek Wolfenbüttel, habe ich für die zeitnahe Digitalisierung des Wolfenbütteler Richental-Codex (Cod. Guelf. 61 Aug. 2°, Anfang 16. Jh.) im Anschluss an mein Forschungsstipendium in der »Lessing-Stadt« im Sommer des Jahres 2017 herzlich zu danken. Das Digitalisat wird gewiss einen wichtigen Baustein künftiger Richental-Forschung bilden, zumal es eine Handschrift öffentlich zugänglich macht, die bislang wenig bekannt war.

Herrn Andreas Keller von der Bibliothek der Universität Konstanz habe ich nicht nur für zahlreiche Hinweise und Informationen zur digitalen Erschließung und Aufbereitung der Überlieferung, sondern auch den Hinweis auf eine späte, 180 Blatt starke Richental-Abschrift in der Kantonsbibliothek zu Frauenfeld (Signatur: Y 133) zu danken, die ein bislang unbekanntes Zeugnis der (eventuell monastischen) Chronikrezeption im 16. Jahrhundert darstellt und zeigt, dass das letzte Wort über den Konstanzer Konzilschronisten Ulrich Richental noch lange nicht gesprochen ist[44].

---

lungen der Herzog August Bibliothek Wolfenbüttel dankenswerterweise bewerkstelligt worden, so dass der Codex jetzt von der wissenschaftlichen Öffentlichkeit bequem und problemlos zur Kenntnis genommen werden kann.

42 Zum Stellenwert der originären Quellenarbeit im Bereich der Geschichtsforschung M. HOCHEDLINGER, Das Ende der empirischen Geschichte? Quellenarbeit, Editionen und die »Krise der Frühneuzeitforschung«. Eine Polemik, in: Umgang mit Quellen heute. Zur Problematik neuzeitlicher Quelleneditionen vom 16. Jahrhundert bis zur Gegenwart, hg. von G. KLINGENSTEIN u. a., Wien 2003, S. 91–104.

43 Ulrich Richental, Die Chronik des Konzils von Konstanz, hg. von Thomas Martin Buck (MGH DE 1, München 2019). URL: https://edition.mgh.de/001

44 Vgl. in diesem Zusammenhang auch die, allerdings die Illustrationen und weniger den Text fokussierende Ausstellung in der BLB Karlsruhe vom 25. November 2015 bis 19. Januar 2016 mit dem Titel »Buchmalerei des 15. Jahrhunderts in Mitteleuropa. Welterfahrung und Innovation. Epochenwandel in

Eine von der DFG finanzierte und von der HAB Wolfenbüttel unterstützte Tagung mit dem Titel »Das Gedächtnis der Stadt. Neue Forschungen zur Chronik des Konstanzer Konzils und ihrer Überlieferung«, die vom 4.-6. Oktober 2018 in Wolfenbüttel stattfand und die Ergebnisse des DFG-Projekts vorstellen sollte, konnte die jüngere Forschung zur Chronik und ihrer Überlieferung bilanzieren[45].

Dass die Arbeit neben der digitalen Version, die im Spätjahr 2019 auf der Homepage der MGH erschienen ist, nun auch in analoger Buchform in den »Konstanzer Geschichts- und Rechtsquellen« erscheinen kann, habe ich Herrn Prof. Dr. Jürgen Klöckler, dem Leiter des Stadtarchivs Konstanz, und Herrn Jürgen Weis, dem Verlagsleiter des Jan Thorbecke Verlages, zu danken, die beide das Projekt verlegerisch sorgfältig betreut und auch finanziell großzügig unterstützt haben.

Freiburg, im November 2019   Thomas Martin Buck

---

der Buchmalerei des 15. Jahrhunderts«. Katalog, Luzern 2015, S. 24–29 (zur Ettenheimer und zur St. Georgener Handschrift der Chronik sowie zum Karlsruher Frühdruck Dh 9).
45 Siehe hierzu den entsprechenden Tagungsbericht: www.hsozkult.de/conferencereport/id/tagungs-berichte-8002 [11. Dezember 2018]. Neue Forschungen zum Konstanzer Konzil, die sich vor allem auf Publikationen zwischen 2015 und 2018, teilweise aber auch auf 2014 beziehen, hat erst unlängst H. MÜLLER, Neue Forschungen zum Konstanzer Konzil. Literaturbericht, in: HJb 139 (2019) S. 513–559 vorgestellt. Siehe auch C. PAULUS, Neuerscheinungen zum Constantiense oder Die vier Tode des Hieronymus von Prag, in: Zeitschrift des Historischen Vereins für Schwaben 108 (2016) S. 69–108.

Inhalt

Einleitung

Eine moderne wissenschaftliche Textedition, die den Anspruch erhebt, das um 1420 entstandene, aber erst seit ca. 1460/1470 handschriftlich tradierte chronikalische Werk Ulrich Richentals[1] (ca. 1360/1365–1437) zum Konstanzer Konzil (1414–1418) zur Gänze und nicht nur in Teilen herauszugeben, muss auf einen finalen und letztgültigen Text, wie ihn der moderne Leser eigentlich erwartet, verzichten, weil es diesen Text in der historischen Ausprägung der Überlieferung[2], wie sie uns heute in zahlreichen Handschriften und auch Drucken vorliegt, nachweislich nicht gibt und vielleicht auch gar nicht gegeben hat[3].

Wir haben es im Falle der erhaltenen Chroniküberlieferung nicht nur mit verschiedenen Handschriften und Drucken, sondern auch mit verschiedenen Redaktionen zu verschiedenen Zwecken zu tun[4]. Ein einziger, fest umrissener Archetypus, der am Anfang der Überlieferung stand, lässt sich (heute) nicht mehr definitiv ausmachen. Der zeitliche Abstand zwischen der Entstehung des Werkes und den ältesten erhaltenen Textzeugen

---

1 Auf die Tatsache, dass alle Überlieferungsträger in den Zeitraum zwischen 1460 und 1470 zu datieren sind und dass vielleicht ein Zusammenhang mit der Entstehung der Schweizer Bildchronistik (ab 1470) besteht, hatte bereits B. Konrad, Die Buchmalerei in Konstanz, S. 120 hingewiesen. Siehe hierzu auch J.-P. Bodmer, Chroniken und Chronisten im Spätmittelalter, Bern 1976, S. 39; W. Matthiessen, Ulrich Richentals Chronik, S. 130; C. Pfaff, Art. Bilderchroniken, in: Historisches Lexikon der Schweiz, Bd. 2, Basel 2003, S. 419f. und V. Feller-Vest, Art. Richental, Ulrich, S. 298. Zur Richental-Chronik jetzt allgemein J. M. Bak / I. Jurković (Hg.), Chronicon. Medieval narrative sources. A chronological guide with introductory essays, Brepols 2013, S. 385, Nr. 835; Th. M. Buck, Die Konstanzer Konzilschronik Ulrich Richentals, S. 447–481 sowie Ders., Mythos Richental, S. 69–71. Zur Biographie des Chronisten liefert neue Erkenntnisse H. Derschka, Die Großeltern des Konzilschronisten, S. 39–53, hierzu auch J. Klöckler, Die Konstanzer Handschrift, S. 3–5.

2 Die berühmte Konstanzer Konzilschronik des Ulrich Richental ist, so das Urteil des Mediävisten G. J. Schenk, Die Lesbarkeit von Zeichen der Macht, S. 275 ein »wahres Wespennest der historischen und kunsthistorischen Forschung«.

3 Ich wiederhole hier nicht alles, was bereits andernorts zur Überlieferung der Chronik gesagt wurde, sondern verweise nur auf das unten stehende Literaturverzeichnis, wo sich die wichtigste Literatur versammelt findet. Zur Überlieferung der Chronik vgl. Th. M. Buck, Zur Überlieferung der Konstanzer Konzilschronik, S. 93–108; Ders., Der Konzilschronist Ulrich Richental, S. 16–21; Ders., Pluralität und Fluidität, S. 79–100.

4 Zur Überlieferung von Literatur im 15. Jahrhundert vgl. auch S. Griese, Exklusion und Inklusion. Formen der Überlieferung und des Gebrauchs von Literatur im 15. Jahrhundert, in: Codex und Geltung, hg. von F. Heinzer und H.-P. Schmit (Wolfenbütteler Mittelalter-Studien, Bd. 30), Wiesbaden 2015, S. 175–190.

ist beträchtlich[5]. Hinzu kommt, dass wir angesichts der aktuellen (»verspäteten«) Überlieferungssituation nicht sicher sagen können, wie viele nicht erhaltene Textzeugen einmal neben den heute noch erhaltenen existiert haben[6]. Es ist nicht ausgeschlossen, dass die erhaltene Überlieferung kein vollständiges und adäquates Bild der ursprünglichen Textsituation bietet, sondern, wie das Arnold Esch 1998 im Blick auf vormoderne Textualität allgemein formuliert hat, »disproportioniert«[7] ist.

Ebenso wenig vermögen wir über die Genese und Funktion der unterschiedlichen erhaltenen Textversionen zu sagen. Bei einem relativ stark überlieferten und bis in die Frühe Neuzeit hinein nachgefragten, rezipierten und exzerpierten Text, der sich schon relativ früh vom Autor[8] emanzipiert und auch den Medienwandel vom geschriebenen zum gedruckten Buch im 15. Jahrhundert erstaunlich rasch, nämlich 1483 bei Anton Sorg in Augsburg, vollzog, ist daher, was die Frage der Textgenese und die Priorität bzw. die Gewichtung der Textfassungen anbelangt, editorisch Zurückhaltung geboten[9].

Der materiale Handschriftenbefund legt es, was die Text- und Überlieferungsgeschichte anbelangt, jedenfalls nahe, nicht *eine* Redaktion bzw. *eine* Version künstlich zu isolieren und zum verbindlichen Haupt- bzw. zum Leittext zu erklären, wie dies bislang in der Editionsgeschichte der Konstanzer Konzilschronik fast durchweg der Fall war, sondern den wohl von Anfang an »unfesten Text«[10] in seiner historischen Fluktuation und Ausformung auch editorisch sichtbar und für den Leser nach Möglichkeit kenntlich und nachprüfbar zu machen.

In diesem Sinne unternimmt die hier vorliegende Edition den gewiss nicht einfachen

---

5   Vgl. Th. M. BUCK, Pluralität und Fluidität, S. 90–92. So u. a. schon L. FISCHEL, Die Bilderfolge der Richental-Chronik, S. 44.

6   L. FISCHEL, Die Bilderfolge der Richental-Chronik, S. 37 hat die Vermutung geäußert, dass die erhaltenen Handschriften »die Reste einer ehemals gewiß weit größeren Anzahl« sind. Von zwei Handschriften aus der Benediktinerabtei Ottobeuren und aus dem Zisterzienserkloster Salem ist bekannt, dass sie verloren sind. Vgl. W. MATTHIESSEN, Ulrich Richentals Chronik, S. 101 mit Anm. 22 und 23, 107, 112, 401f.; Th. M. BUCK, Der Codex Salemitanus, S. 247–278; K. DOMANSKI, Ulrich Richental, S. 450f.; G. J. SCHENK, Die Lesbarkeit von Zeichen der Macht, S. 276.

7   A. ESCH, Der Umgang des Historikers mit seinen Quellen. Über die bleibende Notwendigkeit von Editionen, in: Quelleneditionen und kein Ende? Symposium der Monumenta Germaniae Historica und der Historischen Kommission bei der Bayerischen Akademie der Wissenschaften, München, 22./23. Mai 1998, München 1999, S. 129–147, S. 133.

8   Es muss hier nicht eigens betont werden, dass der Begriff an dieser Stelle nicht im modernen Sinne zu verstehen ist.

9   Vgl. G. SCHIEB, Editionsprobleme altdeutscher Texte, in: Wissenschaftliche Zeitschrift der Ernst-Moritz-Arndt-Universität Greifswald 15 (1966) S. 523–533, S. 528f. B. STUDT, Zusammenfassung, S. 395 rät bezüglich der Chronik angesichts unterschiedlicher Fassungen und Versionen zu Recht zur Vorsicht in der Argumentation.

10   H. FROMM, Die mittelalterliche Handschrift und die Wissenschaften vom Mittelalter, in: DERS., Arbeiten zur deutschen Literatur des Mittelalters, Tübingen 1989, S. 349–366, S. 361.

und anspruchslosen Versuch einer von Georg Steer so genannten »Textarchäologie«[11]. Sie legt »die historischen Zustände des Textes und seine geschichtlichen Ausfächerungen sowie seine verifizierbaren Funktionsbezüge«, soweit dies möglich ist, frei[12]. Indem sie aufgrund der Heterogenität der überlieferten Chronikfassungen keine Ein-, sondern eine Mehrtextedition vorsieht, folgt sie, was das methodische Vorgehen anbelangt, einem überlieferungskritischen bzw. textgeschichtlichen Ansatz[13].

Nicht nur *ein* verbindlicher und damit in gewisser Hinsicht absolut gesetzter Text, sondern auch seine wechselvolle Geschichte sollen im Rahmen des Möglichen editorisch abgebildet werden. Mittelalterliche Texte sind, wie dies Carmela Vircillo Franklin erst unlängst im Blick auf den »Liber pontificalis« formuliert hat, »living texts«[14]. Die Aufgabe des Editors »is not so much about establishing the »original text« [...], but about understanding and appreciating the metamorphoses a text has undergone«[15].

Die vorliegende Edition versucht, ganz in diesem Sinne die »Metamorphosen« des Chroniktextes in drei varianten Fassungen abzubilden. Man könnte deshalb im Anschluss an Claudia Märtl und Patrick Sahle im Blick auf die hier vorgelegte Neuausgabe des Chroniktextes auch von einer »dynamischen« oder »genetischen« Editionsform sprechen[16], weil sie den Text in seiner Pluralität, Fluidität und strukturellen Offenheit,

---

11 G. STEER, Textkritik und Textgeschichte. Editorische Präsentation von Textprozessen, in: Methoden und Probleme der Edition mittelalterlicher deutscher Texte. Bamberger Fachtagung 26.–29. Juni 1991, hg. von R. BERGMANN und K. GÄRTNER, Tübingen 1993, S. 107–119, S. 119.

12 G. STEER, Textkritik (Anm. 11) S. 119.

13 Vgl. K. RUH, Votum für eine überlieferungskritische Editionspraxis, in: Probleme der Edition mittel- und neulateinischer Texte. Kolloquium der Deutschen Forschungsgemeinschaft Bonn, 26.–28. Februar 1973, hg. von L. HÖDL und D. WUTTKE, Boppard 1978, S. 35–40, S. 35f.; J. KÜHNEL, Der »offene Text«. Beitrag zur Überlieferungsgeschichte volkssprachiger Texte des Mittelalters (Kurzfassung), in: Akten des V. Internationalen Germanisten-Kongresses Cambridge 1975. Heft 2, hg. von L. FORSTER und H.-G. ROLOFF, Frankfurt a.M. 1976, S. 311–321; K. STACKMANN, Die Edition – Königsweg der Philologie?, in: Methoden und Probleme der Edition mittelalterlicher deutscher Texte (Anm. 11) S. 1–18, S. 12; P. SAHLE, Digitale Editionsformen. Zum Umgang mit der Überlieferung unter den Bedingungen des Medienwandels. Teil 1: Das typografische Erbe (Schriften des Instituts für Dokumentologie und Editorik, Bd. 7), Norderstedt 2013, S. 178–207.

14 C. V. FRANKLIN, Reading the Popes: The *Liber pontificalis* and Its Editors, in: Speculum 92 (2017) S. 607–629, S. 607.

15 C. V. FRANKLIN, Reading the Popes (Anm. 14) S. 607. Siehe auch P. ECKHART / B. STUDT, Das Konzil im Gedächtnis der Stadt, S. 89f.

16 Der textgeschichtliche und überlieferungskritische Ansatz hebt vor allem auf die Genese und die Wirkungsabsichten des Textes ab. Vgl. N. R. WOLF, Die Abhängigkeit des Sprachhistorikers vom Editor, in: Editionsberichte zur mittelalterlichen deutschen Literatur. Beiträge der Bamberger Tagung »Methoden und Probleme der Edition mittelalterlicher deutscher Texte«, 26.–29. Juli 1991, hg. von A. SCHWOB, Göppingen 1994, S. 347–352, S. 352; C. MÄRTL, Wozu heute Quellen edieren?, in: Wozu Historie heute? Beiträge zu einer Standortbestimmung im fachübergreifenden Gespräch, hg. von A. FÖSSEL

d. h. in verschiedenen, historisch gewachsenen Fassungen bzw. Versionen, darzustellen und zu präsentieren sucht.

Über die »kritische Leseausgabe«, die 2010 im Vorfeld des 600-Jahr-Jubiläums des Konstanzer Konzils im Jan Thorbecke Verlag erschien[17], geht die vorliegende Edition insofern hinaus, als sie die unterschiedlichen Versionen nicht wie in der Buchfassung im Blick auf eine ausgewählte Leithandschrift ineinander arbeitet und die Varianten allenfalls im kritischen Apparat ausweist, sondern dem Benutzer alle drei Versionen des Textes mit den jeweiligen Deszendenten und den entsprechenden Nachweisen im kritischen Apparat zum Vergleich separat anbietet:

1.) Die **A-Version**, die auf die ursprünglich in Aulendorf bei Ravensburg, heute (seit 1935) aber in der New York Public Library in New York (Spencer Collection of Illustrated Books, Nr. 32, um 1460) liegende Handschrift zurückgeht; sie wurde erstmals von Michael Richard Buck im Jahr 1882 wissenschaftlich ediert.

2.) Die **K-Version**, die auf eine seit dem 16. Jahrhundert in der Konstanzer Stadtkanzlei nachweisbare Handschrift zurückgeht und die heute im Rosgartenmuseum Konstanz verwahrt wird (Inv. Hs. 1, um 1465); sie wurde erstmals von Otto Feger im Jahr 1964 im Rahmen des 550-Jahr-Jubiläums des Konzils kritisch ediert und mehrfach faksimiliert.

3.) Die **G-Version**, die dem Kloster St. Georgen bei Villingen im Schwarzwald entstammt, wohl auf eine Redaktion des Konstanzer Chronisten Gebhard Dacher (1425–1471) zurückgeht, die Vorlage für den Augsburger Frühdruck von 1483 bot und heute in der Badischen Landesbibliothek Karlsruhe (Cod. St. Georgen 63, um 1470) liegt; ihr Text wird hier erstmals in einer modernen kritischen Edition vorgelegt.

Jeder editorische Gegenstand hat, wie dies Patrick Sahle vom »Institut für Dokumentologie und Editorik« (IDE) 2013 in seinem dreibändigen Werk über digitale Editionsformen formuliert hat, seine eigenen Anforderungen und Probleme und führt deshalb zu ganz bestimmten individuellen Lösungen[18]. Die sehr verschiedenartigen Quellen des

---

und C. Kampmann, Köln u. a. 1996, S. 17–27, S. 25 und P. Sahle, Digitale Editionsformen (Anm. 13) S. 202.

17   Chronik des Konstanzer Konzils 1414–1418 von Ulrich Richental. Eingeleitet und herausgegeben von Th. M. Buck (Konstanzer Geschichts- und Rechtsquellen, Bd. 41), 4. Aufl., Ostfildern 2014, S. VI, XXIIIf. und XLIII, hier S. XXIV–XXXV auch zur Überlieferung der Chronik.

18   Vgl. P. Sahle, Digitale Editionsformen (Anm. 13) S. 12. Siehe in diesem Zusammenhang auch die grundlegenden Bemerkungen von J.-P. Bodmer, Chroniken und Chronisten im Spätmittelalter (Anm. 1) S. 77–85 und jetzt C. Märtl, Edieren – Handwerk, Kunst, Wissenschaft, in: Mittelalter lesbar machen. Festschrift 200 Jahre Monumenta Germaniae Historica, Wiesbaden 2019, S. 55–62, S. 57. Zu den besonderen Editionstechniken »einer fließenden Überlieferung« siehe bereits H. R. Jauss, Alterität und Modernität der mittelalterlichen Literatur, in: Ders., Alterität und Modernität der mittelalterlichen Literatur. Gesammelte Aufsätze 1956–1976, München 1977, S. 9–47, hier S. 17.

Mittelalters fordern bekanntlich »jeweils ihre besondere Editionsmethode«[19]. Die Variante der Mehrtextedition wird im Falle des Chronisten Richental der historischen Realität der erhaltenen Chroniküberlieferung jedenfalls gerechter, als dies bei einer finalen Eintextedition der Fall wäre, da diese das Überlieferungsgefüge notgedrungen auf *einen* Leittext reduziert, der in dieser Form und Ausschließlichkeit vermutlich so nie existiert hat[20].

Was dem Leser der Chronik damit von vornherein vermittelt und nahe gelegt werden soll, ist, dass es, geht man von der relativ breiten skriptographischen und typographischen Überlieferung aus, im Falle der Konstanzer Konzilschronik nicht nur *eine* gültige Lösung des Editionsproblems gibt[21]. Der Text hat in seiner Geschichte nachweislich in unterschiedlichen Formen und Repräsentationen gewirkt[22]. Er sollte deshalb editorisch auch in einer textuellen Form aufbereitet und dargeboten werden, die seinen offenen, fluiden und multiplen Charakter für den Leser kenntlich werden lässt[23].

Der Benutzer erhält den Text in der hier gebotenen Form insofern nicht »zu festem Besitz«[24] ausgeliefert; er hat im Rahmen der Edition – ob analog oder digital – vielmehr selbst die Möglichkeit, sich über die verschiedenen Versionen und deren Varianz einen

---

19 M. THUMSER, Verfahrensweisen bei der Edition deutschsprachiger Geschichtsquellen (13.–16. Jahrhundert), in: Edition deutschsprachiger Quellen aus dem Ostseeraum (14.–16. Jahrhundert), hg. von M. THUMSER, J. TANDECKI und D. HECKMANN, Toruń 2001, S. 13–34, hier S. 13f.

20 Zu den Risiken der Methode der Leithandschrift E. TREMP, Die letzten Worte des frommen Kaisers Ludwig. Von Sinn und Unsinn heutiger Textedition, in: DA 48 (1992) S. 17–36, S. 21. Zur Problematik des autornahen Textes N. R. WOLF, Die Abhängigkeit des Sprachhistorikers vom Editor (Anm. 16) S. 349f.

21 Vgl. zu diesem Forschungsansatz, der nicht nur das einzelne Geschichtswerk, sondern auch das teilweise disparate codikologische Umfeld untersucht und in die Editionspraxis einbezieht, H.-W. GOETZ, Geschichtsschreibung, Geschichtsdenken, in: Enzyklopädie des Mittelalters, Bd. 1, hg. von G. MELVILLE und M. STAUB, Darmstadt 2008, S. 376–379, S. 378 und W. PARAVICINI, Von der Hilfswissenschaft zur Grundwissenschaft, S. 8.

22 Als ein wichtiger Hinweis in diese Richtung mag die Schluss-Sentenz des Konstanzer Chronisten Claus Schulthaiß in der Innsbrucker Handschrift (heute Tiroler Landesmuseum Ferdinandeum, Sammlung Di Pauli 873, um 1460) fol. 78ᵛ gelten, wo es heißt: *Man vint och mer bücher, darinn stát gemält und geschriben des concilium loff und sachen, wie es ze Costentz so loblich und wol mit hilf des almächtigen gottes geregiert ward.* Vgl. hierzu Th. M. BUCK, Figuren, Bilder, Illustrationen, S. 434.

23 Die lateinische Überlieferung (Prag, Cod. VII A 18), die den Text auf kurze, prägnante Erläuterungen der Bilder reduziert, bleibt hier unberücksichtigt. Die Handschrift, deren Bildreihenfolge gestört ist, umfasst heute nur noch 36 Blätter, ist vermutlich aber wohl Teil eines größeren Ganzen gewesen. Der erhaltene Bilderzyklus beginnt mit den Wappen der Kurfürsten und endet mit der Flucht des Papstes. Vgl. B. KONRAD, Die Buchmalerei in Konstanz, S. 302; Th. M. BUCK, Die ehemals St. Petersburger Richental-Handschrift, S. 593–602; DERS., Figuren, Bilder, Illustrationen, S. 415, 436; DERS., Pluralität und Fluidität, S. 94–96; K. DOMANSKI, Ulrich Richental, S. 471–474.

24 K. STACKMANN, Mittelalterliche Texte als Aufgabe, in: Festschrift für Jost Trier zum 70. Geburtstag, hg. von W. FOERSTE und K. H. BORCK, Köln u. a. 1964, S. 240–267, S. 267.

angemessenen Überblick zu verschaffen. Er kann damit gewissermaßen am vergangenen »Leben« des Textes teilhaben, handelt es sich doch im Falle der Chronik nicht um einen festen oder stabilen Autortext moderner Prägung, sondern um einen Text, der aus der historisch bedingten Fluktuation und damit aus der Varianz lebt.

Dass sich der Text im Laufe der Zeit von seinem Verfasser »emanzipiert« hat[25], macht schon der signifikante »Autorverlust« deutlich, der sich zwischen den verschiedenen Versionen vollzogen hat. Dieser auf die Diversität und Divergenz der Überlieferung abhebende Sachverhalt ist in der älteren, bis in das späte 19. Jahrhundert zurückreichenden Forschung nicht so klar und deutlich geworden, wie es angesichts der vielgestaltigen und offenen Überlieferung eigentlich notwendig gewesen wäre[26], hatte aber gewiss auch damit zu tun, dass zunächst nicht alle handschriftlichen Chronikversionen in gleicher Weise bekannt und virulent waren[27].

Außerdem war die ältere, vornehmlich kunsthistorisch ausgerichtete Forschung – lange vor dem *iconic turn* – noch stark auf die Illustrationen und deren Deutung fixiert. Neben den kolorierten Bildern spielte der Text der Chronik nur eine nachrangige Rolle[28]. Er war wichtig, aber man ging doch mehr oder weniger ungeprüft davon aus, dass alle Versionen inhaltlich mehr oder weniger denselben Text und damit denselben Inhalt bieten, die textuelle Varianz also für das Chronikverständnis im Grunde unerheblich oder doch immerhin vernachlässigbar ist[29]. Dass dies ein Fehlurteil war, macht die vorliegende Textausgabe beim näheren Vergleich sogleich deutlich[30].

Nicht nur die Erzählperspektive bzw. der Erzählerwechsel (Ich- oder Er-Erzähler

---

25 P. ECKHART / B. STUDT, Das Konzil im Gedächtnis der Stadt, S. 88.

26 Nach dem Frühdruck durch Anton Sorg 1483 in Augsburg (Hain *5610) ist die erste wissenschaftliche Chronikedition, die auf der A-Version basiert, von dem Ehinger Oberamtsarzt und Heimatforscher Michael Richard Buck (1832–1888) im Jahr 1882 zu einem Zeitpunkt vorgelegt worden, als die beiden Karlsruher Handschriften G und E (und damit auch die dritte Chronik-Version) noch gar nicht bekannt waren. Die beiden Codices wurden erst 1887 von M. R. Buck in der ZGO der Öffentlichkeit präsentiert.

27 Das gilt vor allem für die G-Version, die eine Mischversion ist und – abgesehen vom Erstdruck der Chronik von 1483 – textlich kaum bekannt war und hier erstmals vollständig ediert ist. S. WEINFURTER, Zum Gestaltungsprinzip der Chronik des Ulrich Richental, S. 518 Anm. 5 geht beispielsweise von nur zwei Versionen aus, während V. ZAPF, Art. Richental, Ulrich, Sp. 570 auch von der Existenz einer dritten Fassung spricht.

28 Von Rudolf Kautzsch, über Lilli Fischel, Otto Pächt bis zu Bernd Konrad und Gisela Wacker hat die ältere Richental-Forschung einen stark kunsthistorischen Einschlag. Vgl. W. BERGER, Johannes Hus und König Sigmund, S. 210; W. MATTHIESSEN, Ulrich Richentals Chronik, S. 99; Th. M. BUCK, Figuren, Bilder, Illustrationen, S. 412f., 417; DERS., Ein Buch prägt die Erinnerung, S. 45.

29 Vgl. zu dieser Position Th. VOGEL, Studien zu Richental's Konzilschronik, S. 7.

30 Etwa durch den Vergleich der Prooemien in A und K oder auch im Blick auf den von A und K gänzlich verschiedenen Textaufbau in G, der wohl auf einer redaktionellen Überarbeitung durch den Konstanzer Chronisten Gebhard Dacher beruht. Eine ganz eigene Form der Textrezeption stellen auch

bzw. Mischversion), auch der Textaufbau, der Textinhalt und die Textlogik changieren je
nach zugrunde liegendem Narrativ von Version zu Version nicht unerheblich[31], so dass
es durchaus berechtigt ist, wie dies Gerrit Jasper Schenk auf einer Reichenau-Tagung des
Konstanzer Arbeitskreises 2011 in einem Vortrag zum Adventus-Zeremoniell des Konzilspapstes getan hat, von Richental und seiner illustrierten Chronik nicht im Singular,
sondern *im Plural* zu sprechen[32].

Zieht man noch die späte, aber wichtige und seit neuestem digitalisierte Wolfenbütteler Handschrift (Cod. Guelf. 61 Aug. 2°) hinzu, so stellt man zusätzlich fest, dass diesem
Codex eine über die sonstige Überlieferung hinausgehende Textqualität insofern zu-
kommt, als er teilweise singuläre Informationen bietet, die sich in anderen Handschriften und Drucken in dieser Form nicht finden. Die vorliegende Edition folgt daher einem
»pluralistischen Textbegriff«[33]. Das heißt, sie geht von dem Umstand aus, dass es, streng
genommen, nicht »den« Richental oder »die« Richental-Chronik gibt[34] und dass diese
grundlegende Einsicht auch editorisch Berücksichtigung finden muss.

Wir haben es mit einer nachweislich fluktuierenden Text- und Wirkungsgeschichte
zu tun, die im Verlauf der Zeit zu verschiedenen geschichtlichen Ausformungen bzw.
Fassungen ein und desselben Textes geführt hat. Diese verschiedenen Fassungen nach
Möglichkeit abzubilden und damit die Textgeschichte für die moderne Benutzerin und
den modernen Benutzer transparenter, nachvollziehbarer und vor allem nachprüfbarer
zu machen, ist Aufgabe der vorliegenden Textausgabe.

Dabei bin ich, was die Grundsätze der Textbehandlung und Textdarbietung anbelangt, denselben Leitlinien gefolgt, die auch für die Buchausgabe des Jahres 2010 maß-
geblich waren[35]. Das gilt auch für die Präsentation der Namen und Wappen in den systematischen Chronikteilen. Die Gliederung des gesamten Textes in Kapitel wurde von
dem Konstanzer Archivar Otto Feger übernommen. Er hatte diese 1964 in seiner kriti-

---

die Codices Pr und Wo dar, die beide ebenfalls Dacherscher Provenienz sind. Siehe hierzu auch die
Kapitelkonkordanz bzw. die tatsächliche Kapitelsukzession der einzelnen Chronikversionen.

31 Vgl. Th. M. Buck, Das Konzil von Konstanz (1414–1418). Ein Literatur- und Forschungsbericht,
S. 724.

32 Vgl. G. J. Schenk, Die Lesbarkeit von Zeichen der Macht, S. 276f.; Th. M. Buck, Mythos Richental,
S. 80; Ders., Ein Buch prägt die Erinnerung, S. 50. N. Henkel, Kurzfassungen höfischer Erzähldich-
tung im 13./14. Jahrhundert. Überlegungen zum Verhältnis von Textgeschichte und literarischer Inter-
essenbildung, in: Literarische Interessenbildung im Mittelalter. DFG-Symposion 1991, hg. von J.
Heinzle, Stuttgart u. a. 1993, S. 39–59, S. 39 versteht deshalb unter »Werk« nicht nur den autornahen
Text, sondern die »Summe seiner mittelalterlich überlieferten Textzustände«.

33 P. Sahle, Digitale Editionsformen (Anm. 13) S. 8.

34 Vgl. Th. M. Buck, Der Konzilschronist Ulrich Richental, S. 20.

35 Vgl. Th. M. Buck, Chronik des Konstanzer Konzils, S. XLV–LIII. Zu den Verfahrensweisen bei
der Edition deutschsprachiger Geschichtsquellen des 13.–16. Jahrhunderts vgl. M. Thumser, Verfahrensweisen (Anm. 19) S. 13–34.

schen Textausgabe der Konstanzer Handschrift erstmals »aus Zweckmäßigkeitsgründen«, wie er sagt, eingeführt[36].

Die Kapitelzählung ist in der 2010 neu erschienenen Textausgabe auch auf die Namen- und Teilnehmerlisten ausgeweitet worden; sie macht es möglich, einzelne Textpartien versionsübergreifend systematisch zu vergleichen, auch wenn die Kapitel, wie man betonen muss, nicht in allen Versionen in derselben Reihenfolge begegnen. Um diese Möglichkeit des Textvergleichs noch zusätzlich zu erleichtern, wurde ergänzend und separat vom Editionstext nicht nur eine »Kapitelkonkordanz«, sondern auch noch eine »Kapitelsukzession« für alle drei Versionen erstellt.

Beide eher technischen Hilfsmittel erlauben nicht nur einen Überblick über den rein quantitativen Text- und Kapitelbestand, über den jede Version verfügt; sie zeigen auch, wie die drei Chronikversionen jeweils textlich aufgebaut und inhaltlich komponiert sind. Beide Textteile machen angesichts der Diversität der Überlieferung einen konkreten versionsübergreifenden Vergleich möglich und dienen zur Gesamtorientierung der Benutzerin und des Benutzers.

Was die konkrete Textpräsentation anbelangt, so sind, wie bereits betont, dieselben Prinzipien wie 2010 zur Anwendung gekommen, nur dass die drei Leitfassungen der Chronik separiert wurden und der Variantenapparat, da er nicht mehr alle drei Versionen zu gleichen Teilen abbildet bzw. vereint, entsprechend reduziert bzw. modifiziert worden ist. Da die Edition innerhalb der jeweiligen Version dem Leithandschriftenprinzip folgt, bildet sie im textkritischen Apparat der drei Einzelversionen in der Regel nur die Varianten der jeweiligen Deszendenten ab.

Die Siglenreihenfolge am Ende des Handschriftenverzeichnisses zeigt, welche Handschriften und Drucke für welche Version berücksichtigt wurden. Auf die Illustrationen, die ebenso wie die Namen und Wappen wohl von Anfang an integraler Bestandteil des chronikalischen Werkes waren, wird jeweils aus dem Text heraus verwiesen[37], die Bilder selbst werden aber nicht gebracht oder näher erklärt. Hier kann jeder Leser selbst auf die im Handschriftenverzeichnis aufgeführten Digitalisate oder Faksimiles zugreifen, die mittlerweile in reicher Zahl vorliegen.

Ähnlich bin ich bezüglich der Wappen und Namen im zweiten systematischen Teil des Werkes vorgegangen. Diese sind zwar jeweils dokumentiert und festgehalten, aber nicht näher – im Sinne einer Prosopographie oder heraldischen Beschreibung – bestimmt oder identifiziert worden[38]. Hier Klarheit zu schaffen, kommt einer eigenständi-

---

36 Vgl. O. FEGER, Vorwort, S. 8.

37 Die Bildtitel sind im Allgemeinen von Rudolf Kautzsch übernommen, der 1894 nicht nur sämtliche Handschriften untersucht, sondern erstmals auch eine Bildsynopse erstellt hatte. Vgl. zu den Illustrationen R. KAUTZSCH, Die Handschriften, S. 492–495; G. WACKER, Ulrich Richentals Chronik, Anhang I; Th. M. BUCK, Figuren, Bilder, Illustrationen, S. 437–443; K. DOMANSKI, Ulrich Richental, S. 450–487.

38 Zu den Listen steht eine von der DFG geförderte Dissertation von Sabine Strupp M.A. (Freiburg

gen Forschungsaufgabe jenseits der kritischen Texterstellung gleich. Das Schwergewicht der vorliegenden Edition liegt auf dem Text des ersten chronologischen bildlich-narrativen Chronikteiles. Die Wappen bedürften einer eigenen systematischen Untersuchung, die indes, obwohl es bereits erste Ansätze hierzu gibt, nach wie vor ein Desiderat der Forschung ist[39].

Das heißt nicht, dass die Illustrationen, die Teilnehmernamen und die Wappen für die angemessene Interpretation und Deutung der Chronik marginal sind[40], aber es heißt, dass eine lückenlose und vollständige prosopographische Erfassung und Auswertung der genannten Daten in dem hier gebotenen editorischen Rahmen, der sich auf die Texte konzentriert, unmöglich ist[41]. Bekanntlich enthält Richentals Chronik, die einem noch weiten, vormodernen Historiographiebegriff folgt, in ihren unterschiedlichen Versionen nicht nur *res factae*, sondern auch *res fictae*.

Diese historiographische Vermischung von Fiktionalität und Faktualität, von *fabula* und *historia*[42], die daran erinnert, dass die literarische Geschichtsgestaltung der Vormoderne nicht nur Belehrungs-, sondern auch Unterhaltungsfunktion (*prodesse et delectare*) hatte und – vor allem in der »neuen Lesewelt« der Frühdruckzeit – an bestimmte Rezipienten adressiert war, also bestimmte (und nicht immer historische) Erwartungen und Funktionen erfüllte, gilt vor allem für die so genannten »Teilnehmerlisten«[43], hinter

---

i.Br.), zu den Wappen eine Dissertation von Tina Raddatz (Konstanz) zu erwarten. Siehe in diesem Zusammenhang auch S. VALLERY-RADOT, Les Français au concile de Constance (1414–1418). Entre résolution du schisme et construction d'une identité nationale, Turnhout 2016. Hierzu die Rezension von H. MÜLLER / S. STRUPP, Die Franzosen, Frankreich und das Konstanzer Konzil, S. 257–269. Zu den Wappen C. ROLKER, Die Richental-Chronik als Wappenbuch, S. 57–103; DERS., Hinter tausend Wappen eine Welt, S. 109–135.

39 Vgl. S. CLEMMENSEN, Arms and people in Ulrich Richental's Chronik des Konzils zu Konstanz 1414–1418. Introduction and edition, Farum 2011 (www.armorial.dk/german/Richental.pdf).

40 Vgl. H. DRÖS, Das Wappenbuch des Gallus Öhem. Neu herausgegeben nach der Handschrift 15 der Universitätsbibliothek Freiburg. Mit einem Geleitwort von W. BERSCHIN, Sigmaringen 1994, S. 11; DERS., Art. Entwicklung und Funktion von Wappen, in: Oldenbourg Geschichte Lehrbuch. Mittelalter, hg. von M. MEINHARDT u. a., München 2007, S. 329–333; Th. M. BUCK, *Und wie vil herren dar koment*, S. 312; P. ECKHART / B. STUDT, Das Konzil im Gedächtnis der Stadt, S. 92f.

41 Zur Tatsache, dass es sich dabei um eine »Forschungsarbeit« handelt, O. FEGER, Vorwort, S. 8. Hierzu auch Th. M. BUCK, *Und wie vil herren dar koment*, S. 305–347, bes. S. 311f.

42 Vgl. hierzu P. G. BIETENHOLZ, Historia and Fabula. Myths and Legends in Historical Thought from Antiquity to the Modern Age, Leiden u. a. 1994.

43 Dass der Begriff unangemessen ist, wird Sabine Strupp in ihrer von der DFG geförderten Dissertation zeigen. Zur Teilnehmeranalyse der Konzilien von Konstanz und Basel als Desiderat der Forschung vgl. J. HELMRATH / H. MÜLLER, Zur Einführung, S. 23, 29, zu den Konstanzer Listen Th. M. BUCK, *Und wie vil herren dar koment*, S. 311f., 329, 330–347; H. MÜLLER / S. STRUPP, Die Franzosen, Frankreich und das Konstanzer Konzil, S. 267.

denen sich nicht immer reale Personen und Identitäten verbergen, Fiktion und Realität
also (wohl bewusst) durcheinandergehen[44].

Es wäre jedenfalls falsch, diese Listen nur biographisch-prosopographisch zu lesen.
Sie haben neben ihrer symbolischen auch eine repräsentative Funktion. Hinzu kommt,
dass sich die neuere Richental-Forschung den oben genannten Chronikelementen in
letzter Zeit verstärkt zugewandt hat. Von Christof Rolker (Bamberg), Tina Raddatz
(Konstanz), Sabine Strupp (Freiburg) und Julian Happes (Freiburg) sind zu den Namen,
Listen und Wappen, aber auch zur Rezeption, Transformation und Nutzung der Konstanzer Konzilschronik im späten 15. Jahrhundert in Kürze neue Erkenntnisse zu erwarten. Sophie Vallery-Radot (Lyon) hat bereits 2011 an der Universität Lyon II eine
neue, biographisch-prosopographisch ausgerichtete Studie zu den Teilnehmern der
französischen Konzilsnation in Konstanz vorgelegt, die 2016 im Druck erschien[45].

Was die vorliegende Textpräsentation anbelangt, so sind die drei Einzelversionen **A**,
K und **G** jeweils mit einer knappen erklärenden Einleitung versehen. Diese geht auf die
Besonderheiten der jeweiligen Version ein, benennt und charakterisiert die im kritischen
Apparat berücksichtigten Textzeugen, erläutert deren Eigenheiten bzw. Provenienz und
erklärt das Zustandekommen des Obertextes.

Der Sachkommentar und die damit einhergehenden Literaturhinweise sind gegenüber der Leseausgabe von 2010 nicht unerheblich erweitert worden, wobei die wichtigste
Literatur abgekürzt zitiert wird. Die vollständigen Angaben enthält das Literaturverzeichnis. Die Erweiterung des Sachkommentars hat nicht zuletzt auch mit dem Konzils-
jubiläum 2014–2018 zu tun, das nicht nur zahlreiche neue Erkenntnisse im Blick auf
spätmittelalterliche Großversammlungen, sondern auch viel neue Literatur zum Constantiense hervorgebracht hat[46].

Zur Gestaltung des Sachkommentars ist zu bemerken, dass, sofern die Texte und
Kapitel der drei Versionen inhaltlich mehr oder weniger übereinstimmen, nach Möglich-

---

44   Vgl. H. Müller / S. Strupp, Die Franzosen, Frankreich und das Konstanzer Konzil, S. 265f. Siehe
auch W. Matthiessen, Ulrich Richentals Chronik, S. 133f.; Th. M. Buck, *Und wie vil herren dar koment*, S. 308 mit Anm. 14.

45   Die Studie geht auf eine 2011 in Lyon bei Nicole Bériou erstellte Dissertation/Thèse de Doctorat
zum Thema »Les Français à Constance: participation au concile et construction d'une identité nationale
(1414–1418)« zurück. Hierzu H. Müller / S. Strupp, Die Franzosen, Frankreich und das Konstanzer
Konzil, S. 258; H. Müller, Neue Forschungen zum Konstanzer Konzil, S. 523f.

46   Siehe hierzu den Überblick bei A. Frenken, Aktuelle Publikationen zum Konstanzer Konzil
(1414–1418): http://www.hsozkult.de/review/id/rezbuecher-23399; J. F. Battenberg, Das Konstanzer
Konzil – Ein europäisches Ereignis und seine Folgen für die mittelalterliche Gesellschaft. Eine Einfüh-
rung in die neuere einschlägige Literatur, in: Archiv für hessische Geschichte und Altertumskunde
N. F. 72 (2014) S. 307–318; Th. M. Buck, Das Konzil von Konstanz (1414–1418). Ein Literatur- und
Forschungsbericht, S. 703–730; C. Paulus, Neuerscheinungen zum Constantiense, S. 69–108; H. Mül-
ler / S. Strupp, Die Franzosen, Frankreich und das Konstanzer Konzil, S. 257–269 und H. Müller,
Neue Forschungen zum Konstanzer Konzil, S. 513–559.

keit jeweils versionsübergreifend der identische Kommentar gegeben wird. Da dies jedoch – und dies gilt vor allem für die G-Version – nicht überall der Fall ist, kann es durchaus zu Differenzen in der Präsentation des Sachkommentars kommen, d. h. es findet sich, da Inhalt, Aufbau und Zusammensetzung des Textes von Version zu Version nicht unerheblich changieren, zu demselben Kapitel nicht immer exakt derselbe Sachkommentar.

Der Kapitel- und damit der Textaufbau der Chronik ist bekanntlich – das geht etwa aus der »Kapitelkonkordanz« oder der »Kapitelsukzession« hervor – nicht über alle Versionen hinweg kohärent. Kapitel sind im Laufe der Textgeschichte teilweise ganz weggefallen, gekürzt, erweitert, umgestellt oder verändert worden. Der Text von G ist beispielsweise – wohl im Blick auf die Systematisierung und Kürzung, die im Frühdruck der Chronik von 1483 vorgenommen wurde – ganz anders als in A und K aufgebaut. Man wird also nicht für jedes Kapitel in jeder Version denselben Sachkommentar erwarten dürfen[47].

Ich gebe – zur näheren Erläuterung – einige wenige Beispiele: In der K-Version ist in c. 6 andeutungsweise von der *translatio imperii* die Rede[48], in A dagegen nicht, in G fehlt das Kapitel ganz. Man wird also nur in K einen entsprechenden Hinweis im Sachkommentar finden. Der »Aberhaken«, ein ehemaliger Turm am See in der Nähe des Kaufhauses, sowie der »Krench« (= Kran zum Beladen der Schiffe) werden in c. 256,2 nur in A und K, aber nicht in G erwähnt. Die erklärenden Sachhinweise finden sich mithin nicht in G. Dasselbe gilt für das Haus zum »Tümpfel« in der Brückengasse, das in K in c. 272 angesprochen, aber in A und G nicht genannt, mithin auch nicht näher kommentiert wird.

Dietrich Kerkering von Münster (*Theod[e]ricus de Monasterio*), ein Mitglied der Universität Köln auf dem Konstanzer Konzil, dem Malte Prietzel erst unlängst in der Festschrift für Heribert Müller eine detaillierte, biographisch ausgerichtete Studie gewidmet hat[49], wird in A und G (c. 415), aber nicht in K erwähnt, da hier wesentliche Teile der Teilnehmerliste ausgefallen sind. In K fehlen dementsprechend auch alle einschlägigen Informationen über die Teilnahme der Universitäten am Konzil, wie sie die cc. 413–427 in A und G in teilweise großer Ausführlichkeit bieten.

Auch der ebenso berühmte wie kryptische Satz »Affrica ist Kriechenland« (c. 337)[50] findet sich nur in A, nicht in K und G. Dasselbe gilt für die 700 *offen hůren* (c. 520); sie werden nur in A und G (*Recapitulacio*), nicht aber in K erwähnt[51]. Was oben über ein-

---

47 Das gilt vor allem für den systematischen Listenteil, der in K, was die Namen und Wappen anbelangt, nur in rudimentärer Form vorhanden ist, und in W deshalb wohl nach A ergänzt wurde.

48 Vgl. W. Matthiessen, Ulrich Richentals Chronik, S. 141 Anm. 58 und 345f.

49 M. Prietzel, Dietrich Kerkering von Münster, S. 89–109.

50 Vgl. K. Oschema, Die Christenheit und streitende Nationen, S. 45.

51 Mit einem diesbezüglich wichtigen und singulären Zusatz des Ich-Erzählers in der Wolfenbütteler

zelne Textvarianten gesagt wurde, gilt entsprechend auch für die Namen des Teilnehmer-
anhangs, die sich nicht in allen Versionen in derselben Weise finden, teilweise aber
auch – wie etwa in Pr – nach unterschiedlichen Traditionen in unterschiedlicher Schreibung erhalten haben.

So könnte man etwa annehmen, dass der Abt des Benediktinerklosters Münchaurach
in der Diözese Würzburg in ein und derselben Handschrift – es handelt sich um Pr foll.
274^r und 275^v – in c. 367 zwei Mal begegnet, einmal als *Cûnratt*, das andere Mal als *Lampertus*[52]. Man muss jedoch davon ausgehen, dass es sich um zwei unterschiedliche Personen und zwei Klöster (Münchurach/Münchnach) handelt. Daraus folgt, dass die Chronik, will man ihren Textgehalt tatsächlich umfassend und vollständig ausschöpfen und
erfassen, in der Tat differenziert und versionsübergreifend gelesen und verglichen werden muss.

Was die Sprache anbelangt, so ist diese in allen handschriftlichen Textzeugen, wenn
man von dem Augsburger Frühdruck und den knappen lateinischen Bildbemerkungen
im Prager Bilder-Codex VII A 18 einmal absieht, nahezu gleich. Die vormoderne Sprach-
und Begrifflichkeit des Textes stellt für moderne Benutzerinnen und Benutzer gewiss
ein nicht unerhebliches Problem dar. Dennoch ist der volkssprachliche Text nicht so
fremd und alteritär, wie dies in der Regel für lateinische Texte gilt[53], die zu ihrem modernen Verständnis notwendig einer Übersetzung bedürfen[54].

Handschrift fol. 167^{r-v}: *Ouch mûst ich schambarlich schrieben* […] *ich hett recht. Unnd das bestûnd allso.*
Vgl. K. OSCHEMA, Die Herren und die Mädchen, S. 232f.

52   Es dürfte sich wohl um Abt Konrad Groß bzw. um Abt Konrad III. handeln, der dem (ehemaligen)
Benediktinerkloster Münchaurach in der Diözese Würzburg von ca. 1413 bis 1426 vorstand. In Wo fol.
205^{r-v} wird unterschieden zwischen *Cunradus abbt inn Münchurach, Würtzburger bistum* [ehemaliges
Kloster Münchaurach] und *Lambertus abt Montis Monachorum zů Münchurach in Salltzburger bistum*
[ehemaliges Kloster Münchnach, auch Michelsberg oder Mönchsberg genannt, Erzdiözese Bamberg].
Vgl. Aegidius Tschudis Chronicon Helveticum (Quellen zur Schweizer Geschichte N.F. I. Abt., Bd.
VII, 8), bearb. von B. STETTLER, Basel 1990, S. 355; H. VON DER HARDT, Magnum Oecumenicum Constantiense Concilium de universali ecclesiae reformatione, unione, et fide, Bd. 5, Frankfurt u. a. 1699,
S. 20 unterscheidet *Conradus Graß, abbas in Munchvrach, Herbipolensis dioceseos* und *Lambertus,
abbas uff dem Munchberg, Babembergensis dioceseos*.

53   Vgl. etwa J.-P. BODMER, Chroniken und Chronisten im Spätmittelalter (Anm. 1) S. 74f. und J.
WOHLMUTH (Hg.), Conciliorum Oecumenicorum Decreta, Bd. 1: Konzilien des ersten Jahrtausends.
Vom Konzil von Nizäa (325) bis zum vierten Konzil von Konstantinopel (869/70). Im Auftrag der
Görres-Gesellschaft ins Deutsche übertragen und herausgegeben von J. WOHLMUTH, 3., durchges.
Aufl., Paderborn u. a. 2002, S. IX.

54   Eine neuhochdeutsche Übersetzung der Konstanzer Handschrift haben 2014 H. GERLACH und M.
KÜBLE, Augenzeuge des Konstanzer Konzils. Die Chronik des Ulrich Richental. Die Konstanzer
Handschrift ins Neuhochdeutsche übersetzt, Darmstadt 2014 vorgelegt. Vgl. hierzu Th. M. BUCK, in:
DA 71 (2015) S. 260–263; DERS., Das Konzil von Konstanz (1414–1418). Ein Literatur- und Forschungs-
bericht, S. 719f. und 721–724.

Man kann den Text der Chronik bei aufmerksamer Lektüre im Großen und Ganzen verstehen, wird aber doch ab und an auf Verständnisprobleme stoßen, weil man gewissen Begriffen falsche Bedeutungen zuschreibt[55]. An dieser Stelle will das Glossar Abhilfe leisten. Es zielt nicht auf systematische Vollständigkeit, wird nicht alles erklären, aber den interessierten Leser bei der selbstständigen Lektüre und der inhaltlichen Erschließung und Interpretation des Textes doch unterstützen können.

Das Register beschränkt sich auf den ersten, historisch-chronologischen Chronikteil, also auf die cc. 1–319. Es erfasst darüber hinaus Orte, Namen und Häuser des zeitgenössischen Konstanz, soweit sie identifiziert werden konnten. Für die G-Version ist zu beachten, dass Begriffe aufgrund der veränderten Textstruktur in verschiedenen Texteinheiten (siehe die Einleitung zur G-Version) auftauchen können. Im Ortsregister werden alle Namen und Begriffe in ihrer modernen Schreibung aufgenommen. Falls Namen oder Orte nicht identifizierbar waren, werden sie nach der Handschrift kursiv gegeben. Personen erscheinen in der Regel nur dann im Register, wenn sie namentlich genannt werden.

Ob die Varianz zwischen den verschiedenen Chronikversionen auf den Verfasser oder auf die Schreiber bzw. Redaktoren der überlieferten Textzeugen zurückgeht, hat sich bis heute in der Forschung nicht eindeutig klären lassen[56]. Fest steht aber, dass die drei hier editorisch abgebildeten Chronikversionen unterschiedliche »Situationen eines Textes«[57] vor dessen Fixierung durch den Buchdruck abbilden. Die Diversität hat mit der veränderten Gebrauchsfunktion oder, wie dies die amerikanische Mediävistin Gabrielle M. Spiegel in anderem Zusammenhang formuliert hat[58], mit der »sozialen Logik« des Textes zu tun.

Die Konzilschronik wurde im Laufe ihrer Geschichte unterschiedlichen gesellschaftlichen Kontexten und entsprechenden Nutzungshorizonten angepasst und je nach Abschrift und Schreiber entsprechend redigiert, verändert und zusammengestellt. Man kann diese Tendenz vor allem in den Handschriften feststellen, die sich auf den Kon-

---

55   Ein schönes Beispiel in diesem Zusammenhang ist das Wort *prophet* in c. 237/256 (vor c. 239) in der G-Version. Gemeint ist ein Abort bzw. eine Latrine (*provet, prophetli* in Aegidius Tschudis »Chronicon Helveticum«), die im Kaufhaus zur Papstwahl eingerichtet wurde. Siehe hier auch den entsprechenden Sachkommentar in der G-Version mit weiteren Literaturhinweisen.

56   Vgl. D. MERTENS, Art. Richental, Ulrich, Sp. 56. Siehe hierzu auch W. MATTHIESSEN, Ulrich Richentals Chronik, S. 89, 122; G. J. SCHENK, Die Lesbarkeit von Zeichen der Macht, S. 276.

57   S. GRIESE, Exklusion und Inklusion (Anm. 4) S. 175. Siehe zu den »Situationen« eines Textes auch P. STROHSCHNEIDER, Situationen des Textes. Okkasionelle Bemerkungen zur »New Philology«, in: H. TERVOOREN / H. WENZEL (Hg.), Philologie als Textwissenschaft. Alte und neue Horizonte, Berlin u. a. 1997 (Zeitschrift für deutsche Philologie, Sonderheft 116) S. 62–86.

58   G. M. SPIEGEL, History, Historicism, and the Social Logic of the Text in the Middle Ages, in: Speculum 65 (1990) S. 59–86.

stanzer Chronisten Gebhard Dacher zurückführen bzw. von ihm geschrieben, herge-stellt oder redigiert worden sind[59].

Man muss davon ausgehen, dass sich die Funktion, die der »Text von seiner Entste-hungsabsicht her haben sollte«, keineswegs mit den Funktionen decken muss, »die er später tatsächlich erlangt hat«[60]. Ein besonders eindringliches Beispiel einer solchen nachträglichen »Erneuerung« stellt in diesem Zusammenhang der in der Tschechischen Nationalbibliothek verwahrte, 285 Blätter starke Codex XVI A 17 dar, der, wie aus dem Autorenvermerk hervorgeht, dem Chronisten Gebhard Dacher gehörte. Ein anderes prominentes Beispiel ist die in der Bibliotheca Augusta zu Wolfenbüttel liegende Hand-schrift, die in einer flüssigen Kursive verfasst ist und teilweise über Weiterungen und Textzusätze verfügt, deren Herkunft einer zureichenden Erklärung bedürfen.

Der Chroniktext, so könnte man im Blick auf die erhaltene Überlieferung idealty-pisch und zusammenfassend formulieren, erlebte im Zuge seiner (heute rekonstruierba-ren) Geschichte offenbar einen mehrfachen Funktions- und Bedeutungswandel, und zwar vom – modern formuliert – subjektiven »Ego-Dokument« (A-Version), das aus der Sicht eines am Geschehen beteiligten Chronisten in Ich-Form verfasst wurde, zur offi-ziellen, anonymisierten und nicht selten panegyrisch überformten städtischen Konzils-historiographie in Er-Form (K-Version), um schließlich als redigiertes, bearbeitetes und reorganisiertes Produkt eines durch den frühen Buchdruck neu geschaffenen literari-schen Marktes (G-Version) zu enden und bis in die Neuzeit hinein als maßgebliche his-toriographische Darstellung des Konstanzer Konzils und seiner Geschichte zu wirken[61].

---

59   Nach dem Konstanzer Mediävisten Harald Derschka muss man wohl auch davon ausgehen, dass die deutsch-lateinischen Inschriften zur Papstwahl des Jahres 1417 am Südportal des Konstanzer Kon-zilgebäudes in den 1460er Jahren von Gebhard Dacher angebracht wurden, der damals die Aufsicht über das Gebäude innehatte. Hierzu die Mail von Harald Derschka vom 10. November 2017.

60   H.-W. GOETZ, Moderne Mediävistik. Stand und Perspektiven der Mittelalterforschung, Darmstadt 1999, S. 170.

61   Aegidius Tschudi las die Chronik beispielsweise – avant la lettre – ganz »historistisch« als Konzils-geschichte, obwohl sie dies definitiv nicht ist (und wohl auch nicht sein wollte), sondern eine Geschichte der Stadt zur Zeit des Konzils. In diesem Zusammenhang spielte auch die konziliare Diskussion des so genannten Reformationszeitalters im frühen 16. Jahrhundert eine wichtige Rolle. Die Bewertung des Konstanzer Konzils war in diesem Zusammenhang zwischen den Glaubensparteien und Konfessionen naheliegenderweise umstritten. Vgl. Th. BROCKMANN, Die Konzilsfrage in den Flug- und Streitschrif-ten des deutschen Sprachraums 1518–1563, Göttingen 1998, S. 275 Anm. 131, 629. Zur Transformation, Rezeption und Nutzung des Konstanzer Konzils sowie der Chronik im 15. und 16. Jahrhundert siehe auch R. BÄUMER, Johannes Eck und das Konstanzer Konzil, in: AHC 27/28 (1995/96) S. 571–591; J. HAPPES, Transformation und Nutzung der Konstanzer Konzilschronik im späten 15. Jahrhundert, in: Mitteilungen der Residenzen-Kommission der Akademie der Wissenschaften zu Göttingen. Neue Folge: Stadt und Hof 4 (2015) S. 69–81; Th. M. BUCK, Ein Buch prägt die Erinnerung, S. 52f.; E. WOL-GAST, Das Konstanzer Konzil im Urteil Luthers und der reformatorischen Geschichtsschreibung, in: K.-H. BRAUN / Th. M. BUCK (Hg.), Über die ganze Erde erging der Name von Konstanz, S. 51–68; P.

Um dem Text, der neben anderen Dokumenten ohne Zweifel zu den zentralen und wichtigen Quellen des Konstanzer Konzils zählt, in der Varianz und Pluralität seiner Überlieferung also tatsächlich gerecht zu werden, muss man ihn, wie ich bereits 2010 betont habe[62], eigentlich in seinen verschiedenen Versionen parallel drucken bzw. lesen. Das ist in Buchform nur zu leisten, wenn man alle drei Versionen, wie dies bei der vorliegenden analogen Ausgabe des Thorbecke Verlages der Fall ist, separat druckt und diese nach Möglichkeit Kapitel für Kapitel nebeneinander legt, analysiert und den Text und seinen Inhalt systematisch vergleicht.

Diese komplexe und auf verschiedenen Versionen basierende Textgeschichte für den Benutzer nach Möglichkeit transparenter, greifbarer und kenntlicher zu machen, ist Aufgabe der vorliegenden Textausgabe, die hiermit, nachdem sie in digitaler Form bereits auf der Homepage der MGH erschienen ist[63], auch analog publiziert wird, da die Nachhaltigkeit digitaler Ressourcen nach wie vor nicht gesichert ist[64].

Die Ausgabe wäre ohne die Hilfe und Unterstützung der Deutschen Forschungsgemeinschaft[65] (DFG), der Monumenta Germaniae Historica[66] (MGH), des Stadtarchivs Konstanz sowie des Jan Thorbecke Verlags in der Form, wie sie jetzt in Buchform vor-

---

ECKHART, Konzil und Konzilschronik im lokalen Gedächtnis. Die Kirchenversammlung in der Konstanzer Publizistik und Historiografie der Reformationszeit, in: ebd., S. 69–107; DIES. / B. STUDT, Das Konzil im Gedächtnis der Stadt, S. 87–96.

62 Th. M. BUCK, Chronik des Konstanzer Konzils, S. XLIf.

63 Ulrich Richental, Die Chronik des Konzils von Konstanz, hg. von Thomas Martin BUCK (MGH DE 1, München 2019). Zum Stand der digitalen Editorik vgl. P. ROBINSON, Current issues in making digital editions of medieval texts – or, do electronic scholarly editions have a future?, in: Digital Medievalist I.I (2005): https://journal.digitalmedievalist.org/articles/10.16995/dm.8/; P. SAHLE, Digitale Editionstechniken, in: M. GASTEINER / P. HABER (Hg.), Digitale Arbeitstechniken für die Geistes- und Kulturwissenschaften, Wien u.a. 2010, S. 231–249; M. SCHLEMMER (Hg.), Digitales Edieren im 21. Jahrhundert, Essen 2017; P. FÖHR, Historische Quellenkritik im Digitalen Zeitalter, Basel 2018; C. RADL / B. POSSELT, Die MGH im dritten Jahrhundert: Digitale Editionen und Forschungsdaten, in: Das Mittelalter. Perspektiven mediävistischer Forschung. Zeitschrift des Mediavistenverbandes 24 (2019) S. 237–240, S. 238 Anm. 4 und C. RADL / B. MARXREITER / B. POSSELT, Die MGH im digitalen Zeitalter, in: Mittelalter lesbar machen. Festschrift 200 Jahre Monumenta Germaniae Historica, Wiesbaden 2019, S. 39–53, S. 51f.

64 Vgl. zur Nachhaltigkeit digitaler Editionen, »deren nachhaltige Bereitstellung ein zwar weithin bekanntes, aber nach wie vor ungelöstes Problem ist«, die gleichnamige Tagung in Düsseldorf am 17. September 2018: https://www.hsozkult.de/event/id/termine-37633.

65 Am 18. November 2013 ist mein Antrag zum Thema »Digitale Edition der Konstanzer Konzilschronik Ulrich Richentals« für die Laufzeit vom 1. April 2014 bis zum 31. März 2017 von der DFG genehmigt worden. Gleichzeitig wurde von der DFG ein Dissertationsprojekt zu den Teilnehmerlisten des Konstanzer Konzils bewilligt, das 2014 von Sabine Strupp M. A. in Angriff genommen und 2017 um ein Jahr verlängert wurde.

66 Das digitale Editionsprojekt (Online-Edition) wurde im März 2013 von der Zentraldirektion unter der Leitung von Claudia Märtl in das Programm der MGH aufgenommen.

liegt, nicht zustande gekommen, wofür ich mich bei allen Beteiligten – vor allem bei Herrn Prof. Dr. Jürgen Klöckler – noch einmal recht herzlich bedanke.

G-Version

Die 223 Blätter zählende St. Georgener Handschrift war früher im Besitz des Benediktinerklosters St. Georgen bei Villingen im Schwarzwald und liegt heute in der Badischen Landesbibliothek Karlsruhe (Cod. St. Georgen 63)[1]. Die Handschrift ist, wie sogleich aus dem Texteingang hervorgeht, nur fragmentarisch erhalten, die Bilderfolge stark dezimiert, die Blattfolge teilweise gestört. Der Text-, aber auch der Bild- und Wappenteil des Codex kann indes über den von Anton Sorg zu Augsburg im Jahr 1483 besorgten[2], 247 Blätter umfassenden Erstdruck der Chronik näherungsweise rekonstruiert werden[3].

Die hier vorliegende G-Version der Richental-Chronik, die nachweislich der Schreibstube Gebhard Dachers (ca. 1425–1471) entstammt, ist mithin überall dort, wo Text oder Bildmaterial in G fehlt oder ausgefallen ist, nach D_1 ergänzt bzw. komplettiert worden. Es handelt sich mithin um einen teilweise zusammengesetzten Text. Der Textanfang orientiert sich an der Druckausgabe der Chronik, die im Besitz des Nürnberger Humanisten Hartmann Schedel (1440–1514) war und heute in der Bayerischen Staatsbibliothek in München verwahrt wird (Rar. 335).

Die St. Georgener Handschrift wurde von dem Karlsruher Bibliothekar Alfred Holder erst Ende des 19. Jahrhunderts in der Großherzoglich Badischen Hof- und Landesbibliothek »entdeckt«[4]. Sie war 1803 im Zuge der Säkularisation der Kirchen- und Klostergüter nach Karlsruhe gekommen, aber erst sehr viel später bibliographisch erfasst und

---

1 Vgl. B. Konrad, Die Buchmalerei in Konstanz, S. 295; Ders., Kostbarkeiten der Buchmalerei, Nr. 9; G. Wacker, Ulrich Richentals Chronik, Anhang II, S. Vf.; K. Domanski, Ulrich Richental, S. 484f.

2 Laut Kolophon fol. 247ʳ am *afftermontag nach Egidy* (= 2. September 1483). Vgl. B. Jahn, Art. Sorg, Anton, in: Deutsches Literatur-Lexikon. Das Mittelalter, hg. von W. Achnitz, Bd. 7: Das wissensvermittelnde Schrifttum im 15. Jahrhundert, Berlin 2015, Sp. 1113–1116 und B. Konrad, Rosgartenmuseum Konstanz, S. 131.

3 Siehe etwa die Inkunabeln Dh 9 und Don. Ink. 412 der BLB Karlsruhe. Faksimile: Ulrich von Richental, Conciliumbuch. Augsburg 1483 (Die Inkunabel in ihren Hauptwerken, Bd. 3), hg. von E. Voulliéme, Potsdam [1923]. Eine Abbildung der Holzschnitte findet sich bei A. Schramm, Der Bilderschmuck der Frühdrucke, Bd. 4: Die Drucke von Anton Sorg in Augsburg, Leipzig 1921, Abb. 1049–2253. Die Nähe der Handschrift zum Druck betonten bereits Ph. Ruppert, Das alte Konstanz in Schrift und Stift, S. VIII und L. Baer, Die illustrierten Historienbücher des 15. Jahrhunderts. Ein Beitrag zur Geschichte des Formschnittes, Straßburg 1903, S. 142. Nach I. Leipold, Untersuchungen zum Funktionstyp »Frühe deutschsprachige Druckprosa«. Das Verlagsprogramm des Augsburger Druckers Anton Sorg, in: Deutsche Vierteljahrsschrift für Literaturwissenschaft und Geistesgeschichte 48 (1974) S. 264–290, S. 277 Anm. 94 handelt es sich bei der am 2. September 1483 erschienenen Konzilschronik um das »bedeutendste Druckwerk Sorgs«.

4 Der Codex kam 1807 mit anderen Bänden des Klosters nach Karlsruhe. Vgl. W. Brambach, Die

ausgewertet worden. Bis dahin spielte der für die Konstitution der dritten Textfassung wichtige Codex in der Richental-Forschung eigentlich keine Rolle.

Michael Richard Buck hatte den Textzeugen für seine Edition 1882 noch nicht berücksichtigt, die Handschrift allerdings 1887 in der »Zeitschrift für die Geschichte des Oberrheins« in einem Editionsnachtrag angezeigt und erstmals – zusammen mit der heute ebenfalls in Karlsruhe liegenden Ettenheimer Handschrift – eingehend besprochen[5]. Zuvor hatte er den wiederentdeckten Codex mit den bereits 1882 editorisch erfassten Handschriften (damals noch) aus Aulendorf (heute New York) und Konstanz (heute Rosgartenmuseum) verglichen bzw. kollationiert[6].

Seiner Kollation zufolge ist der Codex jedoch nur »ein eigens zugerichteter Auszug aus K[onstanz]«[7]. In dieser Allgemeinheit ist das Urteil jedoch ebenso wenig haltbar wie das ebenfalls hier geäußerte Urteil, »dass E[ttenheim] eine wörtliche Abschrift von K[onstanz]« sei[8]. Denn es hat allenfalls für Teile der St. Georgener Handschrift Gültigkeit. Darauf hatte bereits der Kunsthistoriker Rudolf Kautzsch 1894 hingewiesen, wenn er betont, G sei ein Auszug aus einer Handschrift, »die wesentlich mehr bot« als der Konstanzer Richental-Codex[9].

Kautzsch bezeichnete Michael Richard Bucks Analyse denn auch zu Recht als »nicht ganz genau«[10]. Kautzsch hat vor allem den Zusammenhang mit dem Erstdruck herausgestellt, der, was den Text anbelangt, der St. Georgener Chronikversion im Wesentlichen folgt[11]. Leo Baer hat dieses Urteil auch im Hinblick auf die Formschnitte und Miniaturen, die der Erstdruck enthält, bestätigt[12].

Lilli Fischel betrachtete den St. Georgener Textzeugen als »führendes Werk« der zweiten Handschriftengruppe[13], was indes insofern fraglich ist, als G bzw. D_1 nicht nur,

---

Grossherzogliche Hof- und Landesbibliothek in Carlsruhe, Karlsruhe 1875, S. 15 und M. R. Buck, Zwei neue Richental'sche Codices, S. 111.

5   Vgl. M. R. Buck, Zwei neue Richental'sche Codices, S. 111–117.

6   Ebd., S. 112.

7   Was allein schon deshalb nicht stimmen kann, weil G und D_1 den systematischen Chronikteil nach Manier der A-Version mit einer *Recapitulatio* beschließen und die chronikabschließende Hus- und Hieronymus-Geschichte den Ich-Erzähler kennt. Vgl. M. R. Buck, Zwei neue Richental'sche Codices, S. 114.

8   Ab fol. 106 folgt E nicht mehr K bzw. Pr, sondern G. Dies ist gegen M. R. Buck, Zwei neue Richental'sche Codices, S. 114 festzuhalten.

9   R. Kautzsch, Die Handschriften, S. 450.

10   Ebd., S. 450 und 463. Siehe auch B. Konrad, Rosgartenmuseum Konstanz, S. 132.

11   R. Kautzsch, Die Handschriften, S. 468. Siehe auch schon Ph. Ruppert, Das alte Konstanz in Schrift und Stift, S. VIII.

12   Vgl. L. Baer, Die illustrierten Historienbücher (Anm. 3) S. LXI und 142. Siehe auch W. Matthiessen, Ulrich Richentals Chronik, S. 103.

13   Vgl. L. Fischel, Die Bilderfolge der Richental-Chronik, S. 51.

was die fragmentarische *Recapitulatio* des Schlussteiles foll. 263^v– 264^v (in D$_1$ foll. 241^r–242^r) mit Ich-Erzähler anbelangt, durchaus auch mit einer A-Version gearbeitet haben müssen, also eine Mischversion darstellen, die nicht einfach der subjektiven oder objektiven Chronikversion zugerechnet werden kann, sondern eine eigene, allerdings redigierte Chronikfassung repräsentieren.

Auch für die Hus- und Hieronymus-Geschichte ist in cc. 152 und 156,1 in der siebten Texteinheit ein Ich-Erzähler belegt, der in der K-Version eigentlich tabu sein müsste. Der Ich-Erzähler der A-Version findet sich auch in D$_1$ in cc. 154, 267,1 und 279, so dass er hier ursprünglich auch für das vollständige G angenommen werden darf. Außerdem führt sich G, so die Unterschrift am Ende der Handschrift fol. C^r, klar auf den Konstanzer Chronisten Gebhard Dacher zurück.

Die Handschrift, die 1894 von Theodor Längin noch einmal ausführlich im Karlsruher Handschriftenkatalog codicologisch beschrieben und analysiert wurde[14], ist mithin nachweislich im Besitz des Konstanzer Chronisten gewesen und von ihm bearbeitet, rubriziert, foliiert und redigiert worden, so dass der ganz originäre Textaufbau sowie die exzeptionelle Handschriftengestaltung mit hoher Wahrscheinlichkeit auf Dacher, der in Konstanz eine nicht mehr näher rekonstruierbare »Schreibstube« unterhielt und seit 1461 als Hausherr im Kaufhaus tätig ist, zurückgehen[15]. Die Autopsie der Handschrift lässt ferner den Schluss zu, dass Dacher selbst Namen bzw. Teilnehmer in die Handschrift nachgetragen hat.

Das Dachersche Familienwappen[16], wie es sich fol. 4^{v*} in der Prager Handschrift (Cod. XVI A 17), fol. 1^r in der Stuttgarter Handschrift (HB V Hist. 22) und fol. 11^r auch in D$_1$ (zusammen mit dem Konstanzer Stadtwappen) findet, ist wohl aufgrund des fragmentarischen Beginns – das erste Blatt im St. Georgener Codex fehlt – ebenso ausgefallen wie der Psalmvorspruch und das Stadtwappen von Konstanz.

Die G-Version setzt heute fol. 2ra mitten im Text ein. Die ersten Worte von c. 3,2 nach der K-Version lauten: *dick ze red gesetzt wurden.* Sie beziehen sich auf die Kurfürsten. Im Erstdruck finden sich diese Worte fol. 12va Z. 16f. Die St. Georgener Chronik setzt mit der Vorgeschichte des Konzils und der Rolle der Kurfürsten beim Zustandekommen des Konzils ein. Im Frühdruck gehen zwei Texteinheiten voraus, die sich mit dem Ein-

---

14 Vgl. Th. Längin, Die Handschriften der Grossherzoglich Badischen Hof- und Landesbibliothek in Karlsruhe. Beilage II: Deutsche Handschriften, Karlsruhe 1894 (ND 1974), S. 15f. und K. Domanski, Ulrich Richental, S. 459–462.

15 Vgl. Ph. Ruppert, Das alte Konstanz in Schrift und Stift, S. VIII; R. Kautzsch, Die Handschriften, S. 450; Th. Längin, Die Handschriften (Anm. 14) S. 16; L. Fischel, Die Bilderfolge der Richental-Chronik, S. 44; K. Domanski, Ulrich Richental, S. 460; B. Konrad, Rosgartenmuseum Konstanz, S. 132; Ders., Die Buchmalerei in Konstanz, S. 120 und J. Klöckler, Die Konstanzer Handschrift, S. 8f.; Ders., Nachwort, S. 230–234; P. Eckhart / B. Studt, Das Konzil im Gedächtnis der Stadt, S. 91.

16 B. Konrad, Die Buchmalerei in Konstanz, S. 126 interpretiert das Wappen Dachers und seiner aus Überlingen stammenden Frau Ursula Ächtpigin gewissermaßen als »Firmenzeichen«.

zug von Konzilsteilnehmern (cc. 35, 40–45,3, 52–55,3, 68,1–86,2) und der großen Konstanzer Fronleichnamsprozession (c. 142) beschäftigen[17].

Es ist jedoch nicht ganz klar, ob wir die beiden Textelemente auch für die ehemals vollständige St. Georgener Handschrift annehmen dürfen[18]. Aus einem Rückverweis fol. 36ra geht indes hervor, dass die St. Georgener Handschrift wohl zumindest über die erste Texteinheit verfügt haben muss[19], ob auch über die zweite, ist anzunehmen, aber heute nicht mehr stringent aus der erhaltenen Handschrift zu beweisen.

Der Textzusammenhang von G und D_1, den bereits Kautzsch betonte[20], ist jedoch so offensichtlich, dass er zur Textkonstitution herangezogen werden darf. Zu dieser Rekonstruktion können teilweise – neben D_1 – aber auch E (ab fol. 106[r]), St_1 (ab fol. 129vb) und Z_2 (foll. 66[v]–67[r]) herangezogen werden, die an manchen Stellen über Text verfügen, wo er in G heute fehlt oder ausgefallen ist.

Festzuhalten bleibt, dass die St. Georgener Handschrift und der ihr textlich folgende Erstdruck von 1483 keine erzählerisch in sich geschlossene Chronik bieten, wie sie etwa in der A- und K-Version und deren Deszendenten vorliegt. Der Text ist in beiden Textzeugen wohl im Blick auf eine veränderte Leserschaft völlig neu geordnet, organisiert und sortiert worden[21]. Das ist bereits 1847 dem Konstanzer Privatgelehrten und Gymnasialprofessor Josua (Joseph) Eiselein (1791–1856) aufgefallen, der sich selbst mit dem (allerdings nicht ausgeführten) Plan trug, die Chronik zu edieren.

Er schreibt in einer Verlagsankündigung des Editionsprojekts aus dem Jahr 1847, die dem Stuttgarter Cod. Don. 613 in der Württembergischen Landesbibliothek Stuttgart lose beigefügt ist, dass der erste »Herausgeber« der Chronik – er meint damit den Augsburger Drucker Anton Sorg – 1483 »die Abfolge der Materien nach Belieben verändert« habe[22]. Richtig an dieser Feststellung ist, dass G nachweislich eine redaktionelle Bearbeitung erfuhr, die aber nicht erst auf Sorg, sondern bereits auf Dacher zurückgeht, der, wie es in der Prager Handschrift (Cod. XVI A 17) im Vorspann heißt, die Chronik einer »Erneuerung« unterzog.

---

17   Vgl. zum gegenüber A und K veränderten Textaufbau bereits R. Kautzsch, Die Handschriften, S. 468.

18   Der Handschrift sind heute zehn neue Blätter (foll. I–X) vorgebunden. Ob sie einen Verlust dokumentieren sollen, ist unklar. Die Untersuchung der ersten Lage zeigt jedenfalls, dass vor fol. 2 ursprünglich mehr Blätter vorfindlich waren.

19   Der Zusatz handelt von dem Burggrafen Friedrich von Nürnberg: *so vor von dem burggrafen geschriben ist an sinem inriten.* Die entsprechende Textstelle, auf die hier Bezug genommen wird, findet sich heute nur noch in c. 53,2 in D_1 fol. 4ra.

20   Vgl. R. Kautzsch, Die Handschriften, S. 469. Siehe auch G. Wacker, Ulrich Richentals Chronik, S. 254 und K. Domanski, Ulrich Richental, S. 484.

21   Vgl. R. Kautzsch, Die Handschriften, S. 463: »Der Inhalt der Vorlage ist überall gekürzt und in viele kleine Abschnitte zerlegt worden«.

22   Vgl. hierzu die in Cod. Don. 613 in der WLB Stuttgart aufbewahrte Verlagsankündigung.

Der Terminus »Auszug«, der oben für G reklamiert wurde, zeigt also nicht nur an, dass in G Text- und Bildverluste zu verzeichnen sind, sondern auch, dass G nur ausgewählte Exzerpte aus einer bereits bekannten Vollchronik bietet. Es ist insofern auch nicht ganz richtig, wenn Kautzsch behauptete, G sei ein Auszug aus einer Handschrift, »die wesentlich mehr bot« als der Konstanzer Textzeuge[23].

Tatsache ist vielmehr, dass die G-Version einerseits mehr, andererseits aber auch weniger als K bietet. Nur hier findet sich etwa foll. 77^v–79^v der Auszug Papst Martins V. aus Konstanz im Bild dargestellt[24]. Als bearbeitete Mischversion nimmt G eine eigenständige Stellung zwischen den Versionen A und K ein. Das geht am besten daraus hervor, dass G aufgrund seiner exzeptionellen Formalstruktur beispielsweise das c. 118 zwei Mal bringt, einmal fol. 27^r in der dritten und einmal fol. 75^r am Anfang der vierten Texteinheit. Das gilt für viele weitere Textpartien, die sich aufgrund der neu konzipierten Textgliederung nicht nur wiederholen, sondern teilweise auch nach unterschiedlichen Vorlagen erzählt werden[25].

Man darf insofern davon ausgehen, dass es – angesichts einer wohl durch den Frühdruck grundsätzlich veränderten Rezeptionssituation – weder in der Absicht von G noch von D$_1$ lag, die Chronik in ihrer Vollform zu geben. Text- und Bildcorpus sind nachweislich reduziert, der Textbestand ferner in sieben größere selbstständige Texteinheiten untergliedert worden, wobei G im Vergleich zu D$_1$ heute fragmentarisch mitten in der dritten Texteinheit einsetzt und ebenfalls fragmentarisch in der *Recapitulatio*, dem Gesamtverzeichnis der Konzilsteilnehmer, endet.

Die ersten beiden Texteinheiten berichten in D$_1$ vom Einzug der Konzilsteilnehmer und von der großen Fronleichnamsprozession. Sie fehlen heute in G, sind ursprünglich aber wohl – das gilt zumindest für die erste Texteinheit – in der Handschrift vorhanden gewesen. Daraus folgt, dass man die G-Version, da es keine durchgängige Geschichtserzählung gibt, nicht in derselben Weise »lesen« und »rezipieren« kann, wie dies für die A- und K-Version gilt. Insofern ist der Vergleich der Versionen, da man es mit einem von Grund auf veränderten und redigierten Text zu tun hat, hier schwerer als etwa zwischen A und K durchzuführen. Das gilt, wie aus der Kapitelkonkordanz und der Kapitelsukzession hervorgeht, vor allem für den systematischen Kapitelabgleich[26].

Im Folgenden gebe ich daher zum besseren Verständnis die Formalgliederung der G-Version, wie sie sich aus dem Textaufbau von G und D$_1$ ergibt, wobei zu bedenken ist,

---

23 Vgl. R. Kautzsch, Die Handschriften, S. 450.

24 Vgl. G. Wacker, Ulrich Richentals Chronik, S. 150 mit Anm. 771; Th. M. Buck, Figuren, Bilder, Illustrationen, S. 415, 426, 428f.; G. J. Schenk, Die Lesbarkeit von Zeichen der Macht, S. 288, 293, 301.

25 B. Konrad, Die Buchmalerei in Konstanz, S. 120 geht davon aus, »daß Dacher zur Kopie mindestens zwei verschiedene Urschriften vorgelegen haben«.

26 Es gibt viele Kapitel – etwa cc. 97, 119,1 und 122 – die zwei Mal in unterschiedlichen Texteinheiten begegnen.

dass G aufgrund des fragmentarischen Beginns fol. 2ra erst in der dritten Texteinheit einsetzt:

1. Texteinheit: Einzug der Konzilsteilnehmer, D_1, foll. 2ra–10rb (cc. 34,3, 35, 40–45,3, 52–55,3, 68,1–86,2).

2. Texteinheit: Große Konstanzer Fronleichnamsprozession, D_1, fol. 10^{ra-vb} (c. 142).

3. Texteinheit: Chronik im engeren Sinne (G, foll. 2ra–74rb, D_1, foll. 11va–82va). Psalmvorspruch, Konstanzer Stadtwappen mit Hinweisen auf Gebhard Dacher und seine Frau Ursula Ächtpigin (Wappen), wie sie für D_1 fol. 11^r belegt sind, sind in G ausgefallen (cc. 1,1–318).

4. Texteinheit: Flucht Papst Johannes' XXIII. (G, foll. 75ra–81va, D_1, foll. 82va–88vb) (cc. 118–137).

5. Texteinheit: Kanonisation der Hl. Birgitta (G, foll. A^{r-v}, urspr. fol. 83^{r-v}, D_1, fol. 89ra–89vb) (cc. 97–99,2).

6. Texteinheit: Beginn des systematischen bzw. statistischen Chronikteils (G, foll. 85^r–264^v, D_1, foll. 90^r–242^r) (cc. 327–520).

7. Texteinheit: Geschichte von Jan Hus und Hieronymus von Prag (G, foll. 267ra–268vb, B^{ra}–C^{ra}[27], D_1, foll. 242^v–247^r) (cc. 147,2–156,2).

Aus der Aufstellung geht hervor, dass wir es bei der G-Version mit einem gegenüber der A- und K-Version grundsätzlich veränderten Text- und Chronikaufbau zu tun haben. Die narrativ geschlossene Gesamtchronik, wie sie uns etwa in den Handschriften A, Pr, K, W, Wo und St_2 begegnet und die aus einem chronologischen bildlich-narrativen und einem systematischen, mit Namen und Wappen versehenen Textteil besteht, wird in einzelne, selbstständig rezipierbare Texteinheiten aufgelöst, die thematisch neu angeordnet werden.

Das gewählte Auswahl- bzw. Selektionsverfahren, das eventuell einer mit dem frühen Buchdruck entstandenen »neuen Lesewelt« Rechnung trug, zeigt, wie pragmatisch im 15. Jahrhundert mit vorgegebenen Textvorlagen umgegangen und gearbeitet wurde. Der Text und seine Redaktion leben hier ganz wesentlich aus der Funktion, die sie in jenem sozialen und kulturellen Kontext haben, in den ihn die Schreiber und Redaktoren jeweils stellten.

Die neuen Publikationsmöglichkeiten, die sich im Laufe des 15. Jahrhunderts mehr und mehr durchsetzten, konnten nicht nur die Situation und Performanz eines Textes, sondern auch seine Geltung und seinen Wert verändern. Der Fall des Augsburger Erstdruckes der Richental-Chronik im Jahr 1483 ist im Rahmen der Chroniküberlieferung

---

27   Die inkohärente Textverteilung der Hus- und Hieronymus-Geschichte in G ergibt sich dadurch, dass die St. Birgitten-Geschichte als textfremdes Einschiebsel in der Hus-Geschichte erscheint. Fol. A (war ursprünglich fol. 83), das die St. Birgitten-Geschichte bietet, wird hier fälschlich eingebunden. Vgl. Th. LÄNGIN, Die Handschriften (Anm. 14) S. 15.

und Chronikrezeption deshalb aufschlussreich, weil er den Medienwandel vom handgeschriebenen zum gedruckten Buch bezeichnet[28].

In diesem Zusammenhang stellt sich selbstverständlich auch die Frage, ob die neue Textqualität, die die Chronik in der G-Version erreicht, gezielt für den Druck und dessen veränderte Leserschaft hergestellt wurde. Wilhelm Berger hat 1871 immerhin vermutet, dass Dacher mit der vorbereitenden Drucklegung der Chronik auf irgendeine Weise befasst war[29], die Textveränderung also eventuell in Verbindung mit dem Druck steht.

Wie ordnen sich nun – neben G und D_1 – die anderen erhaltenen Textzeugen in den skizzierten Überlieferungszusammenhang der dritten Chronikversion ein? Die zweite Karlsruher Handschrift, die ursprünglich dem Benediktinerstift Ettenheim-Münster entstammt, folgt, wie bereits bei der Besprechung der K-Version betont wurde, bis fol. 70^r (c. 212) nahezu eindeutig K bzw. W. Danach wechselt E mehrfach die Vorlage, folgt einmal K bzw. W, aber auch A bzw. Pr, bis schließlich mit fol. 106^r (c. 286) ein letzter Hand- und Vorlagenwechsel erfolgt[30], und zwar zur St. Georgener Chronik-Version, so dass die Varianten des Ettenheimer Textzeugen ab fol. 106^r auch in den kritischen Apparat der G-Version eingearbeitet worden sind.

Die 243 Blätter zählende, früher im Besitz des Benediktinerklosters Weingarten in Oberschwaben befindliche Stuttgarter Handschrift (HB V Hist. 22) ist, worauf bereits bei der Vorstellung der A-Version hingewiesen wurde und was sogleich aus dem Dacherschen Familienwappen und dem Namenseintrag fol. 1^r hervorgeht, wie die St. Georgener, Prager (Cod. XVI A 17) und Wolfenbütteler Handschrift Dacherscher Provenienz[31].

Der Stuttgarter Codex vereinigt, wie aus dem Vorsatzblatt fol. I^r und dem vorange-

---

28 Vgl. D. MERTENS, Früher Buchdruck und Historiographie. Zur Rezeption historiographischer Literatur im Bürgertum des deutschen Spätmittelalters beim Übergang vom Schreiben zum Drucken, in: Studien zum städtischen Bildungswesen des späten Mittelalters und der frühen Neuzeit. Bericht über Kolloquien der Kommission zur Erforschung der Kultur des Spätmittelalters 1978 bis 1981, hg. von B. MOELLER u. a., Göttingen 1983, S. 83–111, S. 99; P. JOHANEK, Historiographie und Buchdruck im ausgehenden 15. Jahrhundert, in: Historiographie am Oberrhein im späten Mittelalter und der frühen Neuzeit (Oberrheinische Studien, Bd. 7), Sigmaringen 1988, S. 89–120, S. 96 und B. KONRAD, Die Buchmalerei in Konstanz, S. 128. Zur Karlsruher Inkunabel Don. Ink. 412 C. MACKERT, *dieses kuntzyllyum ist wollffgang grauff zu furstenberg*. Zur Richental-Inkunabel Donaueschingen Ink. 412 der Badischen Landesbibliothek Karlsruhe und zum Buchbesitz des Grafen Wolfgang von Fürstenberg (1465–1509), in: Bibliothek und Wissenschaft 32 (1999) S. 1–31.
29 Vgl. W. BERGER, Johannes Hus und König Sigmund, S. 217.
30 Zu diesem Vorlagenwechsel schon ausführlich R. Kautzsch, Die Handschriften, S. 451, 465f.
31 Vgl. K. LÖFFLER, Die Handschriften des Klosters Weingarten (Beihefte zum Zentralblatt für Bibliothekswesen XLI), Leipzig 1912, S. 104; W. IRTENKAUF / I. KREKLER, Die Handschriften der Württembergischen Landesbibliothek Stuttgart. Zweite Reihe: Die Handschriften der ehemaligen Königlichen Hofbibliothek, Bd. 2, 2: Codices historici (HB V 1–105), Wiesbaden 1975, S. 37f.; W. MATTHIESSEN, Ulrich Richentals Chronik, S. 105; B. KONRAD, Kostbarkeiten der Buchmalerei, Nr. 10; G. WACKER,

stellten alphabetischen Index (foll. 2^r–9^v) ersichtlich ist, drei bekannte Chroniken (Jakob Twinger von Königshofen, Ulrich Richental, Konstanzer Chronik Gebhard Dachers) in einem historiographisch ausgerichteten Sammelband.

Der Textzeuge ist zudem mit der 258 Blätter zählenden Handschrift der St. Galler Stiftsbibliothek Cod. Sang. 646 eng verwandt, die neben der Konzilschronik auch eine Stadt- bzw. Weltchronik Dachers enthält[32]. Auch hier findet sich fol. 1^r am oberen Blattrand unter der rubrizierten Jahreszahl (*anno CCCviiij jar*) der lateinisch nachgetragene Hinweis, dass Gebhard Dacher der Verfasser dieser Konstanzer Chronik sei. Gemäß Kolophon samt Datierung fol. 223^v wurde der Codex 1472 von Dacher dem Konstanzer Stadtschreiber Konrad Albrecht übereignet.

Die dem St. Galler Codex nahe stehende Stuttgarter Sammelhandschrift setzt fol. 2^r jedoch nicht mit der Konzilschronik, sondern mit einem Auszug aus dem Geschichtswerk des Jakob Twinger von Königshofen (1346–1420) ein. Erst nach dem zweiten Kapitel der Twingerschen Chronik wird in der Stuttgarter Handschrift foll. 115vb (Wahl König Sigmunds) bzw. 116rb (Wahl Johannes' XXIII.) eine gekürzte bzw. redigierte Fassung der Richental-Chronik eingeschoben, die – mit verschiedenen Nachträgen von anderer Hand (u. a. zu Jan Hus und Hieronymus von Prag) – bis fol. 142rb reicht[33].

Das Exzerpt setzt fol. 117ra mit c. 3,1 ein. Der chronologische Chronikteil reicht bis fol. 126rb. Daran anschließend folgt der systematische Chronikteil (*Dis sind ir namen*),

---

Ulrich Richentals Chronik, Anhang II, S. XVf.; S. WOLFF, Die »Konstanzer Chronik« Gebhart Dachers, S. 97–106.

32 Auf dem Buchrücken als »Chronicon episcoporum Constantiensium« ausgewiesen, woraus hervorgeht, dass das Grundgerüst der Chronik eine Konstanzer Bischofsliste ist. Hinweise auf Gebhard Dacher finden sich foll. 1^r, 211^r und 223^v. Digitalisat: http://www.e-codices.unifr.ch/de/list/one/csg/0646. Hierzu Ph. RUPPERT, Das alte Konstanz in Schrift und Stift, S. XXIV–XXVI; B. KONRAD, Die Buchmalerei in Konstanz, S. 295; DERS., Kostbarkeiten der Buchmalerei, Nr. 14; B. M. VON SCARPATETTI, Die Handschriften der Stiftsbibliothek St. Gallen, Bd. 1, Abt. IV: Codices 547–669. Hagiographica, Historica, Geographica 8.–18. Jahrhundert, Wiesbaden 2003, S. 279–281; S. WOLFF, Die »Konstanzer Chronik« Gebhart Dachers, S. 88–97; N. H. Ott, Konstanz: Gebhard Dacher, S. 212–216; V. ZAPF, Art. Dacher, Gebhard, Sp. 799–801; P. ECKHART, Ursprung und Gegenwart. Geschichtsschreibung in der Bischofsstadt und das Werk des Konstanzer Notars Beatus Widmer (1475 – ca. 1533), Stuttgart 2016, S. 344–372, S. 522f. Zur Provenienz siehe schon G. SCHERRER, Verzeichniss der Handschriften der Stiftsbibliothek von St. Gallen, Halle 1875 (ND 1975), S. 212 und Ph. RUPPERT, Das alte Konstanz in Schrift und Stift, S. VIII und XXVI.

33 Der die Chronik Richentals betreffende Auszug ist wohl von drei Händen geschrieben. Die zweite Hand trägt in den von der ersten und dritten Hand frei gelassenen Raum Nachträge ein. Zu den Texteinfügungen zählt z. B. ein wichtiges Privileg König Sigmunds (foll. 132rb–133rb) für die Stadt Konstanz vom 20. Oktober 1417. Der König verschrieb nach dem Einzug des Thurgaus das Landgericht, den Wildbann und die Vogtei Frauenfeld der Reichsstadt Konstanz. Vgl. Repertorium schweizergeschichtlicher Quellen im Generallandesarchiv Karlsruhe, hg. von F. GEIGES-HEINDL, K. MOMMSEN und M. SALZMANN, Abt. I, Bd. 1, Einsiedeln 1982, Nr. 301, S. 46; E. TRÖSCH, Art. Thurgau, Spätmittelalter bis 18. Jahrhundert, in: Historisches Lexikon der Schweiz, Bd. 12, Basel 2012, S. 353.

der fol. 129vb endet. Wir sehen uns in jedem Fall einer Redaktionsstufe der Chronik gegenüber. Dass St$_1$ der New Yorker bzw. der Prager Handschrift (Cod. XVI A 17) folgt,
geht beispielsweise aus dem Ich-Erzähler in c. 393 (fol. 128^r) hervor. Das gilt jedenfalls
für den narrativen Chronikteil, der stark gekürzt und redaktionell bearbeitet ist. Der
Listenteil dagegen exzerpiert wohl in Teilen Pr. Auf fol. 129vb folgt dann – im Anschluss
an den Sprachenkatalog – ein deutlicher Handwechsel[34], der den Richental-Auszug in
ausgewählten Teilen fortsetzt.

Der Handwechsel führte offenbar auch zu einem Vorlagenwechsel. St$_1$ folgt jetzt der
St. Georgener Handschrift. Die Text- und Kapitelauszüge, die St$_1$ nun bringt, sind von
anderer Hand in vorhandene Textlücken (etwa foll. 129vb–130vb, 132rb–133vb, 134rb–
134vb) nachgetragen. Es handelt sich u. a. um die Lebensmittel- und Gebrauchsgüter-
listen (foll. 134rb–134vb), die Richental in seiner Chronik bietet, sowie um die Hus-Geschichte (foll. 135va–136vb, 137va–138vb, 139rb–140vb).

Nach der Erzählung von Hus und Hieronymus bringt St$_1$ dann noch einmal Teile der
Lebensmittel- und Preislisten (fol. 141ra–141va), um sodann mit der in G ebenfalls sepa-
rierten Fronleichnamsprozession (c. 142) fol. 141va–142rb das Richental-Exzerpt zu beschließen. Die bildliche Darstellung König Albrechts II. (1438/39) (umgeben von sieben
Wappen seiner Länder), die in St$_1$ fol. 142^v noch folgt, dürfte kaum zur Konzilschronik
gehören, zumal St$_1$ ansonsten über keine Illustrationen oder Wappen verfügt[35].

Die heute in der Stiftsbibliothek St. Gallen verwahrte Handschrift Cod. Sang. 657[36]
ist mit den Codices aus Innsbruck (Sammlung Di Pauli 873)[37] und Zürich (Ms. A 172 und
Ms. A 80) näher verwandt. Die vier Sammelhandschriften bilden eine eigene Text-
gruppe[38]. I und Z$_1$ stellen wie Sg den systematischen dem chronologisch-narrativen
Chronikteil voran und bieten eine gekürzte Redaktion der Chronik, deren Referenz-
punkt der Text der G-Version ist. Z$_2$, das stark beschädigt ist, beginnt den Richental-
Auszug fol. 35^r allerdings – nach zwei Leerblättern (foll. 33–34) – fragmentarisch mit c.

---

34 Vgl. W. IRTENKAUF / I. KREKLER, Die Handschriften (Anm. 31) S. 38.
35 Vgl. Th. M. BUCK, Figuren, Bilder, Illustrationen, S. 418.
36 Vgl. H. LIEBENAU, Eine Zürcher Chronik auf dem Ferdinandeum in Innsbruck, in: Anzeiger für
Schweizerische Geschichte und Alterthumskunde 9 (1863) S. 37–39; G. SCHERRER, Verzeichniss der
Handschriften der Stiftsbibliothek von St. Gallen (Anm. 32) S. 214; R. GAMPER, Die Zürcher Stadtchroniken, S. 180f.; W. MATTHIESSEN, Ulrich Richentals Chronik, S. 105; G. WACKER, Ulrich Richentals
Chronik, Anhang II, S. XV und von B. M. VON SCARPATETTI, Die Handschriften (Anm. 32) S. 299–301.
37 St$_1$, Sg, I und Z$_1$ schließen sich über einen Zusatz in c. 60,1b zusammen, der den Inhalt des Kapitels
um *ein karren mistes* erweitert. Vgl. R. GAMPER, Die Zürcher Stadtchroniken, S. 27, 174f.; W. MATTHIES-
SEN, Ulrich Richentals Chronik, S. 101 mit Anm. 17; G. WACKER, Ulrich Richentals Chronik, Anhang
II, S. XIVf.
38 Das geht schon aus dem Umstand hervor, dass alle vier Codices neben einer gekürzten Redaktion
der Konzilschronik Richentals auch Zürcher Chroniken überliefern. Vgl. R. GAMPER, Die Zürcher
Stadtchroniken, S. 27f. und 121 mit Anm. 374.

106/107[39], so dass nicht recht klar ist, ob der voranstehende systematische Chronikteil, wie er sich in Sg, I und Z_1 findet, verloren ging oder nie existiert hat. Der Zusammenhang von G und Z_2 lässt jedoch eher Letzteres vermuten.

Die zweite Zürcher Handschrift (Ms. A 80)[40], von der in der Zentralbibliothek eine teilweise, allerdings nicht die Konzilschronik berücksichtigende Abschrift aus dem frühen 19. Jahrhundert existiert (Ms. U 12)[41], stellt sich jedenfalls sehr viel näher zu G, als dies für Sg, I und Z_1 der Fall ist. Das geht schon aus den Wappen der Papstwähler hervor, die Z_2 fol. 57[r–v] in Übereinstimmung mit G bzw. D_1 – trotz der vielen Verluste – nicht vollständig, aber doch teilweise bewahrt hat[42]. Sg, I und Z_1 dagegen verzichten auf jegliche Wappen und Illustrationen. Alle drei Codices schreiben in c. 265 *sacristie* bzw. *sacrastie* statt *sigental*, *bald* statt *anstet* und *stůl* statt *sessel*, in cc. 288/289 gibt es ferner in allen drei Handschriften eine die liturgische Kleidung im Rahmen der Griechenmesse betreffende Ergänzung, die sich nur hier findet. Einen in allen drei Codices vorfindlichen längeren Zusatz zum Auszug des Papstes findet sich auch in c. 308.

Die drei genannten Textzeugen schließen sich mithin über bestimmte gemeinsame Varianten zusammen. I und Z_1 sind noch zusätzlich durch ein singuläres lateinisch-deutsches Prooem zusammengeschlossen[43], das sich in der erhaltenen Richental-Tradition anderweitig nicht findet, in den beiden Handschriften aber den systematischen Chronikteil eröffnet, der mit Papst Johannes XXIII. beginnt.

Die 230 Seiten zählende, aus dem Besitz des Glarner Chronisten Aegidius Tschudi (1505–1572) stammende St. Galler Handschrift beschränkt sich inhaltlich auf die Teilnehmerlisten (pag. 132/133–181) sowie auf einen stark kompilatorischen Chronikauszug (pag. 182–228)[44], der in vieler Hinsicht Z_1 folgt. Auf pag. 132 steht gewissermaßen als Prooem voran: *Hie nach ist von dem concilio, daz ze Costentz waz und wie menig person da waß, alß die hie nach geschriben und ain tail genempt sind.*

---

39 [...] *der fürtt inn durch die statt und hatt uff den tag groß fest.* Vgl. R. GAMPER, Die Zürcher Stadt-chroniken, S. 178; G. WACKER, Ulrich Richentals Chronik, Anhang II, S. XIX.

40 Vgl. L. C. MOHLBERG, Katalog der Handschriften der Zentralbibliothek Zürich I: Mittelalterliche Handschriften, Zürich 1952, S. 4 und E. GAGLIARDI / L. FORRER, Katalog der Handschriften der Zentralbibliothek Zürich II: Neuere Handschriften seit 1500, Zürich 1982, Sp. 71f.

41 Aus dem Nachlass von Johann Martin Usteri (1763–1827). Vgl. E. GAGLIARDI / L. FORRER, Katalog der Handschriften der Zentralbibliothek Zürich II (Anm. 40) Sp. 1438 sowie das handschriftliche Verzeichnis der von Herrn Johann Martin Usteri hinterlassenen Collectaneen und anderen Handschriften (ZB Zürich, St 374), fol. 5[v].

42 Vgl. L. C. MOHLBERG, Katalog der Handschriften der Zentralbibliothek Zürich I: Mittelalterliche Handschriften (Anm. 40) S. 4; E. GAGLIARDI / L. FORRER, Katalog der Handschriften (Anm. 40) Sp. 71; K. DOMANSKI, Ulrich Richental, S. 450.

43 Vgl. W. MATTHIESSEN, Ulrich Richentals Chronik, S. 108.

44 Die einzelnen Universitäten, die in Konstanz vertreten waren, werden pag. 162–163 beispielsweise nur summarisch genannt, ohne dass die einzelnen Teilnehmer namentlich aufgeführt würden. Vgl. R. GAMPER, Die Zürcher Stadtchroniken, S. 181; G. WACKER, Ulrich Richentals Chronik, Anhang II, S. XV.

In dem St. Galler Codex sind jedoch nicht alle Zuordnungen im Teilnehmerbereich eindeutig. Manche Namen begegnen – wie etwa in Pr – mehrfach mit unterschiedlicher Schreibung. Darüber hinaus ist vieles durch die handschriftlichen Notizen, Datierungen, Streichungen, Korrekturen und Überschreibungen, die Tschudi vorgenommen hat, heute nur noch sehr schwer lesbar[45]. Das Ende des Listenteiles von Sg pag. 181 (mit Nationen- und Sprachenkatalog) ist jedenfalls mit dem von Z_1 fol. 92^r identisch. Auch sonst stimmen, wie aus dem kritischen Apparat hervorgeht, viele Varianten der beiden Handschriften überein.

Die Innsbrucker Handschrift, die von dem Konstanzer Chronisten Claus Schulthaiß (foll. 78^v, 108^r und 117^r) geschrieben wurde und wie die New Yorker Handschrift auf ca. 1460 zu datieren ist[46], bietet foll. 1^r–78^v ähnlich wie Sg, Z_1 und Z_2 keine »Geschichte des Konstanzer Konzils«[47], sondern nur eine gekürzte Redaktion der Konzilschronik, ist aber vollständiger als der St. Galler Textzeuge. Im zweiten Teil der Handschrift schließen sich – nach sechs Leerblättern – foll. 85^r–117^r eine Zürcher Chronik sowie fol. 118^r ein (nachträglich wieder ausgestrichenes) Fragment der »Legenda aurea« an.

Der Richental-Auszug, der wie in Z_1 fol. 64^{r-v} mit einem lateinisch-deutschen Prooem (fol. 1^{r-v}) beginnt, ist zweigeteilt. Er beginnt foll. 1^v–43^v mit dem systematischen Chronikteil, also mit den Teilnehmerlisten, wobei die Bischofs- und Äbteliste (foll. 2^v–8^v) eine Nähe zu A zeigt. Der Innsbrucker Textzeuge ist deshalb – zusammen mit Sg und Z_1 – teilweise (cc. 365–368, 384–395 und 412) in den kritischen Apparat der A-Version hineinkollationiert worden. Sg, I und Z_1 verfügen über viele gemeinsame Varianten, gehen mithin auf eine ähnliche Vorlage zurück.

Der narrative Chronikteil der im Landesmuseum Ferdinandeum in Innsbruck verwahrten Handschrift folgt foll. 44^r–78^v auf den systematischen Chronikteil. Er ist stark über Rubriken, Nota-Vermerke und Lombardinitialen gegliedert, die teilweise in roter

---

45 Der Codex war bis 1768 im Besitz der Familie Tschudi. Danach kam er mit dem Nachlass an die Stiftsbibliothek St. Gallen. Die Marginalien in deutscher Sprache von Aegidius Tschudi beginnen pag. 29 mit »Sant Gallen gebuwen«. Vgl. J. Duft, Aegid Tschudis Handschriften in der Stiftsbibliothek St. Gallen, in: Zeitschrift für Schweizerische Kirchengeschichte 53 (1959) S. 125–137, S. 134; C. Sieber, Art. Tschudi, Aegidius, in: Historisches Lexikon der Schweiz, Bd. 12, Basel 2013, S. 526f.

46 Vgl. Ph. Ruppert, Das alte Konstanz in Schrift und Stift, S. XII XVIII; H. von Liebenau, Eine Zürcher Chronik (Anm. 36) S. 37 und 39 Anm.*; Th. Ludwig, Die Konstanzer Geschichtschreibung bis zum 18. Jahrhundert, Straßburg 1894, S. 37f.; J. Dierauer, Chronik der Stadt Zürich. Mit Fortsetzungen, Basel 1900, S. XXI–XXIV; H. Strahm, Der Chronist Conrad Justinger und seine Berner Chronik von 1420, Bern 1978, S. 65; R. Gamper, Die Zürcher Stadtchroniken, S. 174f.; H. Maurer, Konstanz im Mittelalter, Bd. 2, S. 160f.; W. Matthiessen, Ulrich Richentals Chronik, S. 101, 106, 109, 430–434, 442; B. Sandbichler / H. P. Sandbichler, Handschriftenkatalog des Museums Ferdinandeum: Die Codices des Tiroler Landesmuseums Ferdinandeum bis 1600, [Innsbruck 1999, ungedruckt], S. 228–230, die den Codex auf »2./3. Viertel 15. Jh.« datieren, und P. Eckhart, Ursprung und Gegenwart (Anm. 32) S. 552f.

47 P. Eckhart, Ursprung und Gegenwart (Anm. 32) S. 552.

Tinte gehalten sind. Die fehlende Blattzählung ist später von einer modernen Hand rechts oben mit Bleistift ergänzt worden.

Die Innsbrucker Handschrift schließt fol. 78^r nach c. 318 wie Z$_1$ (foll. 115^v–116^r) mit vier angefügten Kapiteln, die in G und Z$_2$ fehlen. In der unten stehenden Edition findet sich ein entsprechender Vermerk. Die überschießenden Kapitel sind in die vorliegende Edition nach Z$_1$ und I aufgenommen worden. Aufschlussreich ist, dass im ersten der vier angefügten Kapitel sowohl in I als auch in Z$_1$ die Stadt Konstanz mit einer die Stadt überhöhenden Tendenz als *irdesch himelrich* bezeichnet wird[48]. Es handelt sich hier wohl um eine Form des Städtelobs, die wir bereits aus dem Psalmvorspruch des Konstanzer Codex kennen.

Auch die systematischen Chronikteile der beiden Codices stimmen im Allgemeinen, von kleineren Varianten abgesehen, fast vollständig überein. So schließt I fol. 43^{r-v} wie Z$_1$ fol. 92^r den systematischen Chronikteil mit einem Sprachenkatalog und der Aufzählung der fünf Konzilsnationen ab, die sich pag. 181 auch in Sg finden. Darüber hinaus bringen nach c. 165 sowohl I als auch Z$_1$ singulär ein aus den cc. 140 und 126,1 zusammengesetztes Kapitel, woraus man schließen darf, dass beide Handschriften bei ihrer Entstehung wohl auf eine gemeinsame oder doch ähnliche Textvorlage zurückgegriffen haben.

Am Ende des Richental-Auszuges des Innsbrucker Textzeugen fol. 78^v findet sich ein Kolophon mit Schreibernotiz: *Es ist ze Constentz ist* [!] *ain gůt gesell, der haist Clauss Schulthais, der hautt dis geschriben uss gůttem můtt und ouch mitt gantzem fliss.* Darunter schließt sich nach apprekativem *Amen* in roter Tinte folgende, für die zeitgenössische Überlieferungssituation wichtige Schluss-Sentenz an, die wohl ebenfalls von Schulthaiß stammt: *Man vint och mer bücher darinn stǎt gemǎlt und geschriben des concilium loff und sachen, wie es ze Costentz so loblich und wol mit hilf des almächtigen gottes geregiert ward etc.*

Der Innsbrucker Textzeuge bezieht sich fol. 78^v mithin ausdrücklich auf *mer bücher* bzw. auf mehrere handschriftliche Vorlagen oder Codices, in denen der Verlauf des Konzils »gemalt und niedergeschrieben« gewesen sei. Das kann aber nur heißen, dass im Konstanz der Nachkonzilszeit mehrere einschlägige Texte im Umlauf waren und dass sich der Innsbrucker Codex auf eine vollständige(re) illustrierte Konzilshandschrift bezieht, die A nahe gestanden haben könnte.

Die Nähe zur A-Version zeigt sich nicht nur daran, dass die Listenteile teilweise konvergieren, sondern auch an der subjektiven Erzählform: Foll. 11^r, 68^v, 71^r und 76^r – bei Erwähnung der *priester* und *curtisani* (cc. 393 und 395), der Juden, die den neuen Papst um die Bestätigung ihrer Privilegien bitten (c. 267,1), des Abtes von Petershausen, den der Chronist als sein Herr bezeichnet (c. 304), sowie im Rahmen der Schilderung der

---

48 In der Innsbrucker Handschrift findet sich der Hinweis fol. 78^r, in der Zürcher Handschrift fol. 115^v.

griechischen Messe (cc. 288 und 289) – findet sich denn auch in I ein Ich-Erzähler, der eigentlich ein Spezifikum der A-Version ist.

Dass die Vorlage, was den Text anbelangt, vollständiger gewesen sein muss, geht vor allem aus urkundenähnlichen Textinserten (beispielsweise der Konvokationsbulle, fol. 44^r) hervor, die I nicht bringt, auf welche die Handschrift aber foll. 44^r, 47^r, 48^r und 50^r aus dem Text heraus verweist, deren Kenntnis und Text also offenbar vorausgesetzt wird. Im Wortlaut wird nur die Unterwerfungsurkunde Herzog Friedrichs IV. von Österreich foll. 48^v–49^v gebracht. Auf lateinische Dokumente wird fol. 47^r – ähnlich wie in A – *vornan* im Buch verwiesen[49]. Die Vorlage scheint also über solche Quellen – im Sinne einer Materialsammlung – verfügt zu haben.

Die erste Zürcher Handschrift (Ms. A 172)[50] schließt sich mit dem Innsbrucker Codex, wie bereits erwähnt wurde, nicht nur über ein lateinisch-deutsches Prooem, sondern auch über eine auf c. 318 folgende Texterweiterung zusammen, die vier Kapitel umfasst[51]. Die Chronik des Konzils von Konstanz nach Richental findet sich foll. 64^r–116^r. Der systematische Chronikteil (foll. 64^r–92^r) mit den Teilnehmerlisten steht dem chronologischen (foll. 92^v–116^r) voran.

Ganz ähnlich ist der St. Galler Codex Sang. 657 aufgebaut. Wie in Z$_1$ folgen auf eine, mit der Schöpfungsgeschichte[52] anhebende Konstanzer Weltchronik (pag. 1–46), eine Zürcher Chronik[53] (pag. 47–121) von den Anfängen bis zum Beginn des 15. Jahrhunderts (mit Fortsetzungen, pag. 121–132) und schließlich ein Auszug aus der Richental-Chronik (pag. 132–228). Der St. Galler Textzeuge stellt pag. 133–181 – wie I und Z$_1$ – den systematischen dem chronologischen Chronikteil pag. 182–228 voran.

Was den Textaufbau anbelangt, so bricht Z$_1$ im zweiten narrativen Chronikteil fol. 109^v in c. 277, obwohl kein Blatt ausgerissen ist, plötzlich ab, führt den Text aber fol. 110^r mit c. 286 weiter. Die zweite Zürcher Handschrift (Ms. A 80) ist, was den Richental-Auszug (foll. 35^r–73^v) betrifft, verkürzt und wohl nur fragmentarisch erhalten, folgt indes G. Der Codex setzt fol. 35^r mit c. 106/107 ein. Es fehlen auch in der Folge immer

---

49   In dem gemischten Kapitel. 96, 101 und 103 findet sich in I der Hinweis: *Als da vornan aigenlich in latin vindest, wie all sachen wol gegangen sind.*

50   Vgl. L. C. MOHLBERG, Katalog der Handschriften der Zentralbibliothek Zürich I: Mittelalterliche Handschriften (Anm. 40) S. 10; E. GAGLIARDI / L. FORRER, Katalog der Handschriften (Anm. 40) Sp. 145–148.

51   Vgl. R. GAMPER, Die Zürcher Stadtchroniken, S. 175, 183; G. WACKER, Ulrich Richentals Chronik, Anhang II, S. XIV und XVIIIf.

52   Die Weltchronik beginnt im St. Galler Codex pag. 1 mit der Schöpfungsgeschichte: [H]*ie vahet an daz buch der beschepfung der welt* […]. In der ersten Zürcher Handschrift lautet der Anfang fol. 1^r: […] *der erden. Also geschüf er den menschen nach sinem götlichen bilde* […].

53   Der Zürcher Chronik steht pag. 47 voran: [D]*iß ist ain cronik der edlen und loblichen statt Zürich* […].

wieder Textteile, z. B. die cc. 123, 97–98 und 247. Ein späterer Bearbeiter macht fol. 35^v erstmals auf die Textlücken (*da gebrist*) aufmerksam.

Ein systematischer Chronikteil fehlt heute in Z$_2$, könnte aber einmal vorhanden gewesen sein[54]. Obwohl Z$_2$ heute nur noch fragmentarisch erhalten und zudem stark beschädigt ist, sind heute in der Handschrift noch zwei lateinische Briefe (foll. 52^r–54^r) singulär erhalten[55]. Von ihnen ist in der Chronik in c. 241 zwar die Rede, sie sind aber in keine der anderen erhaltenen Handschriften inseriert worden.

Der erste Brief ist fol. 52^r mit *Emanuel Pelagus Dei gratia natus imperator Constantinopolim ac dominus tocius terre Graecorum* überschrieben. Der zweite Brief, der sich direkt an den ersten anschließt, hält die Antwort (*responsio*) bereit. Der Erstdruck von Anton Sorg aus dem Jahr 1483 hat die beiden Schreiben zwar bewahrt, aber in deutscher, nicht wie in Z$_2$ in der lateinischen Fassung. Sie dürften in der deutschen Version ursprünglich auch in der St. Georgener Handschrift vorhanden gewesen sein[56], fehlen indes heute aufgrund des Textverlusts, den die Handschrift im Laufe der Zeit erlitten hat.

---

54   Zum Aufbau und Inhalt von Z$_2$ siehe auch das nachträgliche eingeklebte Papierblatt zu Anfang der Handschrift aus dem 19. Jahrhundert sowie die u. a. auf Ulrich Richental und seine Teilnahme an der Griechenmesse Bezug nehmenden Hinweise auf der Rectoseite des Vorsatzblattes vor fol. 1.

55   Zu den Textinserten, die u. a. auch eine Klassifikation der Richental-Handschriften erlauben, vgl. Th. M. Buck, Fiktion und Realität, S. 61–96.

56   Ebd., S. 63–66, 75–77.

Handschriften und Drucke

Der nachstehende Abschnitt verzeichnet alle Handschriften und frühen Drucke der Chronik, wobei die illustrierten Codices noch einmal separat aufgeführt werden, um deutlich zu machen, dass nicht alle Richental-Codices über Bilder bzw. Illustrationen verfügen, es mithin, was vor allem in der älteren Forschung kaum beachtet wurde, auch reine Texthandschriften der Chronik gibt. Anzumerken ist ferner, dass es sich bei dem Prager Codex VII A 18 (ehemals St. Petersburger Handschrift) um eine nahezu reine Bilderhandschrift mit knappen lateinischen Bildanmerkungen handelt. Unter Dacher-Versionen sind die Handschriften und Drucke zu verstehen, die sich nachweislich auf den Konstanzer Chronisten Gebhard Dacher zurückführen, der in der Rezeptions-, Diffusions- und Transformationsgeschichte des chronikalischen Werkes in der zweiten Hälfte des 15. Jahrhunderts eine wichtige Rolle spielte. Wenn vorhanden, werden für alle Handschriften und Drucke auch die entsprechenden Digitalisate verzeichnet. Am Ende der Aufstellung ist die Siglenreihenfolge aufgeführt, wie sie in den drei Editionen zur Anwendung kommt.

I. Handschriften

New York, New York Public Library, Spencer Collection, Nr. 32   = **A**
    (ehemals **Aulendorf**), um 1460

Prag, Národní Knihovna České Republiky (Cod. XVI A 17), 1464[1]   = **Pr**

Konstanz, Rosgartenmuseum Konstanz (Inv. Hs. 1), foll. 1^r–150^r, um 1465   = **K**

Prag, Národní Knihovna České Republiky (Cod. VII A 18)   = **Pt**
    (ehemals **St. Petersburg**), um 1470

Wien, Österreichische Nationalbibliothek (Cod. 3044), um 1470[2]   = **W**

Karlsruhe, BLB Karlsruhe (Cod. **Ettenheim-Münster** 11), foll. 4^r–124^v,   = **E**
    um 1500

Karlsruhe, BLB Karlsruhe (Cod. **St. Georgen** 63), um 1470   = **G**

Stuttgart, WLB Stuttgart, HB V Hist. 22, foll. 115vb–142rb, 1467–1469   = **St**$_1$

---

1   Die Handschrift Pr folgt zwar grundsätzlich A, ist aber – als Dacher-Handschrift – stark bearbeitet, was vor allem im Listenteil zum Ausdruck kommt, wo der Codex teilweise unterschiedlichen Vorlagen folgt, so dass etwa in den cc. 330, 460, 465 und 513 zwischen Pr$_1$, Pr$_2$ und Pr$_3$ unterschieden wird.

2   Die Handschrift W folgt im Allgemeinen K, im Listenteil ab fol. 176^r aber A und wird deshalb, sofern sie im Listenteil der A-Version Berücksichtigung findet, auch mit der Sigle W$_1$ geführt.

Wolfenbüttel, Herzog August Bibliothek, Cod. Guelf. 61 Aug. 2°,   = **Wo**
   Anfang 16. Jh.
Stuttgart, WLB Stuttgart, Cod. theol. et philos. 2° 76, Bd. 37, 2. Viertel 18. Jh. = **St**$_2$
St. Gallen, Stiftsbibliothek (Cod. Sang. 657), pag. 132–228, 15. Jh., 2. Hälfte   = **Sg**
Innsbruck, Ferdinandeum, Sammlung Di Pauli 873, foll. 1^r–78^v, um 1460   = **I**
Zürich, Zentralbibliothek (Ms. A 172), foll. 64^r–116^r, um 1500   = **Z**$_1$
Zürich, Zentralbibliothek (Ms. A 80), foll. 35^r–73^v, um 1475   = **Z**$_2$
Winterthur, Stadtbibliothek (Perrin Aa 1, foll. 276va–291ra), Mitte 15. Jh.[3]   = **Wi**
Lindau, Stadtarchiv-Stadtbibliothek, P I 2, 16./17. Jh.[4]   = **Li**
Frauenfeld, Kantonsbibliothek, Y 133, 17. Jh., 1. Hälfte[5]   = **F**

II. Bilderhandschriften

New York, New York Public Library, Spencer Collection, Nr. 32   = **A**
   (ehemals **Aulendorf**), um 1460
Prag, Národní Knihovna České Republiky (Cod. XVI A 17), 1464   = **Pr**
Konstanz, Rosgartenmuseum Konstanz (Inv. Hs. 1), um 1465   = **K**

---

3   Zu dieser Handschrift, bei der es sich nicht eigentlich um eine Richental-Handschrift handelt, die
aber Michael Richard Buck in die Diskussion eingebracht hat und deshalb hier erwähnt wird, vgl. M. R.
BUCK, Über Ulrich Richental's Chronik, S. 2; DERS., Chronik des Constanzer Concils, S. 1; H. STRAHM,
Der Chronist Conrad Justinger und seine Berner Chronik von 1420, Bern 1978, S. 81f.; W. MATTHIES-
SEN, Ulrich Richentals Chronik, S. 106, 110, 408; G. WACKER, Ulrich Richentals Chronik, Anhang II,
S. XVII; K. JOST, Konrad Justinger (ca. 1365–1438): Chronist und Finanzmann in Berns großer Zeit
(Vorträge und Forschungen, Sonderbd. 56), Ostfildern 2011, S. 29 Anm. 81, 419; K. DOMANSKI, Ulrich
Richental, S. 451; Th. M. BUCK, *Und wie vil herren dar koment*, S. 327f.; H. MÜLLER / S. STRUPP, Die
Franzosen, Frankreich und das Konstanzer Konzil, S. 266. Die Handschrift ist in unserem Zusammen-
hang nur wegen ihres ausführlichen Teilnehmerverzeichnisses interessant; es findet sich foll. 276va–
291ra.
4   Die aus dem 16. Jahrhundert stammende Augsburger Handschrift, Staats- und Stadtbibliothek, fol.
Cod. 263, foll. 147^r–178^r, auf die mich Christof Rolker verwies, ist keine Richental-Handschrift im engeren Sinne, sondern eher ein später, rudimentärer Auszug, der nur Wappen mit Beischriften enthält,
gehört also in den Zusammenhang der Rezeptionsgeschichte. Vgl. W. GEHRT, Die Handschriften der
Staats- und Stadtbibliothek Augsburg 2° Cod. 251–400e (Handschriftenkataloge der Staats- und Stadtbibliothek Augsburg, Bd. 4), Wiesbaden 1989, S. 13.
5   Den Hinweis auf diese Handschrift verdanke ich Andreas Keller von der Universitätsbibliothek
Konstanz. Nach Auskunft der Kantonsbibliothek kann der 180 Blatt starke Textzeuge aufgrund der
Wasserzeichen in die Jahre 1618–1632 datiert werden. Wie aus dem Titelblatt fol. 2^r und dem Vorwort
des Augsburger Druckers Heinrich Steyner an den Leser fol. 3^r hervorgeht, handelt es sich um eine
Abschrift des zweiten Chronikdruckes von 1536. Die Provenienz ist unklar. Der Textzeuge könnte aus
einem Bodenseekloster stammen. Die Handschrift Y 133 folgt jedenfalls der G-Version, das zeigt der
Textaufbau des narrativen Chronikteiles foll. 3^v–56^v in aller Deutlichkeit.

Prag, Národní Knihovna České Republiky (Cod. VII A 18)   = **Pt**
   (ehemals **St. Petersburg**), um 1470
Wien, Österreichische Nationalbibliothek (Cod. 3044), um 1470   = **W**
Karlsruhe, BLB Karlsruhe (Cod. **Ettenheim-Münster** 11), um 1500   = **E**
Karlsruhe, BLB Karlsruhe (Cod. **St. Georgen** 63), um 1470   = **G**

III. Drucke

Anton Sorg, Augsburg 1483 (Hain *5610)   = D_1
Heinrich Steyner, Augsburg 1536 (VD 16 R 2202)[6]   = D_2
Siegmund Feyerabend, Frankfurt a. M. 1575 (VD 16 R 2203)   = D_3

IV. Dacher-Versionen[7]

Prag, Národní Knihovna České Republiky (Cod. XVI A 17), 1464   = **Pr**
Karlsruhe, BLB Karlsruhe (Cod. **St. Georgen** 63), um 1470   = **G**
Stuttgart, WLB Stuttgart, HB V Hist. 22, foll. 115vb–142rb, 1467–1469   = **St**$_1$
Wolfenbüttel, Herzog August Bibliothek, Cod. Guelf. 61 Aug. 2°,   = **Wo**
   Anfang 16. Jh.
Stuttgart, WLB Stuttgart, Cod. theol. et philos. 2° 76, Bd. 37, 2. Viertel 18. Jh. = **St**$_2$
Anton Sorg, Augsburg 1483 (Hain *5610)   = D_1

---

6   Vom zweiten Druck der Chronik ist 1936 in Meersburg am Bodensee beim F. W. Hendel Verlag ein unveränderter kolorierter Faksimilereprint erschienen, der in einem 260 Seiten umfassenden Anhang einen »unveränderten Neudruck der von Michael Richard Buck besorgten Ausgabe« (Tübingen 1882) bringt.

7   Gemeint sind Handschriften und Drucke, die auf den Konstanzer Chronisten Gebhard Dacher (ca. 1425–1471) zurückgehen, der in der zweiten Hälfte des 15. Jahrhunderts eine wichtige Schaltstelle der Richental-Überlieferung war. Vgl. R. Kautzsch, Die Handschriften, S. 479f.; G. Wacker, Ulrich Richentals Chronik, S. 264–267; B. Konrad, Die Buchmalerei in Konstanz, S. 120; K. Domanski, Ulrich Richental, S. 212f., 452.

V. Digitalisate von Handschriften und Drucken[8]

A = Die New Yorker Handschrift ist noch nicht digitalisiert, nur einige Illustrationen stehen im Netz (http://digitalgallery.nypl.org/nypldigital/dgkeysearchresult.cfm? advword=spencer+32&s=1&f=8)[9], aber der von Hermann Sevin 1881 hergestellte Lichtdruck ist digitalisiert: http://digi.ub.uni-heidelberg.de/diglit/richental1881.

Pr = http://www.manuscriptorium.com/apps/index.php?direct=record&pid=A/PD/G-NKCR_XVI_A_17__449EM91-cs.

K = Es liegen kein öffentlich zugängliches Digitalisat, aber drei Faksimiles aus den Jahren 1964, 1965 (²1984) und 2013 (Sonderausgabe 2015), eine CD-Rom (Die Richental-Chronik: das Konstanzer Konzil von 1414 bis 1418. Rosgartenmuseum) aus dem Jahr 2002, die vom Rosgartenmuseum der Stadt Konstanz herausgegeben wurde, sowie eine Übersetzung ins Neuhochdeutsche aus dem Jahr 2014, vor. Der badische Hofphotograph German Wolf hatte bereits 1869 eine kolorierte photographische Reproduktion der Handschrift (StadtA Konstanz Ae 212) vorgelegt[10].

Pt = http://www.manuscriptorium.com/apps/index.php?direct=record&pid=A/PD/G-NKCR_VII_A_18__4BZSZD5-cs. Es gibt ferner ein Digitalisat der Reproduktion der Handschrift unter dem Titel »Konstancskij Sobor 1414–1418. Concilium Constantiense MCDXIV–MCDXVIII«, gedruckt 1875 in St. Petersburg, in der Universitätsbibliothek Heidelberg: http://digi.ub.uni-heidelberg.de/diglit/richental1875.

W = http://data.onb.ac.at/rep/10036A94.

E = http://digital.blb-karlsruhe.de/id/1188071.

G = http://digital.blb-karlsruhe.de/id/1188078.

St₁ = http://digital.wlb-stuttgart.de/purl/bsz393684989.

Wo = http://diglib.hab.de/mss/61-aug-2f/start.htm.

St₂ = kein Digitalisat.

Sg = http://www.e-codices.unifr.ch/de/csg/0657.

I = kein Digitalisat, aber seit 1983 Mikrofiche (Ferdinandeum Innsbruck).

Z₁ = http://www.e-manuscripta.ch/zuz/all/content/titleinfo/938642.

Z₂ = http://www.e-manuscripta.ch/zuz/all/content/titleinfo/937638.

---

8 Hinweise zu vielen Digitalisaten, aber auch andere einschlägige Informationen, verdanke ich u. a. Andreas Keller von der Bibliothek der Universität Konstanz.

9 Siehe zu den Illustrationen auch: http://digitalcollections.nypl.org/collections/chronik-des-constanzer-concils#/?tab=about.

10 Vgl. J. Klöckler / N. Fromm, Der Bodensee in frühen Bildern. Photographien aus der Sammlung Wolf 1860–1930, Ostfildern 2005, S. 47.

D$_1$ = http://digital.blb-karlsruhe.de/id/1245467.

D$_2$ = http://daten.digitale-sammlungen.de/~db/0007/bsb00074421/images/ (BSB München).

D$_3$ = http://daten.digitale-sammlungen.de/~db/0005/bsb00054503/images/ (BSB München).

Weitere Hinweise und Informationen zu den Richental-Handschriften finden sich unter dem Autorennamen »Ulrich Richental« auch im Handschriftencensus: http://www.handschriften-census.de.

Siglenreihenfolge: $A PrK W W_1 E G St_1 WoSt_2 Sg I Z_1 Z_2 D_1$

A-Version: $A \rightarrow PrW_1 ESt_1 WoSt_2$

K-Version: $K \rightarrow WE WoSt_2$

G-Version: $G \rightarrow ESt_1 Sg I Z_1 Z_2 D_1$

Abkürzungsverzeichnis

ACC	Acta concilii Constanciensis
AHC	Annuarium Historiae Conciliorum
DA	Deutsches Archiv für Erforschung des Mittelalters
FDA	Freiburger Diözesan-Archiv
FMSt	Frühmittelalterliche Studien
HJb	Historisches Jahrbuch
HZ	Historische Zeitschrift
LexMA	Lexikon des Mittelalters
MIÖG	Mitteilungen des Instituts für Österreichische Geschichtsforschung
QFIAB	Quellen und Forschungen aus italienischen Archiven und Bibliotheken
SVG Bodensee	Schriften des Vereins für Geschichte des Bodensees und seiner Umgebung
ZGO	Zeitschrift für die Geschichte des Oberrheins
REC	Regesta episcoporum Constantiensium
RI	Regesta Imperii
StMOSB	Studien und Mitteilungen zur Geschichte des Benediktinerordens und seiner Zweige
ZKG	Zeitschrift für Kirchengeschichte
ZRG.KA	Zeitschrift der Savigny-Stiftung für Rechtsgeschichte, Kanonistische Abteilung

Literatur

BÄUMER, Remigius, Neue Forschungen zur Chronik des Konstanzer Konzils von Ulrich Richental, in: Freiburger Diözesan-Archiv 107 (1987) S. 326–329

BERCHEM, Egon von, Heraldisches Nachwort, in: Ulrich Richental, Conciliumbuch [Faksimile der Ausgabe], Augsburg 1483, hg. von Ernst VOULLIÈME (Potsdam 1923) S. 4–23

BERGER, Wilhelm, Johannes Hus und König Sigmund (hier vor allem: »Beilage II. Ulrich Richentals Berichte über Johannes Hus«) (Augsburg 1871) S. 209–239

BEYERLE, Konrad, Ulrich von Richental, in: Zeitschrift für die Geschichte des Oberrheins 53 (1899) S. 13–27

BIHRER, Andreas, Eine Feier ohne den Hausherrn? Der Konstanzer Bischof Otto von Hachberg und das Konzil, in: Karl-Heinz BRAUN / Thomas Martin BUCK (Hg.), Über die ganze Erde erging der Name von Konstanz. Rahmenbedingungen und Rezeption des Konstanzer Konzils (Veröffentlichungen der Kommission für geschichtliche Landeskunde in Baden-Württemberg. Reihe B: Forschungen 212, Stuttgart 2017) S. 13–34

BOXLER, Horst, Die Aulendorfer Handschrift des Ulrich Richental zum Konstanzer Konzil und der familiäre Hintergrund ihres Auftraggebers, in: Archivum Heraldicum. Schweizerisches Archiv für Heraldik (2019) S. 5–26.

BRANDMÜLLER, Walter, Das Konzil von Konstanz 1414–1418, 1: Bis zur Abreise Sigismunds nach Narbonne (2., überarb. und erw. Aufl., Paderborn u. a. 1999), 2: Bis zum Konzilsende (Paderborn u. a. 1997)

BRANDT, Otto H., Ulrichs von Richental Chronik des Konzils zu Konstanz 1414–1418 (Voigtländers Quellenbücher 48, Leipzig 1913)

BRAUN, Karl-Heinz / BUCK, Thomas Martin (Hg.), Über die ganze Erde erging der Name von Konstanz. Rahmenbedingungen und Rezeption des Konstanzer Konzils (Veröffentlichungen der Kommission für geschichtliche Landeskunde in Baden-Württemberg. Reihe B: Forschungen 212, Stuttgart 2017)

BRUGGISSER-LANKER, Therese, Music goes public. Das Konstanzer Konzil und die Europäisierung der Musikkultur, in: Gabriela SIGNORI / Birgit STUDT (Hg.), Das Konstanzer Konzil als europäisches Ereignis. Begegnungen, Medien und Rituale (Vorträge und Forschungen 75, Ostfildern 2014) S. 349–378

BUCK, Michael Richard, Über Ulrich Richental's Chronik des Konstanzer Konzil's, in: Verhandlungen des Vereins für Kunst und Alterthum in Ulm und Oberschwaben. Neue Reihe. Drittes Heft (1871) S. 1–4

– (Hg.), Ulrichs von Richental Chronik des Constanzer Concils 1414 bis 1418 (Bibliothek des Litterarischen Vereins in Stuttgart CLVIII, Tübingen 1882, 4. unveränd. ND, Hildesheim 2008)

– Ulrich von Richental, in: Historisch-politische Blätter für das katholische Deutschland 93 (1884) S. 818–820

– Zwei neue Richental'sche Codices, in: Zeitschrift für die Geschichte des Oberrheins 41 (1887) S. 111–117

BUCK, Thomas Martin, Text, Bild, Geschichte. Papst Johannes XXIII. wird auf dem Arlberg umgeworfen, in: Annuarium Historiae Conciliorum 30 (1998) S. 37–110 (mit 8 Abb.)

– Die Riegelschen Teilnehmerlisten. Ein wissenschaftsgeschichtliches Detail der Konstanzer Konzilsforschung, in: Freiburger Diözesan-Archiv 118 (1998) S. 347–356

– Der Codex Salemitanus. Rekonstruktion einer verlorenen Richental-Handschrift, in: Quellen, Kritik, Interpretation. Festgabe zum 60. Geburtstag von Hubert Mordek, hg. von Thomas Martin BUCK (Frankfurt a. M. 1999) S. 247–278

– Zu den historiographischen Prinzipien Ulrich Richentals, in: Schriften des Vereins für Geschichte des Bodensees und seiner Umgebung 117 (1999) S. 11–32

– Zur Überlieferungslage der Richental-Chronik. Ein textkritischer Vergleich der Aulendorfer und Konstanzer Handschrift, in: Konstanzer Arbeitskreis für mittelalterliche Geschichte. Protokoll über die Arbeitssitzung; Nr. 370; 12. Juni 1999

– Zur Geschichte der Richental-Edition, in: Zeitschrift für Württembergische Landesgeschichte 59 (2000) S. 433–448

– Die ehemals St. Petersburger Richental-Handschrift (heute: Prag, Cod. VII A 18). Text und Ikonographie, in: Deutsches Archiv für Erforschung des Mittelalters 56 (2000) S. 593–602

– Die Richental-Handschrift P I 2 des Stadtarchivs Lindau, in: Montfort. Vierteljahresschrift für Geschichte und Gegenwart Vorarlbergs 52 (2000) S. 325–328

– Die Lindauer Richental-Handschrift P I 2, in: Zeitschrift für bayerische Landesgeschichte 64 (2001) S. 169–174

– Fiktion und Realität. Zu den Textinserten der Richental-Chronik, in: Zeitschrift für die Geschichte des Oberrheins 149 (2001) S. 61–96

– Figuren, Bilder, Illustrationen. Zur piktoralen Literalität der Richental-Chronik, in: Oliver MÜNSCH / Thomas ZOTZ (Hg.), Scientia Veritatis. Festschrift für Hubert Mordek zum 65. Geburtstag (Ostfildern 2004) S. 411–443 (mit Bildsynopse)

– Von Konstanz über Aulendorf nach New York. Zur Text- und Rezeptionsgeschichte einer oberschwäbischen Richental-Handschrift, in: Schriften des Vereins für Geschichte des Bodensees und seiner Umgebung 125 (2007) S. 3–19

– Zur Überlieferung der Konstanzer Konzilschronik Ulrich Richentals, in: Deutsches Archiv für Erforschung des Mittelalters 66 (2010) S. 93–108

– Art. Richental, Ulrich, in: Encyclopedia of the Medieval Chronicle 2: J–Z, hg. von Graeme DUNPHY (Leiden 2010) S. 1277

– (Hg.), Chronik des Konstanzer Konzils 1414–1418 von Ulrich Richental. Eingeleitet und herausgegeben von Thomas Martin Buck (Konstanzer Geschichts- und Rechtsquellen 41, 1.–4. Aufl., Ostfildern 2010–2014)

– *Das concilium sass allweg in dem münster* – Zur Topographie des Konstanzer Konzils nach der Chronik des Ulrich Richental, in: Annuarium Historiae Conciliorum 44 (2012) S. 119–142 (Langfassung)

– Der Konzilschronist Ulrich Richental. Zur sozialen Logik eines spätmittelalterlichen Textes, in: Karl-Heinz Braun / Mathias Herweg / Hans W. Hubert / Joachim Schneider / Thomas Zotz (Hg.), 1414–1418. Weltereignis des Mittelalters. Das Konstanzer Konzil. Essays (Darmstadt 2013) S. 16–21

– *Das concilium sass allweg in dem münster* – Zur Topographie des Konstanzer Konzils nach der Chronik des Ulrich Richental, in: Ulrike Laule (Hg.), Das Konstanzer Münster Unserer Lieben Frau. 1000 Jahre Kathedrale – 200 Jahre Pfarrkirche (Regensburg 2013) S. 41–45 (Kurzfassung)

– Ein teilnehmender Beobachter. Ulrich Richental als Chronist der Konzilstadt, in: 1414–1418. Weltereignis des Mittelalters. Das Konstanzer Konzil. Katalog, hg. vom Badischen Landesmuseum Karlsruhe (Darmstadt 2014) S. 258–260 (Essay), 295–299 (zu ausgewählten Richental-Handschriften und Drucken)

– *Und wie vil herren dar koment, sy wärind gaistlich oder sy wäremd weltlich.* Zu den Namen- und Teilnehmerlisten der Konstanzer Konzilschronik Ulrich Richentals, in: Gabriela Signori / Birgit Studt (Hg.), Das Konstanzer Konzil als europäisches Ereignis. Begegnungen, Medien und Rituale (Vorträge und Forschungen 75, Ostfildern 2014) S. 305–347

– Pluralität und Fluidität. Zur Überlieferung der Konstanzer Konzilschronik des Ulrich Richental, in: Freiburger Diözesan-Archiv 135 (2015) S. 79–100

– Mythos Richental? Ein multipler Text und seine Überlieferung, in: Annuarium Historiae Conciliorum 47 (2015) S. 69–82

– Das Konzil von Konstanz (1414–1418). Ein Literatur- und Forschungsbericht, in: Historische Zeitschrift 302 (2016) S. 703–730, zu Richental S. 718–727

– Art. Ulrich Richental, in: Neue Deutsche Biographie. Herausgegeben von der Historischen Kommission bei der Bayerischen Akademie der Wissenschaften, Bd. 26 (Berlin 2016) S. 606f.

– Art. Die Konstanzer Konzilschronik Ulrich Richentals, in: Gerhard Wolf / Norbert H. Ott (Hg.), Handbuch Chroniken des Mittelalters (Berlin u. a. 2016) S. 447–481

– Ein Buch prägt die Erinnerung. Die Konzilschronik des Ulrich Richental als multipler Text, in: Schriften des Vereins für Geschichte des Bodensees und seiner Umgebung 134 (2016) S. 39–59

– *Won es was das gröst concilium, das man in vilen iaren ye gesehen hatt.* Zur Namen- und Teilnehmerfrage des Konstanzer Konzils, in: Stefan Morent / Silke Leopold /

Joachim STEINHEUER (Hg.), Europäische Musikkultur im Kontext des Konstanzer Konzils (Konstanzer Geschichts- und Rechtsquellen 47, Ostfildern 2017) S. 115–129

– Das »Kunst- und Alterthumskabinett« Joseph Kastells (1770–1844) im Konstanzer Kaufhaus. Das Konzil in der Geschichts- und Erinnerungskultur des 19. Jahrhunderts, in: Karl-Heinz BRAUN / Thomas Martin BUCK (Hg.), Über die ganze Erde erging der Name von Konstanz. Rahmenbedingungen und Rezeption des Konstanzer Konzils (Veröffentlichungen der Kommission für geschichtliche Landeskunde in Baden-Württemberg. Reihe B: Forschungen 212, Stuttgart 2017) S. 137–167

– Das Konstanzer Konzil und seine zentrale Quelle. Die Richental-Chronik, in: Harald DERSCHKA / Jürgen KLÖCKLER (Hg.), Der Bodensee. Natur und Geschichte aus 150 Perspektiven. Jubiläumsband des internationalen Vereins für Geschichte des Bodensees und seiner Umgebung 1868–2018, Ostfildern 2018, S. 72f.

– Museen entstehen am Bodensee. Die erste Konzilsausstellung im Konstanzer Kaufhaus, in: Harald DERSCHKA / Jürgen KLÖCKLER (Hg.), Der Bodensee. Natur und Geschichte aus 150 Perspektiven. Jubiläumsband des internationalen Vereins für Geschichte des Bodensees und seiner Umgebung 1868–2018, Ostfildern 2018, S. 160f.

BUCK, Thomas Martin / KRAUME, Herbert, Das Konstanzer Konzil. Kirchenpolitik – Weltgeschehen – Alltagsleben (Ostfildern 2013) S. 293–321

CLEMMENSEN, Steen, Arms and people in Ulrich Richental's Chronik des Konzils zu Konstanz 1414–1418. Introduction and Edition (Farum 2011) (www.armorial.dk/german/Richental.pdf)

CRAMER, Thomas, Bilder erzählen Geschichte. Die Illustrationen in Ulrich Richentals Chronik als Erzählung in der Erzählung, in: Harald HAFERLAND / Michael MECKLENBURG (Hg.), Erzählungen in Erzählungen. Phänomene der Narration in Mittelalter und Früher Neuzeit (München 1996) S. 327–349

DERSCHKA, Harald, Die Großeltern des Konzilschronisten Ulrich Richental. Ein Quellenfund aus den Lehenbüchern der Abtei Reichenau und seine Folgen, in: Schriften des Vereins für Geschichte des Bodensees und seiner Umgebung 133 (2015) S. 39–53

DOMANSKI, Kristina, Ulrich Richental, »Chronik des Konstanzer Konzils«, in: Norbert H. OTT / Ulrike BODEMANN / Peter SCHMIDT / Christine STÖLLINGER-LÖSER (Hg.), Katalog der deutschsprachigen illustrierten Handschriften des Mittelalters 3 (München 2011) S. 450–487

DVOŘÁKOVÁ, Daniela, The Chronicle of Ulrich Richental as an Exceptional Source for the History of Slovakia, in: Historický Časopis. Historical Journal of the Institute of History of the SAS 58 (2010) S. 3–21

– Die Delegation der ungarischen Kirche und des ungarischen Adels in Konstanz, in: Karl-Heinz BRAUN / Mathias HERWEG / Hans W. HUBERT / Joachim SCHNEIDER / Thomas ZOTZ (Hg.), 1414–1418. Weltereignis des Mittelalters. Das Konstanzer Konzil. Essays (Darmstadt 2013) S. 70–74

ECKHART, Pia / STUDT, Birgit, Das Konzil im Gedächtnis der Stadt. Die Verhandlung von Wissen über die Vergangenheit in der städtischen Geschichtsschreibung am Oberrhein im 15. und 16. Jahrhundert, in: Martina Stercken / Ute Schneider (Hg.), Urbanität. Formen der Inszenierung in Texten, Karten und Bildern (Köln – Weimar – Wien 2016) S. 83–103

Eichhorn, Werner, Die Chroniken der Schweiz im Spätmittelalter und die Heraldik der Chronik des Ulrich von Richental, in: Archives héraldiques suisses / Schweizer Archiv für Heraldik / Archivio araldico svizzero 85 (1971) S. 17–22

Feger, Otto, Ulrich Richental. Das Konzil zu Konstanz MCDXIV–MCDXVIII, 1: Faksimileausgabe, 2: Kommentar und Text (Starnberg – Konstanz 1964)

– Vorwort, in: Ders., Ulrich Richental. Das Konzil zu Konstanz 2 S. 7–9

– Die Konzilchronik des Ulrich Richental, in: Ders., Ulrich Richental. Das Konzil zu Konstanz 2 S. 21–36

– Das Konstanzer Konzil und die Stadt Konstanz, in: August Franzen / Wolfgang Müller (Hg.), Das Konzil von Konstanz. Beiträge zu seiner Geschichte und Theologie (Freiburg i.Br. u. a. 1964) S. 310–333

Feller-Vest, Veronika, Art. Richental, Ulrich, in: Historisches Lexikon der Schweiz 10 (Basel 2011) S. 298

Fidler, Helmut, König Sigismund, das Konstanzer Konzil und die Juden, in: Schriften des Vereins für Geschichte des Bodensees und seiner Umgebung 133 (2015) S. 85–123

Fischel, Lilli, Kunstgeschichtliche Bemerkungen zu Ulrich Richentals Chronik des Konstanzer Konzils, in: Zeitschrift für die Geschichte des Oberrheins 107 (1959) S. 321–337

– Die Bilderfolge der Richental-Chronik, besonders der Konstanzer Handschrift, in: Feger, Ulrich Richental. Das Konzil zu Konstanz 2 S. 37–55

Frenken, Ansgar, Die Erforschung des Konstanzer Konzils (1414–1418) in den letzten 100 Jahren (Paderborn 1995 = Annuarium Historiae Conciliorum 25 (1993))

– Der König und sein Konzil – Sigmund auf der Konstanzer Kirchenversammlung. Macht und Einfluss des römischen Königs im Spiegel institutioneller Rahmenbedingungen und personeller Konstellation, in: Annuarium Historiae Conciliorum 36 (2004) S. 177–242

– Gelehrte auf dem Konzil. Fallstudien zur Bedeutung und Wirksamkeit der Universitatsangehorigen auf dem Konstanzer Konzil, in: Heribert Müller / Johannes Helmrath (Hg.), Die Konzilien von Pisa (1409), Konstanz (1414–1418) und Basel (1431–1449). Institution und Personen (Vorträge und Forschungen 67, Ostfildern 2007) S. 107–147

– Wohnraumbewirtschaftung und Versorgungsdeckung beim Konstanzer Konzil (1414–1418). Zur logistischen Bewältigung eines Großereignisses im Spätmittelalter, in: Zeitschrift für die Geschichte des Oberrheins 156 (2008) S. 109–146

– Die Rolle der Kanonisten auf dem Konstanzer Konzil: Personen, Aktivitäten, Prozesse, in: Pavel KRAFL (Hg.), Sacri canones servandi sunt. Ius canonicum et status ecclesiae saeculis XIII–XIV (Prag 2008) S. 398–417

– Kastilien und das Konstanzer Konzil, in: Gabriela SIGNORI / Birgit STUDT (Hg.), Das Konstanzer Konzil als europäisches Ereignis. Begegnungen, Medien und Rituale (Vorträge und Forschungen 75, Ostfildern 2014) S. 143–172

– Konstanz und der Thurgau – politischer Einfluss und wirtschaftliche Beziehungen in der Konzilszeit, in: Elke JEZLER (Hg.), Visuelle Kultur und politischer Wandel – Der südliche Bodenseeraum im Spätmittelalter zwischen Habsburg, Reich und Eidgenossenschaft. Beiträge der internationalen Tagung des Historischen Museums Thurgau vom 16./17. Januar 2014 (Konstanz 2015) S. 35–51

– Zeremoniell, Ritual und andere Formen symbolischer Kommunikation im politischen Kontext des Konstanzer Konzils: Forschungsstand und -perspektiven, in: Annuarium Historiae Conciliorum 47 (2015) S. 45–68

– Das Konstanzer Konzil (Stuttgart 2015)

GAMPER, Rudolf, Die Zürcher Stadtchroniken und ihre Ausbreitung in der Ostschweiz. Forschungsgeschichte – Überlieferung – Analyse der Chroniktexte (Mitteilungen der Antiquarischen Gesellschaft in Zürich, Bd. 52, Heft 2, Zürich 1984), zu Richental S. 27f., 109, 121, 174–183

GIESSMANN, Ursula, Der letzte Gegenpapst: Felix V. Studien zu Herrschaftspraxis und Legitimationsstrategien (1434–1451) (Papsttum im mittelalterlichen Europa 3, Köln u. a. 2014)

GIRGENSOHN, Dieter, Die Universität Wien und das Konstanzer Konzil, in: August FRANZEN / Wolfgang MÜLLER (Hg.), Das Konzil von Konstanz. Beiträge zu seiner Geschichte und Theologie (Freiburg i.Br. u. a. 1964) S. 252–281

– Berichte über Konklave und Papstwahl auf dem Konstanzer Konzil, in: Annuarium Historiae Conciliorum 19 (1987) S. 351–391

GMELIN, Moritz, Eine urkundliche Notiz über Ulrich Richental, in: Anzeiger für Kunde der deutschen Vorzeit N.F. 25 (1878) Sp. 320f.

GÜGEL, Dominik, Ulrich Richental – der selbstbewusste Konzilschronist, in: Silvia VOLKART (Hg.), Rom am Bodensee. Die Zeit des Konstanzer Konzils (Der Thurgau im späten Mittelalter 1, Zürich 2014) S. 88f.

– Richental bekommt ein Gesicht – Auf der Suche nach einer Darstellung des Chronisten, in: Silvia VOLKART (Hg.), Rom am Bodensee. Die Zeit des Konstanzer Konzils (Der Thurgau im späten Mittelalter 1, Zürich 2014) S. 90–94

HAMBURGER, Jeffrey, Ulrich Richental »Chronicle of the Council of Constance«, in: Jonathan J. G. ALEXANDER / James H. MARROW / Lucy Freeman SANDLER (Hg.), The Splendor of the Word. Medieval and Renaissance illuminated Manuscripts at The New York Public Library (New York 2005) S. 382–386

HAPPES, Julian, Transformation und Nutzung der Konstanzer Konzilschronik im späten 15. Jahrhundert, in: Mitteilungen der Residenzen-Kommission der Akademie der Wissenschaften zu Göttingen. N.F. 4: Stadt und Hof (2015) S. 69–81

HAPPES, Julian, Im Südwesten nichts Neues? Textallianzen in historiographischen Sammelhandschriften, in: Pia ECKHART / Marco TOMASZEWSKI (Hg.), Städtisch, urban, kommunal. Perspektiven auf die städtische Geschichtsschreibung des Spätmittelalters und der Frühen Neuzeit (Göttingen 2019) S. 145–174

HEIMPEL, Hermann, Königlicher Weihnachtsdienst auf den Konzilien von Konstanz und Basel, in: Norbert KAMP / Joachim WOLLASCH (Hg.), Tradition als historische Kraft. Interdisziplinäre Forschungen zur Geschichte des früheren Mittelalters (Berlin u. a. 1982) S. 388–411

– Die Vener von Gmünd und Strassburg 1162–1447. Studien und Texte zur Geschichte einer Familie sowie des gelehrten Beamtentums in der Zeit der abendländischen Kirchenspaltung und der Konzilien von Pisa, Konstanz und Basel, Bde. 1–3 (Göttingen 1982)

– Königlicher Weihnachtsdienst im späteren Mittelalter, in: Deutsches Archiv für Erforschung des Mittelalters 39 (1983) S. 131–206

HELMRATH, Johannes, Locus concilii. Die Ortswahl für Generalkonzilien vom IV. Lateranum bis Trient (Mit einem Votum des Johannes de Segovia), in: Annuarium Historiae Conciliorum 27/28 (1995/96) S. 593–662

– Das Konzil von Konstanz und die Epoche der Konzilien (1409–1449). Konziliare Erinnerungsorte im Vergleich, in: Gabriela SIGNORI / Birgit STUDT (Hg.), Das Konstanzer Konzil als europäisches Ereignis. Begegnungen, Medien und Rituale (Vorträge und Forschungen 75, Ostfildern 2014) S. 19–56

HELMRATH, Johannes / MÜLLER, Heribert, Zur Einführung, in: Heribert MÜLLER / Johannes HELMRATH (Hg.), Die Konzilien von Pisa (1409), Konstanz (1414–1418) und Basel (1431–1449). Institution und Personen (Vorträge und Forschungen 67, Ostfildern 2007) S. 9–29

HERBERHOLD, Franz, Art. Richental, Ulrich von, in: Die deutsche Literatur des Mittelalters. Verfasserlexikon 4 (Berlin 1953) Sp. 589–595 (mit Nachträgen von Kurt HANNEMANN, ebd. 5 [Berlin 1955] Sp. 1101)

HEYCK, Eduard, Ulrich von Richental, in: Forschungen zur Deutschen Geschichte 25 (1885) S. 553–555

– Art. Richental, Ulrich (von), in: Allgemeine Deutsche Biographie 28 (ND der Aufl. 1889, Berlin 1970) S. 433–435

HILLENBRAND, Eugen, Die Geschichtsschreibung der Stadt Konstanz im Spätmittelalter, in: Konstanzer Arbeitskreis für mittelalterliche Geschichte. Protokoll über die Arbeitssitzung; Nr. 201; 22. November 1975

– Art. Dacher, Gebhard, in: Die deutsche Literatur des Mittelalters. Verfasserlexikon 2 (Berlin – New York 1980) Sp. 31f.

– Art. Dacher, Gebhard, in: Historisches Lexikon der Schweiz 3 (Basel 2004) S. 562

HOLZMANN, Michael, Die Konzilchronik des Ulrich Richental. Überlegungen zu den verschiedenen Handschriften, in: Schriften des Vereins für Geschichte des Bodensees und seiner Umgebung 101 (1983) S. 73–82

INNOCENTI, Marco, »Ze Costnitz was der küng«. Sigismund von Luxemburg in Konstanz 1414–1418. Historische Reise durch die Gedächtnisstätten des Konzils, in: Hémecht. Zeitschrift für Luxemburger Geschichte / Revue d'histoire Luxembourgeoise 59 (2007) S. 83–138

JASPERT, Nikolas, Das aragonesische Dilemma. Die Heimat Benedikts XIII. zwischen Obödienzstreit, herrschaftlichem Umbruch und internationaler Verflechtung, in: Gabriela SIGNORI / Birgit STUDT (Hg.), Das Konstanzer Konzil als europäisches Ereignis. Begegnungen, Medien und Rituale (Vorträge und Forschungen 75, Ostfildern 2014) S. 107–141

KAUTZSCH, Rudolf, Die Handschriften von Ulrich Richentals Chronik des Konstanzer Konzils, in: Zeitschrift für die Geschichte des Oberrheins 48 (1894) S. 443–496 (mit Bildsynopse)

KINTZINGER, Martin, Das Konzil konstruieren. König Sigismund und die internationale Kommunikation, in: Gabriela SIGNORI / Birgit STUDT (Hg.), Das Konstanzer Konzil als europäisches Ereignis. Begegnungen, Medien und Rituale (Vorträge und Forschungen 75, Ostfildern 2014) S. 219–254

KITTS, Eustace J., Pope John the Twenty-third and Master John Hus of Bohemia (London 1910)

KLÖCKLER, Jürgen, Die Konstanzer Handschrift der Konzilschronik des Ulrich Richental. Eine kommentierte Überlieferungsgeschichte, in: Ulrich Richental. Chronik des Konzils zu Konstanz 1414–1418. Faksimile der Konstanzer Handschrift (Darmstadt 2013) (Beiheft)

– Nachwort, in: Monika KÜBLE / Henry GERLACH (Hg.), Augenzeuge des Konstanzer Konzils. Die Chronik des Ulrich Richental. Die Konstanzer Handschrift ins Neuhochdeutsche übersetzt. Mit einem Nachwort von Jürgen Klöckler (Darmstadt 2014) S. 208–245

KONRAD, Bernd, Rosgartenmuseum Konstanz. Die Kunstwerke des Mittelalters. Bestandskatalog (Konstanz 1993) S. 96–103, 131–133

– Die Buchmalerei in Konstanz, am westlichen und am nördlichen Bodensee von 1400 bis zum Ende des 16. Jahrhunderts, in: Eva MOSER (Hg.), Buchmalerei im Bodenseeraum 13. bis 16. Jahrhundert (Friedrichshafen 1997) S. 109–154, 259–331

– (Hg.), Kostbarkeiten der Buchmalerei aus Konstanz. Vom Konzil bis zur Reformation. Begleitheft zur Ausstellung (Konstanz 2005) Nrn. 7–13

KÜBLE, Monika / GERLACH, Henry (Hg.), Augenzeuge des Konstanzer Konzils. Die Chronik des Ulrich Richental. Die Konstanzer Handschrift ins Neuhochdeutsche übersetzt. Mit einem Nachwort von Jürgen Klöckler (Darmstadt 2014)

KÜP, Karl, Ulrich von Richental's Chronicle of the Council of Constance in manuscripts and books, in: Bulletin of The New York Public Library 40 (1936) S. 303–320

– The Illustrations for Ulrich von Richenthal's Chronicle of the Council of Constance in man[u]scripts and books, in: The Papers of The Bibliographical Society of America 33 (1939) S. 1–16

LÖTHER, Andrea, Rituale im Bild. Prozessionsdarstellungen bei Albrecht Dürer, Gentile Bellini und in der Konzilschronik Ulrich Richentals, in: Andrea LÖTHER / Ulrich MEIER / Norbert SCHNITZLER / Gerd SCHWERHOFF / Gabriela SIGNORI (Hg.), Mundus in imagine. Bildersprache und Lebenswelten im Mittelalter. Festgabe für Klaus Schreiner (München 1996) S. 99–123, 107–112, 121–123

LOOMIS, Louise Ropes, The Council of Constance. The Unification of the Church. Translated by Louise Ropes Loomis. Edited and annotated by John Hine MUNDY and Kennerly M. WOODY (Records of Civilization. Sources and Studies LXIII, New York – London 1961) S. 84–199

MARMOR, Johann, Geschichtliche Topographie der Stadt Konstanz und ihrer nächsten Umgebung (Konstanz 1860)

– Das Konzil zu Konstanz in den Jahren 1414–1418. Nach Ulrich von Richentals handschriftlicher Chronik bearbeitet von Johann MARMOR, (Konstanz 1858, 2., verm. und verb. Aufl., Konstanz 1864)

– Nachrichten über Ulrich von Richental, Verfasser der Conzils-Chronik, in: Correspondenzblatt des Gesamtvereines der deutschen Geschichts- und Alterthumsvereine 13 (1865) S. 52f.

– Ulrich von Richental und seine Concilschronik, in: Freiburger Diözesan-Archiv 7 (1873) S. 133–144

MATTHIESSEN, Wilhelm, Ulrich Richentals Chronik des Konstanzer Konzils. Studien zur Behandlung eines universalen Großereignisses durch die bürgerliche Chronistik, in: Annuarium Historiae Conciliorum 17 (1985) S. 71–191, 323–455

– Art. Ulrich (von) Richental, in: Lexikon des Mittelalters 8 (München 1997) Sp. 1201f.

MAURER, Helmut, Konstanz im Mittelalter 1: Von den Anfängen bis zum Konzil (2., überarb. Aufl., Konstanz 1996), 2: Vom Konzil bis zum Beginn des 16. Jahrhunderts (2., überarb. Aufl., Konstanz 1996)

– Das Konstanzer Konzil als städtisches Ereignis, in: Heribert MÜLLER / Johannes HELMRATH (Hg.), Die Konzilien von Pisa (1409), Konstanz (1414–1418) und Basel (1431–1449). Institution und Personen (Vorträge und Forschungen 67, Ostfildern 2007) S. 149–172

MERTENS, Dieter, Art. Richental, Ulrich, in: Die deutsche Literatur des Mittelalters. Verfasserlexikon 8 (Berlin – New York 1992) Sp. 55–60

MIETHKE, Jürgen, Die Universitäten und das Basler Konzil, in: Heribert MÜLLER (Hg.), Das Ende des konziliaren Zeitalters (1440–1450). Versuch einer Bilanz (Schriften des Historischen Kollegs. Kolloquien 86, München 2012) S. 197–232

– Das Konstanzer Konzil in Überlieferung und Wirkung, in: Karl-Heinz BRAUN / Mathias HERWEG / Hans W. HUBERT / Joachim SCHNEIDER / Thomas ZOTZ (Hg.), 1414–1418. Weltereignis des Mittelalters. Das Konstanzer Konzil. Essays (Darmstadt 2013) S. 11–15

– *Via concilii*: Der Weg des Konstanzer Konzils aus der Krise des Schismas, in: Gabriele ANNAS / Jessica NOWAK (Hg.), Et l'homme dans tout cela? Von Menschen, Mächten und Motiven. Festschrift für Heribert Müller zum 70. Geburtstag (Frankfurter Historische Abhandlungen 48, Stuttgart 2017) S. 63–88

MORENT, Stefan, Choraltraditionen im süddeutschen Raum im frühen 15. Jahrhundert und die Bestände liturgisch-musikalischer Fragmente des Konstanzer Stadtarchivs, in: Stefan MORENT / Silke LEOPOLD / Joachim STEINHEUER (Hg.), Europäische Musikkultur im Kontext des Konstanzer Konzils (Konstanzer Geschichts- und Rechtsquellen 47, Ostfildern 2017) S. 95–114

MÜLLER, Heribert, Die kirchliche Krise des Spätmittelalters. Schisma, Konziliarismus und Konzilien (Enzyklopädie deutscher Geschichte 90, München 2012)

– Neue Forschungen zum Konstanzer Konzil. Literaturbericht, in: Historisches Jahrbuch 139 (2019) S. 513–559.

MÜLLER, Heribert / HELMRATH, Johannes (Hg.), Die Konzilien von Pisa (1409), Konstanz (1414–1418) und Basel (1431–1449). Institution und Personen (Vorträge und Forschungen 67, Ostfildern 2007)

MÜLLER, Heribert / STRUPP, Sabine, Die Franzosen, Frankreich und das Konstanzer Konzil (1414–1418). Anmerkungen zu einer Neuerscheinung, in: Francia 44 (2017) S. 257–269

MÜLLER, Michael (Hg.), Chronik des Konstanzer Konzils 1414–1418. Mit Geleitwort, Bildbeschreibung und Textübertragung in unsere heutige Sprache von Michael MÜLLER (Konstanz 1965, 2., erg. Aufl., Konstanz 1984)

OSCHEMA, Klaus, Bilder von Europa im Mittelalter (Mittelalter-Forschungen 43, Ostfildern 2013)

– Eine Christenheit und streitende Nationen. Das Konstanzer Konzil als »europäisches Ereignis«, in: Stefan MORENT / Silke LEOPOLD / Joachim STEINHEUER (Hg.), Europäische Musikkultur im Kontext des Konstanzer Konzils (Konstanzer Geschichts- und Rechtsquellen 47, Ostfildern 2017) S. 29–47

– Die Herren und die Mädchen. Fürsten und städtische Prostitution im spätmittelalterlichen Reich, in: Oliver AUGE (Hg.), König, Reich und Fürsten im Mittelalter (Beiträge zur Geschichte der Universität Greifswald 12, Stuttgart 2017) S. 223–253

OTT, Norbert H., Konstanz: Gebhard Dacher, »Konstanzer Chronik«, in: Norbert H. OTT / Ulrike BODEMANN / Peter SCHMIDT / Christine STÖLLINGER-LÖSER (Hg.), Katalog der deutschsprachigen illustrierten Handschriften des Mittelalters 3 (München 2011) S. 212–216

Pächt, Otto, Eine wiedergefundene Tacuinum-Sanitatis-Handschrift, in: Münchener Jahrbuch der bildenden Kunst. Dritte Folge III/IV (1952/53) S. 172–180

Päpste – Pfaffen – Visionäre. Richentals Konzilswappen und wer sich dahinter verbirgt. Ein Rundgang durch die Niederburg zu Konstanz (Konstanz 2016)

Papsonová, Mária / Šmahel, František / Dvořáková, Daniela (Hg.), Ulrich Richental. Kostnická kronika: historické rozprávanie o meste, ktoré sa stalo stredom Európy, a čo to znamenalo pre Slovákov a Čechov. Ulrich Richental's Chronicle: A historical account of the city that became the centre of Europe and what this meant for the Slovaks and Czechs (Budmerice 2009)

Paravicini, Werner, Signes et couleurs au Concile de Constance: le témoignage d'un héraut d'armes portugais, in: Denise Turrel u. a. (Hg.), Signes et couleurs des identités politiques. Du Moyen Âge à nos jours. Colloque international organisé par l'Université de Poitiers, 14–16 juin 2007 (Rennes 2008) S. 155–187, Farbtaf. XVIII–XXII

– Das Schwert in der Krone, in: Franz J. Felten / Annette Kehnel / Stefan Weinfurter (Hg.), Institution und Charisma. Festschrift für Gert Melville zum 65. Geburtstag (Köln 2009) S. 279–304

– Von der Hilfswissenschaft zur Grundwissenschaft. Über Gegenwart und Zukunft des Handwerks der Historiker, in: Archiv für Diplomatik 63 (2017) S. 1–25

Paulus, Christof, Neuerscheinungen zum Constantiense oder Die vier Tode des Hieronymus von Prag, in: Zeitschrift des Historischen Vereins für Schwaben 108 (2016) S. 69–108

Prietzel, Malte, Politische Kommunikation und spirituelle Orientierung. Predigten auf dem Konstanzer Konzil 1414–1418, in: Annuarium Historiae Conciliorum 47 (2015) S. 83–102

– Dietrich Kerkering von Münster, ein Kölner Professor und seine Briefe vom Konstanzer Konzil, in: Gabriele Annas / Jessica Nowak (Hg.), Et l'homme dans tout cela? Von Menschen, Mächten und Motiven. Festschrift für Heribert Müller zum 70. Geburtstag (Frankfurter Historische Abhandlungen 48, Stuttgart 2017) S. 89–109

Rathmann, Thomas, Geschehen und Geschichten des Konstanzer Konzils. Chroniken, Briefe, Lieder und Sprüche als Konstituenten eines Ereignisses (Forschungen zur Geschichte der älteren deutschen Literatur 20, München 2000) S. 209–268

– Beobachtung ohne Beobachter? Der schwierige Umgang mit dem historischen Ereignis am Beispiel des Konstanzer Konzils, in: Heribert Müller / Johannes Helmrath (Hg.), Die Konzilien von Pisa (1409), Konstanz (1414–1418) und Basel (1431–1449). Institution und Personen (Vorträge und Forschungen 67, Ostfildern 2007) S. 95–106

Reiners, Heribert, Das Münster unserer Lieben Frau zu Konstanz (Die Kunstdenkmäler Südbadens I, Konstanz 1955)

Richental, Ulrich, Chronik des Konzils zu Konstanz 1414–1418. Faksimile der Konstanzer Handschrift. Mit einem kommentierten Beiheft von Jürgen KLÖCKLER, (Darmstadt 2013)

RIEGEL, Joseph, Die Teilnehmerlisten des Konstanzer Konzils. Ein Beitrag zur mittelalterlichen Statistik (Diss. Freiburg i.Br. 1916)

– Die Teilnehmerlisten des Konstanzer Konzils: 1: Die Weltlichen, 2: Die Geistlichen, 3 u. 4: Nur in Namenverzeichnissen vorkommende oder in Ulrich Richenthals Konzilschronik erwähnte Namen, Teildr. (Diss. Freiburg i.Br. [ca. 1914]) [Fakultätsbibliothek Theologie Jb 342]

ROLKER, Christof, Die Richental-Chronik als Wappenbuch, in: Deutsches Archiv für Erforschung des Mittelalters 71 (2015) S. 57–103

– Hinter tausend Wappen eine Welt: Ordnungsmodelle in Konstanzer Wappenbüchern von Richental bis Grünenberg, in: Karl-Heinz BRAUN / Thomas Martin BUCK (Hg.), Über die ganze Erde erging der Name von Konstanz. Rahmenbedingungen und Rezeption des Konstanzer Konzils (Veröffentlichungen der Kommission für geschichtliche Landeskunde in Baden-Württemberg. Reihe B: Forschungen 212, Stuttgart 2017) S. 109–135

ROSENBERG, Raphael und Heidrun, Die vielen Gesichter des Jan Hus. Visuelle Aneignungen und Transformationen seit 1415, in: Karl-Heinz BRAUN / Thomas Martin BUCK (Hg.), Über die ganze Erde erging der Name von Konstanz. Rahmenbedingungen und Rezeption des Konstanzer Konzils (Veröffentlichungen der Kommission für geschichtliche Landeskunde in Baden-Württemberg. Reihe B: Forschungen 212, Stuttgart 2017) S. 191–246

RUPPERT, Philipp, Konstanzer Beiträge zur badischen Geschichte. Altes und Neues 1 (Konstanz 1888) S. 151–156

– Das alte Konstanz in Schrift und Stift. Die Chroniken der Stadt Konstanz (Konstanz 1891) S. VII–IX

SCHENK, Gerrit Jasper, Sehen und gesehen werden. Der Einzug König Sigismunds zum Konstanzer Konzil 1414 im Wandel der Wahrnehmung und Überlieferung (am Beispiel von Handschriften und frühen Augsburger Drucken der Richental-Chronik), in: Franz MAUELSHAGEN / Benedikt MAUER (Hg.), Medien und Weltbilder im Wandel der Frühen Neuzeit (Documenta Augustana 5, Augsburg 2000) S. 71–106

– Zeremoniell und Politik. Herrschereinzüge im spätmittelalterlichen Reich (Forschungen zur Kaiser- und Papstgeschichte des Mittelalters 21, Köln u. a. 2003)

– Von den Socken. Ein Beitrag zur Kulturgeschichte der Politik am Beispiel des Einzugs König Sigismunds zum Konzil in Basel 1433, in: Karel HRUZA / Alexandra KAAR (Hg.), Kaiser Sigmund (1368–1437). Zur Herrschaftspraxis eines europäischen Monarchen (Forschungen zur Kaiser- und Papstgeschichte des Mittelalters 31, Wien u. a. 2012) S. 385–409

– Zeremonielle und Rituale auf dem Konstanzer Konzil, in: Karl-Heinz BRAUN / Mathias HERWEG / Hans W. HUBERT / Joachim SCHNEIDER / Thomas ZOTZ (Hg.),

1414–1418. Weltereignis des Mittelalters. Das Konstanzer Konzil. Essays (Darmstadt 2013) S. 22–27

– Die Lesbarkeit von Zeichen der Macht und die Grenzen der Macht von Zeichen auf dem Konstanzer Konzil am Beispiel des Einzugs Papst Johannes' XXIII. (1414), in: Gabriela Signori / Birgit Studt (Hg.), Das Konstanzer Konzil als europäisches Ereignis. Begegnungen, Medien und Rituale (Vorträge und Forschungen 75, Ostfildern 2014) S. 255–304

Sieber-Lehmann, Claudius, Basel und »sein« Konzil, in: Heribert Müller / Johannes Helmrath (Hg.), Die Konzilien von Pisa (1409), Konstanz (1414–1418) und Basel (1431–1449). Institution und Personen (Vorträge und Forschungen 67, Ostfildern 2007) S. 173–204

Signori, Gabriela, Das Konstanzer Konzil als europäisches Ereignis. Einleitung, in: Gabriela Signori / Birgit Studt (Hg.), Das Konstanzer Konzil als europäisches Ereignis. Begegnungen, Medien und Rituale (Vorträge und Forschungen 75, Ostfildern 2014) S. 9–18

– Das Konstanzer Konzil als Privilegienbörse, in: Schriften des Vereins für Geschichte des Bodensees und seiner Umgebung 133 (2015) S. 55–83

Signori, Gabriela / Studt, Birgit (Hg.), Das Konstanzer Konzil als europäisches Ereignis. Begegnungen, Medien und Rituale (Vorträge und Forschungen 79, Ostfildern 2014)

Studt, Birgit, Zusammenfassung, in: Gabriela Signori / Birgit Studt (Hg.), Das Konstanzer Konzil als europäisches Ereignis. Begegnungen, Medien und Rituale (Vorträge und Forschungen 75, Ostfildern 2014) S. 391–405

Vallery-Radot, Sophie, Les Français au concile de Constance (1414–1418). Entre résolution du schism et construction d'une identité nationale (Ecclesia militans 5, Turnhout 2016)

Vavra, Elisabeth, »Te deum laudamus«. Kirchliche Feiern zur Zeit des Konstanzer Konzils (1414–1418), in: Uwe Schultz (Hg.), Das Fest. Eine Kulturgeschichte von der Antike bis zur Gegenwart (München 1988) S. 127–139

Vogel, Theodor, Studien zu Richental's Konzilschronik (Diss. Freiburg i.Br. 1911)

Volkart, Silvia (Hg.), Rom am Bodensee. Die Zeit des Konstanzer Konzils (Der Thurgau im späten Mittelalter 1, Zürich 2014)

Wacker, Gisela, Ulrich Richentals Chronik des Konstanzer Konzils und ihre Funktionalisierung im 15. und 16. Jahrhundert. Aspekte zur Rekonstruktion der Urschrift und zu den Wirkungsabsichten der überlieferten Handschriften und Drucke (Diss. Tübingen 2002) (https://publikationen.uni-tuebingen.de/xmlui/handle/10900/46177)

Weinfurter, Stefan, Zum Gestaltungsprinzip der Chronik des Ulrich Richental, in: Freiburger Diözesan-Archiv 94 (1974) S. 517–531

Weiss, Sabine, Salzburg und das Konstanzer Konzil (1414–1418). Ein epochales Ereignis aus lokaler Perspektive – Die Teilnehmer aus der Erzdiözese Salzburg einschließlich der Eigenbistümer Gurk, Chiemsee, Seckau und Lavant, in: Mitteilungen der

Gesellschaft für Salzburger Landeskunde 132 (1992) S. 143–307, 134 (1994) S. 173–189 (Register – Nachträge – Korrekturen)

Wolff, Sandra, Die »Konstanzer Chronik« Gebhart Dachers. »By des Byschoffs zyten volgiengen disz nachgeschriben ding vnd sachen …«. Codex Sangallensis 646: Edition und Kommentar (Konstanzer Geschichts- und Rechtsquellen 40, Ostfildern 2008) S. 65–77

Zapf, Volker, Art. Richental, Ulrich, in: Wolfgang Achnitz (Hg.), Deutsches Literatur-Lexikon. Das Mittelalter 3: Reiseberichte und Geschichtsdichtung (Berlin u. a. 2012) Sp. 569–574

– Art. Dacher, Gebhard, in: Wolfgang Achnitz (Hg.), Deutsches Literatur-Lexikon. Das Mittelalter 3: Reiseberichte und Geschichtsdichtung (Berlin u. a. 2012) Sp. 799–801

Zotz, Thomas, Der deutsche Südwesten. Regionales Gefüge und Adelslandschaft in der Zeit um 1400, in: Karl-Heinz Braun / Mathias Herweg / Hans W. Hubert / Joachim Schneider / Thomas Zotz (Hg.), 1414–1418. Weltereignis des Mittelalters. Das Konstanzer Konzil. Essays (Darmstadt 2013) S. 139–144

Kapitelkonkordanz

Die nachstehende Kapitelkonkordanz der Chronikversionen A, K und G soll der besseren Orientierung des Lesers dienen. Sie folgt grundsätzlich der von dem Konstanzer Archivar Otto Feger 1964 vorgelegten Chronikausgabe, die erstmals eine Kapitelzählung einführte. Um die Vergleichbarkeit der verschiedenen Richental-Ausgaben zu gewährleisten, wurde diese beibehalten. Zu beachten ist allerdings, dass Fegers Ausgabe der Konstanzer Handschrift folgt, die unten stehende Zählung mithin dieser Ausgabe verpflichtet ist, es also (bis c. 319) zu entsprechenden Abweichungen gegenüber der A- und G-Version kommen kann. Die A-Version zeigt gegenüber der K-Version, wie aus der Konkordanz ersichtlich ist, Umstellungen, Auslassungen und Interpolationen, in der K-Version dagegen fehlen große Teile der Teilnehmer- und Namenliste. Keine der beiden Handschriften dürfte den Originalaufbau der Chronik repräsentieren.

Die G-Version besitzt, da sie wohl von Gebhard Dacher redaktionell bearbeitet wurde, einen von A und K grundverschiedenen Textaufbau, der nicht mit der Kapitelfolge, wie sie hier in der Konkordanz nach K präsentiert wird, identisch ist. Hinzu kommt, dass – wie für Redaktionen nicht unüblich – nicht selten Kapitel zusammengefasst (z. B. cc. 22–24, 27,1–3, 30,1–2, 47–51) bzw. textlich vermischt (z. B. cc. 237/256) wurden. Die G-Version beginnt auch nicht – wie A und K – mit c. 1,1, sondern mit dem Einzug der Konzilsteilnehmer, also mit c. 34,3; erst danach (nach cc. 86,2 und 142) setzt die eigentliche Chronik ein. Der Text endet auch nicht mit c. 520 (Recapitulacio), sondern mit der Geschichte des Jan Hus (cc. 147,2–156,2). Kapitel, die aufgrund des exzeptionellen Textaufbaus in G zwei Mal begegnen, sind mit Asterisk gekennzeichnet. Wo der Text in der St. Georgener Handschrift Lücken hat bzw. fragmentarisch ist, wurde G nach dem Erstdruck von 1483 (D₁) ergänzt.

In der 2010 vorgelegten Chronikausgabe ist – anders, als dies Feger seinerzeit gehandhabt hat – die Kapitelzählung auch auf den systematischen Chronikteil, also auf die sog. Namen- und Teilnehmerlisten des Konstanzer Konzils (cc. 320–520), ausgedehnt worden. Das Verfahren wurde auch für diese Ausgabe beibehalten, so dass auch in diesem Bereich eine bessere Vergleichbarkeit bzw. synoptische Zusammenschau der einzelnen Versionen gegeben ist. Teilweise wurde die von Feger vorgegebene Kapitelordnung wegen des Umfangs der Einzelkapitel und um der leichteren Zitation bzw. Identifikation der Texte willen allerdings noch zusätzlich in sich differenziert (z. B. cc. 65,1–3 oder 186,1–2). Wichtig ist, dass es sich bei der vorliegenden Konkordanz um eine Synopse handelt, die die Kapitel von A und G nicht in der Reihenfolge bietet, wie sie die Handschriften präsentieren. Die cc. 5,2–4 begegnen in A beispielsweise in umgekehrter Reihenfolge, die cc. 43,2–3 nach c. 68,1, das c. 53,1b nach c. 73,2, das c. 178 nach c. 166.

A	K Psalmvorspruch (lat.) Invokation	G/D$_1$ Psalmvorspruch (dt.)
1,1	1,1	1,1
1,2	1,2	1,2*
1,3	1,3	1,3
2,1	2,1	2,1
2,2	2,2	2,2
3,1	3,1	3,1
3,2	3,2	3,2
4,1	4,1	
4,2	4,2	
4,3	4,3	
4,4	4,4	
5,1	5,1	
5,2	5,2	
5,3	5,3	
5,4	5,4	
6,1	6,1	
6,2	6,2	
6,3	6,3	
7	7	7
8	8	8
9	9	9
10	10	10
11	11	11
12,1	12,1	12,1
12,2	12,2	12,2
13	13	13
14,1	14,1	14,1
14,2	14,2	14,2
	14,3	
14,4	14,4	14,4
14,5	14,5	
15	15	15
16	16	16
17	17	17
18	18	18
19	19	19

A	K	G/D$_1$
20	20	20
21	21	21
22	22	22–24
23	23	
24	24	
25	25	
	26	26
27,1	27,1	27,1–3
27,2	27,2	
27,3	27,3	
28	28	
29	29	29
30,1	30,1	30,1–2
30,2	30,2	
31	31	31–32
32	32	
	33,1	
33,2	33,2	
34,1	34,1	
34,2	34,2	
		[Prooem]
	34,3	34,3
35	35	35*
36	36	
37	37	
38	38	
39,1	39,1	
39,2	39,2	
40	40	40
41,1	41,1	41,1
41,2	41,2	41,2*
42	42	42
43,1	43,1	43,1
43,2	43,2	43,2
43,3	43,3	43,3
44	44	44
45,1	45,1	45,1
45,2	45,2	45,2

A	K	G/D$_1$
45,3	45,3	45,3
46	46	
47	47	47–51
48,1	48,1	
48,2	48,2	
	48,3	
49	49	
50	50	
51	51	
52	52	52
53,1a	53,1	53,1
53,1b		
53,2	53,2	53,2
54,1	54,1	54,1
54,2	54,2	54,2
55,1	55,1	55,1
55,2	55,2	55,2
55,3	55,3	55,3
56,1	56,1	56,1
56,2	56,2	
57,1	57,1	57,1
57,2	57,2	57,2
57,3a	57,3	57,3
57,3b		
58	58	58
59	59	59
60,1	60,1	60,1a
		60,1b
	60,2	
61	61	61–62,1
62,1	62,1	62,1
62,2	62,2	
63,1	63,1	63,1
63,2	63,2	63,2
64	64	64
65,1	65,1	65,1
65,2	65,2	
65,3	65,3	

A	K	G/D₁
66	66	
67,1	67,1	
	67,2	
67,3	67,3	
68,1	68,1	68,1
68,2	68,2	68,2
69	69	69
	70,1	70,1
70,2a	70,2	70,2
70,2b		
71,1	71,1	71,1
71,2	71,2	71,2
71,3	71,3	71,3
71,4	71,4	71,4
71,5	71,5	71,5
72,1	72,1	72,1
72,2	72,2	72,2
73,1	73,1	73,1
73,2	73,2	73,2
74,1a	74,1	74,1
74,1b		
74,2	74,2	74,2
75	75	75
76a	76	76
76b (nach c. 77,3)		
76b (nach c. 84,1)		
77,1	77,1	77,1
77,2	77,2	77,2–3
77,3	77,3	
	77,4	77,4
78,1	78,1	78,1
78,2	78,2	78,2
78,3	78,3	78,3
79,1	79,1	79,1
79,2	79,2	79,2
79,3	79,3	79,3
80,1	80,1	80,1
80,2	80,2	80,2

A	K	G/D$_1$
81	81	81
82,1	82,1	82,1
82,2	82,2	82,2
83,1	83,1	83,1
83,2	83,2	83,2
84,1	84,1	84,1
84,2	84,2	84,2
84,3	84,3	84,3
85,1	85,1	85,1
85,2	85,2	85,2
86,1	86,1	86,1
86,2	86,2	86,2
87	87	1,2, 41,2 und 87
88,1	88,1	
88,2	88,2	
89	89	
90	90	
91	91	
92	92	
93,1	93,1	
93,2	93,2	
94,1	94,1	
94,2	94,2	
94,3	94,3	
94,4	94,4	
95	95	
96	96	96, 101 und 103
97	97	97*–99*
98	98	98*
99,1	99,1	99,1
99,2	99,2	99,2
99,3	99,3	
100	100	
101	101	96, 101 und 103
102,1	102,1	
102,2	102,2	
103	103	96, 101 und 103
104	104	

A	K	G/D$_1$
105,1	105,1	
105,2	105,2	
106	106	106–107
107	107	
108,1	108,1	
108,2		
108,3		
109	109	
110	110	
111	111	
112,1	112,1	
112,2	112,2	
113	113	
114,1	114,1	
114,2	114,2	
114,3	114,3	
114,4	114,4	
114,5	114,5	
114,6	114,6	
115	115	115
116,1	116,1	
116,2	116,2	
117	117	
118	118	118*
119,1	119,1	119,1*
119,2	119,2	119,2
120	120	120*
121,1	121,1	121,1*
121,2	121,2	121,2
122	122	122*
123,1	123,1	123,1
123,2a	123,2	123,2
123,2b		
124,1	124,1	124,1*
124,2	124,2	124,2*
124,3	124,3	124,3*
124,4	124,4	124,4*
125	125	125*

A	K	G/D$_1$
126,1	126,1	126,1*
126,2	126,2	126,2*
127,1	127,1	127,1
127,2	127,2	127,2*
128	128	128*
129	129	129
130	130	130
131	131	131
	132	132
133	133	133*
134,1	134,1	134,1
134,2	134,2	
135	135	
136	136	136
137	137	137*
138	138	138
[139	139	139
140]	140	140
141	141	141
142	142	142*
143	143	143
144,1	144,1	144,1
144,2	144,2	144,2
[144,3]	144,3	144,3
145,1	145,1	145,1
145,2	145,2	145,2
146,1	146,1	146,1
146,2	146,2	
147,1	147,1	
147,2	147,2	147,2
148	148	148
149	149	149
150	150	150
151	151	151
152	152	152
153	153	153
154	154	154
155,1	155,1	

A	K	G/D₁
155,2	155,2	155,2*–156,2*
156,1	156,1	156,1*
156,2	156,2	156,2
157	157	157
158	158	158
159	159	159
160	160	160
161	161	161
162	162	162
163	163	163
164	164	164
165	165	165
166	166	166
167	167	
168	168	
169	169	169
170	170	170
171	171	171
172	172	172
173,1	173,1	173,1
173,2	173,2	173,2
174,1	174,1	174,1
174,2	174,2	174,2
174,3	174,3	174,3
175	175	175
176	176	176
177	177	177
178	178	178
	179,1	
179,2	179,2	179,2
180	180	180
181	181	
182,1	182,1	
182,2	182,2	
182,3		182,3
183	183	183
184	184	
185	185	

A	K	G/D₁
186,1	186,1	186,1
186,2	186,2	186,2
187	187	187
188	188	188
189	189	189
190	190	190
191	191	191
192	192	192
193,1	193,1	193,1
193,2	193,2	193,2
193,3	193,3	193,3
193,4	193,4	193,4
194,1	194,1	194,1
194,2	194,2	194,2
195,1	195,1	195,1
195,2	195,2	195,2
195,3	195,3	195,3
196	196	196
197	197	197
198	198	198
199	199	199
200	200	200
201	201	201
202	202	202
203	203	203
204	204	204
205	205	205
206	206	206
207	207	207
208	208	208
209	209	209
210	210	210
211	211	
212	212	212
213	213	213
214	214	
215	215	
216,1	216,1	

A	K	G/D₁
216,2	216,2	216,2
217,1	217,1	
217,2	217,2	217,2
218	218	218
219	219	219–224,1
220,1	220,1	
220,2	220,2	
221	221	
222	222	
223,1	223,1	
223,2	223,2	
223,3	223,3	
224,1	224,1	
224,2	224,2	
225,1	225,1	
225,2a	225,2	
225,2b		
225,3	225,3	225,3
226	226	
227,1	227,1	
227,2	227,2	
	227,3	
228	228	228
229	229	229
230	230	230
231,1	231,1	231,1
231,2	231,2	231,2
232,1	232,1	232,1
232,2	232,2	232,2
232,3	232,3	232,3
233	233	233
234	234	234
235,1	235,1	235,1
235,2a	235,2	235,2a
235,2b		235,2b
235,3	235,3	235,3
236	236	236
237	237	237 und 256

A	K	G/D₁
238	238	238
239	239	239
240	240	
241,1	241,1	
241,2	241,2	
242	242	242
243	243	243
244	244	
245	245	245
246	246	246a
		246b
247	247	247
248,1	248,1	248,1
248,2	248,2	248,2
249,1	249,1	
249,2	249,2	249,2
250	250	250
251	251	251
252	252	252
[253,1	253,1	253,1
253,2]	253,2	
254	254	
255,1	255,1	
255,2	255,2	
255,3	255,3	255,3
[255,4]	255,4	255,4a/b
256,1	256,1	237 und 256
256,2	256,2	256,1–2
257,1	257,1	257,1
257,2	257,2	257,2
258	258	
259,1	259,1	259,1
259,2	259,2	259,2
260,1	260,1	
260,2	260,2	260,2* und 261a
261	261	261b
262	262	262
263,1	263,1	263,1

A	K	G/D$_1$
263,2	263,2	263,2
263,3	263,3	263,3
263,4	263,4	263,4
263,5	263,5	263,5
264	264	
265	265	265
266	266	266
267,1	267,1	267,1
267,2	267,2	
268	268	
	269	
270	270	270
271	271	271
272	272	272
273	273	273
274	274	274
275,1a	275,1	275,1
275,1b		
275,2	275,2	
275,3	275,3	
276	276	276
277	277	277
278,1	278,1	278,1
278,2	278,2	278,2
279	279	279
280	280	280
281	281	281
282	282	282
283,1	283,1	283,1
283,2	283,2	283,2
284,1a	284,1	284,1
284,1b		
284,2	284,2	
284,3	284,3	
284,4	284,4	
285	285	285
286	286	286
287	287	287

A	K	G/D₁
288	288	288 und 289
289	289	
290,1	290,1	290,1
290,2	290,2	290,2
291,1	291,1	291,1
291,2	291,2	291,2
292,1	292,1	292,1
292,2	292,2	292,2
292,3	292,3	292,3
293,1	293,1	293,1
293,2	293,2	293,2
293,3	293,3	293,3
294,1	294,1	294,1
294,2	294,2	294,2
295,1	295,1	295,1
295,2	295,2	295,2
296	296	296
297	297	297
298,1	298,1	298,1
298,2	298,2	298,2
299,1	299,1	299,1
299,2	299,2	299,2
300,1	300,1	300,1
300,2	300,2	300,2
300,3	300,3	300,3
301,1	301,1	301,1
301,2	301,2	301,2
301,3	301,3	301,3
302	302	302
303,1	303,1	303,1
303,2	303,2	303,2
303,3	303,3	303,3
304	304	304
305	305	
306	306	
307	307	307
308	308	308
309	309	309

A	K	G/D$_1$
310,1	310,1	310,1
310,2	310,2	310,2
311	311	311
312	312	312
313	313	313
314	314	314
315	315	315
316	316	316
317	317	317
318	318	318
319	319	
320		
321		
322		
323		
324		
325		
326		
327		327
328		328–330
329		
330		
331		
332		332
333		333–359
334		
335		
336		
337		
338		
339		
340		
341		
342		342–362
		342–357
		342–359
		342–364
343		

A	K	G/D₁
344		
345		
346		
347		
348		
349		
350		
351		
352		
353		
354		
355		
356		
357		
358		
359		
360		
361		
362		
363		
364		
365		365–367
366		
367		
368		368 und 381
369		
370		
371		
372		
373		373
374		
375		
376		376
377		
378		378
379		379
380		380
381		368 und 381

A	K	G/D$_1$
382		
383		
384		
385		
386,1		
[386,2]		
387		
388		
389		
390		
391		
392		
393		
394		
395		
396		
397		397
398		398
399		399
400		400
401		401
402		402
403		403
404		404
405		405
406		406
407		407–410
408		
409		
410		
411		
412		412
413		413
414		414
415		415
416		416
417		417
418		418

A	K	G/D₁
419		419
420		420
421		421
422		422
423		423
424		424
425		425
426		426
427		427
428		428a
		428b
429		429
430		430a
		430b
431		431
432		432
433		433
434		434
435		435
436		
437		
438		
439,1		
439,2		
440,1	440,1	440,1a
		440,1b
440,2	440,2	440,2
441	441	441
442	442	442a
		442b
443	443	443
		443–446
444	444	444a–445
		444b
445	445	
446	446	446
447	447	447
448	448	448a

A	K	G/D$_1$
		448b
449	449	
450		450
		450–451
451		451
452		
453		453*–456
454		454
455		
456		456
457		
458		458
459		
460		460
		460a
		460b
461		
462		462
463		463
464		
465		465
466		466*
467		467
468		
469		
470		
471		
472		
473		
474	474a	474
	474b	
	474–475	474–475
475	475	475
476	476	476
477	477	477*
478		
479		479*–482
480		480

A	K	G/D$_1$
481		481*
482		482*
483		483
484		484
485		485
486		486
487		487
488		488
489		489
490		490
491		491
492		492
493		493
494		494
495		495
496		496
497		497
498		498
499		499
500		500
501		501
502		502
503		503
504		504
505		505
506		506
507		507
508		508
509		509
510		510
511		511
512		512
513		513
514		514
515		515
516		516
517a		517a
[517b]		517b

A	K	G/D$_1$
518		
519		519
520		520

Kapitelsukzession

Während die Kapitelkonkordanz den allgemeinen synoptischen Vergleich aller drei Chronikversionen im Blick auf das reine Kapitelaufkommen zulässt, also nur aus rein quantitativer Sicht aufzeigt, wie das allgemeine Kapitelaufkommen gestaltet ist, aber – abgesehen von der K-Version, deren Kapitelaufbau auf Otto Feger und damit auf den Konstanzer Codex zurückgeht – nicht zeigt, wie die tatsächliche Kapitelsukzession in der jeweiligen Version ausfällt, werden an dieser Stelle noch einmal die Kapitelabfolgen aller drei Versionen so präsentiert, wie sie sich in den entsprechenden Leithandschriften A, K und G tatsächlich vorfinden. Dass dies nötig ist, zeigen die Kapitelabfolgen von A, aber vor allem von G, das einen ganz eigenen Text- und Kapitelaufbau zeigt.

Der Vergleich der Kapitelabfolgen zeigt, dass in der New Yorker und Konstanzer Version die Chronik mit c. 1,1 beginnt, in der St. Georgener Version dagegen erst mit c. 34,3, also mit dem Einzug der Konzilsteilnehmer in Konstanz. Die Chronik selbst setzt in G erst nach cc. 86,2 und 142 (Fronleichnamsprozession) mit dem Psalmvorspruch ein und führt den narrativen Chronikteil dann bis c. 318 fort. Danach wird die Flucht Papst Johannes' XXIII. (cc. 118–137) und die Kanonisation der Hl. Birgitta von Schweden (cc. 97–99,2), die im voranstehenden Chronikteil schon angedeutet worden waren, noch einmal ausführlich erzählt. Der systematische Chronikteil endet in G wie in A mit c. 520. Danach wird allerdings noch die Geschichte vom Leiden und Sterben des Jan Hus in Konstanz (cc. 147,2–156,2) nachgetragen. Mit ihr schließt sowohl die St. Georgener Chronik als auch der Erstdruck von 1483.

Auffallend ist, dass die Konstanzer Version, was die Kapitelabfolge anbelangt, mit der New Yorker Version der Chronik bis c. 319 inhaltlich – von einzelnen Umstellungen, Auslassungen und anderweitigen kleineren Veränderungen einmal abgesehen – nahezu identisch ist. Im systematisch-statistischen Teil ist die Abweichung dann allerdings signifikant. Von den in A auf c. 319 folgenden cc. 320–520 haben sich in K nur die cc. 440,1–449 und 474a–477 erhalten, eine Umstellung, die insofern reflektiert wird, als W den systematisch-statistischen Chronikteil noch nach A ergänzt. Eine Besonderheit von K stellt allerdings c. 269 dar, das in A und G an der Stelle, wo es sich in K findet, nicht vorhanden ist, also wohl in die K-Version inseriert wurde. Hier wird im Konstanzer Codex eine Liste von Bischöfen und Erzbischöfen von K in den narrativen Chronikteil vorgezogen, deren Namen A und G erst später, nämlich in den cc. 342–360 bringen.

A	K Psalmvorspruch (lat.) Invokation	G/D$_1$
1,1	1,1	
1,2	1,2	
1,3	1,3	
2,1	2,1	
2,2	2,2	
3,1	3,1	
3,2	3,2	
4,1	4,1	
4,2	4,2	
4,3	4,3	
4,4	4,4	
5,1	5,1	
5,4	5,2	
5,3	5,3	
5,2	5,4	
6,1	6,1	
6,2	6,2	
6,3	6,3	
7	7	
8	8	
9	9	
10	10	
11	11	
12,1	12,1	
12,2	12,2	
13	13	
14,1	14,1	
14,2	14,2	
	14,3	
14,4	14,4	
14,5	14,5	
15	15	
16	16	
17	17	
18	18	
19	19	

A	K	G/D$_1$
20	20	
21	21	
22	22	
23	23	
24	24	
25	25	
	26	
27,3	27,1	
27,1	27,2	
27,2	27,3	
28	28	
29	29	
30,1	30,1	
30,2	30,2	
31	31	
32	32	
	33,1	
33,2	33,2	
34,1	34,1	
34,2	34,2	
		[Prooem]
	34,3	34,3
35	35	35
36	36	
37	37	
38	38	
39,1	39,1	
39,2	39,2	
40	40	40
41,1	41,1	41,1
41,2	41,2	41,2
42	42	42
43,1	43,1	43,1
	43,2	43,2
	43,3	43,3
	44	44
	45,1	45,1
	45,2	45,2

A	K	G/D$_1$
	45,3	45,3
46	46	
47	47	
48,1	48,1	
48,2	48,2	
	48,3	
49	49	
50	50	
51	51	
52	52	52
53,1a	53,1	53,1
53,2	53,2	53,2
54,1	54,1	54,1
54,2	54,2	54,2
55,1	55,1	55,1
55,2	55,2	55,2
55,3	55,3	55,3
56,1	56,1	
56,2	56,2	
57,1	57,1	
57,2	57,2	
57,3a	57,3	
58	58	
59	59	
60,1	60,1	
	60,2	
61	61	
62,1	62,1	
62,2	62,2	
63,1	63,1	
63,2	63,2	
64	64	
65,1	65,1	
65,2	65,2	
65,3	65,3	
66	66	
67,1	67,1	
	67,2	

A	K	G/D$_1$
67,3	67,3	
68,1	68,1	68,1
	68,2	68,2
43,2		
44		
68,2		
43,3		
69	69	69
45,1		
45,2		
45,3		
57,3b		
	70,1	70,1
70,2a	70,2	70,2
71,1	71,1	71,1
71,2	71,2	71,2
71,3	71,3	71,3
71,4	71,4	71,4
71,5	71,5	71,5
72,1	72,1	72,1
72,2	72,2	72,2
73,1	73,1	73,1
73,2	73,2	73,2
53,1b		
74,1a	74,1	74,1
74,2	74,2	74,2
75	75	75
76a	76	76
77,1	77,1	77,1
77,2	77,2	77,2–3
77,3	77,3	
	77,4	77,4
76b		
78,1	78,1	78,1
78,2	78,2	78,2
78,3	78,3	78,3
79,1	79,1	79,1
79,2	79,2	79,2

A	K	G/D$_1$
79,3	79,3	79,3
80,1	80,1	80,1
80,2	80,2	80,2
81	81	81
82,1	82,1	82,1
74,1b		
82,2	82,2	82,2
83,1	83,1	83,1
83,2	83,2	83,2
84,1	84,1	84,1
76b		
84,2	84,2	84,2
84,3	84,3	84,3
85,1	85,1	85,1
85,2	85,2	85,2
86,1	86,1	86,1
70,2b		
86,2	86,2	86,2
		142
		Psalmvorspruch (dt.)
		1,1
		1,2
		1,3
		2,1
		2,2
		3,1
		3,2
		7
		8
		9
		10
		11
		12,1
		12,2
		13
		14,1
		14,2
		14,4

A	K	G/D_1
		15
		16
		17
		18
		19
		20
		21
		22–24
		27,1–3
		29
		30,1–2
		31–32
		26
		35
		47–51
		1,2, 41,2 und 87
		56,1
		57,1
		60,1a
		62,1
		57,2
		58
		63,1
		63,2
		64
		61–62,1
		59
		65,1
		60,1b
		57,3
87	87	
88,1	88,1	
88,2	88,2	
89	89	
90	90	
91	91	
92	92	
93,1	93,1	

A	K	G/D$_1$
93,2	93,2	
94,1	94,1	
94,2	94,2	
94,3	94,3	
94,4	94,4	
95	95	
96	96	
97	97	97–99
		96, 101 und 103
98	98	
99,1	99,1	
99,2	99,2	
99,3	99,3	
100	100	
101	101	
102,1	102,1	
102,2	102,2	
103	103	
104	104	
105,1	105,1	
105,2	105,2	
106	106	106–107
107	107	
108,1	108,1	
108,2		
108,3		
109	109	
110	110	
111	111	
112,1	112,1	
112,2	112,2	
113	113	
114,1	114,1	
114,2	114,2	
114,3	114,3	
114,4	114,4	
114,5	114,5	
114,6	114,6	

A	K	G/D$_1$
115	115	115
116,1	116,1	
116,2	116,2	
117	117	
118	118	118 und 119,1
119,1	119,1	
119,2	119,2	
120	120	120
121,1	121,1	121,1 und 124,1
121,2	121,2	
122	122	
123,1	123,1	
123,2a	123,2	
124,1	124,1	
124,2	124,2	124,2
124,3	124,3	124,3
124,4	124,4	
125	125	125
		124,4
		122
		123,1
123,2b		
126,1	126,1	126,1
126,2	126,2	126,2
127,1	127,1	
127,2	127,2	127,2
128	128	128
129	129	129
130	130	
131	131	
	132	
	133	133
	134,1	
134,2	134,2	
135	135	
133		
134,1		
136	136	136

A	K	G/D$_1$
137	137	137
138	138	138
[139	139	139
140]	140	140
141	141	141
142	142	142
143	143	143
144,1	144,1	144,1
144,2	144,2	144,2
[144,3]	144,3	144,3
145,1	145,1	145,1
145,2	145,2	145,2
146,1	146,1	146,1
146,2	146,2	
147,1	147,1	
147,2	147,2	
148	148	
149	149	
150	150	
151	151	
152	152	
153	153	
154	154	
155,1	155,1	
155,2	155,2	155,2–156,2
156,1	156,1	
156,2	156,2	
157	157	157
158	158	158
159	159	159
160	160	160
161	161	
162	162	162
163	163	163
164	164	164
165	165	165
166	166	
178		

A	K	G/D_1
167	167	
168	168	
169	169	
170	170	
171	171	
172	172	
173,1	173,1	
173,2	173,2	
174,1	174,1	
174,2	174,2	
174,3	174,3	
175	175	
176	176	
177	177	
	178	178
		169
		166
		170
		171
		172
		173,1
		173,2
		174,1
		174,2
		174,3
		175
		176
		177
	179,1	
179,2	179,2	179,2
180	180	180
181	181	
182,1	182,1	
182,2	182,2	
182,3		182,3
	183	183
184	184	
183		

A	K	G/D$_1$
185	185	
186,1	186,1	186,1
186,2	186,2	186,2
		161
187	187	187
188	188	188
189	189	189
190	190	190
191	191	191
192	192	192
193,1	193,1	193,1
193,2	193,2	193,2
193,3	193,3	193,3
193,4	193,4	193,4
194,1	194,1	194,1
194,2	194,2	194,2
195,1	195,1	195,1
195,2	195,2	195,2
195,3	195,3	195,3
196	196	196
197	197	197
198	198	198
199	199	199
200	200	200
201	201	201
202	202	202
203	203	203
204	204	204
205	205	205
206	206	206
207	207	207
208	208	208
209	209	209
210	210	210
211	211	
212	212	212
213	213	213
214	214	

A	K	G/D₁
215	215	
216,1	216,1	
216,2	216,2	216,2
217,1	217,1	
217,2	217,2	217,2
218	218	218
219	219	219–224,1
		97–98
220,1	220,1	
220,2	220,2	
221	221	
222	222	
223,1	223,1	
223,2	223,2	
223,3	223,3	
224,1	224,1	
224,2	224,2	
226		
225,1	225,1	
225,2a	225,2	
225,2b		
225,3	225,3	225,3
	226	
	227,1	
	227,2	
	227,3	
228	228	228
229	229	229
	230	
235,2a		
235,3		
235,2b		
227,1		
230		
227,2		
231,1	231,1	
231,2	231,2	
232,1	232,1	

A	K	G/D$_1$
232,2	232,2	
232,3	232,3	
233	233	
234	234	
235,1	235,1	
	235,2	235,2a
	235,3	235,3
		235,2b
		230
		231,1
		231,2
		232,1
		232,2
		232,3
		233
		234
		235,1
236	236	236
237	237	
238	238	238
		237 und 256
239	239	239
240	240	
241,1	241,1	
241,2	241,2	
242	242	242
243	243	243
244	244	
245	245	245
246	246	246a
247	247	247
		246b
248,1	248,1	248,1
248,2	248,2	248,2
249,1	249,1	
249,2	249,2	249,2
250	250	250
251	251	251

A	K	G/D$_1$
252	252	252
[253,1	253,1	253,1
253,2]	253,2	
254	254	
255,1	255,1	
255,2	255,2	
255,3	255,3	255,3
[255,4]	255,4	255,4a/b
256,1	256,1	
256,2	256,2	
257,1	257,1	
257,2	257,2	
258	258	
259,1	259,1	259,1
259,2	259,2	259,2
260,1	260,1	
260,2	260,2	260,2 und 261a
261	261	
262	262	262
263,1	263,1	263,1
263,2	263,2	263,2
		256,1–2
		257,1
		257,2
		260,2
		261b
263,3	263,3	263,3
263,4	263,4	263,4
263,5	263,5	263,5
264	264	
265	265	265
266	266	266
267,1	267,1	267,1
267,2	267,2	
268	268	
	269	
270	270	270
271	271	271

A	K	G/D$_1$
272	272	272
273	273	273
274	274	274
275,1a	275,1	
275,2	275,2	
275,3	275,3	
284,1a		
284,2		
284,3		
284,4		
276	276	276
277	277	277
278,1	278,1	278,1
278,2	278,2	278,2
		275,1
275,1b		
279	279	279
280	280	280
281	281	281
282	282	282
283,1	283,1	283,1
283,2	283,2	283,2
284,1b	284,1	284,1
	284,2	
	284,3	
	284,4	
285	285	285
286	286	286
287	287	287
288	288	288 und 289
289	289	
290,1	290,1	290,1
290,2	290,2	290,2
291,1	291,1	291,1
291,2	291,2	291,2
292,1	292,1	292,1
292,2	292,2	292,2
292,3	292,3	292,3

A	K	G/D₁
293,1	293,1	293,1
293,2	293,2	293,2
293,3	293,3	293,3
294,1	294,1	294,1
294,2	294,2	294,2
295,1	295,1	295,1
295,2	295,2	295,2
296	296	296
297	297	297
298,1	298,1	298,1
298,2	298,2	298,2
299,1	299,1	299,1
299,2	299,2	299,2
300,1	300,1	300,1
300,2	300,2	300,2
300,3	300,3	300,3
301,1	301,1	301,1
301,2	301,2	301,2
301,3	301,3	301,3
302	302	302
303,1	303,1	303,1
303,2	303,2	303,2
303,3	303,3	303,3
304	304	304
305	305	
306	306	
307	307	307
308	308	308
309	309	309
310,1	310,1	310,1
310,2	310,2	310,2
311	311	
312	312	
313	313	313
314	314	314
315	315	315
		311
		312

The G/D₁ header as printed: **G/D**₁

A	K	G/D_1
316	316	316
317	317	317
318	318	318
		118
		119,1
		119,2
		120
		121,1
		121,2
		122
		123,2
		124,1
		124,2
		124,3
		124,4
		125
		126,1
		126,2
		127,1
		127,2
		128
		130
		131
		132
		133
		134,1
		137
		97
		98
		99,1
		99,2
319	319	
320		
321		
322		
323		
324		
325		

A	K	G/D$_1$
326		
327		327
328		328–330
329		
330		
331		
332		332
333		
334		
335		
336		
337		
338		
339		
340		
341		
342		
343		
344		
345		
346		
347		
348		
349		
350		
351		
352		
353		
354		
355		
356		
357		
358		
359		
360		
361		
362		
363		

A	K	G/D$_1$
364		
365		
366		
367		
368		
369		
370		
371		
372		
373		
374		
375		
376		
377		
378		
379		
380		
381		
382		
383		
384		
385		
386,1		
[386,2]		
387		
388		
389		
390		
391		
392		
393		
394		
395		
396		
397		
398		
399		
400		

A	K	G/D$_1$
401		
402		
403		
404		
405		
406		
407		
408		
409		
410		
411		
412		
413		
414		
415		
416		
417		
418		
419		
420		
421		
422		
423		
424		
425		
426		
427		
428		
429		
430		
431		
432		
433		
434		
435		
436		
437		
438		

A	K	G/D$_1$
439,1		
439,2		
440,1		
440,2		
441		
442		
443		
444		
445		
446		
447		
448		
449		
450		
451		
452		
453		
454		
455		
456		
457		
458		
459		
460		
461		
462		
463		
464		
465		
466		
467		
468		
469		
470		
471		
472		
473		
474	474a	

A	K	G/D$_1$
	474–475	
	474b	
475	475	
476	476	
477	477	477
		474
		476
		475
		477
		474–475
		475
		474
		333–359
		342–362
		412
		413
		414
		415
		416
		424
		426
		420
		421
		422
		417
		419
		418
		427
		425
		423
		428a
		429
		430a
		431
		430b
		432
		433
		434

A	K	G/D$_1$
		435
		428b
		342–364
		365–367
		376
		378
		379
		380
		342–357
		342–359
		368 und 381
		373
	440,1	
	440,2	
	441	
	442	
	443	
	444	444a–445
	445	
	446	446
		440,1a
		440,2
		440,1b
		442a
		441
		442b
		443
		467
		453–456
		466
		444b
		443–446
	447	447
	448	448a
		466
		460a
		465
		460b

A	K	G/D₁

A	K	G/D_1
	449	
478		
479		
480		
481		
482		
483		
484		
485		
486		
487		
488		
489		
490		
491		491
492		492
493		493
494		494
495		495
496		496
497		497
498		498
499		499
500		500
501		501
		504
502		502
503		503
		507
504		
505		505
506		506
507		
508		508
509		509
510		510
511		511
512		512

A	K	G/D$_1$
513		513
514		514
515		515
516		516
517a		517a
[517b]		517b
		450
		451
		453
		454
		466
		456
		458
		460
		462
		463
		450–451
		448b
		397
		398
		399
		400
		401
		402
		403
		404
		405
		406
		407–410
		479–482
		481
		482
		479
		481–482
		480
		483
		484
		485

A	K	G/D$_1$
		486
		487
		489
		488
		490
518		
519		519
520		520
		147,2
		148
		149
		150
		151
		152
		153
		154
		155,2
		156,1
		156,2

Edition

Text der St. Georgener Chronikversion

[Hie[1] hebt an das concilium, so zu Costentz ist gehalten worden des jars, do man zalt von der gepurdt unsers erlösers MCCCCXIV jar, mit allen handlungen in geistlichen und weltlichen dingen, auch was [diß mals für[a]] bepst, keyser, künig, fürsten und herren etc., geistlichs und weltlichs standts, sambt denen botschaftenn der künigreichen, landen und stetten tzu Costentz erschinen seind, mit iren wappen, contrafect, und mit andern schö-   5 nen figuren und gemäl durchaus gezieret].

(34,3) [D₁ fol. 2ʳ] Hienach[2] ist zů dem ersten verschriben, wie die cardinǎl und ertzbischof, fürsten und herren gen Costentz zů dem concilio einrittend.

(35) [2ʳ] An[3] Sant Martins abend, do man von der gepurd Cristi zalt tausent vierhun-

---

a   diß mals für] diß mals für *D₂*; er *Ausgabe Schedel, BSB München, Rar. 335, fol. 1ʳ.*

---

1   *Im Frühdruck der Chronik aus dem Besitz des Nürnberger Humanisten Hartmann Schedel (1440–1514) in der Bayerischen Staatsbibliothek München (Rar. 335, siehe zum Inhalt der Inkunabel auch das Kolophon fol. 247ʳ) ist fol. 1ʳ ein nichtursprüngliches Titelblatt eingefügt, da ein späterer Besitzer der Inkunabel den Textanfang der St. Georgener Chronikversion offenbar als zu unvermittelt empfand. Der Wortlaut des Titelnachtrags folgt im Wesentlichen dem Titel der Augsburger Druckausgabe fol. 1ʳ von Heinrich Steyner aus dem Jahr 1536 (VD 16 R 2202, Faksimile-Reprint 1936); er kann mithin nicht von Schedel stammen. Darunter befindet sich eine ebenfalls nichtursprüngliche kolorierte Federzeichnung, die einen die Hände ausbreitenden Papst mit Tiara, einen Kardinal, zwei Bischöfe und einen Geistlichen zeigt. Vgl. R. STAUBER, Die Schedelsche Bibliothek. Ein Beitrag zur Geschichte der Ausbreitung der italienischen Renaissance, des deutschen Humanismus und der medizinischen Literatur (1908, ND 1969) S. 207, 232f.; W. MATTHIESSEN, Ulrich Richentals Chronik, S. 403. Grundsätzlich B. POSSELT, Konzeption und Kompilation der Schedelschen Weltchronik (MGH Schriften, Bd. 71) (2015).*
2   *Da die St. Georgener Handschrift nur unvollständig bzw. fragmentarisch überliefert ist, wird diese an den Stellen, wo kein Text erhalten ist, durch den Erstdruck, der 1483 bei Anton Sorg (Hain *5610) in Augsburg erschien, ergänzt. Das gilt sogleich für den Texteingang, der in G fragmentarisch einsetzt. Aus dem Hin- bzw. Rückverweis auf den Einzug des Burggrafen von Nürnberg fol. 36ʳᵃ Z. 20–23 geht indes hervor, dass G wohl ursprünglich über die erste Texteinheit verfügte. Als Vorlage für die Textedition diente die Inkunabel Dh 9 der BLB Karlsruhe sowie die Ausgabe Hartmann Schedels in der BSB München.*
3   *Wenn J. LENFANT, Histoire du Concile de Constance, Bd. 1 (1714) S. XXII schreibt, die Chronik sei in ihrer 1483 gedruckten Form »sans beaucoup d'ordre« geschrieben worden, stimmt das nicht ganz. Denn der Text der St. Georgener Handschrift ist von dem Konstanzer Chronisten Gebhard Dacher – wohl im Blick auf den Druck – redaktionell bearbeitet und neu geordnet bzw. zusammengestellt worden. Es lassen sich insgesamt sieben Texteinheiten unterscheiden, wobei der Listenteil am stärksten bearbeitet wurde. G kann insofern, wie aus den entsprechenden Anmerkungen im Kommentar hervorgeht, nicht in derselben Weise wie A und K fortlaufend »gelesen« werden, da der Gesamttext der Chronik – wohl für eine durch den Buchdruck veränderte Leserschaft – bewusst neu strukturiert und sortiert*

dert und viertzehen jar, do rittent gen Costentz ein fünff cardinål, all under der gehorsami bapst Johannes, und vil ertzbischof und bischof und vil grosser herren und gelerter leüt, geistlich und weltlich, und kamend mit hundert und vier und sechtzig pferden und so vil personen. Und die selben prachtend dem babst rechte botschafft von der stat zů
5   Rom und dem land darbey gelegen, wie das Rom und das Rômerlant sich widerumb geworffen het an den selben unsern heiligen vater babst Johannes den XXIII. und wôlten im gehorsam widerumb als vor[4]; wann sich dieselb stat und das land abgeworfen heten und wôlten babst Gregorio gehorsam sei[n] gewesen, den sy nun auffgeben hetent und gantz mit babst Johannes halten. Und do babst Johannes sôllich frôlich botschafft kom-
10 men was, do hieß er freüd leüten und laudes singen; und man leütet freüd mit allen gloggen morgens frůe einest, zů mittag zům andern, und an dem abent zů dem dritten mal.
     (40) Am freitag nach Sant Nycolaus tag vor dem imbiß, do rayt ein des küniges von Engelland bottschafft und des künigs vonn Schottenlandt. Und mit inen tzwen ertzbischof und sunst syben bischoff, der gefürst graff herr Bernhard von Warenwick[5] und vil
15 ander grafen, freyen, ritter unnd knechte von Engellandt unnd von Schotten, die all hienach benennt werdent. Und ritend ein mit vierhundert unnd vierundfünfftzig pferden und mit sovil leüten oder personen. Hienach vindest ire wapen in disem bůch gar schôn gemalet.
     (41,1) [2ᵛ] Darnach an dem zwellfften tag vor weinnåchten rittend aber ein vier
20 cardinål, die all under babste Johannes gehorsam warent; und rittend in entgegen der mererteyl all cardinål, die zů Costentz warent, der mererteyl alle patriarchen, ertzbischof und bischof und sunst vil herren, geistlich und weltlich, und auch sunst vil ander leüt. Under den vier cardinålenn was der cardinal Otto von Calumna, der darnach ein-

---

wurde. Das führt u. a. zu Kapiteldoppelungen in der dritten und vierten Texteinheit, die teilweise unterschiedlichen Textversionen folgen. Wenn die späteren Chronikredaktionen mit den Teilnehmerlisten einsetzen, so geht diese Umstellung wohl ebenfalls auf Dacher zurück. Die erste Texteinheit in G bzw. D₁ umfasst – anders als in A und K – den Einzug der Konzilsteilnehmer (cc. 34,3–86,2), erst im Anschluss hieran setzt der narrative Chronikteil ein. Vgl. zur Rolle Gebhard Dachers in der Überlieferungsgeschichte auch G. WACKER, Ulrich Richentals Chronik, S. 264–267.

4   Am 8. Juni 1413 hatte Ladislaus von Durazzo-Anjou, König von Neapel, Rom erobert, so dass der Papst und die Kurie zur Flucht über Siena nach Florenz gezwungen waren. Nach dem Tod des Königs am 6. August 1414 konnte Giacomo (Jacopo) Isolani, der Kardinallegat Papst Johannes' XXIII. in Rom, am 24. Oktober 1414 die Wiederinbesitznahme der Ewigen Stadt vermelden. Der Papst war allerdings bereits am 1. Oktober von Bologna nach Konstanz aufgebrochen. Vgl. G. CERRETANI, Liber gestorum, in: ACC, Bd. 2 (1923) S. 185; O. FEGER, Das Konzil zu Konstanz, Bd. 2, S. 166; A. FRENKEN, Die Erforschung des Konstanzer Konzils, S. 117, 127f.; DERS., Das Konstanzer Konzil, S. 51f., 59; W. BRANDMÜLLER, Das Konzil von Konstanz, Bd. 1, S. 26f., 79–84, 163f.; DERS., Das Konzil von Konstanz, Bd. 2, S. 15; M. INNOCENTI, »Ze Costnitz was der küng«, S. 84f.; Th. M. BUCK / H. KRAUME, Das Konstanzer Konzil, S. 83.
5   Richard Beauchamp, Earl of Warwick.

hellenklich tzů bapst erwőlet ward. Und rittend ein mit hundert und achtzig pferden und so vil leüten. Diser cardinåle wappen vindest hienach am xcj. blat.

(41,2) Noch warend die vonn Hyspania nicht kommen, noch die schůllpfaffen. One die mocht man nichtz rechtes anfahen, wann dye von Hyspania und ire lånnder, darinnen seind neün küngreich, die hienach benennet werdent, die alle hieltendt mit macht Petrum de Luna, wann er ein gefürster herr und graf in iren landen waz, der sich in seiner gehorsamkeyt nennet Benedictus der zwelfft[6].

(42) Auff freytag vor Sandt Thomas tag[7], do kamendt die schůlpfaffen, die meyster und die gelerten leüt und herren auß Franckreich und von der schůl zů Paryß, mit vil ertzbischoffen und bischofen desselben lanndes, alle mit vollem gewalt des künigs und aller fürsten und herren, mit drey hundert und sibentzig pferden und zehen wågen. Und rittendt inen entgegen vil ertzbischoff und annder bischoff und der mererteyl der gelerten leüt, doch kein cardinal, dann allein der cardinal Hostiensis[a], der des ersten kam[8], wann der grőßte teyl seiner nütz unnd gült under dem küng von Franckreich lagend. Und zugendt in des Rasters[b] hof[9], der gleich vor dem Stoff[10] ligt, und belibent auch darinnen ståtigklichen das concilium auß und auß. Ire wappen vindest auch hienach in disem bůch.

(43,1) [3ʳ] Darnach wartet mengklich unsers herren des künigs zůkunft und der curfürsten, und ward kein session, und tet niemant nichtz[11]. Und rittend all tag ein geistlich

---

a   Ostiensis *AK.*
b   Lastes *A.*

---

6   *Gemeint ist Papst Benedikt XIII. (Pedro de Luña), der hier wohl wie in A und K mit Papst Gregor XII. verwechselt wird.*

7   *14. Dezember 1414. Vgl. J. JANSSEN, Frankfurts Reichscorrespondenz nebst andern verwandten Aktenstücken 1 (1863) S. 279; W. BRANDMÜLLER, Das Konzil von Konstanz, Bd. 1, S. 176; A. FRENKEN, Gelehrte auf dem Konzil, S. 112 mit Anm. 19; DERS., Das Konstanzer Konzil, S. 73, 257; M. KINTZINGER, Das Konzil konstruieren, S. 224; S. VALLERY-RADOT, Les Français au concile de Constance, S. 39f.*

8   *Vgl. c. 18 in der dritten Texteinheit.*

9   *Gemeint ist der Domherrenhof des Eberhard Last. Vgl. K. BEYERLE / A. MAURER (Hg.), Konstanzer Häuserbuch, Bd. 2 (1908) S. 206f.*

10   *Haus zum Stauf (von lat. staupus, stouf = Becher ohne Fuß), zentraler Wirtschaftshof des Konstanzer Domkapitels auf der Nordseite des Münsters. Vgl. K. BEYERLE / A. MAURER (Hg.), Konstanzer Häuserbuch, Bd. 2 (1908) S. 193, 208f.; H. REINERS, Das Münster unserer Lieben Frau zu Konstanz, S. 76 Abb. 59; O. FEGER, Das Konzil zu Konstanz, Bd. 2, S. 159; M. BAUER, Der Münsterbezirk von Konstanz. Domherrenhöfe und Pfründhäuser der Münsterkapläne im Mittelalter (1995) S. 26–29.*

11   *Vgl. auch den Hinweis von G. FILLASTRE, in: ACC, Bd. 2 (1923) S. 16f., dass bis Ende Januar 1415 hinsichtlich der Unionsfrage (causa unionis) nichil omnino geschehen sei bzw. nur pauca preparatoria durch die Synode behandelt worden seien, worunter wohl primär Geschäftsordnungsfragen zu verstehen sind. Hierzu A. FRENKEN, Der König und sein Konzil, S. 200; DERS., Das Konstanzer Konzil, S. 72; Th. M. BUCK / H. KRAUME, Das Konstanzer Konzil, S. 91, 103; S. VALLERY-RADOT, Les Français au concile de Constance, S. 175.*

und weltlich herren. Und bestalten, die so von iren herren gesandt waren, inen herberg, und kaufften inen fûter, hew und stro und anders, das inen nott was, damit sy über daz hochzeit kommen môchten.

(43,2) Es zoch auch da zwischen ein graf Haug von Montfort[12] geboren von teütschen
5   landen unnd meyster Sant Johanns orden in teütschen landen, gesessen zů Tôbel, comentur zů Küssenach, zů Wedenßweil unnd zů Lüggen und in allen teütschen landen[13], in das hauß gleich vor Sant Laurentzen über, daz waz des Ulrich Eglins, mit xxxvj pferden unnd mit so vil personen. Sein wappen vindest hienach am cxliij. [blat].

(43,3) Auch zoch ein der groß und gewaltigest hochmeister Sant Anthonius orden,
10   meister zů Vilingen, und vil meister mit im Sant Antonius orden, und zoch in des selben ordens hauß tzů Costentz gelegenn mit xxxvij pferden und drey wågen. Sein wappen vindest hye nach an dem cxliiij. [blat].

(44) Es zugend auch eyn an Sandt Hylarien abent dye botten gesant vom hochmeyster vonn Prüchsane[a]. Unnd waren neün mâchtig kommentur von Preüssen unnd die besten
15   auß iren heüsern, so sy in teütschen landen habent, wol mit zweihundert pferden, und zugend in Ulrich Hartzers hauß, auf den Blaten[14] gelegen[15]. Und zugend nicht allein von des concilium wegen gen Costentz, aber sy wolten sich beclagen vor allen fürsten, herren, graven, freien, rittern unnd auch knechten, geystlichen und weltlichen, wie sy der künig von Boland und hertzog Wytolt auß Lytower land mit unrechtem krieg bekrie-
20   gend und die iren erschlagen hettend und das ir wider got ere und recht genommen und hinweg gefûret[16].

---

a   Prussen *K.*

---

12   *Hugo XIV. von Montfort-Bregenz, oberster Meister des Johanniterordens.*
13   *Gemeint sind die Kommenden Tobel, Küssnacht, Wädenswil und Leuggern in den Kantonen Thurgau, Zürich und Aargau. Vgl. K. H.* Burmeister, *Graf Hugo XIV. von Montfort-Bregenz, oberster Meister des Johanniterordens in deutschen Landen, in:* Ders., *Die Grafen von Montfort. Geschichte, Recht, Kultur (1996) S. 231–250.*
14   *Plattengasse (von lat.* platea *= Straße, Gasse, heute Wessenbergstraße), wohl der einzig gepflasterte Weg durch die Stadt. Vgl. J.* Marmor, *Geschichtliche Topographie der Stadt Konstanz, S. 273–275.*
15   *Vgl. zur Abordnung des Deutschen Ordens H.* Koeppen, *Die Berichte der Generalprokuratoren des Deutschen Ordens an der Kurie, Bd. 2: Peter von Wormditt (1960) S. 225 Anm. 3; W.* Brandmüller, *Das Konzil von Konstanz, Bd. 1, S. 139f. mit Anm. 27; siehe auch c. 174,1.*
16   *Gemeint ist der Konflikt zwischen Polen und dem Deutschen Orden. Vgl. K.* Springmann, *Polen und der Deutsche Orden zur Zeit des Konstanzer Konzils, Diss. Freiburg i.Br. 1924; H.* Boockmann, *Johannes Falkenberg, der Deutsche Orden und die polnische Politik. Untersuchungen zur politischen Theorie des späteren Mittelalters (1975) S. 197–296; A.* Frenken, *Die Erforschung des Konstanzer Konzils, S. 207–238; W.* Brandmüller, *Das Konzil von Konstanz, Bd. 2, S. 150–175; S.* Kwiatkowski, *Der Deutsche Orden im Streit mit Polen-Litauen. Eine theologische Kontroverse über Krieg und Frieden auf dem Konzil von Konstanz (2000); L.* Pósán, *Sigismund und der Deutsche Orden, in: Das Zeitalter König Sigmunds in Ungarn und im Deutschen Reich, hg. von T.* Schmidt *und P.* Gunst *(2000) S. 79f.;* Ders., *Der Konflikt zwischen dem Deutschen Orden und dem polnisch-litauischen Staat auf dem Kon-*

(45,1) [3ᵛ] Desselben tags umb vespertzeit rayte ein meyster Anthonius vonn Perneto, meyster gôttlicher kunnst und aller barfůssen oberer, und mit im fünffzehen brůder seines ordens, alle meyster der gôttlichen kunst, mit zwey und dreissig pferden, und giengent im ze fůß engegen zweihundert barfůssen und fůrtent in mit kertzen und gesang in ir kloster zů Costentz. Sein wappen vindest hyenach an dem cxliiij. blat. 5

(45,2) Darnach an dem dritten tag, do rittent ein zwen die obrosten meister, brůder Johannes von Bisis, Sant Augustins orden, und vier lerer gôtlicher kunst, und brůder Lienhart von Florentz, obroster prior prediger ordens und mit im zwen doctores in theologia. Unnd wurdent nit als herlich enpfangen, als dye barfůssen den iren empfiengent. Ire wappen vindest hienach an dem cxliiij. blat. 10

(45,3) Auch rayte ein meyster Nycolaus, obroster prior des heiligen grabes tzů Jherusalem, und mit im syben priester, die hettent all bårt und langes har, unnd rittend ein mit acht pferden. Sein wappen vindet man hienach an dem cxliij. b[lat].

(52) Nach dem heyligen tag zů weihennåchten riten eyn vil ertzbischof und bischoff, und insunder ein cardinal von Fussi, ein gefürster graf von Hyspania, dem der bapst den 15 hůtt unnd den mantel vonn Rom gen Hyspania sandt, unnd dartzů tzwey bistumb, umb das er noch sein land und sein freünde nicht wider in wåren und bapst Benedicten hielten. Und der cardinal was barfůsser orden. Und also was der cardinal tzů Costentz bey vier und zweintzig worden. Noch was einer in Rômerlant belyben, der was vast allte, das er vonn alter nyendert hin kommen mocht. Des bottschaffte kam auch gen Costentz, als 20 hienach statt. Und der cardinal kam mit sechtzig pferden und mit so vil personen. Sein wappen vindest hyenach an dem xcv. blat.

(53,1) [4ʳ] Aber in dem hochzeyt am zinstag[a] vor dem eingeenden jar, da zoch ein der durchleichtend curfürst hertzog Ludewig von Bayren, pfaltzegraf bey Rein und herr tzů Heydelberg, mit vierhundert pferden und so vil personen und acht wågen[17]. Und zoch in 25 Jacob Schwartzen hauß am vischmarckt, unnd darnach in des von Frydingen[18] thůmhof hinder dem mynster und belaib darinn, biß das er von Costentz rayte. Sein wappen ist hyenach gemalet am clxxij. blat.

---

a   dornstag *A.*

---

stanzer Konzil, in: A. Bárány (Hg.), *Das Konzil von Konstanz und Ungarn* (2016) S. 65–83, hier S. 74–78; J. Miethke, *Heiliger Heidenkrieg? Theoretische Kontroversen zwischen Deutschem Orden und dem Königreich Polen vor und auf dem Konstanzer Konzil,* in: *Heilige Kriege,* hg. von K. Schreiner (2008) S. 109–125; M. Kintzinger, *Das Konzil konstruieren,* S. 240f.; P. Srodecki, *»Murus et antemurale pollens et propugnaculum tocius christianitatis«. Der Traktatenstreit zwischen dem Deutschen Orden und dem Königreich Polen auf dem Konstanzer Konzil,* in: *Schweizerische Zeitschrift für Religions- und Kulturgeschichte* 109 (2015) S. 47–65; vgl. cc. 174,1 und 187.

17   *Pfalzgraf Ludwig III. zog am 17. Januar 1415 in Konstanz ein. Vgl. J. K. Hoensch, Kaiser Sigismund. Herrscher an der Schwelle zur Neuzeit 1368–1437 (1996) S. 19f.*

18   *Gemeint ist der Domherr Georg von Fridingen. Vgl. K. Beyerle / A. Maurer (Hg.), Konstanzer Häuserbuch, Bd. 2 (1908) S. 213, 524.*

(53,2) In dem selben hochzeyt vor dem tzwelfften tag, do rayt ein der hochgeborn fürste Fridrich, burggraff von Nůrenberg, an stat und in namen des fürstenthůmes zů Prandenburg, des er dann statthalter was, unnd das curfürstenthůmb im darnach gelihen warde, als hernach geschriben stat[19]. Unnd zoch in Heinrichs von Tettikonen[a] hauß

5   an dem vischemarckt, genannt zů dem Hohen hauß. Und belaib darinn das concilium auß. Unnd kam mit vierhundert pferden und so vil personen und mit vier wågen[20]. Sin wappen vindest hyenach an dem clxxij. blat.

(54,1) Nach dem zwelfften tag, da zoch ein der durchleüchtend fürst hertzog Ludwig auß der Schlesy an dem küngreich zů Boland, und [zoch[b]] in Heinrich Hůtters hauß auff

10 den Blatten mit tzwey hundert pferden und sovil personen und wågen. Unnd mainet man, er wår Sant Elizabeten der witwen unnd Sant Wentzelaus geschlåcht[21]. Sein wappen vindest hyenach am clxxiij. blat.

(54,2) Auch tzoch ein der groß herr Strobor[c] auß Bolland[22], herr in windischen landen[23], zwischen Mårhern und Boland an dem wasser, daz man nennt den Bag[24], und hatt

15 innen fünff stett an dem wasser: Trünsch, Plunsch, Ungerschbrat, die Weissenkilch, Galitz und die Freienstat[25], mit hundert und zehen pferden unnd mit dreyen wågen. Und zohe in Haugen Flachen hauß, daz zů nyderost an dem marckt stat vor dem kauff[4ᵛ] hauß. Sein wappen vindet man hienach am clxxxvj. b[lat].

(55,1) Es zohe auch ein eyn ungerischer herr, herr Pipo[26], und ist sein lant in Unger zů

20 aller nyderost gegen der Eyßninen[d] porten, unnd stoßt an die kleinen Walachy und an das lant zů den Sibenbürgen. Unnd ist an dem gemerck, da ståttigklichen die Türcken

---

a   Tettikofen *A*; Tettikoven *K*.
b   *so AK*.
c   Stieber *A*.
d   Ysninen *K*.

---

19   *Vgl. c. 84,1.*

20   *Zu dieser Textstelle A. FRENKEN, Zeremoniell, Ritual und andere Formen symbolischer Kommunikation, S. 48.*

21   *Der Hinweis, der sich auch in K findet, fehlt in A.*

22   *Stibor »aus Polen« (von Ungarn). Vgl. D. DVOŘÁKOVÁ, The Chronicle of Ulrich Richental as an Exceptional Source, S. 14; DIES., Die Delegation der ungarischen Kirche, S. 72; vgl. cc. 444a–445 in der sechsten Texteinheit.*

23   *Gemeint ist die Slowakei (lat. Sclavinia bzw. Slavinia). Vgl. D. DVOŘÁKOVÁ, The Chronicle of Ulrich Richental as an Exceptional Source, S. 19–21.*

24   *Gemeint ist der slowakische Fluss Váh oder Waag.*

25   *Trenčín, Beckov, Uherský Brod, Weißkirchen (Holič), Skalica und Freistat (Hlohovec). Vgl. D. DVOŘÁKOVÁ, The Chronicle of Ulrich Richental as an Exceptional Source, S. 14 Anm. 54.*

26   *Gemeint ist der Florentiner Pipo Spano von Ozora (Filippo Scolari). Vgl. A. FRENKEN, Der König und sein Konzil, S. 224 mit Anm. 132; D. DVOŘÁKOVÁ, The Chronicle of Ulrich Richental as an Exceptional Source, S. 13; DIES., Die Delegation der ungarischen Kirche, S. 72; C. N. NEMES, Hunnen, Awaren und Magyaren am Bodensee in der Spätantike und im Mittelalter, in: SVG Bodensee 133 (2015) S. 28.*

eynziehend, so sy in Ungerland wóllent und da rauben. Daz müß der herr ståtigklichen fürkommen und raysiges volck bey im haben. Unnd zohe ein mit anderhalb hundert pferden und mit so vil leüten und mit dreien wågen. Unnd zohe gen Peterßhausen in der von Praytenstein hauß gleich an der bruck[a]. Sein wappen vindet man hienach an dem clxxxvj. [blat]. 5

(55,2) Es zohe auch ein eyn ungerischer herr, herr Stechpeter von Schora, unnd ist gesessen in Windischen landen, und ist herr tzů Breysimtz, zů Coppelstein, mit achtzig pferden unnd mit so vil personen und mit zwein wågen[27]. Unnd tzohe in Jacobs von Ulm hauß, da yetz die Katz ist[28]. Sein wappen vindet man hien[a]ch an dem cxciij. b[lat].

(55,3) Darnach da zohe ein der groß graff von Cili, grauff Herman, unsers herren des 10 rômischen künigs schweher, und grauff Friderich vonn Cili[29], sein sun, mit dreyhundert pferden unnd mit vier wågen. Unnd zoch hinder Sant Steffan in der Schmerlinen hauß, das yetzo Heinrichen Rockweilers ist[30]. Ire wappen vindest auch hienach in disem bůch bey der grafen wappen an dem clxxxvj. blat.

(68,1) Nach dem zwelfften tag, do rayte ein der hochwürdig herre Wypertus, groß- 15 meyster Sant Johanns orden zů Rodis[31], der armen hůter des spitals zů Jherusalem, unnd mit im wol acht comentur unnd zwelff ritter seines ordens mit hundert und zweintzig

---

a rinbrugg *Pr.*

---

27 Gemeint ist Peter Čech von Levice (de Leva) bzw. Peter Čech von Sáró. Vgl. M. Papsonová u. a., *Ulrich Richental. Kostnická kronika*, S. 111 mit Anm. 109; D. Dvořáková, *The Chronicle of Ulrich Richental as an Exceptional Source*, S. 12 mit Anm. 42, 18 (mit dem Versuch die Örtlichkeiten Breysinitz (Tekovská Breznica) und Coppelstein *bzw.* Toppelschain (Topol'čany) *zu lokalisieren*); Dies., *Die Delegation der ungarischen Kirche*, S. 72 mit Anm. 20; P. Elbel u. a., in: *1414–1418. Weltereignis des Mittelalters. Das Konstanzer Konzil. Katalog* (2014) S. 165; vgl. c. 447.

28 Aus diesem Zusatz, der sich ebenso in K findet, aber in A und Pr fehlt, lässt sich schließen, dass die Version der Konstanzer Handschrift nach 1424 verfasst wurde, da in diesem Jahr das Geschlechterhaus zur Katz anstelle des Hauses Jakobs von Ulm neu erbaut wurde. Vgl. J. Marmor, *Geschichtliche Topographie der Stadt Konstanz*, S. 314; Ders., in: *FDA 7* (1873) S. 137; W. Berger, *Johannes Hus und König Sigmund*, S. 214 Anm. 1; K. Beyerle / A. Maurer (Hg.), *Konstanzer Häuserbuch*, Bd. 2 (1908) S. 455f.; O. Feger, *Das Konzil zu Konstanz*, Bd. 2, S. 173; Ders., *Die Konzilchronik des Ulrich Richental*, S. 26; H. Heimpel, *Königlicher Weihnachtsdienst im späteren Mittelalter*, S. 182; M. Holzmann, *Die Konzilchronik des Ulrich Richental*, S. 73f.; W. Matthiessen, *Ulrich Richentals Chronik*, S. 110; Chr. Heiermann, *Die Baukostenrechnung des Hauses »Zur Katz« in Konstanz 1424–1429*, in: *SVG Bodensee 110* (1992) S. 157–167; Ders., *Die Gesellschaft »Zur Katz« in Konstanz. Ein Beitrag zur Geschichte der Geschlechtergesellschaften in Spätmittelalter und früher Neuzeit* (1999) S. 41–46, 171–178; D. Mertens, *Art. Richental*, Sp. 56; H. Maurer, *Konstanz im Mittelalter*, Bd. 2, S. 51–53; Th. Rathmann, *Geschehen und Geschichten des Konstanzer Konzils*, S. 216; G. Wacker, *Ulrich Richentals Chronik*, S. 244.

29 Graf Hermann, Schwiegervater König Sigmunds, und Graf Friedrich, sein Sohn, von Cilli.

30 Vgl. c. 55,3 in K.

31 Philibert de Naillac, Hochmeister des Johanniterordens.

pferden und auch mit vier wågen. Und tzohe ein in der Raisinenn hawß under den Seü-
len³² und [5ʳ] er beschloß daz conclave, da sy den babst wőltend. Und saß aller obroste
auff dem obern hof, on die zwen cardinål, do man den babst crőnet. Als dann hienach
gemalet ist am lxij. blat.

5   (68,2) An Sant Hylario tag, da zoch ein der durchleüchtent curfürst hertzog Ludewig
von Bayren von Heydelberg unnd pfaltzgraf bey Reyn³³ mit vierhundert pferden und so
vil personen und mit acht wågen in Jacob Schwartzen hawß am vischmarckt. Und darnach über drey monet, da zoch er in des vonn Frydingen hof hinder dem mynster, darinn er auch belaibe, und empfieng zů lehen von unserm herren dem künig die pfaltz
10 beym Rein an dem obern marckt tzů Costentz mit grosser gezierd, als hienach gemalet
ist an dem xlvij. blat.

    (69) Am freytag nach Hylarij vor ymbiß tzoch ein der allerhochwirdigest curfürst
Johannes, geboren vonn Nassow, ertzbischoff zů Mentz, dechantᵃ des heiligen rőmischen
reyches und obroster ertzkantzler der nacion germania, daz ist über alle teütsche land,
15 über Ungern, Behem, Kriechen, Litow unnd was cristen ist und an die nacion gehőrt,
mit sechßhundert pferdenn und mit so vil personen und mit acht wågen. Und rittend mit
im acht måchtig graven und auch vil ritter und knecht. Unnd zoch in Ulrichs Imholtz
hauß tzů der Sunnen an Sant Pauls gassen. Und rittend im engegen der mererteil der
cardinål, vil ertzbischof und all weltlich fürsten und herren der merer teil, so zů Co-
20 stentz was. Und rayt ein ganntz gewappnet mit allem harnasch biß auff die fůsse, das all
geystlich herren untzimlich bedaucht, daz er also raysig als ein ritter eyn rayte; wann
doch alle geystlich fürsten und herren, welich states und würdigkeit die warend, rittend
eyn in iren zimlichen geystlichen kleydern on allen harnasch und verwappung. Sein
wappen vindest hienach an dem cxxij. blat.

25 (70,1) [5ᵛ] Des³⁴ tages umb vesperzeyt, do rittend ein drey bischoff auß der Littow
und nach bey Kriechen mit acht pferden und so vil personen, und zwey pferd mit watt-
secken, die hienach benennt werdent. Ire wappen vindest auch hienach an dem lxxij.
b[lat].

    (70,2) Darnach zoch eyn am dornstag nach dem zwelften tag der hochwirdig herr, der
30 ertzbischof zů Ovesnensisᵇ, herr Johannes von Wienaary in dem künigreich zů Boland,
mit sechs hundert pferden unnd sovil personen und tzwelff wågen, und rittend mit im
sechs bischof auß dem landt Plocentz, Lulicentz, Bosnamensis, Bratißlamensis, Appo-

a   techan AK.
b   Gneßnensis A; Gnesnensis K.

32 Gemeint ist die Gasse »Unter den Säulen« (heute Kanzleistraße).
33 Vgl. c. 53,1.
34 Das c. 70,1 fehlt in A.

liensis und Craconiensis[35], unnd von des krieges wegen[36], so ir künig Wadisians[a] von Bolant[37] hett mit den teütschen herren, dem hochmeyster von Preüssen, und sy mit im, der an unseren herren den römischen künig und an das concilium zů dem rechten verlassenn ward.

(71,1) Der erst bischof Jacobus Platzensis in der Masaphy[38], der tzoch inn das hauß 5 vor Sant Steffan auff den Platten, das man nennt tzů dem Guldin kratten[b], und belaib darinn das concilium auß mit zwey und tzweintzig pferden und sovil personen. Sein wappen vindest hyenach am cxxxix. b[lat].

(71,2) Der ander, Lubicensis, der zoch in daz hauß zů dem Beren mit achtzehen pferden, und belaib nitt lang darinn, wann er rayte bald wider heym in der bottschafft von 10 wegen des künigs von Bolland und auch der teütschen herren von Breüssen. Des obgenannten bischoffes wappen vindest hienach an dem cxl. blat.

(71,3) Der dritt bischof hieß Andreas Bonanensis[39], der zohe ein in das hawß zů der Rebgrůb an Ainlungsgaussen mit achtzehen pferden und mit so vil personen. Und zoch darnach darawß inn der Schwartzen hof, als man zů den Schotten[40] geet neben des Lin- 15 den hoff und eynem chorherren hoff, der da herr Jörgen von Frydingen was thůmherren; bey dem [6ʳ] was hertzog Ludwig von Bayren von Heidelberg. Der selbig bischoff was ein gelerter man, eyn doctor der heyligen geschrifft und kunde gar böses teütsch, unnd tette dannocht drey predigen zů Sannt Steffan; dero was eine der passion, und hett allwegen einen teütschen priester neben im steen. Wenn er nicht wol mocht ein wort von 20 latein zů teütsche sprechen, so fraget er den priester, der neben im stůnde an der seyten[41]. Des obgenannten bischoffes wappen vindest hienach an dem cxl. blat.

---

a   Wadislaus K.
b   kratten] braken A; bracken K.

---

35   Plock, Lebus, Posen, Breslau, Oppeln und Krakau.

36   Vgl. c. 44.

37   Władysław II. Jagiełło, König von Polen.

38   Jakob Kurdwanowski, Bischof von Plock, logierte bei Ulrich Richental im Haus »Zum goldenen Bracken«.

39   Andreas Laskary (Łaskarz), Bischof bzw. Elekt von Posen. Zu seiner Person W. MARSCHALL, Schlesier auf dem Konzil von Konstanz (1414–1418), in: Festschrift für Bernhard Stasiewski. Beiträge zur ostdeutschen und osteuropäischen Kirchengeschichte, hg. von G. ADRIÁNYI und J. GOTTSCHALK (1975) S. 43–45.

40   Gemeint ist das Benediktinerkloster St. Jakob zu den Schotten vor dem Schottentor, 1142 gegründet (abgebrochen 1839). Vgl. J. MARMOR, Geschichtliche Topographie der Stadt Konstanz, S. 110–113; K. BEYERLE / A. MAURER (Hg.), Konstanzer Häuserbuch, Bd. 2 (1908) S. 541; O. FEGER, Das Konzil zu Konstanz, Bd. 2, S. 164; H. MAURER, Konstanz im Mittelalter, Bd. 1, S. 99f.; S. MORENT, Choraltraditionen im süddeutschen Raum, S. 103.

41   Vgl. zu dieser Textstelle, wo von drei Predigten des Posener Elekten Andreas Laskary die Rede ist, H. FINKE, ACC, Bd. 2 (1923) S. 373; P. ARENDT, Die Predigten des Konstanzer Konzils. Ein Beitrag zur Predigt- und Kirchengeschichte des ausgehenden Mittelalters (1933) S. 21f. Zu den drei Predigten W.

(71,4) Der vierd bischoff hieß Johannes Bratißloniensis[42], ein geborner hertzog vonn der Masaphy, der zoch in daz hauß nach bei der alten badstuben an Ainlungsgassen mit achtzehen pferden und zweyen wågen. Und der prachte mit im auf einem karren eyn vaß mit bier, das was wol vier såumig[a]; das trancke er, wann er nicht wein tranck. Sein wap-
5   pen vindet man am cxl. blat.

(71,5) Die anderen zwen, Appoliensis[b] und Craconiensis, die zugendt beyd einge-meyn in der Salmensweiler hoff mit vier unnd tzweintzig pferden und sovil personen unnd mit zweyen wågen, und beliebent nicht lang zů Costentz, wann sy auch in bott-schafft heym måßtend. Die andren drey belibent ze Costentz bey dem bischoff Gneß-
10 nensis, biß das das concilium vergieng.

(72,1) Es kame auch mit inen herr Schwartz Cappitis[c], ein kostlicher ritter und der [best[d]] sticher, der in dem concilio waz[43]; doch fand er Schwaben, Mollin, ein truchsåssen von Diessenhofen, und Jörgen vonn End, freyherren, die im nott genåg tetend; und der kam auch in botschafft des küniges von Bolland. Und zoch in Cånrat Rauhen hauß an
15 Sant Pauls gassen gleich vor dem brunnen mit xxiiij pferden und sovil personen. Der wappen vindest [am] clxxxij. [blat].

(72,2) Darnach über vier tage, da zoch eyn der hochwirdig herr Peter ertzbischoff tzů Maidenburg in der Schlesy inn dem künigkreyche tzů [6ᵛ] Bolland, unnd kament mit im drey bischof: der bischoff von Merspurg, der bischoff von Brandenburg und der bischoff
20 von Meyssen[44], die all under im seind. Und zugent in den hoff, den man nennt zů der Tulen[45], mit sechß und dreissig pferden unnd sovil personen. Ir wappen vindest hienach.

---

a   som K.
b   Oppoliensis K.
c   herr Säwisch A; her Swartz Safftins K.
d   so K.

MARSCHALL, Schlesier auf dem Konzil von Konstanz (1414–1418), in: Festschrift für Bernhard Stasiew-ski. Beiträge zur ostdeutschen und osteuropäischen Kirchengeschichte, hg. von G. ADRIÁNYI und J. GOTTSCHALK (1975) S. 44 mit Anm. 82, 83 und 84.

42   *Johannes Kropidlo, Herzog von Oppeln, Bischof von Leslau (Włocławek). Zu seiner Person vgl. W. MARSCHALL, Schlesier auf dem Konzil von Konstanz (1414–1418), in: Festschrift für Bernhard Stasiew-ski. Beiträge zur ostdeutschen und osteuropäischen Kirchengeschichte, hg. von G. ADRIÁNYI und J. GOTTSCHALK (1975) S. 41f.; vgl. c. 443.*

43   *Gemeint ist wohl der polnische Ritter Zawisca Czarny von Garbów. Vgl. H. KOEPPEN, Die Berichte der Generalprokuratoren des Deutschen Ordens an der Kurie, Bd. 2: Peter von Wormditt (1960) S. 226 Anm. 6, 495f. mit Anm. 31 und 36; D. GIRGENSOHN, Berichte über Konklave und Papstwahl, S. 370 Anm. 21; D. DVOŘAKOVÁ, The Chronicle of Ulrich Richental as an Exceptional Source, S. 16; DIES., Die Delegation der ungarischen Kirche, S. 73; P. ELBEL u. a., in: 1414–1418. Weltereignis des Mittelalters. Das Konstanzer Konzil. Katalog (2014) S. 164.*

44   *Magdeburg, Merseburg, Brandenburg, Meißen.*

45   *Gemeint ist der Hof »zur Tulen« im Stadtteil Niederburg. Vgl. K. BEYERLE / A. MAURER (Hg.), Konstanzer Häuserbuch, Bd. 2 (1908) S. 369–371; O. FEGER, Das Konzil zu Konstanz, Bd. 2, S. 178.*

(73,1) Auch zoch des selben tages ein der hochwirdig fürste, bischof Jȯrg zů Bassau, geboren ein graf von Hochloch[46], mit sechtzig pferdenn und so vil personen, und zohe in Hannsen unnd Heinriches von Hof hauß zůniderost an der Brůdergassen bei den barfůssen. Und was dem rȯmischen künig vast heimlich, das er seinen ratt in vil sachen het unnd tzů mengem mal mit im aß[47]. Sein wappen vindet man an dem cxxxij. blat.   5

(73,2) Darnach zoch ein hertzog Ludwig von Schlevit an dem see mit sechß und zweintzig pferden unnd so vil personen in das hauß, daz da gehȯrt gen Sant Johanns hinden bey des unteren custos hauß, und empfienge seyn lehen auch zů Costentz von dem rȯmischen künig. Sein wappen vindest hienach an dem clxxvij. blat.

(74,1) Am freitag vor[a] unser lieben frawen tag zů liechtmeß, do kament einesmals drei   10
cardinȧl gen Costentz von bapst Gregorius wegen, mit vier und dreyssig pferden und sovil personen, und zugend zů den augustinern.

(74,2) Und darnach an dem fünften tag, do kament aber drey cardinȧl von dem selben bapst Gregorio, und prachtendt gůte mȧr, wye das ir bapst Gregorius willenklich und geren abtreten wȯlt unnd thůn, was das concilium erkannte; der botschafft mengklich   15
fro was. Und man leütet aber laudes zů dreyen malen. Und dyeselben drey cardinȧl ritent mit zwey unnd zweintzig pferden und zugend tzů dem Engel bey den augustinern. Und darnach, do zerteilten sich die fünff cardinȧl von bapst Gregorio gesantt und zoch yeglicher, da er herberge haben mocht. Ire wappen vindest hienach.

(75) [7ʳ] Auf das zeit zoch ein eyn ertzbischoff von Ungern, und hieß Johannes Stri-   20
gonensis, und ist eyn ertzkantzler des künigreichs von Ungeren. Und zoch gen Peterß-hausen mit hundert und sechtzig pferden unnd mit so vil personen vast wol gezeuget[b], und zoch in das closter. Sein wappen vindet man an dem cxxiiij. blat. Auch kam mit im ein anderer ertzbischof, waz auch von Ungern, hieß Andreas tzů Colocensis[48], mit acht-zehen pferden und so vil personen, und zohe in des Speckers hauß hinder Sant Steffan.   25
Sein wappen vindet man an dem cxxiiij. blat.

(76) Am dornstag nach[c] unnser lieben frawen tage tzů liechtmeß, do zugend ein zwen

---

a   nach *AK.*

b   bezügt *K.*

c   vor *AK.*

---

46   *Zum Passauer Bischof Georg von Hohenlohe, der um 17. Januar 1415 feierlich in Konstanz einritt, vgl. A.* FRENKEN, *Der König und sein Konzil, S. 222 mit Anm. 124; G.* SCHWEDLER, *Georg von Hohen-lohe († 1423). Bischof von Passau, Reichskanzler und Diplomat, in: Passauer Jahrbuch. Beiträge zur Geschichte, Geographie und Kultur Ostbaierns 56 (2014) S. 29–55; siehe auch cc. 130 in der vierten, 274 und 283,1 in der dritten Texteinheit.*

47   *Zu dieser Ergänzung gegenüber A, die sich allerdings auch in K findet, vgl. H.* FINKE, *ACC, Bd. 4 (1928) S. IX.*

48   *Johann von Kanizsa und Andreas von Kalocsa. Vgl. A.* FRENKEN, *Der König und sein Konzil, S. 223 mit Anm. 126 und 127.*

ertzbischof auß dem künigreich von Engellandt mit siben wågen und mit zwen und zweintzig såumern[a], die wattseck trůgend unnd ander ding, und mit zwen unnd viertzig gelerter pfaffen von den hohen schůlen zů Hinders[b], daz da ist ein studium an dem mőre, von Ociens der haubstatt; dero warent zwelff doctores in der heiligen geschrifft, die
5 andern warent meyster beyder recht. Unnd mit in ein gefürster grauf Rickhardus von Warenwycke mit drey pusaunern unnd vier pfeyffern. Der selbig graff stach dick zů Costentz, und wenn er stach, so rayt er auff die ban[49] mit verdecktem roß, das waren vergülte tůcher mit vehem underzogen. Und wenn er eynes zů einem stechen geprawchet, so nam er es dann nymmer und allwegen ein neůes. Die pusauner pusauoten über
10 einander mit dreyen stymmen, als man sunst gewonlichen singet. Unnd zohe in das Gemalet hawß an dem obern marckt und sy alle wol mit fünff hundert pferden unnd so vil personen.

(77,1) Und was der ein bischof ein ertzbischof Johannes Salusourgensis[50]; der zohe in den tůmhof hinder dem Stoff[51], der ein tür hat in creützgang, darinn er auch ein lange
15 zeit belib. Und zoch sich darauß gen Gotlieb, da er starb. [7^v] Sein wappen vindest hyenach am l. blat.

(77,2–3) Der[52] annder hieß Richardus ertzbischof Lodoniensis; der zoch in das hauß tzů dem Steinbock an Mordergassen[53], darinnen er auch belib.

(77,4) Dise bottschafft die kame gen Costentz beyd von des concilio wegen und auch
20 von empfelhens wegen ires künigs von Engelland tzů erzelent seinen gelimpf und auch seine recht, so er hette zů dem künig vonn Franckreich, darumb sy miteinander gar größlich kriegtend[54] und ainander an lant, leüt und gůtern wůsten unnd verdarbten. Sein wappen vindest hyenach an dem cxxvij. b[lat].

(78,1) Es zoch auch eyn graff Haug und graf Hanns, sein sun, von Landrico auß Ar-
25 rogoni dem künigreych, in namen ir selbs unnd in botschafft ires küniges, mit drey und zweintzig pferden unnd so vil personen. Ir wapen vindet man an dem clxxxvij. blat.

(78,2) Und umb den abend, do zugendt ein fünff meyster von der hohen schůl zů

---

a   sompfarden A; sompfäriten K.
b   Lunders K.

---

49   *Turnierbahn.*
50   *Wohl Robert Hallum von Salisbury; vgl. c. 77,1 in A und K sowie c. 359 in A.*
51   *Haus zum Stauf; vgl. cc. 18 und 42.*
52   *Das Zusammenziehen der cc. 77,2 und 77,3 ist neben D₁ auch für E und Wo bezeugt. Das Kapitel dürfte in der kontrahierten Form auch in G vorhanden gewesen sein; vgl. cc. 77,2–3 in A und K.*
53   *Mordergasse, heute Rosgartenstraße.*
54   *Gemeint ist die lange kriegerische Auseinandersetzung (1337–1453), in der englische Könige versuchten, ihre Ansprüche auf den französischen Thron mit Waffengewalt durchzusetzen. Vgl. Ph. CONTAMINE, La Guerre de cent ans (³1977) S. 81–101; DERS., Art. Hundertjähriger Krieg, in: LexMA, Bd. 5 (1999) Sp. 215–218; J. EHLERS, Der Hundertjährige Krieg (2009) S. 59–76.*

Kôlen mit zwelff pferden in des Babenbergs hauß hinder der Metzge. Ire wappen vindt man am cxlv. blat.

(78,3) Auch zoch ein ain bischof, genannt Nicolaus von Costentz[55], unnd ligt das selbig Costentz zů Normandia, mit fünff pferden. Es ist auch zů wissent, das drey stett in den landen seind, die Costentz heyssent, unnd ist in yegklicher statt ein bistumb. Und maint man und sunder die leüt, die in den dreyen stetten gewesen seind, das mit sunderheyt gůtt leben in denen stetten sey weder in anderen stetten[56]. Der selb bischof Nycolaus was ein junger herr und starb zů Costentz in dem concilio, und ist alda zů Costentz bey den predigern begraben. Sein wappen vindt man am cxxxiiij. blat.

(79,1) Am freitag nach[a] der liechtemeß, do zugend eyn drey grafen von Lamparten, das ist auß Ytalia. Der erst graf Lucas von Flischgo, Albrecht von Schotten und marggraf Nycolaus von Valery, und zugend ein mitt sechs und dreissig pferden und so [8^r] vil personen, unnd warent nicht vast costlich. Ire wappen vindest hienach an dem clxxxvij. blat.

(79,2) Es kamen auch die wolgebornen herren von der Layter von Bern[57] in Lampartten mit zwelff pferden: herr Pauls, Nycodemus und Bruno. Und die waren unsers herren des künigs nǎchsten freünd. Und mit inen graff Ludwig vom Rǒßlin mit v pferden, und zugent in Grünenbergs hof under den Seilen[b]. Ire wappen vindest hienach an dem clxxxvj. blat.

(79,3) Es tzoch auch ein hertzog Karolus von Malatest auß Lamparten, der auch seyn hertzogthůmb von unserem herren rǒmischen küng zů Costentz enpfieng an dem oberen marckt, und mit im der hochgeboren herr Brandolf[c] vonn Malatest, sein vetter, ertzpriester zů Bononi, mit sechtzig pferden und sovil leüten zum Bart an Mordergassen gelegen. Ire wappen vindest auch hienach am clxxv. blat.

(80,1) Es zoch auch ein der hochwürdig Eberhart, ertzbischof zů Saltzburge, mit hundert und sybentzig pferden und so vil personen, und kament mit im die graven, die hyenach benennt seind, die sein diener warent, und vil edler herren, ritter und knecht[58]. Und ließ die pferd unnd die knecht, die dartzů gehorttend dero zů wartend, tzů Salmenßweiler[59]. Und kam er mit andern seinen diener tzů schiff und zoch [in der herren[d]]

---

a vor *A*.
b Sulen *K*.
c Pandolffus *A*; Pandolfus *K*.
d *so K*

---

55 *Coutances in der Normandie.*
56 *Siehe zu dieser Weiterung gegenüber A auch K.*
57 *Verona.*
58 *Zu Eberhard III. (von Neuhaus) von Salzburg und den anderen Salzburger Konzilsteilnehmern vgl.*
S. WEISS, Salzburg und das Konstanzer Konzil 132 (1992) S. 143–307, 134 (1994) S. 173–189.
59 *Kloster Salem im Linzgau.*

von der Salmensweiler hof[60]. Und die weil er zů Costentz was, do gab er sŏllich groß
allmůsen tåglichen vor seinem hof, einem yegklichen armen menschen ein hofprot, das
wol eyns haller werdt was, und eyn grosses stuck gesottens fleysches unnd suppen daran, unnd einen gůtten trunck wein, und an den vasttagen ein můß oder ersen[a]. Sein
5   wappen vindet man hienach am cxxiij. blat.

(80,2) Es kamen auch zwen herzog von Tropy auß Kriechenland in botschaft des
keisers von Constanti[nopel][61], her Maniols[b] mit [8ᵛ] zweintzig pferden unnd so vil personen, und rittent in das hauß zů der Tåschen[62] an Sant Pauls gassen. So vindest ir wappen hienach an dem cix. blat.

10   (81) Auch zugend in bottschafft weise ein von hertzog Wytolten von Lytow und von
hertzog Dispotten von Ratzen auß der grossen und kleinen Walachey, von den künigen
gesessen in der Türckey, von den hertzogen auß der weissen und roten Reyssen[c], und mit
inen vil manigerley heydenischer herren und heyden mit wunderlichem gewand, mit
umbgewundnen tůchern umb daz haubt als hůt, und mit spitzigen hůtten als die infelen.
15   Unnd zugend ein mit hundert und achtzig pferden in Hannsen Růchen hawß vor dem
brunnen. Und warent vil under inen kriechisch gelauben, und der merer teyl Machmetz
gelauben unnd sunst recht heyden. Du vindest ire wapen hienach an dem cviij. und auch
am cix. blat.

(82,1) An dem ein und tzweintzigosten tag des monetz Januarij, do rayt ein eyn ertz-

a   ärwis K.
b   Mamols D₁.
c   Rüßen A; Rüssen K.

60   Siehe die Gedenktafel in der Salmannsweilergasse 5, wo sich das Wirtschaftsgebäude des Stadthofes
der Zisterzienser befand. Vgl. S. WEISS, Salzburg und das Konstanzer Konzil, S. 174–176.
61   Gemeint ist Kaiser Manuel II. Palaiologos von Byzanz (1391–1425). Bei den Gesandten dürfte es
sich um die für die Palaiologenzeit nachweisbaren Hofbeamten Nikolaos und Andronikos Eudaimonoi-
oannes aus Morea (Peloponnes) handeln, die in c. 450 genannt werden. Zur byzantinischen Gesandtschaft auf dem Konzil vgl. Aegidius Tschudis Chronicon Helveticum (Quellen zur Schweizer Geschichte
N.F. I. Abt., Bd. VII, 8), bearb. von B. STETTLER (1990) S. 301f.; R. LOENERTZ, Les dominicains byzan-
tins Théodore et André Chrysobergès et les négociations pour l'union des églises de 1415 à 1430, in: Archivum fratrum praedicatorum 11 (1939) S. 23–29; F. DÖLGER, Regesten der Kaiserurkunden des oströ-
mischen Reiches von 565–1453. 5. Teil (Schluss) (1965) Nr. 3345, S. 100; E. TRAPP (Hg.), Prosopographisches
Lexikon der Palaiologenzeit (Veröffentlichungen der Kommission für Byzantinistik, Bd. I, 3) (1978) Nr.
6223, S. 120; H. HEIMPEL, Die Vener von Gmünd und Strassburg 1162–1447, S. 823f., 824 Anm. 115; A.
FRENKEN, Die Erforschung des Konstanzer Konzils, S. 176–178; W. BRANDMÜLLER, Das Konzil von
Konstanz, Bd. 1, S. 149f.; DERS., Das Konzil von Konstanz, Bd. 2, S. 189, 191; Th. M. BUCK, Fiktion und
Realität, S. 65f., 74–77, 86–90; DERS. / H. KRAUME, Das Konstanzer Konzil, S. 322–329; L. THORN-
WICKERT, Manuel Chrysoloras (ca. 1350–1415). Eine Biographie des byzantinischen Intellektuellen vor
dem Hintergrund der hellenistischen Studien in der italienischen Renaissance (2006) S. 106f.; B. SCHEL-
LEWALD, in: 1414–1418. Weltereignis des Mittelalters. Das Konstanzer Konzil. Katalog (2014) S. 153f.
62   In A wird als Unterkunft des Goppentzhusers huß genannt.

bischof auß Kriechenlandt, Kyfionensis, genannt Georius, unnd hette auch kriechischen gelauben. Unnd kam zů dem concilio von sein selbs und aller seiner bischof wegen und von wegen der patriarchen tzů Constantinopel und von vil kriechischen landen und bischofen. Und zoch in Ulrichs Imholtz hauß zů der Sunnen mit achtzig pferden. Unnd heten alle priester und pfaffen lang schwartz bårt und auch lange schwartze har, und heten ir meß im hauß[63]. Und wie sy meß hetten und ir gewand, und wie sy daz sacrement und brot segnotent, ist hienach gemalet an dem neünundsechtzigisten blat unnd den andern darnach. Auch maint man, es wåre ein gantze eynigkeit worden, wolt das concilium inen nicht erlauben, das sy also ir lebtag möchtenn beleiben. Sein wappen vindest hyenach am cxxv. blat. 5

10

(82,2) [9ʳ] Darnach an dem montag nach unseren lieben frauwen tag zů liechtemeß, do kam ein cardinal von babst Benedictus auß Hyspania und mit im drei ertzbischof und sunst zwelf bischof und zwen graven, die hienach benennet werdent, unnd vil herren, geystlich und weltlich, auß dem land, mit hundert und sechtzig pferden. Und zugent in der Hürussen hauß, das am marckt stat. 15

(83,1) Es zoch ein an der mitwochen vor Sant Agnesen tage der durchleüchtend fürst hertzog Ludewig von Bayren von Montow[a], herr zů Ingelstatt, pfallentzgraf bey Reyn[64], und mit im fünff graven und vil riter und knecht. Unnd zohe in Heinrich Mundtpraten hauß mit vierhundert und sechtzig pferden und auch mit so vil personen. Und belaib darinn, biß das der graf von Cilin unnd sein sun enweg zugend; do zohe er an ir stat inn der Schmerlinen hauß. Sein wappen vindt man an dem clxxij. blat. 20

(83,2) Darnach am freytag, do zoch ein hertzog Heinrich vonn Bayren vonn Lanndtsperg, pfaltzgraf bey Reyn, mit drey hundert pferdenn und mit so vil personen inn Jacob Schwartzenn hawß an dem vischmarckt, an hertzog Ludwigs stat von Heidelberg, darnach zoch er in der Felxinen hauß. Sein wappen vindet man auch an dem clxxiij. blat. 25

(84,1) Vor dem was eingetzogen burggraff Fridrich von Nůrenberg[65], der stathallter was des curfürstenthůmbs zů Brandenburg, das selbig curfürstentůmb im darnach gelihen unnd gegeben ward tzů Costentz; und zohe in Heinrichen von Teitikonenn[b] hauß an dem vischmarckt, genanndt zů dem Hohen hawß, mit hundert unnd achtzig pferden und mit so vil leüten unnd mit vier wågen, und belib darinn das concilium auß. Sein wappen vindet man auch am clxxij. blat. 30

---

a Montaig *K*.
b Tettikofers *A*; Tettikofen *K*.

---

63 *Vgl. cc. 288–289.*
64 *Gemeint ist Herzog Ludwig VII. (der Bärtige) von Bayern-Ingolstadt, Graf von Mortain (in der Normandie). Vgl. M. INNOCENTI, »Ze Costnitz was der küng«, S. 124 mit Anm. 96.*
65 *Vgl. c. 53,2.*

(84,2) [9ᵛ] Darnach zohe ein burggraf Hanns von Nůrenberg[66] in der Ulmer hauß, da burgermaister zů Costentz, mit hundert und zweintzig pferden und so vil personen. Und zugent mit im ein zwen måchtig grafen von Orlamintz, die sein diener warent. Sein wappen am clxxij. [blat]. Der grafen wappen hienach am clxxx. [blat].

5 *(84,3)* Auch zugend ein tzwen hertzogen vonn Lutringen nach bey Franckreiche mit sechtzig pferden, und zugent in Cůnrats von Hof hauß an der Brůdergassen, unnd empfiengent ir lehen zů Costentz am obern marckt. Ire wappen am clxiiij. [blat].

(85,1) Es zoch auch ein hertzog Fridrich von Ősterreych und mit im zwelff graven mit sechß hundert pferden und sovil personen[67]. Er sant aber seine pferd unnd dye knecht, so 10 dartzů gehortent, von im. Und zoch in daz kloster zů Creützlingen. Da belib er auch inn biß auf die zeit, daz er babst Johannes enwege fůrt. Darnach můste er wider gen Costentz als ein gefangner, und zohe in der Felixinen hauß, biß seyn sachen schlecht wurdent, darinn beleibent. Sein wappen an dem clxij. [blat].

(85,2) Auch zoch anderweyde ein der ertzbischof von Gran[68] auß Ungern mit drey 15 hundert pferden, dann er von Costentz darvor in botschafft gesandt was. Und zoch wider in das closter tzů Peterßhausen, darinn er vor auch was. Sein wappen an dem cxxiiij. [blat].

(86,1) Am montag nach der liechtmeß, da zoch ein ein måchtiger Unger, genannt her Pipo, und ist seyn land zů nyderst in Ungern bey der Eyßnin[a] portten, und stoßt an das

---

a Ysninen *K*.

---

66 *Burggraf Johann III. von Nürnberg.*

67 *Herzog Friedrich IV. von Österreich dürfte am 26. Februar 1415 in Konstanz eingetroffen sein; er logierte im Kloster Kreuzlingen. Vgl. A. KNÖPFLER, Ein Tagebuchfragment über das Konstanzer Konzil, in: HJb 11 (1890) S. 267f.; J. SLOKAR, Warum Herzog Friedrich von Tirol im Jahre 1415 von König Sigmund geächtet und mit Krieg überzogen wurde. Eine historische Untersuchung, in: Forschungen und Mitteilungen zur Geschichte Tirols und Vorarlbergs 8 (1911) S. 206f. mit Anm. 1; G. CERRETANI, Liber gestorum, in: ACC, Bd. 2 (1923) S. 214; H. KOLLER, Kaiser Siegmunds Kampf gegen Herzog Friedrich IV. von Österreich, in: Studia Luxemburgensia, hg. von F. B. FAHLBUSCH und P. JOHANEK (1989) S. 333f.; S. WEISS, Salzburg und das Konstanzer Konzil, S. 189 mit Anm. 773 auf S. 278; R. STROHM, The Rise of European Music, 1380–1500 (1993) S. 116f.; W. BRANDMÜLLER, Das Konzil von Konstanz, Bd. 1, S. 149; M. INNOCENTI, »Ze Costnitz was der küng«, S. 103f.; P. NIEDERHÄUSER, Fürst und Fluchthelfer. Herzog Friedrich IV. von Österreich und das Konzil von Konstanz, in: 1414–1418. Weltereignis des Mittelalters. Das Konstanzer Konzil. Essays (2013) S. 147; DERS., in: 1414–1418. Weltereignis des Mittelalters. Das Konstanzer Konzil. Katalog (2014) S. 266f.; DERS., Ein Herzog mit leeren Taschen? Friedrich IV. von Österreich, der Aargau und das Konzil in Konstanz, in: Argovia. Jahresschrift der Historischen Gesellschaft des Kantons Aargau 127 (2015) S. 8–23; DERS., »Als starck als der künig«. Herzog Friedrich IV. von Österreich und die habsburgische Landesherrschaft im Schicksalsjahr 1415, in: C. HESSE u. a. (Hg.), Eroberung und Inbesitznahme. Die Eroberung des Aargaus 1415 im europäischen Vergleich (2017) S. 19–34.*

68 *Esztergom, gemeint ist Johann von Kanizsa. Vgl. A. FRENKEN, Der König und sein Konzil, S. 223 mit Anm. 126.*

gemerck gegen den Türcken und raychet herauß zů den Siben bürgen, und můß
ståtigklichen in forcht sitzen mit vil sŏlldnern und raysigem zeug, das die Türcken, die
Råtzen und die auß der Walchey, die heyden sy, nicht über raysent, wann sy das gewonlichen des jares einest thůnd unnd in das land ziehend. Unnd ist, das inen gelingt, so
nemendt sy mit inen leüt, kindt, weiber und mann unnd auch das gůt in ire land, und   5
gebent [10ʳ] inen landes gnůg ze bauen. Und gibt man yedem haußwirt ein gesaltzen
ochssen, einen schweinin bachen, und stellet man im zů vich, daz er wol anfahen mag ze
bauwen. Deß gleichen tůnd auch die Ungeren, so sy in ire lant ziehent. Das můß thůn der
Pipo und an dem end wern. Er zoch ein gen Peterßhausen in der von Braitenstein hauß
allernåchsten an der brugk mit hundert und sechtzig pferden, und belaib nit lang tzů   10
Costentz, wann er můst wider heym ziehen und sein land behůten. Sein wappen vindest
hienach an dem clxxxvj. blat.

(86,2) Es was des eintziehens so vil, das es gar vil ze lang wurd das alles zů schreiben.
Darumb so laß ich es yetzo also bestan und kumm⁶⁹ wider an das concilium.

[D₁ fol. 10ʳ] Hienach ist verschriben der creützgang⁷⁰ in dem concilio auff unsers   15
herren fronleichnams tag.

(142) [10ʳ] An unsers herren fronleychnames tag, do het gantz pfaffheyte, vier patriarchen, siben und zweintzig cardinål, dye anderen warent blŏde, das sy nicht geen
mochtend, neünundviertzig ertzbischoff, zweyhundert unnd sibentzig recht bischoff,
sechs und neüntzig weichbischoff, all schůlen und schůlpfaffen und all gelert leüt einen   20
creützgang umb die stat, als man gewonlich zů Costentz ummgeet. Und heten all patriarchen, cardinål, ertzbischoff, sunst bischof und weichbischoff, all åbbt, die dann infelen tragen sŏltent, all schlecht weyß infelen auff iren heüptern, die andern åbbt und
brŏbst, die nitt infelen trůgen, mit iren ståben und weissen überrucken, und die åbbt
sunst in iren kleydern, die schůlen, auditores und doctores yeglicher ein byretᵃ auff sei-   25
nem haubt. Und vor yeglicher schůle trůge man ein silbrinen stab gar schŏn verguldet,
mit eyner guldin burg. Und vor yedem [10ᵛ] bischof ein knecht mit einer prinenden
kertzen und mit seinem stab. Und vor yedem ertzbischof ein tzwivaltes creütz, auch mit
kertzen vor den patriarchen und cardinålen hoch silbrin vergilltᵇ stecken mit einem
creütz und mit kertzen. Und auch hinder yeglichem einerᶜ, der im das gewand aufhůb.   30
Die thůmherren in iren korcapen, all chorherren, all cappelan, all ŏrden, benedictiner,
canonici regulares und bettelŏrden, all in ir habit und heyltumb in iren henden, all

---

a baret *St₁*.
b vergült *St₁*.
c einer] ain knecht *St₁*.

---

69 *Vgl. c. 86,2 in A und K, wo sich ebenfalls ein Ich-Erzähler findet.*
70 *Die zweite Texteinheit der St. Georgener Chronikversion, welche die große Fronleichnamsprozession beinhaltet, fehlt wegen Textverlusts ebenfalls in G, wird daher – wie auch die Ankunft der Konzilsteilnehmer – nach D₁ gegeben.*

schůler. Unser herr der rômisch künig mit seinen weltlichen curfürsten under einem tůch, tzwů künigen, die hertzogin von Clåwen[a], die gråfin von Wirtenberg, auch under eynem guldin tůch. Vor denen gieng daz heylig sacrament, das trůgent vier thůmherren und zwen thůmherren, die es hůbend, auch under einem guldin tůch. Und trůgen zwen
5   auch vor im ein guldin tůch von dem nabel biß auff die erde. Und die singer hinder im, die auch sungen, und als vil kertzen die thůmherren tzů dem thům hetten und der zünfft kertzen, und der herren kertzen trůg man all prinnend. Der künig gieng auch mit seiner kron und als ein ewangelier gen sol, so er das ewangeli lesen wil. Die drey layen curfür-sten giengend als epistler, so er dye epistel singen wil. Und het der hertzog von Sachsen
10 daz bloß schwert in seiner hand, der hertzog von Bayren, pfaltzegraf bei Rein, das zep-ter, und der marggraf von Brandenburg den guldin apffel mit dem creütz. Unnd gien-gend all vier under einem vergülten tůch: die künigin und die zwo[b] frawen under einem tůch. Darnach die laien fürsten, der comentur[c] von Rodis und ritter, der comentur teüt-sches ordens vonn Preissen und ir ritter, all hertzogen, herren, grafen, freien, ritter und
15 knecht, und gemein volck, darnach die frawen, daz volck, alles eyn grosse menge unnd vil tausent, der da was[d].

    [D₁ fol. 11^r] In[71] alles erdtrich ist ausgegangen ir hal und in die end des erdtreichs der welte ire wort ist geschryben in dem xviij. psalmen. Unnd dise wort werdent eygentlich zůgelegt den zwôlf potten[72], die daz ewangelium gepredigt habent der gantzen welt. Dye
20 wort werdent auch wirdigklich zůgeleget der stat Costentz in teütschen landen Mentzer provintz, als ob die stat Costentz von ir selb språch mitt den senfftmütigen propheten David: In alles erdtreich ist gegangen der nam Costentz und geoffenbaret ist yr nam in dem gantzen erdtreich. Dye statt Costentz[73]. *Es folgt das Konstanzer Stadtwappen. Da-runter kleiner das Familienwappen Gebhard Dachers und seiner Frau. Über dem linken
25 Schild:* Gebhart Dacher. *Über dem rechten:* Ursula Åchtpigin, sein eelicher gemahel[74].

---

a   Cleve *St₁*.
b   dry *St₁*.
c   hochmaister *St₁*.
d   *folgt* kain solllich crützgeng wirtt in kainer zitt nie zu Costentz noch in andren stetten *St₁*.

---

71 *Dem eigentlichen Chronikbeginn steht in D₁ ein Psalmvorspruch (Ps 18,5; siehe auch Röm 10,18) voran, der ursprünglich wohl auch in G einmal vorhanden war, wegen des Textverlusts aber ausfiel. Eine lateinische Textversion des Vorspruchs findet sich in K und E. Hartmann Schedel hat dem Psalmvor-spruch in seiner Chronikausgabe den Begriff* PREFACIO *vorangestellt. Vgl. R. KAUTZSCH, Die Hand-schriften, S. 468 mit Anm. 2; G. WACKER, Ulrich Richentals Chronik, S. 255.*
72 *Gemeint sind die zwölf Apostel.*
73 *In der Ausgabe Hartmann Schedels hat hier eine spätere Hand den bezeichnenden Kommentar eingefügt:* Lob dich nüt selbst, *woraus erhellt, dass Schedel die panegyrische Intention der Handschrift klar erkannte.*
74 *Die Gemahlin Gebhard Dachers, Ursula Åchtpigin/Aschbögkhin/Echbegg (benannt nach dem Ort Echbeck nahe Wintersulgen), entstammte einer angesehenen und vermögenden Überlinger Patrizierfa-*

[D_1 fol. 11^{v}] Hienach[75] ist der anfang des conciliums ze Costentz.

(1,1) [11^{v}] Hie hebt an, wye daz concilium gen Costentz geleget ist, und wye es dar kam, und wie es anfieng, und waz sachen dozemal in dem concilio volgiengent und beschahen, unnd wie es zergieng, und wye vyl herrn do hin kament, sy waͤren geystlich oder weltlich, und mit wie vil jegklicher herr dar kam und mit wie vil leüten und personen und pferten und mit iren wappen, die sy zů Costentz an ir herberg anschlůgent; als daz etlich erber leüt von gedaͤchtnus wegen zesamen habent erfraget[76].

(1,2) Und hierumb, das man dann alle sachen desterbas versteen müge, wie die sachen zůgegangen seien, so ist ze wissen, daz alle cristenheyt in fünff teyl geteylt ist[77], unnd die teyle heyssent in der latein naciones, das ist des ersten Ytalici, das ist Roͤmerland, Lamparten, und soͤlich land so zů dem teyl gehoͤrent. Der ander teyl, daz seind Germani, das seind teütsche land, und alle, die zů in gehoͤrent. Die drit nacion, das seind Francioni, das ist Franckreiche, unnd auch die zů inen gehoͤrent. Dye vierd, das seind Hyspany, das yst hyspanier land unnd die künigreich, so darein gehoͤrent, als yr hyenach vernemen werdent. Die fünfft nacion, das seind Anglici, das ist Engelland und Schotten, und auch die zů inen gehoͤrent. Dye selben Engelischen heten vor dem concilio zů Costentz kein nacion, wann das sy gehoͤrten under dye nacion Germani, unnd ward in die nacion erst zů Costentz gegeben, als man das hyenach vindt[78].

(1,3) Und was nun künigreich und lande inn yegkliche nacion gehoͤr, daz vindt man hienach; und umm daz die Engelischen ein sunder nacion zů Costentz gegeben ward, das beschach darumb, das sich die von Hispania so lang saumtent, daz sy nit gen Costentz kament nach dem und in verkünt ward, dar ze komment.

(2,1) [12^{r}] Der heylig vater und herre bapst Allexander, do der zů bapst erwelt ward, der was des ordens fratrum minorum, das seind barfůssen, da er nun erwoͤlet ward, darnach ward ein gemein concilium zů Pisanensis, daz ist zů Piß in Lamparten.

(2,2) In dem selben concilio lobt und verhyeß der selb bapst Allexander dem selben concilio, daz do waz, daz er woͤlte darzů tůn alles sein vermügen inwendig drei den naͤchsten yaren nach dem selben concilio, das einigkeyt, frid und genad der cristenheyt gegeben wurde; wann er dazemal zwen widersachen hett, dero was der ein der hochgeboren fürst Petrus de Luna, ein gefürster herr und graff von geschlecht, der sich nennet

mihe. Vgl. W. Berger, Johannes Hus und König Sigmund, S. 217; W. Matthiessen, Ulrich Richentals Chronik, S. 111; G. Wacker, Ulrich Richentals Chronik, S. 265; S. Wolff, Die »Konstanzer Chronik« Gebhart Dachers, S. 57 mit Anm. 257, 73.

75 *Hier erst beginnt in D_1 die dritte Texteinheit, d. h. der narrative Chronikteil im engeren Sinne, wie wir ihn aus der A- und K-Version kennen. Der Text folgt nach wie vor dem Erstdruck, da G erst in c. 3,2 fol. 2ra einsetzt.*

76 *Vgl. zu dem gegenüber A veränderten historiographischen Konzept, das an dieser Stelle K folgt, c. 1,1 in K mit den entsprechenden Erläuterungen.*

77 *Hierzu K. Oschema, Eine Christenheit und streitende Nationen, S. 39.*

78 *Diese Information zu den* Anglici, *die sich ebenso in K findet, gibt A in c. 1,3.*

in seiner obedientz, daz ist als vil gesprochen: in seiner gehorsami, dye in hielten, Benedictus der dreitzehende. Der ander hieß Angelus der Cormario[a], bei nach ritter oder erber leüt geschlechte, unnd der sich [nampt[b]] in seiner obedientz, das yst in seiner gehor-
samikeyt, Gregorius der zwölfft. Und also, ee daz sych die dreü jar ergiengen und die
5   sach angefangen wurd, do starb der selb bapst Allexander und lag die sach gantz dani-
der[79]. Und daz der cristenheit groß irrung ward, wann das der allmächtig gott das schif
seins fürsten, des appostels Sant Peters, nit last ertrincken noch versincken.

(3,1) Darnach ward zů bapst erwölt der ersam herre Balthasar de Chossis, daz ist, der
von dem glid erber burger geschlecht ist, do der nun erwölt ward, do nennt er sich in
10 seiner obedientz Johannes der XXIII. des namen. Der selb bapst Johannes, als der nun
erwölt ward, do schwůr er auch gantzem collegio, daz er sein gantz vermügen darzů tůn
wölt, daz frid und einigkeyt der cristenheit wurd. Es ist ze wissen, wann man schreibt
oder nennt das collegium, daz seind die cardinål, do die do einen bapst zů erwölen habent; wann man aber schreibt oder nennt das concilium, das seind dye cardinål, ertzbi-
15 schof, bischoff, patriarchen, schůlen und lender, gelert pfafheit und örden [12ᵛ], dye be-
samelt werdent umm not und sachen, dye der cristenheit anligent.

(3,2) Der selb bapst Johannes der XXIII., der ließ die sach also besteen und wolt sich
villeicht lassen benügen an sölicher wirdigkeit, die im gegeben und auff in gelegt waz,
wann er vast geneiget waz auf zeitlich ere und gůt, und verlengt sich daz also lang, daz
20 grosser gebrest und red auffstůnd zwischen geystlichen und weltlichen fürsten und herren, und das die curfürsten darumb[80] [G fol. 2ʳᵃ] dick ze red gesetzt wurden. Nun die
selben churfürsten dick und vil zesamen kamend mit irs selbs liben und och mit ir recht
treffenlicher botschafft gen Frankenfurt, gen Bůchparten[81], gen Oppenhain, gen Wesel[82]
und sust in manig des richs stett an dem Rin und darumb gelegen. Und och des selben
25 Römschen richs stet mit in und sich da vil mitainander under retten, wie man verkomen[c]
möcht, das sölich irrung in der cristenhait nit inbräch und sölich zisma, das ist irsal,
wurd.

(7) Und als die selben fürsten von söliches grossen gebresten wegen, so der cristenhait
an lag, als vil und dick zesamen kamen, und daz villicht beschach von ermanung und
30 insprechends wegen des hailigen gaistes oder von der hailigen dryvältikait, do wurdend
sy gemainlich ze raut, das sy diß sach luter empfalhen dem allerdurchlüchtigosten für-

---

a   Cowario *A*; Corwario *K*.
b   *so AK*.
c   fürkommen *D₁*.

---

79 *Zu den Päpsten Alexander V. und Johannes XXIII. siehe auch: Die Chroniken der oberrheinischen*
Städte. Straßburg, Bd. 2, 2, hg. von C. HEGEL *(²1961) S. 615–617.*
80 *Die Handschrift G setzt hier, nachdem der erste Teil fehlt, mit dem Text ein.*
81 *Boppard am Rhein.*
82 *Wesel am Niederrhein.*

sten und herren küng Sigmunden, römschen küng, den sy och vormals alle sechß zů
römschem küng erwelt hettend an sines brůders stat, Wentzlaus, römscher küng und
küng zů Behem, den sy entsetzt hatten von siner mißtät wegen. Der selb küng Sigmund,
römscher küng, was do zemal römscher küng und küng zů Ungern, zů Dalmacia, zů
Wossen[a], und zů Croacia[83], da die haydenschen land sind, und marggrauff zů der mark   5
zů Brandenburg. Die selben marggräfschafft er aber do zů Costentz uffgab, und gab die
sinem öhem, burggrauff Fryderichen von Nüremberg, und lech[b] im die offenlieh zů
Costentz an dem obern marckt, als hienach geschriben und och gemalet staut[84]. Und
darnach nach sines brůders küng Wentzlaus tod ward er küng zu Behem und nach dem
concilio wol in dem zehenden jar[85] ward er römscher kayser.   10

(8) [2ᵛ] Also do nun die sach dem römschen küng Sigismundo empholhen ward, do
embott er unserm hailigen vatter dem baupst Johannsen dem dryundzwaintzigosten des
namen, das er dem ayd gnůg tätte, so er vormals dem concilio geschworen hett, und der
hailigen cristenhait fryd und růwe tät durch vil schwär bottschafft, das verzoch er im
von ainer zit zů der andren. Und an dem letzsten, do es füro nit mer verzogen kund noch   15
mocht werden, und daz gaistlich und weltlich fürsten, herren und stet wurdend merken,
daz der hailigen cristenhait groß inbruch wolt werden und daz das hailig schifflin Sant
Peters von sölichem wetter wolt versofft sin, do ward erst der selbig baupst Johannes ze
raut, do er markt, das man sin hoff nit als vast sůchen wolt[c], und embot dem selben unsern herren küng Sigmunden, das er zů im käme gen Lodus[86], da ist ain bystum und ist   20
ain stat in Lamparten, da wölt er mit in ain verhörung tůn und nach sinem und ander
herren und gelerter lüte raut bedencken, was zů der sach ze tůnd wäre.

(9) Und also kam unser herre der römsch küng Sigmund mit sinen räten, rittern und
dienern gen Lodus in Lamparten, und unser hailiger vatter baupst Johannes der XXIII.
och dahin; und kamend zesamen in ainem wyten sal, und was da ain langer stůl berait,   25
und saß unser hailiger vatter der baupst mit siner inffelen und mit sinem habit an ainem
ortt, und unser her der küng mit siner cron und habit als ain ewangelier an dem andern
ortt, doch ain michels von ainander, und redten vil mitainander in latin, und wurden diß
mit ainander ze raut, so hernach stat[87].

---

a   Bossen D_1.
b   lihe D_1.
c   das man – sůchen wolt] daz sein hof nit als fast gsůcht ward D_1.

83   *Bosnien und Kroatien.*
84   *Vgl. cc. 219–224,1.*
85   *Diese Bemerkung fehlt in A, findet sich aber auch in K und W. M. R. BUCK, Chronik des Constanzer*
Concils, S. 17 Anm. 2 leitet hieraus ab, dass K nach 1433 geschrieben sein muss, also jünger ist als A.
86   *Lodi.*
87   *Zu den Verhandlungen von Lodi vgl. H. FINKE, ACC, Bd. 1 (1896) S. 174–179; O. FEGER, Das*
Konstanzer Konzil und die Stadt Konstanz, S. 311; DERS., Das Konzil zu Konstanz, Bd. 2, S. 154f.; L.
FISCHEL, Die Bilderfolge der Richental-Chronik, S. 37; M. HOLZMANN, Die Konzilchronik des Ulrich

(10) Do sy nun zů Loden zesamen komen warend, do sprach unser her der römsch
künig: Hailiger vatter in fragend, ob er dem ayd gnůg tůn wölte, so er dem concilio geschworen hett. Anttwurt der baupst, er wölte gern stät haben, was er geschworn und
verhaissen hette, und wölt ain concilium gern gemacht haben in sin land, in Lamparten,
5 wa oder in welher stat der küng wölt, wan es wäre ze fürchtend, daz er sin cardinäl noch[a]
sin patriarchen, die ertzbyschoff und byschoff, so zů dem concilio gehörend, über daz
gebierg[88] usser sinem land nit bringen möcht. Da wyder antwurt unser her der küng: Er
hett dry gaistlich churfürsten, die erweler wärend des hailigen römschen richs küng, die
grosmächtig fürsten wären, und die macht habend, ainen küng ze welend und ze entse-
10 tzend[b] [3ʳ] wirdet, die er och kumerlich über das gebirg[c] bringen möcht oder
villicht niemer tättend. Und da zwüschen gieng vil red umm zů bayder syt, wa man das
concilium hinlegen wölt. Und nach sölicher vil red fragt unser her der römsch küng sin
heren, die da umbstůnden und mit im dar kommen waren, ob dehain stat an dem gebirg
oder nach daby läg, die dem römschen rich zůgehorte. Und stůnd zegagen der hochge-
15 born hertzog Ůlrich von Deck[89], dozemal diener unsers herren des künge, und sprach:
Da läge ain statt, die wäre des richs und hiesse Kämpten[d], und läge an dem fůß des bergs,
den man nennet der Ver[90]. Dawyder aber der wolgeborn grauff Eberhart von Nellenburg[91], der och tzegegen was, anttwürt und sprach: Wie wol daz sy, daz Kämpten ain
richstat sye, aber da wäre kain genuchsami[e], daz man da beston möcht von dehainerlay
20 narung; wol da läg ain stat ain tagwaid ver von Kämpten oder ettwas mer, da wäre al
genůgsami, und hieß Costentz, und wäre des römschen richs und läge an dem Bodmersee[92], und runne der Rin an der stat hin und durch die stat. Der selb Bodmersee wäre by
acht mil wegs verre und an der wytin dry mil wegs, das man mit grossen schiffen daruff

---

a   und *D₁*.
b   asetz *D₁*.
c   birg *D₁*.
d   Kempten *D₁*.
e   genůgsame *D₁*.

Richental, S. 75; J. HELMRATH, *Locus concilii, S. 593, 611–613;* DERS., *Das Konzil von Konstanz und die Epoche der Konzilien, S. 23 mit Anm. 19; Th.* CRAMER, *Bilder erzählen Geschichte, S. 333–342; Th. RATHMANN, Geschehen und Geschichten des Konstanzer Konzils, S. 241–244; Ph. H.* STUMP, *The Council of Constance (1414–1418) and the End of the Schism, in: A Companion to the Great Western Schism (1378–1417), hg. von J.* ROLLO-KOSTER *u.a. (2009) S. 402f.; A.* FRENKEN, *Das Konstanzer Konzil, S. 51f.; J.* MIETHKE, *Via Concilii: Der Weg des Konstanzer Konzils aus der Krise des Schismas, S. 77.*
88   *Alpen.*
89   *Herzog Ulrich von Teck, aus einer Nebenlinie der Herzöge von Zähringen, königlicher Rat. Vgl. B. FALK, Das Ravensburger »Mohrenfresko« von 1417/31. Eine Verherrlichung des Konstanzer Konzils in der Firmenzentrale der Humpisgesellschaft?, in: SVG Bodensee 132 (2014) S. 63f.*
90   *Fernpass. Vgl. O.* FEGER, *Das Konzil zu Konstanz, Bd. 2, S. 155.*
91   *Graf Eberhard von Nellenburg, Landgraf im Hegau, königlicher Rat.*
92   *Bodensee.*

faren mag. Und wäre da ain bystum und gehorte in daz ertzbystum zů Mentz. Darzů so
wäre sy ain wol erbuwen statt und vil gemächer und stallung darinne[93]. Und das man das
wysse, vor yetz unlanger zit, do hetten die puren[a] von Appenzell und ettlich von
Schwytz und die puren, die by inen in dem gebirg sitzend, groß stechend krieg mit den
von Costentz[94]. Do kamend den von Costentz ze hilff alle graven, fryen, ritter und   5
knecht, und da der selb hertzog von Deck und sust gantze ritterschafft[b], die mit macht
by inen in ir stat lagend. Und wäre unser noch drystund mer gesin, wir hetten herberg
und stallung gnůg gehept. Und kam och dar küng Růprecht sälig, iwer vorfar, mit gantzem sinem volk und lag da in der stat sechs wochen, und gebrast da niemand[c] ichtes, und
ward die sach mit eren verricht und wer dahin in den krieg kam, der hett herberg[d], essen   10
und trinken, fůter, hew und strow, als in gemaynem glichem koff, das es uns alle wunder
nam, daz wir alle ding also nach mochtend haben. Und visch und flaisch wäre[e] da übrigs
gnůg. Dar zů wäre es ain söliche stat, die von alter dem adel hold und getrüw ist gesin
und mit dem adel nie krieg noch stöß gehept hab, und das man gewonlich alle tag täding
und richtungen dahin lait.   15

---

a   bauren D_1.
b   *folgt noch einmal* und sust gantze ritterschafft G.
c   jemant D_1.
d   *fehlt* D_1.
e   waz D_1.

---

93   *Zur Entscheidung für Konstanz als Konzilsort vgl. H. FINKE, ACC, Bd. 1 (1896) S. 170–174; U.
CRÄMER, Kempten oder Konstanz als Konzilsort (1413), in: Alemannisches Jahrbuch 1954, S. 447–450;
O. FEGER, Das Konstanzer Konzil und die Stadt Konstanz, S. 310–312; H. MAURER, Konstanz im Mittelalter, Bd. 2, S. 10; J. HELMRATH, Locus concilii, S. 610–615; DERS., Das Konzil von Konstanz und die
Epoche der Konzilien, S. 23 Anm. 19; DERS., Papst und Konzil. Von Pisa 1409 bis zum V. Lateranum
1512–1517, in: Die Päpste der Renaissance. Politik, Kunst und Musik, hg. von M. MATHEUS u. a. (2017)
S. 276; W. BRANDMÜLLER, Das Konzil von Konstanz, Bd. 1, S. 54; H. MAURER, Das Konstanzer Konzil
als städtisches Ereignis, S. 150–154; A. FRENKEN, Wohnraumbewirtschaftung, S. 112–116; DERS., Konstanz und der Thurgau, S. 37; Th. M. BUCK / H. KRAUME, Das Konstanzer Konzil, S. 80–84; Th. ZOTZ,
Der deutsche Südwesten, S. 139; H. FIDLER, Ohne Hegau kein Konzil, in: Hegau-Jahrbuch 72 (2015)
S. 82–84, 100.*
94   *Gemeint sind die Appenzellerkriege (1401–1429) zwischen dem Fürstabt von St. Gallen und den
Appenzellern. Die Auseinandersetzung mündete in den »Konstanzer Frieden« vom 4. April 1408,
flammte in den 1420er Jahren aber wieder auf. Vgl. Die Berner-Chronik des Conrad Justinger, hg. von
G. STUDER (1871) c. 314; W. EHRENZELLER, Kloster und Stadt St. Gallen im Spätmittelalter (1931)
S. 61–290; R. FISCHER u. a., Appenzeller Geschichte, Bd. I: Das ungeteilte Land (1964) S. 121–225; H.
MAURER, Konstanz im Mittelalter, Bd. 1, S. 231–237; DERS., Konstanz im Mittelalter, Bd. 2, S. 9, 79f.;
R. FISCHER, Art. Appenzell, in: Historisches Lexikon der Schweiz, Bd. 1 (2002) S. 386f.; A. BIHRER,
Konstanz und die Appenzellerkriege, in: Die Appenzellerkriege – eine Krisenzeit am Bodensee?, hg. von
P. NIEDERHÄUSER und A. NIEDERSTÄTTER (2006) S. 81–115; Th. ZOTZ, Der deutsche Südwesten, S. 139,
142.*

(11) Do kert sich unser herr der römsch küng umb zů unserm hailigen vatter dem baupst und sprach in latin: [3ᵛ] Syder^a da ain bystum ist und dem rich zů gehört, ist dann iwer^b hailikait gevällig die stat Costentz, von der man so vil gůtz sait. Do nam sich unser hailiger vatter der baupst ain bedenken mit sinen herren und räten; die riettend im, daz

5   er die stat Costentz uffnäme, won sy doch ain sölichen namen hett^95, das nümer ungelük dartzů schlachen sölt. Und also nam er Costentz uff und sant uff die selben stund sin exploratores uß, das haissend beschöwer des landes.

(12,1) Uff das embot der wolgeborn her grauff Eberhart von Nellenburg heruß Ůlrichen von Richental^c, wie sich die sachen tzů Loden ergangen hetten und das daz

10   concilium für sich müsde^d gan, daz er sich nach fůter, hew, strow und bethen^e richte^96. Und kam die botschafft vor winächten anno Dni. MCCCCXIII^f.

(12,2) Nun uff das, do kamend dieselben exploratores^97 und och ir diener mit inen und wolten besenhen^g und beschöwen diß land und ouch diß gegen^h, ob das concilium zů Costentz beston möcht oder nit. Und under den warend zwen Walchen^98, doch kunden

15   sy latin, und batten Ůlrichen Richental^i, daz er mit in ritte in daz Thurgöw^j, das land zů besenhend^k. Die sprachend, daz das concilium da nit beston möcht^99, wann doch von

---

a   Seider *D₁*.

b   eüer *D₁*.

c   Reichental *D₁*.

d   můst *D₁*.

e   betten *D₁*.

f   *folgt* und torst es nieman sagen *A*.

g   besehen *D₁*.

h   gegni *K*; gegent *D₁*.

i   Ulrichen von Reichental *D₁*.

j   Thurgöw] lannd Thurgern *D₁*.

k   beschawen *D₁*.

95   *Vgl. den Psalmvorspruch zu Anfang der Konstanzer Handschrift (nomen Constancie) sowie die cc. 11 und 305 in K.*

96   *Zu dieser Textstelle Th. M. B*uck* / H. K*raume*, Das Konstanzer Konzil, S. 78f.; H. D*erschka*, Die Großeltern des Konzilschronisten, S. 46.*

97   *Vgl. c. 11.*

98   *Es handelte sich wohl um die päpstlichen Beamten Giovanni da Montepulciano und Bartolomeo del Lante da Pisa, die mit den päpstlichen exploratores aus den cc. 11 und 12,2 identisch sein dürften. Vgl. H. F*inke*, ACC, Bd. 1 (1896) S. 180, 250f. mit Anm. 1 auf S. 251; J. R*iegel*, Die Teilnehmerlisten des Konstanzer Konzils, S. 3; O. F*eger*, Das Konzil zu Konstanz, Bd. 2, S. 156; J. H*elmrath*, Locus concilii, S. 614f., 615 Anm. 87; W. B*randmüller*, Das Konzil von Konstanz, Bd. 1, S. 76, 86f.; A. F*renken*, Wohnraumbewirtschaftung, S. 113, 117; Th. M. B*uck* / H. K*raume*, Das Konstanzer Konzil, S. 75–80, 225; A. B*ihrer*, Eine Feier ohne den Hausherrn, S. 25 mit Anm. 58.*

99   *Zu dieser Textstelle, die zeigt, dass der Konzilsort von den exploratores als ungeeignet empfunden wurde, vgl. Th. V*ogel*, Studien zu Richental's Konzilschronik, S. 78; O. F*eger*, Das Konstanzer Konzil und die Stadt Konstanz, S. 321; D*ers*., Die Konzilchronik des Ulrich Richental, S. 31; W. B*randmül-*

allen landen lüt dar komen müstend, die nit halb herberg möchtend haben[a]. Sy sagten aber daran nit recht, wan es belaib mengclich in der stat; doch lagend vil Unger zů Petershusen, ettlich belibend zů dem Paradiß[100], ettlich zů Gotlieben, aber wenig, als ir her nach hören werden.

(13) Also sant unnser hailiger vatter baupst Johannes der dry und zwaintzigost diß 5 bull, die hie nach disem gemäld staut, allen ertzbyschoffen, das sy das concilium iren suffraganien und iren byschoffen kund tätten, daz sy also berait wärend zů dem concilio ze Costentz ze komend; und sunderlich dem ertzbyschoff zů Mäntz, under des ertzbystum Costentz lit und dahin gehört und sin obrer ist. Und stat die bulle hernach dem gemäld geschriben[101]. 10

(14,1) Nun also beraitet sich baupst Johannes mit den sinen uff gen Costentz ze farend. Nun ist ze wyssend, das man ainem baupste, so er über land ryten wyl, ain sölichen hůt[102] vorfürt; und fürt in ain starker gewappoter man uff ainem wyssen roß verdekt mit ainem roten tůch, gesprengt mit gold. Und der ist rot und gel, und fürt man in [4ʳ] für den regen und die sunnen, das er sich darunder enthalten müg. Und ist obnan uff dem 15 hůt ain guldiner engel, und der hat ain guldin crütz in der hand. Und was der hůt by viertzig schůch wyt, als der hie undnan[b] gemalet ist[103].

(14,2) Darnach ist gemalet, wie der baupst und küng by ain ander ze Loden sässend[104].

Bild: *Der Hut, fol. 4ʳ. Dazu der über dem Bild angebrachte Bildtext:* Also fůrtt man unsserm hailgen vatter baubst Martino und ǎch baubst Johannsen ain hůtt vor, wenn sy 20 rittend.

Bild: *Zusammenkunft in Lodi, fol. 4ᵛ. In G ist nur die linke Bildseite mit dem Papst*

---

a   die nit halb – haben] sy hettend nitt halb gnů witt an herberg *St₁.*
b   unden *D₁.*

LER, *Das Konzil von Konstanz, Bd. 1, S. 86f.;* A. FRENKEN, *Wohnraumbewirtschaftung, S. 117;* DERS., *Das Konstanzer Konzil (2015) S. 56f. mit Anm. 35 auf S. 165.*

100   *Stadtteil von Konstanz.*

101   *Bezieht sich auf die Konvokationsbulle foll. 7ʳ–8ʳ, die fragmentarisch einsetzt.*

102   *Gemeint ist der Papstschirm bzw. -hut (conopeum/soliculum); vgl. cc. 267,1 und 308. Hierzu P. E.* SCHRAMM, *Der Schirm. Herrschafts-, Würde- und Rangzeichen in drei Erdteilen, in: Festschrift für Hermann Heimpel, Bd. 3 (1972) S. 567–593;* W. BRANDMÜLLER, *Das Konzil von Konstanz, Bd. 1, S. 151;* G. J. SCHENK, *Zeremoniell und Politik, S. 449–451;* DERS., *Zeremonielle und Rituale auf dem Konstanzer Konzil, S. 24;* DERS., *Die Lesbarkeit von Zeichen der Macht, S. 288–299;* M. A. BOJCOV, *Der Schirm des Papstes, der Sonnengott und die historischen Wege Russlands, in: Prozessionen, Wallfahrten, Aufmärsche. Bewegung zwischen Religion und Politik in Europa und Asien seit dem Mittelalter, hg. von J.* GENGNAGEL u. a. *(2008) S. 163–166;* U. GIESSMANN, *Der letzte Gegenpapst, S. 174, 183;* A. FRENKEN, *Zeremoniell, Ritual und andere Formen symbolischer Kommunikation, S. 49;* Th. M. BUCK, *Ein Buch prägt die Erinnerung, S. 49;* DERS. / H. KRAUME, *Das Konstanzer Konzil, S. 85.*

103   *Bezieht sich auf das unter dem Text stehende Bild fol. 4ʳ.*

104   *Bezieht sich auf das Bild fol. 4ᵛ. Es folgt eine Notiz an den Leser, wohl von Gebhard Dacher:* Sůch ennenthalb am blatt.

erhalten. Sigmund war ursprünglich fol. 5ʳ dargestellt. Vollständig ist D₁ foll. 15ᵛ–16ʳ. In das Bild ist folgender Text eingeschrieben:

(14,4) Hie bedenckt sich baubst Johannes mitt sinen rätten zů Loden, und råtten im, das concilio zů habend und gen Costentz zů legind[a] und dahin zů komind[b], und spricht:

5 Fili carisime, placett michi Constancia. *Die rechte Bildseite, die den König vorstellt, ist nur in D₁ fol. 16ʳ erhalten. Hier findet sich der nachstehende Bildtext:* Hie redt künig Sigmund mit bapst Johannsen zů Loden, wa man das concilium haben wöll. Und raten seine råt zů Costentz unnd spricht künig Sigmund: Pater sancte, placet vobis Constancia.

10 *(15)* [D₁ fol. 16ᵛ] *Iohannes*[105] *episcopus servus servorum Dei venerabilibus fratribus archiepiscopo Maguntinensi. Johannes bischoff, ein diener der diener gotes, den erwirdigen brůdern ertzbischof zů Mentz und seinen suffraganien und lieben sun und lieben sünen zů Mentz und andern kirchen, capiteln und auch åppten Mentzer provintz außgeschlossen und on außgeschlossen und eins yeden ordens heyl und zwölfpotenschen segen*

15 *zů frid und erhöhung der ki[r]chen und růe des cristenlichen volcks mit schnellem hertzen und nutzberer begird anligent, die ordnen und sůchen wir gern durch die söllicher frid, erhöhung und růsami billich zůkommen mügen. Als aber vor langes bapst Allexander der fünfft såliger gedåchtnus unser vorfarn den heyligen gemainen concilien zů Pisan davor sitzent von etlichen grossen und schwåren sachen in bewegent in daz concilium zů*

20 *vestnen under anderen ersatzt. Aber ein gemein concilium von dannen zů drei jaren durch sich selb oder sein nachkommen an einer statt, do dann im oder seinen nachkommen wurd ersamlichen zůsamen berůffen geschehen und der selb unser vorfaren dye ding, die do zemal der kirchen reformierung außzerichten anlagent, dozemal auff hencket und daz selb concili byß zů der genanten drei iårigen zeit zů volenden satzet unnd*

25 *verlang. Aber darnach unserm vorfarn, als dann gott gefållig was, dem leben abgestorben und unß die miltsame götlicher vergünstunge zů wirdigkeit der höchsten båpstige genommen hat, do die selb dreijårig zeit kommen waz und wir die füssteig des selben unsers vorfaren nachgeen und die vorgeredten ordnung von im in dem concili, als vor vermercket ist, mit lauterm hertzen und gerechten willen eilent zů erfüllen. Etlich sa-*

30 *chen dann geoffenbaret unser gemůt bewegent. Sölich concili in der römischen stat, die wenig vor von den henden der veind zerstört, wider gepracht durche unser gegenwertigkeit, ir behaltung tzů menigem mal begerent, zů zimlichem zeit berůfft haben. Und doch*

---

a legen D₁.

b kommen D₁.

---

105 *Der Anfang der Konvokationsbulle »Ad pacem et exaltacionem«, der sich in G fol. 5ᵛ fand, fehlt. Er wird nach D₁ ergänzt. Im Erstdruck setzt die Bulle fol. 16ᵛᵃ unmittelbar nach der Darstellung König Sigmunds zu Lodi fol. 16ʳ ein. In G fehlt, was D₁ foll. 16ᵛᵃ–17ʳᵃ Z. 17 bringt. Die Konvokationsbulle wird in G und den Drucken in deutscher Übersetzung geboten, während sie in A, Pr, K, W und E lateinisch in den Text inseriert ist.*

darnach kamen die gesatzt zeit die prelaten und ander [17ʳ] *die sỏlichem concilio beisein*
sỏlten, keins wegs in sovil zal zesamen kamen. Sovil des geschefftes sachen bürdin und
grósse gesehen ward ze bedürffent wir nach anderen vertziehungen durch uns getan, als
dann daz selb concilium zủ dem monat December dann gegenwertig hochzeiteklich auff-
geschoben haben und gesetzt haben zủ halten, aber dye stat zwischen einer gerumpten   5
zeit, als do ze erklåren wir vliessen, umm das wir do tzwyschen darüber dester zeiti [G
setzt hier fol. 6ʳᵃ mit dem Text wieder ein] *raut habung ze habend, aber der vorgenannten*
zit noch nit vergangen. So sigen wir durch brieff unsers liebsten suns in Christo Sigmun-
dus, zủ römschem küng erwelt und durchschinenden küngs zủ Ungern, ervordert, das
wir nit yltend in sỏlicher erclárung der statt das concilium ze tủnd. Aber in der erclárung 10
der genannten stat och in der zit des benempten concilium wir ansten und under wegen
laussen wỏlten so lang, biß das er sin bottschafft darüber underwyset zủ unser gegenwür-
*tikait sandte, wir die begerung des selben küngs, die us lieb in der andächtikait*ᵃ *und lu-*
*term globen wir gesenhen*ᵇ *haben, fliessend vergünsten. Die zủkunfft der genannten*
botten von der ersamen unser brüder der hailigen römschen kilchen, cardinål und prela- 15
ten, die zủ Rom in dem gemainen richthuß, die darzủ berüfft warend, raut, wyllen und
vergünsten wir fürgenomen haben ze wartend. Darnach nach der stat Rome erbärmcli-
chen val uns dann zủ Florentz wesend, giengen zủ uns des selben künges botten und von
wegen des selben küngs von der selben materi ir offnungen gehört vil gerautschlaget
hetten umm volkomenlicher usrichtung wir unser lieb sün Anthonius des titels Sant Ce- 20
cilien, priester, und Franciscus, der hailigen Cosme und Damiani ewangelier, der haili-
gen römschen kilchen cardinäl, mit volmächtiger sỏlicher kilchen gewalt, der stat und
*fürnemung des zytes und*ᶜ *damit inen unsern lieben sun, den edeln man Manuel Crysola-*
ren, Constantinopoler ritter, zủ gegenwürtikait des selben küngs gesandt haben[106], *die zủ*
*im komend als dann von des selben küngs raut und verwylgung*ᵈ *die stat Costentz, Män-* 25
tzer provintz, fur die stat sỏlich concilium ze haltend ainmütenclich erwaltend, und die
zit das concilium zủ verkündend satztend den ersten tag des monat Novembris nächst
künfftig. Aber darnach wir umb ettlich groß und schwär sachen mit den selben küng
*nach unser und siner begird persönlich zủsamen komend von im gewiß geinachet*ᵉ *von*
geschicklichait und begriffenlichait und sicherhait der vor genanten stat Costentz die si- 30

---

a die us lieb – andächtikait] auß liebe der andåchtigkeit *D₁*.
b gesehen *D₁*.
c uns *D₁*.
d verwilligung *D₁*.
e gmachet *D₁*.

---

106 *Bei den päpstlichen Gesandten handelt es sich um Antoine de Chalant, Francesco Zabarella und*
Manuel Chrysoloras. Hierzu II. FINKE, ACC, *Bd. 1 (1896) S. 172; D.* GIRGENSOHN, *Francesco Zabarella*
aus Padua, in: ZRG.KA 79 (1993) S. 246f.; J. HELMRATH, *Locus concilii, S. 611f. mit Anm. 76; W.*
BRANDMÜLLER, *Das Konzil von Konstanz, Bd. 1, S. 51f.*

cherhait der selb küng zů verlyhend und in dem selben concilio persönlich by zů sind
gelobt. Wir wöllen und von innen begerend, das die vorgenant haltung des concilium
hailsamlich erfült werd und ervolg sin wünschlich uswürkung sölicher stat erwelung und
des zytes als vorgelaussen ist mit båpstlichem gewalt durch der selben brůder råt und
5 *verwylgung*ᵃ *wir vestnen [6ᵛ] und bewaren, bestátten und båpstlich sterkin zů tůgen*
vestnung und das vorgeredt concilium in der vor gesprochen stat Costentz des ersten
*ta[g]s des monatz Novembris*ᵇ *nächst künfftig zů verkündend und dem heren würkend*
*von dannen ze haltend durch den selben gewalt und vergünstung gesetzt haben*ᶜ*, verkün-*
dett, bekent und ersamlich geoffembaret habend. Die erwirdigen unser brůder patriar-
10 *chen, ertzbischoff, byschoff, die lieben sün, erwelt åbbt und ander der kirchen und mün-*
ster prelaten ervordrend, rautend und warnend, das in der crafft des getanen aides und
der hailigen gehorsami denselben gebiettend das persönlich und och unser liebsten in
Christo küng und edel fürsten, hertzogen, marggraven und ander die sölichem concili
bysin söllen oder die welherlay maß im nütz sin mögend durch die gelider unsers heren
15 *Jhesu Christi nachvolgend und ermanend, daz umm fryd der kilchen und aller cristan*
och persönlich oder ob ir persönlich nit mögend durch ersam bottschaff[t] zů zymlichem
zit dem genanten concilio söllen bysin, als das in andern brieven darüber gemacht volko-
menlicher begriffen ist. Darumb iwer andächtikait wir ervordern und manen iwch und
iwer yegklichem insunder in crafft geschwornen aydes und der hailigen gehorsami bevel-
20 *hend als und wievil ir begerend got wolgevallen umb fryd und erhöhung der kilchen und*
růsame der cristenhait dem genannten concili in der stat und zit gesetzt söllen persönlich
*bysin. Und ob ettlich uß iwch*ᵈ *villicht von gerechten und*ᵉ *eehafftigen sachen irrungen*
das sachend zů sölicher stat und zit des concils persönlich nit mögend bysin, als dann die,
die also geirrt wärend, ettlich in irem namen got fürchtend kunst und der sachen erfa-
25 *rung umb geben und mit genůgsamenlichem gewalt erschinend zů sendend, nit hinder*
sich legend dero stat die gesant haben in dem genannten concilio zů erfüllend. Aber wir
wöllen und der gegenwürtigen inhaltung gebiettend, das diß unser offembarung und
*zůsamenberůffung*ᶠ *des conciliums und die ervordrung der prelaten und andre die disen*
gegenwürtigen unsern briefen begriffen sind, durch dich brůder ertzbyschoff der erwir-
30 *digen brůdern mit byschoffen, dinen suffraganien und cappitel prelaten und personen*
*diner stett, kilchen und bystumen verbundnen und und verbundnen*ᵍ *ersamlich verkun-*
det werden, das och durch dich und sy bevolhen werd das verbindung des vorgemeldten

---

a   verwiligung *D₁*.
b   Novembris] den man heysst November *D₁*.
c   haben] *wohl ausgestr.* G; *fehlt D₁*.
d   uß iwch] *unklar* G.
e   und] *fehlt D₁*.
f   *davor ist* berůffung *ausgestr.* G.
g   und und verbundnen *fehlt D₁*.

aydes und gottes [7ʳ] *wolgevallen zů zymlicher zyt zů der stat söliches concils nach unser ordnung sich söllen dahin fügen und da persönlich bysin. Und also gesamnet der cristglöbigen genůgsami vilin die ding, die in dem concilio ze tůnd anligend, gott uswürker*ᵃ* und helffer sälenclich geordnet werden. Uff das so wöllen wir das von den dingen die by sölicher verkündung und ervordrung geschafft werden durch iwer brieff besorgend uns* 5
gewysser ze machend. Geben zů Lode der andern ydus Decembris unser bapstige in dem vierden jar.

(16) Als nun diß bulle ußgesendet ward und die ertzbischoff das mandat füro santend allen iren suffraganien und byschoffen, darnach ward*ᵇ* sin geschwigen, das niemant nüt davon redt, und bestůnd also by acht wochen, das es niemant globen wolt. Doch do ka- 10
mend gen Costentz vil herolten und pfiffer und vil der heren knecht und emphiengen iren herren herberg und schlůgen iren herren wauppen dar an die hüser und an die türen und bestáltend fůter, höw und strow.

(17) Do kamend darnach wol uff dry wochen vor Sant Johans tag des töffers anno Dni. MCCCCXIIII der ersam her, her Friderich Graffneker, Sant Benedicten ordens, 15
abbt zu Santgars in ungerschem land¹⁰⁷, [7ᵛ] und solt sin byschoff zů Ougspurg, und mit im grauff Eberhart von Nellenburg und her Frischhanß von Bodmen¹⁰⁸. Und gabend erst ze recht herberg, nach dem und sy sich verstůnden, wes yegklicher her bedörfft, und hiessend do an stett an die herbergen der heren wauppen schlachen und an die hüser. Es belaib aber nit stät, wan darnach, do die herren in ryten wurden, do gieng es ab; wan wer 20
zů ainer herberg komen mocht, die gůt was, der nam sy uff¹⁰⁹. Noch dannocht was es in ainem zwyvel, ob das concilium für sich gieng oder nit. Und bestůnd also bis uff den dritten tag vor unser lieben froen tag zů mittem Ougsten¹¹⁰.

(18) An dem drytten tag vor unser lieben froen tag*ᶜ* ze mittem Ougsten anno Dni. MCCCCXIIII, do rait in der hochwirdig gaistlich fürst und cardinal her Jordan Hosti- 25

---

a außwircker *D₁*.
b über der Zeile G.
c *fehlt D₁.*

---

107 *Szekszárd (Sechshard/Sechsard).*
108 *Friedrich von Grafeneck, Bischof von Augsburg, Graf Eberhard von Nellenburg, Ritter Johann von Bodman, gen. Frischhans d. Ä.*
109 *Zu dem gescheiterten Versuch, die Verteilung des knappen Wohnraums zu überwachen bzw. zu organisieren, vgl. O. FEGER, Das Konstanzer Konzil und die Stadt Konstanz, S. 321; A. FRENKEN, Wohnraumbewirtschaftung, S. 121f.; H. FIDLER, Ohne Hegau kein Konzil, in: Hegau-Jahrbuch 72 (2015) S. 84.*
110 *Diese Einschätzung gibt offenbar die Perspektive der Zeitgenossen wieder, die sich über das Zustandekommen des Konzils lange unsicher waren, was aber auch der Nachrichtenlage geschuldet sein kann; vgl. cc. 16 und 18.*

ensis[111]. Und der ist der[a] obrost ertzkantzler des hailigen römschen stůls und des baupsts zů Rôme. Und der cardinal hett inne die paniot[b] ze Asia[c], das almůsen[112]. Darumb do gab er all tag groß almůsen mit essen und mit trincken vor sinem hoff und herberg täglich, daz concilium uß. Und rait in mit vier und achtzig pfäritten und mit zwain wägen und

5   mit so vil lütten. Und zoch in den hoff, als man gaut über den undern hoff gegen dem Stoff über zů der lincken syten. Darinne was do zemal her Aulbrecht von Büttelspach[d], techen[e] und thůmher zů Costentz[113]. Und der selb techen was lam worden von gesücht, daz er nit gan mocht, und trůgend in sine knecht in ainem sessel herab in den hoff. Und da wartet er des selben cardinals zůkunfft erwirdenclich, als billich was. Und do der

10   cardinal kam in den hoff, do grůst in der[f] [8r] techen in dem hoff uff dem sessel erwir-denclich nach sinem vermögen zymlich ere erbiettung. Nach dem und er dann lam und unvermugenlich was, do sprach der cardinal zů im, das er in enthielte und herberg gäbe, wan er getrute und hoffte zů got, das er us dem hof und herberg[g] nit komen wölt, es wurde dann vor ain ainhellig[h] hopt, und wurde fryd und růwe der cristenhait gegeben.

15   Dise wortt beschachend in latin. Do anttwurt de[r] techan mit dem ewangelio, als Cri-

a   fehlt D₁.
b   paniet D₁.
c   Affin A; Afien K.
d   Bückelspach D₁.
e   dechent D₁.
f   der selb D₁.
g   dem hof und herberg] der herberg D₁.
h   heylig D₁.

111   Gemeint ist Jean de Brogny, Kardinalbischof von Ostia (cardinalis Ostiensis), der am 12. August 1414 in Konstanz ankam; vgl. cc. 328–330. Siehe Aegidius Tschudis Chronicon Helveticum (Quellen zur Schweizer Geschichte N.F. I. Abt., Bd. VII, 7), bearb. von B. STETTLER (1988) S. 259; H. FINKE, ACC, Bd. 1 (1896) S. 181 Anm. 1; E. J. KITTS, Pope John the Twenty-third, S. 224; O. FEGER, Das Konzil zu Konstanz, Bd. 2, S. 159; H. MAURER, Konstanz im Mittelalter, Bd. 2, S. 13; M. INNOCENTI, »Ze Costnitz was der küng«, S. 89; M. PAPSONOVÁ u.a., Ulrich Richental. Kostnická kronika, S. 86 mit Anm. 30; S. VALLERY-RADOT, Les Français au concile de Constance, S. 34f.
112   Gemeint ist die mit beträchtlichen Summen operierende Almosenbehörde »Pignotte/Pignotta« (Pignote) in Avignon. »Pignotta« nannte man die kleinen Brote, die an Notleidende verteilt wurden. Vgl. G. MOLLAT, Les papes d'Avignon (⁹1949) S. 489f.; B. GUILLEMAIN, La cour pontificale d'Avignon (1309–1376) (1962) S. 411–417; J.-L. GOGLIN, Les Misérables dans l'Occident médiéval (1976) S. 136–138; M. MOLLAT, Die Armen im Mittelalter (1984) S. 123f.
113   Domdekan Albrecht von Beutelsbach, in dessen Haus sich die Kardinäle versammelten. Zu seiner Person vgl. K. BEYERLE / A. MAURER (Hg.), Konstanzer Häuserbuch, Bd. 2 (1908) S. 204; O. FEGER, Das Konzil zu Konstanz, Bd. 2, S. 159; DERS., Die Konzilchronik des Ulrich Richental, S. 33; M. BAUER, Der Münsterbezirk von Konstanz. Domherrenhöfe und Pfründhäuser der Münsterkapläne im Mittelalter (1995) S. 43; Helvetia Sacra Abt. I, Bd. 2, 2 (²1996) S. 539, 818; W. BRANDMÜLLER, Das Konzil von Kon-stanz, Bd. 1, S. 88; M. INNOCENTI, »Ze Costnitz was der küng«, S. 86, 88.

stus zů Zacheo sprach, do er tzů im in sin huß gieng: Salus huic domui facta est[114]. Das ist ze tütsch: Hail ist beschenhen[a] disem huß. Darnach ward man erst globen, das das concilium ainen fürgang haben wölt, und warnet[b] sich mengklich mit höw[c] und strow, mit fůter, bethgewät[d], und was ainen yegklichen beducht[e], im nottdürfftig sin und er geniessen mocht. 5

(19) [8ᵛ] Darnach kam alle tag bottschafft, wie unnser hailiger vatter der baupst Johannes der dry und zwaintzigost uff dem weg wäre und her gen Costentz zuge, als och war was. Und do er heruß uff den Arlenberg kam, by dem mittel, nach by dem clösterlin[115], do viel der wagen, darinne er fůr, umb, und lag in dem schne, er under dem wagen, wan der schne dozemal gevallen was[116]. Und als er also in dem schne under dem wagen 10 lag, do kamen zů im sine diener und churtisan[f], die dem hoff[g] nach luffend, und sprachend zů im: Hailiger vatter, gebrist[h] iwer hailikait ichtes? Do anttwurt er inen in latin: Jaceo hic in nomine diaboli. Das ist zů tütsche gesprochen: Ich lig hie in dem namen des tüfels.

(20) Do er nur wyderuff kam und über das clösterlin herab kam, da ist ain wytin und[i] 15

---

a geschehen *D₁*.
b bewarnott *A*.
c hewe *D₁*.
d bethgewand *D₁*.
e gedaucht *D₁*.
f churtisanen *D₁*.
g *folgt* dann *D₁*.
h gebricht *D₁*.
i do *D₁*.

---

114 *Lk 19,9.*
115 *Gemeint ist Klösterle am Arlberg.*
116 *Zum Papststurz auf dem Arlberg, der nur bei Richental bezeugt ist, vgl. G. SCHMID, Itinerarium Johanns XXIII. zum Concil von Konstanz 1414, in: Festschrift zum Elfhundertjährigen Jubiläum des Deutschen Campo Santo in Rom, hg. von S. EHSES (1897) S. 205f.; E. J. KITTS, Pope John the Twenty-third, S. 227f.; O. STOLZ, Verkehrsgeschichte des Arlberges im Mittelalter, in: Montfort 4 (1949) S. 6f.; W. MATTHIESSEN, Ulrich Richentals Chronik, S. 326f.; A. FRENKEN, Die Erforschung des Konstanzer Konzils, S. 130; DERS., Johannes XXIII., in: 1414–1418. Weltereignis des Mittelalters. Das Konstanzer Konzil. Essays (2013) S. 49; DERS., Zeremoniell, Ritual und andere Formen symbolischer Kommunikation, S. 61f.; W. BRANDMÜLLER, Das Konzil von Konstanz, Bd. 1, S. 94f.; Th. M. BUCK, Text, Bild, Geschichte, S. 37–110, DERS., Ein Buch prägt die Erinnerung, S. 41f.; DERS. / H. KRAUME, Das Konstanzer Konzil, S. 13–17; Th. RATHMANN, Geschehen und Geschichten des Konstanzer Konzils, S. 233–238; DERS., Beobachtung ohne Beobachter, S. 102, 104; G. WACKER, Ulrich Richentals Chronik, S. 42; C. EGLI, in: S. VOLKART (Hg.), Rom am Bodensee, S. 49–53; A. NIEDERSTÄTTER, in: 1414–1418. Weltereignis des Mittelalters. Das Konstanzer Konzil. Katalog (2014) Nr. 128f.; G. J. SCHENK, Die Lesbarkeit von Zeichen der Macht, S. 301. Nach J. MIETHKE, in: sehepunkte 15 (2015) Nr. 9 [15.09.2015], URL: http://www.sehepunkte.de/2015/09/26269.html, Anm. 6 wird der Anreiseunfall des Papstes »allzu rasch zur literarischen Fiktion erklärt«.*

sicht man herab in den Bodensee und in diß land; wan der Arlenberg schaidet diß land und Lampartten, als es von alter was, vor und ee dem mal und sy tütsch lernotend und an sich namend. Do er nun diß land ansach und den Bodemsee[a], Bludentz[117] und das gebirg, so schinet es herab, als ob es in ainem tal lige, do sprach der baupst Johannes in latin: Sic capiuntur wulpes[b]. Das ist ze tütsch gesprochen: Also werdend die füchs gefangen. Und kam des selben tags gen Veltkirch und mornend[c] gen Rineck[118], darnach gen Costentz.

    Bild: Unfall des Papstes auf dem Arlberg, fol. 9[r]. Obere Blatthälfte. Untere Bildhälfte frei. Darüber der Bildtext: Wie baubst Johannes uff dem Arlenberg im[d] schnee lag. *Dazu fol. 8vb unten der Bildhinweis:* Nun stat hernach gemalet, wie er in dem schne lag und darnach geschriben und gemalet, wie er gen Costentz kam, und des ersten abbt Erhart Linden zů Crützlingen mit der infel begabett, gemalet.

    Bild: Kreuzlinger Infulierung, fol. 9[v]. Darüber der Bildtext: Wie baubst Johannes apptt Erhartt Linden zů Crützlingen erwirdigett und begaubett mitt der y[n]ffell.

    Am oberen Blattrand von fol. 10[r] steht die Invokation: Dem[119] anefang sige by, sain wesen und namen dry. *Es folgt die Überschrift:* Hie nach ist verschriben, wie unsser hailger vatter baubst Johannes der XXIII. gen Costentz in das concilio inraitt. *Dann folgt eine knappe Überleitung[120]:* Des ersten ward es gen Costentz gelait, als man das in der bul[121] vindet geschriben, so vornen im bůch stått.

    (21) Do[122] man zalt von gottes geburt tusend vierhundert und vierzehen jare an Sant

---

a   Bodensee *D₁*.
b   vulpes *D₁*.
c   morgen *D₁*.
d   in dem *D₁*.

---

117 *Bludenz in Vorarlberg.*
118 *Rheineck (Kt. St. Gallen).*
119 *Die Invokation leitet – nach dem Bericht über die konziliare Vorgeschichte – offenbar den innersten Kern der Konzilsgeschichte ein; sie fehlt in D₁.*
120 *Vgl. hierzu Z₁ fol. 92[v] und I fol. 44[r].*
121 *Gemeint ist die Konvokationsbulle (c. 15). Auf sie wird in I und Z₁ verwiesen, obwohl sie nicht Bestandteil des Textcorpus ist. I und Z₁ sind hier also offenbar von vollständigeren Handschriften abhängig.*
122 *Siehe zu den folgenden Kapiteln, die Informationen über die Ankunft des Konzilspapstes, die Gastgeschenke, Herbergs- und Preisordnungen usw. bieten, auch die wohl auf Richental rekurrierende und nach 1424 entstandene Zusammenstellung, die sich in einem Buch der Basler Stadtkanzlei findet (StadtA Basel Stadt, Politisches C 1, foll. 128[r]–131[r]). Hierzu R. Wackernagel, Geschichte der Stadt Basel, Bd. 1, Basel 1907, S. 484; W. Matthiessen, Ulrich Richentals Chronik, S. 392f.; C. Sieber-Lehmann, Basel und »sein« Konzil, S. 178 Anm. 23; G. J. Schenk, Von den Socken, S. 396 mit Anm. 47; Ders., Die Lesbarkeit von Zeichen der Macht, S. 278; U. Giessmann, Der letzte Gegenpapst, S. 176f. mit Anm. 622.*

Symon und Sant[a] Judas aubend, an dem süben und zwaintzigosten tag in dem herbstmonat, der was an ainem sambstag, do nach imbiß kam der aller hailigost in got vatter
baupst Johannes der dry und zwaintzigost gen Costentz, und des ersten in das closter zů
Crützlingen vor der stat Costentz[123], und belaib die nacht darinn biß mornend[b] nach
imbiß und gab demselben abbte[c], hieß Erhart Lind, die infelen[124].   5

(22–24) Und fůrt man in under ainem guldin tůch mit vier stangen, trůg ain stang
Hainrich von Ulm, burgermaister, die andern Hanß Hagen, vogtte, die dritten Hainrich
Schilter, die vierden Hainrich Ehinger, amman. Und fůrtend in[d] by dem zöm graff
Růdolff von Montfort[125] und gräff Berchtold von Ursin[126], ain Römer. Und hett ain
wysse infel uff und fůrt man das sacrament vor im uff ainem wyssen pfärit, het ain glo-   10

---

a   *fehlt D₁.*
b   mornend] uf morn *SgZ₁; fehlt I;* morgen *D₁.*
c   abbte] bropst *Sg;* probst *Z₁;* apt *aus* probst *korr. I.*
d   *folgt* auch *D₁.*

---

123   *Der Papst war am 1. Oktober 1414 in Bologna aufgebrochen, am 27. Oktober traf er mit seinem
Tross in Kreuzlingen ein, am 28. Oktober erfolgte der feierliche Einzug in Konstanz. Der Weg führte
vom Kreuzlingertor durch Stadelhofen und das Schnetztor über die St. Pauls- und die Plattengasse in das
Münster. Zur Ankunft des Papstes K. RIEDER (Hg.), REC, Bd. 3 (1913) S. 198, Nr. 8430; E. VAVRA, »Te
Deum laudamus«, S. 129f.; W. BRANDMÜLLER, Das Konzil von Konstanz, Bd. 1, S. 93f., 151f.; Th. M.
BUCK / H. KRAUME, Das Konstanzer Konzil, S. 84–87; G. J. SCHENK, Die Lesbarkeit von Zeichen der
Macht, S. 255f., 279–304; A. FRENKEN, Das Konstanzer Konzil, S. 67f.; DERS., Zeremoniell, Ritual und
andere Formen symbolischer Kommunikation, S. 46–53.*
124   *Die noch heute im Historischen Museum Thurgau der Stadt Frauenfeld verwahrte Mitra aus dem
Augustinerchorherrenstift Kreuzlingen stammt nicht aus der Konzilszeit, sondern ist in das zweite Vier-
tel des 15. Jahrhunderts zu datieren. Das Recht, Mitra, Ring und Stab zu tragen, war ursprünglich den
Bischöfen vorbehalten. Hier wird es dem aus einem Konstanzer Patriziergeschlecht stammenden Abt
Erhard Lind verliehen, der in cc. 365–367 als Abt von Kreuzlingen aufgeführt wird. Vgl. Aegidius
Tschudis Chronicon Helveticum (Quellen zur Schweizer Geschichte N.F. I. Abt., Bd. VII, 7), bearb. von
B. STETTLER (1988) S. 262f.; K. RIEDER (Hg.), REC, Bd. 3 (1913) S. 197f., Nr. 8429; O. FEGER, Das Kon-
zil zu Konstanz, Bd. 2, S. 160; L. FISCHEL, Die Bilderfolge der Richental-Chronik, S. 41; H. MAURER,
Konstanz im Mittelalter, Bd. 2, S. 16f.; Th. M. BUCK / H. KRAUME, Das Konstanzer Konzil, S. 84; G. J.
SCHENK, Die Lesbarkeit von Zeichen der Macht, S. 280 mit Anm. 105; J. LUCAS, in: S. VOLKART (Hg.),
Rom am Bodensee, S. 59–64; DIES. / E. WETTER, in: 1414–1418. Weltereignis des Mittelalters. Das Konstanzer Konzil. Katalog (2014) S. 246f. (Nr. 180); DIES. / E. WETTER, Die Kreuzlinger Mitra in Frauenfeld – Papstgeschenk oder gewachsener Erinnerungsort, in: Visuelle Kultur und politischer Wandel – Der
südliche Bodenseeraum im Spätmittelalter zwischen Habsburg, Reich und Eidgenossenschaft, hg. von E.
JEZLER (2015) S. 117–144; C. VOGT / H.-J. BLEIER, Silber und Seide. Zur Konservierung der Mitra aus
dem Kloster Kreuzlingen, in: Restauro. Zeitschrift für Restaurierung, Denkmalpflege und Museumstechnik 5 (2014) S. 46–49.*
125   *Graf Rudolf VI. von Montfort-Tettnang (zu Scheer).*
126   *Graf Bertoldo III. Orsini von Soana und Pitigliano.*

ken an dem hals[127], und fůrt man nach im ainen grossen hůt als ain hürten[a], was gel und rot, der knoppff was ain guldiner engel mit ainem guldin crütz. Und die cardinäl rittend alle in iren röten mänteln und roten hüten. Und ward also an dem sonntag Sant Symon und Sant[b] Judas tag nach imbiß gen Costentz mit grossen eren und wirdikait ingefůrt.
5 Und kamend mit im nün cardinäl, die hie nach benempt sind. Und was ainer vorhin komen, der hieß Hostiensis[128]. Die andern kamend nach inen, und fůrt man in glich in das münster und darnach in die [10ᵛ] pfallentz.

(27,1–3) Darnach an dem drytten tag[c] schangktend im die burger ze Costentz gar erlich silber geschir, wälschen win, elsässer und sust win, und vil habers[129], und was do-
10 zemal burgermaister Hainrich von Ulm. Dem schankt der baupst ainen schwartzen sy-din[d] gesprengten rock.

(29) Nach dem ward anstett die audicion, das sind die auditores, die da richtend, was ad rotam[130] gepraucht wirt, gelait gen Sant Stephan ze[e] Costentz in die kirchen. Da rich-tend die auditores, die hienach benempt sind, wöchenclich an dem mentag, an der mitt-
15 wochen und an dem frytag, es irte dann sust hochzyt und festa[g], daran man mit dem rechten nit richten sol.

(30,1–2) Darnach des selben bäpstes bottschafft mit des küngs bottschafft und och die råte und burger zů Costentz tettend ain ordnung[131] von der herbergen wegen. Also

---

a hüten *D₁*.
b *fehlt D₁*.
c An dem vierden tag *AK*.
d seidin *D₁*.
e Sant Stephan ze] *fehlt D₁*.

---

127 *Der sogenannte Hostienschimmel, der auf seinem Sattel das Sakrament bzw. eine Monstranz zwi-schen zwei silbernen Leuchtern trug, ist Teil des päpstlichen Adventus- und Krönungs-Zeremoniells. Der wandernde Tabernakel ermöglichte jederzeit das Zelebrieren von Messen. Vgl. B. SCHIMMELPFEN-NIG, Die Krönung des Papstes im Mittelalter, in: QFIAB 54 (1974) S. 226; G. J. SCHENK, Die Lesbarkeit von Zeichen der Macht, S. 287f. mit Anm 123.*
128 *Vgl. c. 18.*
129 *Zu diesen Ehrengeschenken vgl. H. MAURER, Konstanz im Mittelalter, Bd. 2, S. 14f.; DERS., Das Konstanzer Konzil als städtisches Ereignis, S. 159; G. J. SCHENK, Die Lesbarkeit von Zeichen der Macht, S. 299 mit Anm. 176; A. FRENKEN, Zeremoniell, Ritual und andere Formen symbolischer Kommunika-tion, S. 50.*
130 *Sacra Romana Rota (päpstlicher Gerichtshof). Vgl. H. MAURER, Konstanz im Mittelalter, Bd. 2, S. 17; W. BRANDMÜLLER, Das Konzil von Konstanz, Bd. 1, S. 9, 152; M. INNOCENTI, »Ze Costnitz was der küng«, S. 96f.; A. FRENKEN, Die Rolle der Kanonisten auf dem Konstanzer Konzil, S. 404 mit Anm. 28; Th. M. BUCK / H. KRAUME, Das Konstanzer Konzil, S. 104; K. SALONEN, The Curia: The Sacra Ro-mana Rota, in: A Companion to the Medieval Papacy. Growth of an Ideology and Institution, hg. von K. SISSON und A. A. LARSON (2016) S. 276–288.*
131 *Vgl. c. 56,1. Zu dieser Herbergsordnung, erlassen am 3. November 1414, vgl. O. FEGER, Vom Rich-tebrief zum Roten Buch. Die ältere Konstanzer Ratsgesetzgebung (1955) S. 76f.; DERS., Das Konstanzer*

das man nit mer solt geben von ainem beth[a] mit siner zůgehörd, da zwen mit eren möchten anligen, des monatz dann zwen rinisch[b] guldin[132], und von ainem pfärit bloß ze
ständ[c] dry pfenning; und solt der hußwirt geben tach und gmach, tisch, tischlachen, alle
vierzehen tag nü[d] wåschen, häfen, kanten und ander sölich bruchig ding.

(31–32) Darnach an dem sechsden tag in dem dritten herpstmonat, das was an dem   5
mentag[e] vor Martini[133] in dem tusigosten vierhundrigosten und vierzehenden jare, do
beschach ain crützgang umb daz münster ze Costentz. Und gieng damit der selb baupst
Johannes under ainem guldin tůch, da mit er ingefůrtt ward, das im die von Costentz
och schanktend. Und mit im fünffzehen cardinäl und dry und dryssig byschoff und äbbt
mit iren infilen, die warend alle wyß, und vier äbbt one infilen, die thůmherren zů dem   10
thům ze Costentz, die chorherren [12^r] von[134] Sant Stephan, von Sant Johanß, der abbt
von Petershusen, der abbt von Crützlingen und alle caplan zů Sant Stephan, zů Sant Johans, zů Sant Pauls, zů Sant Laurentz und alle ander, und die bettelörden zu den predigern, augustinern und barfůssen, alle in iren missacheln und in irem habit mit allem irem
hailtům. Und gieng man usser dem münster uff dem obern hoff by der clainen tür, by der   15
pfallentz und den obern hoff herab und umb daz Blidhuß[135] uff den undern hof und da

a   bett SgIZ_1.
b   rinsch SgIZ_1; reinisch D_1.
c   stan SgZ_1; stand I; steen D_1.
d   neü D_1.
e   zinstag aus mentag korr. Sg.

Konzil und die Stadt Konstanz, S. 321f.; H. MAURER, Konstanz im Mittelalter, Bd. 2, S. 11; A. FRENKEN,
Wohnraumbewirtschaftung, S. 122 mit Anm. 58.
132   Vgl. den Brief von Jan Hus vom 4. November 1414 an seine böhmischen Freunde, in dem er betont,
dass der Unterhalt in der Stadt sehr teuer sei: ein Nachtlager für eine Woche koste einen halben Gulden.
Vgl. J. DACHSEL, Jan Hus. Ein Bild seines Lebens und Wirkens. Seine Briefe vom Herbst 1414 bis zum
Juli 1415, ins Deutsche übersetzt in Zusammenarbeit mit F. POTMĚŠIL (1964) S. 144; W. SCHAMSCHULA
(Hg.), Jan Hus. Schriften zur Glaubensreform und Briefe der Jahre 1414–1415 (1969) S. 112; A. KOHNLE
/ Th. KRZENCK (Hg.), Johannes Hus Deutsch (2017) S. 611.
133   Die feierliche Eröffnung des Konzils fand, nachdem diese wegen einer Erkrankung des Papstes
noch einmal verschoben worden war, am 5. November, die erste Sessio generalis am 16. November 1414
statt.
134   Die Blattzählung in G springt von foll. 10^v zu 12^r, d. h. es fehlt in G das elfte Blatt. Fol. 10vb unten
rechts findet sich in G die Notiz: Sůch am andren blatt, am xij. blatt hernach. Der Rubrikator gibt dem
Leser also hier den Hinweis, das elfte Blatt zu überschlagen. Da trotz Blattverlust in G kein Textverlust
vorliegt, dürfte fol. 11 in G fol. 22 in D_1 entsprochen haben. D_1 bringt fol. 22^r eine Anekdote: den »Streit
um des Papstes Pferd« (c. 26), der in A und Pr fehlt.
135   Zeug- oder Geschützhaus am oberen Münsterhof (mhd. blîde = Steinschleuder). Vgl. J. MARMOR,
Geschichtliche Topographie der Stadt Konstanz, S. 307; F. HIRSCH (Hg.), Konstanzer Häuserbuch, Bd. 1
(1906) S. 64; K. BEYERLE / A. MAURER (Hg.), Konstanzer Häuserbuch, Bd. 2 (1908) S. 476, 496–498;
S. WOLFF, Die »Konstanzer Chronik« Gebhart Dachers, S. 276 Anm. 52.

wyder in das münster zů der clainen tür in den crützgang und zů dem toffstain[136] uffhin
in den chor.

Bild: *Streit um des Papstes Pferd, D₁ fol. 22ʳ. Bildtext:* Wie Heinrichs von Ulms bur-
germeysters sün von Costentz und bapsts kåmerling und marschalck umb des bapsts
5   pfård kriegten, vindest unden geschriben und auch hie gemalt. *Darunter folgt der zuge-
hörige Text[137]:*

(26) [D₁ fol. 22ʳ] Darnach[138], als nun der bapst auff dem undern hoff abgestanden was,
do fůret man ym das weiß pfård, darauff er gesessen was, auff den oberen hoff und wolt
man es auff die pfaltz gezogen haben[139]. Do kament des bapsts kåmerling unnd seine
10 torhůter und wolten es genommen haben, und meintent, es gehorte in zů, des geleichen
sein marschalck, und hetten krieg darumb. In dem do kam Heinrichs von Ulm sün und
ire knecht und namen das pfård und sprachen, es gehőrete inen zů, wann ir vater burgermeyster wår. Und es belaib in auch und fůrtent es heim.

Fol. 22ᵛ folgen in D₁ drei Wappen mit folgender Überschrift: Dise nachgeschriben
15 burger trůgent die himel ob dem rőmischen künig. *Dann folgen die Namen mit Wappen:*
Hanns Hagen, vogt. *Wappen.* Heinrich von Ulm. *Wappen.* Heinrich Schilter. *Wappen.*
Weitere drei Wappen sind überschrieben: Dise vier trůgen dye himel ob der künigin:
Heinrich Echinger. *Wappen.* Cůnrat Mangolt. *Wappen.* Cůnrat in der Bund. *Wappen.*
Fol. 23ʳ folgen noch zwei weitere Wappen: Caspar Gumbost. *Wappen.* Heinrich von
20 Tettikoven. *Wappen.*

(35) [G fol. 12ʳᵃ] An Sant Marttis[a] tag[b], do kam botschafft von Rom, das Rom wyder

---

a   Martins *D₁.*
b   aubend *AK;* vigilia *Sg;* abent *IZ₁.*

---

136   *Der Taufstein befand sich im Thomaschor des Münsters. Vgl. C. GRÖBER, Das Konstanzer Münster. Seine Geschichte und Bedeutung (²1937) S. 29, 47; H. REINERS, Das Münster unserer Lieben Frau
zu Konstanz, S. 48 Abb. 38, 373.*
137   *Zu diesem Bild vgl. Th. M. BUCK, Figuren, Bilder, Illustrationen, S. 423f.*
138   *Das den Streit um des Papstes Pferd referierende c. 26 ist in A und Pr ausgefallen oder war nicht
vorhanden. Es findet sich indes nicht nur in K, W, E, Wo und St₂, sondern auch in D₁; es dürfte vor dem
Blattverlust auch in G vorhanden gewesen sein. Zu der Auseinandersetzung der Stratoren bzw. Reit-
knechte und zum weißen Reittier vgl. J. TRAEGER, Der reitende Papst (1970) S. 25f.; B. SCHIMMELPFEN-
NIG, Die Krönung des Papstes im Mittelalter, in: QFIAB 54 (1974) S. 193; Th. CRAMER, Bilder erzählen
Geschichte, S. 329; A. PARAVICINI BAGLIANI, Der Leib des Papstes. Eine Theologie der Hinfälligkeit
(1997) S. 91; DERS., Wie wird man Papst im Mittelalter?, in: Die Päpste. Amt und Herrschaft in Antike,
Mittelalter und Renaissance, hg. von B. SCHNEIDMÜLLER u.a. (2016) S. 192; M. KINTZINGER, Der weiße
Reiter. Formen internationaler Politik im Spätmittelalter, in: FMSt 37 (2003) S. 322–331; Th. M. BUCK,
Figuren, Bilder, Illustrationen, S. 423f.; H. MAURER, Das Konstanzer Konzil als städtisches Ereignis,
S. 157f.; G. J. SCHENK, Die Lesbarkeit von Zeichen der Macht, S. 286 mit Anm. 114, 297f.; U. GIESS-
MANN, Der letzte Gegenpapst, S. 169f., 176f., 181.*
139   *Vgl. cc. 266 und 267,1.*

wäre undertänig worden bapst Johannes dem dryundzwaintzigosten. Und hies der selb bapst fröd[a] lüten und also wurdend gelüt all gloken zů Costentz ze frůgem[b] imbiß, ze vesper und ze aubend. Da zwüschen und wyhänächten kamend ander cardinäl, ertzby-schoff, byschoff und ander prelaten und ward kain session.

(47–51) An dem hailigen tag zů wyhänachten[140], in der nacht, nach mitternacht in der fünffden stund[c141], do kam der aller durchlüchtigoste fürst und herre herr Sigmund[142], römscher küng etc., und mit im die aller durchlüchtigostin fürstin und froe, frow Barbara, geborn von Zylin, sin elicher gemahel, und froe Elizabeth, küngin zů Wossen[143], ze schiff[144]. Und kamend an Sant Cůnrat brugk und kamend in die rautstuben[145] und warmtend sich

---

a   frid *D₁*.
b   frůgem] morgen zů *D₁*.
c   nach mitternacht in der fünffden stund] zwo stund vor mittnacht *A*; zwo stund nach mitternacht *K*; nach mitternacht *SgI*.

---

140   *Sigmund war am 8. November 1414 in Aachen zum König gekrönt worden und traf in der Weih-nachtsnacht vom 24. auf den 25. Dezember 1414 mit seinem Gefolge zu Schiff, von Überlingen kom-mend, in Konstanz ein. Die Jahresangabe 1415 ist durch den Weihnachtsstil (Nativitätsstil) zu erklären, d. h. das neue Jahr begann mit dem Weihnachtstag am 25. Dezember. Siehe auch G. CERRETANI, Liber gestorum, in: ACC, Bd. 2 (1923) S. 199f. Hierzu W. ALTMANN, Die Urkunden Kaiser Sigmunds (1410–1437) (RI XI, 1) (1896/97) Nrn. 1278a, 1375a-b; J. K. HOENSCH, Itinerar König und Kaiser Sigismunds von Luxemburg 1368–1437 (1995) S. 94, 129f.; DERS., Kaiser Sigismund. Herrscher an der Schwelle zur Neuzeit 1368–1437 (1996) S. 151, 187–190; G. WACKER, Ulrich Richentals Chronik, S. 172–174; Th. M. BUCK / H. KRAUME, Das Konstanzer Konzil, S. 94–97; A. FRENKEN, Das Konstanzer Konzil, S. 74f.*
141   *Diese von A und K abweichende Angabe der St. Georgener Chronik-Version, »man habe den Konstanzer Hafen um 5 Uhr angelaufen«, wird zwar von H. HEIMPEL, Königlicher Weihnachtsdienst auf den Konzilien von Konstanz und Basel, S. 394 referiert, aber nicht Richental, sondern Turre und Cerretani zugeschrieben.*
142   *Zu dieser Ankunft en détail H. HEIMPEL, Königlicher Weihnachtsdienst auf den Konzilien von Konstanz und Basel, S. 391–393. Siehe auch W. BRANDMÜLLER, Das Konzil von Konstanz, Bd. 1, S. 176f.; A. FRENKEN, Der König und sein Konzil, S. 190–193; Th. M. BUCK / H. KRAUME, Das Konstan-zer Konzil, S. 95–98; G. J. SCHENK, Die Lesbarkeit von Zeichen der Macht, S. 302.*
143   *Gemeint ist wohl Anna von Cilli, Tochter des Grafen Wilhelm von Cilli, seit 1402 die Gemahlin Władysławs II. Jagiełło, des Großfürsten von Litauen und Königs von Polen. Vgl. H. HEIMPEL, König-licher Weihnachtsdienst auf den Konzilien von Konstanz und Basel, S. 391 Anm. 23; W. BAUM, Kaiser Sigismund. Hus, Konstanz und Türkenkriege (1993) S. 71; J. K. HOENSCH, Kaiser Sigismund. Herrscher an der Schwelle zur Neuzeit 1368–1437 (1996) S. 106, 162; L. PÓSÁN, Sigismund und der Deutsche Or-den, in: Das Zeitalter König Sigmunds in Ungarn und im Deutschen Reich, hg. von T. SCHMIDT und P. GUNST (2000) S. 77; M. PAPSONOVÁ u. a., Ulrich Richental. Kostnická kronika, S. 106 Anm. 89; M. KÜBLE / H. GERLACH, Augenzeuge des Konstanzer Konzils, S. 44 Anm. 59.*
144   *Vgl. zu dieser Textstelle H. HEIMPEL, Königlicher Weihnachtsdienst auf den Konzilien von Kon-stanz und Basel, S. 391 Anm. 23.*
145   *Gemeint ist das alte Rathaus am unteren Fischmarkt, wie wir es in W fol. 44ʳ in einer singulären Darstellung sehen.*

da. Und giengend darnach mit verdackten guldinen tůchern, die inen die von Costentz schanktend, des ersten in das münster und bayde[a] da die mettin uß[146]. Die ersten cristrnesse, die andern gegen dem tag, und die drytten, daz hoch fronampt, und alle zyten, und kamend darnach in des Rüllen[b] huß zů der Layter[147]. Da warend sy inne dry tag, darnach zugend sy

5 gen Petershusen, und warend ettwe mänig wochen da und zugend wyder in die stat, die [12ᵛ] küngin in des Bündrichs huß[148], und der küng in des Fryburgers[c] hoff, genannt Rypenhuß[d]. Und kam mit ir die von Wirttemberg, geborn burggrävin von Nüremberg, die küngin von Wossen. Und[e] het der bapst Johannes die dry messen nach ainander.

(1,2, 41,2 und 87) Diß bestůnd also, das nit vil sessiones wurden, und baitet man alle-

10 zit der schůlpfaffen von Pariß in Frankrich. Doch do wurdend die pfaffhait[f], die tze Costentz warend von allen landen, zertailet in vier naciones[149], das ist in vier geschlächt und länder. Der erst tail was Franckrich, daz sind Frantzioni. Das ander tail was Ger-

---

a   bayde] warent baide *I*; warent beide *Z₁*; beyten *D₁*.
b   Rillen *D₁*.
c   Freibergers *D₁*.
d   Rippenhof *SgZ₁*; Rippenhoff *I*.
e   *folgt* die *D₁*.
f   pfaffen *D₁*.

---

146 *Vgl. cc. 46–47 in A und K sowie die dislozierten cc. 439,1–2 in A.*

147 *Haus zur Leiter, heute Zollernstraße 26. Vgl. M. INNOCENTI, »Ze Costnitz was der küng«, S. 86, 95f.*

148 *Gemeint ist der Bündrichs- oder Lanzenhof. Vgl. J. MARMOR, Geschichtliche Topographie der Stadt Konstanz, S. 101f.; K. BEYERLE / A. MAURER (Hg.), Konstanzer Häuserbuch, Bd. 2 (1908) S. 514–517; O. FEGER, Das Konzil zu Konstanz, Bd. 2, S. 171; H. MAURER, Konstanz im Mittelalter, Bd. 2, S. 18; M. INNOCENTI, »Ze Costnitz was der küng«, S. 98f.*

149 *Das Thema der* naciones *war bereits in c. 1,2 angeschlagen worden und wird in cc. 194,1, 231,1 und 255,3 erneut aufgenommen. Das Prinzip einer Einteilung in Nationen, das jedoch nur verwaltungstechnisch gemeint war, ging auf die Extravagante »Vas electionis« Papst Benedikts XII. (Extr. III.10.1) zurück. Schon das Konzil von Pisa (1409) ordnete sich nach Nationen, die aber bei der Beschlussfassung noch keine Rolle spielten. Siehe Extravagantes communes III, tit. X, Corpus iuris canonici, hg. von E. FRIEDBERG, Bd. 2 (ND 1959) Sp. 1280–1284. Zur Rolle der Nation auf dem Konzil von Konstanz vgl. J. HOLLNSTEINER, Studien zur Geschäftsordnung am Konstanzer Konzil, in: Abhandlungen aus dem Gebiete der mittleren und neueren Geschichte und ihrer Hilfswissenschaften. Eine Festgabe zum 70. Geburtstag H. Finke gewidmet (1925) S. 240–256; wiederabgedr. in: Das Konstanzer Konzil, hg. von R. BÄUMER (1977) S. 121–142; G. C. POWERS, Nationalism at the Council of Constance, in: The Catholic Historical Review 8 (1928) S. 171–204; H. FINKE, Die Nation in den spätmittelalterlichen allgemeinen Konzilien, in: HJb 57 (1937) S. 323–338; wiederabgedr. in: Das Konstanzer Konzil, hg. von R. BÄUMER (1977) S. 347–368; L. R. LOOMIS, Nationality at the Council of Constance, in: American Historical Review 44 (1939) S. 508–537; W. MATTHIESSEN, Ulrich Richentals Chronik, S. 364f.; A. FRENKEN, Die Erforschung des Konstanzer Konzils, S. 352–357; DERS., Der König und sein Konzil, S. 200–203; DERS., Das Konstanzer Konzil, S. 78, 136f.; DERS., Concilium constituitur ex nacionibus – die naciones auf dem Konzil von Konstanz. Zur Bedeutung der Konzilsnationen für die Entstehung und die Entwicklung*

mani, das sind Tütschen[a], und die zů inen gehörend. Der drit tail was Anglici, das sind Engelsch[b] und Schotten. Der vierd tail Ytalia[c], daz ist Lamparten, Napuls, Tuschan, Florentz, Venedier[d], und die zů inen gehörend.

Es folgt die Überschrift Johannes von Schwartzach, burgermaister *mit Wappen.*

(56,1) Vor[150] dem ward zů[e] burgermaister zů Costentz erwelt Johans[f] von Schwar- 5
tzach[151]. Der[g] stůnd an zů dem zwölfften tag. Und also beduchte die fremden, wie inen die satzung von den herbergen ze schwär wäre. Und sassend zesamen unsers herren des küngs und des bapstes botten und och die rät und machtend diß ordnung[152]: Das man solt geben von ainem beth des monatz andert halben guldin, zwen pfennig von ainem pfäritt, und das belaib also daz jär umb und lenger.   10

(57,1) Da zwüschen geschach diß ordnung ze Costentz von den räten umb åssig ding und ward gehalten.

(60,1a) Das flaisch: Ain pfund gůtz rindflaisch umb dry pfenning, ain pfund lambflaisch, daz man wegen sol, umb süben haller, ain stuk lambflaisch, das man nit wegen

---

a   *folgt* Palan, Bechan, Sachsen *I; folgt* Palan, Behem, Sachsen *Z₁.*
b   Engelschen *IZ₁;* Englisch *D₁.*
c   Italici *IZ₁;* Ytalici *D₁.*
d   Venediger *Z₁D₁.*
e   *fehlt D₁.*
f   Hans *A;* Hanns *K;* Johannes *D₁.*
g   Der] Der selbe, der *D₁.*

---

*eines nationalen Bewusstseins im beginnenden 15. Jahrhundert, in: Begegnung der Kirche in Ost und West im Spiegel der synodalen Strukturen. Festschrift für Petar Vrankić, hg. von J. G*ROHE*, G. W*URST*, Z. S*TRIKA *und H. F*ISCHER *(2017) S. 175–206; H.-J. S*CHMIDT*, Kirche, Staat, Nation. Raumgliederung der Kirche im mittelalterlichen Europa (1999) S. 467–484; W. B*RANDMÜLLER*, Das Konzil von Konstanz, Bd. 1, S. 196–208; J. M*IETHKE*, Raumerfassung und Raumbewusstsein auf den Allgemeinen Konzilien des Spätmittelalters, in: Raumerfassung und Raumbewusstsein im späteren Mittelalter, hg. von P. M*ORAW *(2002) S. 145–150; D*ERS*., Via Concilii: Der Weg des Konstanzer Konzils aus der Krise des Schismas, S. 78; H. M*ULLER*, Die kirchliche Krise des Spätmittelalters, S. 23, 92–95; R. N. S*WANSON*, Gens secundum cognationem et collectionem ab alia distincta. Thomas Polton, two Englands, and the challenge of medieval nationhood, in: G. S*IGNORI */ B. S*TUDT *(Hg.), Das Konstanzer Konzil als euro-päisches Ereignis, S. 57–87; B. S*TUDT*, Zusammenfassung, S. 392; S. V*ALLERY *R*ADOT*, Les Français au concile de Constance, S. 15–17, 31–33, 56–65; K. O*SCHEMA*, Eine Christenheit und streitende Nationen, S. 40–42.*

150   *Zu den cc. 56,1–65,1 (c. 65,2 fehlt) vgl. O. F*EGER*, Vom Richtbrief zum Roten Buch. Die ältere Konstanzer Ratsgesetzgebung (1955) S. 78; G. M*ÖNCKE *(Hg.), Quellen zur Wirtschafts- und Sozialge-schichte mittel- und oberdeutscher Städte im Spätmittelalter (1982) S. 277–280 (Nr. 85); B. F*UHRMANN*, Konrad von Weinsberg – Ein adliger Oikos zwischen Territorium und Reich (2004) S. 195–198; M. S*IEGMANN*, Hoppäzgen zum Wucherpreis? Fallbeispiel: Ernährung in Konstanz 1414–1418, in: Archäo-logische Informationen 28 (2005) S. 79–99; A. F*RENKEN*, Wohnraumbewirtschaftung, S. 125–138.*

151   *Siehe hierzu S. W*OLFF*, Die »Konstanzer Chronik« Gebhart Dachers, S. 409 mit Anm. 698.*

152   *Vgl. cc. 30,1–2.*

sol, umbe achtzehen pfenning, ain pfund schwinis flaisch umb vier pfenning[a], ain alt
hûn, das best umb dry alt plaphart, daz schwecher[b], als dann[c] ainer zûkommen mocht.
[13[r]] Ain ay umb ain haller und nit türer.

(62,1) Visch: Ain pfund hecht umb zwen und zwaintzig pfenning, ain pfund karppf-
5 fen umb achtzehen pfenning, ain pfund schligen[d] umbe achtzehen pfenning, ain pfund
brachsamen[e] umm zwaintzig pfenning, ain pfund velken[f] umm ain schilling pfenning,
ain mäß grundlen[g] umb zwenundtrissig pfenning, ain maß gewelfisch[h] umb zwaintzig
pfenning, ain mäß groppen umm achtzehen pfenning, ain maß hürling umb ain[i] schilling pfenning, ain häring, wie vil man der wolt, umb ain pfenning.

10 (57,2) Korn: Das korn gab man alweg in gemainem loff[j]; ainen mut kernen, do es aller
türest was, den besten, umm achtzehen schilling pfenning[k], und darunder umb sübenzehen schilling pfenning und umm sechtzehen schilling pfenning. Das weret nit mer dann
zwen frytag. Darnach den besten umb fünffzehen schilling, umm vierzehen schilling
und umm dryzehen schilling pfennig. Des vand man allweg gnûg daz jar[l] uß.

15 (58) Der haber kam an dem türsten umb dryssig schilling pfenning ain malter zwen
frytag. Darnach kam ain malter umb ain pfund und acht schilling pfenning. Und darnach, wie vil man des[m] wolt ain malter habern, umm zwen rinisch[n] guldin, und bestûnd
och daby. Ain viertal[o] roter erwyß[p] umb vierdhalben schilling pfenning, ain viertal[q] unser[r] ârwiß[s] umm vierdhalben schilling pfenning. Bonen, linsin[t], gersten, und ander
20 zûmûß[u], des vand man gnûg in gemainem koff.

a   ain pfund schwinis – vier pfenning] *fehlt D₁*.
b   schwechst *St₁*; schwechest *D₁*.
c   *fehlt D₁*.
d   schlyen *SgI*.
e   brachsman *St₁SgIZ₁*.
f   felhen *St₁*; felkan *SgZ₁*; felken *I*; velcken *D₁*.
g   grundlan *St₁Sg*.
h   gebelvisch *SgZ₁*; gebelfisch *I*.
i   *davor* ze *ausgestr. G*
j   köff *AIZ₁*; kof *KSg*; koff *St₁*; lauf *D₁*.
k   *fehlt D₁*.
l   gantz jar *D₁*.
m   das *St₁D₁*.
n   rinsch *SgIZ₁*; reinisch *D₁*.
o   vierteyl *D₁*.
p   ärbs *Sg*; ärws *I*; ärbes *Z₁*.
q   vierteyl *D₁*.
r   wißer *A*; unssr *St₁*; wis *SgI*; wißß *Z₁*.
s   ärbs *SgZ₁*; ärws *I*.
t   linsi *SgIZ₁*; linsen *D₁*.
u   gemüß *St₁*.

(63,1) Höw, wie vil man des wolt, das best mit dem traglon umb zwen und tryssig pfenning, ain burdin das ander umb seßundzwaintzig pfenning mit dem traglon, und daz bestůnd, wan man es schatzt.

(63,2) Strow, wie vil man wolt, in gemaynem koff.

(64) [13^v] Holtz schatzt man. Ain gůte arger ledi[a][153] umm ain pfund pfenning und nit 5
darob, ain mindre arger ledi umb achtzehen schilling pfenning. Sust grosse schiff und andre schiff [mit holtz[b]] schatzt man von ainem raut. Ain karren mit holtz us dem Tur-göw und usser dem Hegöw, ye ain umb zwen schilling pfenning, und als[c] er geschätzt ward.

(61–62,1) Ain pfund husen[d] umm dry plapphart und umb zwen plapphart[e], dür visch 10
und türr[f] alle[g] und stokvisch, wie vil man[h] dero wolt in gelichem und gemainem koff. Ain[154] gůt pfund ungesottes schmaltz umb ainen alten plapphart, und des vand man och gnůg. Ain pfund unschlit[155] umb süben pfenning. Ain pfund schwinis geröchtes flaisch um süben pfenning.

(59) Win[156]: Ain mauß gůtz Malvasiers[i] umb dry schilling pfenning, ain maß Rainfan[j] 15

---

a   *folgt* gůtt bůchy holz *St$_1$; folgt* holtz *I.*

b   *so I.*

c   wye *D$_1$.*

d   hussa *St$_1$;* hausen *D$_1$.*

e   *fehlt D$_1$.*

f   dür *St$_1$;* türren *I;* thürr *D$_1$.*

g   ale *D$_1$.*

h   *folgt* auch *D$_1$.*

i   Malmasier *SgI.*

j   Rainfall *St$_1$;* Reinfan *Z$_1$D$_1$.*

---

153   *Gemeint ist wohl eine Maß- oder Mengeneinheit (mhd. lede = Last), die sich nach einem Langenargener Lastensegelschiff (Lädine) bemisst. Vgl. H. KIMMIG, Das Konstanzer Kaufhaus. Ein Beitrag zu seiner mittelalterlichen Rechtsgeschichte (1954) S. 51; Q. FEGER, Vom Richtebrief zum Roten Buch. Die ältere Konstanzer Ratsgesetzgebung (1955) S. 47; DERS., Das Konzil zu Konstanz, Bd. 2, S. 175; J. LEIDENFROST, Die Lastsegelschiffe des Bodensees. Ein Beitrag zur Schiffahrtsgeschichte (1975) S. 10, 12, 14; K. H. BURMEISTER, Die Waren der Lastschifffahrt auf Bodensee und Hochrhein, in: Einbaum, Lastensegler, Dampfschiff. Frühe Schifffahrt in Südwestdeutschland (2000) S. 147–158; J. KLÖCKLER / N. FROMM, Der Bodensee in frühen Bildern. Photographien aus der Sammlung Wolf 1860–1930 (2005) Nr. 81, S. 94; Th. M. BUCK / H. KRAUME, Das Konstanzer Konzil, S. 271; R. SIGG, in: Vom Bodensee nach Bischofszell. Alltag und Wirtschaft im 15. Jahrhundert (2015) S. 134–137; A. FRENKEN, Konstanz und der Thurgau, S. 50.*

154   *Der schmaltz und* unschlit *betreffende Zusatz der Preisliste findet sich nur in G, St$_1$, Sg, I, Z$_1$ und D$_1$, nicht in A und K.*

155   *Aus geschlachteten Wiederkäuern gewonnenes Fett (Talg).*

156   *Zur Anlieferung von Wein und seiner Funktion im Rahmen des Konzilsgeschehens vgl. A. FRENKEN, Wohnraumbewirtschaftung, S. 126f. mit Anm. 84 auf S. 127; DERS., Das Konstanzer Konzil, S. 55f.; S. VALLERY-RADOT, Les Français au concile de Constance, S. 268f.*

umb zwaintzig pfenning, ain maß Elsässers umb sesß^a pfenning und umm fünf pfenning und umm vier pfenning^b, ain gůt maß lantwin, den besten, umb vier pfenning.

(65,1) Spetzrye^c: Ain pfund pfeffer umm nün schilling pfenning, ain pfund ingber^d umbe zwölff schilling pfenning oder umb vierzehen schilling pfenning, ain pfund saf-
5   fran umbe achtzehen schilling pfenning, die andern spetzrie^e alle in gemaynem koff.

(60,1b) Wyltprät: Ain pfund schwinis wildprätz umm süben pfenning, ain pfund rechins^f wyldprätz umb fünff pfenning, ain hasen umb acht oder umb süben plaphart oder wie ainer mocht. Byber, tachs, otter, alles gnůg, ain rekolter^g vogel umb fünff oder vier haller und nit türer. Diß alles vand man gnůg und waz des kain gebrest^h. Und^{157} gab
10   man ein karren mistes^i umb drei pfenning^j oder umb zwen pfenning unnd nicht teürer, wie vil man des kauffen wolt.

(57,3) [D$_1$ fol. 25^v] Darzů warent auch vil fremder becken tzů Costentz, die stǎtigklich auff dem marckt bůchen, unnd dero von Costentz brotbecken auch. Auch warent brot-becken zů Costentz, die heten ringe unnd kleine ǒfenlin. Die fůrten sy auf stoßkǎrlin
15   durch die stat und bůchent darinn basteten und ring und pretschelen und sǒliches brot. Dero warent etlich erfüllet mitt hůnern, etlich mitt vogeln, gewürtz, mit gůter specerei, und etlich mit fleysch und etlich mit vischen gebachen, wie die einer geren wolt haben. Dero fand man genůg in geleichem und gůtem kauff, und darnach sy dann kestlich wa-rent und einer kauffen wolt. Und ist dise figur.
20   **Bild:** *Die Bäcker, D$_1$ fol. 25^v. Bildtext:* Wie man basteten in der stat Costentz umbfůret unnd die fail het.
     Bild: *Weihe und Überreichung des Goldenen Rosenzweiges, D$_1$ fol. 26^r. Bildtext:* Wie der bapst dem rǒmischen künig dye rosen schanckt.
     (97–99) [D$_1$ fol. 26^v] An unser frawen abent^k zů liechtmeß anno Dni. MCCCCXV do

---

a   6 *St$_1$*; vj *SgIZ$_1$D$_1$*.
b   *fehlt D$_1$*.
c   Specery *St$_1$*; Specerei *D$_1$*.
d   imber *St$_1$*.
e   specery *St$_1$*; specerei *D$_1$*.
f   rehin *SgI*; rechin *Z$_1$*.
g   reckolter *St$_1$*; rekalter *D$_1$*.
h   bresten *I*; brest *D$_1$*.
i   *folgt* mit viij ochsen *Sg*.
j   *folgt* mit viiij hengsten *I*; *folgt* mit viij ochsen *Z$_1$*.
k   auber *A*; aubend *PrSt$_1$*; tag *K*.

---

157   *Dieser Nachtrag ist in G wohl einem Blattverlust nach fol. 13^v zum Opfer gefallen; er wird hier nach D$_1$ fol. 25rb gegeben. Die Textstelle ist auch für St$_1$, Sg, I und Z$_1$ bezeugt. G führt den Text erst mit fol. 17 weiter. In G fehlt, was D$_1$ foll. 25rb Z. 7 bis 28^r bringt.*

was sessio. In der session ward Sant Prigida[158] canonisiert, also dann du hienach gmalt vindst am fünff und viertzigesten blat.

(96, 101 und 103) Darnach, nach lannger bedencknus, do wurden die vier naciones und daz gantz concilium zů rat, das tzů der einung nichtz besser wǎr noch das man darzů kürtzlichen kommen künd, dann daz bapst Johannes seins bapstumbs einfeltig- 5
klichen abtret. Und also verhieß bapst Johannes abtzetreten am letsten tage in dem monat Februarij, da man zalt von gotes gepurt MCCCCXV jar, unnd ward ein groß weinen von seinen freünden und den, so do zegagen[a] waren. Mornent zů eingeendem Mertzen[159], do hieß bapst Johannes halten ein gantzes[b] concilium mit allen cardinelen, ertzbi[scho]f-fen, bischofen, ǎpten, andern prelaten und gelerten unnd dem rǒmischen küng und an- 10
der fürsten zů Costentz in dem münster und het selb ein gesungen meß und darnach ein ander, auch ein gesungen messe. Und nach den zwaien messen, do trat bapst Johannes des bapstumbs willigklich ab und schwur des ein eyd[c] ze halten vor menigklichem. Und hyeß bapst Johannes frid[d] leüten, unnd wurden alle gelogken[e] geleüet von[f] imbiß einest, tzů vesper einest unnd zů nacht einest. 15

(106–107) Darnach zů mittervasten, als man singt Letare, do het bapst Johannes der XXIII. meß zů dem thům zů Costentz, unnd segnet einen guldin rosen[160]. Unnd gab den

---

a   zegegen *IZ₁*.

b   grǒß *Sg*; gros *I*; gross *Z₁*.

c   des ein eyd] den zedil *Sg*; dis zedell *I*; dis zedel *Z₁*.

d   fröd *SgIZ₁*.

e   gloggen *SgIZ₁*.

f   vor *I*.

---

158   *Die Kanonisation Birgittas von Schweden (1303–1371), die bereits 1391 durch Papst Bonifaz IX. erfolgt war, wurde in Konstanz und Basel noch einmal bestätigt. In der Kirche Burg in Stein am Rhein wurde mit dem Wandbild der Weihnachtsvision an das Ereignis erinnert. Vgl. O.* FEGER, *Das Konzil zu Konstanz, Bd. 2, S. 184; B.* KONRAD, *Rosgartenmuseum Konstanz, S. 30f.; W.* BRANDMÜLLER, *Das Konzil von Konstanz, Bd. 1, S. 183f.;* DERS., *Das Konzil von Konstanz, Bd. 2, S. 183f.; G.* WACKER, *Ulrich Richentals Chronik, S. 164–167; O.* KRAFFT, *Papsturkunde und Heiligsprechung. Die päpstlichen Kanonisationen vom Mittelalter bis zur Reformation (2005) S. 908–911;* DERS., *Heiligsprechungen im Schisma, in: Gegenpäpste. Ein unerwünschtes mittelalterliches Phänomen, hg. von H.* MÜLLER *und B.* HOTZ *(2012) S. 384, 386; S.* VOLKART, *in: S.* VOLKART *(Hg.), Rom am Bodensee, S. 186–193.*

159   *Zur Generalsession am 2. März 1415, auf der Papst Johannes XXIII. eine Abdankungsformel akzeptierte und öffentlich seinen Rücktritt anbot, nachdem er bereits am 16. Februar ein Rücktrittsversprechen gegeben hatte, vgl. J. K.* HOENSCH, *Kaiser Sigismund. Herrscher an der Schwelle zur Neuzeit 1368–1437 (1996) S. 198; W.* BRANDMÜLLER, *Das Konzil von Konstanz, Bd. 1, S. 212–214; A.* FRENKEN, *Das Konstanzer Konzil, S. 79f.*

160   *Die Verleihung der Goldenen Rose an Sigmund erfolgte (am Sonntag Laetare) am 10. März 1415. Vgl. E. J.* KITTS, *Pope John the Twenty-third, S. 289f.; E.* CORNIDES, *Rose und Schwert im päpstlichen Zeremoniell (1967) S. 45–59; B.* SCHIMMELPFENNIG, *Die Organisation der päpstlichen Kapelle in Avignon, in: QFIAB 50 (1971) S. 90; Th.* CRAMER, *Bilder erzählen Geschichte, S. 342–344; W.* BRANDMÜL-

dem rŏmischen künig. Der[161] fŭret in durch die stat und het auf den tag groß fest. Also dann du hievor am blat vindest die figur gemalt steen.

(115) Darnach kam bapst Johannes unwill ein, also daz er gern von Costentz wolt sein. Do redt der künig mitt im, waz im gebråst. Nun hette er doch sicher gelayt,
5 bedŏrffte er aber mer gelaytes, so wŏlte er ym mer geben unnd schaffen. Auch sprachent die von Costentz, sy wŏlten im yr[a] gelayt stått halten unnd sŏlte es also hert werden, das sy ire eygne kind[b] essen mŭsten[162].

(118 und 119,1) [27ʳ] Darnach[163] an dem zweintzigesten tag in dem Mertzen, das was an Sant Benedicten des heyligen abbts abent anno Dni. MCCCCXV, do fŭr bapst Johan-
10 nes der XXIII. heimlich von Costentz, das es niemant wiste dann hertzog Friderich von Ősterreich[164]. Unnd kam gen Schaffhausen und fŭr ym hertzog Friderich geleich nach.

---

a yr] die *SgZ₁*; dem *I*; sin *Z₂*.
b ire eygne kind] iren küng *SgZ₁*; iren kung *I*.

---

ler, Das Konzil von Konstanz, Bd. 1, S. 217; A. Frenken, Der König und sein Konzil, S. 196f.; Ders., Das Konstanzer Konzil, S. 81; M. Prange, Der Konstanzer Domschatz. Quellentexte zu einem verlore- nen Schatzensemble des Mittelalters und der Frühen Neuzeit (2012) S. L mit Anm. 112, 55 mit Anm. 71; Dies., in: 1414–1418. Weltereignis des Mittelalters. Das Konstanzer Konzil. Katalog (2014) S. 145; G. J. Schenk, Zeremonielle und Rituale auf dem Konstanzer Konzil, S. 24f.; Ders., Die Lesbarkeit von Zei- chen der Macht, S. 303 mit Anm. 196; U. Giessmann, Der letzte Gegenpapst, S. 230; M. Küble / H. Gerlach, Augenzeuge des Konstanzer Konzils, S. 74 Anm. 149; Ph. N. Haberkern, Patron Saint and Prophet. Jan Hus in the Bohemian and German Reformations (2016) S. 42.

161 *An dieser Stelle setzt Z₂ – nach zwei Leerblättern – fol. 35ʳ mit dem Auszug aus G ein.*

162 *Zu den dem Papst und der römischen Kurie von der Konzilsstadt Konstanz vor seiner Ankunft gewährten Sicherheiten vgl. H. von der Hardt, Magnum Oecumenicum Constantiense Concilium de universali ecclesiae reformatione, unione, et fide 5 (1699) S. 5–10 die »Pacta inter papam et Constan- tienses de securitate papae in concilio«, die der Papst offenbar verletzt sieht. Siehe hierzu auch G. Cer- retani, Liber gestorum, in: ACC, Bd. 2 (1923) S. 182; H. Finke, ACC, Bd. 1 (1896) S. 180f., 250f.; W. Brandmüller, Das Konzil von Konstanz, Bd. 1, S. 86f.; H. Maurer, Die Stadt Konstanz und das Konzil, in: 1414–1418. Weltereignis des Mittelalters. Das Konstanzer Konzil. Essays (2013) S. 153; G. J. Schenk, Die Lesbarkeit von Zeichen der Macht, S. 279f. mit Anm. 102; A. Bihrer, Eine Feier ohne den Hausherrn, S. 25.*

163 *Die cc. 118–137 sind in G bzw. in D₁ zwei Mal vorhanden, da die Fluchtgeschichte des Papstes in der vierten Texteinheit am Ende der Handschrift noch einmal separat erzählt wird. Da die Kapitel un- terschiedlichen Traditionen folgen, führt dies zu Textvarianten mit unterschiedlicher Provenienz.*

164 *Zur Flucht des Papstes, der – wohl zu seiner Absicherung – am 15. Oktober 1414 zu Meran ein Bündnis mit Herzog Friedrich IV. von Österreich geschlossen und ihn zum Generalkapitän der päpstli- chen Truppen bzw. der römischen Kirche ernannt hatte, vgl. J. Janssen, Frankfurts Reichscorrespondenz nebst andern verwandten Aktenstücken 1 (1863) S. 285; Ph. Ruppert, Das alte Konstanz in Schrift und Stift, S. 119; H. Finke, Bilder vom Konstanzer Konzil (Neujahrsblätter der Badischen Historischen Kommission N.F. 6) (1903) S. 7–59; Ders., Das badische Land und das Konstanzer Konzil, in: Festgabe der Badischen Historischen Kommission zum 9. Juli 1917 (1917) S. 52–65; Ders., ACC, Bd. 3 (1926) S. 36f.; J. Slokar, Warum Herzog Friedrich von Tirol im Jahre 1415 von König Sigmund geächtet und*

(120) Mornent frů an Sant Benedicten tag, do rait der rŏmisch künig Sigmund, do er des[a] innen warde, durch dye statt Costentz, das der bapst heimlichen hinweg was, tzů allen wǎchßlern[165] unnd zů allen Walhen, die mit dem bapst kommen waren. Und sagt in, das sy nit erschrǎcken unnd belibent, untz das man horte, was der mǎr wǎren, und sicher wǎren leibs unnd gůtes.   5

(121,1 und 124,1) Darnach besant der rŏmi[s]ch künig die zwen curfürsten, den von Sachsen und den von Bairen, und ander fürsten, geystlich und weltlich, die cardinǎl, all herrn und seines reichs stet und klagt den, wie ym hertzog Friderich von Österreich gethan het unnd das also angelegt het über die verheissung, so im der selb hertzog Fride-rich von Österreich gethan het[166] und schlůg einen brieff an des münsters tür und an Sant   10 Stephans kirchenthor über hertzog Fryderichen, wye er im sŏliche verheyssung getan und die nun gebrochen hab unnd was jegklicher von im klaget, der zů im ze sprechen het, das er das behalten hab.

(124,2) Nach dem[b], do manet unser herr, der rŏmisch künig Sigmund, all fürsten, sein

---

a des] sin Z_2.
b Nach dem] Item darnach IZ_1; Und darnach Z_2.

---

mit Krieg überzogen wurde. Eine historische Untersuchung, in: Forschungen und Mitteilungen zur Ge-schichte Tirols und Vorarlbergs 8 (1911) S. 199; Th. VOGEL, *Studien zu Richental's Konzilschronik, S. 33–37, 41–50; H. G.* PETER, *Die Informationen Papst Johanns XXIII. und dessen Flucht von Kon-stanz bis Schaffhausen (1926) S. 242–304; H.* KRAMER, *Das Meraner Bündnis Herzog Friedels mit der leeren Tasche mit Papst Johann XXIII., in: Der Schlern 15 (1934) S. 440–452; H.* KOEPPEN, *Die Berichte der Generalprokuratoren des Deutschen Ordens an der Kurie, Bd. 2: Peter von Wormditt (1960) S. 232–236, 268; O.* FEGER, *Das Konzil zu Konstanz, Bd. 2, S. 191; J.* BUJNOCH, *Die Hussiten. Die Chronik des Laurentius von Březová 1414–1421 (1988) S. 41f.; H.* KOLLER, *Kaiser Siegmunds Kampf gegen Herzog Friedrich IV. von Österreich, in: Studia Luxemburgensia, hg. von F. B.* FAHLBUSCH *und P.* JOHANEK *(1989) S. 334–340; Ph. H.* STUMP, *The Reforms of the Council of Constance (1414–1418) (1994) S. XIII; H.* MAURER, *Konstanz im Mittelalter, Bd. 2, S. 21–23; W.* BRANDMÜLLER, *Das Konzil von Konstanz, Bd. 1, S. 224–233, 269–278; H.* MÜLLER, *Die kirchliche Krise des Spätmittelalters, S. 25f.; P.* NIEDER-HÄUSER, *Fürst und Fluchthelfer. Herzog Friedrich IV. von Österreich und das Konzil von Konstanz, in: 1414–1418. Weltereignis des Mittelalters. Das Konstanzer Konzil. Essays (2013) S. 145, 148; Th. M.* BUCK / H. KRAUME, *Das Konstanzer Konzil, S. 111–116; A.* FRENKEN, *Das Konstanzer Konzil, S. 81f.; J.* MIETHKE, *Via Concilii: Der Weg des Konstanzer Konzils aus der Krise des Schismas, S. 79; D.* SPECK, *Fluchtweg und Fluchthelfer. Zur Flucht Johannes' XXIII. aus Konstanz, in: Alemannisches Jahrbuch 63/64 (2015/2016) S. 17–44. Siehe auch: Die sog. Klingenberger Chronik. Bearbeitet von B.* STETTLER *(2007) S. 175, 189.*

165 *Die Wechsler hatten nach der Flucht des Papstes ihr Geld in der Furcht, es zu verlieren, bereits fortgeschafft. Vgl. J.* CAHN, *Münz- und Geldgeschichte der im Großherzogtum Baden vereinigten Ge-biete, Teil I (1911) S. 234; H.* KOEPPEN, *Die Berichte der Generalprokuratoren des Deutschen Ordens an der Kurie, Bd. 2: Peter von Wormditt (1960) S. 234 Anm. 24, 268; A.* FRENKEN, *Wohnraumbewirtschaf-tung, S. 142;* DERS., *Zeremoniell, Ritual und andere Formen symbolischer Kommunikation, S. 57.*

166 *Vgl. hierzu Eberhart Windeckes Denkwürdigkeiten zur Geschichte des Zeitalters Kaiser Sig-munds, hg. von W.* ALTMANN *(1893) LXVI, § 64, S. 59.*

dienstman, dye seinen, dye lehen von ym hetten, unnd sunst seins reychs stet über hertzog
Friderichen von Österreich umb das übel, so er an im unnd an dem heyligen concilium
ge[t]han het und an der cristenheyt, die do alle von stund hertzog Fryderichen absagtent.

(124,3) [27^v] Und also zugent die obern stet und die von Costentz in das Hegew^a und
5 namen Stein ein und Diessenhoffen unnd tzugent in das Thurgew und name[n]t da
Froenveld ein.

(125) Da zugent die Waldstet in das Ergew[167] und nament do das merteyl ein, unnd
schlůgent sych für Baden und nament die [vesti^b] auch ein[168]. Und lagent etwa lang zeit
vor Baden, der vesten, unnd brachent die nach dem und sych der hertzog ergab und
10 thâten das wider unnsers herrn des küniges wyllen unnd gunst.

(124,4) Da legt sich der bischof von Chur, der von Togkenburg, die von Lindaw und
die von Wangen und ander stet für Veldkirch[169]. Und lagent lang zeit davor, nach dem
unnd sich der hertzog ergeben het, doch tzů der letsten hulden sy auch.

(122) In dem do bapst Johannes zů Schaffhausen innen^c ward, do fůr er von Schaff-
15 hausen an dem stillen freytag zů mittemtag. Und waz als groß ungewiter mitt regen und
wâen^d als seid ye[170]. Und kament gen Freiburg, und sandt do dannen ein bulle[171] gen
Costentz in das concilium, die lautet also, als hienach dißhalb steet.

---

a   Hege *SgIZ₁*.
b   *so AK*.
c   innen] gewar *SgIZ₁Z₂*.
d   wayen *Sg*; wâgen *IZ₁*; wägen *Z₂*.

167   *Gemeint ist der Aargau.*
168   *Baden war das administrative Zentrum des habsburgischen Aargaus. Zu den Vorgängen vgl. C.*
SEILER / A. STEIGMEIER, Geschichte des Aargaus (1991) S. 35–37; P. NIEDERHÄUSER, Fürst und Flucht-
helfer. Herzog Friedrich IV. von Österreich und das Konzil von Konstanz, in: 1414–1418. Weltereignis
des Mittelalters. Das Konstanzer Konzil. Essays (2013) S. 148f.; DERS., Ein Herzog mit leeren Taschen?
Friedrich IV. von Österreich, der Aargau und das Konzil in Konstanz, in: Argovia. Jahresschrift der
Historischen Gesellschaft des Kantons Aargau 127 (2015) S. 8–23; D. SAUERLÄNDER, 1415 – die Ereig-
nisse, in: Argovia. Jahresschrift der Historischen Gesellschaft des Kantons Aargau 127 (2015) S. 27–31;
C. HESSE, Eroberung und Inbesitznahme. Einführung, in: DERS. u. a. (Hg.), Eroberung und Inbesitz-
nahme. Die Eroberung des Aargaus 1415 im europäischen Vergleich (2017) S. 1–12.
169   *Zur Einnahme der Stadt Feldkirch vgl. B. BILGERI, Geschichte Vorarlbergs, Bd. II: Bayern, Habs-*
burg, Schweiz – Selbstbehauptung (1974) S. 178; K. H. BURMEISTER, Kulturgeschichte der Stadt Feld-
kirch bis zum Beginn des 19. Jahrhunderts (1985) S. 97.
170   *Zu den Umständen der Reise von Schaffhausen nach Laufenburg und schließlich über den (ver-*
schneiten) Schwarzwald nach Freiburg vgl. Aegidius Tschudis Chronicon Helveticum (Quellen zur
Schweizer Geschichte N.F. I. Abt., Bd. VII, 8), bearb. von B. STETTLER (1990) S. 34f.; H. KOEPPEN, Die
Berichte der Generalprokuratoren des Deutschen Ordens an der Kurie, Bd. 2: Peter von Wormditt
(1960) S. 233; H. HAUMANN / H. SCHADEK (Hg.), Geschichte der Stadt Freiburg im Breisgau, Bd. 1
(1996) S. 220f.; W. BRANDMÜLLER, Das Konzil von Konstanz, Bd. 1, S. 270; vgl. c. 19.
171   *Die Bulle ist in G und D₁ ins Deutsche übersetzt. Vgl. Aegidius Tschudis Chronicon Helveticum*
(Quellen zur Schweizer Geschichte N.F. I. Abt., Bd. VII, 8), bearb. von B. STETTLER (1990) S. 37f.; J.

Bild: *Schwur bei den Barfüßern, D₁ fol. 28ʳ. Bildtext:* Wie hertzog Friderich von
Österreich dem römischen künig schwůr[172].

(123,1) [G fol. 17ʳ] *Johannes byschoff, ain diener der diener gottes, diß gegenwürtige
brieff ansehend, hail und zwölffbötteschen segen. Iwer gemainschafft und iwer yegklichen insunder durch diß gegenwürtig sige offenbar. Als dann durch vorcht, die billich in*   5
*ainen vestständigen man vallen mocht, von der stat Costentz wir gewichen sigen und zů
Schaffhuser erttrich Costentzer bystums komen, gelobend dannehin, alle und yegcliche
ding mögen ze praticierend, die da wärend zů fürnemung und ainikait der hailigen
kirchen gottes, die wir von tag zů tag hertzenclich begerend, hindernust sachend des
menschlichen geschlächtes vind zůkomen sind söliche sach, das wir da von an dem frytag*   10
*der grossen wochen nach dem volbrachten ampt durch die grösse des windes ungestümi-
kait invallend wir von dannen schaiden můsten. Och durch vorcht, die vallen mocht in
ainen vestständigen, das stat und zymliches zites und och dester sicher in dem gemaynen
concilio, wa und wan sicher zůgang geoffnet wirt, clarer dem liecht erzögteª und wie
doch der tod geschätzet wirt aller erschrokenlich ding das letzst den tod das nit ander die*   15
*uns anlagend die grösten sorgvellikaitenᵇ so vil gefürcht haben als das ainig das nit durch
die versůchte ursach Petrus von Luna ettwan Benedictus der dryzehend und Angelus von
Corwario Gregorius der zwölfft. In iren gehorsamen genempt fürhaltend die drukung
uns geton und zůgefügt sich ettlicher maß gestalt wider ir recht zů zegändᶜ hinder sich
zugend ettlich weg in dem bapstthům und verzogen wurd die uswürkung des frydes und*   20
*sölicher ainikait zů dero dingen hailsamer uswürkung unser höchsten begirden sich nai-
gend und als vil das in uns wirt das sölich fryd und ainikait nach ervolgend an kainen
dingen wirᵈ nit uffhörend noch unsern vliß kains wegs von ziehend. Geben zů Loffenberg
Basler bystumm vorgester nonas des Aberellen unsers bapsttůms in dem fünfften jar. Fol.
17ᵛ bleibt leer.*   25

(126,1) [18ʳ] *In dem do machet daz hailig concilium ain aigen bulle*[173] *und stund daran*

---

a   erzaigt *D₁.*
b   sorgveltigkeyten *D₁.*
c   zeigen *D₁.*
d   wirt *D₁.*

STUMPF, *Des grossen gemeinen Conciliums zů Costentz gehalten/kurtze/doch grundtlichere und
volkommnere* [...] *beschreybung (1541) foll XLIʳ*; H. VON DER HARDT, *Magnum Oecumenicum Constantiense Concilium de universali ecclesiae reformatione, unione, et fide 4 (1699) S. 102*; J. D. MANSI,
Sacrorum conciliorum nova, et amplissima collectio 27 (1784, ND 1961) Sp. 597; G. CERRETANI, *Liber
gestorum, in: ACC, Bd. 2 (1923) S. 234*; O. FEGER, *Das Konzil zu Konstanz, Bd. 2, S. 192f.*; W.
MATTHIESSEN, *Ulrich Richentals Chronik, S. 144*; W. BRANDMÜLLER, *Das Konzil von Konstanz, Bd. 1,
S. 269*; Th. M. BUCK, *Fiktion und Realität, S. 62, 72 mit Anm. 33.*
172   *Mit der nachstehenden Urkunde setzt G wieder ein, das im Text einen Sprung von foll. 13ᵛ zu 17ʳ
gemacht hatte.*
173   *Hier ist wohl das Dekret »Haec sancta« vom 6. April 1415 gemeint, das die Superiorität des Kon-*

an ainem tail Sant Peters und Sant Pauls höpter, an dem andern tail zwen schlüssel über ain ander geschrenkt, und was die geschrifft: Sacri sancti concilii Constanciensis civitatis[174].

(126,2) Darnach schlůg unser her der künig aber besigelt brieff an die türen ze Costentz über hertzog Fryderichen von Ȯsterrich umb die sachen, so er vormals begangen hett, und geschwaig der sach von des bapsts wegen, doch mündt er sy also, ȯne das er yetz begangen hett, das landkündig ist. Und waz die clag, das er heren, graven, ritter und knechten, gaistlichen und weltlichen, mannen und froen, und och gotzhüsern, daz ir one recht ingenomen und enttwert hett. Und wäre also gen Costentz komen, yederman siner clag ze antwürten und gnůg ze tůnd, als er das muntlich redt, in dem wäre er von im gewichen und wölte die werk nitt enden. Darumb verbot er allen sinen dienern im nit mer ze helffend und erlobtt[a] in allermengklichem anzegriffend[175].

(127,2) Do rait hertzog Ludewig von Bayern von Franckrich zů hertzog[b] Fryderichen von Ȯsterrich gen Schaffhusen[c] und redt so vil mit im, daz er sich an unsern heren den

---

a   erlöpt *SgI*; erlöpt *Z₁*; erlabet *D₁*.
b   g *über der Zeile nachgetr. G.*
c   Friburg *aus* Schäfhusen *korr. Sg.*

---

zils über den Papst festhielt. Vgl. Th. Vogel, *Studien zu Richental's Konzilschronik, S. 33f.; O.* Feger, *Das Konzil zu Konstanz, Bd. 2, S. 194; O.* Engels, *Zur Konstanzer Konzilsproblematik in der nachkonziliaren Historiographie des 15. Jahrhunderts, in: Von Konstanz nach Trient, hg. von R.* Bäumer *(1972) S. 235f.; W.* Matthiessen, *Ulrich Richentals Chronik, S. 119 mit Anm. 46; M.* Müller *(Hg.), Chronik des Konstanzer Konzils 1414–1418, Übersetzung, Anm. 62; G.* Wacker, *Ulrich Richentals Chronik, S. 41.*

174   *Vgl. zum Konzilssiegel, das sich das Konzil allerdings erst am 17. August 1415 gab, H.* Schneider, *Die Siegel des Konstanzer Konzils, in: AHC 10 (1978) S. 310–345; W.* Brandmüller, *Das Konzil von Konstanz, Bd. 2, S. 58; Th. M.* Buck / H. Kraume, *Das Konstanzer Konzil, S. 24; G.* Signori, *Das Konstanzer Konzil als Privilegienbörse, S. 62.*

175   *Sigmund verhängte am 30. März 1415 die Reichsacht über Friedrich IV. von Österreich und forderte die Angehörigen des Reiches zum Krieg gegen den Herzog auf. Vgl. J.* Slokar, *Warum Herzog Friedrich von Tirol im Jahre 1415 von König Sigmund geächtet und mit Krieg überzogen wurde. Eine historische Untersuchung, in: Forschungen und Mitteilungen zur Geschichte Tirols und Vorarlbergs 8 (1911) S. 209f., 300f.; A.* Frenken, *Nürnberger Angelegenheiten in Konstanz. Präsenz und Interessenvertretung der Reichsstadt auf dem Konzil und den Reichstagen von 1414–1418, in: AHC 27/28 (1995/1996) S. 410 mit Anm. 111; P.* Niederhäuser, *Ein Herzog mit leeren Taschen? Friedrich IV. von Österreich, der Aargau und das Konzil in Konstanz, in: Argovia. Jahresschrift der Historischen Gesellschaft des Kantons Aargau 127 (2015) S. 14; Ders., »Als starck als der künig«. Herzog Friedrich IV. von Österreich und die habsburgische Landesherrschaft im Schicksalsjahr 1415, in: C.* Hesse u. a. *(Hg.), Eroberung und Inbesitznahme. Die Eroberung des Aargaus 1415 im europäischen Vergleich (2017) S. 20f., 31–34 (Achtbrief); D.* Speck, *Fluchtweg und Fluchthelfer. Zur Flucht Johannes' XXIII. aus Konstanz, in: Alemannisches Jahrbuch 63/64 (2015/2016) S. 29.*

küng ergäbe und mit im gen Costentz ritte. Das tett er und kam mit hertzog Ludewigen von Bayern^a gen Costentz und namend zů inen burgraff Fryderichen von Nüremberg.

(128) Und kamend für unsern heren den küng, der was do zů den barfůssen in dem reventtal und by im vil byschoff und heren[176]. Und gieng vor in hertzog Ludewig von Bayern und darnach burggrauff Fryderich von Nüremberg, und fůrtend den hertzogen an der hand. Und als bald sy zů der stuben in komend, do knůwoten sy alle dry nider und stůndend wyder uff und enmitten in der stuben knůwotend sy aber nider und stůndend aber uff^b [18^v] und giengend für den küng und knůwotend aber nider. Und ergab sich da der selb hertzog Fryderich von Österrich unserm heren dem künig nach des geschwornen brieffs[177] lutung^c, den er über sich geben hett, der von wort ze wortt hie under vergriffen ist und lutet also:

---

a   von Bayern *fehlt D₁*.
b   uff] wider auff *D₁*.
c   lutung] sag *SgIZ₁*; lautung *D₁*.

---

176   *5. Mai 1415. Vgl. zu dieser Unterwerfungsszene im Refektorium des Franziskanerklosters G. Fil-*
lastre, in: ACC, Bd. 2 (1923) S. 34f.; H. Finke, Bilder vom Konstanzer Konzil (Neujahrsblätter der
Badischen Historischen Kommission N.F. 6) (1903) S. 47f.; E. J. Kitts, Pope John the Twenty-third,
S. 337f.; J. Slokar, Warum Herzog Friedrich von Tirol im Jahre 1415 von König Sigmund geächtet und
mit Krieg überzogen wurde. Eine historische Untersuchung, in: Forschungen und Mitteilungen zur Ge-
schichte Tirols und Vorarlbergs 8 (1911) S. 213; H. Koeppen, Die Berichte der Generalprokuratoren des
Deutschen Ordens an der Kurie, Bd. 2: Peter von Wormditt (1960) S. 247 Anm. 4; O. Feger, Das Konzil
zu Konstanz, Bd. 2, S. 195; W. Baum, Kaiser Sigismund. Hus, Konstanz und Türkenkriege (1993) S. 119;
S. Weiss, Herzog Friedrich IV. auf dem Konstanzer Konzil, in: Tiroler Heimat 57 (1993) S. 35 mit
Anm. 73 auf S. 49; J. K. Hoensch, Kaiser Sigismund. Herrscher an der Schwelle zur Neuzeit 1368–1437
(1996) S. 219; W. Brandmüller, Das Konzil von Konstanz, Bd. 1, S. 280f.; M. Innocenti, »Ze Costnitz
was der küng«, S. 112; P. Niederhäuser, Fürst und Fluchthelfer. Herzog Friedrich IV. von Österreich
und das Konzil von Konstanz, in: 1414–1418. Weltereignis des Mittelalters. Das Konstanzer Konzil. Es-
says (2013) S. 145; Th. M. Buck, Chronik des Konstanzer Konzils 1414–1418, S. XVIII; G. Schwedler,
Georg von Hohenlohe († 1423). Bischof von Passau, Reichskanzler und Diplomat, in: Passauer Jahrbuch.
Beiträge zur Geschichte, Geographie und Kultur Ostbaierns 56 (2014) S. 44f.; D. Speck, Fluchtweg und
Fluchthelfer. Zur Flucht Johannes' XXIII. aus Konstanz, in: Alemannisches Jahrbuch 63/64 (2015/2016)
S. 38.
177   *Vgl. Eberhart Windeckes Denkwürdigkeiten zur Geschichte des Zeitalters Kaiser Sigmunds, hg.*
von W. Altmann (1893) LXVII, § 65, S. 60f.; Aegidius Tschudis Chronicon Helveticum (Quellen zur
Schweizer Geschichte N.F. I. Abt., Bd. VII, 8), bearb. von B. Stettler (1990) S. 78–80; J. Stumpf, Des
grossen gemeinen Conciliums zů Costentz gehalten/kurtze/doch grundtlichere und volkommnere […]
beschreybung (1541) foll. LIIʳ–LIIIʳ; H. von der Hardt, Magnum Oecumenicum Constantiense Con-
cilium de universali ecclesiae reformatione, unione, et fide 4 (1699) S. 161–163; J. D. Mansi, Sacrorum
conciliorum nova, et amplissima collectio 27 (1784) Sp. 638f.; J. Janssen, Frankfurts Reichscorrespon-
denz nebst andern verwandten Aktenstücken 1 (1863) S. 290f.; O. Feger, Das Konzil zu Konstanz, Bd.
2, S. 195f.; W. Matthiessen, Ulrich Richentals Chronik, S. 144; Th. M. Buck, Fiktion und Realität,
S. 62, 73 mit Anm. 34. In Sg ist die Urkunde nicht nach c. 122, sondern vor c. 115 inseriert.

(129) Wir Fryderich von gottes genaden hertzog zů Osterrich, zer Steyr, ze Kärnde[178]
und ze Crain etc. bekennen und vergehen[a] *offenlich mit disem brieff: Als wir dann in des*
aller durchlüchtigosten fürsten und herren, herrn Sigmunds römschen künigs, tzů allen
zyten merer des richs, zů Ungern, Dalmacien und Croacien küng etc., unsers genädigen
5 *heren ungnad gevallen sigen, da syen*[b] *wir mit unser selbs lib und person für den selben*
unsern heren den künig gen Costentz komen, und unsern lib und unser land, lüt, stett,
schloß, alles, das wir habend oder innehaltend, nüt usgenomen, in sin küngklich gnad
geben und gesetzt haben, geben und setzen in crafft diß briefs, also das er damit tůn und
laussen mag, was sin küngklich gnade wyl. Was och ain yegklicher und ain[c] *yegkliche, sy*
10 *sigend gaistlich oder weltlich, edel oder unedel, oder in was wirdikait und wesen die sind,*
zů uns und wir zů inen zů sprechend habend, umm was sach daz ist, kaine usgeschaiden:
Das alles habend wir och ander vorgenanten an unsern heren den künig gentzlich gesetzt
und gestelt. Also was er uns dar inne gegen yegklichen, die tzů uns ze sprechend habend,
tůn haisset, ordnet oder machet nach sinen wyllen, daz wir das tůn, volfüren und volen-
15 *den söllend und wöllend, one alles verziehen und wydersprechen. Och söllen und wöllen*
wir schicken und schaffen baupst Johannes hie zwüschen und dem nächsten dornstag vor
pfingsten, der nun nächst kompt, gen Costentz ze bringen und ze bringen laussen und in
och in des selben unsers herren des küngs und des hailigen concili, das man gegenwürtig
ze Costentz haltet, gewalt ze anttwürtend. Doch also, daz der selb baupst Johannes und
20 *alle die sinen, die mit im gen Costentz komend, ires libs und ir hab, die zů inen gehöret*
und die sy mit in da selbs hin bringend, sicher sin söllen. Ist och, das der yetz genant
baupst Johannes von dem bystum[d] *gesetzt oder komen wirdet, so sol an dem vorgenanten*
concilium stan, wie man sinen stät versehen[e] *sol. Und wir söllend und wöllend och also*
ze Costentz ze gysel beliben, biß der vo[r]genant baupst Johannes gen Costentz komen ist
25 *und biß alle und yegkliche unser amptlüt, burger und inwoner, unser schloß, stett, land*
und telr[179]*, in Swaben, in Elsäß, am Rin*[f]*, in dem Brisgöw, in der grauffschafft zů Tyrol,*
an der Etsch und in dem Intal dem vorgenanten unserm heren dem küng gehůldet, gelopt
und zů den hailigen ge[19[r]*]schworen habend, gewärtig und gehorsam ze sind als lang, bis*
daz wir alles, das vorgeschriben staut, gentzlich und gar volendet haben. Und söllen och
30 *solicher gelüpdte nit ledig sin, bis daz sy der vorgenant unser herr der künig muntlich*
oder mit sinem brieff ledig sagt. Und wa wir das vorgenant alles gentzlich oder ain tail

---

a   vergehend *Sg*; veriehent *I*; veriechent *Z₁*; veriehen *D₁*.
b   da syen] da rinnen *D₁*.
c   *fehlt D₁*.
d   bapstům *SgZ₁*; babsttům *I*.
e   versehen *SgID₁*; versechen *Z₁*.
f   Rin] Rein *D₁*.

---

178   *Kärnten.*
179   *Täler.*

nit tåtten und volfürten oder da wyder täten in kainen weg, da vor got sy, so söllend die
vorgenanten unser stett, schloß, land, lüt und telr^a dem vorgenanten userm heren dem
künig gentzlich vervallen und dannenhin als irem ordenlichen natürlichen heren under-
tänig, gewärtig und gehorsame sin one unser und ain yegkliche irrung und wyderspre-
chen, one alle gevärde und arglist, hierinnen gentzlich usgeschaiden. Und diß alles ze 5
gantzer und vester sicherhait habend wir mit unsern fürstlichen trüwen gelopt und zů
den hailigen geschworen, geloben und sweren in craffte diß brieffs, alles das vorgeschri-
ben stat ze tůnde, zů volfürend und ze volendend gentzlich und getrülich. Und habend
des ze urkunde unser aigen insigel an den brieff mit rechter wyssen^b gehangen. Und wan
wir diß vorgeschriben alles mit userm aigen und fryem wyllen geton habend, darumb 10
haben wir gebetten die hochgebornen fürsten, hertzog Ludewigen pfaltzgrave by Rin^c,
hertzog in Bayern und grave zů Monteig, unsern lieben^d öhem, und burgraff Fryderichen
von Nüremberg, unsern lieben swager, das ir yegklicher zů gezügnuß ir insigel an disen
brieff gehenkt hond^e, den selben hertzog Ludewigen und burgraff Fryderichen one scha-
den. Des och wir die selben hertzog Ludewig und burgrauff Fryderich von Nüremberg 15
ainer warhait dirre^f ding bekennen und zů ainer urkund etc. geben an dem süben und
zwaintzigosten in dem Mertzen anno Dni. MCCCCXV.

(133) Uff das hultend und schwůrend deß selben hertzog Fryderichs stett, usgenomen
die von Waldtzhůt, die von Vilingen, die Etsch und das Intal, die woltend nit schweren.

(136) In den löffen, do beschach ain grosser crützgang von gemaynem concilium^g zů 20
Costentz umb fryd und umb gemainsami der cristenhait von dem thůme ze Costentz
gen Peterßhusen an dem frytag vor Philippi und Jacobi in dem Aberellen. Und gieng da
mit der patriarch Johannes Antiochcenus von Antiochia als ain baupst und mit im Johannes, der patriarch von Constantinopel in Kriechen[180], und darnach sechzehen cardinäl und ayliff ertzbyschoff, acht und nüntzig rechter byschoff und by zway hundert und 25
sechtzig dottores^h und alle thůmheren zů dem thům zů Sant Stephan, zů Sant Johans, zů
Sant Pauls und alle weltlich pfaffen von Crützlingen, die dry bettelörden, prediger, augustiner und barfůssen, unser herr der römesch kunig, froeⁱ Barbara, sin elicher gemahel, die küngin von Wossen, alle weltlich fürsten, und so vil volks, das man sy nit ains

a   teler *D₁*.
b   gewissen *D₁*.
c   Rin] Rein *D₁*.
d   *fehlt D₁.*
e   hond] hat *Sg*; hand *I*; håt *Z₁*; habent *D₁*.
f   diser *D₁*.
g   gemaynem concilium] dem gemeinen concilio *D₁*.
h   doctores *SgIZ₁Z₂*.
i   frǒw *SgIZ₂*; frǒw *Z₁*; fraw *D₁*.

180   *Jean de la Rochetaillée, Titularpatriarch von Konstantinopel.*

mauls torst über die brugk găn laussen, wan wenn[a] ain tail uff die brugk kam, so enthielt man[b] ain wenig, biß ye die ersten fürkomend, das die brugk nit inviel[c].

(137) Darnach bracht hertzog Fryderich von Österrich bapst Johannes den dry und zwaintzigosten von Fryburg gen Ratolffszelle.

5 *(138)* Nach dem ward der selb bapst Johannes von dem hailigen concilio zů Costentz geladet, sich zů veranttwürtend uff die artikel und sachen, die man im zůsprechen wolt[181]. Und er kam nit noch niemant von sinen wegen, und ward darnach gebannet und vast böß artikel über in erwysot[d], und ward im sin gůt verhefft[e], als man das alles wol höret an den artikeln, die davor[f] in latin geschriben stönd[182].

10 *(139)* In den dingen, do stifft[g] der ertzbischoff von Rig[183] ain gesungen meß von unser lieben froen[h] zů den barfůssen, das sy umb got erwurbe, das ainhellikait wurd. Die ward alle tag gesungen das concilium uß und gab den barfůssen gnůg darumb. Diß erztbischoffs wauppen vindest hienach am cxx. blatt[i].

(140) An dem dryzehenden tag in dem Maigen[j] anno Dni. MCCCCXV, do ward ain
15 sessio. Und satzten da vier richter ain von Tütschen, das sind Germani, ain von Frankrich, daz sind Frantzioni, ain von Engelland, daz sind Anglici, und ain von Lamparten, daz sind Ytalici. Die vier richtend umm pfründen und umm[k] ander [20ʳ] sachen, die zů der session nit gehortend und zu den cardinäln. Die richten als ain băpst und satztend

---

a   wan wenn] dann wann *D₁*.
b   *folgt* dann *D₁*.
c   einviel *D₁*.
d   gewißt *SgZ₁*; gewist *I*; erwist *Z₂*; erweist *D₁*.
e   verkŏft *Sg*; verkŏft *Z₁*; verhöft *I*.
f   vorhin *Z₁*; davon *D₁*.
g   do stifft] stifftet *D₁*.
h   frowen *Z₂*; frauen *D₁*.
i   hienach – blatt] an dem cxxiiij. blat *D₁*.
j   Mayen *ID₁*; Meyen *Z₁Z₂*.
k   *fehlt D₁*.

---

181   *In der 11. Sitzung des Konzils am 25. Mai 1415 wurde Papst Johannes XXIII. nach drei erfolglosen Vorladungen öffentlich angeklagt und 44 Artikel wurden gegen ihn vorgelegt. Vgl. H. FINKE, ACC, Bd. 3 (1926) S. 157–209; W. BRANDMÜLLER, Das Konzil von Konstanz, Bd. 1, S. 286f.; J. WOHLMUTH (Hg.), Dekrete der ökumenischen Konzilien, Bd. 2: Konzilien des Mittelalters (2000) S. 416; Th. RATHMANN, Beobachtung ohne Beobachter, S. 103.*
182   *Hier gibt der Chronist einen Hinweis darauf, dass er mit einer lateinischen Akten- bzw. Materialsammlung des Konzils gearbeitet hat, also Zugang zu offiziellen Dokumenten besaß; vgl. c. 138 in A und K.*
183   *Johann von Wallenrode, Erzbischof von Riga. Zu seiner Person B. JÄHNIG, Johann von Wallenrode O.T. Erzbischof von Riga, Königlicher Rat, Deutschordensdiplomat und Bischof von Lüttich im Zeitalter des Schismas und des Konstanzer Konzils (um 1370–1419) (1970) S. 88–135, 151; A. FRENKEN, Der König und sein Konzil, S. 212 mit Anm. 93.*

ainen innemer[a] des bapstes kamer[184], was dem bapst zugehören solt, daz was Johannes
der patriarch von Constantinopel. Diss herren wauppen findest hienach im bůch am
lxxxviiij. blatt.

(141) Darnach ward aber ain sessio an unsers herren fronlichnam aubend und wurdend mit gemaynem concilio alle dry bäpst abgesetzt und ze nüten[b] gemacht. Des ersten   5
bǎpst Johannes der dry und zwaintzigost, der da haist Baltasar de Cossis[185], Gregorius[c]
der zwelfft, der da haist Angelus de Corwario, und Benedictus der dryzehend, der da
haist Petrus de Luna. Und also kam Baltasar de Cossis[d] gen Gotlieben und ward im da
erzelt alles sin unrecht. Und ward im da in der selben sessio ain ewiger kärker ertailt.
Und also emphalch in da unser her der künig hertzog Ludewigen von Bayern von Hai-   10
delberg. Der fůrt in zů der alten Haidelberg und dannenhin gen Mannhain[186] [uff daz
schloß im Rin[e]].

(142) An unsers heren fronlichnam tag, do begiengend das concilium ainen grossen
crützgang mit den[f] zwain patriarchen, mit allen cardinäln, mit allen ertzbischoffen und
byschoffen und aller pfaffhait umb die stat ze Costentz. Und giengen damit unser her   15
der küng, die zwo künginen, die hertzogin von Baigern[g], von Cleven, die von Wirtem-
berg, alle weltlich fürsten, hertzogen, graven, fryen, ritter, knecht, und alles gemain volk
und bliessend stätenclich umb und umb nün prusuner.

(143) An Sant Johans des töffers aubend, der was an dem sonntag, do embaiß[h] der

---

a   einnemer *D₁*.
b   nünty *St₁*; nüti *Sg*; nüte *Z₁*; meti *I*; nütti *Z₂*; nichten *D₁*.
c   Geronimus *I*.
d   de Cossis *fehlt D₁*.
e   so *Z₂*.
f   *fehlt D₁*.
g   Payern *SgIZ₂*; Peyeren *Z₁*.
h   äss *Z₂*.

---

184   Gemeint ist die camera apostolica; vgl. cc. 37 und 140 in A und K.
185   *Johannes XXIII. wurde in der zwölften Konzilssitzung am 29. Mai 1415 abgesetzt. Vgl. J. D.*
Mansi, Sacrorum conciliorum nova, et amplissima collectio 27 (1784, ND 1961) Sp. 715f.; J. Wohlmuth
(Hg), Dekrete der ökumenischen Konzilien, Bd. 2. Konzilien des Mittelalters (2000) S. 41/f.
186   *Mannheim. Zur Gefangenschaft Papst Johannes' XXIII. in Heidelberg und Mannheim bzw. ver-*
mutlich in der Zollburg Eichelsheim, bis er am 23. April 1419 in Basel eintraf und dort den Beauftragten
Papst Martins V. übergeben wurde, vgl. H. Finke, Das badische Land und das Konstanzer Konzil, in:
Festgabe der Badischen Historischen Kommission zum 9. Juli 1917 (1917) S. 65–70; O. Feger, Das Kon-
zil zu Konstanz, Bd. 2, S. 199; A. Frenken, Der König und sein Konzil, S. 218; M. Oberweis, Der ge-
fangene Papst Johannes (XXIII.) – Mannheims Beitrag zur Beendigung des Großen Abendländischen
Schismas, in: U. Niess / M. Oberweis, Ein rebellisches Dorf und ein gefangener Papst. Mannheim vor
der Stadtgründung (Kleine Schriften des Stadtarchivs Mannheim, Nr. 21) (²2005) S. 70–83; H. Müller,
Die kirchliche Krise des Spätmittelalters, S. 28; D. Speck, Fluchtweg und Fluchthelfer. Zur Flucht Johan-
nes' XXIII. aus Konstanz, in: Alemannisches Jahrbuch 63/64 (2015/2016) S. 40.

römesch küng, die küngin, die küngin von Wossen, und [20ᵛ] alle fürsten und heren mit im und och[a] zů nacht an dem Hard[187] in Ůlrichs von Richentals[b] gůt in den wysen[c] under den nussbömen, und richt da under den bomen umb vil sachen und belaib da biß ze nacht.

5 (144,1) An Sant Johans tag des töffers nach der vesper, do fůr die römsch küngin enweg ze roß gen Überlingen und mit ir die hertzogin von Österrich[188], geborn von Brunswig[d], und die hertzogin von Bayern, geborn von Clewen. Und rittend mit ir vil unser burgerne[e] und volgoten ir nach biß an das Stad[f] und ettlich biß hinüber[189].

(144,2) An Sant Johans des töffers tag zwo stund nach mitternacht gen dem zinstag, 10 da fůr unser her der küng von Costentz in ainem schiff und kam gen Überlingen, und emphalch, das man ze Costentz niemant uß ließ, er hette dann bezalt[190], und hett ain bullit[g] von ainem burgermaister[h].

(144,3) An dem sonntag[i] nach Sant Peters und Sant Pauls tag, ain stund vor tag, do kam der römsch künig wyder gen Costentz. An dem selben tag nach imbiß, do kam die 15 küngin och wyder gen Costentz, und zugend gen Petershusen in daz closter, und belibend och da.

(145,1) An Sant Ůlrichs tag in dem Höwet[j] anno Dni. MCCCCXV[191], do ward sessio

---

a   zoch D_1.
b   Reichentals D_1.
c   wisen IZ_1; wissen Z_2; weisen D_1.
d   Branschweig D_1.
e   burgerinen Z_2.
f   gestadt D_1.
g   pullet Sg; pullat I; bolet Z_1; pullit Z_2; bullet D_1.
h   folgt ze Costentz Z_2.
i   frytag A; fritag K.
j   Hewmonat D_1.

---

187   Gemeint ist ein am Salzberg Richtung Allmannsdorf nach Südosten in Hanglage ausgerichteter Obstbaum- und Weingarten mit Torkelgebäude, der im Besitz des Chronisten war. Vgl. W. MATTHIESSEN, Ulrich Richentals Chronik, S. 79, 87, 94; J. KLÖCKLER, Die Konstanzer Handschrift, S. 5; DERS., Nachwort, S. 221f.; Th. M. BUCK / H. KRAUME, Das Konstanzer Konzil, S. 211f.; J. HELMRATH, Das Konzil von Konstanz und die Epoche der Konzilien, S. 47; A. FRENKEN, Konstanz und der Thurgau, S. 51.
188   Gemeint ist Anna von Braunschweig, die Gemahlin Herzog Friedrichs IV. von Österreich. Vgl. S. WEISS, Salzburg und das Konstanzer Konzil, S. 193 mit Anm. 894 auf S. 288.
189   Staad bei Allmannsdorf.
190   Vgl. cc. 144,2 und 305 in A und K.
191   4. Juli 1415. Vgl. J. WOHLMUTH (Hg.), Dekrete der ökumenischen Konzilien, Bd. 2: Konzilien des Mittelalters (2000) S. 420f.

von allen pfaffen[a] und gelerten. Und da gab uff der baupst Gregorius[b] der dryzehend[c] sin bapstům ledenclich und lőß durch sinen heren her Karolen von Maletest[d], heren zů Rimeln[192], und durch sin cardinal und durch groß sin gewyß botschafft gentzlich in den gewalte des hailigen concilio. Und in der selben session, do wur[21ʳ]dend baupst Gregorius[e] cardinäl wyder zů cardinäln gemachet[193]. Und ward aber laudes gelüt zů dry ziten als vor[f]. 5

(145,2) In[194] dem selben concilium ward declariert[g], das alle pfaffhait, patriarchen, cardinäl, ertzbyschoff, byschoff und prelaten sőlten ze Costentz beliben, biß das es ain end näme by dem flůch ewiger verdampnuß und by berobung iro pfründen und beneficia[h].

(146,1) In der selben session bevalch unser her der künig under siner maiestat insigel 10 by sinen küngclichen gebotten den räten und den burgern ze Costentz, das selb concilium ze berschirmend und ze behalten biß an sin zůkunfft[195].

(155,2–156,2) An[196] sambstag[i] nach Sant Ůlrichs tag an dem achtenden tag do[j] im

---

a   priestern *D₁*.
b   Geronimus *I*.
c   zwelfft *ist ausgestr.* G; XIII. *SgIZ₁Z₂*.
d   Malatest *Sg*; Malostest *I*; Molatest *D₁*.
e   Jeronimus *I*.
f   *folgt* daz ist in tü[t]sch lob und fröid etc. *Z₂*.
g   *folgt* daz ist ze tü[t]sch erkentt *Z₂*.
h   und beneficia *fehlt D₁*.
i   fritag *K*.
j   *fehlt D₁*.

---

192   *Carlo Malatesta, Signore von Rimini, der am 15. Juni 1415 in Konstanz eingetroffen war, vollzog als Prokurator am 4. Juli den Amtsverzicht im Namen Papst Gregors XII., indem er die päpstliche Cedula* Ego Carolus *verlas. Vgl. H.* VON DER HARDT, *Magnum Oecumenicum Constantiense Concilium de universale ecclesiae reformatione, unione, et fide 4 (1699) S. 346–382; J. D.* MANSI, *Sacrorum conciliorum nova, et amplissima collectio 27 (1784, ND 1961) Sp. 744; W.* BRANDMÜLLER, *Das Konzil von Konstanz, Bd. 1, S. 314–317; J.* WOHLMUTH *(Hg.), Dekrete der ökumenischen Konzilien, Bd. 2: Konzilien des Mittelalters (2000) S. 420f.; M.* INNOCENTI, *»Ze Costnitz was der küng«, S. 114; Ph. H.* STUMP, *The Council of Constance (1414–1418) and the End of the Schism, in: A Companion to the Great Western Schism (1378–1417), hg. von J.* ROLLO-KOSTER *u. a. (2009) S. 414–416; H.* MULLER, *Die kirchliche Krise des Spätmittelalters, S. 28; U.* GIESSMANN, *Die* renuntiatio *Felix' V. (1449), in: Gegenpäpste. Ein unerwünschtes mittelalterliches Phänomen, hg. von H.* MÜLLER *und B.* HOTZ *(2012) S. 392f. mit Anm. 8; D.* GIRGENSOHN, *Papst Gregor XII. am Ende seines Lebens, in: MIÖG 124 (2016) S. 356–359.*

193   *Der freiwillige Amtsverzicht Gregors XII. warf für die von ihm kreierten, aber nun schismatischen Kardinäle nicht nur ein Legitimations-, sondern auch ein Versorgungsproblem auf, das durch die Re-Kreation gelöst wurde. Die Wiedereinsetzung ins Kardinalsamt dürfte eine Bedingung des Verzichts gewesen sein. Vgl. W.* BRANDMÜLLER, *Das Konzil von Konstanz, Bd. 1, S. 317.*

194   *Vgl. c. 145,2 in A und K.*

195   *Vgl. c. 159.*

196   *Die cc. 155,2–156,2 sind in G bzw. in D₁ zwei Mal vorhanden, da die Geschichte von der Verurtei-*

Höwet[a] anno Dni. MCCCCXV, do ward aber ain sessio an der sechsden stund nach mitternacht. Do ward besant maister Hanß Huß von Behem, der kätzer. Und ward[b] überwunden siner kätzry in dem münster vor aller der welt und ward da degradiert, wann er ain priester was, und ward emphollen dem weltlichen rechten. Und also nam in
5 hertzog Ludewig von Baygern von Haidelberg, do vicary, und was unser her der künig zegägen und hieß in usfüren ze verbrennend und gab in den von Costentz. Die fůrtend in uß wol mit acht hundert[c] gewappoten mannen und was sust der mertail ze och[d] ge-wappet und het der Huß uff dem hopt ainen pappirin[e] hůt. Da warend an gemalet zwen tüfel und was die geschrifft an dem hůt: Herisiarcha, das ist in tütsch ain vaß, da alle
10 kätzry inn beschlossen ist. Und fůrt man in zů Ringbruktor[f] uß und umb den wyten Brůl[197] von drang wegen des volkes. Und fůrt man in uff daz eng nider usserveld uff ain mittel, und da ward er verbrant [21ᵛ] gentzlich und gar an der aylifften stund nach mit-ternacht[g]. Das gantz nütz[h] da belaib und nam vast ain böß end, wan er wolt nit bichten[i] und maint, er wäre sin nit nottdürfftig, er wäre kain todsünder. Und darnach ward die
15 åschen in den Rin[j] gefůrt[198]. Also dann[k] hienach gemält vindest[l] am nächsten blatt. Wilt du me lessen von dem Hussen[199], so vindest hinnen im bůch am cclxvij. blatt[m].

a   Hömanot *I*; Höwmanott *Z₁*; Hewet *D₁*.
b   *fehlt SgD₁*.
c   acht hundert] ccc *SgIZ₁*; viij*c* gewappetten mannen *Z₂*.
d   ze och] ze Costentz *Z₂*; zeüg *D₁*.
e   bapeirin *D₁*.
f   Burgtor *IZ₁*; Ringburgter *Z₂*.
g   *korr. zu* mitte tag *I*.
h   nüt *Z₂*; nichtz *D₁*.
i   beichten *D₁*.
j   Rin] Rein *D₁*.
k   *fehlt D₁*.
l   steet *D₁*.
m   Wilt du – blatt] Wiltu mer von dem Hussen lesen, vindest tů zu aller letste im bůch von im die histori *D₁*.

lung und Hinrichtung des Jan Hus in der siebten Texteinheit noch einmal separat erzählt wird. Da die Kapitel unterschiedlichen Traditionen folgen, führt dies zu unterschiedlichen Textvarianten.
197 *Heute im Stadtteil Paradies im Westen der Stadt. Der Name führt sich auf ein dort ansässiges Frauenkloster* (claustrum Paradysi apud Constantiam) *zurück; vgl. J.* MARMOR, *Geschichtliche Topographie der Stadt Konstanz, S. 130–132 sowie die Karte »Konstanz zur Zeit des Konzils« bei O.* FEGER, *Das Konzil zu Konstanz, Bd. 2, S. 28f., 156, 191.*
198 *Vgl. hierzu Aeneas Silvius Piccolomini, Historia Bohemica, hg. von J.* HEJNIC *und H.* ROTHE, *Bd. 1 (2005) S. 252f.:* Cineres exustorum ne raperentur a Bohemis, in lacum proiecti. *Die Verbrennung des Häretikers diente nicht nur der Entfernung aus der Gemeinschaft der Gläubigen, Ziel der Strafe war auch die Auslöschung des Körpers und die Inkriminierung der Memoria. M.* BARTLOVÁ, *Iconography of Jan Hus, in: A Companion to Jan Hus, hg. von F.* ŠMAHEL *und O.* PAVLÍČEK *(2015) S. 329 deutet diese*

(157) Darnach an dem sonntag, das was an dem nünden tag in dem Höwatᵃ, begieng man ainen grossen crützgang. Und gieng da mit Johannes, der patriarch von Antioch, in ainer schönen infelen mit edelm gestain. Und trůg man vor im ain guldin tůch, und noch ain patriarch undᵇ achtzehen cardinâl undᶜ nün ertzbischoff, vier und sechtzig rechter byschoff, alle in iren wyssen infelen, all pfaffhait und örden und maister und auditores. 5
Und gieng man von dem münster an den obern markt, und die Sül abhin und Mordergassen umbhin zů den augustinern, und wyderumb her durchᵈ Nüwengassen und gen Sant Pauls, und von Sant Pauls durch barfůsser kilchen und durch Sant Stephans kilchen wyder in das münster, um das der almächtig got sinen cristan globen wyderprächt.

(158) An mittwochen vor mittem Höwatᵉ, do fůr die küngin enwegᶠ von Costentz 10 und kam gen Schaffhusen und dannen hin den Rinᵍ ab.

(159) An dem frytag frů vor Sant Maria Magdalenen tag²⁰⁰, do fůr unserʰ her der küng von Costentz und kam gen Schaffhusen und darnach in Frankrich und in Arrogoni und wyderumb gen Frankrich und darnach in Engelland²⁰¹.

---

a Hömanat *I*; Hồwmanotz *Z₁*; Hewet *D₁*.
b *fehlt D₁*.
c *fehlt D₁*.
d *folgt die D₁*.
e Höwet *Z₁*; Hewet *D₁*.
f hinweg *D₁*.
g Rin] Rein *D₁*.
h *fehlt D₁*.

Szene als »a satirical travesty of the translatio of the relics in traditional hagiography«. Siehe auch F. Palacký, Documenta Mag. Joannis Hus vitam, doctrinam causam in Constantiensi concilio actam [...] (1869, ND 1966) S. 323; V. Novotný, in: Fontes Rerum Bohemicarum, Bd. 8 (1932) S. 119f. und R. Schmitz-Esser, Bestrafung des Leichnams zur Purifizierung der Christenheit? Der Ursprung der Verbrennungsstrafe an Häretikern und Hexen im Früh- und Hochmittelalter und sein Verhältnis zum Reliquienkult, in: FMSt 44 (2010) S. 229, 249f.
199 *Verweist auf die nachgestellte Hus-Geschichte foll. 267ʳᵃ–268ᵛᵇ, Bʳᵃ–Cʳᵃ. Vgl. R. Kautzsch, Die Handschriften, S. 469.*
200 *Am 19. Juli 1415 brach Sigmund nach Narbonne auf, um die Beteiligung der Spanier am Konzil zu erreichen. Vgl. W. Altmann, Die Urkunden Kaiser Sigmunds (1410–1437) (RI XI, 1) (1896/97) Nrn. 1866a, 2037d; J. K. Hoensch, Itinerar König und Kaiser Sigismunds von Luxemburg 1368–1437 (1995) S. 95–97; W. Brandmüller, Das Konzil von Konstanz, Bd. 2, S. 23 mit Anm. 83; M. Kintzinger, Westbindungen im spätmittelalterlichen Europa. Auswärtige Politik zwischen dem Reich, Frankreich, Burgund und England in der Regierungszeit Kaiser Sigmunds (2000) S. 85–94; Ders., Das Konzil konstruieren, S. 220f., 224; Th. M. Buck / H. Kraume, Das Konstanzer Konzil, S. 155–157.*
201 *König Sigmund versuchte, in der langen kriegerischen Auseinandersetzung (1337–1453), in der englische Könige versuchten, ihre Ansprüche auf den französischen Thron mit Waffengewalt durchzusetzen, zu vermitteln; vgl. c. 77,4. Zum Hundertjährigen Krieg Ph. Contamine, La Guerre de cent ans (³1977) S. 81–101; Ders., Art. Hundertjähriger Krieg, in: LexMA, Bd. 5 (1999) Sp. 215–218; J. Ehlers, Der Hundertjährige Krieg (2009) S. 59–76.*

(160) An dem sonntag, das was an Sant Maria Magdalena aubend anno Dni. MCCCCXV, do tätten sy aber ain grossen crützgang vom münster gen Sant Paul, und von Sant Paul herwyder durch barfůsser kilchen und durch Sant Stephans kilchen wyder in daz münster, umb daz got den künig behůte und das es im wolgieng, und frölich wy-
5   der käm [23^r] von dem küng von Arragoni und von baupst Benedicto. Und giengen da-mit zwen patriarchen, achtzehen cardinäl, nün ertzbyschoff, ain und sechtzig byschoff, alle mit iren infelen, und dry bischoff ön infelen und all pfaffhait, auditores und örden und all gelert lüt. Und mainten, sy wölten all sonntag ain sölichen crützgang tůn^{202}, wa-hin sy dan ze raut wurdend, biß das unser her der küng wyder^a käm. Und wer da mit
10 gieng, der sölt grossen applaß haben.

(162) Es ist och ze wyssend, daz als vil spatzierends was von Costentz in daz Aichorn^{203} und anderswahin, daz man in dem Aichorn gůten erbern win schankt, ain mäß umb vier und umm dry pfenning. Und fand man darinn allerlay spil und gemayner froen^{204} vil.

15 *(163)* Darnach an mitwochen nach des hailigen crütz tag in dem herpst, do kam bot-schafft von unserm herren dem küng, wie das er getrüwote, die sach wölte tzů gůtem komen. Und also hieß das concilium aber laudes lüten und also wurdend alle glokken gelüt an der süben^b stund nach mittag an dem aubend anno Dni. MCCCCXV.

Hier folgen in D$_1$ foll. 33^v–34^r vier Illustrationen zur Verurteilung und Hinrichtung
20 *des Johannes Hus, die in G (nicht durch Blattverlust) ausgefallen sind. Die Darstellungen sind jeweils zweigeteilt.*

Bild: *Hus degradiert, D$_1$ fol. 33^v. Obere Blatthälfte. Bildtext:* Hie degradierten den Hussen zwen ertzbischoff. *Darunter:* Pysentz. Hie gemalet und ire wappen. Mayland.

Bild: *Hus zum Tode geführt, D$_1$ fol. 33^v. Untere Blatthälfte.*

25 **Bild:** *Hus verbrannt, D$_1$ fol. 34^r. Obere Blatthälfte.*

---

a   widerumb *D$_1$*.
b   sibenden *ID$_1$*; vij *Z$_1$*.

---

202   *Dass jeden Sonntag nach der Abreise des Königs eine Bittprozession* (processio generalis cum missa solenni) *mit Messe und Predigt gehalten werden sollte, wurde in der 17. Sitzung des Konzils am 15. Juli 1415 beschlossen. Vgl. H. von der Hardt, Magnum Oecumenicum Constantiense Concilium de uni-versale ecclesiae reformatione, unione, et fide 4 (1699) S. 480; J. D. Mansi, Sacrorum conciliorum nova, et amplissima collectio 27 (1784, ND 1961) Sp. 781; P. Arendt, Die Predigten des Konstanzer Konzils. Ein Beitrag zur Predigt- und Kirchengeschichte des ausgehenden Mittelalters (1933) S. 20; O. Feger, Das Konzil zu Konstanz, Bd. 2, S. 206; W. Brandmüller, Das Konzil von Konstanz, Bd. 1, S. 404; M. Prietzel, Dietrich Kerkering von Münster, S. 107.*

203   *Zum Eichhorn bzw. stadtnah gelegenen Eichhornwald vgl. J. Marmor, Geschichtliche Topogra-phie der Stadt Konstanz, S. 374f.; vgl. c. 287.*

204   *Dieser Hinweis auf öffentliche Frauen, was Prostitution vermuten lässt, findet sich auch in Z$_2$ und D$_1$, fehlt indes in A und K. In K ist nur von* hipsch frowen *die Rede.*

Bild: *Asche wird verladen, D₁ fol. 34ʳ. Untere Blatthälfte. Bildtext:* Hie ward die ǎsch des Hussen, als er verbrant ward, und sein gebein in den Rein gefǔrt.

(164) [G fol. 23ʳᵇ] Anno Dni. MCCCCXV uff dornstag vor Sant Gallen tag²⁰⁵, do starb der hochwirdig her Landolffus, der cardinal von Barrensis, geborn von künglichem geschlächt von Napuls. Und starb in dem grossen hoff by dem crützgang zů der 5 rechten hand, als man zů den predigern gǎtᵃ, darinn Sant Katherinen cappelle stautᵇ. Und trǔg man in tod zů den predigern. Und lag da unvergraben biß an den dritten tag. Do ward er begraben und lut man im mit allen glokken. Und also lag er [in dem chorᶜ] biß an den frytag vorᵈ aller hailigen tag.

(165) Do begieng man sin oppffer also, daz man gemachet hett zů den predigern in 10 dem münster zů baiden syten ain gezymerᵉ hoch, da kertzen uff stůnden und [23ᵛ] brunnend. Und stůndend an yegklicher syten vier und dryssig brinnender kertzen, das was ächt und sechtzig kertzen, der yegklich was ob vierdhalbem pfund. Darnach het man gemachett vornan in der kilchen nach by dem chor by dem altar uff dem pfletz ain behůsᶠ, daz stůnd uff vier sülen und het ain tach, das was in vier ort gerichtet. Und als 15 obᵍ zwen knǒppffʰ da solten sin. Uff dem tach stůndend zwölff groß kertzen. Und was das tach uffrecht gespitzt, und stůndend uff dem tach aine an der andre klainer kertzen gesteket, yegkliche by ainem vierdung wachs. Der was one zal, ye aine an der andren brinnend, glich als der ain hültzin huß anstieß und das in alle brunst käm. Also was es an ze sehend und was das huß wol by zwaintzig schǔch lang und vierzehen schǔch wyt. 20 Under dem huß lag die baur²⁰⁶, ain groß bett, das was bedekt mit vier kostlichen guldinen tůchern, die ytal mit gold belait warend. Umb diß baur sǎssend sin diener, der warend by fünf und viertzigen, der yegklicher was beclaidet mit schwartzem tůch mit mantel und kappen, als man gewonlich ze Rǒm gǎt, so man treit gewand des schmertzen. Das was alles nüw gewand und ward kofft den erbern yegklichem ayliff eln, ye die ellen 25 für ain guldin, den andren zwölff eln, ye die eln umm zwölff plaphart. Und giengend inen die mäntel wyt umb sich und an der erd nach mer dann ain spangⁱ lang oder zwo,

---

a *folgt* den do zema[l] inne hett herr Cǔnrat von Münchwile *I; folgt* den da zemal inne hatt her Cǔnrat von Münchwile *Z₁.*

b starb – staut] starb in her Cǔnratz von Münchwil hof *Sg.*

c *so SgIZ₁.*

d nach *A.*

e getzymmer *D₁.*

f hus *Sg;* behuss *I;* husli *Z₁;* beheuß *D₁.*

g *fehlt SgIZ₁D₁.*

h köpf *SgIZ₁.*

i spann *SgD₁.*

---

205 *Am 16. Oktober 1415 verstarb Landulfo Maramaldo von Bari (Barensis), Kardinaldiakon von S. Nicola in Carcere. Zu den Exequien vgl. W. BRANDMÜLLER, Das Konzil von Konstanz, Bd. 2, S. 56.*
206 *Bahre.*

nach dem und ainer lang was. Dero yegclicher hett ain brinnend kertzen in der hand, die
wag by[a] halben pfund wachs. Und uff sinem grab lag och ain guldin schön tůch und
brunnend vier groß kertzen och darob. Da het meß ain cardinal und dienten im zwen
cardinal, und zů der Obsequi[b] da hieltend vier cardinal, der yegklicher laß ain collect,
5 und was by dem oppffer alle pfaffhait ze Costentz, all patriarchen, cardinäl, ertzbyschoff, byschoff, åbbt, bröpst, all gelert lüt, all auditores und sust al ander fürsten und
heren, gaistlich und weltlich, zwen burgermaister zů Costentz, alle rät und sust mengclich. Und zů dem oppffer gab man yegklichem, wer si nemen wolt, man und froen, ain
kertzen, die wagend iegkliche ainen vierdung wachß, und wer sy haym tragen wolt, der
10 mocht es wol tůn. Und maint man, daz die begrebdt[c] gestünde mit allen dingen ob drü-
zehenhundert dukaten. *Es folgt das Wappen mit der Überschrift:* Landolffus cardinaul
von Barrensis.

(178) [24ʳ] Anno[207] Dni. MCCCCXVI an dem hailigen tag ze winächten vor[d] imbiß,
do starb der hochwirdig cardinal Brandellus[208] Balbiner[e], von baupst Gregorien, der nun
15 haist Angelus de Corwario, in Peter Rickenbachs[f] huß zu dem Bern[g] uff den Blatten.
Und trůg man in zů den prediern[h] und hett man im noch kain oppffer gehabt. *Es folgt das*
Wappen mit der Überschrift: Brandellus cardinal Balbine[i].

(169) Anno Dni. MCCCCXVI an sonnentag nach dem hailigen tag ze winächten, das
was an Sant Thomas tag von Kantzelberg[209], do begiengend die Engelschen[j] alle, die ze
20 Costentz warend, Sant Thomas tag gar loblich zů dem thům ze Costentz mit grosem
loblichem gesang, mit brinnenden kertzen und mit grosser gezierd, und presonet[k] man
zů allen ziten durch die stat.

(166) In dem jar ward erwelt ze burgermaister Cůnrat Mangolt, und der stůnd an an
dem zwölfften ze winächten anno Dni. MCCCCXVI. *Es folgt das Wappen mit der*
25 *Überschrift:* Cůnratt Mangoltt.

(170) An dem sonnentag nach dem hailigen tag tze winächten, das was an Sant Tho-

---

a   *folgt* ainem *SgIZ₁D₁.*
b   Obsequi] absiten *SgZ₁*; Absequi *I.*
c   *folgt* an selgerät *Sg*; *folgt* an selgret *IZ₁.*
d   nach *AK.*
e   Bandellus de Balbine *A*; Pandellus de Balbine *K*; babst Gregorius *I.*
f   Reichenbachs *D₁.*
g   Beren *AK.*
h   prediern] augustinern *AK.*
i   [Ba]lbine *D₁.*
j   die Engelschen] all ertzbischoff *K*; die ertzbischoff alle *Wo*; die Englischen *D₁.*
k   pusanet *D₁.*

---

207   *Wie in A folgt hier c. 178 auf c. 165 bzw. auf c. 166.*
208   *Gemeint ist Bandello Bandelli, Kardinalpriester von S. Balbina (Ariminensis).*
209   *Thomas (Beckett) von Canterbury.*

mas tag von Cantzelberg glich ze aubend des jars als vor stat, do kamend mår und bottschafft von unserm heren dem küng, wie der küng von Arragoni, der küng von Castell,
der küng von Navern, der küng von Baiorik, der grauff von Fussy und ander fürsten und
heren wärend abtretten von dem baupst Benedittoᵃ, den man nempt Petrum de Luna,
und wöltend im nit mer gehorsam sin²¹⁰. Und also lut man laudes all gloken zů fünff   5
malen in der nacht. Mornend am mentag frůge hieß hertzog Ludewig rüffen in der stat
ze Costentz umb und umb, das mengklich firen solt biß das man gesunge. Und begieng
man ain groß vest von der hailigen dryvältikaitᵇ. Und warend daby all pfaffhait und
prelatenᶜ, fürsten und heren, gaistlich und weltlich, und lut man aber laudes zů dry malen. Und darnach het man ain grossen crützgang imᵈ münster umb mit allem hailtům.   10
Und alle die wyl man umbgieng, do prisonetᵉ man all prisonerᶠ, der warendᵍ by nünen,
und giengen da mit aller zünfft zů Costentz kertzen und alle pfaffhait zů Costentz und
lut man aber laudes.

(171) [24ᵛ] An dem achtundzwaintzigosten tag des monatz January, das was mitwoch
vor der liechtmeß anno Dni. MCCCCXVI, do kamend gen Costentz die bottschafft, die   15
mit unserm heren dem küng enwegʰ fůr, und brachtend brieff, wie der küng von Arragoni, der küng von Castell, der küng von Baiorik, der küng von Navern, der küng von
Schotten, der grauff von Fussi und ander fürsten und heren in den landenⁱ, wie die dem
bapst Benedicto nit mer woltend gehorsam sin, und wölten halten den baupst, welerʲ ze
Costentz in dem hailigen concilio ze baupst erwelt wirt.   20

(172) Mornend am dornstag, do ward sessio, und da wurdend verlesen die selben
brieff. Und ward in der session gelich genomen baupst Benedicto aller gewalt und zů

---

a   Benedicto *SgIZ₁D₁*.
b   trinität *SgI*.
c   und prelaten und prelauten *G*.
d   in dem *SgIZ₁D₁*.
e   presunatant *Sg*; prosunotent *I*; presunetent *Z₁*; pusanet *D₁*.
f   presuner *SgZ₁*; presunen *I*; busanen *D₁*.
g   *folgt* all *D₁*.
h   hinwege *D₁*.
i   in den landen] in dem lande *D₁*.
j   weler] wer *SgIZ₁*; wölcher *D₁*.

---

210   *Bezieht sich wohl auf den Vertrag von Narbonne (Capitula Narbonensia), der am 13. Dezember
1415 abgeschlossen wurde. Die Nachricht traf am 29. Dezember in Konstanz ein, am 4. Februar 1416
wurde der Vertrag vom Konzil bestätigt. Vgl. J. D. MANSI, Sacrorum conciliorum nova, et amplissima
collectio 27 (1784, ND 1961) Sp. 812–817; W. BRANDMÜLLER, Das Konzil von Konstanz, Bd. 2, S. 43,
226f.; A. FRENKEN, in: 1414–1418. Weltereignis des Mittelalters. Das Konstanzer Konzil. Katalog (2014)
S. 286–288; DERS., Das Konstanzer Konzil, S. 106f.; Th. M. BUCK / H. KRAUME, Das Konstanzer Konzil, S. 157–159; M. KINTZINGER, Das Konzil konstruieren, S. 227; M. PRIETZEL, Dietrich Kerkering von
Münster, S. 99f.*

nüten gemacht. Und wer in füro hielt, der sölt haben den ewigen flůch und berobnuß siner benefici. Und ward gelüt ze vesper, ze mittag und ze nacht.

(173,1) Mornend am frytag gebot das hailig concilium und hieß růffen ze mittem tag in der stat Costentz umb und umb, das aller mengklichs morn am sambstag firen sölt,
5 biß das ain crützgang beschäch, umb das got sin gnad sandte, das ainhellikait wurd. Und lut man^a aber laudes ze mittag, ze vesper und ze nacht.

(173,2) Mornend an dem sambstag, das was an unser lieben froen aubend zů der liechtmeß in der sübenden stund, do lut man aber laudes und darnach drystund mit der grossen gloken. Und beschach ain crützgang von dem münster zů den augustinern. Und
10 gieng damit all pfaffhait ze Costentz und alle fürsten, gaistlich und weltlich.

(174,1) An dem^b dryzehenden tag des monatz February, das was am dornstag vor Valentini anno Dni. MCCCCXVI, do ward sessio. In der session do laiten für küng Latislaus^c von Polan, hertzog Alexander, genannt Witolt, [25^r] grosser hertzog zů Littow, hertzog Semonicus von Masophie, hertzog Johans und hertzog Wentzlaus von der
15 Masophie, und die heren von Plau^d durch ir bottschafft ir clag und zůsprůch für die selben session, so sy hond zů den heren von Prüssen[211]. Und do veranttwürtend sich die heren von Prüssen, als ver und sy sich vermochtend.

(174,2) An dem andern tag in dem Mertzen, das was an mentag nach Esto michi, do was ain sessio; do kamen brieff von dem küng von Arragoni. Der starkt daz concilium
20 und maint, er wölt es bald darzů bringen, daz Benedictus abtretten^e můst. Und ward aber^f zů dry malen laudes gelüt.

(174,3) Des selben tags hett hertzog Ludewig von Haidelberg ain gestäch mit den burgern zů Costentz, und stachend den mentag und zinstag, und zwen hertzogen und vier graven, vil ritter und knecht, wol by acht und tryssig helmen.

25 *(175)* An dem sechsden tag in dem Mertzen, daz was am frytag vor der mannvasnacht[212], do gebot man aber ze firend^g, biß daz das crütz in käm. Und hetten die herren ain grossen crützgang und giengend damit all patriarchen, cardinäl, ertzbischoff, by-

---

a   *fehlt D₁.*
b   dem dem *G.*
c   Laudislaus *A*; Wuldislaus *K*; Wladislaus *SgI*; Ladislauß *Z₁.*
d   Plaw *Z₂D₁.*
e   abtretten] resignieren *SgI*; resignieren, daz ist ufgeben *Z₁.*
f   *fehlt SgID₁.*
g   viren *I*; feiren *D₁.*

---

211 *Vgl. cc. 70,2 und 187.*
212 *Im 14. und zunehmend im 15. Jahrhundert werden zwei Fastnachtszeiten deutlich. Mit der Mann-, Pfaffen- oder Herrenfastnacht ist der siebente Sonntag vor Ostern (Estomihi) gemeint, bei der die klerikale Lustbarkeit im Mittelpunkt stand. Die Volksfastnacht, an der sich das »Volk« vergnügte, bezieht sich auf den Dienstag danach.*

schoff, äbbt, fürsten, al[a] doctores, magistri und licentiati, by fünffhundert, all örden und pfaffhait. Und gieng man von dem münster zů den augustinern und wyderumbher durch die barfůssen und durch Sant Stephan wyder in das münster, umb das der almächtig got die ainwellung[b] des baupsts fürdrote und daz die küng von Arragoni, von Castell, von Bayorik, von Navern, von Schotten und ander fürsten belibend in dem gůten wyllen und nit abgewist wurdind.

(176) [25ᵛ] Am dornstag nach der liechtmeß was ain sessio. Für die selben session[c] do brachtend[d] die Samariten[213], das ist in latin die von Samarinitarum, die recht haiden sind[e], und begerotend[f], das man inen sandte zwen byschoff und ander gelert lüt, so wöltend sy cristan werden, die sy cristan globen lertend. Und also erbot sich der cardinal Johannes tituli Sancti Sixti cardinal zů Ragusin[214] von baupst Gregorien. Der ward inen och geben und zwen recht byschoff und zwen wychbischoff und sust ander gelert pfaffen, die sy leren solten cristan globen.

(177) An dem sambstag in der vasten, so man singet das ampt Sicientes venite ad aquas, do wyhet der patriarch Johannes von Anthiochia[215] in Sant Stephans kilchen die priester, und warend da zegegen vil cardinäl, byschoff und ander herren.

(179,2) An mentag vor ingändem Aberellen in der vasten, als man dann gewonlich prim[g] lütet[216], do rait hertzog Frydrich von Österrich one urlob und erloben von der stat

a   all *SgZ₁Z₂D₁*; alle *I*.
b   einwellung *Z₁*; erwellung *Z₂*; einwelunge *D₁*.
c   Für – session] *fehlt IZ₁D₁*.
d   *folgt* für *IZ₁Z₂*.
e   *folgt* für *St₁*.
f   baten *I*; batent *Z₁*; battend *Z₂*.
g   preim *D₁*.

213   *Gemeint sind die Schemaiten oder Samaiten (Bewohner der Provinz Samogitia/Samogitien im Herzogtum Litauen). Vgl. G.* FILLASTRE, *in: ACC, Bd. 2 (1923) S. 58; Aegidius Tschudis Chronicon Helveticum (Quellen zur Schweizer Geschichte N.F. I. Abt., Bd. VII, 8), bearb. von B.* STETTLER *(1990) S. 183f. mit Anm. 114, 204; H.* KOEPPEN, *Die Berichte der Generalprokuratoren des Deutschen Ordens an der Kurie, Bd. 2: Peter von Wormditt (1960) S. 284–286, 312f. Anm. 11, 313 Anm. 14, 329 Anm. 17; O.* FEGER, *Das Konzil zu Konstanz, Bd. 2, S. 211, 214; A.* FRENKEN, *Die Erforschung des Konstanzer Konzils, S. 210–212; W.* BRANDMÜLLER, *Das Konzil von Konstanz, Bd. 2, S. 157–162, 191; H.* BOOCK-MANN, *Johannes Falkenberg, der Deutsche Orden und die polnische Politik. Untersuchungen zur politischen Theorie des späteren Mittelalters (1975) S. 72–90, 205–208;* DERS., *Art. Schemaiten (lat. Samogitia), in: LexMA, Bd. 7 (1999) Sp. 1449; J.* SARNOWSKY, *Der Deutsche Orden (2007) S. 89–97; Th. M.* BUCK / H. KRAUME, *Das Konstanzer Konzil, S. 285; L.* PÓSÁN, *Der Konflikt zwischen dem Deutschen Orden und dem polnisch-litauischen Staat auf dem Konstanzer Konzil, in: A.* BÁRÁNY *(Hg.), Das Konzil von Konstanz und Ungarn (2016) S. 65–83, hier S. 75f.*
214   *Giovanni Dominici, gen. von Ragusa (cardinalis Ragusinus), Kardinalpriester von S. Sisto.*
215   *Jean Mauroux, Titularpatriarch von Antiochia.*
216   *30. März 1416. Vgl. H.* KOEPPEN, *Die Berichte der Generalprokuratoren des Deutschen Ordens an*

ze Costentz und rait nur selb vierd über sinen ayde[217]. Und kam des tags gen Veltkirch
und dafür und darnach an die Ettsch.

(180) Dar nach an dem palmtag aubend[a] kam clag frů von junckher Jörgen von End[218],
wie daz sin diener und die sinen uff gehebt hetten ain schiff mit korn und mit anderm
5　plunder. Darinn was der von Veltkirch gůt und dero von Costentz und ander lüten. Und
wäre das gefürt uff Grymenstain, die vestin[219]. Darzů hettend vormals och sin diener
gejagt byschoff und äbbt, die zů dem concilium gehortend. Und was der selb von End[b] in
der stat und griffend die von Costentz zů im und fiengen in, und entran sin knecht[220] und
kam uff den see und fůr man im nach und ertrankt man in mit sinem gewand und mit
10　gantzem harnasch. Und wölt man über junkher Jörgen gericht haben, do kamend sin
fründ und vertädingoten, daz man sin vestin näme ân gnad, und er[26ʳ]troste[c] ain urfech
und daz er wyder des richs stet füro nit tön noch sin sölt. Das bestůnd also.

(182,3) An[221] dem stillen frytag, do hett zů Sant Stephan daz ampt der patriarch Anthiocenus und fůrt in mit dem sacrament der[d] burgermaister Cůnrat Mangolt und Jo-
15　hannes von Schwartzach.

---

a　balmaubent *A*; palmaubend *K*; balmtag *St₁*; balmabend *Sg*; palmabent *IZ₁Z₂*.
b　von End] junckher Jorg von End *St₁*; junckherr Jörg vonn Ende *D₁*.
c　vertrösten *SgI*; vertrôsten *Z₁*; vertrosti *Z₂*.
d　der] unser *Z₂*.

der Kurie, Bd. 2: Peter von Wormditt (1960) S. 319, 435 Anm. 13; O. FEGER, Das Konzil zu Konstanz,
Bd. 2, S. 212; H. MAURER, Konstanz im Mittelalter, Bd. 2, S. 41; W. BRANDMÜLLER, Das Konzil von
Konstanz, Bd. 2, S. 178 mit Anm. 457; P. NIEDERHÄUSER, Fürst und Fluchthelfer. Herzog Friedrich IV.
von Österreich und das Konzil von Konstanz, in: 1414–1418. Weltereignis des Mittelalters. Das Konstanzer Konzil. Essays (2013) S. 149.
217　Vgl. hierzu S. WEISS, Salzburg und das Konstanzer Konzil, S. 189f. mit Anm. 778 auf S. 279;
DIES., Herzog Friedrich IV. auf dem Konstanzer Konzil, in: Tiroler Heimat 57 (1993) S. 35f.; W. BRAND-
MÜLLER, Das Konzil von Konstanz, Bd. 2, S. 178 und Eberhart Windeckes Denkwürdigkeiten zur Ge-
schichte des Zeitalters Kaiser Sigmunds, hg. von W. ALTMANN (1893) LXXIV, § 83, S. 70.
218　Georg II. von Enne, Herr zu Grimmenstein. Zu ihm Aegidius Tschudis Chronicon Helveticum
(Quellen zur Schweizer Geschichte N.F. I. Abt., Bd. VII, 8), bearb. von B. STETTLER (1990) S. 186; J.
MARMOR, Geschichtliche Topographie der Stadt Konstanz, S. 106f.; Ph. RUPPERT, Das alte Konstanz in
Schrift und Stift, S. 120 mit Anm.*; P. BÜTLER, Die Freiherren von Enne auf Grimmenstein, in: SVG
Bodensee 44 (1915) S. 73–92; O. FEGER, Das Konzil zu Konstanz, Bd. 2, S. 212; W. MATTHIESSEN, Ulrich
Richentals Chronik, S. 139, 387f.; H. MAURER, Konstanz im Mittelalter, Bd. 2, S. 78; A. FRENKEN,
Wohnraumbewirtschaftung, S. 115 Anm. 16; Th. M. BUCK / H. KRAUME, Das Konstanzer Konzil,
S. 255f.; P. NIEDERHÄUSER, in: S. VOLKART (Hg.), Rom am Bodensee, S. 71–73; B. FALK, Das Ravensburger »Mohrenfresko« von 1417/31. Eine Verherrlichung des Konstanzer Konzils in der Firmenzentrale
der Humpisgesellschaft?, in: SVG Bodensee 132 (2014) S. 69; A. FRENKEN, Das Konstanzer Konzil, S. 56
mit Anm. 32 auf S. 165, 133.
219　Burg bei St. Margrethen (1416 zerstört).
220　Der Knecht führt in Sg, I und Z₁ den Namen Cůnrat.
221　Das Kapitel erscheint als Nachtrag zu c. 182,2 in A, es fehlt in K und W.

(183) An dem hailigen aubend ze ostren beducht[a] die von Costentz, das des von End fründ sümig wölten sin, und wolten aber zů im gericht haben. Und fůrt man in gebunden usser dem turn[b] für die rautstuben[c] mit vil gewappoten mannen. Und kamen aber sin fründ, und gabend den von Costentz die vestin an dem hailigen tag zů nacht am zinstag. In der osterwochen verbranten die von Costentz Grimenstain und dar[nach[d]] am mentag 5 vieng man sy an abbrechen[e].

(186,1) An dem achtenden tag in dem Maygen, der was do an ainem frytag, do hett[f] daz concilium ain groß oppffer in dem münster dem durchlüchtigosten fürsten küng Vernandus von Arragoni säligen[222]. Und het man im och enmitten uff dem pfletz ge- macht ain behusung uff vier sül, zů gelicher [wiss[g]] als vor dem cardinal[223]. Da was obnan 10 das tach allenthalb bestekt mit brinnenden kertzen, under der behusung lag die baur[h] mit vier guldinen tüchern und warend uff gestekt zwüschen den süln groß brinnend ker- tzen, an yegklicher syten sechsundtrysig, das ward zwo und sübentzig kertzen, die zwüschen den sülen stůnden. Der yeglliche wag by drythalbem pfund wachs, one die kertzen uff dem hůß, der was on zal. Und lut man schon mit allen gloken. Und het meß 15 der patriarch und warend daby al cardinäl, all ertzbyschoff, byschoff, äbbt und all pfaff- hait und alle [26ᵛ] weltlich fürsten.

(186,2) Des tags da begiengen die byschoff und die pfaffhait us Boland[i] ain groß vest mit ainer gesungen meß zů den barfůssen Sant Stertzeslaus irem küng. Zů der vorge- schriben grebdt[j] warend och uff der kantzel in dem münster vierzehen grosser brinnen- 20 der kertzen anno Dni. MCCCCXVI.

a   dunckt *Z₂*.
b   türn *St₁*; turen *D₁*.
c   *folgt* und wolt man uber in gericht han *St₁*; *folgt* und wolt man zů im gericht haben *I*.
d   *so St₁SgIZ₂*.
e   *folgt* und zerstören allß im jar MCCCCXVI jar *St₁*.
f   hielt *Z₂*.
g   was *I*; wiss *Z₂*.
h   bar *IZ₁Z₂D₁*.
i   Polerland *Z₂*.
j   grebt *D₁*.

222   *Ferdinand I. von Antequera, König von Aragón-Sizilien, war am 2. April 1416 gestorben, am 30. April hielt man ihm zu Konstanz ein glanzvolles Requiem, zum Jahrestag, am 2. April 1417, richtete die aragonesische Gesandtschaft eine prunkvolle Feier aus. Vgl. L. VONES, Art. Ferdinand I. von Antequera, in: LexMA, Bd. 4 (1999) Sp. 356–358; W. BRANDMÜLLER, Das Konzil von Konstanz, Bd. 2, S. 53, 286; J. GROHE, Spanien und die großen Konzilien von Konstanz und Basel, in: »Das kommt mir spanisch vor«. Eigenes und Fremdes in den deutsch-spanischen Beziehungen des späten Mittelalters, hg. von K. HER- BERS und N. JASPERT (2004) S. 493–502; Th. M. BUCK / H. KRAUME, Das Konstanzer Konzil, S. 232; N. JASPERT, Das aragonesische Dilemma, S. 115f. mit Anm. 40 auf S. 116; A. FRENKEN, Kastilien und das Konstanzer Konzil, S. 151.*
223   *Vgl. cc. 164–165.*

(161) An dem zinstag[a] vor ingändem Brachet in dem Maigen anno Dni. MCCCCXVI,
do ward ain sessio und ward besant maister Yeronomus[224]. Und als er vormals uff den sin
komen was, das er abstän wolt sines kätzers globen in der session, do anttwurt er, er hett
üppenclich gesworn, das er den globen nit mer halten wölt und flücht im selbs darumb,
5   daz er es vormals zů dry malen versworn het. Und sprach offenlich, er wölt halten den
globen, so maister Hanß Huß gelobt hett, und wäre och der Huß und maister Hanß
Wykleff gůt lüt gesin[b]. Und also ward er von gantzem gemainem concilio für ainen kätzer vertailt. Und gab man in dem weltlichen gericht. Und namen in grauff Eberhart von
Nellenburg[c], gräf Johans[d] von Luppffen, die do[e] stathalter des concilio warend von un-
10 sers herren[f] des küngs wegen, Cůnrat Mangolt, obren burgermaister, und Hainrich
Gunterswyler[g], undren burgermaister. Und fůrt man in uß mit vil gewapoten mannen,
und rittend die vier vor im und hinder im biß an die stat, da der Huß verbrant ward, da
ward er och verbrant. Und an dem ushin füren het er uff ain infeln, da stůndend zwen
tüfel angemalet, und daran geschriben Erisiarcha, das ist als vil gesprochen: ain ertzby-
15 schoff aller kätzer[h]. Und sang uß und uß die letanie[i] und in dem für[j] den Credo in unum
Deum und bestättet och in dem für[k], daz des Hussen und Wykleffs globen recht[l] wäre.
Und ward verbrant an der aylifften stund[225]. Füro das lesen, wie er gen Costentz kam

---

a   sonntag *A*; samstag *PrKSgIZ₁Z₂*; sambstag *Wo*.
b   gewessen *St₁*; gewesen *D₁*.
c   Nellenburg] Nürenberg *I*.
d   Hannß *St₁*; Hans *SgIZ₁*; Hanns *D₁*.
e   do] *fehlt St₁D₁*.
f   unsers herren] *fehlt St₁D₁*.
g   Günterschwiller *St₁*; Gunterswiler *I*; Guntswiler *Z₁*; Gunterschweiler *D₁*.
h   ertzbyschoff aller kätzer] ertzketzer aller ketzer *St₁*; ertzketzer *Z₁*.
i   letanei *D₁*.
j   feür *D₁*.
k   *folgt* offenlich *St₁*.
l   gerecht *St₁Sg*; grech *Z₁*.

---

224   *Vgl. cc. 152–153 in der siebten Texteinheit.*
225   *Hieronymus von Prag wurde am 30. Mai 1416, dem Tag der 21. Sitzung des Konzils, hingerichtet,
nachdem – wie bei Hus – zuvor der Bischof von Lodi gepredigt hatte. Zum Leiden und Sterben von
Hieronymus siehe auch den Brief des italienischen Humanisten und päpstlichen Sekretärs Poggio Brac-
ciolini, den dieser am Todestag an Leonardo Bruni geschrieben hat. Vgl. Aeneas Silvius Piccolomini,
Historia Bohemica, hg. von J. Hejnic und H. Rothe, Bd. 1 (2005) S. 250–253; Aegidius Tschudis Chronicon Helveticum (Quellen zur Schweizer Geschichte N.F. I. Abt., Bd. VII, 8), bearb. von B. Stettler
(1990) S. 195–203; J. Stumpf, Des grossen gemeinen Conciliums zů Costentz gehalten/kurtze/doch
grundtlichere und volkommnere […] beschreybung (1541) foll. CXXXʳ–CXXXIʳ; G. Fillastre, in:
ACC, Bd. 2 (1923) S. 60–62; V. Novotný, in: Fontes Rerum Bohemicarum, Bd. 8 (1932) S. 323–334,
345–350; F. M. Bartoš, Kostnický proces M. Jeronyma Pražského, in: Sborník historický 4 (1956)
S. 56–64; R. N. Watkins, The Death of Jerome of Prague: Divergent Views, in: Speculum 42 (1967)*

und brieff an Sant Stephans kilchtür angeschlagen het, wyder an den Behemer wald kam, da gefangen und wyder gen Costentz gefürt ward, stat an dem cclxviij. blat[226] hienach[a].

Bild: *Hieronymus von Prag, fol. 27ʳ. Bildtext:* Hie ward maister Jeronimus, [des[b]] Hussen gesell, ussgefürt und verbrenntt, da der Huss verbrennt ward.

Bild: *Kreuzgang der Florentiner, fol. 27ᵛ. Bildtext:* Hörtt, hörtt, es wellend min her-   5 ren von Flörentz Santt Johanns fest begön.

(187) [28ʳ] An unsers herren fronlichnam aubend, do warend alle naciones byainan-der. Und kamend für die botschafft, die gesant was zů den von Samaiten, und clegtten[c] die von den tütschen brüdern von Prüssen[227], wie das sy sy gesumpt hettend, und nit wolten, daz sy cristan wurden. Das veranttwurtend sy, sy hetten sy vor zyten bezwun-   10 gen[d] und horten zů dem ertzbyschoff zů Rig in Nifenland[228], der sölt sy cristen machen. Da ward den tütschen brüdern gebotten, das sy sy in kain weg nit sumen sölten und das sy dem rich zů gehören sölten in weltlichen sachen und in gaistlichen sachen irem by-schof[e]. Und wurdent also wyder inhin[f] gesant.

(188) Mornend an unsers heren fronlichnam tag anno Dni. MCCCCXVI, do crutzet   15 man umb die stat. Und gieng damit al pfaffhait ze Costentz und al örden. Und giengend da mit zwen patriarchen, nünzehen cardinäl, fünff ertzbischoff, süben und fünfftzig byschoff und zehen äbbt, all mit iren infelen, und vier byschoff öne infelen. Und trügend

---

a   Füro das lesen – blat hienach] Füro mer, wye er gen Costentz kam unnd brieff an Sant Stephans kirchenthür angeschlagen het, wider an den Behemer wald kam, daz vindest zůletst in dem bůche bei der histori von dem Hussen *D₁*.

b   *so D₁*.

c   klagten *D₁*.

d   betwungen *Sg*; gezwungen *IZ₂*.

e   byschof] bottschaft *Sg*; bottschafften *I*; botschaft *Z₁*.

f   in *SgIZ₁*; hin *Z₂*; umbhin *D₁*.

S. 104–129; R. R. BETTS, *Jerome of Prague, in: Essays in Czech History (1969) S. 230–235; H.* HERKOM-MER, *Die Geschichte vom Leiden und Sterben des Jan Hus als Ereignis und Erzählung, in: Literatur und Laienbildung im Spätmittelalter und in der Reformationszeit, hg. von L.* GRENZMANN *und K.* STACK-MANN *(1984) S. 123f., 137 Anm. 42 und 43; F.* ŠMAHEL, *Poggio und Hieronymus von Prag: Zur Frage des hussitischen Humanismus, in: Studien zum Humanismus in den böhmischen Ländern, Bd. 1 (1988) S. 75–91;* DERS., *Hieronymus von Prag, in: 1414–1418. Weltereignis des Mittelalters. Das Konstanzer Konzil. Katalog (2014) S. 273f.; J.* BUJNOCH, *Die Hussiten. Die Chronik des Laurentius von Březová 1414–1421 (1988) S. 50–52; W.* BRANDMÜLLER, *Das Konzil von Konstanz, Bd. 2, S. 115–139; St.* GREEN-BLATT, *The Swerve. How the World Became Modern (2011) S. 172–181; W.* RÜGERT, *Jan Hus. Auf den Spuren des böhmischen Reformators (2015) S. 70–75; Th. A.* FUDGE, *Jerome of Prague and the Founda-tions of the Hussite Movement (2016) S. 234–253, 334f., 338–343.*

226   *Wie oben wird auch hier auf die nachstehende Hus- und Hieronymus-Geschichte foll 267ʳᵃ–268ᵛᵇ, Bʳᵃ–Cʳᵘ verwiesen.*

227   *Vgl. cc. 70,2, 174,1 und 176.*

228   *Livland.*

alle brinnend kertzen in den henden biß zů dem münster usher. Do gabend sy sy iren knechten. Die trůgen sy vor unsers herren fronlichnam. Der warend ob sechtzig und hunderten kertzen. Und gieng da mit hertzog Ludewig von Bayern von Haidelberg, all auditores, secretarii, notarii, advocati und all ander gelert lüt und gemain volk, und we-
5 ret wol zwo stund.

(189) Sant Johanns fest: An Sant Johans aubend[a], do begiengen die wechßler von Florentz Sant Johans fest. Und hetten zwain prusuner angehenkt Florentzer banier, das was ain roter lilg[b] in ainem wyssen veld. Die giengen ze vesperzit mit dry pfiffern durch die stat und prusunoten[c] und pfiffoten. Und hetten Sant Johans kilchen ummhenkt mit
10 schönen tüchern und mayen. In dem kilchhoff ummstekt und in der kilchen zů Sant Johans hangotend zwen schilt, ainer in dem [28^V] chor, der ander uff dem pfletz[d]. Und was die kilch und der chor umbhenkt mit tann kreß[e] und mit oflaten. Und brunend schön kertzen uff dem altar. Mornend an Sant Johanß tag frů beströten sy die strauß[f] von Sant Johann zů den parfůssen, und bestaktend die straussen[g] baydenthalb mit maygen.
15 Und prusonet[h] und pfifft man drystund[i] durch die statt. Und zů dem drytten prusunen, do giengend alle byschoff und gelert lüt von Lamparten den prusonern[j] und pfiffern nach von den barfůssen biß zů Sant Johans. Und gieng mit in hertzog Ludwig von Haidelberg und trůg ir yegklich ain brinnend kertzen in siner hand, welher aber sy selb nit trůg, dem trůg sy sin knecht. Und wag yegkliche kertz by dritthalb pfund wachs und
20 trůgen vor den prusonern[k] sechs groß brinnend kertzen. Der kertzen was überal[l] funff hundert und viertzig, one die zů Sant Johans brunnend. Und het da ain gesungen meß.

(190) Uff dornstag nach Sant Johans tag, das was dozemal der achtend tag[m] unsers herrn fronlichnam[n], do hett daz gantz concilium ainen crützgang mit unsers heren fronlichnam. Und giengen usser dem münster gen Petershusen. Und giengend da mit alle
25 patriarchen, cardinäl, ertzbyschoff, byschoff, åbbt, gelert lüt, auditores und alle pfaff-hait zů Costentz mit allem hailtům, hertzog Ludwig und alle ander weltlich herren und

---

a   tag A.
b   gilgen AK; löw Sg; lőw Z$_1$; lug I; lylg Z$_2$.
c   presunatand Sg; presunetent IZ$_1$; pusanetent D$_1$.
d   gefletz Sg; gfletz Z$_1$.
e   tanni kesß Sg; tanin kess I; tanni kriss Z$_1$; tannen kreß D$_1$.
f   straus I; strass Z$_1$; straß D$_1$.
g   sträß Sg; strasse IZ$_1$; strassen D$_1$.
h   presunatant Sg; presunt I; presunetent Z$_1$; pusanet D$_1$.
i   dry mälen Sg; drin malen I; iij malen Z$_1$; dristett Z$_2$.
j   presunnern I; presuneren Z$_1$; pusanern D$_1$.
k   prusonern] parfůssen I; barfůssen Z$_1$.
l   überal] überhöpt IZ$_1$; aller überhöpt Z$_2$.
m   dozemal der achtend tag] an der octauff I; an der octava Z$_1$; an der octåff Z$_2$.
n   dozemal – fronlichnam] octava corporis Christi Sg.

damit der zunfftkertzen^a. Und gieng vast demütenclich mit kainem pfiffer noch pruso-ner^b.

(191) An mitwochen nach Petri und Pauli^c, do was ain congregaci^d zů den barfůssen. Und ward besant her Johans^e Latschenbock von des Hussen globen wegen[229]. Der swůr, den globen nit ze haltend, und daz in duchti, das der Huß und Yeronimus mit recht verbrent sigen, und hieß ordnen brieff, die er senden wolt von iren wegen gen Behem.

(192) [29^r] An dem vierden tag in dem ersten herpstmonat anno Dni. MCCCCXVI, do was ain^f sessio und braucht für her Michahel de Causis[230], wie er von gebottes wegen des concilium gelatt het, vier hundert und vierundzwaintzig namhaffter edler gesesner lüt us Behem, dem küngkrich, von des Hussen kätzer globen wegen[231]. Und wurden do in der session in den bann geton. Und wurden och deputaten^g erwelt wyder^h hertzog Frydrichen von Osterich ze procedierend und allen fürsten sin unrecht tůn ze verschribend.

(193,1) An dem fünfften tag in dem ersten herbstmonat[232], do kam botschafft von Arragoni an der fünfftden stund nach mittem tag. Und lut man all glokken, und dasⁱ ain grauf von Cardone[233], dry byschoff und dry ritter, und rittend in engegen baid burgermaister mit vil gewapoten und all pfaffhait und weltlich heren, usgenomen die cardinäl.

(193,2) An Sant Felix und Sant Regula tag in der nacht, do starb der kamere auditor und ward begraben zů dem thům. Darnach an der mittwochen het man im ain oppffer.

---

a   und damit der zunfftkertzen] *fehlt D₁*.

b   prusunen *Sg*; presunern *I*; pusaner *D₁*.

c   *danach* und Pauli *ausgestr. G*.

d   *folgt* daz ist ein samlung *Z₁*; *folgt* daz ist ein versamlung *Z₂*.

e   Hainrich *AK*.

f   ain] *fehlt D₁*.

g   *folgt* daz ist schidlüt *Z₁*.

h   *folgt* mit *Sg*; *folgt* mitten *I*; *folgt* mit dem *Z₁*; *folgt* min herren *Z₂*.

i   *folgt* was *SgIZ₂*; *folgt* waz *Z₁*.

---

229   *Heinrich Lacembok von Chlum, zusammen mit Wenzel von Leštno oder von Dubá und Johannes von Chlum Begleiter von Jan Hus. Vgl. R. HOKE, Der Prozeß des Jan Hus und das Geleit König Sigmunds, in: AHC 15 (1983) S. 174f.; F. ŠMAHEL, Die hussitische Revolution (MGH Schriften, Bd. 43), Bd. 2 (2002) S. 912; P. SOUKUP, Die Maßnahmen des Konzils gegen die Hussiten, in: 1414–1418. Weltereignis des Mittelalters. Das Konstanzer Konzil. Essays (2013) S. 95; DERS., Jan Hus (2014) S. 189. Zu dieser Anklage siehe auch Aegidius Tschudis Chronicon Helveticum (Quellen zur Schweizer Geschichte N.F. I. Abt., Bd. VII, 8), bearh. von B. STETTLER (1990) S. 204f. mit Anm. 127 auf S. 205.*

230   *Michael von Deutschbrod (heute Havlíčkův Brod), gen. de Causis.*

231   *Vgl. zu dieser Textstelle O. FEGER, Das Konzil zu Konstanz, Bd. 2, S. 216; Th. A. FUDGE, Jerome of Prague and the Foundations of the Hussite Movement (2016) S. 206.*

232   *Am 5. September 1416 traf die Gesandtschaft Aragóns in Konstanz ein. Vgl. N. JASPERT, Das aragonesische Dilemma, S. 113.*

233   *Leiter der Aragoneser Delegation war Juan Ramón Folch, Conde de Cardona.*

(193,3) Am dornstag vor Sant Michahels tag an der vierden stund nach mittemtag, do ritten in zwen byschoff von Engelland und ain doctor. Und ritten gegen inen all gaistlich und weltlich herren, on[a] die cardinäl. Und warend, so gegen in rittend, ob fünffzehenhundert pfärit.

5 *(193,4)* An dem sonntag nach Sant Michahels tag, das was do[b] [29ᵛ] Sant Franciscus tag, do hettend all cardinäl und byschoff ain gesungen meß zů den barfůssen, und liessend den crützgang den[c] tag underwegen.

(194,1) An sambstag[d] vor Sant Gallen tag, da kamend über ain die von Hyspania, von Portegal und die küngrich mit dem concilio, also daz si och ain nacion soltend haben. 10 Und[e] also wurdend fünff naciones[234].

(194,2) An der mittwochen vor dem obgenanten sambstag nach mittemtag, do ward ain congregacion von aller pfaffhait in dem münster. Und da offenlich über kamen die von Hyspania mit gemainem concilio und wurden ains mit ainander. Und nach der vesper lut man laudes und růfft man durch die stat, daz man mornend firen sölt, biß das 15 crütz inkäm. Und ze nacht nach der sübenden stund lut man aber laudes und mornend nach der sechsden stund frü am dornstag lut man aber laudes. Und samnoten sich all cardinäl, ertzbischoff, bischoff und all pfaffhait und hertzog Ludewig, pfallentzgrauff, und Frydrich, burggrauff von Nürenberg, und all weltlich heren in daz münster, und belibend darinn biß ze mittag und wurdend da gentzlich ains. Und nach der zwölfften 20 stund, do lut man all gloken, und hett erst[f] darnach meß von dem hailigen gaist. Und ward der crützgang uffgeschlagen, wan es was ze spaut worden[g].

(195,1) Diß bestůnd also lang zit, und wartot man täglich unsers heren des küngs. Und warend die Ytalici[h] vast unwyllig.

(195,2) Und an Sant Elogius[i] tag anno Dni. MCCCCXVI, do ward zů burgermaister 25 erwelt Hainrich von Ulm und zů underm burgermaister Caspar Gumpost. *Es folgen zwei Wappen mit der Überschrift:* Hainrich von Ulm *und* Caspar Gumpost.

(195,3) [30ʳ] An Sant Lucien tag ze nacht, der was an ainem sonnentag[j], do kam bottschafft von dem grafen von Fůssi und andern grafen und heren uß Arragoni, wie das sy

---

a   on] uss genomen *IZ₂*; us genomen *Z₁*.

b   an *IZ₁Z₂D₁*.

c   denselben *D₁*.

d   sonntag *A*.

e   *fehlt D₁*.

f   hett erst] hort man erst *SgIZ₁*.

g   wan – worden] *fehlt Z₂*.

h   *folgt* daz ist die Welschen *Z₂*.

i   Andres *K*; Helogias *I*; Heloys *Z₁*; Helogius *Z₂*; Eleugius *D₁*.

j   sonnentag] dornstag *A*; dunstag *K*.

---

234   *Vgl. cc. 1,2, 231,1 und 255,3.*

bapst Benedicto nit mer wöltend gehorsam sin, und lut man laudes an der sübenden stund in der nacht.

(196) Mornend frü am mentag, do ward sessio. Und schwůren die botten an der heren stat zů ainem bǎpst ze haltend, wen das hailig concilium erwalte. Und lut man zwürend laudes.   5

(197) An des hailigen aubendes aubend ze winächten, do warend die naciones alle byainander zů den barfůssen, und saussend by ainander biß nach stübin[a]. Und zerwurffend mit ain ander die Engelschen und die Frantzosen und die von Hyspania, daz all heren vast betrübt warend[235]. Und an stett do fůr zů hertzog Ludewig und die byschoff und aintend sy also, daz mornend sessio sin solt. Also ward zwo stund vor mitternacht   10 laudes gelüt. Mornend an dem hailigen aubend ward sessio und wurdend da veraint und ward zwürend laudes gelüt.

(198) An dem hailigen tag ze winächten anno Dni. MCCCCXVII hettend die cardinäl daz ampt zů dem thům, die Engelschen byschoff zů Sant Stephan.

---

a   stübin] stübi *SgIZ₁Z₂*; sibnen *D₁*.

---

235   *Hintergrund der geschilderten heftigen Auseinandersetzungen (»Nationenstreit«) dürfte der vom 1. Oktober 1416 bis zum 31. März 1417 währende und um Weihnachten 1416 seinen Höhepunkt erreichende Streit zwischen der französischen und englischen Nation um das Recht der* natio Anglicana, *auf dem Konzil eine eigene Nation zu bilden, sein. Pierre d'Ailly bestritt im Namen der französischen Nation dieses Recht, Thomas Polton hielt dagegen. Auslöser der Feindseligkeiten dürfte der Vertrag von Canterbury vom 15. August 1416, in dem sich König Sigmund mit Heinrich V. von England (gegen Frankreich) verbündete, sowie der Einzug der Gesandtschaft Aragóns in die Konzilsstadt am 5. September 1416 und die damit einhergehende Bildung einer fünften Nation, nämlich der* natio Hispanica, *gewesen sein. Vgl. G. FILLASTRE, in: ACC, Bd. 2 (1923) S. 88f.; Aegidius Tschudis Chronicon Helveticum (Quellen zur Schweizer Geschichte N.F. I. Abt., Bd. VII, 8), bearb. von B. STETTLER (1990) S. 222f. mit Anm. 139; H. FINKE, Die Nation in den spätmittelalterlichen allgemeinen Konzilien, in: HJb 57 (1937) S. 323–338; wiederabgedr. in: Das Konstanzer Konzil, hg. von R. BÄUMER (1977) S. 363–368, 363f. mit Anm. 19; W. BRANDMÜLLER, Das Konzil von Konstanz, Bd. 2, S. 259f., 281 286; A. FRENKEN, Die Erforschung des Konstanzer Konzils, S. 353–355; DERS., Der König und sein Konzil, S. 179; DERS., Das Konstanzer Konzil, S. 136f.; H.-J. SCHMIDT, Kirche, Staat, Nation. Raumgliederung der Kirche im mittelalterlichen Europa (1999) S. 479–482; DERS., Was ist eine Nation? Debatten auf den Konzilien des 15. Jahrhunderts, in: C. BOSSHART-PFLUGER u. a. (Hg.), Nation und Nationalismus in Europa. Kulturelle Konstruktion von Identitäten (2002) S. 144–147; C. HIRSCHI, Wettkampf der Nationen. Konstruktion der deutschen Ehrgemeinschaft an der Wende vom Mittelalter zur Neuzeit (2005) S. 135–143; H. MÜLLER, Das Basler Konzil (1431–1449) und die europäischen Mächte. Universaler Anspruch und nationale Wirklichkeiten, in: HZ 293 (2011) S. 608–613; DERS., Die kirchliche Krise des Spätmittelalters, S. 94; DERS. / S. STRUPP, Die Franzosen, Frankreich und das Konstanzer Konzil, S. 259f., 268f.; R. N. SWANSON, Gens secundum cognationem et collectionem ab alia distincta. Thomas Polton, two Eng lands, and the challenge of medieval nationhood, in: G. SIGNORI / B. STUDT (Hg.), Das Konstanzer Konzil als europäisches Ereignis, S. 58; B. STUDT, Zusammenfassung, S. 392f.; S. VALLERY-RADOT, Les Français au concile de Constance, S. 18f., 312f., 333–375, 481f.*

(199) Und an Sant Thomas aubend, daz was an dem kindlin tag[a], do begiengen die
Engelschen Sant Thomas tag. Also sy hiessend ze vesper durch die stat prusunen mit ires
küngs wapen, und sungen vesper zů dem thům und mornend an Sant Thomas tag daz
ampt mit vil kertzen. Und prusonet man aber und warend by dem ampt all pfaffhait und
5 lüden[b] all cardinäl und byschoff zů dem ymbiß.

(200) An Sant Thymotheus tag[c], was an ainem sonnentag, do lůd der byschoff von
Lunders uss Engelland all rätte [30ᵛ] ze Costentz in Burkart Walhers[d] huß, das von alter
hieß zum Hoff ze Burgtor, yetz zů dem Guldin schwert by Sant Laurencien. Und gab in
diß mal[e] in drü gericht, yegklichs besunder mit acht essen, halb vergüldt und halb versil-
10 bert[236]. Und zwüschen den essen machtend[f] sy als unser froe gebar und Josephen und die
hailigen dry küng, als sy ir oppffer brachtend. Und der stern[g] was guldin und gieng vor
inen an ainem sail und [machtent ouch[h]] Herodessen, wie er den küngen[i] nachsant und
wie er die kindlen ertodt. Und das alles uff das costlichest mit costlichem gewand und
mit costlicher geziert[237].
15 (201) An dem sechsundzwaintzigosten tag des monatz January, was do mitwoch vor
der liechtmeß anno Dni. MCCCCXVII, do kam frü botschafft, wie unser her der küng
komen sölt. Do hettend all gaistlich und weltlich fürsten samnung und hetten ain gesungen meß in dem münster. Und lut man mit allen gloken und kamen all pfaffhait dahin
mit ir habit und mit allem hailtum und wartotend da biß uff die zehenden stund. Do hieß
20 man sy alle haym gǎn biß nach imbiß. Und nach der zwölfften stund, do lut man aber all

a   abendt *D₁*.
b   lüten *I*; lůdent *Z₁*; lüdentt *Z₂*.
c   *folgt* January am xxiiij. tag *I*; *folgt* am xxiiij. January tag *Z₁*; *folgt* am xxiiij. tag January *Z₂*.
d   Walthers *A*; Wahers *K*; Walhaidis *I*; Walheiß *Z₁*.
e   mǎl *SgZ₂*; maul *I*.
f   machtend machtend *G*.
g   stern] stain *I*.
h   machtend *Sg*; machten *I*; machtent *Z₁*; machtent ouch *Z₂*.
i   küngen] kinden *I*.

236   *Gemeint ist, dass die Speisen auf vergoldetem bzw. versilbertem Geschirr aufgetragen wurden.*
Vgl. M. Innocenti, »Ze Costnitz was der küng«, S. 120.
237   *Gemeint ist eine szenisch-pantomimische bzw. theatralische Darstellung der Weihnachtsgeschichte*
bzw. des Besuches der Hl. Drei Könige in Bethlehem (Krippen- bzw. Dreikönigsspiel) im Sinne eines
geistlichen Spiels. Vgl. I. Seidenfaden, Aus den frühen Quellen zur Theatergeschichte der Stadt Kon-
stanz, in: ZGO 107 (1959) S. 309–312; O. Feger, Das Konzil zu Konstanz, Bd. 2, S. 218; M. Schuler,
Die Musik in Konstanz während des Konzils 1414–1418, in: Acta Musicologica 38 (1966) S. 166; W.
Brandmüller, Das Konzil von Konstanz, Bd. 2, S. 280; M. Innocenti, »Ze Costnitz was der küng«,
S. 120; Th. M. Buck / H. Kraume, Das Konstanzer Konzil, S. 211; S. Morent, Choraltraditionen im
süddeutschen Raum, S. 99.

gloken und besamnet sich all pfaffhait, alle gaistlich und weltlich lüt[a], in das münster. Und giengen mit dem crütz ushin[b] gen Petershusen und alle erber burgar[c] rittend dem küng engegen[238]. Und also unser her der küng ward ingefůrt, daz im engegen giengen all pfaffhait, die örden in ir priesterlich gewand, und all ander gelert lüt, all weltlich fürsten, ritter und knecht, und alle burger giengen im engegen und alle zünfft mit iren kertzen. 5
Und fůrt man in von Petershusen in daz münster under ainem grossen guldin tůch und gieng mit im an ainer syten der cardinal Hostiensis, zů der andern syten der patriarch Anthiocenus und vor im hertzog Ludwig, pfaltzgrauff by Rin, und burggrauff Frydrich von Nüremberg[d]. Und brediget in dem münster der bischoff von Engelland Salusburgensis und was sin thema: Erit magnus coram domino[239]. Und sang in organis Te deum laudamus. Und zoch darnach in des Fryburgers hoff und dar[e] zů den augustinern[240]. 10

---

a   lewt D_1.
b   hinauß D_1.
c   burger $SgIZ_1Z_2D_1$.
d   *folgt* Und fůrt man in in daz münster *Sg; folgt* Und fůrt man in in das münster *I; folgt* Und fůrt man in daz münster Z_1; *folgt* Und fůrtt man inn in das münster Z_2.
e   darnach $SgIZ_1Z_2$.

---

238   *Am 27. Januar 1417 kehrte König Sigmund nach Konstanz zurück. Sigmund hatte seine Rückkehr ursprünglich für Heiligabend angekündigt. Von der Rückkehr des Königs wird im Ratsbuch der Stadt Konstanz für die Jahre 1414–1419 (Stadtarchiv Konstanz B I 2) S. 101 ausdrücklich berichtet:* Item quinta post Pauli conversionis, do zoh unser her der künig in, als er von Frankrich und von Engellant kam. Und gieng man im engegen mit dem hailtum, und waz in der procession xviiij kardinäl, ij patriarch[en], xxxiiij bischof, xvj äbbt, daz studium von Paris, von Engellant, und dazů manige prelaten und doctor und ander, die bi dem hailigen conzilio hie waren, und waz anderhalb jar ussgewesen. *Vgl. H. KOEPPEN, Die Berichte der Generalprokuratoren des Deutschen Ordens an der Kurie, Bd. 2: Peter von Wormditt (1960) S. 377; W. BRANDMÜLLER, Das Konzil von Konstanz, Bd. 2, S. 280f.; G. J. SCHENK, Von den Socken, S. 403f. mit Anm. 76.*
239   *Lk 1,15.*
240   *Als Dank für die Beherbergung gab König Sigmund die Ausmalung der Augustinereremitenkirche (heute Dreifaltigkeitskirche) mit Fresken in Auftrag, die 1906 wiederentdeckt wurden. Vgl. J. GRAMM, Kaiser Sigismund als Stifter der Wandgemälde in der Augustinerkirche zu Konstanz, in: Repertorium der Kunstwissenschaft 32 (1909) S. 391–406; J. K. HOENSCH, Kaiser Sigismund. Herrscher an der Schwelle zur Neuzeit 1368–1437 (1996) S. 275f. mit Anm. 70 auf S. 576; H. MAURER, Konstanz im Mittelalter, Bd. 2, S. 44; W. BRANDMÜLLER, Das Konzil von Konstanz, Bd. 1, S. 131; M. INNOCENTI, »Ze Costnitz was der kung«, S. 119f.; J. ZAHLTEN, Die Fresken aus der Konzilszeit in der Konstanzer Dreifaltigkeitskirche (2009) S. 5–39; H. DERSCHKA, Die Wandbilder in der Konstanzer Dreifaltigkeitskirche, in: 1414–1418. Weltereignis des Mittelalters. Das Konstanzer Konzil. Essays (2013) S. 204–209; DERS., in: 1414–1418. Weltereignis des Mittelalters. Das Konstanzer Konzil. Katalog (2014) S. 136f.; A. FRENKEN, Zeremoniell, Ritual und andere Formen symbolischer Kommunikation, S. 56; M. KLUGE, König Sigmund und die Finanzierung der Wandgemälde in der Augustinerkirche zu Konstanz, in: DA 73 (2017) S. 715–722.*

(202) [31ʳ] An sonnentagª vor der liechtmeßᵇ, do lůd aber der selb byschoff von Lunders unsern heren den küng²⁴¹, hertzog Ludewigen, burggrauf Frydrichen und süben byschoff und auditores und vil graven, daz ze tisch saussend an der herren tisch hundert und zwen und fünfftzig man. Und gab in noch ain costlicher mal, dann er vor den räten gegeben het. Und traib den schimpf mit unser froen, den hailigen dry küngen und mit Herodes och costlicher dann vor²⁴².

(203) An Sant Blasiusᶜ tag nach der vesper, do rait in gen Costentz der byschoffᵈ von Gran us Ungerland. Und rittend im engegen vil byschoff und sust vil herren, alle weltlich fürsten. Und rait ze Ringburgtor²⁴³ inher und gen Petershusen. Und rittend mit im engegen zwen cardinäl und fůr in mit acht verdekten wägen.

(204) Am zinstag vor Valentini, do kam unserm herren dem küng ain groß tier²⁴⁴. Das

---

a   fritag *A*.

b   *folgt* am xxviij. tag *IZ₁*.

c   Pelasius *A*; Blasien *SgIZ₁*; Peleyen *Z₂*.

d   byschoff] ertzbyschof Strigonensis *Sg*; ertzbischoff Strigonensis *IZ₁*.

---

241   *Die Essenseinladung des Königs durch die englische Nation, die den politischen Seitenwechsel vom französischen zum englischen König, wie er im Vertragsschluss zu Canterbury vom 15. August 1416 zum Ausdruck kam, bekräftigte, sowie die Tatsache, dass Bischof Robert Hallum von Salisbury bei der Rückkehr des Königs, der demonstrativ den ihm vom englischen König verliehenen Hosenbandorden trug, predigte* (Erit magnus coram Domino)*, hatte zeichenhafte Bedeutung. Vgl. O. FEGER, Das Konzil zu Konstanz, Bd. 2, S. 218; J. K. HOENSCH, Kaiser Sigismund. Herrscher an der Schwelle zur Neuzeit 1368–1437 (1996) S. 232f., 238; W. BRANDMÜLLER, Das Konzil von Konstanz, Bd. 2, S. 281; M. KINTZINGER, Westbindungen im spätmittelalterlichen Europa. Auswärtige Politik zwischen dem Reich, Frankreich, Burgund und England in der Regierungszeit Kaiser Sigmunds (2000) S. 96–107; DERS., Das Konzil konstruieren, S. 221f.; G. SCHWEDLER, Herrschertreffen des Spätmittelalters. Formen – Rituale – Wirkungen (2008) S. 125–134; G. J. SCHENK, Von den Socken, S. 385–409, S. 404; DERS., Zeremonielle und Rituale auf dem Konstanzer Konzil, S. 24; A. FRENKEN, Wohnraumbewirtschaftung, S. 129 Anm. 96; DERS., Der König und sein Konzil, S. 190f. mit Anm. 33; DERS., Das Konstanzer Konzil, S. 135, 137; DERS., Zeremoniell, Ritual und andere Formen symbolischer Kommunikation, S. 61; S. VALLERY-RADOT, Les Français au concile de Constance, S. 385f.*

242   *Vgl. c. 200.*

243   *Gemeint ist das innere Paradiesertor, das auch Rindportertor hieß. Vgl. J. EISELEIN, Begründeter Aufweis des Plazes bei der Stadt Constanz, auf welchem Johannes Hus und Hieronymus von Prag in den Jahren 1415 und 1416 verbrannt worden (1847) S. 12; J. MARMOR, Geschichtliche Topographie der Stadt Konstanz, S. 92f.; H. MAURER, Konstanz im Mittelalter, Bd. 2, S. 22, 176; S. WOLFF, Die »Konstanzer Chronik« Gebhart Dachers, S. 281 Anm. 74.*

244   *Vgl. Aegidius Tschudis Chronicon Helveticum (Quellen zur Schweizer Geschichte N.F. I. Abt., Bd. VII, 8), bearb. von B. STETTLER (1990) S. 227 und H. KOEPPEN, Die Berichte der Generalprokuratoren des Deutschen Ordens an der Kurie, Bd. 2: Peter von Wormditt (1960) S. 390, wo davon die Rede ist, das der konig von Polan* (Władysław II. Jagiełło) *hat eynen wesant* (= Wisent) *gesant her dem romisschen konige. Hierzu W. MATTHIESSEN, Ulrich Richentals Chronik, S. 86; Th. M. BUCK / H. KRAUME, Das Konstanzer Konzil, S. 257f.*

was gefangen in Littower lannd, und sant im daz der küng von Polan[a]. Und was glich
ainem ochsen, ainem schwartzbrunen, wan das es ain grösser houpt hett und ainen kur-
tzen diken hals mit vast ainer grossen brust, und hett ainen spitzigen schwantz, nit lang,
und schöner hörner dann ain ochß. Und was usgenomen und was grösser dann kain[b]
groß straußroß[c]. Und nampt man es in Polan ain chur und sandt im da mit dry stübch[d]   5
mit wyldprät und[e] maint[f], sy costotend ze fürend von Polan gen Costentz ob vierhundert guldin[g].

(205) An dem drytten tag in dem Mertzen, was do mitwoch, do was sessio, und lut
man frů [31[v]] ainest mit der grossen gloken. Und ward da hertzog Frydrich von Österrich verbannet von des byschoffs von Trent[h] wegen[245], und über in angerůfft daz weltlich   10
gericht[i]. Und ward unserm heren dem küng empfolhen, über in ze richtend.

(206) In dem achtenden tag in dem Mertzen, was do ain mentag, anno Dni. MCCCCXVII,
do was sessio über baupst Benedicto. Und giengen heruss usser der session der cardinal
Florentinus und der cardinal de Comitibus, der byschoff von Merspurg, und noch zwen
byschoff, und mit inen vil notari. Und růfften im, dann[j] sin zil[k] uß was[l]. Aber als er sich   15
veranttwürten solt und veranttwurt sich nit noch niemant von sinen wegen, do ward er
in der session vernütet[m], verbannen und verflůcht[246]. Und[n] lut frü vor der session die
grossen gloken.

---

a   Polant Sg; Bolan I; Poland Z₁Z₂; Bolen D₁.
b   ain SgI; ein Z₁; kein Z₂; eyn D₁.
c   sträßroß Sg; straussrosß I; strassros Z₁; strassrosß Z₂.
d   stübch] stuk SgIZ₁; stübk Z₂; stübich D₁.
e   folgt man D₁.
f   folgt man SgIZ₁.
g   folgt und sant mans dem küng von Engelland SgIZ₁.
h   Trient SgIZ₁D₁; Trientt Z₂.
i   gericht] schwert Sg; gericht, als man spricht brachium seculare IZ₂; gericht, als man spricht prescrip-
cio in seculare Z₁.
j   dann] won SgZ₁Z₂; wan I.
k   zile D₁.
l   folgt sich ze versprechen SgIZ₁.
m   vernütet] vernüt I; usgemeinsamet Z₁; vernüttet Z₂; vernichtet D₁.
n   folgt man D₁.

---

245   3. März 1417.
246   Vgl. zu dieser Textstelle auch die den Bannfluch darstellenden Illustrationen in K fol. 70[v] und in W
fol. 96[v]. Der Prozess gegen Benedikt XIII. war am 5. November 1416 eröffnet worden, am 28. November
erfolgte die erstmalige Zitation nach Konstanz, am 8. März 1417, in der 29. Sitzung des Konzils, erging
das Kontumazdekret wegen Nichterscheinens. Die Zitation wurde durch Ausruf vor dem Münster wie-
derholt. Siehe zum Sachverhalt auch G. FILLASTRE, in: ACC, Bd. 2 (1923) S. 90, 95; H. VON DER HARDT,
Magnum Oecumenicum Constantiense Concilium de universale ecclesiae reformatione, unione, et fide 4
(1699) S. 1142–1145; J. MARMOR, Geschichtliche Topographie der Stadt Konstanz, S. 328f.; O. FEGER, Die

(207) An dem nünzehenden tag in dem Mertzen, der waz an ainem frytag, do hetten
der benedictiner orden ain cappitel zů Petershusen umm das, das sy iren orden recht
hieltend[247]. Und machtend da gesetzten und giengen von Petershusen vast züchtenclich
mit gemachem gesang zů den augustinern und wyderumb gen Petershusen. Und offno-
5 tend[a] da ir gesatzten und warend an dem crützgang drühundert und dry und sübentzig
münch, alle in schwartzem klaid.

(208) Do kam ain maister von Nüremberg, der bracht ainen messin[b] lüchter[c] oder
kertzstal. Das bot er umb zway tusend guldin. Daz kofft unser her der küng umb ayliff
hundert guldin und schickt es dem küng von Engelland[248].

10 *(209)* An ainem zinstag des nün und zwaintzigosten tag in dem Mertzen do, anno
[32[r]] Dni. MCCCCXVII, do kam des küngs bottschafft von Castel[249]. Und ritten inen

---

a opfrotand *Sg*; opfretend *I*; opfrotent *Z₁*; offnettent *Z₂*.
b kupfrin *AI*; kupferin *K*; kuppfrin *Z₂*; messing *D₁*.
c leüchter *D₁*.

Konzilchronik des Ulrich Richental, S. 33; Ders., Das Konzil zu Konstanz, Bd. 2, S. 220; L. Fischel, Die Bilderfolge der Richental-Chronik, S. 40; H. Zimmermann, Papstabsetzungen des Mittelalters (1968) S. 291; W. Brandmüller, Das Konzil von Konstanz, Bd. 2, S. 269f.; M. Innocenti, »Ze Costnitz was der küng«, S. 125; A. Frenken, Die Rolle der Kanonisten auf dem Konstanzer Konzil, S. 409f. mit Anm. 55 auf S. 410; Ders., Kastilien und das Konstanzer Konzil, S. 164 mit Anm. 84; Ders., Das Konstanzer Konzil, S. 140f.; B. Müller-Schauenburg, Benedikt XIII., in: 1414–1418. Weltereignis des Mittelalters. Das Konstanzer Konzil. Essays (2013) S. 124; Th. M. Buck / H. Kraume, Das Konstanzer Konzil, S. 163f.; Th. Bruggisser-Lanker, Music goes public, S. 357 Anm. 25. Siehe auch B. Schmidt, Die Konzilien und der Papst. Von Pisa (1409) bis zum Zweiten Vatikanischen Konzil (1962–1965) (2013) S. 55, der Benedikt seine Absetzung »demütig« annehmen lässt, womit das Bild falsch interpretiert sein dürfte.
247 *Am 28. Februar 1417 trat in Konstanz eine Versammlung aller Benediktineräbte (capittel) der Ordensprovinz Mainz-Bamberg zusammen, um über die Reform der deutschen Benediktiner zu beraten; vgl. J. Zeller, Das Provinzialkapitel im Stifte Petershausen im Jahre 1417. Ein Beitrag zur Geschichte der Reformen im Benediktinerorden zur Zeit des Konstanzer Konzils, in: StMOSB 41 N.F. 10 (1922) S. 9–46; O. Feger, Das Konzil zu Konstanz, Bd. 2, S. 220; A. Borst, Mönche am Bodensee (1978) S. 339; H. Maurer, Konstanz im Mittelalter, Bd. 2, S. 39; A. Frenken, Die Erforschung des Konstanzer Konzils, S. 338f. mit Anm. 168; Ders., Der König und sein Konzil, S. 209 mit Anm. 87; Ph. H. Stump, The Reforms of the Council of Constance (1414–1418) (1994) S. 156f.; W. Brandmüller, Das Konzil von Konstanz, Bd. 2, S. 204f.; B. Studt, Das Konstanzer Konzil und die Ordensreformen, in: 1414–1418. Weltereignis des Mittelalters. Das Konstanzer Konzil. Essays (2013) S. 132–136; H. Müller, Ein Weg aus der Krise der spätmittelalterlichen Kirche: Reform und Erneuerung durch die Konzilien von Konstanz (1414–1418) und Basel (1431–1449)?, in: ZKG 126 (2015) S. 211 mit Anm. 39; C. Dartmann, Die Benediktiner. Von den Anfängen bis zum Ende des Mittelalters (2018) S. 117f.*
248 *Zu den Geschenken (hier ein kupferner Leuchter, in c. 204 ein gepökelter Auerochse aus Litauen), welche die besondere Verbundenheit mit König Heinrich V. von England zum Ausdruck bringen sollten, vgl. J. K. Hoensch, Kaiser Sigismund. Herrscher an der Schwelle zur Neuzeit 1368–1437 (1996) S. 269 mit Anm. 55 auf S. 575f.*
249 *Am 29. März 1417 traf die seit langem erwartete kastilische Gesandtschaft in Konstanz ein. Eine*

all heren engegen und lut man all gloken, und giengen vor in her acht und zwaintzig grosser mul[a], die wautseck trůgend, und kamen wol mit fünffhundert[b] pfäriten.

(210) An dem palmaubend nach imbiß, do rait unser her der küng von Costentz gen Ratolffszelle, und maint, daz hailig zit da zesind, umm daz die pfaffhait dester růwiger wäre. 5

(212) Mornend an dem palmtag, do schlůg das concilium brieff an türen und verbannet alle, die da hieltend Petrum de Luna.

(213) An dem tag schlůg unser her der küng brieff an türen über hertzog Frydrichen und erzalt da aber sin recht[c], und wie sine schloß zů sinen handen und dem rich komen wärend von siner verhaissung wegen und von söliches schwäres bannes wegen, so das 10 concilium in gebannet hett. Und gebot allen den, die lehen oder pfandschafft von der herschafft von Österrich hettend, da[d] sy die von im enphiengen und im hultend biß Sant Walpurgen tag dem nächsten, so wölte er mengkliche laussen beliben by allen iren rechten und im die bessren. Wer das nit tät, den wölt er des beroben, und gebot och allen stetten, die im worden warend, das sy im och schwůrend und hultend. 15

(216,2) An dem hailigen aubend ze ostran růfft man durch die stat ye vierzehen häring[e] umb ain plapphart.

(217,2) In der osterwochen am zinstag, do rittend in gen Costentz dry heren von Bayern ze aubend mit grosser gezierd. Und rittend in engegen vil heren, und was hertzog Hainrich, hertzo[g] Wylhalm und hertzog Ernst. 20

(218) [32^V] Am dornstag in der osterwochen anno Dni. MCCCCXVII, do zugend in margräff Frydrich, der elter, und dryzehen grafen von Missen[f], lantgraven zů Türingen. Und rait inen engegen unser her der küng, dry herren von Bayern, hertzog Růdolff von Sachsen, hertzo[g] Ludewig von Brig, und all fürsten und heren. Und giengen vor in ain und zwaintzig wägen mit züg, acht und zwaintzig pfärit mit wautseken. Und kamm mer 25

---

a maul *D₁*.
b fünffhundert] ccc *SgIZ₁*.
c unrecht *AKSgIZ₁Z₂*.
d daz *ASgZ₁Z₂*; das *KI*.
e *folgt* gůtter *Z₂*.
f Meyssen *D₁*.

Abordnung des Konzils zog ihr bis nach Schaffhausen entgegen, wo sie am 25. Marz vom Bischof von Lodi begrüßt wurde. Am 18. Juni trat sie der natio Hispanica *bei. Vgl.* G. FILLASTRE, *in:* ACC, *Bd. 2 (1923) S. 94;* W. BRANDMÜLLER, *Das Konzil von Konstanz, Bd. 2, S. 270, 301;* A. FRENKEN, *Kastilien und das Konstanzer Konzil, S. 162;* DERS., *Das Konstanzer Konzil, S. 139;* DERS., Concilium constituitur ex nacionibus – die naciones *auf dem Konzil von Konstanz. Zur Bedeutung der Konzilsnationen für die Entstehung und die Entwicklung eines nationalen Bewusstseins im beginnenden 15. Jahrhundert, in: Begegnung der Kirche in Ost und West im Spiegel der synodalen Strukturen. Festschrift für Petar Vrankić, hg. von* J. GROHE, G. WURST, Z. STRIKA *und* H. FISCHER *(2017) S. 187, 200;* S. VALLERY-RADOT, Les Français au concile de Constance, S. 412.

dann fünffhundert pfäritten, all mit gantzem[a]. Und was der schönest[b] inzug, der ye geschach da vor. Und zochen gen Crützlingen in das closter. Ir wauppen vindest hienach
am clxxxxj. blatt.

　　(219–224,1) Uff den achtzehenden[c] tag in dem Aberellen, was do der sunnentag Quasi
5　modo, do emphieng burggrauff Frydrich von Nüremberg vor[d] imbiß an der achtenden
stund sin kurfürstlichthům, die mark zů Brandenburg[250]. An dem obern markt was ain
hoch huß gemacht. Und saß der küng mit ainer guldinen cron[e] als ain kayser mit ainem
roten gewand als ain ewangelier[f] und mit sinem zeppter. Und der hertzog von Sachsen
hůb im ain bloß schwert vor mit gewand als ain letzgner mit ainer vehen kappen und mit
10　ainem vehen hůt. Und als bald er daz lehen emphieng, do leit man in och an als den hertzogen. Und warend daby all weltlich fürsten, vil cardinäl und byschoff sahend zů. Und
hieltend da an dem markt und Sant Pauls gassen uffhin ob zway tusent pfärit und pruso-
notend al prusoner, was by fünffzehen, wyderstrits. Und rittend darnach in die rautstuben und hett inen der selb curfürst ain ymbiß. Und såssend ze tisch dry und zwaintzig
15　rechter fürsten, vil cardinäl und byschoff[g], by sechs und trissig graven. Und die selb
mark was unsers des küngs recht anerboren erb und gůt und lech sy wyllenclich von im.
Diss vindest gemaullett am andren blatt hienach.

　　(97–98) [34[r]] Wye[251] Sant Brygitta in dem concilio erhebt und canonisiert

---

a　*folgt* harnasch *AKSg; folgt* harnäsch *I; folgt* harnest *Z₁Z₂; folgt* tzeuge *D₁*.
b　wähast *Sg;* schwechest *I;* wächest hüpschest *Z₁;* schönst *Z₂*.
c　achtenden *AK; wohl korr. aus* achtundzwaintzigosten *G*.
d　*folgt* dem *D₁*.
e　kaisserlichen kron *St₁*.
f　lectioner *SgZ₁;* letzgener *I*.
g　*folgt noch einmal* und byschoff *G; folgt* und ertzbischoff und *D₁*.

250　*Die Belehnung des Burggrafen Friedrich VI. von Nürnberg mit der Mark Brandenburg fand am
18. April 1417 statt; vgl. Codex diplomaticus Brandenburgensis. Sammlung der Urkunden, Chroniken
und sonstigen Quellenschriften für die Geschichte der Mark Brandenburg und ihrer Regenten, hg. von
A. F. Riedel (1846), Bd. 2, 3, S. 226–229; O. Feger, Das Konzil zu Konstanz, Bd. 2, S. 222; L. Fischel,
Die Bilderfolge der Richental-Chronik, S. 39; H. Maurer, Konstanz im Mittelalter, Bd. 2, S. 39; J.-M.
Moeglin / R. A. Müller, Deutsche Geschichte in Quellen und Darstellung, Bd. 2: Spätmittelalter
1250–1495 (2000) S. 323–330; M. Jatzlauk, Die Belehnung des Nürnberger Burggrafen Friedrich VI.
mit der Markgrafschaft Brandenburg durch König Sigmund, in: Das Zeitalter König Sigmunds in Un-
garn und im Deutschen Reich, hg. von T. Schmidt und P. Gunst (2000) S. 165f.; A. Frenken, Der
König und sein Konzil, S. 229–232; M. Innocenti, »Ze Costnitz was der küng«, S. 121–123; K.-H.
Spieß, Das Lehnswesen in Deutschland im hohen und späten Mittelalter (2009) S. 145–147; St. Patzold,
Das Lehnswesen (2012) S. 118; G. J. Schenk, Zeremonielle und Rituale auf dem Konstanzer Konzil,
S. 25; R. von Schnurbein, in: 1414–1418. Weltereignis des Mittelalters. Das Konstanzer Konzil. Katalog (2014) S. 282f.; Th. Bruggisser-Lanker, Music goes public, S. 351f.*
251　*Die Blattzählung, da nur schwer lesbar, ist hier und im Folgenden unsicher. Die Blätter sind am
oberen Rand beschnitten. Zwischen foll. 31 und 39 fehlen in G zwei Blätter, vermutlich foll. 35 und 37.*

ward[252], als das hie ennet[a] an dem plat gemalet ist[253]. Vindest die meß und wie daz von
dem concilio zůgieng und mit ainhelligem rechtspruch erkent ward, geschriben an dem
dry und achtzigosten blatt hienach in dissem bůch[254].

Bild: *Kanonisation der Hl. Birgitta, foll. 34ᵛ–35ʳ, fol. 34ᵛ: Schwur der neun Lizen-*
tiaten auf das Evangelium, fol. 35ʳ: Messe und Kanonisation.   5

Bild: *Belehnung Friedrichs von Nürnberg, fol. 35ᵛ. Bildtext:* Hie lichtt[b] küng Sigmund
burggrauff Fridrichen von Nürrenberg [die] margrauffschafft zů Brandenburg. *Die*
zweite Bildseite, die D₁ fol. 46ʳ bringt, fehlt in G. Nach fol. 35ᵛ sind in G zwei Blätter
mit Illustrationen ausgefallen. Es fehlt, was D₁ foll. 46 und 47 bringt.

Bild: *Belehnung der Ungarn, D₁ fol. 46ᵛ. Bildtext:* Also lihe unser herr künig Sigmund   10
den Ungern ir lehen und prachtend im darumb gaben, als dann vonn altter herkommen ist.

Bild: *Belehnung Adolfs von Cleve, D₁ fol. 47ʳ. Obere Blatthälfte. Bildtext:* Hie ward
graf Adolff von Cleowen zů hertzog gemacht.

Bild: *Belehnung der »Törin« von Frankreich, D₁ fol. 47ʳ. Untere Blatthälfte. Bildtext:*
Hie ward einer torerin lehen gelihen.   15

Bild: *Belehnung Ludwigs von Bayern, Pfalzgrafen bei Rhein, D₁ fol. 47ᵛ. Bildtext:*
Hienach empfacht lehen hertzog Ludwig von Bayren.

(225,3) [G fol. 36ʳ] Uff den achtundzwaintzigosten tag, was do ain mittwoch in dem
Aberellen vor imbiß an der achtenden stund, do ward graff Adolff von Clewen[c] zů hertzogen gemacht. Und ward im das lehen geluhen[d] das hertzogthům und warend daby die   20
zwen curfürsten[e], der von Sachsen und der marggraff von Brandenburg, burgräff zů
Nüremberg in irem gaistlichen gewand. Und sahend zů vil cardinäl und byschoff und
alle weltlich fürsten. Und was ain sölich herschafft mit rossen und mit andern sachen, so
vor von dem burggrafen geschriben ist an sinem inriten[255]. Diss figur vindest ennenthalb[f]
am nächsten blatt gemaullet[256].   25

---

a   nach D₁.
b   leihet D₁.
c   Cleöwen St₁; Cleven Sg; Clevien I; Cleowen D₁.
d   glichen St₁; gelihen Sg; gelichen IZ₁Z₂; gelihenn D₁.
e   *folgt* und D₁.
f   yenhalben D₁.

---

252 *Mit dem Bildkommentar nimmt G eine Erzählung auf, die D₁ bereits fol 26ᵛ gebracht hatte; vgl.*
cc. 97–99 der dritten Texteinheit (nach c. 57,3).
253 *Verweist auf die Illustrationen foll. 34ᵛ–35ʳ.*
254 *Verweist auf die nachgestellte St. Birgitten-Geschichte, die sich heute in G foll. Aʳ⁻ᵛ (220ʳ⁻ᵛ),*
inseriert in die Hus-Geschichte, ursprünglich aber fol. 83ʳ⁻ᵛ fand.
255 *Der letzte Halbsatz ist der Beweis, dass G, wie oben bereits angedeutet, ursprünglich auch über die*
erste Texteinheit verfügte. Denn hier verweist G auf den Einzug des Burggrafen Friedrich von Nürn-
berg, der sich in D₁ fol. 4ʳ findet, in G heute aber ausgefallen ist.
256 *Das Bild fehlt heute in G, ist aber in D₁ fol. 47ʳ erhalten.*

(228) Uff frytag nach^a Sant Marcus^b tag^c, do begiengen die cardinäl, ertzbischoff und byschoff und alle pfaffhait Sant Marcus crützgang^d vom münster gen Petershusen. Und giengen da mit nünzehen cardinäl, sübenzehen ertzbischoff^e, dry und sübentzig byschoff und all pfaffhait^f, unser her der küng, zwen kurfürsten, zehen hertzogen, fünff
5 gefürst grafen und fünfftzig grafen und all ander heren, ritter und^g knecht.

(229) An dem zwölfften tag im Mayen, do zoch der marggraf von Missen enweg mit grosser zierd.

(235,2a) An dem dryzehenden tag im Maigen^h, [was an einen dunstagⁱ], do emphieng hertzog Johans von Bayern lehen am markt^j in der maß, als vor von den andern fürsten
10 verschriben^k ist.

(235,3) In dem procediert [man^l] all tag wyder baupst Benedicto.

[36^v] In²⁵⁷ dem Mayen, an dem sechsundzwaintzigosten tag, was do mitwoch vor pfingsten, do begiengen die von Costentz grauff Eberharten von Wirtemberg²⁵⁸ säligen oppffer^m zů dem thům und giengen die rät zů allen altarn.

15 *(235,2b)* An dem tagⁿ, do emphieng lehen des^o her Magnus, hertzog zů Sachsen, und byschoff zů Caminensis²⁵⁹, Wasla, hertzog in Walgast²⁶⁰, an dem obern markt in den eren^p, als vorbenempt ist.

(230) An unsers heren frönlichnams tag anno Dni. MCCCCXVII, do gieng man mit dem crütz mit unsers heren fronlichnam umb die stat. Und giengen damit die dry bet-

---

a   vor *K*.
b   Martins *I*; Marx *wohl korr. aus* Martins *Z₂*.
c   Uff – tag] An Sant Marcus tag *Sg*.
d   Marcus crützgang] Martins tag *I*.
e   *folgt* und *D₁*.
f   *folgt* auch *D₁*.
g   *folgt* auch *D₁*.
h   Mayen *SgID₁*; Meyen *Z₁*.
i   *so IZ₁Z₂*.
j   markt] obermark[t] *Sg*.
k   beschriben *D₁*.
l   *so IZ₁Z₂*.
m   oppffer] jartzit *IZ₁*.
n   An dem tag] An der mitwochen vor [*korr. aus* in] pfingsten *Sg*; An dem selben tag *IZ₁*; An dem tag *Z₂*.
o   *folgt* ersten *ASgIZ₁Z₂*.
p   *folgt* unnd würden *D₁*.

---

257   *Dieser Zusatz findet sich neben G auch in E, I, Z₁ und Z₂ sowie in A, aber nicht in K, W, Wo, St₂ und Sg.*
258   *Gemeint ist Graf Eberhard der Milde von Württemberg, der am 16. Mai 1417 verstarb.*
259   *Herzog Magnus von Sachsen-Lauenburg, Bischof von Cammin und Hildesheim.*
260   *Herzog Wartislaw IX. von Pommern-Wolgast.*

telörden, dero was hundert und vierundzwaintzig münch. Darnach alle gelert lüt. Der warend ob[a] sechsthalb hunderten. Darnach die weltlichen pfaffen ze Costentz. Darnach all äbbt, gefürst und ongefürst[b], der waren zwen und fünfftzig. Darnach alle byschoff und ertzbyschoff. Der warend dry und achtzig. Darnach all cardinäl, der waren zwen und zwaintzig, zwen patriarchen, und darnach unser her der küng mit ainer guldinen 5 cron. Und was angeleit als ain ewangelier mit ainer chorkappen und neben im zwen cardinäl. Und gieng vor im marggrauff Frydrich von Brandenburg von Nürenberg[c] als ain letzgner mit ainem hohen vehen hůt und mit ainer roten chorkappen und trůg vor im den gilgen, hertzog Hainrich von Bayern ainen guldin öppffel mit ainem crütz, hertzog Ludewig von Brig ain blouß[d] schwert. Darnach daz sacrament und dar[nach[e]] der byschoff 10 von Lunders als ain bǎpst. Und gab den segen und ob tusend kertzen groß und klain.

(231,1) In dem Brachat an dem sechzehenden tag, was ain mittwoch anno Dni. MCCCCXVII, do warend die fünff naciones by ain ander und ward als hert, daz man vorcht, es wurd alles zerschlagen. Und kamend in grossen unwyllen von ain ander. Und nach imbiß, do kam yegklich nacion selb [37[r]] zůsamen, und giengen die gelerten entz- 15 zwüschen. Und brachten nach langer täding das darzů, das sy glich all ainhelliger sach in ain kamend, und das die von Castel ab ston woltend von irem baupst Benedicto, daz ist Petrus de Luna. Und schwůrend, das also ze haltend. Und ward ain groß fröde under dem küng, gaistlichen und weltlichen fürsten, und ward ain sessio gemacht uff den nächsten frytag und wurdend aber laudes gelüt all gloken umb daz nach[t]mal[f] nach dem 20 bett[g] und in der nacht. Am dornstag ward aber drystund laudes gelüt.

(231,2) Und am frytag[h] ward sessio und schwůrend alle, des ersten der küng, all cardinäl, patriarchen, ertzbischoff, byschoff, äbbtt, all botschafftten für ir herren, ains ze sind und kainen baupst ze haltend, dann der ze Costentz von dem concili erwelt wurd. Und lut man aber drystund laudes. 25

(232,1) An dem andern tag im Höwet[i], was an ainem fritag und was unser froen tag Visitacio[j], do gebot unser her der küng und ain raut ze Costentz[k], den tag ze firend.

(232,2) Und ward och gefiret mornend an dem sambstag.

---

a *fehlt* Sg I Z₁ D₁.

b ungefürst I Z₁ Z₂ D₁.

c von Nürenberg *fehlt* D₁.

d blöß Sg; blos I; bloss Z₁; bloß Z₂; ploß D₁.

e *so* Sg I Z₁ Z₂ D₁.

f nachttaal D₁.

g betzit Z₁; bete D₁.

h dunrstag I.

i Höwet] Hǎuwe monete D₁.

j Visitacio] als sy zů Sant Elßbethen ging in das birg A; als sy zů Sant Elsbethen in das bierg kam K; als si zů Elisabeten in das birg gieng I; als si zů Sant Elsbethen in das birg gieng Z₁ Z₂.

k *folgt* an der fünften stund I Z₁ Z₂.

(232,3) Do begieng der küng küng Ludewigs von Cecilie[a] oppffer[261] zů dem thům ze Costentz mitt grossen kertzen[b]. Der warend ob achtzigen brinnend und mit guldinen tůchern und mit vil messen[c].

(233) Am mentag nach Jacobi appostoli[d], an dem sechsundzwaintzigosten tag in dem
5   Höwet, do ward ain gantz sessio. Und frů an der fünfften stund růfft man in der stat, und gebott man aller welt ze firend. In der session ward baupst Benedictus Petrus de Luna ze nüte[e] gemachet und für ainen kätzer vertailt[262]. Und wurdend all gloken gelüt. Und hieß der küng nach imbiß sin prusuner durch die stat prusunen und warend da ze-gegen alle, die mit gewalt die[f] bapst hieltend. Und wurdend die absolviert, die in vormals
10 gehalten hettend. Und was zegegen unser her der küng, ayliff fürsten aller küng gewält.

(234) [Fol. 37ᵛ] Und do also niena[g] baupst me[h] was, do hetten die Ytalici, Gallici und Hyspani geren gesenhen[i], das man gewelt hett und darnach reformaciones gemacht[263]. Do wolten aber die Germani und Anglici[j], das man reformaciones machte und darnach walte[264]. Das bestůnd und macht man reformaciones.

---

a   Sicilien *I*; Sycilien *Z₂*.
b   kertzen] gezierde *Sg*.
c   messen] gesprochen messen *D₁*.
d   appostoli] der zwelff boten *D₁*.
e   nüte] nüti *SgZ₁*; nietti *I*; nütti *Z₂*; nichten *D₁*.
f   die] die den *SgIZ₁Z₂D₁*.
g   nieman *A*; kain *I*; niemandt *D₁*.
h   mer *SgIZ₁D₁*.
i   gesehen *SgID₁*; gesechen *Z₁Z₂*.
j   Gallici *Z₂*.

---

261   *Ludwig II. von Anjou, Titularkönig von Sizilien-Neapel, verstorben am 19. April 1417.*
262   *Am 26. Juli 1417 wurde Papst Benedikt XIII. in der 37. Konzilssitzung für abgesetzt erklärt; das Verfahren gegen ihn war in der 23. Sitzung am 5. November 1416 eröffnet worden. Vgl. J. WOHLMUTH (Hg.), Dekrete der ökumenischen Konzilien, Bd. 2: Konzilien des Mittelalters (2000) S. 437.*
263   *Zum Kampf um die Reform 1417 vgl. Ph. H. STUMP, The Reforms of the Council of Constance (1414–1418) (1994) S. 42 mit Anm. 48 und 49; J. MIETHKE / L. WEINRICH (Hg.), Quellen zur Kirchenreform im Zeitalter der grossen Konzilien des 15. Jahrhunderts. Erster Teil: Die Konzilien von Pisa (1409) und Konstanz (1414–1418) (1995) S. 43f.; B. STUDT, Martin V. Überwindung des Schismas und Kirchenreform, in: 1414–1418. Weltereignis des Mittelalters. Das Konstanzer Konzil. Essays (2013) S. 127–131; A. FRENKEN, Das Konstanzer Konzil, S. 146.*
264   *Gemeint ist der sog. Prioritätenstreit um den Vorrang der Papstwahl vor der Reform, in dem sich der König gegen die romanischen Nationen nicht durchsetzen konnte. Vgl. A. TRUTTMANN, Das Kon-klave auf dem Konzil zu Konstanz (1899) S. 46–50; H. BOOCKMANN, Zur politischen Geschichte des Konstanzer Konzils, in: ZKG 85 (1974) S. 63; W. BRANDMÜLLER, Causa reformationis. Ergebnisse und Probleme der Reformen des Konstanzer Konzils, in: AHC 13 (1981) S. 55f.; DERS., Das Konzil von Kon-stanz, Bd. 2, S. 335f.; Ph. H. STUMP, The Reforms of the Council of Constance (1414–1418) (1994) S. 22–24, 42; J. MIETHKE / L. WEINRICH (Hg.), Quellen zur Kirchenreform im Zeitalter der grossen Konzilien des 15. Jahrhunderts. Erster Teil: Die Konzilien von Pisa (1409) und Konstanz (1414–1418)*

(235,1) In dem ward das koffhuß erwelt zů ainem conclavi. Und machtend die cardinäl gemalet beschlossen gelten mit truchen[a], als kind badgelten sind, inen darinne essen ze senden in das conclavi, als danne hie nach gemaultt, vindest am xlviiij. blatt.

(236) Och ist ze wyssend, daz in dem allem[b] die von Costentz in der stat und da vor sölich regimen[c] hieltend, daz niema[d] dem andern kain laid nit tet, noch niemant erschlagen ward, noch kain groß dieppstal nit beschach, noch kain türe[265] noch kain tod nit was. Sy vertrůgend och kainem, welher unrecht tett.

(238) An Sant Bartholomeus tag[e], was do an ainem zinstag, do hett daz concilium ain crützgang, umd[f] daz sy zů der wal got erhorte, und inen ainen gůten anfang gäbe, wol ze endend. Und giengend von dem thům zů den augustinern. Und giengen da mit alle örden und pfaffhait zů Costentz, all gelert lüt, der was ob fünffhunderten, all ertzbyschoff, byschoff, äbbt, gefürst und ungefürst, der was ob sechs und achtzigen, die cardinäl und patriarchen, warend nünzehen, unser her der küng und alle weltlich fürsten. Und gebot man in den pfarren[g], das aller mengklich da mit demütenclich gan solt.

(237 und 256) Also ward daz koffhuß gebuwen. Die thür gen der zunfftmaister stuben ward vermuret, und wurdend all baigen vermuret an den muren, und ließ man niemant obnan an den baigen claine löchlin, und obnan wurden die hültzin baigen verschlagen. Und ließ man och claine fensterlin darin. Und uff der brugk im koffhuß ward gemachet ain prophet[h] von der brugk [39^r] uff hin under das tach[266]. Das selb tor uff der bruk wurd och vermuret.

(239) Die reformatores sassend all tag zwürend uff dem huß der zunfftmaister an dem vischmarkt uff dem tor, so man spricht Sant Cůnrats tor und brugk[267].

---

a   truken *SgZ₁*; trukken *I*; trucken *Z₂*; truhen *D₁*.
b   allem] allein *D₁*.
c   recht *SgIZ₁*; regiment *Z₂*.
d   nieman *SgIZ₁*; niemantt *Z₂*; niemand *D₁*.
e   *folgt* der was an dem xxiiij. tag in dem Ougsten *I*; *folgt* daz waz an dem xxiiij. tag in dem Ȯgsten *Z₁Z₂*.
f   umb *SgIZ₂*; umm *Z₁*.
g   parfůssen *I*; barfůssen *Z₁*.
h   prophett *I*; profeht *Z₂*.

(1995) S. 43f.; A. FRENKEN, Der König und sein Konzil, S. 180; DERS., Das Konstanzer Konzil, S. 142 148; H. MÜLLER, Die kirchliche Krise des Spätmittelalters, S. 29f.; J. HELMRATH, Das Konzil von Konstanz und die Epoche der Konzilien, S. 35 Anm. 59; M. KINTZINGER, Das Konzil konstruieren, S. 252f.; B. STUDT, Zusammenfassung, S. 397; S. VALLERY-RADOT, Les Français au concile de Constance, S. 445–458.

265   *Teuerung.*
266   *Gemeint ist ein Abort bzw. eine Latrine (provet). Vgl. Schweizerisches Idiotikon. Wörterbuch der schweizerdeutschen Sprache, Bd. 5 (1905) Sp. 503; Aegidius Tschudis Chronicon Helveticum (Quellen zur Schweizer Geschichte N.F. I. Abt., Bd. VII, 8), bearb. von B. STETTLER (1990) S. 271 Z. 8 schreibt prophetli.*
267   *Hier fügt Z₂ foll. 52^r–54^r nach c. 241,1, das in G fehlt, zwei lateinische Briefe einer byzantinischen*

(242) An dem vierden tag des ersten herbstmonatz, was do ain zinstag[a], an der achtenden stund nach mittem tag gegen der nacht, do starb der hochwirdig fürst byschoff
Růpertus Salu[s]bunensis[b] uß Engelland in der vestin Gotlieben[268]. Und mornend[c] umb
vesperzit, do lut man im ze Costentz, und trůg man in mit zwain guldinen tůchern in
5 das münster. Und giengen da mit al cardinal, patriarchen, ertzbyschoff, byschoff, unser
her der küng, all gaistlich und weltlich fürsten, prelaten[d] und pfaffen, und sust groß welt
by achtzig grosser brinnender kertzen. Die trůgen alt arm man und sungend im ain Vigilin[e]. Und ward vergraben in den chor zů andern byschoffen und hett man im do kain
oppffer. *Es folgt das Wappen.*
10 *(243)* An dem nünden[f] tag des ersten Herpstmonats[g], do kam unwyl in die von Castell
und von Arragoni, daz sy ye nit me[h] zu Costentz sin wolten[269]. Und zoch enweg Dyda-

---

a   samßtag *A*; samstag *IZ₁Z₂*.
b   Salusbringensis *A*; Salusburgensis *K*; Salubergensis *SgZ₁*; Saluburgensis *I*; Salusburiensis *Z₂*.
c   *folgt* an dem sunentag *Z₂*.
d   prelaten] prelaten und prelaten *G*.
e   Vigili *SgI*; Vigilg *Z₁*; Vigilien *D₁*.
f   nünden] andern *D₁*.
g   An dem – Herpstmonats] Am viiij. tag Septembris *Sg*; Item an dem viiij. tag Septembris *I*; Item am
     ix. tag Septembris, daz ist im ersten herbstmanot *Z₁*; Item am nünden tag des manet Septembris *Z₂*.
h   mer *SgIZ₁D₁*.

Gesandtschaft ein, die sich in D₁ foll. 106ʳ–107ᵛ finden. In G waren sie – anders als G. WACKER, Ulrich
Richentals Chronik, S. 22 Anm. 94 postuliert – ursprünglich vorhanden, sind aber heute verloren. In E
sind sie von dem Überlinger Chronisten Jakob Reutlinger (1545–1611) foll. 87ᵛ–88ᵛ nachgetragen wor-
den. Vgl. H. FINKE, ACC, Bd. 1 (1896) S. 399–401, 401 Anm. 1; DERS., ACC, Bd. 4 (1928) S. IXf.; M.
HOLZMANN, Die Konzilchronik des Ulrich Richental, S. 74; W. MATTHIESSEN, Ulrich Richentals Chro-
nik, S. 117f., 145; Th. M. BUCK, Fiktion und Realität, S. 63–70, 74–77; DERS., Und wie vil herren dar
koment, S. 347 Anm. 194. G. WACKER, Ulrich Richentals Chronik, S. 35 kennt die Version der Briefe in
Z₂ noch nicht.
268 *Am 4. September 1417 verstarb Bischof Robert Hallum von Salisbury in der bischöflichen Burg*
Gottlieben bei Konstanz. Zu seinem Tod und der Grabplatte vor den Stufen des Hochaltars im Konstan-
zer Münster vgl. F. X. KRAUS, Die Kunstdenkmäler des Kreises Konstanz. Beschreibende Statistik (1887)
S. 275; H. REINERS, Das Münster unserer Lieben Frau zu Konstanz, S. 448f. mit Abb. 401; H. MAURER,
Konstanz im Mittelalter, Bd. 2, S. 44f.; W. BRANDMÜLLER, Das Konzil von Konstanz, Bd. 2, S. 312f.; I.
STADIE, Das Grabdenkmal für Robert Hallum im Chor, in: Das Konstanzer Münster Unserer Lieben
Frau, hg. von U. LAULE (2013) S. 87f., 436; Th. M. BUCK, Das »Kunst- und Alterthumskabinett« Joseph
Kastells, S. 142; H. DERSCHKA, Die Grabplatte des Robert Hallum. Zur Beisetzung des Bischofs von
Salisbury im Konstanzer Münster vor 600 Jahren, in: SVG Bodensee 135 (2017) S. 97–121.
269 *Am 10. September 1417 hatten die Gesandten Kastiliens, die am 29. März in Konstanz eingetroffen*
waren und sich am 16. Juni 1417 der natio Hispanica angeschlossen hatten, im Streit mit den Aragonesen
das Konzil verlassen, wurden aber von Sigmund in Steckborn mit Gewalt aufgehalten. Zu der Ausein-
andersetzung zwischen Kastilien und Aragón vgl. Aegidius Tschudis Chronicon Helveticum (Quellen
zur Schweizer Geschichte N.F. I. Abt., Bd. VII, 8), bearb. von B. STETTLER (1990) S. 256 mit Anm. 173;

cus[a] der byschoff von Kathinensis[270], Johannes byschoff Passensis[b] und Johannes byschoff Pacensis[c] usser dem küngrich von Castell und des bottschafft von Castell. Und
kamend gen Bernang und gen [39ᵛ] Stekboren[271]. Da wurden sy verhefft und lagend alda.
Und kam groß unwyl in die cardinäl do an ainem frytag nach imbiß. Do ward den cardinäln das münster und die pfallentz beschlossen, und hettend das collegium uff dem   5
obern hoff[272]. Uff der staininen stieg[d] sassend die cardinäl, und besanten die rät und[e]
marggraf Fryderichen von Brandenburg und begerten fry gelait her und hin wyder ze
ziechend und ze erwelend, in welher stat [sy[f]] wolten. Do giengen die rät, der marggraf
und vil byschoff mit täding enzwüschen. Und gab man userm heren dem küng ettwas
die schuld und das bestund also.   10
    (245) An dem dryzehenden tag des ersten herpstmonatz, was ain mentag, do begieng
man des byschoffs von Engelland Rŭpertus Salusburgensis oppffer zu dem thům. Und

---

a   Dytacus *D₁*.
b   Pacensis *SgIZ₁*.
c   Cauconsis *Sg*; Cantensis *I*; Cancensis *Z₁*; Xancensis *Z₂*.
d   stieg] stegen *SgIZ₁*; stägen *Z₂*.
e   *folgt auch D₁*.
f   *so SgIZ₁Z₂*.

H. Finke, ACC, Bd. 3 (1926) S. 671; H. Koeppen, Die Berichte der Generalprokuratoren des Deutschen
Ordens an der Kurie, Bd. 2: Peter von Wormditt (1960) S. 424 mit Anm. 5; O. Feger, Das Konstanzer
Konzil und die Stadt Konstanz, S. 325; Ders., Das Konzil zu Konstanz, Bd. 2, S. 230; W. Brandmül-
ler, Das Konzil von Konstanz, Bd. 2, S. 315 mit Anm. 344, 320; A. Frenken, Der endgültige Bruch
Kastiliens mit Benedikt XIII. und das Ende des großen abendländischen Schismas. Ein Beitrag zur Lö-
sung einer offenen Forschungsfrage, in: ZKG 120 (2008) S. 327–357; Ders., Kastilien und das Konstan-
zer Konzil, S. 143–172; Ph. H. Stump, The Council of Constance (1414–1418) and the End of the Schism,
in: A Companion to the Great Western Schism (1378–1417), hg. von J. Rollo-Koster u. a. (2009)
S. 435f.; S. Vallery-Radot, Les Français au concile de Constance, S. 455.
270   *Es dürfte sich um Bischof Diego de Anaya y Maldonado von Cuenca, den Leiter der kastilischen*
Gesandtschaft, handeln.
271   *Berlingen und Steckborn.*
272   *Der Tod Robert Hallums am 4. September 1417 bewirkte zusammen mit dem Erscheinen des Bi-*
schofs Henry Beaufort von Winchester, Onkel Heinrichs V. von England, in Konstanz eine Wende in der
englischen Konzilspolitik, die bislang königsfreundlich war. Hinzu kam der Streit zwischen den Arago-
nesen und Kastiliern, der zum Auszug der Kastilier am 10. September und zu deren Verhaftung bei
Steckborn durch den König führte. Diese sich zuspitzenden Gegensätze (»Prioritätsstreit«) führten zu
einer allgemeinen Erregung und bei den Kardinälen zu einem Gefühl akuter Bedrohung. Sie erhielten
Warnungen vor einem gewaltsamen Vorgehen des Königs und erwogen, Konstanz zu verlassen. Vgl.
Aegidius Tschudis Chronicon Helveticum (Quellen zur Schweizer Geschichte N.F. I. Abt., Bd. VII, 8),
bearb. von B. Stettler (1990) S. 256 mit Anm. 173; H. Finke, ACC, Bd. 3 (1926) S. 670f., W. Brand-
müller, Das Konzil von Konstanz, Bd. 2, S. 312–317, 325–327; A. Frenken, Der König und sein Kon-
zil, S. 212f., 223; Ders., Kastilien und das Konstanzer Konzil, S. 166; M. Kintzinger, Das Konzil
konstruieren, S. 453–456.

was enmitten in dem münster uff dem pfletz gemachet ain bett, bedackt mit guldinen thüchern, und stůndend zů den hoptten und zů den füssen zwo groß brinnend kertzen. Und umm das bett vier und zwaintzig man, die waren all beclait mit nüwem wyssem gwand und groß kappen mit braiten zyppfeln och wyß. Und hett ir yegclicher ain groß[a]

5 brinnend kertzen in siner hand. Und stůnden uff der cantzel sechs und trissig grosser brinnender kertzen, der yegkliche hett ob fünff pfund wachs. Und warend by dem oppffer unser her der küng, all cardinäl, ertzbyschoff, byschoff, patriarchen und sust alle ander gaistlich und weltlich fürsten, und was gar costlich. *Es folgt das Wappen.*

(246a) An dem sechs und zwaintzigosten tag des Septembers, was do sonnentag vor

10 Sant Michels tag ze abend, do starb der hochwirdig her, her Franciscus cardinal [40r] Florentinus[273], in dem huß zů dem Hochen hirß[b][274]. Mornend ze vesper lut man im als ainem chorheren. Und trůg man in zů den barfüssen und begrůb in in das chor zů der linken syten[275]. Und giengen da mit all pfaffhait, unser her der künig, all gaistlich und weltlich fürsten und heren mit grosser gezierd anno Dni. MCCCCXVII. *Es folgt das*

15 *Wappen mit der Überschrift:* Franciscus cardinal[c] Florentinus.

(247) An Sant Michahels tag zů nacht umb winglokken[d], do kamen groß blitz[e] und durnen[f], [daz man gen dem wetter lut[g]], und weret nit lang.

(246b) An dem sambstag nach Sant Michahels tag, was do der ander tag Octobris, da hett man dem cardinal Franciscus de Florentinis ain opffer zů den barfůssen, und wa-

20 rend da by[h] all cardinäl, prelaten, gaistlich und weltlich, und lut man im drystund alz ainem thůmheren und begieng man das oppffer nit als vast costlich, doch in der mas als dem cardinal Landolffus Barrensis.

(248,1) An dem zwaintzigosten tag[i] Octobris, was mitwoch nach Galli, als da hertzog Hainrich von Bayern und hertzog Ludewig von Bayern mit ain ander stöß hettend und

---

a *fehlt D₁.*
b hiertz *I*; hirtz *Z₁*; hirtzen *Z₂*; hürß *D₁*.
c cardinalis *D₁*.
d wingloggen *IZ₁*; weingloggen *D₁*.
e blitzgen *SgIZ₁*; plitzen *D₁*.
f tonder *A*; tunder *K*; dunren *I*; donner *Z₁*; doner *D₁*.
g *so SgIZ₁*.
h *folgt* unser her der küng *IZ₁Z₂*.
i tag tag *G*.

---

273 *Am 26. September 1417 verstarb Francesco Zabarella, Kardinaldiakon von SS. Cosma e Damiano (cardinalis Florentinus).*
274 *Gemeint ist das Haus zum Hohen Hirschen; vgl. c. 16 in A.*
275 *Sein Grabmonument befindet sich im Dom zu Padua. Vgl. D. GIRGENSOHN, Francesco Zabarella aus Padua, in: ZRG.KA 79 (1993) S. 247f. mit Anm. 74; W. BRANDMÜLLER, Das Konzil von Konstanz, Bd. 2, S. 321 mit Anm. 361.*

mit ainander zerschlůgend[276], do wartet sin hertzog Hainrich und rannt[a] in an vor dem [hußᵇ] zů dem Armbrost[277], als man von dem hoff abhergat, und schlůg hertzog Ludwigen da nider und gab im zwo wunden, und rait damit enweg[278]. Und hieß unser herr der küng alle tor beschliessen. Und samlotend sich die von Costentz all gewapet an dem obern markt. Und stůnden da by zwain stunden. Und gieng yder man wyder haym, und sant der küng rittend volk[c] nach im. Ir baider wauppen vindest hie nach am clxxx. blatt.

(248,2) [40ᵛ] In dem do fůr unser her der küng gen Veltkirch und da dannen gen Zürch[d] und in den landen umb[e].

(249,2) Als usser yegklich nacion darzů gegeben wurden, das die weg vinden sölten, wie man ainen baupst welen sölt, und das füro nit scisma wurd. Die selben und och all cardinal wurden in ain, wie man das tůn solt. Und schwůren, das ewenclich ze haltend an Sant Symon und Sant Judas tag. Und wurden aber laudes gelüt mit allen glokgen drystund[f] an dem tag.

(250) Darnach an dem sambstag vor aller hailigen tag, do ward sessio, und schwůrend,

---

a rannt] rait *I*; erreit *Z₁*.
b *so IZ₁Z₂*.
c volk] botten *SgIZ₁*; volck *Z₂*.
d Zürich *AKSgIZ₁Z₂*; Zirch *D₁*.
e *folgt* und kam bald wider *SgIZ₁*.
f dreymalen *D₁*.

---

276 *Der Überfall Herzog Heinrichs von Bayern-Landshut auf seinen Vetter Herzog Ludwig von Bayern-Ingolstadt fand am 19. Oktober 1417 in der Münstergasse statt. Vgl. G. FILLASTRE, in: ACC, Bd. 2 (1923) S. 149, 155; Eberhart Windeckes Denkwürdigkeiten zur Geschichte des Zeitalters Kaiser Sigmunds, hg. von W. ALTMANN (1893) LXXXIII, § 95, S. 84; Aegidius Tschudis Chronicon Helveticum (Quellen zur Schweizer Geschichte N.F. I. Abt., Bd. VII, 8), bearb. von B. STETTLER (1990) S. 269. Zum Konflikt Ph. RUPPERT, Das alte Konstanz in Schrift und Stift, S. 122; H. FINKE, ACC, Bd. 4 (1928) S. 499–502, 519–529; H. KOEPPEN, Die Berichte der Generalprokuratoren des Deutschen Ordens an der Kurie, Bd. 2: Peter von Wormditt (1960) S. 435 mit Anm. 12; O. FEGER, Das Konzil zu Konstanz, Bd. 2, S. 231; H. MAURER, Konstanz im Mittelalter, Bd. 2, S. 14; S. WEISS, Salzburg und das Konstanzer Konzil, S. 191 mit Anm. 834 auf S. 283; W. MÜLLER, Bayern und Basel. Studien zu Herzogshaus, Kirche und Konzil (1431–1449), in: AHC 29 (1997) S. 33f.; W. BRANDMÜLLER, Das Konzil von Konstanz, Bd. 2, S. 330 mit Anm. 20; B. GLASAUER, Herzog Heinrich XVI. (1393–1450) der Reiche von Bayern-Landshut (2009) S. 147–158; Th. M. BUCK / H. KRAUME, Das Konstanzer Konzil, S. 259f.; G. SCHWEDLER, Georg von Hohenlohe († 1423). Bischof von Passau, Reichskanzler und Diplomat, in: Passauer Jahrbuch. Beiträge zur Geschichte, Geographie und Kultur Ostbaierns 56 (2014) S. 42 mit Anm. 70; A. NIEDERSTÄTTER, Das Reich zur Zeit des Konstanzer Konzils, in: K.-H. BRAUN / Th. M. BUCK (Hg.), Über die ganze Erde erging der Name von Konstanz, S. 9 mit Anm. 35.*
277 *Gemeint ist das Haus zur Armbrust. Vgl. K. BEYERLE / A. MAURER (Hg.), Konstanzer Häuserbuch, Bd. 2 (1908) S. 469f.*
278 *Siehe hierzu die Illustrationen in W fol. 112ʳ⁻ᵛ, die den Mordanschlag sowie die Flucht vorstellen.*

die wal also ze haltend. Und ward electio[a] geben den[b] cardinåln, und solt yegklich nacion zů inen setzen sechß: Germani sechs, Anglici sechs, Gallici sechs, Ytalici sechs[c], Hyspani sechs[279]. Der wurdend tryssig und dry und zwaintzig cardinäl. Und wurdend also in dem koffhuß gebuwen dry und fünfftzig kamren. Und in welhe kamer yegklicher hort[d], der schraib[e] sinen namen daran.

(251) Nach aller hailigen tag an dem sonnentag, das was der sübend tag Octobris, do ließ unser her der küng brieff an all kilchen zů Costentz schlachen[f] und gebot by lib und gůt, das niemant füro gan solt zů dem conclavi[g] zů dem koffhuß, dann die darzů gegeben wärend, alle die wyl und die cardinäl und ander herren darinne[h] wärend, als daz selb huß verschranket was. Und solt och niemant kain gelöff nit machen noch geschray. Und solt och niema dazwüschen spilen, weder [41ʳ] haimlich noch offenlich, by der selben bůß. Und weler[i] ze baupst wurd erwelet, daz man im in sin huß[j] nit löffen sölt, und och niema nütz[k] da nemen solt[280] by der bůß[l]. Und nach imbisß hieß er das offenlich růffen. Und

---

a   *folgt* daz ist userwellung *Z₁.*
b   *korr. aus* dem *G.*
c   Ytalici sechs *fehlt Z₂.*
d   gehortt *Z₂;* gehort *D₁.*
e   der schraib] da schrib er *D₁.*
f   schlahen *D₁.*
g   conclavi] concilium *SgZ₁;* conciliani *I.*
h   darinne] dardarinne *G;* beschlossen *I;* darinnen *D₁.*
i   welicher *D₁.*
j   *folgt* und herberg *SgZ₂; folgt* und ouch herberg *I; folgt* noch herberg *Z₁.*
k   niema nütz] nyemandt nichtz nit *D₁.*
l   *folgt* als ob gemelt ist *Z₁; folgt* als vor geschriben stat *D₁.*

---

279   *Zu Modus und Form der Papstwahl vgl. A. TRUTTMANN, Das Konklave auf dem Konzil zu Konstanz (1899) S. 12–15, 39–60; D. GIRGENSOHN, Berichte über Konklave und Papstwahl, S. 351–391; A. FRENKEN, Die Erforschung des Konstanzer Konzils, S. 166–176; H. MAURER, Konstanz im Mittelalter, Bd. 2, S. 24–26; J. MIETHKE / L. WEINRICH (Hg.), Quellen zur Kirchenreform im Zeitalter der grossen Konzilien des 15. Jahrhunderts. Erster Teil: Die Konzilien von Pisa (1409) und Konstanz (1414–1418) (1995) S. 500–505; W. BRANDMÜLLER, Das Konzil von Konstanz, Bd. 2, S. 322–335; J. WOHLMUTH (Hg.), Dekrete der ökumenischen Konzilien, Bd. 2: Konzilien des Mittelalters (2000) S. 445f.; H. WOLF, Konklave. Die Geheimnisse der Papstwahl (2017) S. 41–46.*
280   *Es handelt sich um den römischen Brauch (consuetudo, mos), Hab und Gut des zum Papst gewählten Kardinals zu plündern (spoliatio). Eine entsprechende Verordnung gegen dieses Vorgehen wurde noch auf dem 5. Laterankonzil (1512–1517) unter Papst Leo X. in der 12. Sessio am 16. März 1517 (Contra invadentes domos cardinalium) erlassen (J. WOHLMUTH (Hg.), Dekrete der ökumenischen Konzilien, Bd. 2: Konzilien des Mittelalters (2000) S. 649f.). Zu Konstanz vgl. G. FILLASTRE, in: ACC, Bd. 2 (1923) S. 6, 154; Aegidius Tschudis Chronicon Helveticum (Quellen zur Schweizer Geschichte N.F. I. Abt., Bd. VII, 8), bearb. von B. STETTLER (1990) S. 279; H. VON DER HARDT, Magnum Oecumenicum Constantiense Concilium de universale ecclesiae reformatione, unione, et fide 4 (1699) S. 1473–1476; J. D. MANSI, Sacrorum conciliorum nova, et amplissima collectio 27 (1784, ND 1961) Sp. 1170. Zum Sachver-*

also rait durch die stat der burgermaister[a] Hainrich von Ulm und hoptmarschalk mit prusunern und růfft man das in tütsch[b] und[c] in wälsch[281].

Obrostes[282] gůt, vatter, sun und hailiger gaist, erbarm dich uns[d].

(252) An dem achtenden tag Novembris, das was do an ainem mentag[e] anno Dni. MCCCCXVII, do ward[f] gemain sessio[g]. Und wurdend ze raut, wie sy sölten ingän, und wurdend da offenlich verlesen die statuten, wie man welen sol. Und an dem tag an der vierden stund nach mittemtag, do rittend in das koffhuß in das conclavi dry und zwaintzig cardinäl und trissig prelaten von den nacion, von yeglicher sechs.

(253,1) Und sind diß die cardinäl, die inhin[h] rittend[283]. Diß hienach sind die cardinäl,

---

a *folgt* genannt *D₁*.

b tüsch *IZ₂*; teüsch *D₁*.

c und und *G*.

d Obrostes – uns] O summum bonum, pater, filius et spiritus sanctus, miserere nobis *Z₂*.

e do an ainem mentag] *fehlt D₁*.

f *folgt* ein *D₁*.

g do – sessio] do ward generalis sessio *I*; do wart generalis sessio *Z₁*; do ward generalis sessio, daz ist ein gemein sessio *Z₂*.

h hiein *I*; hinein *D₁*.

---

halt R. ELZE, *Sic transit gloria mundi. Zum Tode des Papstes im Mittelalter*, in: DA 34 (1978) S. 6f. mit Anm. 19; L. CARLEN, *Zeremoniell und Symbolik der Päpste im 15. Jahrhundert* (Vorträge der Aeneas-Silvius-Stiftung, Bd. 39) (1993) S. 12; A. PARAVICINI BAGLIANI, *Der Leib des Papstes. Eine Theologie der Hinfälligkeit* (1997) S. 106–113, 150f., 161; W. BRANDMÜLLER, *Das Konzil von Konstanz*, Bd. 2, S. 364; A. REHBERG, *Ein »Gegenpapst« wird kreiert. Fakten und Fiktionen in den Zeugenaussagen zur umstrittenen Wahl Urbans VI. (1378)*, in: *Gegenpäpste. Ein unerwünschtes mittelalterliches Phänomen*, hg. von H. MÜLLER und B. HOTZ (2012) S. 255f.; G. J. SCHENK, *Die Lesbarkeit von Zeichen der Macht*, S. 298; A. FRENKEN, *Das Konstanzer Konzil*, S. 150f.

281 *Die Multilingualität der Synode kommt hier durch die mehrsprachige öffentliche Verkündung der Konklaveordnung durch ranghohe Persönlichkeiten wie den Reichsmarschall Haupt von Pappenheim und den damaligen Konstanzer Bürgermeister zum Ausdruck. Ein entsprechendes Mandat des Königs erging am 7. November 1417. Zu diesem Mandat und zur Vielsprachigkeit der Synode vgl. W. MATTHIESSEN, Ulrich Richentals Chronik, S. 138, 144; D. GIRGENSOHN, Berichte über Konklave und Papstwahl, S. 375 mit Anm. 47; J. HELMRATH, Kommunikation auf den spätmittelalterlichen Konzilien, in: Die Bedeutung der Kommunikation für Wirtschaft und Gesellschaft, hg. von H. POHL (1989) S. 135–138; A. FRENKEN, Der König und sein Konzil, S. 219; Th. M. BUCK / H. KRAUME, Das Konstanzer Konzil, S. 242–245, 268f.; S. ROTTER-BROMAN, Multilingualität und Distinktion. Zur italienischen Musikkultur um 1400, in: Europäische Musikkultur im Kontext des Konstanzer Konzils, hg. von S. MORENT u.a. (2017) S. 175–178. Für M. KINTZINGER, Das Konzil konstruieren, S. 241 war das Constantiense »ein räumlich verdichtetes Forum globaler Kommunikation«.*

282 *Die Invokation könnte mit der korrespondieren, die A und K in c. 249,1 bringen; sie findet sich auch in D₁ fol. 51ᵛᵇ.*

283 *Die 23 Namen der Konklavisten lauten: Jean de Brogny, Pierre d'Ailly, Branda Castiglione, Francesco Lando, Angelo Barbadico, Lucido Conti, Antonio Correr, Guillaume Fillastre, Pierre (Pedro) Fernández de Frías, Ludovico Fieschi, Oddo (Oddone) Colonna, Giovanni Dominici, Antoine de Cha-*

die den[a] bắbst erwalttend: Johannes cardinalis Ostiensis[b], vicecanzellarius. Petrus cardinalis Cameracensis[c]. Pranda cardinalis Placentinus. Franciscus cardinalis Veneciarum.
Angelus cardinalis Veronensis. Lucidus cardinalis de Comitibus. Anthonius cardinalis
Bononiensis. Gwilhelmus cardinalis Sancti Marci. Petrus cardinalis de Hyspania. Lude-
5 wicus cardinalis de Flischo[d]. Oddo[e] cardinalis de Columpna. Ludwicus cardinalis de
Fluscha[f]. Johannes cardinalis Ragusinus. Anthonius cardinalis de Schalanko. Thomas
cardinalis Tritaricensis. Angelus cardinalis Laudensis. Jordanus cardinalis de Ursinis.
Alamanus cardinalis Pysanus. Amodeus cardinalis Saluciarum[g]. Anthonius cardinalis
Aquiliensis. Ludewicus cardinalis de Prancaciis. Petrus cardinalis de Fussi. Petrus car-
10 dinalis Sancti Angeli. Disser cardinäll obgenantt wauppen vindest hienach gemaultt am
lxxxv. blatt.

(255,4a) [41^V] Dis[284] hienach sind die herren, die den cardinåln zů geben wurdentt zů
wellind: Von tütscher gepurt: Nicolaus archiepiscopus Gnesnensis von dem küngrich ze
Polan. Johannes archiepiscopus Rigensis in Niffenland[h]. Symo[n] episcopus Traguriensis

---

a   den] einen *D₁*.
b   Astrensis *I*.
c   Camerensis *I*.
d   Fuschgo *I*; Fusco *Z₁*; Flischgo *Z₂D₁*.
e   Otto *Z₁D₁*.
f   Fuschgo *Z₂*.
g   Galuciarum *D₁*.
h   Neiffenland *D₁*.

*lant, Tommaso Brancaccio, Angelo d'Anna de Sommariva, Giordano Orsini, Alamanno Adimario,
Amadeo di Saluzzo/Amédée de Saluces, Antonio Pancerino/Panciera, Rainaldo Brancaccio, Pierre de
Foix, Simon de Cramaud und Gabriele Condulmer. Zu den Namen der Kardinäle siehe auch Aegidius
Tschudis Chronicon Helveticum (Quellen zur Schweizer Geschichte N.F. I. Abt., Bd. VII, 8), bearb. von
B. STETTLER (1990) S. 282f.; H. VON DER HARDT, Magnum Oecumenicum Constantiense Concilium de
universale ecclesiae reformatione, unione, et fide 4 (1699) S. 1479f., 5 (1699) S. 11f.; A. TRUTTMANN, Das
Konklave auf dem Konzil zu Konstanz (1899) S. 69–72; D. GIRGENSOHN, Berichte über Konklave und
Papstwahl, S. 364f. Anm. 5; A. FRENKEN, Die Erforschung des Konstanzer Konzils, S. 168 Anm. 180; J.
DENDORFER / R. LÜTZELSCHWAB (Hg.), Geschichte des Kardinalats im Mittelalter (2011) (Kardinals-
liste) S. 490–496; M. KÜBLE / H. GERLACH, Augenzeuge des Konstanzer Konzils, S. 151–153.*
284 *Statt c. 253,2, wie es sich in A und K findet, bringt G hier in c. 255,4a sogleich* die herren, *die später
in c. 255,4b nochmals gebracht werden. Bei den so genannten* herren *handelt es sich um die Deputierten
bzw. die Wahlmänner der Nationen. Jede Nation durfte sechs benennen. Die Gesamtzahl betrug 30. Zu
den Personen, die von den fünf Nationen für das Konklave benannt wurden, siehe auch Aegidius Tschudis Chronicon Helveticum (Quellen zur Schweizer Geschichte N.F. I. Abt., Bd. VII, 8), bearb. von B.
STETTLER (1990) S. 283–285. Vgl. A. TRUTTMANN, Das Konklave auf dem Konzil zu Konstanz (1899)
S. 72f.; W. BRANDMÜLLER, Das Konzil von Konstanz, Bd. 2, S. 359–361; M. KÜBLE / H. GERLACH, Augenzeuge des Konstanzer Konzils, S. 153–155; S. VALLERY-RADOT, Les Français au concile de Constance,
S. 460.*

usser Unger. Cunra[d] de Susaco, doctor in theol[og]ia von Haidelberg[285]. Lampertus de
Stippite, doctor in theolia[a] us Norwegen. Nicolaus Dinckelspühel, doctor in theoliga[b].

Von den Engelschen: Rickardus episcopus Londoniensis. Johannes episcopus Norwicensis. Johannes episcopus Lichisfeldensis. Nicolaus episcopus Barthoniensis. Thomas
Polcon[c], decanus Obonacensis et prothonotarius regis[d]. Thomas abbas Sancte Marie   5
Ebronocensis.

Von Lamparten: Nicolaus archiepiscopus Mediolanensis. Hainrich episcopus Veltrensis. Alberthus episcopus Melchrensis us Napuls. Bandolfus dux de Malatestis[e] archidiaconus Bononiensis. Jacobus de Camplo auditor[f]. Leonardus[g] generalis predicatorum
de Florencia.   10

Von Frankrich: Johannes archiepiscopus Turonensis. Johannes episcopus Bytumicensis. Johannes episcopus Jebenensis in Saphoi et princeps. Johannes patriarcha Constantinopolim. Petrus abbas Cluniacensis. Marcus prior Rody[h].

Von Hyspania: Johannes episcopus Pactensis[i] in dem küngrich zů Castel den undern.
Johannes episcopus Xacensis de Ax von Navern. Philippus episcopus Consensis. Gun-   15
dißlaus[j] Garcie de Sancta Maria[k], doctor decretorum. Philippus de Mandalia, doctor in
theoliga[l]. Marcus scolasticus[m] Petri, doctor in utroque[n]. Disser vorgenempten herren ir
wauppen[286] vindest aller nächst hie nach gemaullett[o].

---

a   theologia Z_1D_1.
b   theolia I; theologia Z_1D_1; theolii Z_2.
c   Polcon] Palto IZ_1.
d   prothonotarius regis] schriber des küngs Z_2.
e   Malestis IZ_1.
f   auditor] hŏrer Z_2.
g   Lienhardus IZ_1.
h   Rody] Rodi IZ_1; zů Rodiß Z_2.
i   Pattenesis I; Patenensis Z_1; Pacensis D_1.
j   Gundislawus Z_2.
k   Manna IZ_1Z_2.
l   theoligia I; theologia Z_1D_1.
m   scolasticus] scholastus IZ_1; schůlherr Z_2.
n   Petri – utroque] Petrus doctor in utroque D_1.
o   ir wauppen – gemaullett] wappen vindest hyenach D_1.

---

285   *Zu dem Theologen und Diplomaten Konrad von Soest, der am Konklave teilnahm, vgl.* O. FEGER,
Das Konzil zu Konstanz, Bd. 2, S. 233; H. HEIMPEL, *Die Vener von Gmünd und Strassburg 1162–1447,
S. 331;* H. MÜLLER, *Universitäten und Gelehrte auf den Konzilien von Pisa (1409), Konstanz (1414–
1418) und Basel (1431–1449), in: Universität, Religion und Kirchen, hg. von* R. C. SCHWINGES (2011)
S. 127.
286   *Von den sich in* Z_2 *fol. 57^{r-v} anschließenden Wappen haben sich die der* Anglici *nicht erhalten.*

(255,3) [42ʳ] Es ist zů wissen, das des ersten wurden gemacht vier naciones. Do die von Hyspanya kementt, do wurdentt fünff naciones gemacht[287].

Die ersten nacion wasᵃ. Germany: Das sind Tüttschen. Die hatten diss küngrich: Das Rŏmsch, Beham, Unger, Polan und Dalmatzi, und darzů, die da wårend von Kriechen
5   land und Crawatzia.

Die ander nacion. Frantzioniᵇ: Gallici, das ist Frankrich, das küngrich etc.

Die dritt nacion. Anglici: Das ist Engelland, haindᶜ diss küngrich: Engelland, Schotten, Norwegen, Tennmark, Schweden, Zippern ennend mersᵈ.

Die vierd nacion. Italici: Das sind Lampartten, haindᵉ diss küngrich: Des ersten Rŏm,
10   Cecilieᶠ, das ist Napuls alcior, das ist zů der sunnen uffgang.

Die fünfft nacion. Hyspany: Das sind Hyspaniten, haindᵍ diss küngrich: Das ist Castelle, Arrigonieʰ, Maygoricarum, Naverre, Portigalieⁱ, Cecilie base, das ist das nider zů der sunnen undergang, und Granateʲ, die sind noch nitt glöbig. *Fol. 42ᵛ leer, fol. 43 ausgefallen. Es fehlt, was D₁ foll. 53ᵛ und 54ʳ bringt: die Wappen Papst Martins V. und die*
15   *der Germani.*

[D₁ fol. 53ᵛ] *Das Wappen Martins V. ist mit folgender Überschrift versehen:* Sanctissimus ac beatissimus dominus Martinus papa quintus ellectus in Constancia civitate, antea Otto cardinalis de Columna. *Seitlich am Wappen finden sich zweifach die Schriftzüge:* Ottonem de Collumna, Romanus.

20   [D₁ fol. 54ʳ] Et sunt hy de nacionibus, qui eum eciam elegerunt cum cardinalibus. Et primo de nacione Germanica.

(255,4b) Germani: Dominus Nicolaus archiepiscopus Gnesnensis in Polonia. *Wappen.* Dominus Johannes archiepiscopus Rigensis in Neiffen. *Wappen.* Dominus Johannes episcopus Tragurensis in Unger. *Wappen.* Magister Nicolaus de Susaco, doctor in
25   theologia[288]. *Wappen.* Lampertus de Stipite, doctor in theologia. *Wappen.* Nicolaus Dinckelspühel de Austria, doctor in teoligia. *Wappen.*

[G fol. 44ʳ] Anglici: Dominus Rikardus episcopus Londoniensis zů Lunderß. *Wap-*

---

a   *fehlt IZ₁D₁.*
b   Frontzioni *D₁.*
c   haind] hand *Sg; fehlt IZ₁;* habend *D₁.*
d   ennend mers] yenhalben mŏres *D₁.*
e   hand *SgI;* heind *Z₁;* habendt *D₁.*
f   Cecili *SgI;* Cecilia *Z₁.*
g   haind] hand *SgI; fehlt Z₁;* habend *D₁.*
h   Arogonie *Sg;* Arrogonie *IZ₁.*
i   Pontigalie *SgIZ₁.*
j   Gravate *IZ₁.*

---

287   *Vgl. cc. 87–91 in A und K.*
288   *Vgl. c. 255,4a.*

pen. Dominus Fridericus episcopus Bachoniensis. *Wappen*. Dominus Johannes episcopus Litisfeldensis. *Wappen*. Dominus Johannes episcopus Norwicensis. *Wappen*. Dominus Thomas abbas Obranicensis[a] Sancte Marie. *Wappen*. Dominus Thomas Polcan decanus et prothonotarius regis Anglie. *Wappen*.

[44$^\text{V}$] Ytalici[b]: Dominus Nicolaus archiepiscopus Medoloniensis von Maylan[c]. *Wappen*. Dominus Frantzischgus[d] Farosius episcopus Melfrensis. *Wappen*. Dominus Hainricus episcopus Veltrensis. *Wappen*. Bandolffus dux de Malatestis et archidiaconus Boniensis. *Wappen*. Dominus Jacobus de Camplo auditor rote. *Wappen*. Dominus Lienhardus de Florentis generalis fratrum ordinis Sancti Dominici. *Wappen*.

[45$^\text{r}$] Gallici: Dominus Jacobus patriarcha Constantinopolim. *Wappen*. Dominus Jacobus archiepiscopus Bicurmicensis. *Wappen*. Dominus Johannes archiepiscopus Turonensis. *Wappen*. Dominus Johannes episcopus Jebenensis und ain fürst uss Saphŏyg[e]. *Wappen*. Dominus Nicolaus abbas Clunicensis. *Wappen*. Dominus Galtherus, pryor Rody zů Santt Johanns.

[45$^\text{V}$] Yspany: Dominus Johannes episcopus Pacensis in regno Castelle. *Wappen*. Dominus Didatus episcopus Consensis. *Wappen*. Dominus Johannes episcopus Axcensis in regno Castelle. *Wappen*. Dominus Marcus Fastlige, scholasticus, [et] Petrus doctor utroque. *Wappen*. Dominus Philipus de Madalia. *Wappen*. Dominus Condislaus Gancie[f] de Sancta Maria, doctor utroque. *Wappen*.

(259,1) [46$^\text{r}$] An dem zinstag, do hetten die andern erztbyschoff, byschoff und all gaistlich pfaffen ain gesungen meß von dem hailigen gaist und giengen darnach mit[g] crütz vom münster biß zů dem koffhuß zů dem conclavi. Und wartet ir unser her der küng und all weltlicher fürsten vor dem rauthuß und namen da von dem patriarchen Antiocheni den segen. Und giengen da dannen die mur umbhin für die prediger und da dannen in das münster.

(259,2) An der mittwochen an Sant Martins aubend, do hetten sy aber ain meß in dem münster, und giengen aber mit[h] crütz zů dem conclavi und darnach durch Sant Stephans kilchen und wyder in daz münster. An dem dornstag Sant Martins tag hetten sy aber ain gesunges[i] meß, und giengen aber mit[j] crütz für das conclavi und durch die schranken

---

a   Obronicensis *D₁*.

b   *fehlt D₁*.

c   Mayland *D₁*.

d   Franciscus *D₁*.

e   Saphoy *D₁*.

f   Gracie *D₁*.

g   *folgt* dem *D₁*.

h   *folgt* dem *D₁*.

i   gesungen *SgIZ₁Z₂D₁*.

j   *folgt* dem *D₁*.

umbhin und das Merkstatt uffhin und[a] die Sül und für Sant Laurencien und Brůdergassen inhin zů den barfůssen und da dannan durch Sant Stephans kilchen und wyder in das münster.

O altitudo[b].

5   *(260,2 und 261a)* Uff den selben Sant Martis tag nach dem crützgang zwüschen der zehenden und aylifften stund[c], do ward ze bapst erwelt bapst dominus Oddo de Calumpna[d]. Und luff mengclich zů dem koffhuß und beschach ain groß zaichen[289]. Des koffhuß tach ward alles glich vol klainer vögelin, daz mengclich ain wunder[290] nam[e].

(262) [46ᵛ] An dem Sant Martins tag[f] nach mittemtag zwüschen ainem und zwainen, 10   do lut man all gloken, und gieng all pfaffhait und allermengclich mit dem crütz für das koffhuß und fůrt man den selben baupst heruß, und ward sin nam Martinus quintus[g], das Mårkstatt herumb in das münster mit allen von Costentz gewapet vor und nach.

---

a   under *SgIZ₁*.

b   O altitudo *SgIZ₂*; O altitudo diviciarum *Z₁*.

c   Uff – stund] An dem selben tag zwüschent der xj. stund nach dem crützgang *Sg*; Item an Martins tag, an ainem dunstag, am xj. tag Novembris, zwischen der xj. stund nach dem crützgang *I*; An Sant Martis tag, am xj. tag Novembris, daz ist im iij. herbstmanot, und zwüschet der xj. stund, nach dem crützgang *Z₁*; An Sant Martis tag, waz an einem dunstag, am xj. tag Novembris, zwüschend der zechendosten stund und der einlifften stund nach dem crützgang *Z₂*.

d   *am unteren Blattrand pag. 210 rubriziert:* Der von der Sül [= *di Colonna*] ward zů bapst gewelt und genempt Martinus quintus *Sg*.

e   *folgt* ab den vögelin *D₁*.

f   *folgt* waz an einem donstag *Z₁*.

g   quintus] der v. *Z₁*; der fünfft *D₁*.

---

289   *Vgl. c. 261b.*

290   *Zum Vogelwunder im Anschluss an die Papstwahl, das in Wo ausführlicher als in A und K geschildert wird, nämlich als ein zaichen von got (fol. 122ʳ), vgl. auch B. u. K. KRÜGER (Hg.), Ich, Hans von Waltheym. Bericht über eine Pilgerreise im Jahr 1474 von Halle in die Provence (2014) S. 64f.; Aegidius Tschudis Chronicon Helveticum (Quellen zur Schweizer Geschichte N.F. I. Abt., Bd. VII, 7), bearb. von B. STETTLER (1988) S. 222 sowie Aegidius Tschudis Chronicon Helveticum (Quellen zur Schweizer Geschichte N.F. I. Abt., Bd. VII, 8), bearb. von B. STETTLER (1990) S. 289. Zur Interpretation der Textstelle S. WEINFURTER, Zum Gestaltungsprinzip der Chronik des Ulrich Richental, S. 530; H. HERKOMMER, Die Geschichte vom Leiden und Sterben des Jan Hus als Ereignis und Erzählung, in: Literatur und Laienbildung im Spätmittelalter und in der Reformationszeit, hg. von L. GRENZMANN und K. STACKMANN (1984) S. 136f. Anm. 40; W. MATTHIESSEN, Ulrich Richentals Chronik, S. 327f.; Th. CRAMER, Bilder erzählen Geschichte, S. 348f.; Th. RATHMANN, Eine Schlacht der Worte und Bilder. Das Konstanzer Konzil als Medienereignis ersten Ranges, in: M. JEISMANN (Hg.), Das 15. Jahrhundert. Alte und neue Mächte (1999) S. 51; DERS., Geschehen und Geschichten des Konstanzer Konzils, S. 232f.; Th. M. BUCK / H. KRAUME, Das Konstanzer Konzil, S. 189; J. HELMRATH, Das Konzil von Konstanz und die Epoche der Konzilien, S. 47; A. FRENKEN, Zeremoniell, Ritual und andere Formen symbolischer Kommunikation, S. 62.*

Und giengen vor [im[a]] all pfaffhait, der zünfft kertzen und glich vor [im[b]], die in erwelt hettend von den naciones, und darnach die cardinal. Und giengend nebend dem baupst der cardinal von Flischo[c], der cardinal de Conmitibus[d] zů der andern syten. Und neben inen unser her der küng mit ainem bengel[e] und wart dem volk und fůrt man in usser dem münster, do man Te deum laudamus gesang, in die pfallentz[291].   5

(263,1) Darnach am frytag nach Sant Martins tag, do ward der selb bapst Martinus quintus[f] zů ewangelier gewicht zu Costentz uff der pfallatz[292].

(263,2) Und mornend an dem sambstag zů priester, och uff der pfallatz[g]. An dem sonnentag nach Martini anno Dni. MCCCCXVII ward er aber uff der pfallatz[h] zů byschoff gewyhet.   10

(256,1–2) Nun ist ze wyssend, wie das conclavi behůt ward, und wie die ordnung was umb die wal und wie die wal beschach. Des ersten was gemacht, als man von Sant Cůnratz brugk[293] gåt, uffhin in das koffhuß, vornan uff der brugk, der weren[i] ain

---

a   so SgIZ₁Z₂.

b   so SgIZ₁Z₂.

c   Flischgo Sg; Flischgo IZ₁Z₂D₁.

d   Comittibus SgIZ₁; Conmittibuß Z₂.

e   trembel Sg; trömel I; tremel Z₁; tremell Z₂.

f   quintus] der v. Z₁; der fünfft D₁.

g   pfaltz D₁.

h   pfaltz D₁.

i   der weren] was D₁.

---

291   *Der Marschall- und Stratordienst, den König Sigmund und Herzog Ludwig III. von Bayern dem neu gewählten Papst leisten und der einer symbolischen Ehrenbezeigung vor der höchsten geistlichen Gewalt gleichkommt, wird in G – anders als in c. 262 in A und K – nicht in c. 262, sondern erst in c. 266 erwähnt.*

292   *Gemeint ist die heute nicht mehr vorhandene Pfalzkapelle, die St. Peter geweiht war und 1818 abgebrochen wurde. Hier erhielt Martin V. am 13. November 1417 die Priesterweihe. Vgl. J. MARMOR, Geschichtliche Topographie der Stadt Konstanz, S. 298; K. BEYERLE / A. MAURER (Hg.), Konstanzer Häuserbuch, Bd. 2 (1908) S. 191f.; H. REINERS, Das Münster unserer Lieben Frau zu Konstanz, S. 448f. mit Abb. 565; A. BIHRER, Eine Feier ohne den Hausherrn, S. 28 mit Anm. 76.*

293   *Die St. Konrads- oder Fischbrücke fungierte als Landungsplatz im Konstanzer Hafen für Schiffe, die vom Rhein und See herkamen. Hierzu Aegidius Tschudis Chronicon Helveticum (Quellen zur Schweizer Geschichte N.F. I. Abt., Bd. VII, 8), bearb. von B. STETTLER (1990) S. 271, 286; J. MARMOR, Geschichtliche Topographie der Stadt Konstanz, S. 36f.; DERS., Das Konzil zu Konstanz in den Jahren 1414–1418 (²1864) S. 37; F. X. KRAUS, Die Kunstdenkmäler des Kreises Konstanz. Beschreibende Statistik (1887) S. 275; H. HEIMPEL, Königlicher Weihnachtsdienst auf den Konzilien von Konstanz und Basel, S. 392 Anm. 25; M. INNOCENTI, »Ze Costnitz was der küng«, S. 91; S. WOLFF, Die »Konstanzer Chronik« Gebhart Dachers, S. 362 Anm. 446; vgl. auch cc. 47–51, 239 und 280 in der dritten Texteinheit.*

schrank mit grosse[a] rafen[b] und daran ain beschlützt tor. Das behüten ussen die von Costentz und innen der heren diener. Darnach an des koffhuß ort [47ʳ] hinüber über die strauß, als man in die tränkin rit, das was och verschranket als das erst. Und behütend das thor innen der fürsten knecht und niemant usnan[c]. Hie vornan an des Flachen ort
5   biß an der Aberhacken[294] umbhin was och verschranket und behüten das tor, aber die von Costentz usnan[d] und der fürsten diener innen. Es het och yegklicher prelat, der welen solt, zwo gemalet gelten, warend beschlützdt, als da man kind inn badet, und sine wappen daran, da ir aine trügen yegclichs prelaten diener zwen an ainer stang. Und giengen vor inen iro diener mit dem trank, das trügend sy in glesinen[e] angstern[f], das man
10 wol da durch senhen[g] mocht. Und giengen by dem märkstat in und wan iro vier zesammen kamen, so ließ man sy in und was die stieg an dem koffhuß uffhin gewyttert[h] mit holtz. Und stündend undnan[i] an der stegen zwen ritter, begürt umb die schöß[j] mit wyssen tüchern. Die emphiengend das essen und das[k] trank und müstend die diener da kredentzen und buttend das uffhin. Da stünd der hochmaister von Rodis und hett den ru-
15 cken kert an des koffhuß tür und stünd vor im ain tisch bedekt mit ainem tischlachen und hinder dem tisch zwen byschoff. Und satzt man das essen uff die tisch und ersüchtend es. Und wenn daz ersücht ward, so bot es der hochmaister inhin durch ain gesegeten[l] baigen und namen[m] dann die låren gelten die knecht und trügend sy das koffhuß umbhin zü den zwain türen uß. Und stünden an der stegen, wan man die essen bracht, der marg-
20 grauff von Brandenburg und zwen grafen by im, welhe dann ye darzü geben wurden

---

a   grossen *SgIZ₁Z₂*.
b   der weren – rafen] schranken mit grossen rafen *Sg*; der weren ain schrank mit grossen raffen *I*; da warent sranken mit grossen rafen *Z₁*.
c   ussen *I*; usswendig *Z₁*; ussnen *Z₂*; außnen *D₁*.
d   ussnan *Sg*; ushin *I*; usnen *Z₁*; ussnen *Z₂*; außnen *D₁*.
e   glesern *D₁*.
f   angstren *Z₁*; angsteren *Z₂*.
g   sehen *SgD₁*; sechen *IZ₁Z₂*.
h   gewittrot *IZ₁*; geweittert *D₁*.
i   undan *Sg*; unden *Z₁D₁*; undenen *Z₂*.
j   schloß *I*; schosß *Z₁*; schloß *Z₂*.
k   *fehlt D₁*.
l   gesagaten *Sg*; gesegneten *I*; gesagenten *Z₁*; gesegette *Z₂*; gesegnoten *D₁*.
m   über der Zeile G.

---

294 *Der Aberhaken war ein ehemaliger Turm in Konstanz am See in der Nähe des Kaufhauses. Vgl. Aegidius Tschudis Chronicon Helveticum (Quellen zur Schweizer Geschichte N.F. I. Abt., Bd. VII, 8), bearb. von B. STETTLER (1990) S. 286; J. MARMOR, Geschichtliche Topographie der Stadt Konstanz, S. 43; O. FEGER, Das Konzil zu Konstanz, Bd. 2, S. 28; E. HOFMANN, Konstanz. Alte Stadt in alten Bildern (1978) S. 107; H. MAURER, Konstanzer Stadtgeschichte im Überblick (1979), nach S. 90 (= Mittelalterlicher Stadtgrundriß von Konstanz, Nr. 132).*

und wan also vier usgericht wurden, so namentz aber vier, biß daz sy all usgericht wurdend. Der glich[a] tett man zu dem nacht essen och. Also danne hienach gemält ist.

(257,1) Die wal ward also gemacht, welher bapst solt werden, der solt haben zwen tail der cardinäl und von yegklicher nacion besunder zwen tail[295]. Und also an Sant Martins aubend ze nacht wurdend sy vast striten[b], das iro vil erwelt wurden. Ettlicher hett zwölff   5
stymmen, ettlicher nün, etlicher sechs, etlicher vier, das die wal do nit für sich gän mocht.

(257,2) Mornend frü, do wurden die Germani ze raut, wan das concilium in ir land wäre, das sy es dann nit irren wölten. Und liessend von iren stymmen, und kamen mit den Ytalicen in ain. Und do daz die Anglici marktend, do schlügen sy och zů in und giengen do [47ᵛ] tzů den Gallici und zů den Hyspaniten und batten sy durch gottes wyl-   10
len, das sy das nit irtend[c]. Die warend vast hert daran und mainten, sölte nit[d] ainer uß ir nacion werden, des hettend sy uner[e].

(260,2) Yedoch nach der zehenden stund, als das crütz, als man da mit für das con-clavi[f] gegangen was, hingieng, und die sänger hie usnan[g] anfiengen die antiphen: Veni sancte spiritus. Gelich dozemal warend sy alle dryundfünfftzig in der cappelle in dem   15
koffhuß, und knüwoten nider und viengend och an singen Veni sancte spiritus. Und wurden glich ains. Und ee das crütz in das münster kam vor der aylifften stund, do schray[h] man: Wir habend ainen baupst. Und also ward er ainhellenclich erwelt, das en-kainer dawyder nit was.

(261b) Und kamen alle claine vögenlin[i], die in gantzer gegni warend[296]. Und flugen uff   20
das conclavi, das daz tach umbgeben ward mit ytal[j] clainen vogeln. Und kain rapp noch kain krä, noch tul, noch kain andrer grosser vogel. Und das sahend ob zwaintzig tusend menschen[k].

---

a   Der glich] Des glich *Sg*; Des ersten gelichen *I*; Des glichen *Z₁*; Des gelichen *Z₂*.
b   strittig *Sg*; stritten *I*.
c   irtend] irtind *Sg*; irtin *I*; sumptent noch irtent *Z₁*; irreten *D₁*.
d   sölte nit] selben nit *I*; söltent *D₁*.
e   unere *D₁*.
f   conclavi] concilium *D₁*.
g   uß *Sg*; uss *IZ₁*; usß *Z₂*; außnen *D₁*.
h   schrey *Z₁Z₂*; schry *D₁*.
i   vögili *Sg*; vögilin *I*; fögeli *Z₁*; vögelli *Z₂*; vögelin *D₁*.
j   itel *SgI*; itelen *Z₁*; ittell *Z₂*; eitel *D₁*.
k   zwaintzig tusend menschen] xxx tusend menschen *Sg*; xxx tussent menschen *I*; xxxᵐ menschen, daz gross wunder *Z₁*.

---

295   *Als gewählt galt der Kandidat, dem es gelang, nicht nur eine Zweidrittelmehrheit der Kardinals-*
stimmen, sondern auch zwei Drittel der Deputiertenstimmen einer jeden Nation auf sich zu vereinigen.
Modus und Form der Papstwahl wurden in der 40. Sitzung am 30. Oktober 1417 festgelegt. Vgl. J.
Wohlmuth *(Hg.), Dekrete der ökumenischen Konzilien, Bd. 2: Konzilien des Mittelalters (2000) S. 445.*
296   *Vgl. cc. 260,2 und 261a.*

(263,3) Darnach an dem mentag nach Martini, do tetten unserm hailigen vatter dem bapst obedientz alle cardinäl und alle ander weltlich prelaten und alle weltlich pfaffen.

(263,4) Am zinstag nach Martini tetten im obedientz alle schwartz münch, benedictiner, cystercienses und alle ander sölich örden.

5 *(263,5)* An der mittwochen tetten im obedientz all bettelörden und all botschafftten, die mit vollem gewalt ze Costentz warend von allen gaistlichen prelaten.

O altitudo diviciarum^a.

Im Anschluß hieran fehlt in G, was D₁ foll. 58^v bis 64ra Z. 22 bringt. D₁ bringt nach der Invokation zunächst eine Illustration, danach Text.

10 **Bild:** *Untersuchung der Nahrung, Seite zweigeteilt, D₁ fol. 58^v. Bildtext:* Dise figur ist, wie man den herren in dem conclavie ir essen und trincken beschauwet.

(265) [D₁ fol. 59^r] Am suntag vor Sant Katherinen tage[297], der eyn und zweintzigost tag Novembris anno Dni. MCCCCXVII, geleich tzü mitternacht, do vienge man an leüten mit den grossen gloggen ein zeichen. Darnach aber eins und vor der ersten stunde

15 leüet man zesamen. Und giengent in das münster unser heiliger vatter babst Martinus der fünfft, unser herr der küng, all cardinäl und all bischof und der marggraf, und waz weltlicher fürsten, was die einhin kommen mochtend. Und beschloß man daz münster wider zü und hette da meß der cardinal Hostiensis auf dem fronaltar. Nach der meß, do satzt man den babste nyder auff ein stül zwischen dem fronaltar unnd dem sigental^b, und

20 vieng man an in zü weihen. Unnd machet man ein tisch mit brote und wein dar, als man gewonlich bischof weihet. Und goß man im öle^c auff sein haubt, unnd verpand^d man sein haubt^e mit einem weyssen tüch. Und stünden auff dem altar siben grosse silbrine kertz-

---

a   O – diviciarum] *fehlt SgIZ₁.*

b   *sacristie SgZ₁; sacrastie I.*

c   *balsam SgIZ₁; öll Z₂.*

d   *verwand SgIZ₁; verband Z₂.*

e   *folgt als aim wib Sg; folgt als ainem wip I; folgt als einem wib Z₁.*

---

297   *Am 21. November 1417 wurde Martin V., der bis zu seiner Wahl nur die Weihe des Subdiakons erhalten hatte, zum Papst gekrönt. Anschließend erfolgte der traditionelle Umritt. Vgl. G. FILLASTRE, in: ACC, Bd. 2 (1923) S. 160; O. FEGER, Die Konzilchronik des Ulrich Richental, S. 33f.; K. A. FINK, Die Wahl Martins V., in: Das Konzil von Konstanz. Beiträge zu seiner Geschichte und Theologie (1964) S. 147 Anm. 29; wiederabgedr. in: Das Konstanzer Konzil, hg. von R. BÄUMER (1977) S. 317f. mit Anm. 29; E. VAVRA, »Te Deum laudamus«, S. 136f.; L. CARLEN, Zeremoniell und Symbolik der Päpste im 15. Jahrhundert (Vorträge der Aeneas-Silvius-Stiftung, Bd. 39) (1993) S. 22–24; R. STROHM, The Rise of European Music, 1380–1500 (1993) S. 112f.; W. BRANDMÜLLER, Das Konzil von Konstanz, Bd. 2, S. 372f.; B. STUDT, Martin V. Überwindung des Schismas und Kirchenreform, in: 1414–1418. Weltereignis des Mittelalters. Das Konstanzer Konzil. Essays (2013) S. 126; G. J. SCHENK, Die Lesbarkeit von Zeichen der Macht, S. 303 mit Anm. 197; Th. BRUGGISSER-LANKER, Music goes public, S. 372; A. FRENKEN, Das Konstanzer Konzil, S. 152f.*

stal mit siben prinnenden kertzen zů anderen kertzen. Der was auß der massen vil und was auf dem altar Sant Pelagien und Sant Cůnrats hewpter[a] des babstes kron und sein infel. Und in der weihe sang man dye letanie, einest in latein und anderst in kriechisch. Und do er geweihet ward, do leget man in an zů der messe und fůrt man in ausser dem chor mit dem creütz. Und trůg man im ob seinem haubte ein weiß tůch mit roten crei-   5 tzen[b] und vor im zů der schosse ein guldin tůch. Die trůgent zwen cardinål und zwen bischof. Und gieng außher bey der tür, die da gat zů Sant Peters altar, und abhin zů dem wendelstein[298] und da dannen hin zů der grossen tür und da einhin zů der session. Und da er kam mitten auf daz pfletz[c], da waz da ein bischof, der het ein stecken in der hand, und obnen an dem stecken ein busch werckes[d]. Das zunt er an, und daz waz anstet[e] ver-   10 prunnen[299], und sang mit lauter stym: Pater sancte, sic transit gloria mundi. Das ist: Heiliger vat[er], also gat hin die glori diser welt. Do antwurt der babst: Deo gratias [59ᵛ]. Und giengend da hin auf tzů dem altar in der session. Da hett der babst meß, und sang man auch die epistel, aine in latein und aine in kriechisch, und das ewangelium auch in latein und in kriechisch. Unnd sange man zwai Gloria in excelsis. Und nach dem und er   15 die hosty teylet, do gieng er ab dem alltare und saß nyder auff einen sessel[f]. Und pracht man im die hosty auff einer pathen. Da noß er eyn teil und gabe dem ewangelier auch einen teyl unnd dem epistler den dritten. Unnd nach dem segen, do giengent all herren heym und bereitetend sich zů reytent und der babst gieng in die pfaltz. Das was tzwi-schen sybnen und achten. *Der Rest des Blattes bleibt leer.*   20

Bild: *Papstweihe, D₁, foll. 60ʳ⁻ᵛ. Bildtext über fol. 60ᵛ: Wie unser heyliger vater babst Martinus geweiht ward.*

(266) [61ʳ] An der achte[n]den stůnd an dem sonntag, do hetten sich all patriarchen, all cardinåle, all ertzbischof und bischof, unnd all gefürst åbbte auß bereyt[g] mit verdeck-

---

a   höpter *SgIZ₁*; höptter *Z₂*.
b   crützen *Z₂*.
c   gefletzt *Sg*; gfletz *I*; gfletzt *Z₁*.
d   buschelin mit werch *A*; büschli werchs *K*; buschli werchs *Sg*; buschlin werchs *I*; büscheli werchs *Z₁*.
e   anstet] bald *SgIZ₁*.
f   stůl *SgIZ₁*.
g   uff berait *A*; uf berait *K*; uss bereitt *Z₂*.

---

298 *Wendeltreppe zum Turm.*
299 *Gemeint ist nicht* werck, *sondern ein* werchboschen *bzw.* werch, *wie man aus A und K entnehmen kann. Das Verbrennen der Wergbüschel symbolisiert im päpstlichen Krönungszeremoniell die irdische Vergänglichkeit und Hinfälligkeit. Vgl. B.* SCHIMMELPFENNIG, *Die Krönung des Papstes im Mittelalter, in: QFIAB 54 (1974) S. 207f.; L.* CARLEN, *Zeremoniell und Symbolik der Päpste im 15. Jahrhundert (Vorträge der Aeneas-Silvius-Stiftung, Bd. 39) (1993) S. 24; A.* PARAVICINI BAGLIANI, *Der Leib des Papstes. Eine Theologie der Hinfälligkeit (1997) S. 42–51; G. J.* SCHENK, *Zeremonielle und Rituale auf dem Konstanzer Konzil, S. 25–27; U.* GIESSMANN, *Der letzte Gegenpapst, S. 206.*

ten ros[s]en^a, all mit weissem geschlagem tůch über die roß allenthalben. Und rittend all
mit irem priesterlichen gewand und mit iren infelen auf iren heüptern auff den grossen
hof. Da waz eyn grosse bruggen gemacht vor^b der grossen thür biß an die abseyten^c mit
zwein grossenn hohen stiegen^d. Und da gieng auff hin unser heiliger vater der babst Mar-
5 tinus der fünfft, mit im der hochmeyster von Rodis, all patriarchen, all cardinål, all
ertzbischof und ander bischof, die vor getreng auf hin mochtend kommen. Unser herr
der künig, der marggraff und all ander weltlich fürsten, die auch vor getreng auffhin
kommen mochtent. Und satzt man den babst auff einen hohen stůl, der hett tzů yetwe-
der seyten zwen stafel, unnd stůnd aber ein bischof da mit einem stecken und ain busch
10 wercks obnen daran. Unnd zundt das an. Das was bald verprunnen. Und sang aber: Pater sancte, sic transit gloria mundi. Do antwurt aber der babst: Deo gratias. Und nach
anderm gesang unnd gebete^e, do kam man mit dem creütz und mit grossen prinnenden
kertzen für in, und nam der hochmaister von Rodis, der cardinal Pangracius^f, de
Flischgo^g und der cardinal de Comitibus, das sind ewangelier cardinål[300], unnd ist das
15 ampt iro [und nament^h] die kron in ir hande und knieten für den babste und betotend
und giengendt die stapffel^i auff hin unnd satzten im dye kron auff sein haubt und ward
da ein groß singen. Und sasse also krônt wol mer dann eyn vierdenteyl einer stund und
gieng da mit der kron herab und saß mit der kron und mit gantzem seinem habit auff ein
weisses pferdt, das was mit rotem verdecket. Und gienge unser herr der künig ze fůß dar
20 unnd neyget sich auff seine knye und nam das pferd zů einer seyten mit der handt bey
dem zaum und nam es zů der an[61^V]deren seyten auch bey dem tzaum der marggraff
von Brandenburg. Und hinder dem künig gienge hertzog Ludwig von Bayren unnd hůb
des roß deckin auff tzů einer seyten und zů der anderen seyten eyn gefürster graff.

(267,1) Und tzugend also ab dem hof. Des ersten rayt der graff Hugo Planani vonn
25 Rymeln^j, des babstes marschalck, in einem rotten samatin rock, mit einer tremel vor
abher. Und giengend im nach zwelf weisse pferd gesatlet, mit rotem tůche verdeckt, darnach des babstes creütze, darnach die singer des babstes, darnach ritent auch die advoca-

---

a   roß *Sg*; rosß *I*; ross *Z₁*; rossen *Z₂*; rosen *D₁*.
b   von *SgIZ₂*.
c   obren siten *SgIZ₁*.
d   stegen *SgIZ₁*; stägen *Z₂*.
e   bett *IZ₂*; gebett *Z₁*.
f   der cardinal Pangracius] *fehlt Z₁*.
g   der cardinal von Flischgo *SgIZ₁*; der cardinall de Flischgo *Z₂*.
h   die namend *Sg*; und nament *IZ₁Z₂*.
i   staffel *SgIZ₁Z₂*.
j   *folgt* uss Rumeln *Z₂*.

---

300   *Gemeint sind die Kardinäle Rainaldo oder Tommaso Brancaccio, Lucido Conti und Ludovico
Fieschi.*

ten unnd auditores in vehen[a] kappen und in ir habit. Vor dem creütz rittent die båckulier,
und het ir yeglicher ein rot venlin in der handt, ettlich zwen gemalet engel auf gebetren,
nach den auditores kament[b] die åbbt und dye bischof und die ertzbischof, die zů rittent
hettent. Der warent[c] an der zal hundert und sechs unnd zweintzig[d], alle mit verdeckten
rossen. Und hett ir yegklicher einen erbern, der im daz roß bey dem zaum fůrte. Nach   5
dem fůrte man einen schönen hohenn hůte[301], der was weyt, das er wol an einer engen
strauß[e] von einem hauß zů dem anderen raichet[f]. Und der was gel und rott geteylet nach
der lenge unnd darauff ein guldiner enngel. Darnach gewappnet leüt, und aller statt
unnd zünfften kertzen unnd all pusauner. Die pusaunotent aber nicht. Darnach rittend
die cardinåle, ye zwen und zwen, der waz zwen und zweintzig, darnach drey patriar-   10
chen, darnach unser heyliger vater der babst. Und rayt[g] unverdeckt, das in aller mengk-
klichen sahe. Und fůrte in unser herr der künig zů fůssen bey dem zaum und ain tremel
in der hand und wartet[h] dem volck und zů der anderen seyten der marggraf von Brandenburg, als dann vorhin auch benennet ist. Unnd rittend vast gemålichen[i] von dem grossen
hof ab[62ʳ]her biß für Sant Steffan und da dannen an den oberenn marckt. Und da unser   15
heyliger vatter der babst kame für das hauß, genannt zům Schlegel, do kam die jü-
dischheyt zů Costentz im entgegen[302] mit vil grossen prinnenden kertzen, und hetten all

---

a   vechen *SgIZ₁Z₂*.
b   camere *Z₂*.
c   *folgt* on die cardinall *Z₂*.
d   cxvj *SgIZ₁Z₂*.
e   gassen *SgIZ₁Z₂*.
f   *der was weyt – raichet]* Do waz mir, daz er wol an einer engen gassen zů der andren reigte *Z₂*.
g   fůr *SgIZ₁Z₂*.
h   ward *I*; wartt *Z₂*.
i   gemächlich *I*; gemeinlich *Z₁*.

---

301   *Vgl. c. 14,1.*
302   *Die Juden der Stadt – in Wo und St, wird foll. 111ʳ bzw. 275ʳ der Sohn des Ysaac Judmaiger namentlich genannt, wie die ganze Geschichte überhaupt sehr viel ausführlicher als in A und K erzählt
wird – bitten Papst und König vor dem Haus zum Schlegel (heute Obermarkt 6) um die Bestätigung ihrer
Freiheiten bzw. Privilegien, die sie am 12. Februar 1418 erhielten. Vgl. Aegidius Tschudis Chronicon
Helveticum (Quellen zur Schweizer Geschichte N.F. I. Abt., Bd. VII, 8), bearb. von B. STETTLER (1990)
S. 293; H. VON DER HARDT, Magnum Oecumenicum Constantiense Concilium de universale ecclesiae
reformatione, unione, et fide 4 (1699) S. 1491; G. LEIDINGER, Andreas von Regensburg. Sämtliche
Werke (1903) S. 187; O. FEGER, Das Konzil zu Konstanz, Bd. 2, S. 243; DERS., Die Konzilchronik des
Ulrich Richental, S. 34; L. FISCHEL, Die Bilderfolge der Richental-Chronik, S. 42; B. SCHIMMELPFEN-
NIG, Die Krönung des Papstes im Mittelalter, in: QFIAB 54 (1974) S. 234, 263; A. L. TĂUTU, Acta Mar-
tini P.P. V (1417–1431) (1980) S. 67, Nr. 23; K. H. BURMEISTER, medinat bodase, Bd. 2: Zur Geschichte
der Juden am Bodensee 1350–1448 (1996) S. 18, 130f.; G. WACKER, Ulrich Richentals Chronik, S. 182;
W. BRANDMÜLLER, Das Konzil von Konstanz, Bd. 2, S. 373 mit Anm. 6; C. SIEBER-LEHMANN, Basel und
»sein« Konzil, S. 202 mit Anm. 154; D. WELTECKE, Juden im Bodenseeraum, in: 1414–1418. Weltereignis*

ir habit an, als sy in iren langen tag[303] steend, und trůgen die zehen gebote in einem roten samatin tůch und under einer himeltzen[304], das waz ein guldin tůch, und sungend vast in hebraisch[a] und knieoten all nyder und buttend im die zehen gebot[305] und batend in sy tzů bestǎtten, als sy von andern bǎbsten herkommen wǎren. Do empfienge er die gebot nit.

5   Aber unser herr der küng empfieng sy und sprach: Moyses gebot wǎren recht und gůtt, aber sy wǒlten die nit recht verston[b]. Do redet der babst etwas, das ich nit versteen kund, unnd zů dem letsten hort ich, das der babst also sprach[c]: Omnipotens Deus aufferat[d] velamen ab oculis vestris[306], ut possitis videre lumen eterne vite. Das ist zů teütsch: Der allmǎchtig got hinneme den flammen von eüren augen, das ir mügend sehen daz liecht

10 des ewigen lebens. Damit da segnet er sy in dem namen des vaters, des suns und des

---

a   ebraisch *Sg*; abraisch *I*; abereisch Z_2.
b   *folgt* und bot sy wider hinder sich *SgIZ₁Z₂*.
c   etwas – sprach] *fehlt Sg*.
d   avertat *AKIZ₁Z₂*.

---

*des Mittelalters. Das Konstanzer Konzil. Essays (2013) S. 162f. mit Anm. 37; D*IES*., in: 1414–1418. Weltereignis des Mittelalters. Das Konstanzer Konzil. Katalog (2014) S. 122; D*IES*. (Hg.), Zu Gast bei Juden. Leben in der mittelalterlichen Stadt [Ausstellungskatalog Konstanz] (2017) S. 8f.; U. G*IESSMANN*, Der letzte Gegenpapst, S. 209; H. F*IDLER*, König Sigismund, das Konstanzer Konzil und die Juden, S. 85–90, 109–112.*

303 *Mit dem »langen Tag« (Jom Kippur) ist der höchste jüdische Feiertag gemeint. In Aegidius Tschudis Chronicon Helveticum (Quellen zur Schweizer Geschichte N.F. I. Abt., Bd. VII, 8), bearb. von B. S*TETTLER *(1990) S. 293 Z. 13 ist von* loubertagen *die Rede, was im Apparat als Laubhüttenfest gedeutet wird.*

304 *Baldachin.*

305 *Gemeint ist wohl die Thorarolle, welche die jüdischen Gemeindevorsteher dem Papst in goldene Tücher eingehüllt entgegenhalten, die dieser gemäß der römischen Tradition zunächst aber nicht entgegennehmen kann, weil der von den Juden immer noch erwartete Messias schon längst gekommen, das mosaische Gesetz mithin durch das Neue Testament zu ersetzen sei. Vgl. H. *VON DER *H*ARDT*, Magnum Oecumenicum Constantiense Concilium de universale ecclesiae reformatione, unione, et fide 4 (1699) S. 1491; W. B*RANDMÜLLER*, Das Konzil von Konstanz, Bd. 2, S. 373 mit Anm. 6; C. S*IEBER-*L*EHMANN*, Basel und »sein« Konzil, S. 202; D. W*ELTECKE*, Juden im Bodenseeraum, in: 1414–1418. Weltereignis des Mittelalters. Das Konstanzer Konzil. Essays (2013) S. 163; H. F*IDLER*, König Sigismund, das Konstanzer Konzil und die Juden, S. 88. Siehe hierzu auch B. S*CHIMMELPFENNIG*, Die Krönung des Papstes im Mittelalter, in: QFIAB 54 (1974) S. 234 und 263:* […] et venient ad eum Iudei cum lege facientes ei laudem ac offerentes ei legem, ut adoret. Et tunc papa comendat legem et dampnat observantiam Iudeorum sive intellectum, quia, quem dicunt venturum, ecclesia docet et predicat iam venisse dominum nostrum Iesum Christum.

306 *Zur lateinischen Antwort des Papstes vgl. die Gebetseinladung zur achten Fürbitte der Karfreitagsliturgie im Römischen Messbuch von 1570 an die Juden:* ut Deus et Dominus noster auferat velamen de cordibus eorum; ut et ipsi agnoscant Jesum Christum Dominum nostrum. *In* Wo *wird die Antwort des Papstes fol. 131ᵛ ins Deutsche übersetzt:* Der allmechtig Got verkhere die tůwchhly von iuwern ougen unnd lauß iuch sehen das ewig liecht. *Vgl. Missale Romanum ex decreto sacrosancti Concilii Tri-*

heiligen geystes[a]. Und rayte da dannen die Seul[b] abhin und Mordergassen außhin und widerumb durch die Neüwengassen unnd für Santt Pauls einher und für Santt Steffan und zů dem grossen hof einhin für die pfallatz und gab da den segen und gieng in die pfallatz. Unnd fůr yederman heym an seyn herberg und was daz alles beschehen[c] auff die aylfften stund. Und wart der[d] burgermeyster Hainrichen von Ulm das roß, da der babst auf geriten was[307].

Bild: *Kardinäle auf weißen Rossen, D$_1$ fol. 62^v.*

Bild: *Papstweihe im Hof, Seite zweigeteilt, D$_1$ fol. 63^r.*

(270) [63^v] An Sant Cůnrats tag[e], der waz an einem freitag, do zewischen der achtenden und neünten stunden, do růffet man in der stat, wer der sey, frawe oder man, wer gnad darzů hab, der sol kommen auff den obern hof zů dem driten zaichen, so wôlt un-

---

a   Und da unser heyliger vatter der babst kame für das hauß – des heiligen geystes] Unnd do er kham enwenig für das hus genant zů dem Schlegl, do hůeb er aber still, unnd do kham Ysaac Judmaigers sun [*wohl Isaac, Sohn des Meier, 1401 Vorsteher der jüdischen Gemeinde in Konstanz*] under ainem guldin tůch, das thrůgent ob im 4 juden, unnd fůrten in 2 ander juden, unnd hett ain silbrin steckhen inn der hand. Uff dem steckhen was gemacht als ain rott küssin, unnd was daran genätt vil schellen, als man dis den habckhen [*oder* habchhen, *gemeint ist wohl eine habech-schelle (mhd.) = Schelle des Habichts als Jagdvogel*] anhenckht. Inn dem khüssy solt ligen die 10 gebot, die inen Moises [*Moses*] geben hatt. Unnd giengen allso, als ob sy giengen vor dem prunnen der Zůben by dem stockh herfür für unsern hailigen vatter den babst Martinum, unnd khnüweten nider. Unnd waren all angelait mit irm habit [*eventuell der Tallith oder Sargenes = jüdischer Gebetsmantel*], als sy gewönlich zů schůl gand, so ir lang tag [*Jom Kippur*] ist, unnd bot daar inn dem babst das küssy, unnd begert von unnserm hailligen vatter dem babst, das er inen ir fryhait unnd privilegium bestätten wolt. Aber der babst wolt des khüssins nit nemen, aber unnser herr, der römisch künig, der nam es inn sin hand, unnd sprach zů den juden: Moyses gebot sind recht und gůtt, unnd verwürfe sy niemand, aber ir halltend yro khaines nitt recht. Unnd gab inen die gebot wider. Do khart sich unnser hailliger vatter zů inen, unnd sprach inn Latin: Omnipotens Deus avertat velamen ab oculis vestris et faciat vos c[on]spicere lumen aeternae vitae. Unnd das ist: Der allmechtig Got verkhere die tůwchhly von iuwern ougen unnd lauß iuch sehen das ewig liecht. Unnd mit dem do hett er den segen uber sy unnd segnot sy unnd sprach: In nomine patris et filii et [spiritus] Sancti. Unnd rait damit aber füro von inen. Unnd do khament die currier mit den silbrinen unnd guldinen steckhen unnd wollten die juden gefangen haben unnd sy villicht geschätzt haben. Do khamen des rats knecht unnd der stat soldner unnd beschirmpten die juden vor den curriern unnd zugent si inn das hus zů dem Hochen haffen unnd beschlussent das hus. Wie vast sy aber die juden schirmpten, doch do můsten die juden den curriern gellt geben *WoSt$_2$*.

b   Sül *SgIZ$_1$Z$_2$*.

c   beschehen] besächen untz *Z$_2$*.

d   dem *SgIZ$_1$*; unserem *Z$_2$*.

e   An Sant Gregorien tag *SgIZ$_1$*

---

dentini restitutum (1906) S. 169; O. FEGER, Das Konzil zu Konstanz, Bd. 2, S. 243; H. WOLF, Papst und Teufel. Die Archive des Vatikan und das Dritte Reich (2008) S. 98 mit Anm. 4.

307   *Vgl. c. 26 in der dritten Texteinheit.*

ser heiliger vatter der baupste den segen geben. Unnd also lewtet[a] man zů drey malen und
lůff menklich auf den hoff. Und umb die neünten stund, do kame der baupste mit seiner
infeln in den hohen årcker der pfaltz mitt dem creütz und mit vil kertzen und gab dem
volck den segen. *Es folgen zwei Wappen mit der Überschrift:* Caspar Gumpost *und* Leüt-
5 frid Muntpraut. *Wappen und Namen sind auf das nachstehende Kapitel zu beziehen.*

(271) Des ersten tags Decembris, do ward zů burgermaister erwelt Caspar Gumpost
und tzů underm burgermaister Lütfrid Muntpraut. Des tages hetten die herrn ein
geståch und woltend auf dem obern hoff gestochen haben. Das wolt der baupst nit vergünsten. Und zugend daz geståch an den vischmarckte[308].

10 (272) An dem montag vor[b] Sant Nicolaus tage[309], do warde ermürdet an der sibenden
stunde der ersame herre herr Hainrich[c], bropst tzů Luceren[310], auff prediger prugke. Und
warde getragen in der prediger portstuben[311], do starbe er an der stete. Und warde der
selbig morder gefan[gen]. Unnd do er gefangen warde, do verjahe er an der state, unnd
das in dye vonn [64^r] Lucern darumb besölt hetten. Darnach am dornstage, da ward der
15 morder für gerichte gefůrt und verurteilt zů redrend. Und schlaipffet man in außhin und
satzt in auff eyn rade[312]. Dannocht lag der priester[d] unbegraben. Und als man den morder

---

a lutt *IZ₂*; lut *Z₁*.
b nach *AKSgIZ₁Z₂*.
c Hainrich] *fehlt SgIZ₁*; Hainrich *von anderer Hand nachgetr. Z₂.*
d brobst *I*; propst *Z₁Z₂.*

---

308 *Bereits Papst Johannes XXIII. hatte sich in den sog. Informationen über Turniere auf dem oberen
Münsterhof, wo der Papst in der Bischofspfalz logierte, beschwert, zumal es in diesem Rahmen am 12.
Februar 1415 auch zu Unglücken gekommen ist. Vgl. A. Knöpfler, Ein Tagebuchfragment über das
Konstanzer Konzil, in: HJb 11 (1890) S. 268; H. G. Peter, Die Informationen Papst Johanns XXIII.
und dessen Flucht von Konstanz bis Schaffhausen (1926) S. 4, 161–166; O. Feger, Die Konzilchronik des
Ulrich Richental, S.34; H. Maurer, Konstanz im Mittelalter, Bd. 2, S. 38; W. Brandmüller, Das Kon-
zil von Konstanz, Bd. 1, S. 184; Ders., Das Konzil von Konstanz, Bd. 2, S. 374.*
309 *7. Dezember 1417.*
310 *Gemeint ist der Probst Nikolaus Bruder von Luzern. Der Mord wird auch im Ratsbuch der Stadt
Konstanz für die Jahre 1414–1419 (Stadtarchiv Konstanz B I 2) S. 132 erwähnt. Vgl. Aegidius Tschudis
Chronicon Helveticum (Quellen zur Schweizer Geschichte N.F. I. Abt., Bd. VII, 8), bearb. von B.
Stettler (1990) S. 294 mit Anm. 198 auf S. 294f.; Chr. Schulthaiss (1512–1584), Collectaneen (achtbändige Stadtchronik, nach 1575, Stadtarchiv Konstanz A I 8/I) fol. 77^r; Ph. Ruppert, Das alte Kon-
stanz in Schrift und Stift, S. 120; O. Feger, Das Konstanzer Konzil und die Stadt Konstanz, S. 318; H.
Maurer, Konstanz im Mittelalter, Bd. 2, S. 14; Th. M. Buck / H. Kraume, Das Konstanzer Konzil,
S. 260f.*
311 *Gemeint ist die Pförtnerstube, also die Pforte des Dominikanerklosters auf der Bodenseeinsel.*
312 *Hinrichtungen wie das Erhängen und Rädern wurden auf einer Wiese bzw. einer Viehweide (dem
»Espan«) vor dem Kreuzlinger Tor vollzogen, wo auch der Galgen stand. Vgl. P. Schuster, Eine Stadt
vor Gericht. Recht und Alltag im spätmittelalterlichen Konstanz (2000) S. 268–270.*

für gericht fůrt, da anstette fieng der todt leichnam an schwitzen[313]. Unnd do er verurtey-
let ward, do fieng er an plůten, unnd ward als rot und als schŏn, als er lebendig ye gewesen waz. Und ward erst vergraben an der sibenden stund. Das alles sahend all prediger
und darzů ob dreyhundert menschen, die zů luffent, frawen und man, das zů sehend[a].

(273) [G fol. 53[r]] Anno[314] Dni. MCCCCXVIII an dem winächt tag, do hett der baupst   5
Martinus die dry messen: cristmeß, tagmeß und das hochampt[b]. Und da vor dem imbyß,
do gab er den segen uff dem obern hoff uff der pfallatz. Und verkunt man den applås:
Wer da wäre, der gebichtet und sin sünd gerüwett hett, der hette süben[c] jar applas tötli-
cher sünd und süben[d] karren, oder wer noch in acht tagen bichtite[e], der hette och den
applas.   10

(274) An Sant Silvesters aubend, der was an ainem dornstag des nün und zwaintzigosten tags Decembris, do starb der würdig herr her Sigmund, ain Unger[f], obroster cantzler
des römschen richs[315]. Und ward des selben tags an sin stat ze cantzler genomen der byschoff von Passow, ain graf von Hohenloch. Und nach der vesper, do lut man dem abgestorben[g] cantzler glich als ainem thůmheren, und trůg man in zu dem münster under   15
guldinen tůchern. Und giengend vor im all bethelŏrden und all pfaffhait zů Costentz.
Und trůg ir yegklicher ain brinnend kertzen in siner hand, und die thůmherren zwo,
und dero hett ain yegkliche ain vierdung[h] wachs. Und giengend vor der lych sechs und
zwaintzig brinnend kertzen, der yegcliche drü pfund wag. Und nach der lych och sechs
und zwaintzig, die der glich och drü pfund wagend. Und giengen darnach alle weltlich   20
fürsten und heren.

---

a   die – sehend] die darbi warent *Z₁; fehlt SgIZ₂.*

b   tagmeß und das hochampt] lux fulgebit und puer natus *I;* die in der morgenrŏti, lux fulgebit, und
tagmess, puer natus *Z₁;* lux fulgebitt etc. und puer natus etc. *Z₂.*

c   vij *SgIZ₁;* siben *Z₂D₁.*

d   vij *SgIZ₁;* siben *Z₂D₁.*

e   beichtote *D₁.*

f   her Sigmund, ain Unger] *nachgetr. G; fehlt I7₁7₂*

g   totten *IZ₁Z₂;* obgestorben *D₁.*

h   firling *I;* fierdling *Z₁;* fiernling *Z₂.*

---

313   *Gemeint ist das Gottesurteil der Schweiß- bzw. Bahrprobe. Vgl. W. MATTHIESSEN, Ulrich Richentals Chronik, S. 336; C. PFAFF, Die Welt der Schweizer Bilderchroniken (1991) S. 160f.; R. SCHMITZ-
ESSER, Der Leichnam im Mittelalter. Einbalsamierung, Verbrennung und die kulturelle Konstruktion
des Körpers (2014) S. 419f.*

314   *Zu dem Einschub in Wo foll. 133ᵛ–135ʳ vor c. 273 und als Nachtrag zu c. 268, das in G nicht vorhanden ist, siehe c. 273 in der A- und K-Version.*

315   *Gemeint ist der Graner Probst Johann Újvárosi oder Johann von Gran. Er hieß nicht Sigmund,
sondern war König Sigmunds Kanzler. Vgl. A. FRENKEN, Der König und sein Konzil, S. 222; D.
DVOŘÁKOVÁ, The Chronicle of Ulrich Richental as an Exceptional Source, S. 9 mit Anm. 21; DIES., Die
Delegation der ungarischen Kirche, S. 71; C. N. NEMES, Hunnen, Awaren und Magyaren am Bodensee
in der Spätantike und im Mittelalter, in: SVG Bodensee 133 (2015) S. 28f.*

(276) [53ᵛ] An dem ingänden jarᵃ, do hett unser hailiger vatter der baupst Martinus quintus fronampt zů dem thům ze Costentz. Und nach der meß und dem segen, do nam unser her der küng Hainrichen von Ulm, dero von Costentz burgermaister, und hieß in nyder knüen. Und schlůg in zů ritterᵇ vor den cardinåln und allen fürsten, gaistlich und weltlichᶜ. Und findest die figur und gemåld hienach an dem nåchsten blatt, wie man innenᵈ zů ritter schlůg.

(277) An dem vierden tag January, waz ain zinstag, nach der vesper, do lut man dem cantzler drystund mit allen gloken³¹⁶. Und hetten im all pfaffhait ain Vigilin. Und mornend an mittwochen, do hett man im sin oppffer an dem zwölften aubend³¹⁷ zů dem thům. Und wurdend die absyten all bestektt mit grossen brinnenden kertzen und die cantzel und enmitten in dem pfletz da lag die baurᵉ bedakt mit ainem guldin tůch. Der kertzen warend all by hundert undᶠ sechs und zwaintzig, dero yegklich by dryᵍ pfunden wag, on die clainen oppfferkertzen, dero was vast vil an der zalʰ.

(278,1) An dem zwölfften tag zů winächten, do het unser hailiger vatter der baupst zů dem thům in der session meß.

(278,2) Und nach imbiß, do rait in gen Costentz der patriarch Aquiliensis von Agla und Friul³¹⁸, und zoch in den Regenbogen³¹⁹. Und rittend im engegen alle gaistlich und weltlich fürsten und prelautenⁱ, usgenomen unser her der küng. Und findest der herren wåppen hienach am lxxxix. blatt. *Im Anschluss hieran fehlt in G, was D₁ foll. 64ᵛᵇ Z. 21 bis 65ʳᵃ Z. 13 bringt.*

(275,1) [D₁ fol. 64ᵛ] Am montag nach Sant Agnesen tag waz ein sessio. Do in der selben session confiermiertʲ unser heiliger vater der baupste Martinus quintus unsern herren den küng zů einem rechten römischen künig³²⁰. Unnd tåten im alda all cardinål

a *folgt* anno Dno. MCCCCXVIII *St₁.*
b *folgt* vor dem bapst *Z₂.*
c *folgt* anno 1418 jar anfangs *St₁.*
d in *D₁.*
e bar *IZ₂D₁.*
f und und *G.*
g dry] iiij *IZ₂.*
h dero – zal] *fehlt IZ₂.*
i und prelauten] *fehlt SgIZ₂.*
j *folgt* man und bestättigett *Z₂.*

316 *Vgl. c. 274.*
317 *An dieser Stelle bricht Z₁ mitten im Kapitel ab und setzt erst wieder in c. 286 ein.*
318 *Aquileja und Friaul.*
319 *Gemeint ist das Haus zum Regenbogen. Vgl. K. Beyerle / A. Maurer (Hg.), Konstanzer Häuserbuch, Bd. 2 (1908) S. 263–265.*
320 *Am 23. Januar 1418 wurde die Wahl Sigmunds durch Papst Martin V. bestätigt. Vgl. W. Brandmüller, Das Konzil von Konstanz, Bd. 2, S. 376; A. Frenken, Das Konstanzer Konzil, S. 160.*

obedientz und all ertzbischof unnd bischoffe als eynem rȯmischen künig. Und man lewtet[a] do laudes mit allen glocken.

(279) [fol. 65ʳ] Am freitag nach Agnetis anno Dni. MCCCCXVIII, do fieng man an zů leüten die grossen gloggen zwischen ailfften und zwelffen zů eynem zaichen, als unser her Jhesus Cristus an dem creütze starb. Und meynet man, das füro all freitag ze tůnd. 5
Und gab der babst grossen abblas dar und stifftet daz, als man mir da das saget[b], der bischof[321] [G fol. 56ʳ] von Bisent[c] mit sinem aigen gůt[d]. *D₁ bringt jetzt zwei Illustrationen, die in G fehlen.*

Bild: *Heinrich von Ulm zum Ritter geschlagen, D₁ fol. 65ᵛ. Bildtext, fol. 66ʳ:* Hie ward Hainrich von Ulm, burgermeyster zů Costentz, von unserm herren künig Sig- 10
munden tzů ritter geschlagen in gegenwirtigkeyt unnsers heyligen vatters des baubstes.

Bild: *Segen des Papstes, D₁ fol. 66ᵛ. Bildtext:* Hie gibt babst Martinus der fünfft den segen allem volck.

(280) [G fol. 56ʳ] An dem mentag vor der liechtmeß, do kam bottschafft von den cardinȧln, die Benedictum gehalten hetten, yetz Petrum de Luna, wie sy dem bapst Mar- 15
tino quinto[e] wölten obedientz tůn und wöltend füro von Petro de Luna nütz halten[322]. Und ward aber laudes gelüt vor imbiß, nach imbiß und zů nacht. Uff den yetzgemeldten tag stůnden nünzehne grösse geladne schiff[f] mit höw an der brugk, die alle vail warend.

(281) An unser lieben froentag zů liechtmeß, do hett unser hailiger vatter[g] bapst Martinus quintus fronampt zů dem thům uff[h] fronaltar und wycht da die kertzen[323]. Und 20

---

a   lut *SgI*; lutt *Z₂*.
b   als – saget] alß man saget da *St₁*.
c   Bisant *A*; Pisan *K*; Pysentz *St₁*; Bisent *I*; Bisentz *Z₂*; Pisent *D₁*.
d   sinem aigen gůt] sinem aignen gült *I*; sim eignen kosten und eygnen gůt *Z₂*; *folgt* anno Dno. 1418 jar *St₁*; *folgt* und gab der bapst grossen applas da von *Sg*.
e   *folgt* der ze Costentz erwelt waz *Sg*; *folgt* der ze Costentz erwelt ward *I*; *folgt* der ze Costentz erwelt ist *Z₂*.
f   grösse geladne schiff] schif grosse geladen *D₁*.
g   *folgt* der *IZ₂D₁*.
h   *folgt* dem *D₁*.

---

321   *Gemeint ist wohl Thiébaut (Theobald) de Rougemont, Erzbischof von Besançon, der in cc. 342–362 sowie 342–364 in der sechsten Texteinheit zwei Mal erwähnt wird. Vgl. K. EUBEL, Hierarchia Catholica Medii Aevi, Bd. 1 (1960) S. 141; H. KOEPPEN, Die Berichte der Generalprokuratoren des Deutschen Ordens an der Kurie, Bd. 2: Peter von Wormditt (1960) S. 247 Anm. 6; O. FEGER, Das Konzil zu Konstanz, Bd. 2, S. 251; S. VALLERY-RADOT, Les Français au concile de Constance, S. 37, 85, 108 u. ö.*
322   *Es ging um den künftigen Status der Kardinäle Benedikts XIII., die sich nach der Wahl Martins V. von diesem lossagten und sich Martin V. empfahlen. Vgl. Aegidius Tschudis Chronicon Helveticum (Quellen zur Schweizer Geschichte N.F. I. Abt., Bd. VII, 8), bearb. von B. STETTLER (1990) S. 299; W. BRANDMÜLLER, Das Konzil von Konstanz, Bd. 2, S. 380–382.*
323   *Vgl. c. 100 in A und K, auf das in Wo fol. 138ᵛ – über A und K hinausgehend – im Text explizit verwiesen wird.*

nach^a der meß zwüschen zehnen und ayliffen, do gab er dem volk den segen uff dem obern hoff. Und vor dem segen, do warff er selb mit siner hand zů fünff und zwaintzig malen^b ye ain hand vol kertzen. Die warend lenger dann ain halb eln und warend ob tusend kertzen.

5 (282) Uff zinstag die rechten vasnacht^c, do stach man uff dem Průl[324]. Und kam unser her der küng mit verbundem helm in her. Laurencien[325] vom Haidenschenturn^d zůg und stach och und tet nün^e ritten und stach nider ain ritter und ain knecht und rait wyder ab[326].

(283,1) [56^v] An dem frytag vor der manvasnacht, do sandten ùnser hailiger vatter der baupst und unser her der küng bottschafft gen Mayland den bischoff von Passow. Und 10 gabend im gelait uff ain halb mil^f unser her der küng und sust all heren by zway tusend pfäriden.

(283,2) Darnach rait enweg der cardinal von Allamanuß^g Pysanus[327] in bottschafft gen Hyspania am dornstag^h vor Mathie, und ritten mit im und gaben im gelait unser her der küng und all ander heren by ainer vierdentail ainer milⁱ wegs.

15 (284,1) An dem nünzehenden tag February, was do^j sambstag, do rait in der hochwir-

---

a   über der Zeile G.
b   xxx malen Z₂.
c   davor vass ausgestr. G.
d   Hädrißturn A; Hädristurn K; Haidenschentůrn I; Heidinschenturn D₁.
e   newn D₁.
f   meyl D₁.
g   Allamanns D₁.
h   fritag A K.
i   meil D₁.
j   do] fehlt D₁.

---

324   Hier ist der große Brühl gemeint, auf dem während des Konzils u. a. Turniere abgehalten wurden. Vgl. J. MARMOR, Geschichtliche Topographie der Stadt Konstanz, S. 131f.
325   Gemeint ist wohl Laurenz von Hédervár, Stallmeister der Königin Barbara. Vgl. M. PAPSONOVÁ u. a., Ulrich Richental. Kostnická kronika, S. 261 mit Anm. 378; D. DVOŘAKOVÁ, The Chronicle of Ulrich Richental as an Exceptional Source, S. 16; DIES., Die Delegation der ungarischen Kirche, S. 73; C. N. NEMES, Hunnen, Awaren und Magyaren am Bodensee in der Spätantike und im Mittelalter, in: SVG Bodensee 133 (2015) S. 28.
326   Siehe zu diesem Turnier, an dem der König inkognito (mit verbundem helm = mit geschlossenem Visier) teilnahm, die Illustration in W fol. 146^r, die sich nur in dieser Handschrift erhalten hat. Vgl. M. INNOCENTI, »Ze Costnitz was der küng«, S. 130; Th. M. BUCK, Figuren, Bilder, Illustrationen, S. 421, 442.
327   Alamanno Adimario (Pisanus), Kardinalpriester von S. Eusebio, war am 17. Februar 1418 nach Spanien aufgebrochen, um die Obödienzleistungen der ehemaligen Anhänger Bendikts XIII. entgegenzunehmen. Vgl. W. BRANDMÜLLER, Das Konzil von Konstanz, Bd. 2, S. 383; N. JASPERT, Das aragonesische Dilemma, S. 133f.

dig her Jörg, ertzbyschoff zů Kyvionensis[328], in dem land Růssen und halt krieschen[a] globen. Und lit under Polander[b] land und Littower und stost an Kriechenland. Sin wauppen vindest hienach am cxxj. [blat].

(285) An Sant Mathias tag, do rait unser her der küng von Costentz gen Basel und maint da ze sind nit mer dann zehen tag. Und ward wendig und kam an dem andern tag wyder gen Costentz und leit sich nider und tett im daz gesücht[329] an ainem bain[b].

(286) An[330] sonnentag Letare[d] ze mittervasten, was do der sechsdt[e] tag im Mertzen, do het der bapst meß uff[f] fronaltar zů dem thům und wycht den rosen[331]. Und nach der meß,

---

a   kriechschen *SgZ₂*; kriesschen *I*; kriechen *D₁*.
b   Palander *D₁*.
b   und – bain] und sprach man, er hett das gesücht an ainem bain *SgI*.
d   mentag nach Letare *A*.
e   sext *E*.
f   *folgt* dem *ED₁*.

---

328   *Grigorij Camblak von Kiew traf am 18. Februar 1418 in Konstanz ein. Siehe auch Aegidius Tschudis Chronicon Helveticum (Quellen zur Schweizer Geschichte N.F. I. Abt., Bd. VII, 8), bearb. von B. Stettler (1990) S. 305–308. Zu seiner Person und Rolle auf dem Constantiense vgl. O. Feger, Das Konzil zu Konstanz, Bd. 2, S. 251; M. Heppell, New Light on the Visit of Grigori Tsamblak to the Council of Constance, in: The Orthodox Churches and the West, hg. von D. Baker (Studies in Church History 13) (1976) S. 223–229; F. Kohlschein, in: Archiv für Liturgiewissenschaft 29 (1987) S. 234 Anm. 4; Ch. Hannick, Art. Grigorij Camblak, in: LexMA, Bd. 4 (1989) Sp. 1676f.; A. Frenken, Die Erforschung des Konstanzer Konzils, S. 177; Ders., Das Konstanzer Konzil, S. 154f.; W. Brandmüller, Das Konzil von Konstanz, Bd. 1, S. 150; Ders., Das Konzil von Konstanz, Bd. 2, S. 397–410; Th. M. Buck / H. Kraume, Das Konstanzer Konzil, S. 329f.; J. Helmrath, Das Konzil von Konstanz und die Epoche der Konzilien, S. 47 Anm. 107; B. Schellewald, in: 1414–1418. Weltereignis des Mittelalters. Das Konstanzer Konzil. Katalog (2014) S. 153f.; L. Pósán, Der Konflikt zwischen dem Deutschen Orden und dem polnisch-litauischen Staat auf dem Konstanzer Konzil, in: A. Bárány (Hg.), Das Konzil von Konstanz und Ungarn (2016) S. 65–83, hier S. 80f.; C. Rolker, Die Richental-Chronik als Wappenbuch, S. 92–98; Ders., Hinter tausend Wappen eine Welt, S. 131f.*

329   *Gliederschmerz (Rheuma, Gicht). In Aegidius Tschudis Chronicon Helveticum (Quellen zur Schweizer Geschichte N.F. I. Abt., Bd. VII, 8), bearb. von B. Stettler (1990) S. 308 Z. 11f. heißt es an dieser Stelle:* dann er hat ein gesücht an eim bein die überröte genant.

330   *Mit diesem Kapitel setzt nach einem Hand- und Vorlagenwechsel in E fol. 106ʳ der Auszug aus G ein, nachdem die Handschrift zuvor vor allem K bzw. W und auch A bzw. Pr gefolgt war. Im Variantenapparat werden, da der Text von G in E teilweise erheblich reduziert wurde, nur die für das Textverständnis relevanten Lesarten berücksichtigt.*

331   *6. März 1418. Vgl. zur Verleihung der Goldenen Rose cc. 106–107 sowie die entsprechenden Kapitel in A und K. Hierzu auch A. Frenken, Das Konstanzer Konzil, S. 160f.*

do gab er aber dem volk den segen. Und [57[r]] was al[a] vil fremdes volks uff dem obern
hoff[b], das man maint, es wäre by hundert tusend[c] menschen, froen und man. Und zogt
da[d] mit siner hand den rosen. Und ee das volk ab dem hoff komen kund zů allen türen,
daz weret me dan ain gantz stund[e]. Und nam mengclich wunder, das niemant erdrukt
5   noch erdrenkt[f] ward, und wa so vil brotes bachen wäre, daz die lüt alle ässend[332]. Und do
die lüt ab dem hoff kamend, do sandt der baupst den rosen unserm herrn dem küng zů
den augustinern[333]. Da lag er siech by dem marggraven von Brandenburg. Der fůrt in ze
ross ab dem hoff und rittend mit im all cardinäl und vor inen all prusuner und prusuno-
tend[334] wyderstritz[g].

10   *(287)* In dem jar ward daz Aichorn[h] usgehöwen, und gab der abbt ze Petershusen ye
ain juchart[i] umm vierzehen guldin, doch můst [man[j]] daz aichin holtz laussen ston.

    (288 und 289) Och ist ze wyssend, daz der ertzbyschoff Kyvionensis meß het[k] und[l]
sin[m] priester in dem huß zwüschen der Sunnen[335] und dem Graut[n], was Ůlrichs Imm-
holtz[336]. Und was die meß also, als dann ich[o] Ůlrich von Richental[p] das selb sach, als die

---

a   al] als *EISg*; da *D₁*.
b   thor hoff *oder* chor hoff *E*.
c   anderthalb tusend *A*; hundert tusent und fünftzig tusent *K*.
d   zogt da] zaigt da *I*; zeiget da *Z₂*; tzayget da der babst *D₁*.
e   me denn anderthalb stund *SgI*.
f   noch erdrenkt] noch ertrungen *I*; noch ersteckt *Z₂*; *fehlt ESg*.
g   in widerstrit *Sg*; in widerstritt *IZ₁Z₂*; widerstreites *D₁*.
h   Eichholtz *Z₁*.
i   *folgt* us gehowen *IZ₁*; *folgt* usß zehowen *Z₂*.
j   *so EIZ₁Z₂*.
k   meß het] *fehlt E*.
l   und] er und *IZ₁Z₂*.
m   sine *E*.
n   Grǎt *Sg*; Gratt *I*; Grat *Z₁*; Grätt *Z₂*.
o   *folgt* dann *D₁*.
p   Richentall *IZ₂*; Reychental *D₁*.

---

332   *Vgl. Joh 6,1–13.*
333   *Vgl. cc. 106–107.*
334   *Der nachfolgende Begriff* wyderstritz *könnte auf zwei unterschiedliche musikalische Ensembles
hindeuten, die »mit- oder gegeneinander um die klangliche Vorherrschaft [...] wetteiferten«; siehe auch
c. 223,3 in A. Vgl. Th. BRUGGISSER-LANKER, Music goes public, S. 352 Anm. 10; R. STROHM, The Rise of
European Music, 1380–1500 (1993) S. 107.*
335   *Gemeint sind die Häuser zur Sonne und zum Fischgrat (= Graut). Vgl. J. MARMOR, Geschichtliche
Topographie der Stadt Konstanz, S. 174f.; F. HIRSCH (Hg.), Konstanzer Häuserbuch, Bd. 1 (1906) S. 24
und 61.*
336   *Zu diesem Zusatz, der sich weder in A noch in K, aber in E, I, Z₁ und Z₂ findet, vgl. R. KAUTZSCH,
Die Handschriften, S. 463.*

Kriechen[337]. Des ersten nam der priester und der dyacon yegklicher ain wyß überrük[338] an und darnach ain alb[339] und vornan an der alb ermel leiten sy kostlich ermel an für hantfannen[a] und der priester ainen wyssen missachel[b], was glich als ain glok, und schurtzt in nit uff. Und giengen baid für den altar und machten crütz für sich, und naigten sich zů drymalen vast nyder. Und dar[c] [nach[d]] berochtend sy den altar und giengen   5 mit dem roch[e] umbher und rochtend all lüt. Und darnach bracht ain schůler in ayner schüssel zway claine brot, die warend in der mauß als kücheltaig mit mel besäget[f], und trůg sy neben den altar[g]. Do bot sy der dyacon in der schüssel uff den altar dem priester, der nam ain messer und stach usß ainem brot ain stuk[h] in der maß als ain bon[i] und leit das in ain silbrin vergült schüssel, daz solt sin ain paten[340] und die was[j] michel[k]. Dar nach   10 stach er usser dem andern brott och ain stuk, das was zwürend als groß als daz erst und leit daz zu dem ersten[l]. Do nam der schuler und satzt daz übrig dört uff ain stůl und [57^v] darnach rochtentz aber und stůnd uff dem altar ain vergülter kelch, der was in der grössin, das ain quart win darin gön mocht. Darin schut der dyacon ain clain ämpelin[m] mit

a   handtfanen E; hantfan Z₂; hantfanen D₁.

b   für hantfannen – missachel] und bundent die mit sidinen schnüren und haften und laitand an ain stol über die linggen siten und lait der priester an ain wissen messachel SgIZ₁.

c   dar] fehlt E.

d   so SgIZ₁Z₂.

e   koch D₁.

f   beseyt E; besayt Sg; besät I; besät Z₁; besägt Z₂; besäet D₁.

g   brot – altar] brot als ain funst und wårend gebachen als kücheltag wiß mit mel besayt und trůg sy nebend den alter Sg; brott als ain funst und warent gebachen als kücheltaig wiss mit mel besät und trůg si nebent den altar I; brott als ein fust und warent gebachen als kůchelteig wiss mit mel besätt und trůg si nebent den altar Z₁.

h   stükle E; stükli Sg; stuki IZ₁.

i   ban E; bonen Z₁.

j   masß Z₂.

k   michel] groß E.

l   folgt stükle E.

m   ämpelin] stitzli oder kentli Z₁.

337   *Richental bietet hier die älteste deutsche Beschreibung der orthodoxen Liturgie; vgl. F. KOHL-SCHEIN, in: Archiv für Liturgiewissenschaft 29 (1987) S. 234–241 mit neuhochdeutscher Übersetzung der Textstelle; R. C. MIRON, Als man ain käß versůcht. Ulrich von Richentals Beschreibung einer orthodoxen Liturgie auf dem Konzil von Konstanz, in: Orthodoxes Forum. Zeitschrift des Instituts für Orthodoxe Theologie der Universität München 1 (1987) S. 60–70; W. BRANDMÜLLER, Das Konzil von Konstanz, Bd. 2, S.400; Th. M. BUCK / H. KRAUME, Das Konstanzer Konzil, S. 329f.; J. HELMRATH, Das Konzil von Konstanz und die Epoche der Konzilien, S. 47 Anm. 107; B. SCHELLEWALD, in: 1414–1418. Weltereignis des Mittelalters. Das Konstanzer Konzil. Katalog (2014) S. 153f.*

338   *Die St. Georgener Handschrift schreibt überrük, gemeint ist ein Überrock.*

339   *Alba (weißes Chorhemd der Geistlichen).*

340   *Oblatentellerchen.*

winᵃ oder medtᵇ, das wais ich nit³⁴¹, und ain ǎmpelin mit wasser und rochtend aber über
dem altar und sust umb und umm. Und bettotend do baid ain wyl, und stůnden do von
dem altar zů der rechten hand. Und die andern pfaffen stůnden vast hindan. Und vieng
der ewangelier an ze singend vast demütenclich ain lang wyl. Und was das gesang, als
5   unser herᶜ verraten und gemartret ward. Darnach sang in der schůler vor die letanie und
sungen sy im nach. Und darnach bǎtten sy für iren kayser und für unsern heren den
küng, für alle pfaffhait und für all cristan lüt. Und gieng der priester und der ewangelier
wyder über den altar und viengen an daz ampt. Und darnach las der schůler die epistel
und darnachᵈ der ewangelier das ewangeli und het dem altar den rucken kert und sang
10   der schůler den Credo in unum Deum, allain alles in ir sprach. Und darᵉ su[n]gend sy daz
Offertorium und do segnet der priester daz brot und den kelch. Und nam der ewangelier
ain ämpelin mit warmem wasser und schut daz in den kelch und bettotend und segnotend aber, und nam doᶠ der priester und bedakt dem ewangelier sin hopt und sinᵍ brust
mit ainem guldin tůch. Und gab im die guldinʰ schüslen uff sin hopt und nam er den
15   kelch in sin hand und gieng umb vonⁱ den lüten. Das solt sin, als man unsern heren uff-
hebt. Und do knüotends all nider. Und darnach gieng er wyder überʲ altar und segnotend
und rochtend undᵏ sungend die pfaffen ze nün malen Agyosˡ. Dar nach tailt der priester
das grösser stuk entzway, daz iro drü wurdendᵐ, und hettend ain Venie. Und nam do der
priester das ainⁿ stuk und gab das dem ewangelier in sin rechten hand, und nam er och
20   ain stuk in sin rechten hand. Und beschlussend die hend und leiten ir höptter uff die
hend und hettend also ain Veni. Und aussend do das brot und trunkend usser dem kelch
und hůben in nit uff, sunder sy haltenᵒ in uff dem altarᵖ. Darnach nam der priester das

a   win] bier *AK*.
b   oder medt] *fehlt E*; oder mit mett *SgIZ₁*; oder mett *Z₂*; oder met *D₁*.
c   unser her] unßer herr Jesus Christus *SgIZ₁*; Christus *D₁*.
d   darnach] *fehlt D₁*.
e   dar] darnach *EIZ₁Z₂*; darzů *D₁*.
f   do] *fehlt D₁*.
g   sin] *fehlt D₁*.
h   guldin] *fehlt D₁*.
i   vor *Z₂*.
j   *folgt* den *Z₂D₁*.
k   und] do *Z₂*.
l   Agios *Z₁*; Ayos *D₁*.
m   daz iro drü wurdend] *fehlt E*.
n   *korr. aus* grosser *G*.
o   hattend *Sg*; hattent *Z₁*; hatten *Z₂*.
p   sunder sy – dem altar] *fehlt E*.

341   *Der Ich-Erzähler wird in E hier ausgelassen, in I, Z₁ und Z₂ ist er indes vorhanden.*

tryt^a stuk und tet das in den kelch und nach dem segen do nam der ewangelier ain löffel und für sich ain guldin tůch und auß und trank mitt dem löffel, waß in dem kelch was. *Hier bricht in G der Text fol. 57vb ab. Es fehlt, was D₁ fol. 68vb Z. 12–22 bringt.* [D₁ fol. 68ᵛ] Unnd darnach zerprach der schůler daz überig prot und stalte das in einer silbrinen schüsseln für den bischof^b. Der nam daz und gab yeglichem seines glauben ein stücklin in seyn hand. Und die beschlussent die hendt und legetend ire heüpter darauff und assend sy und hettend all bårt. Hienach vindest die kriechischen messe nacheinander gar aigentlichen gemalet. *Im Folgenden fehlt in G weiterhin alles, was D₁ foll. 69ʳ bis 72ʳ an Illustrationen und Text bringt.*

Bild: *Bereitung des Altars zur Griechenmesse, D₁ fol. 69ʳ. Bildtext:* Hie bereyt man den altar zů der kriechischen messe.

Bild: *Griechenmesse, D₁ foll. 69ᵛ–70ʳ. Bildtext über fol. 69ᵛ:* Dises seind Kriechen und kament gen Costentz inn das concilio. *Über fol. 70ʳ:* Hie hat der bischof von Kriechen meß, als ir gewonheit ist nach iren sitten, als dann vor geschriben stat. *Über fol. 70ᵛ:* Hie hört der ertzbischof von Kriechen und sein diener die kriechischen messe, als vor stat. *Über fol. 71ʳ:* Hye gibt der kriegisch ertzbischoff nach yr meß gewonheyt, als man pflicht hie zů land den segen zů geben. *Über fol. 71ᵛ:* Hye empfahent die Kriechen den segen nach der meß von irem ertzbischoff.

Die letzte der sechs Illustrationen zur Griechenmesse fol. 71ᵛ findet sich auch in G fol. 61ʳ, steht aber heute falsch nach fol. 65. Das erhellt daraus, dass die Illustration zusammen mit den nachfolgenden Wappen c. 304 mitten im Text unterbricht. Der Bildtext lautet: Hie enpfauchen die Kriechen den segen nach der mess von ierem ertzbischoff. *Im Anschluss an dieses einzige Bild, das sich in G von der Griechenmesse erhalten hat, werden fol. 61ᵛ die Namen und Wappen der griechischen Bischöfe gegeben, die D₁ bereits fol. 72ʳ gebracht hatte:*

[G fol. 61ᵛ] Dominus Gedeon episcopus Pellicastrensis. *Wappen.* Dominus Philipus episcopus Siliciarum. *Wappen.* Dominus Růdolffus episcopus Ettaniensis. *Wappen.* Dominus Theodolus episcopus Ulypaldensis. *Wappen.* Dominus Hermanus episcopus Nicopolensis. *Wappen. Als Nachsatz findet sich unter den fünf Namen und Wappen:* Dis obgenantten fünff bischoff sind uß Kriechanland[342].

(290,1) [G fol. 62ʳ] An dem palmtag, do het unser hailiger vatter der baupst meß und wycht die palmen. Und umb die zehne und ayliffe, do gab er dem volk den segen uff der pfallentz. Und was vil mer volks zegagen^c dann ze mittervasten. Und was des volks als

---

a dryt *E*; tritt *Z₂*.
b ertzbischoff *Z₂*.
c zegagen] zegegen *EIZ₁*; da *Sg*; zegegni *Z₂*.

---

342 *Siehe auch die Kapitelweiterung am Ende von c. 289 und das anschließende singuläre Kapitel, das die Wolfenbütteler Handschrift sowie die zweite Stuttgarter Handschrift foll. 144ᵛ bzw. 308ʳ zu Grigorij Camblak in der A-Version anfügt.*

vil, das die chorheren zů dem thům[a] von rechtem[b] drang[c] die palmen nit schiessen kun-
dend.

(290,2) Darnach am mentag, do was sessio, und lut man ainest darzů mit der grossen
gloken und ward ettwas reformiert.

5   *(291,1)* An dem grossen dornstag, was do der vier und zwaintzigost tag in dem Mertzen do frů[d], do beclait unser[e] hailiger vatter der bǎpst zwölff man armer lüt in ytal[f]
wysses claid[g], als münch gand[h], kappen, rock, gürtel und schůch, alles wyß. Darnach an
der sübenden[i] stund, do was er uff der pfallatz[j] in dem hochen arker, und alle cardinäl[k]
by im, alle angeleit mit iren[l] infelen, und och[m] unser her der küng by im, und verbannet
10 und verflůcht da alle haiden, alle kätzer, alle scismatici[343], all Juden, Petrum de Luna, alle
die, die dem stůl ze Rom üt[n] abbrechend, velscher der brieff und bullen, und alle die, die
an den stůl ze Rǒm nit globend noch den haltend, alle die sinen gericht und gebotten nit
gnůg tůnd und alle die, die raut, hilff und gunst[o] darzů gebend. Und warff über sy mit
siner[p] hand ain brinnend kertzen herab under daz volk. Und darnach die cardinǎl wurf-
15 fend ayliff brinnend kertzen herab, der yegkliche wol ain pfund wachs wag. Und batt da
über den stůl und über all stät, die daran gehörend, und über unsern heren den küng und
alle sine rich und des richs stet. Und darnach laß[q] lut der cardinal de Flischgo die schuld.
Und darnach absolviert uns[344] der baupst und gab do den segen. Und das beschach alles

---

a   zů dem thům] *fehlt E.*

b   rechtem] dem *D₁.*

c   von rechtem drang] von drangen *E;* von treng *Sg;* von rechtem trang *I;* von dem drang *D₁.*

d   do frů] *fehlt E.*

e   *davor ist wohl* sich *ausgestr. G.*

f   ytel *E;* ital *SgZ₁;* itel *I;* yttel *Z₂;* eitel *D₁.*

g   claid] *fehlt E.*

h   gewand *SgI;* gwand *Z₁;* gantt *Z₂.*

i   siben *Z₂;* sybenden *D₁.*

j   pfaltz *ED₁;* pfallantz *IZ₁;* pfalletz *Z₂.*

k   hailigen cardinäl *E.*

l   *fehlt D₁.*

m   *fehlt D₁.*

n   nit *I;* icht *D₁.*

o   *fehlt E.*

p   siner] voller *E.*

q   laß] sprach *SgZ₁; fehlt I.*

---

343 *Gemeint ist wohl die Bulle von Papst Martin V. »Inter cunctas« gegen die Ketzer und Schismatiker
vom 22. Februar 1418. Vgl. Aegidius Tschudis Chronicon Helveticum (Quellen zur Schweizer Geschichte N.F. I. Abt., Bd. VII, 8), bearb. von B.* STETTLER *(1990) S. 300f. mit Anm. 205; H.* VON DER
HARDT, *Magnum Oecumenicum Constantiense Concilium de universale ecclesiae reformatione, unione, et fide 4 (1699) S. 1518–1531.*

344 *Dieses den Erzähler einbeziehende* uns, *das in A und K fehlt, aber in E, Sg, I, Z₁ und Z₂ vorhanden
ist, signalisiert eventuell, dass der Chronist an der Zeremonie persönlich teilgenommen hat.*

in tutsch[a] und in latin und der baupst [tet[b]] das ampt selb[c]. Von vilin [62ᵛ] der lüt, do fůrt man die sünder zů Sant Stephan in und wycht man die hailkait och da.

(291,2) Nach dem imbiß zwüschen zwain und dryen[d], do růfft man durch die stat, wer den segen wölte nemen, der sölte komen uff die vierden stund uff den obern hoff. Da wölte der bapst den segen geben, und wölte das an dem stillen frytag och tŏn nach dem 5
ampt und an dem osteraubend och nach dem amptt. Und also nach der vierden stund, do gab er den segen, und was der hoff glich vol volks. Und gab aber applaß süben[e] jar töttli-cher sünd und süben[f] karren, die da zegegen warend, oder wa die wären, die gebichtet hetten und sy ir sünd růwe und des segens begerten, die söltend in och also haben. Dar-nach ässen die cardinål mit dem båpst, wan sy dann nocht nüchter warend, und och der 10
küng. Und nach dem mal do[g] wůsch er den cardinåln ir fůß.

(292,1) An dem stillen frytag gab er aber den segen dem volk zwürend, ainest zwü-schen zechnen[h] und ayliffen und darnach zwüschen den[i] vieren und fünffen[j]. Und gab aber als vil abläs als vor und was selb by allem ampt.

(292,2) An dem hailgen aubend ze ostran[k], do was der bapst och by dem ampt und gab 15
aber zwürend den segen[l] und den ablas, als vor obstat[m]. Und zů der aubendzit do viel ain michler schne. Der lag biß mornend an den ostertag uff den mitten tag.

(292,3) An dem tag des hailigen aubentz ostran[n], do zoch wyder in gen Costentz ze mit[63ʳ]tem tag hertzog Ludwig uß der Schlesi, herre zů Brig, mit anderhalb hundert pfäriden und mit sechs wägen. 20

(293,1) Aber uff den selben tag vor der vierd stund nach[o] mittem tag, do rait in der

---

a   tütsch *ESgIZ₁*; tüsch *Z₂*; teütsch *D₁*.

b   *so E*.

c   und der baupst – ampt selb] und hatt der bapst selb daz ampt *Sg*; und hatt der babst selb das ampt *I*; und der bapst hatt selb daz ampt *Z₁*; und hatt der bapst selbs das ampt *Z₂*.

d   zwischen ain und zwayn *E*; zwüschent zwein und der dritten stund *Z₂*.

e   syben *E*; siben *ID₁*; vij *Z₁Z₂*.

f   syben *E*; vij *IZ₁*; siben *Z₂D₁*.

g   *folgt* begieng er daz ampt und *SgIZ₁Z₂*.

h   x *IZ₁*; zehen *D₁*.

i   *fehlt D₁*.

j   zwüschen den vieren und fünffen] umb die viere *E*; zwüschent der iiij. und der v. stund *I*, zwüschent der fierden und fünfften stund *Z₂*.

k   ostren *IZ₁*; ostern *D₁*.

l   *folgt* ouch zwüschent x und xj und ze abent ouch zwüschent iiij und v *I*; *folgt* och zwüschent x und xj und ze abent och zwüschent iiij und v *Z₁*; *folgt* ouch zwüschent x und xj vor imbysß und ze abent ouch zwüschentt vieren und fünffen *Z₂*.

m   *fehlt EIZ₂*.

n   ostern *D₁*.

o   vor *IZ₁*.

edel[a] herr Bertrandus, ain fürst von Camarin in Ytalia[b] in Lamparten, mit zway und fünfftzig pfåriden. Und zoch man vor im verdakte roß[c]. Und rait uff den obern hoff zů dem baupst und schanktt im die roß und rait wyder herab in der kilchheren huß[d]. Und was uß der marck Anthinchone[e].

5   (293,2) An dem hailigen ostertag, der was do an dem[f] süben und zwaintzigosten[g] tag des Mertzen anno Dni. MCCCCXVIII[h], do hett der baupst selb daz ampt. Und nach dem ampt, do gab er aber den segen mit dem vorgeschriben applas.

   (293,3) Mornend an dem ostermäntag nach imbiß [zwüschent[i]] ainen und zwaynen[j], do rait in der von Venedi bottschafft, vier alt herren. Und rittend inen engegen all
10 wälsch[k] herren. Und får vor in ain verdeckter wagen[l] und achtzehen mul[m] mit waut-secken. Und was ir nam Maurinus de Carewello, Franciscus Michahel, Anthonius Con-cerenis, Frantziscus de Frischgany[n].

   (294,1) Darnach am sambstag frů, do samnotend sich all prelaten in das münster. Und do segnot der baupst die Agnus Dei[345] und gab die da uß und was vast ain groß getreng[o].

15   (294,2) [63ᵛ] An dem selben sambstag nach imbiß ze vesperzit[p], do rittend von Co-stentz zwen cardinäl, Hostiensis vicecancellarius, und der cardinal Sancte Marie[q] in bottschafft gen Parriß und gen Engelland[346]. Und das sy solten da zwüschen den küngen

---

a der edel] *fehlt E.*
b in Ytalia] *fehlt E.*
c vj verdakti roß *Sg;* vj vertakti ross *I;* vj vertekti ross *Z₁;* sechs verdachti roß *Z₂.*
d kircherren huß *E;* Albrecht kilcherren hus *SgIZ₁Z₂;* kirchherren hauß *D₁.*
e Und was – Anthinchone] *fehlt SgE.*
f do an dem] am *Z₁D₁.*
g XXII. *D₁.*
h der was do – MCCCCXVIII] im lviij. iar *E.*
i so *IZ₁Z₂D₁.*
j [zwüschent] – zwaynen] *fehlt E.*
k weltlich *IZ₁.*
l wag *D₁.*
m maul *D₁.*
n Fuschgary *IZ₁;* Frischgary *Z₂.*
o treng *D₁.*
p ze vesperzit] *fehlt E.*
q Marce *AIZ₁Z₂;* Marci *K.*

---

345 *Zu diesem päpstlichen Zeremoniell, der Segnung des sog.* Agnus Dei *(aus Wachsmasse geformte Lämmer in der Osterzeit) vgl. Aegidius Tschudis Chronicon Helveticum (Quellen zur Schweizer Geschichte N.F. I. Abt., Bd. VII, 8), bearb. von B. STETTLER (1990) S. 310 Z. 29; B. SCHIMMELPFENNIG, Die Organisation der päpstlichen Kapelle in Avignon, in: QFIAB 50 (1971) S. 89, 104; U. GIESSMANN, Der letzte Gegenpapst, S. 223.*
346 *Gemeint sind Jean de Brogny und Guillaume Fillastre d. Ältere, Kardinalpriester von S. Marco.*

fryd machen oder in ain richtung bringen[347]. Und gabend inen gelait all cardinäl, all gaistlich und weltlich fürsten. Und rittend des ersten uff den hoff und namend urlob von dem[a] baupst und von dem küng.

(295,1) An dem nünden tag in dem Aberellen, was do sambstag[b], do machet der küng und ander fürsten ain hochzit zů Costentz: Also das marggraff Frydrich von Branden- 5 burg, burggraff zů Nüremberg, sin tochter gab hertzog Ludwigen von Brig in der Schle- sin[c].

(295,2) Des zwölfften tags Apprilis, was do zinstag[d], do wurden verbrent[e] aines mai- sters bůcher uff dem obern hoff, der hieß maister[348] Dominicus de Laude[349]. Mornend an der mitwochen, do wyderrůfft sin kätzrie in dem münster in der session von[f] der con- 10 gregacion maister[g].

(296) An dem fünffzehenden tag Apprilis, was do dornßtag, do kam unser her der küng gen Merspurg, und was in der vestin[350]. Und kam zů im hertzog Frydrich von Österrich und zoch in den hoff ze Merspurg. Und ward angefangen ain täding zwüschen in zwain, und was gemayner laymd[h], sy wären mit ainander verrichtet[351]. Das bestůnd 15 biß an den sambstag, do rait[i] der küng von Merspurg gen Costentz, und seit man, es [64ʳ]

---

a *fehlt D₁.*
b was do sambstag] *fehlt E.*
c *folgt* das beschach ouch ze Costentz *I; folgt* daz beschach och ze Costentz *Z₁; folgt* daz beschach ze Costentz *Z₂.*
d was do zinstag] *fehlt E.*
e verbrent – Laude] meyster Dominicus de Laude bůcher verbrent auff dem hoff *D₁.*
f vor *Z₂.*
g maister] ain maister von Frankrich *I;* ein priester von Frankrich *Z₁.*
h gemaine red *E;* gemainer lümpt *I;* gemeiner lümd *Z₁;* gemeiner lünd *Z₂;* gemeiner leimend *D₁.*
i *folgt* unser herr *D₁.*

---

347 *Vgl. cc. 77,4 und 159.*
348 *Der nachstehende Name fehlt in I, Z₁ und Z₂, dafür steht in Z₂ von anderer Hand am Rand:* ıch weysß nit wie. *In G ist der Name – wohl von Dacher – nachgetragen, in I findet sich die nachgestellte Rubrik* Ain maister von Franckrich.
349 *Gemeint ist eventuell der Augustiner-Eremit Nicole Serrurier aus der Diözese Lüttich. Von einem Häresieprozess gegen einen Dominicus de Laude (eventuell Lodi) und eine weitere nicht genannte Per- son, die Hus-Anhänger gewesen sein sollen, ist nichts bekannt. Der Dominikaner Johannes Falkenberg wurde nur angeklagt, nicht hingerichtet. Vgl. Aegidius Tschudis Chronicon Helveticum (Quellen zur Schweizer Geschichte N. F. I Abt., Bd. VII, 8), bearb. von B.* STETTLER *(1990) S. 311 mit Anm. 211; Th.* WERNER, *Den Irrtum liquidieren. Bücherverbrennungen im Mittelalter (2007) S. 341f., 459, 581.*
350 *Gemeint ist die Dagobertsburg in Meersburg.*
351 *14. April 1418; vgl. cc. 299,1, 300,3, 301,3 und 302.*

wäre zerschlagen. Wol[a] ritten im mines heren[352] von Österrich råte[b] nach gen Costentz und tädigottend alda.

(297) Darnach am zinstag des nünzehenden tags Apprilis, do ward ain gantz sessio. In der selben session ward daclariert[c], wahin daz nächst concilium geleit sölt werden.
5   Und ward geleit in Ytaliam in Lombardia[d], in ain stat, in Pavia[353]. Und ward och declariert, das das concilium solt stön ze Costentz noch ainen gantzen monat.

(298,1) Am frytag Sant Jörgen aubend ward aber sessio. In der session gab unser hailiger vatter der baupst urlob allen den, die durch des concilium wegen[e] ze Costentz waren[354], und gab inen den segen von pen[f] und von schuld[355]. Und nach der session gab er

---

a   Wol] Doch *E*.
b   mines heren von Österrich råte] des von Österrichs rät *E*; mins herren von Österich rät *I*; mines herren von Osterrich råt *Z₁*; mins herren von Österrich *Z₂*.
c   *folgt* daz ist erlütret *Z₁*.
d   in Ytaliam in Lombardia] in Lamparten *E*.
e   wegen] willen *ESg*; wägen *Z₂*.
f   pin *ESgZ₂*.

---

352   *Vgl. zu dieser Formulierung, die nicht unbedingt auf ein Dienstverhältnis des Chronisten schließen lässt, cc. 12,1, 49, 304 und 406 in A sowie c. 192 fol. 45^v in Z₂ (im kritischen Apparat der G-Version), wo Friedrich von Österreich vom Chronisten als min herr angesprochen wird.*

353   *In der 44. Konzilssitzung, am 19. April 1418, wurde im Rekurs auf das Dekret »Frequens« vom 9. Oktober 1417 der Tagungsort für das in fünf Jahren fällige Nachfolgekonzil auf Pavia (1423/1424) im Herzogtum Mailand festgelegt. Hierzu Aegidius Tschudis Chronicon Helveticum (Quellen zur Schweizer Geschichte N.F. I. Abt., Bd. VII, 8), bearb. von B. Stettler (1990) S. 313; J. D. Mansi, Sacrorum conciliorum nova, et amplissima collectio 27 (1784, ND 1961) Sp. 1195f.; O. Feger, Das Konzil zu Konstanz, Bd. 2, S. 232, 256; W. Matthiessen, Ulrich Richentals Chronik, S. 363; Ph. H. Stump, The Reforms of the Council of Constance (1414–1418) (1994) S. 104–108; J. Miethke / L. Weinrich (Hg.), Quellen zur Kirchenreform im Zeitalter der grossen Konzilien des 15. Jahrhunderts. Erster Teil: Die Konzilien von Pisa (1409) und Konstanz (1414–1418) (1995) S. 44f., 484–486; J. Helmrath, Locus concilii, S. 615f.; W. Brandmüller, Das Konzil von Konstanz, Bd. 2, S. 410; Ders., Das Konzil von Pavia-Siena 1423–1424 (2002) S. 1–3, 105f.; J. Wohlmuth (Hg.), Dekrete der ökumenischen Konzilien, Bd. 2: Konzilien des Mittelalters (2000) S. 450; A. Frenken, Das Konstanzer Konzil, S. 180–185; vgl. c. 239 in K.*

354   *Der Papst gibt den Synodalen offiziell die Erlaubnis, das Konzil zu verlassen, was bedeutet, dass sie, auch wenn es anders als in Basel in Konstanz das System der förmlichen Inkorporation ins Konzil als Gesamtkörperschaft durch Eid und Eintrag in ein matrikelähnliches Register noch nicht gab, zum Bleiben verpflichtet waren. Vgl. die Beschlüsse der dritten und letzten Konzilssitzung vom 26. März 1415 und 22. April 1418 in: J. Wohlmuth (Hg.), Dekrete der ökumenischen Konzilien, Bd. 2: Konzilien des Mittelalters (2000) S. 407, 450. Grundsätzlich J. Helmrath, Das Basler Konzil 1431–1449. Forschungsstand und Probleme (1987) S. 21f.; W. Brandmüller, Das Konzil von Konstanz, Bd. 1, S. 216, 220; A. Frenken, Der König und sein Konzil, S. 205f.; Ders., Wohnraumbewirtschaftung, S. 118 Anm. 37; H.-J. Gilomen, Bürokratie und Korporation am Basler Konzil. Strukturelle und prosopographische Aspekte, in: H. Müller / J. Helmrath (Hg.), Die Konzilien von Pisa, S. 222; H. Müller, Die kirchliche Krise des Spätmittelalters, S. 24; Ders. / S. Strupp, Die Franzosen, Frankreich und das Konstanzer Konzil, S. 259.*

355   *Am 22. April 1418 spendete Martin V. den Teilnehmern des Konzils einen vollkommenen Ablass*

dem volk den segen uff dem obern hoff. Und stůnd unser her der küng nebend im beclait als ain ewangelier mit siner küngelichen[a] cron, und hett den appffel in siner hand[b]. Und hielt man ain bloß schwert vor im und verkundt der cardinal de Comittibus den segen in latin, süben jar und süben karren[c], und darnach maister Peter in tütsch[d] und erlobt menc-lich ze varend, wahin er wölt. 5

(298,2) Och gab er ablaß den, die von dem concilio da ze Costentz gewesen wären, ir sünd und allen iren dienern ablauß von pen[e] und von schuld in disem leben und in des todes not. Und also, das ir yegclicher sol vasten ain gantz jar alle frytag in dem leben, und darnach ain gantz jar, das nächst aber all frytag umb das, so[f] er komen sol in[g] todes not. Und darnach all frytag, alle die wyl der mensch lebdt, ob er es ton mag vor alter oder 10 vor kranckhait[h].

(299,1) [64ᵛ] An Sant Marcus tag[i], do ward unser her der küng und hertzog Frydrich von Österrich mit ainander[j] in dem closter Münsterlingen[356] verricht[k].

(299,2) Darnach an dem letsten tag des Aberellen[l], do starb grauff Gunther[m] von

---

a kaißerlichen A; kaiserlichen K; keisserlichen Z₂.

b küngelichen – hand] kaißerlichen kron, und hatt den öpfel in der hand A; kaiserlichen kron, und hat den apfel in der hand K; kaiserlichen klaid und die kron uf sin höbt, und den öpfel und daz zepter in siner hand Sg; kaiserlichen gwand und kron uff sinem höpt, und hatt den öpfel, das cepter in siner hand I; keiserlichen kleid und die cron uff sinem hopt, und hatt den ŏppfel, daz zepter in siner hand Z₁; keis-serlichen kron, und hatt den öppfel in siner hand Z₂.

c süben – karren] siben jar siben carren D₁.

d tüsch Z₂; teütsche D₁.

e pin EIZ₂.

f *fehlt D₁.*

g *folgt des Z₂D₁.*

h vor alter oder vor kranckhait] *fehlt IZ₁Z₂.*

i Am zinstag nach Sant Marx tag SgI; Am zinstag nach Sant Marcus tag Z₁; An zinstag nach Sant Marx tag Z₂.

j mit ainander] *fehlt E.*

k *folgt* man wolt aber nit aigenlich sagen wie Sg; *folgt* man wolt aber nit sagen wie IZ₁.

l *folgt* der was an ainem samstag I; *folgt* daz waz an einem samstag Z₁; *folgt* was am fritag Z₂.

m Günther Z₁; Süncher D₁.

(absolutio plenaria omnium peccatorum), der nicht nur die Vergebung aller Sünden, sondern auch einen vollkommenen Nachlass der Kirchenbußen einschloss. Vgl. Aegidius Tschudis Chronicon Helveticum (Quellen zur Schweizer Geschichte N.F. I. Abt., Bd. VII, 8), bearb. von B. STETTLER (1990) S. 315 mit Anm. 217; K. RIEDER (Hg.), REC, Bd. 3 (1913) S. 221f., Nr. 8635; U. JANSON, Otto von Hachberg (1388–1451), Bischof von Konstanz, und sein Traktat »De conceptione beatae virginis«, in: FDA 88 (1968) S. 223 mit Anm. 29; S. WEISS, Salzburg und das Konstanzer Konzil, S. 174 mit Anm. 469 auf S. 260; J. K. HOENSCH, Kaiser Sigismund. Herrscher an der Schwelle zur Neuzeit 1368–1437 (1996) S. 275; J. WOHL-MUTH (Hg.), Dekrete der ökumenischen Konzilien, Bd. 2: Konzilien des Mittelalters (2000) S. 450f.
356 *Am 25. und 26. April 1418 schlossen König Sigmund und Herzog Friedrich IV. von Österreich in Münsterlingen einen Vorfrieden (Münsterlinger Vertrag).*

Schwartzenburgᵃ uff dem see zwüschen Costentz und der Maynow. Und fůrt man in
wyder gen Costentz und begrůb in zu den augustinern in den chor. Sin wauppen vindest
hienach am clxxxxiij. blatt.

(300,1) An dem obgeschriben tag, do lies unser hailiger vatter der baupst an all kilch-
5 türenᵇ brieff schlahen: Wäre, daz yemant, der zů sinem hoff horte oder sust ze Costentz
fremder wäre, der yemant solte gelten oder sust yemant mit dem andern ze schaffend
hett, der sölt es in acht tagen mit dem rechten ustragen, dem wölt man gůt gerichtᶜ gestat-
ten, ummᵈ daz sin hinfart nit geirrt werd.

(300,2) Am dornstag vor ingändem Maygenᵉ, do fůr unser her der küng gen Zürchᶠ³⁵⁷,
10 und kam glich wyder uff den nächsten sambstag zu dem nachtmal. Und rait so bald von
dannan, das vil rosß zeräch wurdend³⁵⁸.

(300,3) An dem andern tag in dem Mayenᵍ, do kam wyder gen Costentzʰ hertzog von
Österrich und traib da tådingⁱ mit dem küng.

(301,1) [65ʳ] In dem Mayen an demʲ vierden tag, was ain mitwoch, do ließ unser haili-
15 gerᵏ bapst brieff an all kilchen schlahen, wie das er von Costentz wölt. Und gebott da,
das wer mit im ziehen wölt, daz der berait wär in fünffzehen tagen³⁵⁹. So wölte er von
Costentz schaiden und ziehen in Safoierˡ land in die stat Jenff³⁶⁰.

---

a   *folgt* hofritter *I; folgt* hofrichter *Z₁.*
b   kirchen *E.*
c   recht *AW;* gerecht *K.*
d   und *E.*
e   Mayen *ED₁;* Maigen *I;* Meyen *Z₁Z₂.*
f   Zurich *IZ₁;* Zürich *Z₂;* Zürche *D₁.*
g   *folgt* der was an aim mentag *I; folgt* der waz an einem mentag *Z₁; folgt* waz an einem mentag *Z₂.*
h   do kam wyder gen Costentz] *fehlt E.*
i   traib da tåding] tådinget *D₁.*
j   an dem] am *D₁.*
k   unser hailiger] der *ED₁;* unser hailiger d[er] *G;* unser hailiger vatter der *IZ₁Z₂.*
l   Safoier] Gafryr *E;* Saffoyer *Sg;* Saphoiger *I;* Saföger *Z₁;* Soffoyer *Z₂.*

---

357   *Die Reise hatte den Zweck, die Eidgenossen zur Herausgabe des 1415 eroberten Aargaus zu bewe-*
gen. Vgl. W. ALTMANN, Die Urkunden Kaiser Sigmunds (1410–1437) (RI XI, 1) (1896/97) Nrn. 3124,
3124a; O. FEGER, Das Konzil zu Konstanz, Bd. 2, S. 257; J. K. HOENSCH, Itinerar König und Kaiser Si-
gismunds von Luxemburg 1368–1437 (1995) S. 98 mit Anm. 50 auf S. 136.
358   *Vgl. zu dieser Textstelle sowie der königlichen Reise nach Zürich O. FEGER, Das Konzil zu Kon-*
stanz, Bd. 2, S. 257; W. MATTHIESSEN, Ulrich Richentals Chronik, S. 352.
359   *Vgl. H. KOEPPEN, Die Berichte der Generalprokuratoren des Deutschen Ordens an der Kurie, Bd.*
2: Peter von Wormditt (1960) S. 487 mit Anm. 18 und 19.
360   *Genf.*

(301,2) An dem uffart tag[361], do hett der baupst das fronampt[a] zů dem thům[b]. Und nach dem ampt, do gab er dem volk[c] den segen uff dem obern hoff und als[d] [vil[e]] ablas als vor.

(301,3) In[f] dem sechsten tag in dem Maigen[g], was ain frytag, do seit man offenlich ze Costentz, wie das unser her der küng und och hertzog Frydrich von Österrich mit ain- 5
ander verricht und in ain gebraucht[h] wärend. Wie aber die richtung[i] beschach, das wolt man niemant sagen.

(302) An dem achtenden tag in dem Mayen, was do sonnentag vor pfingsten, zwü-schen ayliffen und zwölffen, do emphieng unser her[362] hertzog Frydrich von Österrich sine lehen[j] an dem obern markt[363]. Und saß unser her der küng uff sinem stůl under ainer 10
blauen zendat[k] mit ytiligem[l] guldin gesprengt. Und ain sölichs[m] hinder im, und mit ai-

---

a   *folgt* ze Costentz IZ_1Z_2.

b   *folgt* ze Costentz uf fronalter *Sg*; *folgt* uff fronaltar *I*; *folgt* uff dem fronaltar Z_1; *folgt* uff fronalttar Z_2.

c   dem volk] *fehlt E*.

d   *fehlt* D_1.

e   *so* IZ_1Z_2.

f   In] An D_1.

g   Mayen *E*; Maigen *I*; Meyen Z_1Z_2; Maien D_1.

h   und in ain gebraucht] *fehlt E*.

i   berichtung *E*.

j   *folgt* von dem künig D_1.

k   zandot *A*; tůch *K*; zendet *Sg*; zendel Z_1.

l   *fehlt E*.

m   *folgt* tůch $ESgIZ_1$.

---

361   *Christi Himmelfahrt.*

362   *Die Formulierung* unser her *fehlt in c. 302 an dieser Stelle in A, K, E, Sg, I und Z_1, ist jedoch für Z_2 belegt, ähnliche Formulierungen finden sich allerdings in cc. 12,1, 49, 304 und 406 in A sowie in c. 192 in Z_2 (im kritischen Apparat der G-Version). Daraus ist jedoch nicht unbedingt auf ein Dienstverhältnis des Chronisten zu schließen.*

363   *Nachdem die Verhandlungen am 14. April 1418 in Meersburg begonnen hatten und in Munsterlin-gen am 25. April 1418 weitergeführt wurden, wurde der Konflikt zwischen Friedrich IV. von Österreich und König Sigmund am 6. Mai 1418 beigelegt. Nach der Lossprechung vom Kirchenbann erfolgte am 8. Mai 1418 die feierliche Belehnung des Herzogs. Vgl. J. SLOKAR, Warum Herzog Friedrich von Tirol im Jahre 1415 von König Sigmund geächtet und mit Krieg überzogen wurde. Eine historische Untersuchung, in: Forschungen und Mitteilungen zur Geschichte Tirols und Vorarlbergs 8 (1911) S. 213f.; O. FEGER, Das Konzil zu Konstanz, Bd. 2, S. 256; S. WEISS, Herzog Friedrich IV. auf dem Konstanzer Konzil, in: Ti-roler Heimat 57 (1993) S. 37f.; M. INNOCENTI, »Ze Costnitz was der küng«, S. 131–134, P. NIEDERHÄU-SER, in: 1414–1418. Weltereignis des Mittelalters. Das Konstanzer Konzil. Katalog (2014) S. 300; D. SPECK, Fluchtweg und Fluchthelfer. Zur Flucht Johannes' XXIII. aus Konstanz, in: Alemannisches Jahrbuch 63/64 (2015/2016) S. 44.*

nem guldinen rok und ainer guldinen chorkappen, und hett sin guldinen[a] cron uff sinem
hopt. Und hůb im der marggrauff von Brandenburg das zepptter, och in guldinem gewand als ain letzgner, und hůb im daz schwert bloß vor hertzog Ludwig von Brig. Und
waren da an dem markt und Sant Pauls gassen uffhin ob fünfftzig tusend[b] menschen und
5 [65ᵛ] ob funffzehenhunder[t] pfäriden. Diß vindest gemaulett enathalb[c] am lxvij. blatt.

(303,1) Darnach an dem zehenden tag in dem Mayen, was zinstag vor pfingsten, do
gab unser hailiger vatter der baupst der von Costentz ir fryhait und bullen, und sunder
die bull von pen[d] und von schuld, ainest in dem leben und ainest in dem todbett, als das
die bull wyset. Und hieß daruff laudes lüten. Do ward gelüt ze aubend nach dem mal
10 drystend[e] mit allen gloken.

(303,2) An dem yetz genanten zinßtag, do fůr enweg[f] hertzog Frydrich[g] von Brig dem
küng vor gen Basel.

(303,3) Aber an dem zinstag růfft man durch die gantzen stat, das allermengclich
mornend firen sölt an der mitwochen, biß das daz crütz wyder haym käm, wan die von
15 Costentz woltend Sant Pelagien[h] crützgang[364] mit ir pfaffhait began.

(304) Mornend frů an der mitwochen, do schlůg unser hailiger vatter[i] der baupst alle
gericht uff, daz hochzit uß. Und ward ainest laudes gelut vor tag. Und begieng darnach
zů der achtenden stund den crützgang von dem thům gen Crützlingen und was[365] [72ʳ]
der[366] aller schönest crützgang, der von dero von Costentz pfaffhait ye beschach[j]. Da[k]

---

a   kayßerlich *A*.
b   lxxx tusend *A*; lxxx tusent *K*.
c   enhalben *D₁*.
d   pin *ESgIZ₁Z₂*.
e   drystund *ESg*; dristund *I*; iij *Z₁*; dristett *Z₂*; dreistent *D₁*.
f   hinweg *D₁*.
g   Ludwig *AKEIZ₂*.
h   Pelayen *EZ₂*; Polaigen *I*; Pelagen *Z₁*.
i   unser hailiger vatter] *fehlt E*.
j   geschach *Z₁*; geschahe *D₁*.
k   Da] Und *E*.

---

364   *Prozession zu Ehren des Hl. Pelagius (28.8.), neben dem Hl. Konrad (26.11.) Stadt- und Bistums-*
patron von Konstanz, am 10. Mai 1418. Kolorierte Abbildungen der beiden Heiligen finden sich fol. 2ᵛ
in der Richental-Handschrift E. Zu diesem letzten großen sakralen Akt vor der Abreise des Papstes vgl.
H. MAURER, Das Konstanzer Konzil als städtisches Ereignis, S. 158f.

365   *Hier unterbricht G den Text für die oben genannte Illustration zur Griechenmesse und die Wap-*
pen der griechischen Bischöfe, die D₁ foll. 71ᵛ und 72ʳ gebracht hatte und die hier falsch stehen. Danach
schiebt G eine Urkunde König Sigmunds ein, die D₁ erst foll. 80ᵛ–81ʳ bringt.

366   *Die genaue Foliierung ist hier und im Folgenden, da unlesbar, unsicher. Dass die Angabe fol. 72ʳ*
hier und unten bei der Urkunde begegnet, ist also kein Fehler, sondern auf diese Unsicherheit zurückzu-
führen.

giengend mit alle dry örden in ir priesterlich gewand mit allem hailtům[a]. Dero was aller
hundert und vier münch, zwen und viertzig underpriester[b], dry und drissig chorheren,
min herr[c][367] von Petershusen und sin münch. Und giengend damit aller zünfftkertzen
und wyst mengclich nit anders, dann man wölte den segen gegeben haben. Es beschach
aber nit. *Im Anschluss an c. 304 bringt D₁ die nachstehende Illustration, die in G ausge-*   5
fallen ist.

Bild: *Herzog Friedrich von Österreich wird belehnt, D₁ foll. 75ᵛ–76ʳ. Bildtext über*
fol. 76ʳ: Wie hertzog Friderich von Österreich lehen empf[i]eng.

(307) [G fol. 72ʳ] Darnach an dem hailigen tag ze pfingsten[d], das waz der fünfftzehend
tag in dem Mayen, do hett unser hayliger vatter[e] der baupst Martinus quintus[f] das fron-   10
ampt zů dem thům ze Costentz[g]. Und nach dem abbt[h], do gab er dem volk[i] den segen mit
dem ablas, als davor benempt ist[368]. Und was als vil volkes uff dem hoff, als vor ye. Und
das ob sechs tusend menschen stůndend in dem münster und umb den hoff, die vor dem
gedreng nit mochtend uff den hoff komen.

(308) Mornend an dem mentag, der sechzehend in dem Mayen anno Dni.   15
MCCCCXVIII[j], zwüschen sübnen und ächten, do zoch unser hailiger vatter[k] bapst
Martinus quintus[l] von Costentz gen Gotlieben[369]. Und saß da in ain schiff und fůr gen

a   hailtung *E.*
b   dar underpriester *E.*
c   min herr] der abt *E.*
d   an dem – pfingsten] am pfingsttag *E.*
e   unser hayliger vatter] *fehlt E.*
f   Martinus quintus] *fehlt E;* Martinus der v. *Z₁;* Martinus der fünfft *Z₂;* Martinus der fünfte *D₁.*
g   ze Costentz] *fehlt ESg.*
h   abbt] ampt *AKSgIZ₁D₁;* ambt *E;* ampnt *Z₂.*
i   dem volk] *fehlt ED₁.*
j   anno Dni. MCCCCXVIII] *fehlt E;* anno Dni. MCCCCXVIIII *D₁.*
k   unser hailiger vatter] der *E.*
l   quintus] *fehlt E;* der v. *Z₁;* der fünfte *D₁.*

367   *Vgl. cc. 296 und 302, wo sich ähnliche Formulierungen finden.*
368   *Bezieht sich auf c. 298,1, wo davon die Rede ist, dass Martin V. den Teilnehmern des Konzils einen*
vollkommenen Ablass spendet, der nun, am 15. Mai 1418, auch auf die Bürger der Stadt sowie auf die
Konzilsgäste ausgeweitet wird. Vgl. S. WEISS, Salzburg und das Konstanzer Konzil, S. 174 mit Anm. 470
auf S. 260.
369   *Am 16. Mai 1418 verließ Papst Martin V. die Stadt, nachdem er am Tag zuvor – zum Pfingstfest –*
sein letztes Pontifikalamt im Konstanzer Münster gefeiert hatte. Er zog über Gottlieben, Schaffhausen,
Solothurn und Bern nach Genf. Ein Grund für die Abreise und damit für das Ende des Konzils dürfte die
Pest gewesen sein, die im April 1418 in Konstanz ausbrach und im Mai ihren Höhepunkt erreichte. Siehe
auch Eberhart Windeckes Denkwürdigkeiten zur Geschichte des Zeitalters Kaiser Sigmunds, hg. von W.
ALTMANN (1893) LXXVI, § 88, S. 77 und Aegidius Tschudis Chronicon Helveticum (Quellen zur
Schweizer Geschichte N.F. I. Abt., Bd. VII, 8), bearb. von B. STETTLER (1990) S. 322–324. Zum Itinerar

Schaffhusen. Und was der uszug also. Des ersten zoch man vor im zwölff ledige roß,
verdackt mit rottem [tůchᵃ]. Darnach fůrt man vor im vier rot hůt, als cardinål hůt an
steken. Und fůrten die vier ritter und knecht. Das was her Hanß Cůnrat von Bodmen
ainer, der ander von Schellenberg, der drit Caspar von Clingenberg, der vierd ain ritter uß
5 Römerland[370]. Darnach ainen grossen hochen hůt, der vil nach die gassen bedackt, was gel
und rot und daruff ain guldiner engel. Darnach rittend vor im zwölff cardinal. Darnach
fůrt maister Nicolaus de Susaco[371] ain guldin crütz vor im. Darnach fůrt man daz hailig
sacrament mit vil grossen brin[72ᵛ]nenden kertzen vor im uff ainem wyssen roß mit rotem bedackt. Darnach rait der baupst und was angeleitᵇ mit guldinem claidᶜ, als ob er über
10 altar ganᵈ sölt. Und hett ain wysse infel uff sinem hopt und rait ain wyß roß mit rotem
verdakt. Und trůg man ob im ain guldin tůch gar costlichᵉ an vier stangen. Die trůgend
vier grafen[372], dero was ainer grauff Wylhalm von Montfort, grauff Eberhart von Nellenburg, grauff Johans von Tierstain, grauff Eberhartt von Ursinᶠ, ain römerᵍ. Und fůrt in
unser herʰ der künigⁱ ze fůß an der rechten syten by dem zom, den hett er in siner hand.

a   *so AKSgIZ₁.*
b   angeleit] angelegter *D₁.*
c   claid] claidern *E; fehlt Z₂.*
d   gan] steen *D₁.*
e   gar costlich] *fehlt E.*
f   grauff Eberhartt von Ursin] *fehlt SgIZ₁Z₂.*
g   ain römer] *fehlt EIZ₁Z₂.*
h   unser her] *fehlt E.*
i   der künig] *fehlt D₁.*

*Papst Martins V. von Konstanz bis Rom (16. Mai 1418 bis 28. September 1420) und zum Wiederaufbau
der Stadt Rom siehe F. MILTENBERGER, in: MIÖG 15 (1894) S. 661–664; J. DIERAUER, Chronik der
Stadt Zürich. Mit Fortsetzungen (Quellen zur Schweizer Geschichte, Bd. 18) (1900) S. XXIII mit Anm.
1; W. BRANDMÜLLER, Das Konzil von Konstanz, Bd. 2, S. 414; A. NESSELRATH, Martin V. Restaurator
Urbis, in: 1414–1418. Weltereignis des Mittelalters. Das Konstanzer Konzil. Essays (2013) S. 219–223; G.
J. SCHENK, Die Lesbarkeit von Zeichen der Macht, S. 293; A. FRENKEN, Das Konstanzer Konzil, S. 162f.
Zur Pest siehe Ph. RUPPERT, Das alte Konstanz in Schrift und Stift, S. 123; Th. M. BUCK / H. KRAUME,
Das Konstanzer Konzil, S. 286f.; K. EVERS u. a., in: 1414–1418. Weltereignis des Mittelalters. Das Konstanzer Konzil. Katalog (2014) S. 291–294; G. SIGNORI, Das Konstanzer Konzil als Privilegienbörse,
S. 56; vgl. cc. 317 und 318.*
370 *Gemeint sind, wie aus A und K hervorgeht, Frischhans von Bodman, Johann Konrad von Bodman,
Marquart von Schellenberg und Kaspar von Klingenberg, auch wenn hier Frischhans von Bodman nicht
genannt ist.*
371 *Vgl. cc. 255,4a und 255,4b.*
372 *Als Baldachinträger fungieren hohe südwestdeutsche Adlige: Eberhard von Nellenburg, Wilhelm
von Montfort-Tettnang, Johann von Tierstein, Bertoldo Orsini. Vgl. A. FRENKEN, Der König und sein
Konzil, S. 225f.; Th. ZOTZ, in: 1414–1418. Weltereignis des Mittelalters. Das Konstanzer Konzil. Katalog
(2014) S. 120; DERS., Der deutsche Südwesten, S. 144.*

Und gieng hinder im hertzog Ludewig von Bayern von Franckrich und zů der linken syten fůrt im marggrauff Frydrich von Brandenburg und burggrauf zů Nüremberg. Und gieng hinder im hertzo[g] Frydrich von Österrich, und rittend nach im all ertzbyschoff, byschoff und all gaistlich und weltlich fürsten. Und vor im rittend des küngs diener von Polan, her Säwisch[a], her Calixt und her Stäntzel[b], all ritter mit groser gezierd, und in strussenfedren und mer dann mit viertzig pfäriden. Und rittend also von der pfallentz zů Geltinger tor ushin und lut man all gloken. Und rait [den[c]] wysenweg[d] ushin, und[e] do er kam fur daz usser tor, do zoch man im das priesterlich gewand ab und die infelen und le[i]t[f] im ainen roten mantel an und satzt ain hůt uff der vieren, ain so man vor im trůg. Und saß da unser her der küng uff ain pfärit und rittend also gen Gotlieben. Und wönd[g] mengklich[h], er wölt da embissen haben. Das tet er aber nit und saß glich in ain schiff und fůr gen Schaffhusen. [Und die besten von Costentz giengend ze fůß in irem besten gewand åne harnasch und trůgend trembel in ir henden und wartend dem volk, aber beschaidenlich[i]]. Und segnet das volk in dem usriten us und ushin[j]. Und ist der usszug, so dann hievor[k] stätt geschriben, hienach gemältt. *Die entsprechenden Illustrationen fehlen in G, müssen ursprünglich aber vorhanden gewesen sein, wie aus dem nachstehenden Bildhinweis hervorgeht:* Wie unnser hailger vatter baubst Martinus der fünfft von Costentz ussraitt. *In D₁ haben sich die Illustrationen an dieser Stelle erhalten[373].*

5

10

15

Bild: *Papst Martin V. verlässt Konstanz, D₁ foll. 77ᵛ–79ᵛ. Bildtext über fol. 78ʳ:* Hye ritt bapst Martinus von Costentz auß dem concilio und fůrt man im das heylig sacrament vor. *Über fol. 78ᵛ:* Ein sölichen hůt, wann ein bapst auß oder ine reit, fůrt man vor im, als dann vornen geschriben steet. *Über fol. 79ʳ:* Hie fůrt man vor bapst Martino vier cardinål hůtt, als dann vornen geschriben stat, welche herrn sy fůrten. *Über fol. 79ᵛ:* Hie fůrt man vor bapst Martino xij verdeckte pfård.

20

Auf die Illustrationen lässt D₁ fol. 80ʳ drei Kapitel folgen, die in G durch Textverlust ausgefallen sind.

25

---

a Gåwische *D₁*.
b Stentzla *IZ₁*; Stantzell *Z₂*; Stentzel *D₁*.
c *so EIZ₁Z₂*.
d wissenweg *IZ₁Z₂*; weisenweg *D₁*.
e *fehlt D₁*.
f le[i]t] lett *E*; lait *SgI*; leit *Z₁*; leitt *Z₂*; legt man *D₁*.
g wönd] wånet *D₁*.
h wönd mengklich] maint man *E*; wand menlich *Z₁*.
i *so SgIZ₁*.
j us und ushin] *fehlt E*.
k dann hievor] vor *D₁*.

---

373 *Dass sie auch in E ursprünglich vorhanden gewesen sein müssen, geht aus dem Bildhinweis fol. 110ᵛ hervor. Vgl. Th. M.* Buck, *Figuren, Bilder, Illustrationen, S. 415, 426, 428; G. J.* Schenk, *Die Lesbarkeit von Zeichen der Macht, S. 288, 293.*

(309) [D₁ fol. 80ʳ] Mornent am tzinßtage zwischen viij und ix, do fůr hinweg der ert-
zbischoffe Gnensisᵃ ausser Polen und der bischoff von Plogaᵇ und mit inen vil Polender.
Vindest ire wappen hienach am cxxv. blat.

(310,1) Darnach am dornstageᶜ frů fůr hinweg margraff Friderich von Brandenburg,
5   burggraff tzů Nůrenbergeᵈ.

(310,2) Und auff den tag zů mittem tag, do rayt unser herrᵉ der künig hinweg und
woltᶠ ein gespråch haben mit dem hertzogen von Burguniᵍ, mit dem von Sophay und mit
andern herrn³⁷⁴. Und was daz außziehen also bescheydenlich und als tugentlichʰ, daz
niemant beschwårt noch verhefft ward, und geschahe auch niemant kein leyd.

10   Hienach ist verschriben die freiheyt, so unser herr künig Sigmund den von Costentz
gegeben hat in dem concilio³⁷⁵.

[G fol. 72ʳ] *Wyr Sigmund, von gottes gnaden römscher küng, zů allen zyten merer des
rischs und zů Ungern, Dalmatzia, Croacien etc. küng, bekennen und tůgenⁱ kunt offembar an disem brieffe allen den, die in sehend oder hôrend lesen.*

---

a   Gnesnensis *AZ₂*; Gneßnensis *KE*; Gnossensis *I*; Gnossensis *Z₁*.
b   Pletzga *E*; Plotzga *IZ₂*; Flotzga *Z₁*.
c   suntag *K*.
d   burggraff tzů Nůrenberge] *fehlt E*.
e   unser herr] *fehlt E*.
f   *folgt* gen Basel *ASgIZ₁Z₂*; *folgt* gen Baßel *K*.
g   Burgund *EZ₁*; Burgunni *I*.
h   und als tugentlich] *fehlt E*.
i   tůgen] thün *E*; thůen *D₁*.

---

374   *Gemeint ist wohl Herzog Amadeus VIII. von Savoyen, der spätere Gegenpapst Felix V. (gewählt
am 5. November 1439), dessen Grafschaft von König Sigmund 1416 in den Rang eines Herzogtums erho-
ben wurde. Vgl. J. K.* Hoensch, *Kaiser Sigismund. Herrscher an der Schwelle zur Neuzeit 1368–1437
(1996) S. 276. Grundlegend zu seiner Person B.* Andenmatten / A. Paravicini Bagliani *(Hg.),
Amédée VIII – Félix V, premier duc de Savoie et pape (1383–1451) (1992); U.* Giessmann, *Der letzte
Gegenpapst (2014); S.* Vallery-Radot, *Les Français au concile de Constance, S. 328.*
375   *Darauf folgt in D₁ foll. 80ᵛ–81ᵛ ein Privileg König Sigmunds für die Stadt Konstanz vom 20. Oktober 1417, das G bereits im Anschluss an die Illustration zur Griechenmesse fol. 61ʳ und die darauffol-
genden Wappen fol. 61ᵛ gebracht hatte, das in A und K aber fehlt. E bringt das Privileg fol. 111ᵛ–112ʳ,
St₁ foll. 132ʳᵇ–133ʳᵇ. Wir geben die Urkunde nach G. Die Foliierung ist, da dazwischen offenbar ein
größerer Blattverlust vorliegt, hier nicht klar erkennbar, wohl fol. 72ʳ⁻ᵛ. Vgl. Aegidius Tschudis Chronicon Helveticum (Quellen zur Schweizer Geschichte N.F. I. Abt., Bd. VII, 8), bearb. von B.* Stettler
(1990) S. 261–263, 263 Anm. 178; J. Stumpf, *Des grossen gemeinen Conciliums zů Costentz gehalten/
kurtze/doch grundtlichere und volkommnere […] beschreybung (1541) foll. CXLVIIᵛ–CXLVIIIᵛ; W.*
Altmann, *Die Urkunden Kaiser Sigmunds (1410–1437) (RI XI, 1) (1896/97) Nrn. 2639, 2640; P. F.*
Kramml, *Kaiser Friedrich III. und die Reichsstadt Konstanz (1440–1493) (1985) S. 38, 421 (Nr. 65); H.*
Maurer, *Konstanz im Mittelalter, Bd. 2, S. 41–43, 71–73; Th. M.* Buck, *Fiktion und Realität, S. 73f.,
84f. Anders als G.* Signori, *Das Konstanzer Konzil als Privilegienbörse, S. 68f. bemerkt, geht die Ri-
chental-Chronik auf die Privilegienfrage ein, – allerdings nur in der G-, nicht in der A- und K-Version.*

Wann uns die ersamen burgermaister, räte und burgäre^a gemainlich der stat zů Costentz unser und des richs lieben getrüwen allzyt und besunder, als wir yetzund unsern
küngclichen hofe by in zů Costentz durch des hailigen conciliums, das da selbs zů hand
drü jar geweret hat, umb erwelung ains künfftigen baupsts wyllen gehalten, und als hus-
häblich^b by in gewezt sin^c mit sölichen gehorsamen, wylligen und getrüwen diensten,   5
behůttungen und bewarungen, alle zytt geredt haben, und in allen sachen undertänig
und beheglich gewezt und täglich eren und beheglich sind und so undertänenclich und
wyllenclich dienen und das on underlauß ze tůnd berait sind. Und nämlich wann sy in
dem nächst vergangen Appenzeller krieg durch des richs und gemaynes nutzes wyllen
diser lande dem adel getrülich byständig^d berauten und mit so grossen costen und arbai-   10
ten beholffen gewezt sind und och darumb nit allain an irem gůte, sunder an manichen
iren erbern^e mitburgern und dienern so groß und önüberwintlich schäden emphangen
haben, das wir sy darumb mitt sundern unsern küngclichen gnaden und fryhaiten och
billich eren und genädenclich bedenken, was uns unser kungclich vernu[n]fft und ange-
born gůti nit allain ratend, sunder och die vorgena[n]ten ire trüwe gehorsamkait und^f   15
byständе^g vordern und wol verdient haben. Und darumb daz vorgeschriben alles in unserm küngclichen gemüte betrachtett und angesenhen^h, haben wir den vorgenanten burgermaister, räten und burgern, gegenwürtigen und künfftigen, zů sunderlichen iren eren
dise nachgeschriben gnad und fryhait von unser aigner bewegnüß getan und gegeben,
tůn und geben in die mit rechter wyssen in crafft diß briefß und römscher küngklicher   20
macht volkomenhait. Als sy in der vorgenanten stat Costentz ainen jarmarkt langzyt
gehabt hendⁱ, das der selb jarmarkt ain messe fürbaß mer sin und von yederman gehaissen werden und vierzehen tag anainander weren sol. Und mit allen und yegclichen rechten gnad und fryhaiten gehalten werden sölle, als dann derselb jarmarkt bißher gehalten
worden ist von aller mengclichem ungehindert. Item das die selben burgermaister, rät   25
und burger der stat zů Costentz mit rotem wachs alle ir briefe fürbaß mer versiglen mögen. Item das sy, so sy zů velde ligen oder sust, wa sy ligen oder wa [72^v] sy wöllen, tru-
meter halten und haben mögen. Item das sy uff ir und der stat Costentz banyr^j ainen
roten schwantz setzen machen und also zů velde oder, wa sy wöllen, füren mögen öne

---

a   burger *ED*₁.
b   huschåblich *D*₁.
c   gewezt sin] gewest seind *D*₁.
d   beystendig *D*₁.
e   erben *D*₁.
f   *davor* das *ausgestr.* G.
g   byständ *F;* heistůnd *D*₁.
h   angesehen *ED*₁.
i   gehabt hend] *fehlt* E; gehebt habent *D*₁.
j   baner *ED*₁.

hindernuß, ansprache und irrung aller lüte[a]. *Och haben wir inen die besunder gnad und
fryhait getǒn und gegeben tǔn und geben in die von römscher küngklicher macht mit
disem brieff, das ain yegklicher des richs vogtt zǔ Costentz umb sölich sachen, die das
hochgericht, stok und galgen an treffend, in der vorstat zǔ Petershusen inwendig der*
5 *thore und graben der selben vorstat richten solle und mǒge, ungehindert von allen lantgraven, lantrichtern und von aller mengclich. Item und uff das, das die vorgenant stat
Costentz desterbas in wesen belibe und das uns und dem rich die vorgenanten burgere
desterbaß gedienen mögen, darumm haben wir von der egenanten unser küngclichen
macht gesprochen und gesetzt, sprechen und setzen mit disem brieff, was gǔtter es sigen*[b],
10 *wysen, hüser, hoff, wingarten, höltzer, velde oder andere vor sechs und zwaintzig jaren
in der stat Costentz stüre*[c] *gelegen oder gewezt*[d] *sind, das och die*[e] *in der selben stür fürbaß
beliben söllen one aller*[f] *mengclichs hinderung, inträg und wydersprechen usgenomen,
der die mit irem wyllen und verhengnüß*[g] *usser sölicher stür komen sind. Und wir gebietten och darumm von römscher küngclicher macht*[h] *und*[i] *yegklichen fürsten, graven,*
15 *fryen, rittern, knechten, lantrichtern, richtern, vögtten, amptlüten, burgermaistern, räten und gemainden*[j] *und allen andern unsern und des richs undertonen und getrüwen
ernstlich und vestenclich*[k] *mit disem brieff, das sy die vorgenanten*[l] *von Costentz an den
vorgenanten unsern gnaden und fryhaiten fürbas mer nit hindern, irren oder betrüben*[m]
in kain wyß, sunder[n] *daby getrülich hanthaben*[o]*, schirmen und getrülich beliben laussen*
20 *by unsern und des richs hulden und by verliesung fünff und zwaintzig mark lötiges gol-
des, die ain yegklicher der hie wyder tǔt, als offt das beschicht, zǔ ainer rechten pene
vervallen sin sol, halb in unser und des richs kamer und halb den vorgenanten von Costentz, ǒnläslich zǔ bezalend mit urchǔnd diß brieffs versigelt mit unser küngclichen maiestat insigele. Geben zǔ Costentz nach Crists gepurt vierzehenhundert jar und darnach in*
25 *dem sübenzehenden jǎr der nächsten mittwochen nach Sant Gallen tag unser riche des
Ungerischen etc. in dem ainundtrissigosten und des römschen in dem achtenden jar.*

---

a lüte] lewt D_1.
b syen *E*; seyen D_1.
c steür D_1.
d gewesen D_1.
e *fehlt* D_1.
f *fehlt* D_1.
g und verhengnüß] *fehlt* D_1.
h darumm von – macht] von küngklicher macht D_1.
i und und *G*.
j fryen, rittern – und gemainden] *fehlt* D_1.
k vesticlich *E*; vestiklich D_1.
l *fehlt* D_1.
m oder betrüben] *fehlt* D_1.
n *folgt* sy D_1.
o irren oder – getrülich hanthaben] *fehlt E*.

(313) [G fol. 73^r] Darnach an dem sonnentag, was der zway und zwainzigost tag in dem Mayen, do verkundt man in allen kilchen^a, wie der grauff zů den augustinern nach dem ymbiß uff dem obern hoff predigen wölt. Da sölt mengklich hin komen, da wölte er dem volk verkünden den ablaß, die fryhait und die gnad, so unser hailiger vatter^b der baupst den von Costentz gegeben hett^{376}. Das beschach^c aber in dem münster, wan es   5
ettwas regenlich sach^d.

(314) Darnach^e an unsers herren fronlichnam tag, do hettend die von Costentz iren crützgang mit unsers heren fronlichnam umb die stat, als da vor sitt und gewonlich was ze tůnd^f. Doch do^g gieng da mit der hochwirdig fürst^h herr Nicolaus^i, ertzbyschoff zů Maylan[d], in siner guldinen infelen als ain^j baupst. Und gab dem volk den segen. Doch   10
do^k was ain crützgang kostlicher und vast erlicher, dann vor dem concilium dehainer^l ye ward.

(315) Do an unsers herren fronlichnam tag^m zwüschen dryen und vieren, do rait in der gefürst grauff Anthonius^n de Calumna^o, ain Römer, unsers hailigen vatters^p des baupsts vetter, und rait^q in der Felixinen huß. Und schanktend im die von Costentz^r. Und belaib   15
nun^s über nacht zů Costentz und zoch sinem vetter^t dem baupst nach. Und vindest sin wauppen hienach am clxxxxj. blatt.

a   lütkilchen *IZ₁*; lüttkilchen *Z₂*.
b   unser hailiger vatter] *fehlt E*.
c   *folgt* ouch *IZ₂; folgt* öch *Z₁*.
d   sahe *D₁*.
e   *folgt* am dunstag *I; folgt* am donstag *Z₁; folgt* am dunstag *Z₂*.
f   unsers heren fronlichnam – was ze tůnd] dem sacrament *E*.
g   Doch do] Und *E*.
h   der hochwirdig fürst] *fehlt E*.
i   Niclas *D₁*.
j   ain] sin *D₁*.
k   Doch do] Und *E*.
l   keyner *D₁*.
m   Do an unsers herren fronlichnam tag] An dem tag *E*; An unße[rs] herren fronlichams tag *Sg*; An dem donstag, an unsers herren fronlichams tag *I*; Am donstag, an unsers herren fronlicham tag *Z₁*; An dem dunstag, an unsers herren fronlichnams tag *Z₂*.
n   Anthonius] Fridrich *AK; fehlt SgIZ₁Z₂*.
o   Columpna *Sg*; Columpni *I*; Calumpni *Z₁*; Colump *Z₂*.
p   unsers hailigen vatters *fehlt E*.
q   zoch *IZ₁Z₂*.
r   *folgt* erlich *SgIZ₁Z₂*.
s   nun] nůr *E*; nu *Sg*; nit me denn *I*; nument *Z₁*; numett *Z₂*.
t   sinem vetter *fehlt E*.

376   *Zu dieser Textstelle vgl. G. SIGNORI, Das Konstanzer Konzil als Privilegienbörse, S. 72f.*

(311) [73^v] Nun ist ze wyssend^a, als unser hailiger vatter^b der baupst an dem mentag^c
in den pfingstvirtagen^d von Costentz^e gen Schaffhusen zoch^f, do belaib er da^g über nacht
und zoch mornend an dem zinstag gen Baden. Da belaib er och^h über nacht. Und an der
mittwochen kam er gen Lentzkirchⁱ, da belaib er och^j über nacht. Und kam an dem
5   dornstag gen Zofingen^k und am frytag kam er gen Bern[377]. Da belaib er biß an den dritten
tag in dem Brachet, der was ainem^l frytag^m. Die von Bern emphiengen in vast erlich mit
ir priesterschafftⁿ und mit dem hailtům^o. Und schanktend im des ersten hundert und
fünff und zwaintzig mut^p kern, viertzig malter habern, acht fůder win Burgunischen
und ryffwin^q, alles ires meß^r, acht groß sch[l]egochsen^s und viertzig schauff[378]. Und dar-
10   nach all tag über sinen hoff und tysch^t wyß symlen^u und vil hůnr^v, so man die essen solt,

---

a   ist ze wyssend *fehlt E.*
b   unser hailiger vatter *fehlt E.*
c   samstag *Z₁.*
d   in den pfingstvirtagen] in der pfingstwucher *I*; in der pfingstwuchen *Z₁*; in der pfingstwochen *Z₂.*
e   an dem mentag – von Costentz] *fehlt E.*
f   zoch] kam *E.*
g   *fehlt D₁.*
h   *fehlt D₁.*
i   Lentzburg *KIZ₁Z₂.*
j   *fehlt D₁.*
k   Zoffingen *EZ₂*; Solotorn *Z₁.*
l   ainem] an ainem *IZ₁Z₂*; am *D₁.*
m   in dem Brachet – frytag] *fehlt E.*
n   pfaffhait *IZ₁Z₂.*
o   hailtung *E*; heiligtům *D₁.*
p   můtt *Z₂*; mautt *D₁.*
q   reinwein *D₁.*
r   Burgunischen – ires meß] *fehlt E.*
s   schlegochßen *A*; schlegochsen *KEZ₁*; schlegochssen *I*; schlegŏchssen *Z₂.*
t   und tysch *fehlt E.*
u   symlen] prot *E*; simlen *IZ₁Z₂*; såmlen *D₁.*
v   hünr *E*; hüner *I*; hůn *Z₁*; hůner *D₁.*

---

377   *Zu dem Besuch Papst Martins V. in Bern, in dem er sich vom 23. Mai bis 3. Juni 1418 aufhielt, siehe
auch F. MILTENBERGER, in: MIÖG 15 (1894) S. 662 und Diebold Schillings Spiezer Bilderchronik. Fak-
simile-Ausgabe der Handschrift Mss. hist. helv. I. 16 der Burgerbibliothek Bern, hg. von H. HAEBERLI
und Chr. VON STEIGER (1990) S. 667.*
378   *Dass auch die Konstanzer dem Papst 1417 nach der Wahl ein Geschenk machten, geht aus dem
Ratsbuch der Stadt Konstanz für die Jahre 1414–1419 (Stadtarchiv Konstanz B I 2) S. 131 hervor, wo von
einem klainot und silbergeschierr im Wert von 400 Mark Silber die Rede ist. Vgl. O. FEGER, Das Konstanzer Konzil und die Stadt Konstanz, S. 319.*

und an ainem vischtag visch. Doch ward da kain audientz. Er^a gab och kainen segen und tett den hoff nit uff.

(312) An dem dritten tag im Brachat, was ain frytag, do brach^b der selb unser hailiger vatter der^c bapst Martinus uff von Bern^d und zoch^e gen Fryburg in Üchtlannd und belaib da den sambstag und denn sonnentag. Und an dem mentag, do brach^f er uff und zoch^g 5 gen Jenff. Und kam an der mittwochen zů nacht gen Jenff. Und mornend an dem dornstag, do schlůg er brieff an, daz er den hoff ufftön wölt von mornend an dem frytag über vierzehen tag.

(316) [74^r] An dem sambstag vor unsers heren fronlichnam tag, do zoch unser her^h der küng von Costentz und fůr gen Strasburg und belaib da ettwe lang und fůr darnachⁱ von 10 Strassburg gen Hagnow^j in dem Elsäß^{k379}.

(317) Och ist ze wyssend, das anno Dni. MCCCCXVIII^l, do kam^m gen Costentz ain pestilentz, der gebrestⁿ. Und fieng an ze mittem Aberellen. Und was nit groß den Aberellen und den Mayen. Darnach den Brachat, den Höwett^o, den Ougsten und den ersten herpstmonat, all tag by sechs oder^p acht lichen^q warend^r, und zů dem maisten by vierze- 15 hen lichen^s, und weret biß zů dem andern herpstmonat. Und fluhend von der stat ob

a Er] Und *E.*
b brach] zoch *E.*
c selb unser – vatter der] *fehlt E.*
d Beren *D₁.*
e Martinus – zoch] *fehlt E.*
f do brach] zoch *E.*
g uff und zoch *fehlt E.*
h unser her *fehlt E.*
i *fehlt E.*
j Hagnaw *D₁.*
k in dem Elsäß *fehlt EIZ₁.*
l anno Dni. MCCCCXVIII] MCCCCXVIII iar *E.*
m do kam *fehlt E.*
n der gebrest *fehlt E.*
o Håwet *D₁.*
p sechs oder *fehlt E.*
q lichen] leüchten *D₁.*
r *fehlt F.*
s leüchen *D₁.*

379 *Am 18. Mai 1418 verlässt König Sigmund Konstanz. Zum weiteren Reiseweg, der ihn zunächst ins Elsaß führt, vgl. J. K. Hoensch, Itinerar König und Kaiser Sigismunds von Luxemburg 1368–1437 (1995) S. 98–101; Ders., Kaiser Sigismund. Herrscher an der Schwelle zur Neuzeit 1368–1437 (1996) S. 276–278, J. Válka, Sigismund und die Hussiten, oder: Wie eine Revolution beenden?, in: Kaiser Sigismund (1368–1437). Zur Herrschaftspraxis eines europäischen Monarchen, hg. von K. Hruza und A. Kaar (2012) S. 32–35.*

sechs hundert burger mit iren wyben und kinden. Und an dem andern herpstmonat, do
vieng an der tod abzenemend[a], das des tags nummend[b] zwo lichen[c] oder aine warend.

(318) Und ward des jaures[d] vil wins und kornß und ander frucht gnůg, und was der
herpst trucken und gůt wetter, noch dannocht gab man ainem wymner[e] zehen pfenning
des tags[380]. *Fol. 74ᵛ leer.*

[In[381] dem [do[f]] kam der tod [ouch[g]] gen Jenf und zoch der bapst im Höwmanot von
Jenf ein mil wegs und bleib da untz in den Ŏgsten. Und zoch ze mittem Ŏgsten gen
Lamparten, [und kamen[h]] vil curtisan wider gen Costentz. Und lopt der bapst und all
curtisan die statt Costentz und sprachent, [es wär[i]] daz irdesch himelrich.

In dem kam unser her der küng uss Elsies[j] und kam gan[k] Ulm[382] und bleib da bi vj
wuchen. Und ward brot, fleisch, haber vil türer denn tze Costentz[l].

Ŏch hiess unser her der küng mit allen den rechnen[m] ze Costentz, den man schuldig
waz. Und hiess da in schriben und satzt darumm sine schönen tůcher, tappeten, umm-
heng und gulten[n] und sölich kleinot uff ein bezalung uf unser frowen tag ze liechtmess[383].

---

a   do vieng – abzenemend] do nam der tod ab *EIZ₁Z₂*.
b   nummend] *fehlt E;* nun *I;* nument *Z₁;* numett *Z₂;* numens *D₁.*
c   leichen *D₁.*
d   iars *E;* jårs *I;* jars *Z₁Z₂;* jares *D₁.*
e   wimler *AZ₂;* wimner *KI;* wymmer *E;* winmer *Z₁.*
f   *so I.*
g   *so I.*
h   *so I.*
i   *so I.*
j   In dem – Elsies] In dem do fůr unser herr der kunig usser dem Elsåss *I.*
k   gen *I.*
l   Und ward – Costentz] Und ward brott, haber, flaisch und ander ding und herbergen ze Ulm vil türer
denn ze Costentz *I.*
m   rechnen] rechten *I.*
n   gulter *I.*

---

380   *Vgl. zum Lohn der Rebleute O. FEGER, Vom Richtebrief zum Roten Buch. Die ältere Konstanzer
Ratsgesetzgebung (1955) S. 81. Das c. 319, wie es sich in A und K findet, fehlt in E, G, I, Z₁, Z₂ und D₁.
Mit c. 318 endet der Richental-Auszug in Z₂.*
381   *Die nachstehenden vier Kapitel, die in G und D₁ fehlen, sind in I und Z₁ nach c. 318 angefügt. Sie
nehmen Nachrichten auf, die A und K teilweise in cc. 312, 305–306 und 316 bringen. Der Text ist nach
Z₁ gegeben und, was die Varianten anbelangt, gegebenenfalls nach I ergänzt.*
382   *Vom 3. bis 20. September 1418 hielt sich König Sigmund in Ulm auf. Vgl. W. ALTMANN, Die Urkunden Kaiser Sigmunds (1410–1437) (RI XI, 1) (1896/97) Nrn. 3440b–3565; J. K. HOENSCH, Itinerar
König und Kaiser Sigismunds von Luxemburg 1368–1437 (1995) S. 99; DERS., Kaiser Sigismund. Herrscher an der Schwelle zur Neuzeit 1368–1437 (1996) S. 277, 281; vgl. cc. 316 in A und K.*
383   *Siehe zu den vom König nie eingelösten Pfandschaften auch das sehr viel ausführlichere c. 305 in
der A- und K-Version. Vgl. J. MARMOR, Das Konzil zu Konstanz in den Jahren 1414–1418 (²1864)
S. 147–156; M. R. BUCK, Chronik des Constanzer Concils, Vorwort, S. 4; Ph. RUPPERT, Das alte Kon-*

Darnach am mentag nach Sant Michels tag, am iij. tag im andren herbstmanot, do
slůg[a] unser [herr[b]] der römsch küng [brieff[c]] an daz münster tze Costentz von unsrem
heiligen vatter dem bapst, als er im die pfaffenstür geben hett, daz man im die richten sölt
in xxx tagen den x. pfennig von iren allen nützen. Und in xxvj tagen[d] im ersten herbstmanot zoch unser her der küng von Ulm gan Öttingen und wolt da jagen und kurtzwil   5
haben.]

[G fol. 75[r]] Wie[384] baubst Johanns[e] von Costentz raitt.

(118) An dem zwaintzigosten tag im Mertzen, das was an Sant Benedicten tag aubend
des hailigen abbtz, ain stund nach mittemtag, do[f] rait baupst Johannes der dry und
zwaintzigest von der stat Costentz, und raytt uff ainem clainen röslin und hett ainen   10
grǎwen mantal[g] an, gefült mit wyssem tůch zů ainer syten offen, und ain grǎwen zwy-
valten kappen, och mit schlechtem wyssem tůch gefült, uff sinem hopt, und den zyppffel
umb sin hopt gewunden, das man[h] under den ögen nit sehen[i] mocht. Und het ain armbrost an siner syten, als ob er aines herren knecht wǎre oder ain bott. Und rayt vor im
ain klain knab, och verbunden, das sin niemen achten künd noch erkennen. Und rait   15
bald ains slechten[j] trabentz[k] gen Ermatingen in des lütpriesters[l] hus. Da růwet er und

---

a   schlůg *I.*

b   *so I.*

c   *so I.*

d   in xxvj tagen] am xxvj. tag *I.*

e   Johaunes *D₁.*

f   doch *G;* do *D₁.*

g   mantel *D₁.*

h   *folgt* in *D₁.*

i   gesehen *D₁.*

j   schnellen *K;* schlechten *D₁.*

k   trabens *K;* trabents *D₁.*

l   lütpriepriesters *G.*

---

stanz in Schrift und Stift, S. 122; J. RIEGEL, *Die Teilnehmerlisten des Konstanzer Konzils,* S. 42; B.
KIRCHGÄSSNER, *Das Steuerwesen der Reichsstadt Konstanz 1418–1460 (1960)* S. 118, 209; O. FEGER,
Das Konzil zu Konstanz, Bd. 2, S. 259; DERS., *Die Konzilchronik des Ulrich Richental,* S. 32; DERS., *Das
Konstanzer Konzil und die Stadt Konstanz,* S. 330f.; W. MATTHIESSEN, *Ulrich Richentals Chronik,*
S. 98; H. MAURER, *Konstanz im Mittelalter,* Bd. 2, S. 40; J. K. HOENSCH, *Kaiser Sigismund. Herrscher
an der Schwelle zur Neuzeit 1368–1437 (1996)* S. 275f., 487f.; TH. RATHMANN, *Geschehen und Geschich-
ten des Konstanzer Konzils,* S. 216; M. INNOCENTI, »Ze Costnitz was der küng«, S. 136; A. FRENKEN,
Wohnraumbewirtschaftung, S. 144f. mit Anm. 165; TH. M. BUCK / H. KRAUME, *Das Konstanzer Konzil,*
S. 214f.

384   *An dieser Stelle endet die dritte und beginnt die vierte Texteinheit, welche die Flucht Papst Johannes' XXIII. schildert; die cc. 118–137, die bereits knapp in der dritten Texteinheit gebracht worden waren, werden also noch einmal erzählt. Dass dies jetzt nach einer anderen Version geschieht, geht aus einem Textvergleich der beiden Kapitel hervor.*

hies im bringen ainen trunk wins, und mocht weder der lütpriester noch niemant in dem
hus in erkennen. Und saß da in ain wol gevertiget[a] scheff[385], das im sin diener bestelt
hettend. Und das die ding sust niemant wysset dann hertzog Frydrich von Österrich,
der im och darzů halff und das und anders bestelt hett. Und diß ist die figur, wie er en-
5　weg rait und zů Ermating[en][b] in daz scheff[c] saß[386]. *Fol. 75ᵛ leer.*

(119,1) [76ʳ] Des vorgenantten zwaintzigosten tags an Sant Benedicten ǎbend nach
der vesper, do stach hertzog Frydrich von Österrich mit dem jungen grauff Frydrichen
von Cylin uff dem inneren ussern veld umb ettwevil clainat[d]. Und maint man, er täte es
darumm, das man das enwegryten bǎpst Johannes dester minder achtote. Und do er
10　glich verbunden hett und der grǎff och verbunden hett, und ee das der stich beschach, do
kam zů hertzog Frydrichen siner diener ainer, genant maister Ůlrich Sǎldenhorn[e], lerer
der gaistlichen recht von Waltsee[f] bürtig, der runet[g] im in den helm, wie das bǎpst Johannes enweg wäre. Doch do volgieng der stich, und verlor hertzog Fryderich die ring und
clainat und rait an stett in die stat in ains juden huß in der Wannen[387], und sant von
15　stund[h] nach sinem ǒhem, graff Johansen von Luppffen. Der vermarkt an stet die sach

a　gefertig *D₁*.
b　Ermatingen *AK*.
c　schiff *D₁*.
d　ring *A*; clainet *K*.
e　Conrat Sǎldenrich *A*; Ůlrich Saldenhorn *K*.
f　Waltsee] *korr. aus* Walsee *G*; Walsse *D₁*.
g　raunet *D₁*.
h　*folgt an D₁*.

385　*In der Luzerner und der amtlichen Berner Chronik des Diebold Schilling sieht man den Papst im
gedeckten bzw. offenen Schiff sitzen. Vgl. Die Luzerner Chronik des Diebold Schilling 1513. Faksimile-
Ausgabe der Handschrift S 23 in der Zentralbibliothek Luzern, hg. von A. A. SCHMID (1981) fol. 34ᵛ
(68); Bern, Burgerbibliothek, Mss.h.h.I.1, fol. 336; W. MATTHIESSEN, Ulrich Richentals Chronik,
S. 409f.*
386　*Eine entsprechende Darstellung hat sich weder in G noch in D₁ erhalten. Sie ist in G vorgesehen
gewesen, aber wohl nie zur Ausführung gekommen, so dass sie auch in D₁ fehlt. Sie ist heute nur noch in
K fol. 42ʳ und in Pt fol. 36ᵛ erhalten.*
387　*Vgl. zu dieser Textstelle, die eventuell die Rolle von Juden als Bankiers zur Konzilszeit beleuchtet,
Aegidius Tschudis Chronicon Helveticum (Quellen zur Schweizer Geschichte N.F. I. Abt., Bd. VII, 8),
bearb. von B. STETTLER (1990) S. 22; G. WACKER, Ulrich Richentals Chronik, S. 40; P. NIEDERHÄUSER,
in: S. VOLKART (Hg.), Rom am Bodensee, S. 146; D. WELTECKE, Juden im Bodenseeraum, in: 1414–1418.
Weltereignis des Mittelalters. Das Konstanzer Konzil. Essays (2013) S. 162; DIES., in: 1414–1418. Weltereignis des Mittelalters. Das Konstanzer Konzil. Katalog (2014) S. 121f.; H. FIDLER, König Sigismund,
das Konstanzer Konzil und die Juden, S. 86f., 93, 96, 98. Siehe zu diesem Thema auch K. HRUZA, König
Sigismund und seine jüdischen Kammerknechte, oder: Wer bezahlte »des Königs neue Kleider«?, in:
Kaiser Sigismund (1368–1437). Zur Herrschaftspraxis eines europäischen Monarchen, hg. von K. HRUZA
und A. KAAR (2012) S. 75–135.*

und wolt nit zů im komen und embot im: Hette er ain sölich sach one in angefangen, daz
er sy dann one in och usrichte. Do kam zů im Hanß Truchsäß von Diessenhofen, genant
Molle, sin diener, und sach in an und sach, das er erschroken was, und handelt in übel mit
wortten[388] und sprach: Ir erschrokner herr, was hond[a] ir getŏn? Und warff in bald uff ain
pfärit, und nam er och ains und nit mer dann ainen knaben mit inen, und rittend zů   5
Augustiner thŏr us und den graben umbhin und[b] gen Schaffhusen dem baupst nach.

(119,2) Und uff[c] den selben aubend und in der nacht und frů mornends, do ritten
und giengen enweg dem baupst nach, die dann zů im gehortend[389]. Und ward doch des
usziechens so vil, das unser herre der römsch küng[d] des innen ward. Darnach rittend sy
nit mer als offenlich als vor, dann sy entsässen[e] inen und vorchtend, sy wurden uff dem   10
weg nyder[f] geworffen. Als wie sy stachend, vindest[g] hienach gemaultt am lxxviiij.
blatt[390].

(120) [76ᵛ] Und morne[n]ds frů, do der küng[h] uff kam an Sant Bendicten tag, und do
nam er zů im hertzog Ludwygen von Bayern von Haydelberg und rait durch die stat zů
Costentz mit sinen prusonern zů allen wechslern, usser was landes sy warend, och allen   15
appotekern und kramern, der doch ob drü hunderten zů Costentz was, und zů allen
[h]anttwerk lüten und zů allen cardinälen, ertzbyschoven und byschoven und zů allen
främden[i] etc., sy wären gaistlich oder weltlich, und stättenclich uss prusonen, und růfft
mit sin selbs mund durch die stat, daz niemant enweg züg noch füre, ee daz man innen
wurd, waz die sach wäre. Dann baupst Johannes haymlich ennweg gezogen und gewy-   20
chen wäre. Und sölt och mengclich libs und gůts sicher sin, und sölte och darob niemant
ersreken[j], in was stäts er wäre und mengclich bessern fryd haben dann vor. Des ward
mengclich fro, und lobten darinn unsern heren den küng vast und sprachend: Wäre es in

---

a   habt *D₁*.
b   *fehlt D₁*.
c   *fehlt D₁*.
d   küng *A*; kaiser *K*.
e   entsåssen *D₁*.
f   darnider *D₁*.
g   *folgt* du *D₁*.
h   tag *AK*.
i   *folgt* herren *D₁*.
j   erschrecken *D₁*.

---

388 *Zu Richentals Darstellung vgl. H. FINKE, Bilder vom Konstanzer Konzil (Neujahrsblätter der Badischen Historischen Kommission N.F. 6) (1903) S. 26.*
389 *Zu den Anhängern und Gefolgsleuten, die dem Papst nach Schaffhausen nachfolgten, vgl. G. FIL-LASTRE, in: ACC, Bd. 2 (1923) S. 25; G. CERRETANI, Liber gestorum, in: ebd., S. 224f.*
390 *Bezieht sich auf die Illustration foll. 78ᵛ–79ʳ.*

wälschen landen beschenhen^a, so wären sy gantz umb ir hab und gůt komen. Und also uff das růffen und uff die sicherhait, do schlussen sy ir gädmer und ir wechselbäncke wyder uff und hettend wyder vail als vor.

(121,1) Mornend, do sand unser [herr^b] der küng nach allen fürsten und herren, gaist-
5 lichen und weltlichen, das sy zů im in das münster kämen, und nach allen den, die von des concilium wegen da lagend. Und clag^c sich da vor inen allen, wie das hertzog Fryd-rich von Österrich den baupst het enweg gefürt über das, so er im verhaissen hett, sölichs nit ze tůnd, und hette daran im und dem concilio^d grossen schmach getŏn und sye daruff gegangen, damit das das concilium gehindert und geirret wurd und die ainikait der cri-
10 stenhait nit für sich gieng. Und das ouch^e vil mächtig personen [77^r] zu^f im clegt hetten, wie daz er inen mit gewalt und one alles recht das ir genomen hab und noch mit gewalt innen hab, und inen kains rechten sin wölte und sich doch des verbunden hette ze tůnd; des er och abgegangen sy. Und bat, im darumb raut und hilff ze tůnd. Do ward im von allen herren, gaistlichen und weltlichen, gerauten, daz er den selben hertzog Frydrich
15 von Österrich umb die sach für sin gericht laden sölt, sich selbs da zů versprechend umb alle sachen, und dann darnach zů im richte, als recht wäre.

(121,2) Und von stund an seyten sy im all, gaistlich und weltlich, curfürsten, an-der fürsten, graven, ritter und knecht, die dannocht lehen von hertzog Frydrichen von Österrich hetten, und alle des römschen richs stet, daz sy alle im umb diß sache
20 mit lib und mit gůt bystand und hilff tŏn wölten wyder hertzog Frydrichen von Öster-rich. Und seyten im och ab mit iren wydersag brieven und botten mer dann vierhundert namlicher herren und stett, die alle gesendt wurden gen Schaffhusen hertzog Frydri-chen.

(122) Do nun der wydersag brieff an der gůten mittwochen und an dem grossen
25 dornstag also vil gen Schaffhusen kamend, do kam schreck und vorcht in den baupst Johannes, das er nit mer zů Schaffhusen sin wolt. Und an dem karfrytag nach dem amptt, ee das er vol den imbis genam^g, do kam sölicher grosser regen, wind und schne, als vor in langer zit nie beschach^391. Und in dem selben regen, wind und schne, do fůr baupst Johannes von Schaffhusen und kam gen Loffenberg und von Loffenberg gen

---

a beschehen *D₁*.
b herr *AKG*; herre *D₁*.
c klaget *D₁*.
d gantzen concilio *D₁*.
e *folgt* gar *D₁*.
f zu] do zů *D₁*.
g nam *D₁*.

---

391 *Vgl. cc. 19 und 122 in der dritten Texteinheit.*

Fryburg im Brisgöw. Und schickt von Loffenberg[a] ain bull[392] gen Costentz dem gantzen concilio und allen gaistlichen herren[393].

(123,2) Do nun die bulle gen Costentz kam, do ritten von Costentz fünff cardinal us Lamparten und ertzbyschoff und byschoff von Ytalia und och ettlich von [77[v]] Hyspa-nia und ettlich auditores. Die ließ man dem baupst nach ritten. Die kamen nie ferer dann 5 gen Schaffhusen und belibend da fünff tag und nit lenger. Und kamen wyder gen Co-stentz und rayt inen niemant engegen, dann die iro spotten woltend[394].

(124,1) Vor dem[b] schlůg unser her der küng besigelt brieff, mit siner maiestat insigel besigelt, an das münster tor gen dem obern hoff wertz[c] und ain gen Sant Stephan an die kilchtür. Und lůd mit den brieven hertzog Fryderichen von Österrich für sin küngclich 10 hoffgericht umb das übel, so er an im geton hett, an dem hailigen concilio und an der gantzen cristenhait, und och das er sich veranttwürten sölt gegen mengclich, den er das ir mit gewalt one recht ingenomen hett, die zů im ze sprechend hetten, als er och das vormals muntlich verhaissen hett ze tůnd vor vil erwirdigen lüten.

(124,2) Und uff das, do manet er all fürsten und heren, grafen, fryen, ritter und 15 knecht und alle des richs stette und alle sin diener, die von im belehe[n]t warend, das sy us zugen uff hertzog Frydrichs von Österrich schaden. Und gerechnot sich mengclich us ze ziechend mit aller cost, mit büchsen, mit pulver und mit anderm züg[d].

(124,3) Und zugend us des hailigen richs obern stet: Costentz, Ravenspurg, Bybrach, Überlingen, Pfullendorff, Bůchorn, Ysni[e], Kämpten[f], und die andern, die in iren kraysen 20 gelegen sind, und mit in all turgöest[g] herren und unser her der küng selbs mit sinem lib.

---

a Loffemburg *D₁*.
b *folgt* do *D₁*.
c werts *K*.
d zeüg *D₁*.
e Eyßni *D₁*.
f *folgt* Wangen *K*.
g turgöwisch *A*; thurgöwesch *K*; turgöest *D₁*.

---

392 *Die Bulle ist in G und D₁ ins Deutsche übersetzt. Vgl. Aegidius Tschudis Chronicon Helveticum (Quellen zur Schweizer Geschichte N.F. I, Abt., Bd. VII, 8), bearb. von B.* STETTLER *(1990) S. 37f.; H.* VON DER HARDT, *Magnum Oecumenicum Constantiense Concilium de universali ecclesiae reformatione, unione, et fide 4 (1699) S. 102; J. D.* MANSI, *Sacrorum conciliorum nova, et amplissima collectio 27 (1784, ND 1961) Sp. 597; O.* FEGER, *Das Konzil zu Konstanz, Bd. 2, S. 192f.; W.* MATTHIESSEN, *Ulrich Richentals Chronik, S. 144; Th. M.* BUCK, *Fiktion und Realität, S. 62, 72 mit Anm. 33.*
393 *Die Bulle wird hier ausgelassen, da sie bereits in c. 123,1 in der dritten Texteinheit gebracht wor-den war.*
394 *Zu dieser Textstelle vgl. W.* BRANDMÜLLER, *Das Konzil von Konstanz, Bd. 1, S. 228, 232 mit Anm. 29; A.* FRENKEN, *Zeremoniell, Ritual und andere Formen symbolischer Kommunikation, S. 60.*

Und namend in Stain und Diessenhoven und schlůgend sich für Froenveld. Das
wyderstůnd inen nun ettwe^a mänigen tag, doch ergabend sy sich och.

(124,4) Darnach do schlůg sich der byschoff von Chur, der grauff von Toggenburg[395],
und die von Lindow und ander^b stett und herren^c in Churwalhen, und namend [78^r] da
5   in die land und sunderlich Veltkilch die stat und die vestin, die ob der stat lit[396], mochten
sy als bald nit gewinnen, bis das die von Costentz iren grossen heber[397] dar lihend. Der
ward gestelt uff ainen hohen berg da^d die vestin lit. Und wurfen sölich groß stain darin,
das sy füro in der vestin nit beliben mochtend, wan er zerwarff all dramen^e und darras
in der vestin, und ergabend sich.
10   (125) Es zugend die Waldstett, die Switzer^f und die zů inen gehortend, in daz Ergöw[398] und namend da die stett alle in und inen, die och swůrend, und laytend sich für
Baden für die vestin. Und lagend da also lang, biß das sich hertzog Frydrich von Österrich mit dem küng huldt. Do manet sy der küng durch grauff Frydrichen von Schwartzenburg und durch her Jörgen von Katzenstain ires aydes, den sy dem römschen rich
15   gesworn hŏnd, daz sy dannen zugen und im sin hus ungewüst liessend, wan es zů sinen
handen komen wäre. Das woltend sy nit tŏn und übersahend den ayd, und gewonnend
daz hus und fundend darinn, als man do sprach, alle fryhait brieff, die die^g herrschafft
von Österrich hett über ir güter. Die wurdend in dem hus verbrendt, dan sy daz hus
verbrantend und wůstend.
20   (126,1) Darnach am frytag in der osterwochen, do ward ain gantz session, und die
macht das bǎpst Johannes gantz vertilkett und alle sin brieff und bullen vernichtiget
wurden. Und machet man da mit gantzer gemaind ain nüwe bull[399], die mengclich halten
solt, alle die wyl das baupstthům entsetzt wäre und nit ain ainhelliger baupst erwelt.
Und was das die bull also gezaichnet: An ainem tayl stůnd Sant Peters und Sant Pauls
25   höpter mit den pünctlin, an dem andern tayl zwen schlüssel über ain ander geschrenkt,

---

a   fehlt D₁.
b   folgt vil D₁.
c   herren] mǎchtiger groß herren D₁.
d   dann K.
e   drǎmen D₁.
f   Schweitzer D₁.
g   die die] dye D₁.

---

395   Graf Friedrich VII. von Toggenburg.
396   Schattenburg.
397   Gemeint ist eine mauerbrechende Waffe, die als Wurfmaschine fungierte.
398   Gemeint ist der Aargau.
399   Hier ist wohl das Dekret »Haec sancta« vom 6. April 1415 gemeint, das die Superiorität des Kon-
      zils über den Papst festhielt; vgl. c. 126,1 in der dritten Texteinheit und die dort aufgeführte Literatur.

und was die umbegeschrifft darin gegraben also[a]: Sigillum sacri sancti concilii Constan-
tiensis civitatis[400].

Bild: *Stechen Friedrichs von Österreich mit dem von Cilli, foll. 78ᵛ–79ʳ. Bildtext über
fol. 78ᵛ:* Wie hertzog Fridrich von Österrich mitt grauff Herman von Zily stach uff dem
Brůl vor Costentz, als vornen am lxxvj blatt stått. *Bildtext über fol. 79ʳ:* Grauff Herman   5
von Zily.

(126,2) [79ᵛ] Darnach am sonntag Quasi modo geniti, an dem achtenden tag ze
ostran[b], do schlůg aber unser herr der[c] römsch küng brief an, besigelt mit siner maiestat
insigel, an die kilchtüren zů Costentz, zů dem münster und zů Sant Stephan, als da vor
geschriben ist, über hertzog Frydrichen von Österrich, daz er zů dem rechten käme und   10
da gerecht wurde mit mengclichem, die zů im ze sprechend hetten, es wären herren,
grafen, fryen, ritter oder knecht und alle gaistlich heren, die zů im ze clagend hetten,
dienen[d] er daz ir mit gewalt genomen het one recht, das noch hüt by tag besäß und inen
hette, daz er inen darumb gerecht wurde und täte, waz daz recht gäbe, als er dann daz
muntlich verhaissen hette vor fürsten und herren, des[e] er im doch abgegangen sye. Und   15
gedacht des baupsts nit in den ladungen und angeschlagnen brieven. Und das im nun
hinfüro by sinen küngklichen hulden nieman dienen noch gehorsam sin solt. Es solt och
niemant hin füro kain lehen von im emphahen. Und erlobt über in, daz das in mengclich
angriffen mocht an lib und an gůt[401]. Wer der wäre, den wölte er daruff schirmen und
sölten och in deß richs stett daruff enthalten.   20

(127,1) Do nun fürsten und herren, die hertzog Frydrichs von Österich fründ warend, söliche groß sachen hortend und die clagen, die uff in giengen und verstůnden, das
es im übel gön wolt, und im niemant zů hilff komen mocht, und sin aygen stett in ver-
laussen hetten, do wurdend sy ze raut, das sy hertzog Ludewigen von Bayern zů Ingel-
stat, sinen öhem, zů im sandtend. Und woltend im alle ee raten, das er käme an unsers   25
herren des küngs gnad. Wan die sach also angesehen wäre, wa man in ergriffen möcht, in
welhem schloß das wäre, darinne můsde er verderben und zů im richten als zů ainem
schädlichen man.

(127,2) Also rait hertzog Ludwig von Bayern zů im gen Schaffhusen und [80ʳ] redt

---

a   *fehlt D₁.*
b   ostra *D₁.*
c   der der *G.*
d   denen *AKD₁.*
e   das *D₁.*

---

400   *Vgl. zum Konzilssiegel, das sich das Konzil allerdings erst am 17. August 1415 gab, H. SCHNEIDER,
Die Siegel des Konstanzer Konzils, in: AHC 10 (1978) S. 310–345; W. BRANDMÜLLER, Das Konzil von
Konstanz, Bd. 2, S. 58.*
401   *Sigmund verhängte am 30. März 1415 die Reichsacht über Friedrich IV. von Österreich und forderte die Angehörigen des Reiches zum Krieg gegen den Herzog auf.*

mit im so vil, daz er sich an unsers herren des römschen küngs gnad ergeben wolt. Und
also kam hertzog Fryderich von Österrich mit hertzog Ludewigen von Bayern gen^a
Costentz.

5   (128) Do das unser herr der küng innen ward, do hies er sy mornend komen zů den
barfůssen zů Costentz in das revental^402. Also mornend^b kamend sy zů den barfůssen in
das revental. Do besandt unser herr der küng des herren von Mayland botschafft, der
Venedier, Janöwer und Florentzer, zů im in das selb^c revental zů den barfůssen und redt
mit inen umb ettlich ander sachen, und hett der stuben tür den rucken kert vornan in
dem winkel. Und stůnden die bottschafften, die och gar^d mächtig herren waren, vor im,
10   das sy zů der stuben tür wol ussehen mochten. Do kam hertzog Fryderich von Österrich
in die stuben in gegangen, und giengen neben im hertzog Ludewig von Bayern zů ainer
syten und burggrauff Frydrich von Nüremberg zů der andern syten. Und als bald sy zů
der stuben in kamen, do macht man inen ain wytin, daz man sy alle wol senhen^e mocht.
Und knüotend all dry nider uff ire knye, das die botschafften, so vor dem küng stůnden,
15   das wol sahend. Und enmitten in der stuben, do knüotend sy aber nyder. Do kert sich
der küng umb und stůndend aber uff und giengend für den küng und knüotend aber
nyder. Do sprach der küng: Was gebiett ir? Do anttwurt hertzog Ludewig von Bayern
und sprach: Grosmächtiger küng, hie ist komen für iwer küngclich gnad unser öhem,
hertzog Frydrich von Österrich, und wyl sich an iwer gnad ergeben und schweren, ton
20   und halten, was dirre brieff innenhalt^f und wyset, der hie geschriben ist, als wir das
vormals mit iwern küngclichen gnaden überkomen syen. Do sprach unser her^g der küng:
Öhem und och unser und des richs fürst hertzog Fryderich, wöllend och ir das tůn? Do
anttwurt hertzog Friderich von Österrich, er wölte es tŏn. Do anttwurt der küng
erbärmclich und sprach: [80^v] Uns ist layd, daz ir daz verschuldt hond^h. Und also do
25   schwůr hertzog Frydrich von Österrich den brieff, so verlesen ward, ze haltend vor den
obgenanten botschafften und vor aller mengclichem, dann vil grosser herren in der stuben warend, die es horten und sachend. Und vindest den brieff hievor an dem achtzehenden blat geschriben^403.

---

a   gen] von *D₁*.
b   *folgt* do *D₁*.
c   *fehlt D₁*.
d   *fehlt D₁*.
e   sehen *D₁*.
f   innenhelt *D₁*.
g   genådiger herr *D₁*.
h   habendt *D₁*.

402   *5. Mai 1415.*
403   *Gemeint ist die Unterwerfungsurkunde Friedrichs von Österreich, die sich bereits in den Text der
dritten Texteinheit inseriert findet; vgl. c. 129.*

(130) Do nur der brieff verlesen ward, do kert sich unser her der küng wyder umb gen den botschafften, die da warend gesant von dem herren von Mayland, och zů den Vene-diern[a], Jånower und Florentzern, und sach sy an in sölicher glichnüß mit inen redend: Ir herren von Ytalia, ir mainend und wänend und wyssend nit anders, dann daz die hertzo-gen von Österrich die grösten herren syen in tütschen[b] landen in der nacion Germania. Nun sehend ir, daz ich ain mächtiger fürst bin über die von Österrich und sust über all ander fürsten, herren und stett. Und kert sich da mit wyderumm zů hertzog Frydrichen von Österrich und sprach zů im: Wöllend ir diß unbezwungenlich sweren zů haltend und zů volfürend, als der brieff innhalt[c] und aigenlich uswyset? Do antwurt hertzog Frydrich von Österrich und sprach: Ich wyll es sweren und halten, daby zů belibend und dawyder nit ze tůnd. Und also hůb er uff sin hand und vinger vor den genanten bott-schafften und vor aller mengclich und schwůr offenlich zů got und den hailigen, diß also ze haltend und dawyder nit ze tůnd noch schaffen getön werden. Und gab im den ayd der hochwirdig fürst Georius, byschoff zů Passow, ain geborner grauff von Hochloch[d], der do zemaul was der obrost cantzler des hayligen römschen richs.

(131) Do nun diser ayde geschach[e] und die botten das sahend, do nam unser her der küng die schloß und stett zů sinen handen; er versatzt noch verendert aber dero kains, alle die wyl hertzog Frydrich zů Costentz [81ʳ] zů gysel lag. Do er aber[f] nit mer zů Co-stentz beliben kund noch mocht und von Costentz rait[404] und in der hochwirdig fürst byschoff Jörg zů Trendt[g], geborn ain Liechtenstaymer[405], als vor mit gaistlichem rechten umbtraib umb sölich[h], das er im sin und sines bystumms nütz und gůt mit gewalt inge-nomen hett und im darumb kain recht halten wolt, als er tůn solt; also do kamm er in den ban, so tieff, daz im niemant zů koffend[i] geben wolt, noch kain gemainsame mit[j] halten, do rayt er haymlich von der statt, dann er da nit mer beliben mocht. Und do daz der küng innen ward, do nam er erst und graiff sine gůter an und versatzt und verkofft die nach allem sinem wyllen.

---

a   Venedigern *D₁*.
b   teütschen *D₁*.
c   innhelt *D₁*.
d   Hohenloch *D₁*.
e   beschahe *D₁*.
f   aber] *fehlt D₁*.
g   Trient *D₁*.
h   *folgt* sach *K*.
i   kauffen *D₁*.
j   *folgt* im *D₁*.

---

404   *30. März 1416; vgl. c. 179,2.*
405   *Gemeint ist der Trienter Bischof Georg I. von Lichtenstein.*

(132) Und[406] das erst gůt, das er versatzt, was das lantgericht im Thurgöw[a], und ward braucht[b] an die von Zürich[c]. Es kamen aber vil herren, ritter und knecht und battend die von Costentz, das sy es zů iren handen nåmen, dann es wäre zů entsitzend; sôlte es in dero von Zürch handen komen, es wurd der herschafft von[d] Österrich nümer mer zů iren han-
5   den mit dahainer[e] losung. Also verpfandten die von Costentz daz lantgericht von unserm herren dem küng, doch der herrschafft[f] von Österrich an der wyderlosung ôn schaden.

(133) Als och der vorgenant brieff versigelt ward, do embot hertzog Fryderich von Österrich allen sinen stetten und landen, die da vor benempt[g] sind, das sy dem küng hulten und schwůren. Do kamen die stett alle und hulten und schwůren, usgenomen
10   die von Loffemberg, die warend vorhin von hand gegeben; und die von Waltzhůt[h] und

---

a   Türgaw D_1.
b   bracht D_1.
c   Zürch D_1.
d   von] zů D_1.
e   keyner D_1.
f   herrschafft] herrn D_1.
g   vor benempt] verpfånt D_1.
h   *fehlt* D_1.

---

406   *Das c. 132, das von der Verpfändung des Landgerichts im Thurgau berichtet, fehlt in A und Pr, ist aber in K und W vorhanden. Vgl. Aegidius Tschudis Chronicon Helveticum (Quellen zur Schweizer Geschichte N.F. I. Abt., Bd. VII, 8), bearb. von B. STETTLER (1990) S. 263–269; J. STUMPF, Des grossen gemeinen Conciliums zů Costentz gehalten/kurtze/doch grundtlichere und volkommnere [...] beschrey-bung (1541) foll. CXV^v–CXVI^v; Chr. SCHULTHAISS (1512–1584), Collectaneen (achtbändige Stadt-chronik, nach 1575, Stadtarchiv Konstanz A I 8/I) fol. 74^r; J. MARMOR, Geschichtliche Topographie der Stadt Konstanz, S. 54–57; Ph. RUPPERT, Das alte Konstanz in Schrift und Stift, S. 119; W. ALTMANN, Die Urkunden Kaiser Sigmunds (1410–1437) (RI XI, 1) (1896/97) Nrn. 2639, 2640; DERS., Die Urkunden Kaiser Sigmunds (1410–1437) (RI XI, 2) (1897–1900) Nr. 6175; O. FEGER, Das Konzil zu Konstanz, Bd. 2, S. 197; Repertorium schweizergeschichtlicher Quellen im GLA Karlsruhe, hg. von F. GEIGES-HEINDL u. a., Abt. I, 1 (1982) Nr. 302, S. 46; W. MATTHIESSEN, Ulrich Richentals Chronik, S. 350; P. F. KRAMML, Kaiser Friedrich III. und die Reichsstadt Konstanz (1440–1493) (1985) S. 38, 421 (Nr. 64); H. MAURER, Konstanz im Mittelalter, Bd. 2, S. 41–43, 71–73; DERS., Das Konstanzer Konzil und die Region. Ein landesgeschichtlicher Kommentar, in: K.-H. BRAUN / Th. M. BUCK (Hg.), Über die ganze Erde erging der Name von Konstanz, S. 250; G. WACKER, Ulrich Richentals Chronik, S. 52; Th. M. BUCK, Fiktion und Realität, S. 84f.; E. TRÖSCH, Art. Thurgau, Spätmittelalter bis 18. Jahrhundert, in: Historisches Lexikon der Schweiz, Bd. 12 (2012) S. 353; P. NIEDERHÄUSER, in: S. VOLKART (Hg.), Rom am Bodensee, S. 17–19, 160–162; DERS., Der Thurgau im ausgehenden Mittelalter: (k)eine historische Landschaft?, in: Visuelle Kultur und politischer Wandel – Der südliche Bodenseeraum im Spätmittelalter zwischen Habs-burg, Reich und Eidgenossenschaft, hg. von E. JEZLER (2015) S. 13; J. HAPPES, Transformation und Nutzung, S. 74f.; A. FRENKEN, Das Konstanzer Konzil, S. 179 mit Anm. 3 auf S. 189; DERS., Konstanz und der Thurgau, S. 43f.*

die von Vilingen^a woltend^b ye nit hulden noch schweren, noch die stet an der Tönow: Ehingen, Mundrichingen, Růdlingen, Sulgen, Mengen und Waldsee[407], noch daz Yntal und die an der Etsch und alles, das zů der grauffschafft Tyrol gehört. Die wolten alle nit schweren. Und maintend, sy wåren also gefryet, daz sy niemant hulden sölten, dann der Tyrol innen [81^v] hette.

(134,1) Darnach kamen die von Schaffhusen, die von Ratolffszelle, die von Diessenhoven, die von Nüwburg[408], Brysach und vil ander stett, so underthalb dem Rin ligend. Die kamen alle und gabend unserm herren dem küng gůt und kofften sich selber an daz hailig römsch rich, daran sölten sy gehören als ander des hailigen römschen richs stett. Und also emphalch unser her der^c küng die selben stett den andern richsstetten, daz sy sy in iren schirm nämen.

(137) Und darnach, als hertzog Frydrich gesworn hett, den båpst Johannes gen Costentz tze bringend, do braucht er in gen Rautolffszelle und embot daz unserm herren dem römschen küng gen^d Costentz. *Fol. 82 leer.*

[G fol. A^r] Hienach[409] ist verschriben, wie Sant [Brigitta^e] im concilio zů Costentz gehailigott [ward^f].

(97) An[410] unser lieben froen tag^g ze liechtmeß waz ain gantz session und lut man frü

5

10

15

---

a   Villigen *D₁*.
b   woltend] dye woltend *D₁*.
c   der] do der *D₁*.
d   gen] do gen *D₁*.
e   *so D₁*.
f   *so D₁*.
g   auber *A*; aubend *PrSt₁*.

---

407   *Die Städte Ehingen, Munderkingen, Riedlingen, Saulgau, Mengen und Bad Waldsee werden weder in A noch in K oder W genannt.*
408   *Neuenburg am Rhein.*
409   *Die fünfte Texteinheit der St. Georgener Handschrift, die Kanonisation der Hl. Birgitta enthaltend, findet sich heute am Ende der Handschrift fol. A^{r–v}, stand aber ursprünglich fol. 83^{r–v} (220^{r–v}), was aus dem Bildhinweis fol. 34rb hervorgeht. Die Tatsache, dass die Fluchtgeschichte in G wie in D₁ direkt an das Chronikende anschließt (in G fol. 75ra, in D₁ fol. 82va) und zudem beide Textträger im Rahmen der Fluchtgeschichte die Illustration »Stechen Friedrichs von Österreich mit dem von Cilli« bringen (in G foll. 78^v–79^r, in D₁ foll. 85^v–86^r), lässt den Schluss zu, dass die St. Birgitten-Geschichte auch in G wie in D₁ (fol. 89^{r–v}) unmittelbar auf die Fluchtgeschichte gefolgt sein muss. Das hat der moderne Bearbeiter mit dem Hinweis fol. A^r = LXXXIII angedeutet. Er wird durch die Handschrift fol. 34rb (= cc. 97–98 der dritten Texteinheit) bestätigt: an dem dry und achtzigosten blatt hienach in dissem bůch usw. Das würde bedeuten, dass die St. Birgitten-Geschichte auch in G wie in D₁ unmittelbar an die Fluchtgeschichte anschloss. Diese endet fol. 81va in G, fol. 82^{r–v} bleibt frei, fol 83 ist offenbar vorne in der Handschrift herausgetrennt und nachgestellt worden. Dass dies tatsächlich der Fall ist, geht auch aus der Tatsache hervor, dass die siebte, Hus und Hieronymus betreffende Texteinheit, durch die St. Birgitten-Geschichte zerschnitten und in zwei Teile getrennt wird.*
410   *Vgl. cc. 97–99 (nach c. 57,3) und 97–98 in der dritten Texteinheit.*

darzů mit der grossen glocken. Und do man das dryt zaichen lut, do kamen sy alle in daz
münster zů der session. Und besunder alle gelert lüt uß den^a küngkrichen: von Sweden,
Tenmarck und Norweden^b. Und brachtend für das concilium, wie vor zyten in iro
küngkrichen wäre gesin ain hailige küngin, genant Brigitta, die von gottes^c insprechen
5   vil landes in bilgerschafft erfaren^411 und die hayligen stet gesůcht hett, und mit ir allweg
in ir costung gefůrt ain gotzvörchtigen maister in der götlichen kunst, und sust zwen
bewärt gotzvörchtig priester, die sich allweg in gottes wyllen hieltend. Und hette ouch
in irem leben und nach irem tod vil kuntlicher zaichen getön, das sy von iren alten hetten
gehört, die das geschriben und uff gezaichnet haben, und noch offenliche kuntliche zai-
10 chen got durch sy tůge^d, die sy und mengclich in dem land gesenhen^e haben. Und batten
das concilium, das man sy erhübe und canonisierte. Do bedächt sich das concilium und
gab in us gemainem mund anttwurt: Möchtend sy haben nün doctores oder maister in
götlichem rechten, oder ob sy nit alle gantz maister wären, das sy dann darstaltend
licenciaten, wen die nün darstůnden und swůrend zů got und den hailigen^f uff dem^g
15 ewangelio, das sy sölich zaichen und wunder gesenhen^h und gehört hetten, das die war-
lich geschehen syen, und das och inen ir vordern^i sölichs gesagt haben, das es dann wol
gesin möchte, das man sy nach geschribem rechten erheben, canonisieren und zů ainem
hailigen machen sölte. Also stalten sy die nün maister dar, die swůren uff dem hayligen
ewangelio^j, daz dem also wäre. Das sweren beschach vor dem hochen altar im münster.
20 *(98)* Darnach hett ain ertzbyschoff von Tenmark meß, und in der meß ward sy uff den
altar gesetzt, in irem [A^v] namen ain michels bild, silbrin und vergült, als ein hopt und
brust^412 und hett ain crön uff dem hopt^k, und ward da erhept, canonisiert und zů ainem
hailigen gemacht mit rechter urtail von gemainem ainhelligem spruch des concils mit
geswornen ayden, als vor geschriben ist. Und nam der ertzbyschoff, der die meß hett, das
25 bild und gab damit den segen. Und hůb an mit luter stym ze singend: Ecce nova proles

---

a   *aus* dem *korr. G.*
b   Norwegen *AK.*
c   gottes] der kraft und wunder gotes *D_1.*
d   thů *D_1.*
e   gesehen *D_1.*
f   zů got – hailigen] *fehlt D_1.*
g   daz *D_1.*
h   gesehen *D_1.*
i   vodern *D_1.*
j   uff – ewangelio] *fehlt D_1.*
k   haubt *D_1.*

---

411   *Das Verb* erfaren (ervarn) *ist hier wohl im ursprünglichen Sinne von* »reisen« *oder* »durchfahren«
bzw. »durchziehen« *verwendet.*
412   *Gemeint ist wohl ein Büsten- oder Kopfreliquiar.*

data est[413], das ist ze tütsch[a]: Nemend war[b], ain nüwes kind ist gegeben. Darnach do sang man Te deum laudamus, und lut man zů dry malen laudes. By der meß was baupst Johannes, vier patriarchen, ain und tryssig cardinal, süben und viertzig ertzbischof, hundert und zwen und sechtzig byschoff, alle prelaten, alle gelert lüt, unser her der römsch küng, alle churfürsten, hertzogen, fürsten, herren, graven, fryen, ritter und knecht und   5
ain groß mengin[c] sust gemains volks.

(99,1) Und uff den ymbis hetten die botten der dryer[d] vorgenanten küngrich ain costliches mal beraiten laussen und lůdend vil cardinäl, ertzbyschoff, sust byschoff und ander vil gelerter lüt, unsern heren den küng und vil weltlicher fürsten. Und nach dem mal, do prediget ainer in latin. Und do es gegen dem aubend was, do lut man aber laudes.   10

(99,2) Die figur gemalet findest du hievor gemalet an dem dry und dryssigosten blat[414].

Bild: *Johannes XXIII., D₁ fol. 90ʳ. Bildtext:* Baupst Johannes der drei und zweintzigest. *Fol. 90ᵛ leer.*

(327) [D₁ fol. 91ʳ] Unser[415] heiliger vater bapst Johannes der XXIII., der kam gen   15
Costentz mit seiner selbs person am suntag vor Symonis und Jude mit sechs hundert personen, die zů seinem leib gehortent. Und belaib also da untz in die karwochen, als das alles davor benennt ist[416]. Und hett auch vollen gewalt über die stett und bistumb etc., die zů seinem stůl gehortend. Des ersten Rom und fünff stett unnd bistumb in Compania[e] maritana, ir[f] bistumb und stett in Apprucio, sechs bistumb unnd stett in patrimonio   20
Sancti Puck[g], in Pucia[h] acht bistumb und stett, in Cussia xv bistumb und stett, in ducato Spolatanensis xj bistumb und stett, in Romandula vier bistumb und stett, der ettlich zů Costentz auch warent, die hienach im bůch geschriben stand.

(328–330) [G fol. 85ʳ] Dominus Johannes cardinalis Ostiensis[i], vice cancellarius. Dis-

---

a teütsch *D₁*.
b Nemend war] Sechend *K*; war *unklar G*.
c mengi *D₁*.
d dreier *D₁*.
e Campania *A*.
f ir] nün *A*.
g Petri *A*.
h Bucia *A*.
i Ostensis *I*.

413 *Zu diesem Hymnus O.* Krafft, *Papsturkunde und Heiligsprechung. Die päpstlichen Kanonisationen vom Mittelalter bis zur Reformation (2005) S. 910. Siehe hierzu auch die Illustration mit Bildinschrift in Pr foll. 116ʳ bzw. 117ʳ.*
414 *Verweist auf die Darstellung foll. 34ᵛ–35ʳ.*
415 *Hier beginnt die sechste Texteinheit der St. Georgener Handschrift, der systematisch-statistische Chronikteil mit den Teilnehmernamen und Wappen, der teilweise stark bearbeitet ist. Das Bild Johannes' XXIII. und der entsprechende Bildtext, wie sie in D₁ foll. 90ʳ–91ʳ vorhanden sind, fehlen in G.*
416 *Vgl. c. 21.*

ser krȯntt den bǎbst und kam mit lxxx personen. *Wappen.* Dominus Jordanus^a cardinalis
de Ursinis. Der kam mitt xl personen, priester tituli Sanctorum Petri et Marcellini.
Wappen. Dominus Angelus cardinalis Landensis^b, tituli Sancte crucis in Jherusalem
priester, mit xlviij personen. *Wappen.* Dominus Lucidus^c cardinalis, comes de Comiti-
5　bus^d, tituli Sancte Marie in Cosmadin^417. Der kam mitt xxxiij personen. *Wappen.*

　　[85^v] Dominus Otto cardinalis de Columpna^e, ward zů Costentz im concilio zů
baubst erwelt und genemptt Martinus der fünfft, mitt xl personen. *Wappen.* Dominus
Amodeus^f cardinalis Saluciarum, tituli Sanctorum Johannis et Pauli priester. Der kam
mitt xlij personen. *Wappen.* Dominus Franciscus cardinalis Venetiarum, tituli Sancto-
10　rum quatuor coronatorum, kam mitt xxxij personen. *Wappen.* Dominus Franciscus
cardinalis Florentinus, starb zů Costentz im concilio und litt^g begraben zů den parfůssen
etc., tituli Anastasie. *Wappen.*

　　[86^r] Dominus Anthonius cardinalis Bononiensis, prespiter tituli Sancte Prudenciane, kam mitt xxij personen. *Wappen.* Dominus Angelus cardinalis Veronensis, prespi-
15　ter tituli Sancte Praxedis. Der kam mitt xij personen etc. *Wappen.* Dominus Amodeus^h
cardinalis Saluciarum. *Wappen.* Dominus Gabriel cardinalis Senensis^i, tituli Sancti Eu-
sebii. Der kam mit xvj personen. *Wappen.*

　　[86^v] Dominus Pandellus^j cardinalis Balbine, starb zů Costentz und litt^k zů den predyern, tituli Sancti Eustachii, kam mit xiij personen. *Wappen.* Dominus Ludewicus
20　cardinalis de Flischgo^l, dyaconus tituli Sancti Georii ad velum auren.^m Der kam mit lxij
personen. *Wappen.* Dominus Petrus cardinalis Sancte Marie in Cosmedin^n de Veneciis.
Wappen. Dominus Petrus cardinalis de Yspania, tittuli Sanctorum Johannis und^o Pauli.
Wappen.

　　[87^r] Dominus Petrus cardinalis Sancti Angeli, prespiter tituli Sancte Sabine. Der

---

a　Jordanus *korr. aus* Johannes *I.*
b　Laudensis *ASgIZ₁.*
c　Ludowicus *A.*
d　Conmittibus *Sg.*
e　Columpna] von der Sul *Sg;* Columpem *IZ₁;* Columna *D₁.*
f　Andreas *A;* Amedeus *Pr.*
g　ligt *D₁.*
h　Andreas *A.*
i　Senensis] Senensis *korr. aus* Genensis *Sg;* Genensis *IZ₁.*
j　Blandellus *Sg;* Bandellus *IZ₁.*
k　ligt *D₁.*
l　Flisco *Sg;* Fleischgo *I;* Fusco *Z₁.*
m　auren.] aureum *A; unklare Kürzung G.*
n　Cosmadim *SgZ₁;* Cosinadini *I.*
o　und] et *D₁.*

417　*Lucido Conti, Kardinaldiakon von S. Maria in Cosmedin.*

kam mitt lij personen. *Wappen*. Dominus Anthonius cardinalis Aquilensis, prespitter
tituli Sancti Stephani in Celio monte. Der kam mitt xxxvj personen. *Wappen*. Dominus
Johannes cardinalis Ulisponensis, prespiter tituli Sancti Clementis. Der kam mit lxxx
personen. *Wappen*. Dominus Wilhalmus[a] cardinalis Sancti Marci, dyaconus tituli Sanctorum Cosmi et Damiani, kam mit xxxv personen. *Wappen*.   5

[87ᵛ] Dominus Pranda cardinalis Placentinus, prespiter tituli Sancti Laurentii in
Luna. Der kam mitt xl personen. *Wappen*. Dominus Landolffus cardinalis Barrensis,
und starb zů Costentz im concilio, und litt[b] begraben zů den predyern, tituli Sancti Martini. *Wappen*. Dominus Anthonius cardinalis de Schalancko[c] de Caland[d], tituli Sancti
Basilice. *Wappen*. Dominus Ludwicus cardinalis de Pancraciis[e], tituli Sanctorum Ve-   10
reneni et Archille. *Wappen*.

[88ʳ] Dominus Petrus cardinalis Camoracensis[f], tituli Sancti Petri ad vincula. Der
kam mitt xliiij personen. *Wappen*. Dominus Almanus cardinalis Pysanus, dyaconus ti-
tuli Sancte Lucie in septem foliis. Der kam mitt xxx personen. *Wappen*. Dominus
Thomas cardinalis Tricaricensis, dyaconus tituli Sancte Marie nove, mitt xliiij personen.   15
Wappen. Dominus[418] Simon cardinalis Remensis, prespiter tituli Sancte Prudenciane.
Der kame mitt xliiij personen. *Wappen*.

[88ᵛ] Dominus Petrus cardinalis de Fussi, comes natus in Arragonia, tituli Sancti
Susanne. Der kam mitt lij personen. *Wappen*. Dominus Anthonius cardinalis Bononiensis. *Wappen*. Dominus[419] Ludewicus cardinalis de Flischgo[g]. *Wappen*. Dominus Johannes   20
cardinalis Ragusinus, Sancti Sixti tituli, kam mitt xxxij [personen].

[89ʳ] Dominus Ludwicus dux de Tekk, pattriarcha Aquilensis et in Friul. Der hett
under im xviiij bistum, und kam mitt xl pfäriten. *Wappen*. Dominus Johannes, pattriarcha in Anthiochia. Der hett under im cliij bischoff[h] und vj ertzbischoff, und kam mitt
xxxiij personen. *Wappen*. Dominus Johannes, pattriarcha Constantinopolitanus. *Wap-*   25
pen. Dominus Johannes, pattriarcha Gnadensis[i] Veneciarum, Damasti et Jheruselam.
Wappen[420].

---

a   Gwilhelmus *SgI*.
b   ligt *D₁*.
c   Calanco *ASg*; Calamco *Pr*; Calaneo *IZ₁*; Schelancko *D₁*.
d   Schalant *SgI*; Schaland *Z₁*.
e   Brangatiis *Sg*; Brangatus *IZ₁*.
f   Cameracensis *SgIZ₁*.
g   Flisco *Sg*; Fuchsgo *I*; Fuchsco *Z₁*.
h   cliij bischoff] c und lij bischof *D₁*.
i   Grandensis *Sg*; Gradensis *I*; Grandensis *Z₁*.

---

418   *Wappen in G ausgerissen, Text teilweise nach D₁ ergänzt.*
419   *Wappen in G ausgerissen, Text teilweise nach D₁ ergänzt.*
420   *Wappen in G teilweise ausgerissen.*

(332) [89ᵛ] Sanctissimus papa Gregorius der zwölfftt. *Wappen. Fol. 90 leer. Danach fehlt, was D₁ fol. 96ᵛ bringt.*

[D₁ fol. 96ᵛ] Sanctissimus papa Benedictus der XIII., Petrus de Luna, ambasiata sua episcopus Camerensis. *Wappen.*

5   [G fol. 92ʳ] Dis⁴²¹ hienach sind die drü ersten wauppen in der weltt: Abaysya. *Wappen.* Abythay. *Wappen.* Bananyas. *Wappen.*

[92ᵛ] Kaisser Julius, der erst kaisser zů Röm. *Wappen.* Kaiser Julius aigen wauppen. *Wappen.* Dis ist ouch kaisser Julius wauppen etc. *Wappen.*

[93ʳ] Dis sind hienach die dry dultigostenᵃ: Der durlüchtig küng Aschwerus. *Wappen.*
10 Der hailig küng Jopp. *Wappen.* Der hailig ritter Eustachius. *Wappen.* Dis sind hienach dry die miltostenᵇ: Der edel hochgeloptt küng von Schweden. *Wappen.* Der hochgeborn hertzog Lupolttᶜ von Österrich. *Wappen.* Der miltt edel landgrauff von Türingen etc. *Wappen.*

[93ᵛ] Dis⁴²² dry sind cristan: Kaisser Karolus. *Wappen.* Küng Arthus. *Wappen.* Her-
15 tzog Göttfrid. *Wappen.* Dis dry sind Juden: Küng David. *Wappen.* Hertzog Josue. *Wappen.* Judas Machabeus. *Wappen.* Dis dry sind haiden: Kaisser Julius. *Wappen.* Küng Allexander der gross. *Wappen.* Küng Hector von Troy. *Wappen.*

(477) [94ʳ] Von dem aller cristanlichosten und durlüchtigosten küng Karolo von Frankrich koment zwen gräffen und vier ritter mitt lx pfärtenᵈ. *Wappen.* Von dem dur-
20 lüchtigosten küng Ludwig von frankrich, sin sun, küng in Delffinantᵉ, sin erst geborner, sin bott mitt xx [pferdenᶠ] etc. *Wappen.* Von der hochgebornen frowen, frow Johanneᵍ, küngin zů Engelland, ir bott Wilhalm von Spelunka, ritter, und dry doctor. *Wappen.* Von dem durlüchtigen küng Johanns, küng in Engelland, Thomas Polton, Růperthus Aspolton, Johannes Stokes, ritter, und ander xxij. *Wappen.*
25 [94ᵛ] Von dem durchlüchtigosten fürst und küng von Wossen, daz küngrich, daz

---

a *folgt* wappen *D₁.*
b *folgt* wappen *D₁.*
c Leupolt *D₁.*
d pfärten *fehlt D₁.*
e Delfinat *SgZ₁;* Definat *I.*
f *so D₁.*
g Annen *A.*

---

421 *Hier beginnt ein Listenteil, der Mythisches, Sagenhaftes und Historisches mischt und sich so in A und K nicht, aber in Pr findet. Es ist daher eventuell ein redaktioneller Einfluss Gebhard Dachers anzunehmen. Vgl. W.* Matthiessen, *Ulrich Richentals Chronik, S. 107f., 133f.; G.* Wacker, *Ulrich Richentals Chronik, S. 39; Th. M.* Buck, *Fiktion und Realität, S. 88–93.*

422 *Vgl. zu der nachstehenden Namen- und Wappenreihe auch Pr foll. 194ʳ bzw. 189ʳ sowie 250ʳ bzw. 245ʳ, wo sich die neun guten Helden der antiken, jüdischen und christlichen Vorzeit ebenfalls finden. Vgl. G.* Wacker, *Ulrich Richentals Chronik, S. 39, 252; S.* Wolff, *Die »Konstanzer Chronik« Gebhart Dachers, S. 69.*

merentail haidenschen glauben haind[a]. *Wappen.* Von dem durchlüchtigosten fürsten küng Wentzlaus[b] in Ybernia, öch in Schotten. *Wappen.* Von dem durchlüchtigosten fürsten küng Johanns zů Portugal zwen ritter und ain ertzdyacon. *Wappen.* Von dem aller durchlüchtigosten küng Wadisslaus[c] zů Bolland[d] ain ertzbischoff und zwen bischoff und vil ritter und knecht. *Wappen.* 5

[95[r]] Von dem ho[ch]gebornen fürsten küng Karolo zů Navern ain ritter und sust dry mitt x pfärtten. *Wappen.* Von dem durlüchtigen fürsten küng Sigmunden zů Payorik[e] dry edel und ain doctor mitt x pfårtten. *Wappen.* Von dem durchlüchtigen fürsten küng Vernandus von Arragony vier gräffen, ain bischoff und vj ritter und vil ander clx. *Wappen.* Von dem durlüchtigen fürsten küng Johannsen von Schweden. *Wappen.* 10

[95[v]] Von dem durchlüchtigosten fürsten küng Allexander Cecilie alcior, das ober[f], daz ist Napuls in Römerland. *Wappen.* Von dem durchlüchtigosten fürsten küng Hainrichen von Sicilie ennend mers. *Wappen.* Von dem durchlüchtigosten fürsten küng Vernandus zů Cecilie base, daz ist daz nider[g] zů Arragonie in Hyspania mitt vier gräffen. *Wappen.* Von dem durlüchtigosten fürsten küng Bannandus[h] von Castell, ain ritter, zwen 15 doctor etc. *Wappen.*

[96[r]] Von dem durlüchtigen fürsten und herren küng Ludwigen zů Norwegen. *Wappen.* Von dem durchlüchtigen fürsten wolgebornen küng Allexander Tassie[i], daz ist zů Tennmark. *Wappen.* Von dem hochwirdigen fürsten küng in Ybernia, das ist zů Schotten. *Wappen.* Von dem hochwirdigen fürsten küng Hainrichen von Sicilie ennend mer, 20 ain ritter und sust vil. *Wappen.*

[96[v]] Von dem durchlüchtigen hochgebornen fürsten küng[423] von Galitzia ain mächtig gross bottschafft. *Wappen.* Von dem durchlüchtigosten fürsten küng Wadisslaus[j] zů Cippern und botten Nicoläs Angelini, ritter und ain doctor und vier edell mitt xx pf[ärden]. *Wappen.* Von dem durchlüchtigen küng von Ermenia[k], das grösser, ain erliche 25 bottschafft. *Wappen. Folgt Wappen ohne Beischrift.*

a   habend *D₁*.
b   Wentzla *A*; Wentzlas *K*; Wentzelaus *D₁*.
c   Voladaslauwen *SgI*; Latislawen *Z₁*
d   Bollen *D₁*.
e   Baiganuk *Sg*; Baigonnk *I*; Burgund *Z₁*
f   ober] aber *D₁*.
g   nider] inder *D₁*.
h   Johannsen *A*; Johansen *K*.
i   Cassie *AK*.
j   Ludwigen *Sg*; Ludwig *IZ₁*.
k   Armenia *D₁*.

423   *Danach Lücke, der Name wurde nicht nachgetragen.*

[97ʳ] Der⁴²⁴ hailig küng Caspar von Arabia. *Wappen.* Der hailig küng Balthisar von Tharsis. *Wappen.* Der hailig küng Melchior von Saba. *Wappen.*

(474) [97ᵛ] *Wappen. Darunter steht:* Honorandus⁴²⁵ dominus et princeps dominus prespiter Johannes de Yndia maiori et minori, que terra situata est retro Tarthariani, ubi
5 Thartharia est et finem habet. Ab eadem Tartharia restant x diete ᵃ usque ad Yndiam, ubi requiescit Sanctus Thomas. Et est in eadem conttracta civitas in signa ᵇ, que vocatur vulgaliter ᶜ Ordo. Ab ista civitate omnes imperatores, reges Tartharorum deberent esse nati et trahere principatum ab ista civitate, quia fuerunt antiquitus ibi cesares et habebant in omnibus regnis Tarthorum ᵈ eligere sub se cesarem vel regem, sicut rex ᵉ fecerunt Troyani,
10 postea Romani, et nunc ellectores [98ʳ] sacri imperii Romanorum. Et ubi, in quo regno non habetur princeps de Ordo, tamen ille princeps, qui sic non est natus, oportet eum habere vicarium de Ordo, qui sibi in nomine Ordo accomodat feada et omaida ᶠ et alia regimina, qua spectant ad regnum. Sicut magnus can habet unum de Ordo, qui est vicarius suus et omnes Tarthari similiter habent etc. *Über dem Text fol. 98ʳ stehen zwei*
15 *Wappen.*

Dominus prespiter Johannes⁴²⁶ debett esse archiepiscopus et habet sub se iiij archiepiscopos et xxx episcopos et habent ᵍ nullum nuncium hic, nisi fuerunt ʰ tres Ethiopi, qui finxerunt ⁱ, se esse de terra et regno isto, qui ʲ autem ignorabant latinum, neque habebant ᵏ ydeoma, quod intelligi quisquam poteratt ˡ etc.
20 [98ᵛ] Der hochwirdig fürst und herre küng Stichiorum pronunc. ᵐ Gog et Magog sunt

---

a   dies *A*; diete *KD₁*.
b   in signis *AD₁*.
c   w[u]lgariter *A*; volgaliter *D₁*.
d   Tartharorum *D₁*.
e   rex] reges *D₁*.
f   feada et omaida] feoda et homagia *D₁*.
g   habuerunt *D₁*.
h   *fehlt D₁*.
i   dixerunt *A*; finxerunt *K*.
j   qui] hy *D₁*.
k   habuerunt *D₁*.
l   quod – poteratt] quod intelligere quisquam potuisset *D₁*.
m   *unklare Kürzung G.*

---

424   *Vgl. zu den nachstehenden Namen Pr foll. 194ʳ bzw. 189ʳ.*
425   *K und W beginnen ihre Teilnehmerstatistik im Anschluss an c. 319 der Chronik mit diesem Kapitel.*
426   *Vgl. zum Priesterkönig Johannes, von dem in A in den cc. 92, 408 und 474, in K in den cc. 92 und 474a die Rede ist, W.* MATTHIESSEN, *Ulrich Richentals Chronik, S. 141; W.* BAUM, *Die Verwandlungen des Mythos vom Reich des Priesterkönigs Johannes (1999) S. 244f.; C.* ROLKER, *Die Richental-Chronik als Wappenbuch, S. 87–92.*

xxiij regna. *Wappen.* Die hochwirdig küngin Amazonum Calistria, sic vocantur omnes regine. *Wappen. Wappen ohne Beischrift.*

[99ʳ] Der küng von Bethlahem soltt ain küng sin. So ist er under dem soldan und ist arm. Mitt dess botten komentt vil mitt denen von Kriechen. *Wappen.* Der durchlüchtig küng schreibtt sich ouch küng zů Bethlahem und ist ouch under dem küng soldan von 5 Babilony etc. *Wappen.* Der hochgeborn küng Brittanie ist under dem kaisser soldan. *Wappen.* Der hochgeborn küng Griffie ist under dem grossen can. *Wappen.*

[99ᵛ] Der hochmächtig küng von Arabya, da dannen das gůtt gold komptt, das die von Engelland hand^a, und daruss gemüntzett wirtt die guldin, die man nemptt nobel. Und ist under im der küng von Yspania^b und ist fůr sich selb, das er nitt bedarff der her- 10 ren von Ordo. *Darunter zwei Wappen.*

Disser küng můss ouch sin under dem can und můss ŏch ain haben von Ordo in der Tartary. *Wappen.* Der küng von Ninafe^c, der hett mitt dem soldan nüntz zů schaffind und hett under im den küng von Esse^d, komentt sin botten mitt dem von Rodiß. *Wappen. Nach fol. 99ᵛ in G fehlt, was D₁ foll. 105ʳ–107ᵛ bringt.* 15

[D₁ fol. 105ʳ] Der durchlüchtig hochgeboren künig Cristoffel, künig zů Tennmarck, zů Schweden, zů Norwegen, zů Lauland und pfallentzgraf bey Rein und hertzog in Bayerland. *Wappen.*

[105ᵛ] Von der aller durchlüchtigosten fürstinen von fraw Johanne Marie, künigin zů Nappols^427, ir boten ein bischof, hie im bůch benennt, und vier ritter unnd tzwen 20 doctor mit xlv pferden^428. *Wappen.*

[106ʳ] *Emanuel Pelagus^429, vonn den genaden gotes, keyser tzů Constantinopel, und herr des gantzen erdtreiches der Kriechen.*

Großmächtiger getrewer lieber, wie schwår und groß deiner bittung, und für dich bittent erwerbung, du von unß ain gerůmpt zeit abzewesent, dir urlob behalten habent, 25

---

a   habend *D₁.*
b   Hyspie *A.*
c   Ninive *D₁.*
d   Essie *A.*

---

427   *Der Name findet sich nicht in A, aber in Wo fol. 231ᵛ, bevor fol. 232ʳ die Teilnehmerliste der Herzöge beginnt.*

428   *Es folgen zwei Briefe des byzantinischen Kaisers an seine Gesandtschaft in Konstanz, die in A und K fehlen. Die deutsche Version ist heute nur noch singulär in D₁ überliefert, war aber ursprünglich auch Bestandteil von G. In Z₂ findet sich eine lateinische Version. Vgl. Aegidius Tschudis Chronicon Helveticum (Quellen zur Schweizer Geschichte N.F. I. Abt., Bd. VII, 8), bearb. von B. STETTLER (1990) S. 302–305; Th. M. BUCK, Fiktion und Realität, S. 63–70, 74–77.*

429   *Eine lateinische Version des Briefes von Kaiser Manuel II. Palaiologos an seine Gesandten auf dem Konstanzer Konzil ist in Z₁ foll. 52ʳ–54ʳ überliefert. Ursprünglich waren die beiden Dokumente auch in G zwischen foll. 99ᵛ–103ʳ enthalten, sind aber einem Blattverlust zum Opfer gefallen. Vgl. Th. M. BUCK, Fiktion und Realität, S. 64–70, 74–77.*

du bekennst unß auch nit zweifelt, daz in so kurtzes zeites verloffung, von der gedecht-
nuß deines gemůts, durch vergessung hingenommen seind. Auch in deines hertzen heim-
licheyten fürwissend, sŏllich dein schwårung unser hŏhin getůn, von eylunge deines wi-
derkers, billich dich bewegen solt, wider heym ze ziehent. Aber was dich halte, und über
5 *sŏliches zeites verheyssung thůe verharren, ist unß gentzlich unwissent. Betrachtest du*
nitt das unsers reichs und unser herrschafften nutz, zierd, unnd aller gewin, von deinem
abwesen offembar beschedigungen tzů leident gesehen werdent. Du auch der des mŏres,
des erdtreichs, der herrschafften, und auch aller unser besitzungen, wirdikeiten, berait-
nussen, haltest under dem pfand der treü, das von deyner wunderbarer gewonheyt für-
10 *war auch noch merer wunderbarer liebin des ampts deiner dienstberkeyt ze sůchend,*
wirdest gesehen ze tragend. Unnd villeicht die schŏn gestalt deiner gesellin, auch die in-
prinstige groß liebin der liebhabung, dye villeicht die band der hertzen der gemahel
pindet. Oder aber die lustbarlich gabung der erben, oder alleyn die süsse der geberung
dich eingefůret hat, vergessung unser hŏhin. Wir ermanen dich, eyll noch ze kommend,
15 *unser lauterkeit berůfft dich, und du, der durch vergünstung unser miltsame dein hoch-*
wirdikeit begriffen hast, betracht das nitt ein andrer grŏsserer vleiß dir hinneme, das du
gehabt hast, und zů verliesend, dir werd laidsam, ob du dir in einem nit fürnympst wider
ze kommen, von neüwungen unser hŏhin widerumb schraib.

Dem scheinfaren und edeln Philippo gŏttlicher erbarmung, hertzog zů Troppi[430]*, sei-*
20 *nem freünd.*

[106ᵛ] *Dem*[431] *großmåchtigen, durchleüchtigosten fürsten, sich selb in allen dingen*
underworffen.

Wiß das tzů dem mal unß Costentz, Mentzer provintz, haltet und auch hŏrent, wann
alle fürsten der welt, geistlich und weltlich, unnd ein ungemessen vilin der cristgelåubigen,
25 *wider vergentzerung vernommen, haben vor langest der cristenheyt gesponß Cristi, zů*
der genannten stat Costentz zůgeflossen, seyen zů vorderest die tzůsamnung durch die
genad gottes, wir fürgenommen haben beysein. Wie doch der langsame underschid, auch
unrůsame der weg, uns unnd die unseren, mit manigerley druckungen gar hart versert
habent. Aber umb das unß der herr der gewaltigungen, gesundt biß hernach seiner gena-
30 *den wirdikeit einfüren, wŏlt wir aller beschwårungen in der so måchtigen samlunge*
vergessen, die freüdsamesten tag wir schaffen. Dann sälig ise diß Costentzer erdtreich,
fürwar der geschicklichosten statt umbgang begriffen der mauren, türnen unnd tzinnen
erscheinent.

O wie dick wir die mit wolgevålliger gesicht beschauwend, und wie doch die gesehen
35 *wirt eins cleinen beschluß gelegen, yedoch künig, fürsten, und grosser, auch onzalbar vi-*
lin, wunderbarlich in ir zůsamengefügt mit behausung, und ob noch mer allda wårent, sy

---

430 *Vgl. cc. 80,2, 443, 476.*
431 *Antwortschreiben der* hertzogen von Tropi uss Kriechenland *an ihren kaiserlichen Herrn. Die*
lateinische Version in Z₂ *ist mit* responsio etc. *überschrieben.*

*alle beher[ber]get wurden, wólte got das du die bei unser gegenwirtigkeyt gestelt, yetz
gesehen hettest. Darnach als ein mútter underworffen, wy elicheyt gerechten lon nóret,
tróstet und fúret, nitt allein die von hohen pildungen ir gepurten anfang gezogen haben,
fúrwar auch die mittelosten unnd nydrosten. Auch einen yeglichen komment halt in der
besten gerechtigkeyt und ordnung, statlicher satzung handelt. In der wenig gabungen* 5
*grúnendt, also das scheltungen, brechungen gúter gewonheyten und unnutzberkeyten in
tieffin ewiger vergessung, gesehen werden, gentzlich versenckt. Die hertzen der grósten
mit den mynnsten inwendig und außwendig die best stillikeit, also zesamen gefúget hat.
Also das beschwárung der waffen hingethan, in lustberkeit und brauchung gúter rú, sich
alle freüwent, da [107^r] ist der layen underworffen, gehorsame und nitt gewaltsame wi-* 10
*derbellung, da ist das leben den gútten, der stricke den bósen, begreiffung der tugenden,
verwerffung der boßheyt, aber was verwundren wir das, der die künigreich und
fürstenthúm sólicher menge, in einer engen statt beschlossen, under sólichem sennftmútigem
frid gestillet, den, die er zú seiner gesponssen rúesamung tzesamen samlen wolt, der wolt
auch die in seinem frid rúwig sein.* 15

*Und ob etwan durch schaffung des veinds menschlichen geschláchtz, zwaier zerwurff-
nuß bey ist, so bald von stund an den krieg gefridet werdent, entschaiden durch den gerechten sententz des richters, aber der herbergen und niessenden ding, ist als ordenlich
satzung, das keyn krancker, armer, noch pilgrin in dem pedt oder füro oder marckt des
máchtigen über gewaltigung betrúbt wirt.* 20

*Ob dich aber lustiget ze hórend, offenbarung neüwekeiten der kaufleüt, gesantter
boten und bottschafften, von den enden der welt, komment und widerhin ziehend, ist
táglich groß zal der ritter, ritterschafftend, mit mengerley zierung der welt erscheinent.
Der wechßler, appentecker, werckleüt, taberner, und aller ander, dero entscheidung wir
underwegen lassen, das die cart nit pruch hab, oder der lauf der wort sich zú unwillen* 25
*wandle, dero haben wir hie so grossen überfluß, hie vernommen gleicherweyse, als ob
alle welt die schátz ir süssikeit hergestelt, wirt gesehen, das bezeugen wir auch über das,
daz gróst den durchleüchtigosten, rómischen, ungerschen, dalmacien, und croacien etc.
künig, der künig von angesicht zú angesicht gesehen haben sichtenklich, der in der jugend
frisch des leibs, und der krefft geschickt, wolgesprách der red, gerecht in dem gericht über* 30
*die maß, menschlicher natur underweiset, gott wóllent in im beschlossen. Aber sovil ist
seiner keiserlichen gewaltsam macht, als dann sei gewaltigung, sei wirdikeit, und maiestat, die künig der welt fürgat, also mit gewallt übertrifft er sy all, dann er daz aller er-
samest keisertúm des aller unúberwindenlichosten herren, herren Karoli, der rómer
[107^v] cristenlichosten künigs, seines vaters aller heiligister gedechtnuß, fúßsteig trettent,* 35
*der hohen er seines vaters nit vergessen, daz er der welt herschote, sich großmáchtigote zú
seinem stúl gesetzt hat, davon von not wegen die scheinfarosten hertzogen, marggrafen,
fürsten der welt, herrscher, grafen, freien, eingefúrt, die banier ir wolgebornheit in iren
henden tragent, sich auf ire knye gebogen, seiner maiestat, auch seinem heiligen rómischen
keisertúmb, underwerffend, von allen iren besitzungen lehen begerent, sy die behieltent.* 40

Aber des volcks andechtikeit, wievil der seye, aller beschauwung der tempel, darinn der sahenden emssig nutzberkeit sind gnůg offenbar, umb das ist nit schatzbar zelung der hilff, in durst, in hunger, und andern menschlichen leidungen verharrung, wåre das inen nit beywåren die gemůt der gůten, zů got auffgehebt, da wåld der baum, volkommenheit

5 *der vogel gesang erclinget, fürbas fruchtbar reichtumb der visch, freier ablauff des wassers, aufsteigung des schifs, mit sůsser gedônung der trumen*[a]*, wie vil glaubstu dem hertzen die tugend großfreidung.*

Aber waz nemen wir für, durch diß gegenwirtig vorgemelt lang geschrift mainung, ein weiß gemůt, schatzte der vil underwegen gelassen, umb daz eins richtigen wegs, ob eůr

10 *miltsame, begirlich ist, also gegenwirtiger liebhabungen zů niessendt, den weg zů unß gen Costentz ze kommt, nym dir für zeittigent, das du eins mit unß die genannten sůssen stat gesehen fürgangest ze sehen.*

Dann in der vorgenannten himelischen statt, wir wonend beleiben biß zů der zweyer der welt liechter beschawung, die durch der boßhafftigen stifftung, vil jar in den vinste-

15 *rinen verborgen warent, vernichtiget. Aber yetz zů nåchst durch die gelid der barmhertzigkeit gotes, der welt offenlich und offenbar unzweifenlich leůchten werdent, durch der leůchtung die gantz welt, und irer großmåchtige hôhin, yetz und zů ewigen zeiten nynmer hugsamung freiwent mit den obern burgern, tzů den eins fůre alle gelåubig got, der ist dreyet und ainer. Amen. Datum zů Costentz.*

20 (476) [G fol. 103ʳ] *Zwei Wappen. Darunter steht:* Der hochwirdig und durlüchtig fürst und herre, her Manoil Pedagogus[b], kaysser zů Constantinopell in Kriechenland. Des botten wårend ze Costentz zwen hertzogen von Kriechen von Tropy[432], die da hienach am andren blatt benemptt[c], ir namen und ir[d] wauppen gemault ist, und ouch sechs ritter, die ouch in dissem bůch benempt sind, komend all mitt ain andren mitt unsserm

25 herren dem küng.

[103ᵛ] Der hochwirdig fürst und herr kaiser Allexander zů Athen, da Sanctus Paulus florie[re]t und predyott[e]. Des bottschafft kam mitt dem ertzbischoff Kynonensis[f]. Und hett diss küng under im. *Darunter zwei Wappen.*

Der hochwirdig fürst hertzog Dyspolt[g] zů Ratzen[h]. *Wappen.* Der grauff von Antho-

---

a   trumen] *unklar* D₁.
b   Maniol Pelagogus *A*; Manoyl Pelagogus *Sg*; Manoyl Pelelogus *I*; Monoyl Pelegogus *Z₁*.
c   *folgt* und D₁.
d   *fehlt* D₁.
e   prediget D₁.
f   Kyvionensis *AK*.
g   Diepolt *A*; Dispott *K*.
h   Katzen D₁.

---

432   *Vgl. cc. 80,2, 443 und 476.*

niß und hertzog zů Kriechen. *Wappen*. [104ʳ] Der hochgeborn hertzog von Bastymᵃ in Kriechen. *Wappen*. Von dem durchlüchtigen fürsten hertzog Allexander, genantt Wittoltt, gros fürst und herre ze Littow, zwen bischoff. *Wappen*. Von dem durchlüchtigen fürsten hertzog Dispott in der meren Walachie. Des bottschafft kam mitt dem Thobermurᵇ. *Wappen*. Von dem hertzogen von Zaltaygen in Kriechen, herre zum Griffenᶜ. 5 *Wappen*. [104ᵛ] Der hochgeborn hertzog Philip und hertzog Michel, sin sun, geborn von Tropyᵈ in Kriechen, wǎrend baid zů Costentz, wǎrdenᵉ zů herberg zů der Tǎschen an Pauls gassen. Disse schribend dem kaisser von Constantinopel, als davor stǎtt⁴³³. *Unter dem Text stehen zwei Wappen*. Der hochgeborn hertzog von Aschalottᶠ hinder der Walachie. *Wappen*. Der durlüchtig hochgeborn Paulus, küng zů Angello in Kriechenland. 10 *Wappen*. [105ʳ] Von dem durchlüchtigen fürsten hertzog Wildipold, herr zů Sarasie zwüschend Kriechen und Littow. *Wappen*. Der hochgeborn fürst Wittoldus, hertzog zů Serasioᵍ. *Wappen*. Der durchlüchtig hertzog in Kriechen usser der Sernye gen Zangeral. *Wappen*. *Wappen ohne Beischrift*.

[105ᵛ] *Vier Wappen ohne Beischrift. Nach fol. 105ᵛ in G fehlt, was D₁ foll. 111ʳ–113ᵛ* 15 *bringt.*

(475) [D₁ fol. 111ʳ] *Wappen ohne Beischrift*. Von dem durchleüchtigen künig von Granat, sein boten. *Wappen*. *Wappen ohne Beischrift*. Der durchleüchtig künig von Zalta ist under dem grossen can. *Wappen*.

(477) [111ᵛ] Von dem hochgebornen edlen hertzogen von roten Reüssen. *Wappen*. 20 Von dem hochwirdigen edlen wolgebornen hertzog Pauls von rechten Reüssen, ist under hertzog Wittolten. *Wappen*. Von dem edlen wolgebornen hertzog von Possen in der Thürgei. *Wappen*. Von dem durchleüchti[gen] fürsten hertzog Rodurʰ von Schmolentzgei in rotten Reüssen. *Wappen*.

(474–475) [112ʳ] Der hochgeborn künig Hermenie ist under dem grossen keyser can. 25 *Wappen*. Der geborn künig Syrie ist auch under dem grossen keyser can. *Wappen*. Der edel künig Baldachie ist unnder dem grossen can. *Wappen*. Der hochgeboren künig Affricie, der yst auch under dem grossen can. *Wappen*. [112ᵛ] Der hoch geboren künig

---

a Bastin *A*; Bastym *K*; Bastim *D₁*.
b Thebermur *A*; Thobermur *K*; Thobermue *D₁*.
c Greiffen *D₁*.
d Tropy] Troy *D₁*.
e wǎrden] vei waren *D₁*.
f Ascholott *D₁*.
g Sarasio *D₁*.
h Fodur *A*; Rodur *Pr*; Fedur *K*.

---

433 *Bezieht sich auf die beiden vorstehenden Briefe, die in deutscher Version heute nur noch in D₁ foll. 106ʳ–107ᵛ erhalten sind. Eine lateinische Version bietet, wie bereits betont, Z₂. Der Rückverweis in G fol. 104ᵛ jedoch zeigt, dass die Briefe ursprünglich auch in G vorhanden waren.*

Barbari. *Wappen.* Der durchleüchtig künig Perge ist auch under dem keyser grossen can. *Wappen.* Der durchleüchtig künig Turrie ist auch under dem grossen can. *Wappen. Wappen ohne Beischrift.*

[113ʳ] *Drei Wappen. Darunter Text:* Primus imperator Thartarorum, qui confinis est
5 Indie, et est sibi impositum nomen magnus canis, das ist der groß can oder hund, der ist herr mit gewalt über die sechs keyserthům in der Thartarie und můst ein herrn haben, der sein vicari sei von Ordo, der auch hie ob gezaichnet ist. Und[434] was hie zů Costentz ein herolt in dem concilio.

[113ᵛ] Der keyser von Anthiopiaᵃ ist under dem grossen can. *Wappen.* Von dem
10 durchleüchtigen küng Zaldachie ist auch under dem grossen can. *Wappen.* Von dem durchleüchtigen künig Baltzie ist auch under dem grossen can. *Wappen.* Von dem durchleüchtigen künig Morot ist under dem grossen can. *Wappen. Danach setzt G wieder ein.*

[G fol. 109ʳ] Der hochgeborn küng Satrapey ist ouch under dem grossen can. *Wappen.* Der durchlüchtig hochgeborn küng von Arrabia. *Wappen.* Der küng von Esse under
15 dem soldan. *Wappen. Wappen ohne Beischrift.*

[109ᵛ] Der küng von der hindren Ermeniaᵇ ist under dissem. *Wappen. Wappen. Darunter Text:* Der obgemällt küng ist von Ormeniaᶜ, da die besten und wittᵈ farenden koufflütt sind, der ist für sich selb. Und wann er abgått, so wellendᵉ die lantzherren, was hie zů Costentz ain kauffman selb fünfft.

20 [110ʳ] Der[435] durlüchtig küng Zambri. *Wappen.* Der durchlüchtig wolgeborn küng Aschalme ist under dem soldan. *Wappen.* Der durlüchtig edel küng von Monteini. *Wappen.* Der durchlüchtig edel küng Caldeorum ist under dem grossen can. *Wappen.*

[110ᵛ] Babilony. *Wappen.* Egipten. *Wappen.* Der soldan von Babilony můss ouch ainen han von Ordo, der haist von im selbs nitt soldan, sunder von siner herrschafft we-
25 gen. Der hått der pattriarchen gůtt gantz under im: Anthiochia, Egiptenland und Allexandria. Von den wårend vil zů Costentz. *Wappen. Fol. 111ʳ bleibt in G frei.*

---

a Ethyopia *A;* Ethiopia *K.*
b hindren Ermenia] hindern Armenia *D₁.*
c Armenia *AD₁.*
d weit *D₁.*
e wőlent *D₁.*

---

434 *Vgl. zu dieser Bemerkung auch die persönlich gehaltenen Entsprechungen in c. 474 in A sowie in c. 474a in K und W, wo der Chronist sogar betont, dass der Herold bei ihm gespeist und bestimmte Informationen vermittelt habe. Zur Bedeutung der Herolde in Konstanz vgl.* W. MATTHIESSEN, *Ulrich Richentals Chronik, S. 95f., 132;* W. PARAVICINI, *Signes et couleurs au Concile de Constance, S. 155–187, XVIII–XXII;* H. MÜLLER, *Die kirchliche Krise des Spätmittelalters, S. 81;* M. KINTZINGER, *Das Konzil konstruieren, S. 248f. Grundsätzlich* N. BOCK, *Die Herolde im römisch-deutschen Reich. Studie zur adligen Kommunikation im späten Mittelalter (2015).*
435 *Fol. 110 steht heute in G nach 111.*

[111^V] *Wir*[436] *Waltharar, mächtiger küng ze soldan, her von Assirion und von Samari-*
tanen, von Allexandrien, von Portan, von Medion, Elemiten, von Cirien, herr ze India
und ze Parathe^a *und ze Mament und ze Meoland und pfleger des irdischen paradiß und*
here der grůb des crütz gottes und küng zů Jherusalem und herr tzů Asian und ze Verna-
nen und gewaltig von der sunnen uffgang untz da sy wyder undergåt und ain küng der 5
küngen und ain herr der herren und ain nef der gőt Tanschratz und Machmet, herr von
dem dürren bőm biß zů dem wald des paradiß und ain fürst zů dem berg Arath, der ge-
tiuerstigen angst, der frömden trost, der hayden behalter, der cristenhait vertriber^b*, em-*
bieten dem edeln hertzog Otten von Saxen hail und gnad. Wysset, daz wir ainen hof
hőnd gelait^c *in unser stat Baldarach. Da söllen halten tusend ritter und tusend knappen*^d 10
und viertusend frően, beclaidt mit grüner syden. Und wer da der best ritter ist, dem gibt
man ainen sittich in ainem guldinen vogelhuß. Und wer der best knapp^e *ist, dem gibt*
man ain galander in ainem silbrin vogelhuß. Und diser hoff sol sin am nächsten sonntag
vor Sant Martins tag. Ist, das du da^f *komen wylt, so wöllen wir unser küng zwen din*
laussen wartten ze Iherusalem. Die söllend dich ussfüren mit den dinen und was du be- 15
gerest biß in unsern hoff des biß geweret. Und wyssest, ob du kombst, das wir dich erlich
gesenhen^g *wöllen mit zwölff kertzen Machmett. Diser brieff ward geben von unser ge-*
purt fünff und trissig jar und in dem zwölfften jar unser herschafft.

Dissen obgeschribnen brieff schikkt uss der mächtig küng soldan dem edlen hertzog
Otto^h von Saxen. *In G folgt jetzt fol. 110. Danach fehlt in G, was D₁ foll. 116^V–117^r* 20
bringt.

(475) [D₁ fol. 116^V] *Zwei Wappen. Darunter steht:* Der obgenant keyser oder künig ist
under dem nachgeschriben keyser ennethalb und heist auch der künig von der hindern
Armenia.

[117^r] *Wappen.* Es ligt ein keyserthům auch in Assya hinder Anthiochia, heyst Ydu- 25

---

a Pareth *D₁.*
b der getiuerstigen – cristenhait vertriber] der haiden trost und behalter, der cristenhait behalter *E.*
c haben gelegt *D₁.*
d knaben *D₁.*
e knab *D₁.*
f dar *E.*
g gesehen *ED₁.*
h Otten *D₁.*

---

436 *Der nachstehende Turnierbrief an den Herzog Otto von Sachsen, der in A und K fehlt, ist nicht nur*
in G, sondern auch in E, St₁, D₁ sowie in den Drucken des 16. Jahrhunderts erhalten, wobei E und St₁ den
Brief unmittelbar an den voranstehenden königlichen Freiheitsbrief anschließen. Der Brief findet sich
auch in einer aus dem 16. Jahrhundert stammenden Augsburger Handschrift (Staats- und Stadtbiblio-
thek 2° Cod. 263, fol. 161^r), die – mit Ausnahme dieses Briefes – einen nur auf Wappen beschränkten
Auszug aus der Chronik bietet. Vgl. W. MATTHIESSEN, Ulrich Richentals Chronik, S. 421f. mit Anm. 98
auf S. 421; Th. M. BUCK, Fiktion und Realität, S. 71f., 74f., 90–93.

mea unnd gehört an das patriarchenthům zů Anthiochia. Und hat jetz der soldan inn
und seind in dem keyserthům drei ertzbischoff unnd xxvij rechter bischoff, das alles hat
yetz der soldan inn und seine diener, die er do mit begabet.

Es ist ze wissen, das fünff künig warent und rechte künigreich in Assya zwischen
5 dem reich zů Armenia und dem reich, das do höret vor zeiten an das patriarchenthům zů
Anthiochia, das yetz der soldan inn hat und denen yr künigreich genommen, und hat sy
zů graffen gemacht. Und seind diß hienach die fünff der obgenanten fürsten man
underthånig.

[G fol. 113ʳ] Der grauff von Lagonie. *Wappen*. Der gräff von Conaxie. *Wappen*. Der
10 grauff Daschlachᵃ von Oltengensto. *Wappen*. Der grauff von Kildarie. *Wappen*. Der
grauff von Ultingen. *Wappen*. Der durchlüchtig fürst und herr der küng von Kildarie.
Wappen.

[113ᵛ] *Wappen. Darunter steht:* Das land und das kaisserthům, des wauppen ob ga-
mault, zů Anthiochia, das da soltt sin das pattriarchenthům daselbs, der hått under im
15 vier ertzbischoff und hundertt und dry und fünffzig rechtter bischoff gehopttᵇ, die alle
nitt glöbig sind. Und hetz der soldan selb bischoff in Machmetz glouben und nimptt er
die nütz in von den bistumen.

[114ʳ] *Vier Wappen ohne Beischrift.* [114ᵛ] Der⁴³⁷ hochgeborn küng von Zaltta ist under dem grossen can. *Wappen*. Diss ist der küng und das kaisserthům, darinne der gross
20 Allexander by sinen zitten wonett. *Wappen*. Der wolgeborn küng und herr von India.
Wappen. Der edel küng und herre von Granatt. *Wappen*.

[115ʳ] Der hochgeborn küng von Wolmarien. *Wappen. Wappen ohne Beischrift.* Der
durlüchtig küng von Medean. *Wappen. Wappen ohne Beischrift.*

[115ᵛ] Der küng von Halapp. *Wappen*. Von dem durlüchtigen küng von Armenien.
25 *Wappen*. Von dem aller durlüchtigosten kaisser von Sirffyᶜ. *Wappen*. Von dem edlen
küng von Schlaffanien. *Wappen*.

[116ʳ] Der durlüchtig küng von Libia sin botten. *Wappen*. Von dem hochgebornen
küng von Kalabria. *Wappen*. Von dem edlen küng von Kastilien. *Wappen*. Von dem durlüchtigen küng von Napoltz. *Wappen*.

30 *(474)* [116ᵛ] Der hailig küng Santt Stephan, küng zů Ungern. *Wappen*. Der hailig Santt
Laudislaus, ain küng zů Ungern. *Wappen*. Von dem durlüchtigen küng zů Ethiopia.
Wappen. Der durlüchtig küng von Scherffenberg ist under dem soldan. *Wappen*.

---

a Taschlach *A*.
b gehabt *D₁*.
c Sirffei *D₁*.

---

437 *Hier, von foll. 114ʳ–117ʳ, ist der Bezug der St. Georgener Handschrift zu A und K nicht eindeutig.
Durch die Redaktionsarbeit Dachers sind hier wohl auch andere Vorlagen eingeflossen. In K wird bereits
in c. 269 eine umfangreiche Liste geistlicher Konzilsteilnehmer gebracht, die in den narrativen Chronikteil inseriert ist.*

[117ʳ] Von dem durlüchtigen küng von India, das forderᵃ. *Wappen*. Von dem durlüchtigen küng von India, das mittell. *Wappen*. Von dem durlüchtigen edlen küng von India, das hinder. *Wappen*. *Fol. 117ᵛ leer*.

(333–359) [118ʳ] Nun⁴³⁸ ist zů wissen, das hienach verschriben und ouch ir wauppen gemaulett sind der hochwirdigen ertzbischoff, bischoff, åpptt und hochschůlen und ander gaistlich herren.   5

(342–362) Her Johans, ertzbischoff zů Mentz, des hailigen römschen richs obroster dechenᵇ, geborn ain grauffᶜ von Nassowᵈ, was hie mit vierhundt[ert] und sechtzig. *Wappen*. Von dem ertzbyschoff vonᵉ Köln, des hailigen römschen richs durch Ytaliam der obrost cantzellarius, was nit persönlich hie, aber sin bottschafft, ain grauff von Dietsch   10
und ain grauff von Firmenbach, baid thůmheren zů Köln, mit zwaintzig. *Wappen*.

[118ᵛ] Von herrn Wernhern, ertzbyschoff ze Tryel, obroster custer und vicecantzellarius des hailigen römschen richs über Walhenland, was nit persönlich hie, aber sin bottschafft, grauff Ott von Zigenhain und ain gräff von Sponhain, thůmherr zů Tryell, mit zwaintzig. *Wappen*. Her Eberhart, ertzbischoff zů Saltzburg und erborner legat des stůls   15
tzů Röm, was hie, mit drühundert und sechtzig. *Wappen*. Her Pyleus, ertzbischoff zů Jenowᶠ, was hie persönlich, mit zwölff. *Wappen*.

[119ʳ] Her Johans von Nancto, ertzbyschoff Vyonensis, das lit in dem Delphanat zů Franckrich, waz hie mit vierzehen. *Wappen*. Her Johannes, ertzbyschoff Senonensis in Frankrich, was hie mit vierzehen. *Wappen*. Her Regnaldus von Carnocoᵍ, ertzbyschoff   20
zů Rymegen in Frankrich, was hie mit sechs und trissig. *Wappen*. Her Johans Norri, ertzbyschoff Senonensis in Frankrich, was hie mit sechzehen. *Wappen*.

[119ᵛ] Herrn Wylhalm, ertzbischoff Buturicensis in Frankrich, was hie mit sechzechnen. *Wappen*. Herrn Andreas, ertzbyschoff zů Colocensis in Ungern, mit acht und

---

a   vorder *D₁*.
b   dechent *D₁*.
c   grauff] *korr. aus* margrauff *G*.
d   Nassaw *D₁*.
e   von] zů *D₁*.
f   Jenaw *D₁*.
g   Carnoto *A*.

---

438   *Die Liste der Erzbischöfe, Bischöfe und Äbte ist in G bzw. D₁ vollständig überarbeitet und teilweise übersetzt worden. Sie beginnt in A in c. 333 und wird – nach einem die drei Erdteile betreffenden Einschub – mit c. 342, nach Nationen gegliedert, weitergeführt, folgt aber nicht eindeutig A oder K, sondern wurde neu zusammengestellt. Hinzu kommt, dass foll. 152ʳ–155ᵛ noch einmal eine Liste von Erzbischöfen präsentiert wird, deren Provenienz ebenfalls unklar ist. Die »Schreibstube« Gebhard Dachers – hierzu W.* BERGER, *Johannes Hus und König Sigmund, S. 215f. mit Anm. 4, W.* MATTHIESSEN, *Ulrich Richentals Chronik, S. 112, G.* WACKER, *Ulrich Richentals Chronik, S. 264 und S.* WOLFF, *Die »Konstanzer Chronik« Gebhart Dachers, S. 75f. – hat hier offenbar mit verschiedenen Vorlagen gearbeitet.*

zwaintzig. *Wappen.* Herrn Anthonius, ertzbyschoff zů Ragusin in Dalmacia, mit zehen. *Wappen.* Herrn Nicolaus, ertzbyschoff Cornocensis[a] in Ungern und in Türgen, mit dryen. *Wappen.*

[120ʳ] Herrn Johans[b], ertzbyschoff Strygenensis, nempt man von Granen in Ungern, 5 mit hundert und sechs und zwaintzigen. *Wappen.* Herrn Frantziscus, ertzbyschoff Narbonensis und general von[c] Avion, mit sübentzigen. *Wappen.* Herrn Johans Waldroder, ertzbyschoff zů Ryg, lit in Nyffenland, mit achttzig und hunderten. *Wappen.* Herrn Frantziscus von Comacellis, ertzbyschoff zů Cusentin in Napuls, mit fünffen. *Wappen.*

[120ᵛ] Herrn Thomas, ertzbyschoff zů Liciensis zů Napuls, mit sechsen. *Wappen.* 10 Herrn Petrus, ertzbyschoff Spalotensis, das lit in Schlafonia[d], mit sechsen. *Wappen.* Herrn Philippus, ertzbyschoff zů Cappůanůs in dem küngrich Sycilie, mit zwaintzigen. *Wappen.* Herrn Nicolaus, ertzbyschoff zů Gnesnenssis in dem küngkrich zů Polan, mit drythalbhunderten. *Wappen.*

[121ʳ] Herrn Gregorius, kriech ertzbyschoff Kynoniensis in Rüssen, der Kriechen 15 globen, under Polan und Littow, mit tryssigen. *Wappen.* Herrn Frantziscus, ertzbyschoff zů Ravenn in Flanra und Lombardia, mit zwölffen. *Wappen.* Herrn Theobaldus von dem Roten berg, ertzbyschoff Bysentinus zů Tuschgan, mit acht und zwaintzigen. *Wappen.* Herrn Thomas, ertzbischoff zů Mailan[d], mit zehen. *Wappen.*

[121ᵛ] Herrn Johans, ertzbyschoff Jadiensis in Astria uff dem mer, mit dryen. *Wap-* 20 *pen.* Herrn Jacob, ertzbyschoff zů Thuron[e] zů Brittania, mit sechsen. *Wappen.* Herrn Symon, ertzbischoff Vionensis in der Proventz[f], mit sübnen[g]. *Wappen.* Herrn Philippus, ertzbyschoff Auxicanensis[h] zů Brittania, mit dryen. *Wappen.*

[122ʳ] Der hochwirdig bischoff und ertzbischoff[i] Petrus von Mägelburg[j] in der Schlesy. *Wappen.* Der hochwirdig ertzbischoff Georius Dubliniensis. *Wappen.* Domi-25 nus Nicolaus archiepiscopus. *Wappen.* Dominus Ursinus Constanciensis episcopus in Normania Rothomagensis. *Wappen.*

[122ᵛ] Der hochwirdig ertzbischoff Nicolaus von Praug. *Wappen.* Dominus Regulandus[k] de Carnoto[l] archiepiscopus Remensis in Picardia. *Wappen.* Der hochwirdig ertzbi-

a Cronocensis D_1.
b Johannes D_1.
c von] in D_1.
d Schlafenna D_1.
e Thurom D_1.
f Provintz D_1.
g sibnen D_1.
h Anxicanensis A.
i bischoff und ertzbischoff] ertzbischoff D_1.
j Mädeburg A.
k Regnaldus A.
l de Carnoto] der Carnata D_1.

schoff Richartt Wagring[a] Norwatinensis. *Wappen.* Herr Richartt Clifford, ertzbischoff
zů Lunden gen Talitz über. *Wappen.*

[123ʳ] Her Alanus, ertzbischoff zů Compostell zů Hyspania, mit zwain. *Wappen.*
Herrn Gangolfus, ertzbyschoff Rotomagensis, ist gelegen in Normania[b], mit sechsen.
Wappen. Herr Petrus, ertzbyschoff zů Edissen in Antiochia, mit zwain. *Wappen.* Herrn   5
Nicolaus, ertzbyschoff zů Mailand in Lamparten, mit sechs und zwaintzigen. *Wappen.*

[123ᵛ] Herrn Thomas, ertzbyschoff von Ravenna in Montfarer in Walhen. *Wappen.*
Her Fryderich Graffneker, byschoff zů Ougspurg, mit achtzehen. *Wappen.*

Hernach sind geschriben die byschoff etc.[c] [124ʳ] *Wappen.* Der hochwirdig ertzbischoff Růperthus de Salusburgensis in Engelland, gar ain måchtiger ertzbischoff, starb   10
hie zů Gottlieben im concilio, alls danne vornen im bůch vindest, und litt begraben vor
dem frönaltter[d] zů[e] dem thům zů Costentz.

[124ᵛ] Der hochwirdig bischoff Fridrich grauffnegger, und lag in kriegg umb bistum
zů Ougspurg. *Wappen.*

[125ʳ] Hienach die bischoff. Der hochwirdig hochgeborn margrauff Otto von Rötteln,   15
geborn bischoff zů Costentz. *Wappen.* Der hochwirdig Anshelm, genantt Nåninger[f],
bischoff zů Ougspurg. *Wappen.* Der hochwirdig Wilham[g], grauff zů Diescht und bischoff zů Strausburg[h]. *Wappen.* Der hochwirdig Humberthus[i], geborn von Nüwenburg,
bischoff zů Basell. *Wappen.*

[125ᵛ] Der hochwirdig bischoff Ůlrich von Prixsen, geborn von [*Lücke*[439]]. *Wappen.*   20
Der hochwirdig Johannes, bischoff zů Wirtzburg. *Wappen.* Der hochwirdig Aulbrecht[j],
bischoff zů Baubenberg, gråff zů Werthan. *Wappen.* Der hochwirdig bischoff zů Aich-
stetten, geborn von Haidegg. *Wappen. Nach fol. 125ᵛ fehlt in G, was D₁ foll. 130ᵛ–133ʳ
bringt.*

[D₁ fol. 130ᵛ] Der hochwirdig bischoff Johanns zů Wurms, geborn von Fleckenstein.   25
Wappen. Der hochwirdig bischof Hartman zů Cur unnd ein graff, geborn von Montfort.
Wappen. Der hochwirdig bischof Rabanus zů Speir am Rein, geborn von Helmstatt.
Wappen. Der hochwirdig bischoff Ulrich Verdensis. *Wappen.*

---

a   Wangring *A*.
b   Normenia *D₁*.
c   Hernach – byschoff etc.] *fehlt D₁*.
d   fronaltar *D₁*.
e   zů] in dem *D₁*.
f   Nånniger *D₁*.
g   Wilhalm *D₁*.
h   Straßburg *D₁*.
i   Hinberthus *A*.
j   Albrecht *D₁*.

---

439   *Hier findet sich in G und D₁ eine Lücke.*

[131ʳ] Der hochwirdig bischofe Johanns Abundi zů Cur. *Wappen.* Der hochgeboren
hochwirdig bischof von Caninensis, hertzog geborn von Saxen. *Wappen.* Der hochwirdig Walther, bischof zů Regenspurg. *Wappen.* Der hochwirdig Marcus, bischof zů Oss-
naburgensis. *Wappen.*

5   [131ᵛ] Der hochwirdig bischofe Georius von Montaw. *Wappen.* Der hochwirdig bischofe Franciscus Thurdentinus zů dem tod. *Wappen.* Der hochwirdig bischofe Gerla-
dius von Padaw. *Wappen.* Dominus Andreas, episcopus Castellinensis in Schotenland.
Wappen.

[132ʳ] Der hochwirdig edel bischoff Walißlamensisᵃ und hertzog zů Opoliensis. *Wap-*
10 *pen.* Der hochwirdig bischofe Johanns Wardlamensis. *Wappen.* Der hochwirdig bischofe
Ramiel Lütopensis. *Wappen.* Der hochwürdig bischofe Johanns Cameracensis in
Franckreich. *Wappen.*

[132ᵛ] Der hochwirdige edele Jŏrg, geborn von Hohenloch, bischoff zů Passaw. *Wap-*
pen. Der hochwirdig bischofe Jŏrg vonn Trient, geboren vonn Liechtenstein. *Wappen.*
15 Der hochwirdig bischofe Růdolff zů Metz, in lacu Musel. *Wappen.* Der hochwirdig bischofe Johanns Paygrer zů Metze, ward nun erwŏlet. *Wappen.*

[133ʳ] Dominus Nicolaus episcopus Assismaniensisᵇ. *Wappen.* Dominus Johannes
episcopus Naulensis. *Wappen.* Dominus Philippus episcopus Brandenburgensis. *Wap-*
pen. Dominus Johannes episcopus Apparimensis zů Neüwenburg. *Wappen. Danach*
20 *setzt G wieder ein.*

[G fol. 129ʳ] Dominus Johannes episcopus Lüdinschinonensisᶜ in Morafia. *Wappen.*
Wappen ohne Beischrift. Dominus Elibori episcopus Agrienensisᵈ in Rome. *Wappen.*
Dominus Jacobus episcopus Naulensis. *Wappen.*

[129ᵛ] Der hochwirdig Philipus, ertzbischoff Capnensisᵉ. *Wappen.* Der wirdigᶠ Dona-
25 deus, bischoff Novarnensisᵍ. *Wappen.* Der hochwirdig bischoff tzů Palwarumʰ. *Wappen.*
Der hochwirdig bischoff zů Arminiensis. *Wappen.*

[130ʳ] Der hochwirdig bischoff Jacob zů Lemonicensisⁱ in Frankrich. *Wappen.* Der
hochwirdig bischoff Johannsʲ Xattensisᵏ in dem küngrich zů Castell. *Wappen.* Der

---

a   Bladißlaviensis *A*; Walislamenssis *Pr.*

b   Assissinamensis *A.*

c   Lüdmoschilensis *A*; Lüdinschinoensis *D₁.*

d   Agrinensis *D₁.*

e   Capuensis *A.*

f   wirwidig *G.*

g   Novaduensis *A.*

h   Palmarum *A.*

i   Leonicensis *D₁.*

j   Johannes *D₁.*

k   Xaxensis *A.*

hochwirdig bischoff Johanns Passnensis[a] in dem küngrich zů Castell. *Wappen.* Der hochwirdig bisschoff Didatus Continensis in dem küngrich zů Castell base. *Wappen.*

[130^v] *Wappen ohne Beischrift.* Der hochwirdig bischoff Cůnratt von Costentz in Normania, starb im concilio und litt zů den predyer[b]. *Wappen.* Der hochwirdig bischoff Thitus zů Landensis. *Wappen.* Der hochwirdig bischoff Didacus Camarensis[c] uss Arragonia. *Wappen.*   5

[131^r] Der hochwirdig bischoff Anthonius Bentonensis[d] in Ytalia. *Wappen.* Der hochwirdig bischoff Jacobus tzů Dolensis in Brittania. *Wappen.* Der hochwirdig bischoff Alanus zů Macensis. *Wappen.* Der hochwirdig bischoff Hainrich Civitatensis. *Wappen.*

[131^v] Der hochwirdig bischoff Johannes Varadinensis. *Wappen.* Der hochwirdig bi-   10 schoff Petrus Primaciensis. *Wappen.* Der hochwirdig bischoff Gangfridus[e] Sancti Pontii[f] Themeriarum. *Wappen.* Der hochwirdig bischoff Johanns[g] Adriensis. *Wappen.*

[132^r] Dominus Anthonius episcopus Bentonensis. *Wappen.* Dominus Nicolaus episcopus Saxatensis[h]. *Wappen.* Dominus Anthonius episcopus Chumensis. *Wappen.* Dominus Symon episcopus Ysnagensis[i]. *Wappen.*   15

[132^v] Dominus Aulberthus episcopus Astensis. *Wappen.* Dominus Pretifalus episcopus Aquensis. *Wappen.* Dominus Johannes episcopus Papiensis. *Wappen.* Dominus Elyas episcopus Arricensis. *Wappen.*

[133^r] Dominus Johannes episcopus Tulensis. *Wappen.* Dominus Nicolaus episcopus Undinensis. *Wappen.* Dominus Georius episcopus Stagnensis in Schlaffonia. *Wappen.*   20 Dominus Fridericus episcopus Lodiensis, das ist zů Lüdk. *Wappen.*

[133^v] Dominus Bartholomeus episcopus Platinensis[j]. *Wappen.* Dominus Paulus episcopus Serenensis[k]. *Wappen.* Dominus Anthonius episcopus Concondianensis[l] in Ytalia. *Wappen.* Dominus Theobaldus episcopus Uttiflagensis[m] titulatus in Schlaffonia. *Wappen. Nach fol. 133^v in G fehlt, was D$_1$ foll. 138^v–144^v bringt.*   25

[D$_1$ fol. 138^v] Dominus Astorius episcopus Sidrewecensis. *Wappen.* Dominus Jo-

---

a   Passensis *A.*
b   predigern *D$_1$.*
c   Zamenensis *A;* Camerensis *D$_1$.*
d   Benconensis *A.*
e   Ganfridus *A.*
f   Poncii *D$_1$.*
g   Johannes *D$_1$.*
h   Saxacensis *A.*
i   Isnaiensis *A.*
j   Platencinensis *A.*
k   Serensis *A.*
l   Concordiavensis *A.*
m   Theodolus episcopus Nitiflagensis *A.*

hannes episcopus Warrinacensis[a]. *Wappen*. Dominus Johannes episcopus Meßburgensis. *Wappen*. Dominus Petrus episcopus Mißnensis. *Wappen*.

[139[r]] Dominus Thomas epi[s]copus Isnamensis[b]. *Wappen*. Dominus Wassla episcopus de Wissenburgagnensis. *Wappen*. Dominus Vernandus episcopus Albensis. *Wappen*.
5 Dominus Johannes Gestry[c] episcopus Bagorensis. *Wappen*.

[139[v]] Dominus Marcus episcopus Oßnaburgensis. *Wappen*. Dominus Petrus episcopus Undinensis. *Wappen*. Dominus Udalricus episcopus Verdensis. *Wappen*. Dominus Nicolaus episcopus Vactrecinensis. *Wappen*.

[140[r]] Dominus Andreas episcopus Poßnaiensis[d] in regno Polonie. *Wappen*. Dominus
10 Jacobus episcopus Placensis[e] i[n] ducato Masophie. *Wappen*. Dominus Nicolaus episcopus Lubicensis in terra Polonie. *Wappen*. Dominus Johannes episcopus Olmicensis in Morania[f]. *Wappen*.

[140[v]] Dominus Jacobus episcopus Frisingensis zů Freisingen. *Wappen*. Dominus Thomas episcopus Culmensis prope paganos. *Wappen*. Dominus Johannes episcopus
15 Vrattisloniensis, mit x personen. *Wappen*. Dominus Nicolaus episcopus Basenburgensis. *Wappen*.

[141[r]] Dominus Ludwicus episcopus Sestry. *Wappen*. *Wappen ohne Beischrift*. Dominus [*Lücke*] episcopus Lubiensis zů Lnbegk[g]. *Wappen*. *Wappen ohne Beischrift*.

[141[v]] Dominus Gerladus[h] episcopus Cortonensis. *Wappen*. Dominus Růperthus Ys-
20 ternensis[i] episcopus vel Tinstracensis. *Wappen*. Dominus Petrandus[j] episcopus Sancti Flori in Efframia in Pritania. *Wappen*. Dominus Maurinus episcopus Approtinensis. *Wappen*.

(412) [142[r]] *Vier Wappen ohne Beischrift. Fol. 142[v] leer.* [143[r]] Der hochwirdig herre, herr Vilipertus, grosser meyster zů Rodiß, Sant Johanns ordens, des spitals zů Iherusa-
25 lem, der můß zůgagen sein, so man ein bapst krŏnet, und sol behůten das conclavi. *Wappen*. Der hochwirdig herre, herr Friderich von Blaw, ein comenthur von Prüssen, von des hochmeysters wegen von Prüssen unnd mit im sechs comentur unnd sechtzehen kreütz. *Wappen*. Herr Andreas von dem Neüen hauß, Sant Johanns ordens comentur in Engelland, mit xx personen. *Wappen*. Graff Haug von Montfort, meister Sant Johanns
30 ordens in teütschen landen, mit viertzig personen. *Wappen*.

---

a   Warmacensis *A*.
b   Isnaniensis *A*.
c   Sestry *A*.
d   Poßnamensis *A*.
e   Plocensis *A*.
f   Moravia *A*.
g   Dominus Johannes Lubicensis in Lübegg am Häringfang *A*.
h   Geraldus *A*.
i   Ysterciensis *A*.
j   Bertrandus *A*.

[143ᵛ] Der hochwirdig unnd groß meyster Philippus, Sant Anthonien ordens, kam mit viertzig personen. *Wappen.* Der hochwirdig herr Anthonius de Parmᵃ, generalis ordinis Camadolensis in Ytalia. *Wappen.* Der hochwirdig herr, herr Nicolaus von Balionibus, obrester prior des heyligen grabs ordens zů Jherusalem. *Wappen.* Der erwirdig herr, herr Ulrich Zånger, comentur zůr Balge. *Wappen.*   5

[144ʳ] Reverendus dominus et magnificus in Christo Pandolfus, dux de Malatestis, de Pensauro archidyaconus Bononiensis et subdyaconus domini pape. *Wappen.* Der erwirdig herr, herr Marquart von Küngsegk, landkommentur in Schwaben. *Wappen.* Der erwirdig herr, herr Arnolt von Hirtzbergeᵇ, comenthur zů Hornnegk. *Wappen.* Der erwirdig herre, herr Hanns von Fåningen, comentur zů Kaffenburgᶜ. *Wappen.*   10

[144ᵛ] Der erwirdig brůder Lienhart von Florentz, obrester meyster predigerordens, meyster gŏttlicher kunst, und mit im vier meyster. *Wappen.* Der erwirdig brůder Johannes von Pissisᵈ, obroster meyster Sant Augustins orden, meyster gŏtlicher kunst, und mit im iij meyster. *Wappen.* Der erwirdig brůder Anthonius de Peiero, obrester meyster Sant Franciscus orden, und mit im ix meyster. *Wappen.* Reverendus dominus Andreas,   15 vice comes de Pisantᵉ, generalis tocius ordinis humilitarum de Ytalia. *Unausgeführtes Wappen. Danach setzt G wieder ein.*

[G fol. 141ʳ] Der erwirdig herr, her Dietrich von Wittershusen, comenthür in tüttschenᶠ und in wälschen landen⁴⁴⁰. *Unausgeführtes Wappen.* Der erwirdig herr her Yban von Kürttenbach, landcomenthur zů dem Bissen by Auchᵍ. *Unausgeführtes Wappen.*   20 Her Schwedur Kobing, landcomenthur zů Westfall. *Unausgeführtes Wappen.* Der erwirdig herr, her Hainrich Heldʰ, obraster spittauler tüttschen ordensⁱ. *Unausgeführtes Wappen.* Der erwirdig herr, her Ůlrich von Gelbachʲ, obrasterᵏ trapirer tüschensˡ ordens und comenthür zů Mewenᵐ. *Unausgeführtes Wappen. Fol. 141ʳ leer.*

---

a   Barm *A.*
b   Kirchberg *A;* Hirtzberg *Pr.*
c   Kapfenburg *A.*
d   Bissis *A.*
e   Pistunt *A.*
f   teütschen *D₁.*
g   Bissen by Auch] Bissen bey Auch *D₁; folgt* mit l pfärden *A.*
h   Hold *A.*
i   obraster – ordens] obrester spitaler teütsches ordens *D₁.*
j   Johannes von Selbach *A.*
k   obsterer *D₁.*
l   teütsches *D₁.*
m   *folgt* hat ein wapen wie oben *D₁.*

---

440   *Diese Person fehlt in A, wird aber in Pr nachgetragen.*

(413) [142^r] Hienach[441] sind verschriben die hochen schůlen der gelertten doctor und maister[442].

(414) Des ersten von der^a schůl zů Paris[443] in Frankrich^b. *Wappen.* Johannes Tatheri^c von Pyxayde. Benedictus Gentziani von Frankrich. Johannes Baldewini von Normani.
5 Die dry sind lerer der götlichen kunst. Petrus von Pronino von Frankrich. Johannes von dem Nüwen dorff^d von [Frantzia^e]. Johannes Sippardi von Normani. Die dry sind maister gaistlichens rechten. Johannes von Spars uß Picardia^f. Hainricus Dypaur^g von Normani. Die zwen sind maister in der ertznie^h. Johannes von Templis uß Frankrich. Adam Burgin^i uß Picardia^j. Symon Pinardi uß Normani. Wylhelmus Locheny^k uß Engelland.
10 Mathias Jacobi uß Engelland. Die fünff sind licenciati in den gotlichen rechten.

---

a   *folgt* hohen *D₁*.
b   Paris in Frankrich] Pareiß in Franckenrich *D₁*.
c   Thacheri *IZ₁*; Cateri *D₁*.
d   *folgt* beyd von Franckreich *D₁*.
e   *so A.*
f   Pritania *A*; Pitardia *I*; Picart *D₁*.
g   Dypont *A*; Dypar *E*; Dyport *IZ₁*.
h   ertznei *D₁*.
i   Ponrgin *I*; Bourgin *Z₁*.
j   Pritania *A*.
k   Locheim *Z₁*.

---

441   *Im Anschluss an den Turnierbrief Herzog Ottos von Sachsen setzt E seinen Auszug aus G unmittelbar mit der Liste der Universitätsangehörigen fort.*
442   *Zu den Universitäten auf den Reformkonzilien von Konstanz und Basel* L. Dax, *Die Universitäten und die Konzilien von Pisa und Konstanz (1910);* A. L. Gabriel, *The Significance of the Book in Mediaeval University Coats of Arms, in:* Dies., *Garlandia. Studies in the History of the Mediaeval University (1969) S. 65–96;* R. N. Swanson, *Universities, Academics and The Great Schism (1979) S. 186–217;* J. Helmrath, *Das Basler Konzil 1431–1449. Forschungsstand und Probleme (1987) S. 132–160;* W. Rüegg *(Hg.), Geschichte der Universität in Europa, Bd. 1: Mittelalter (1993) S. 137, 262f.;* A. Frenken, *Gelehrte auf dem Konzil, S. 107–147, bes. S. 114;* Ders., *Die Rolle der Kanonisten auf dem Konstanzer Konzil, S. 398–417;* Ders., *in: 1414–1418. Weltereignis des Mittelalters. Das Konstanzer Konzil. Katalog (2014) S. 233–235;* H. Müller, *Universitäten und Gelehrte auf den Konzilien von Pisa (1409), Konstanz (1414–1418) und Basel (1431–1449), in: Universität, Religion und Kirchen, hg. von R. Chr.* Schwinges *(2011) S. 122–132;* J. Miethke, *Die Universitäten und das Basler Konzil, S. 210–221;* Ders., *Via Concilii: Der Weg des Konstanzer Konzils aus der Krise des Schismas, S. 69;* Th. M. Buck / H. Kraume, *Das Konstanzer Konzil, S. 348–352.*
443   *Zu den Konzilsteilnehmern der Pariser Universität vgl.* H. von der Hardt, *Magnum Oecumenicum Constantiense Concilium de universali ecclesiae reformatione, unione, et fide 5 (1699) S. 22–24;* S. Vallery-Radot, *Les Français au concile de Constance, S. 147f., 466.*

(415) Von der hochen[a] schůl zů[b] Köln. *Wappen.* Diettricus[c] von dem Münster[444]. Johannes Würemberg[d]. Anthonius von Welwe. Sind[e] alle dry lerer des gaistlichen rechten. Gotfridus von Türsten, maister in den süben[f] fryen künsten. Johannes Torer von Bergen. Simon Grandini[g] von Gülch. Cůnradus Unrůw von Lutterbach[h]. Sind alle dry licenciati in artibus. 5

(416) [142[V]] Von der hochen schůl zů Wien in Österrich[445]. *Wappen.* Martinus Monasterii, maister götliches rechten[446]. Hainricus Erenvels[447], maister gaistliches und weltlichens rechten. Petrus von Pulka[i]. Caspar Maisenstain. Die zwen sind[j] maister gaistliches rechten. Petrus Denkinger. Petrus von Lius[k]. Die zwen sind bacalarii in gaistlichem rechten[l]. Jacobus Molher[m], Nicolaus Spiser, von Costentz; licenciati in decretis. 10

(424) Von der hochen schůl zů Haidelberg. *Wappen.* Jacobus Molher[n], maister in götlicher kunst. Hainricus Erenvels, maister baider rechten. Jacobus Molher[o], licenciatus in

---

a   *fehlt D*[1].
b   *fehlt D*[1].
c   Dietrich *Z*[1].
d   Worburg *I Z*[1].
e   Die seind *D*[1].
f   in den süben] der syben *D*[1].
g   Gradini *D*[1].
h   Lauterbach *D*[1].
i   Bulka *E Z*[1].
j   *fehlt D*[1].
k   Lins *A*.
l   in gaistlichem rechten] geistlichs rechten *D*[1].
m   Molser *A*.
n   Molcher *I*; Melchior *Z*[1].
o   Molhem *I*; Molhein *Z*[1].

---

444   *Zu Dietrich Kerkering von Münster vgl. A.* Frenken, *Gelehrte auf dem Konzil, S. 120 Anm. 50;* M. Prietzel, *Dietrich Kerkering von Münster, S. 89–109.*

445   *Der Theologe Peter von Pulkau und der Kanonist Kaspar Maiselstein waren die offiziellen Vertreter der Wiener Universität auf dem Konstanzer Konzil, wobei Maiselstein am 9. April 1415 schon wieder nach Wien zurückkehrte. Weitere Teilnehmer waren Peter Deckinger, Heinrich von Kitzbühel und Nikolaus von Dinkelsbühl. Vgl. hierzu L.* Dax, *Die Universitäten und die Konzilien von Pisa und Konstanz (1910) S. 26f.; D.* Girgensohn, *Die Universität Wien und das Konstanzer Konzil, S. 266f.; A.* Frenken, *Gelehrte auf dem Konzil, S. 111 Anm. 14.*

446   *D.* Girgensohn, *Die Universität Wien und das Konstanzer Konzil, S. 267 vermutet, es könnte sich um Dietrich von Münster handeln.*

447   *Zu Heinrich von Ehrenfels, der – wie Jacobus Molher – sowohl der Wiener wie auch der Heidelberger Universität zugerechnet wird, vgl. D.* Girgensohn, *Die Universität Wien und das Konstanzer Konzil, S. 267; B.* Studt, *Papst Martin V. (1417–1431) und die Kirchenreform in Deutschland (2004) S. 505 mit Anm. 116.*

theologia[a]. Job Vener, maiste[r] baider rechten[448]. Johannes Scharppse[b], licenciatus in
jure. Und noch dry by hertzog Ludewigen.

(426) [143[r]] Von der hochen schůl zů Sundens[449], in Unger gelegen. Die koment mitt
dem ertzbischoff von Gran. *Wappen.* Lamperthus[c], bropst zů Ofen, lerer götliches rech-
5   ten. Symon Clostein[d], maister der[e] ertznie. Dominus Hainricus, prepositus Pudensis,
doctor in theologia. Matheus de Diernach. Thomas de Wissenburg[f]. Dadeus[g] de Vito
Mercato, Nicolaus Bissnow[h]; doctor decretorum.

(420) Von der schůl zů Praug in Behem, die jetz ist[i] transferiertt ist gen Lips[j] an der
Auder[k] von der Hussen wägen. *Wappen.* Stephanus Palasch[l], Johannes Palasch, patrin[450],
10   maister götlicher kunst. Paulus Cziesse. Jacobus Potry[m], Paulus Cziesse; maister und
doctores götliches rechten. Petrus Hircus de Patavia[n].

(421) [143[v]] Von der schůl zů Orlyentz[451], da man kaisserliche recht lertt. *Wappen.*
Anthonius von dem Berg camino von Lananie[o], Wylhelmus von dem Berg gaudeo; baid
ritter. Johannes Mantiquini[p]. Karolus Duplicis. Alle vier maister weltliches rechten. Ja-
15   cobus Monasterii. Petrus de Monte rubeo.

---

a   theologia] thegolia *G*; götlicher kunst *D₁*.
b   Scharpfse *A*; Scharpff *PrD₁*; Scharpse *IZ₁*.
c   Lamperdus *I*; Lampardus *Z₁*.
d   Clainstain *E*.
e   der ertznie] in der ertznei *D₁*.
f   Wissemburg *E*.
g   Thadeus *E*.
h   Bißnaw *D₁*.
i   *fehlt D₁*.
j   Leipßig *D₁*.
k   Ander *D₁*.
l   Palach *Z₁*; Aschpla *D₁*.
m   Secri *A*; Sotri *IZ₁*.
n   de Patavia] von Passow *E*.
o   Lavame *IZ₁*.
p   Montiquini *IZ₁*.

---

448   *Zu Job Vener, Protonotar König Ruprechts und Rat des Pfalzgrafen Ludwig III., vgl.* H. VON DER
HARDT, *Magnum Oecumenicum Constantiense Concilium de universali ecclesiae reformatione, unione,
et fide 5 (1699) S. 25;* H. HEIMPEL, *Die Vener von Gmünd und Strassburg 1162–1447, S. 330f.*

449   *Buda (Ofen). Vgl.* H. DENIFLE, *Die Entstehung der Universitäten des Mittelalters bis 1400 (1885)
S. 421f.;* L. DAX, *Die Universitäten und die Konzilien von Pisa und Konstanz (1910) S. 37 Anm. 2;* R. N.
SWANSON, *Universities, Academics and The Great Schism (1979) S. 190f., 217;* H. RASHDALL / F. M.
POWICKE / A. B. EMDEN, *The Universities of Europe in the Middle Ages, Bd. 2 (1987) S. 295f.;* J.
MIETHKE, *Die Universitäten und das Basler Konzil, S. 211.*

450   *Wohl wie in A als* fratres *zu lesen.*

451   *Zu den Konzilsteilnehmern der Universität von Orléans vgl.* S. VALLERY-RADOT, *Les Français au
concile de Constance, S. 146f.*

(422) Von der hochen schůl zů Lunden[a] in Engelland[452]. *Wappen.* Hainricus Abundy[b]. Johannes Welliß. Johannes Schierfort[c]. Alle dry maister gaistlicher kunst. Thomas Palton[d]. Růppertus Appulton. Johannes Stokkes[e]. Alle dry licenciati in gaistlichen rechten.

(417) [144[r]] Von der schůl zů Erdfurtt. *Wappen.* Martinus Kettwoch[f], maister götlicher[g] kunst. Petrus Cloety[h] von Missen, Hugo von Pamperia[i]; maister götliches rechten. 5
Petrus Rodly von Mentz, Ůlrich burggrauff von Pressla; magistri arcium.

(419) Von der schůl zů Heldenburg[453]. *Wappen.* Johannes von Wyldenberg, lerer der gaistlichen recht. Nicolaus Lowental[j], Wernherus Fuchs; bayde maister der süben frygen[k] künst. Petrus de Vittrio, doctor in theologia[l].

(418) [144[v]] Von der schůl zů Affion[454]. *Wappen.* Georius Ansandus, lerer der götli- 10
chen kunst. Clemens von Pisis, Jacobus von Frewdis[m]; lerer und maister götlicher[n] rechten. Cůnradus Thuius[o] von Genff[p]. Petrus Linkmagen.

(427) Von der schůl zů Bonony[455] by Affiun[q]. *Wappen.* Petrus Salomonis, mayster götlicher kunst. Johannes von Liedina. Raphael von Placentz. Petrus Jacoby. Alle dry maister bayder rechten. Jeronomus[r] Gwindin[s], maister der süben fryen künst. 15

---

a Lunders *IZ₁*; Kunden *D₁*.
b Habundi *A*; Abnudi *IZ₁*.
c Schierfert *I*; Schiefert *Z₁*.
d Palten *E*; Polten *IZ₁*.
e Stocks *E*.
f Letwech *IZ₁*.
g götlicher] gôsrer *D₁*.
h Clotry *I*; Clocty *Z₁*; Cloecy *D₁*.
i Pampaya *A*; Pampaia *Pr*; Pompia *E*.
j Leontal *E*.
k fryen *E*; freien *D₁*.
l doctor in theologia] lerer der gôttlichen kunst *D₁*.
m Frondis *A*; Frowdis *IZ₁*; Freüdis *D₁*.
n geystlicher *D₁*.
o Tumpff *E*.
p Thrius de Jenff *A*; Ttinür von Jenff *D₁*.
q by Affiun] inn Franckrich *Wo*.
r Gregorius *A*; Jeronimus *E*; Gcronimus *I*.
s Schwindin *E*.

---

452 *Gemeint dürfte Oxford (c. 423) sein, an dem John Wyclif lehrte. Vgl. J. Miethke, Die Universitäten und das Basler Konzil, S. 211.*
453 *Stuhlweißenburg (Székesfehérvár). Vgl. J. Miethke, Die Universitäten und das Basler Konzil, S. 211.*
454 *Avignon.*
455 *Bologna. Vgl. L. Dax, Die Universitäten und die Konzilien von Pisa und Konstanz (1910) S. 40; R. N. Swanson, Universities, Academics and The Great Schism (1979) S. 191; J. Miethke, Die Universitäten und das Basler Konzil, S. 211.*

(425) [145^r] Von der schůl zů Krakkow in Polan. *Wappen.* Petrus Kawischgi, Wylhelmus Sulebry; bayd maister götlicher kunst. Chitza^a von Rokanill^b, Martinus canonicus Cracoviensis; baid bacalarii in gaistlichen rechten. Paulus Kalischgy^c, licenciatus in baiden rechten.

5 *(423)* Von der schůl zů Oxensis, da maister Johanns Wiccleff^d der kåtzer floriertt. *Wappen.* Dominus Pryor Ursestry. Petrus Roddli. Pryamus Farbach. *Foll. 145^v und 146 leer.*

(428a) [147^r] Dis hienach sind gelertt lütt usser allen landen. Und des ersten all maister in der gȯttlichen kunst, das ist in lattin gesprochen theologia.

10 Jheronomus^e von Camerano, general Sant Augustins orden, der ainsydeln. Angelus de Pisterio. Nicolaus Calawaschga^f. Anthonius archiepiscopus Ragusinus. Ansandus von Schara. Prior Ursestri^g. Gwilhelmus Clerici. Petrus Reddli^h. Priamus Farbach. Jacobus Molher. Martinus Kettwech. Guntzo von Zwayla^i. Wylhelmus Chorpff^j. Johannes Munsterberg^k. Petrus Wolfframi^l. Gwylhelmus^m Suberi. Frantziskus cancellarius^n. Ste-
15 phanus de Purgo, prior des hailigen grabs Jherusalem. Anthonius Markade^o. Gwylhelmus Mayger^p. Bartholomeus Emsdem^q. Johannes Ademare, prior de Pilegio. Johannes de Curtibus. Johannes Gerster, des küngs cantzler. Petrus de Versalus. Marcus von Getoria. Johannes von Liedina^r. Johannes Angny^s. Diß sind alle maister der götlichen kunst und groß lerer, warend alle^t hie mit 360 personen.

20 *(429)* [147^v] Dis waurend maister in den örden. Prediger orden hettend vierund-

---

a Chitzade *I*.

b Rokaml *A*; Rokavil *PrI*; Rockanyl *E*; Rokanil *Z₁*.

c Caluschgi *E*; Talichsgy *IZ₁*.

d Johannes Wittleff *D₁*.

e Jeronimus *EIZ₁*.

f Calabaschga *E*; Talawaschga *I*; Talamaschga *Z₁*.

g Urseri *I*; Arseri *Z₁*.

h Rodly *E*; Redli *I*.

i Zwoyla *I*; Zwoila *Z₁*.

j Korpf *E*; Chorpf *I*; Korpff *D₁*.

k Münsterberg *EIZ₁*; Monsterberge *D₁*.

l Wolffrani *D₁*.

m Johannes *IZ₁*.

n *folgt* regis *A*.

o Markarde *IZ₁*.

p Mayer *I*; Meyer *Z₁*; Mayr *D₁*.

q Eiusdem *IZ₁*; Emsdemi *D₁*.

r Hedina *A*; Liedma *Pr*; Licternia *I*; Licterina *Z₁*.

s Augri *A*; Augni *I*.

t *fehlt D₁*.

zwaintzig^a. Augustiner orden hettend sechzehen. Barfüsser orden hettend dry und tryssig. Petrus Storch^b, lerer der götlichen kunst.

(430a) Hienach sind diss maister baider rechten, gaistlichs und weltlichs. Petrus von Vittrio^c. Jacobus de Walwasino^d. Hainricus Erenvels^e. Raphael von Placentz. Johannes von dem Nüwen stain, ritter. Job^f Vener[456]. Cŭnradus Thums^g. Petrus, Paulus; von Con- 5 stantinopel. Wildricus^h, dechan zŭ Metz. Jacobus von Monssognishard. Nicolausⁱ von Pulka^j. Honofrius von Murtza^k. Holifernus^l von Britania. Petrus von Thumba. Symon Garece^m. Nicolaus Zeisseⁿ. Diß sind alle lerer und maister gaistlicher und weltlicher rechten, waren hie mit 260 personen^o.

(431) [148^r] Diss sind doctores decretorum, das ist maister gaistlichs rechten. Thomas 10 thŭmher Strigoniensis^p. Dominicus custor Waradiensis^q. Oswa[ldus] Mengerfrut^r, official zŭ Ougspurg. Johannes Schlinitz^s von Ofen. Wylhelmus de Latinis^t von Prato. Gwylhelmus von Mestron^u. Galcherus^v Crassi. Johannes von Ryparia. Johannes Wüam^w. Johannes von dem Mindern hof. Ŭdalricus Burggraff. Johannes von Fortun. Paulus Molher. Petrus de Bulka. Caspar Maysenstain. Petrus Cloety^x. Petrus Waltz^y. 15

---

a   *folgt* doctores *A.*
b   Stork *E.*
c   Victore *A;* Vittrio *Pr;* Victrio *IZ₁.*
d   Walmasino *E;* Waltwasino *I.*
e   Freinels *E.*
f   Johannes *E;* Jacob *Z₁.*
g   Thŭm *IZ₁.*
h   Wildricus] Ŭlricus *Z₁; folgt wohl* Rŭst *E.*
i   Niclaus *ID₁;* Nicolaus *Z₁.*
j   Bugga *E.*
k   Murga *E.*
l   Holofernus *E.*
m   Garce *E;* Garete *IZ₁.*
n   *folgt* Wilmer de Luxey *E.*
o   260 personen] xxvj personen *D₁.*
p   Strigoniensis] Strigarensis *EIZ₁; korr. aus* Strigarensis *mit Zusatz* Unger *G.*
q   Waradiensis] Wadradiensis *E; korr. aus* Wadradiensis *G,* Wadragensis *IZ₁.*
r   Mergenfrut *E.*
s   Schinitz *AFZ₁;* Schluntz *Pr;* Schnutz *I.*
t   Latis *D₁.*
u   Mestrons *I;* Mestius *Z₁.*
v   Calcherus *E;* Galchomus *I;* Galthonus *Z₁.*
w   Wigam *A.*
x   Cleorini *A;* Cloecy *IZ₁.*
y   *am Rand* us Arragoni *G; folgt* uss Argoni *I; folgt* us Arrogoni *Z₁D₁.*

---

456   *Vgl. c. 424.*

Jacobus[a] Abellato[b]. Andreas de Angubeo. Johannes de Fontibus. Wylhelmus Schilwatz[c]. Benedictus von Paruß[d]. Dominicus von Ponte Venedier. Nicolaus, dechan zů Spir. Nicolaus von Behem[e]. Johannes Türn. Cůnradus Helye[f]. Johannes Ballin[g], Růdolffus Spitzlin, Johannes Keller, Wylhelmus Kilchher; von Costentz. Matheus von Behem. Ambrosius
5 de vice committibus. Johannes von Praco. Hainricus Herbůrdi. Arnoldus[h] Wyhelmi de Locis[i]. Bartholomeus von Pisis. Paulus de Carrore[j], titulierter byschoff. Clemens[k] von Paruß[l]. Johannes abbt Morimundi. Hainricus Nithart. Simo[n] von Paruß[m]. Petrus von Ankrana. Johannes Hugneti. Nicolaus Gawan[n]. Petrus de Hilburg[o]. Johannes Abundi[p]. Mathias Regulshoven. Frydericus de Deis. Anthonius de Janua. Petrus Tortini. Ludewi-
10 cus Alamancti. Hainricus de Sattimay[q]. Prior de Pierce[r]. Hugo de Domo comitis. Petrus Rebrasiensis. Diß sind alle doctores decretorum, das ist zů tütsch[s] lerer der gaistlichen recht. Und warend hie wol mit 464 personen.
(430b) [148ᵛ] Dis sind licenciati in baiden rechten. Johannes Bart von Braband. Priamus Forbach. Cůnradus Hildisshain[t]. Petrus Denkinger[u]. Symon von Bůchparten[v]. Jo-
15 hannes von Türn[w]. Johannes Helbling. Schotus von Rakavilla[x]. Gwido von Puscho[y].

---

a   Jacobus Appeltz *E.*
b   *am Rand* us Arragoni *G; folgt* uß Arro[goni] *D₁.*
c   Schwaltz *E;* Schilwatze *D₁.*
d   Pornsco *I;* Pronsco *Z₁.*
e   Beomia *I;* Bononia *Z₁.*
f   Dominicus – Helye] *fehlt E.*
g   Balbin *E;* Bolim *IZ₁.*
h   Arnolfus *IZ₁.*
i   Ambrosius – Locis] *fehlt E.*
j   Carate *IZ₁.*
k   Conradus *A.*
l   Parusco *IZ₁.*
m   Parusco *IZ₁.*
n   Saban *E.*
o   Helburg *IZ₁.*
p   Abnudi *IZ₁.*
q   Saccimay *I;* Sackman *Z₁.*
r   Ludewicus – Pierce] Heinricus Klůgkamer, Lienhardus de Häbach, Wolffgangg Higger, Wernherus Schwert *E.*
s   teütsch *D₁.*
t   Hildensain *E.*
u   Denckniger *D₁.*
v   Buchperg *E.*
w   Tůrn *I;* Tům *Z₁.*
x   Rankavilla *E.*
y   Puschgo *IZ₁.*

Ludewicus Malini[a]. Petrus Conrotin[b]. Petrus Passalli[c]. Thomas Polton. Johannes Stokkes. Theodricus[d] de Sancto Deo data. Rŭppertus Appulcon[e]. Laurencius Kertini. Diß
alle sind licenciati, gaistlichs und weltlichs rechten, und warend hie mit 210 personen.

 (432) So sind diss maister in der medicin, in ärtzny[f]. Symon Clostein[g]. Petrus, des
baupsts artzat. Johannes Scharppffsee[h]. Appolonius medicus. Hermannus Span. Theo- 5
dricus von Frankrich. Johannes Haymelburg. Ludwicus de Orto. Frantziscus de
Sunctino. Johannes Durlach[i]. Thomas, medicus von Engelland. Anthonius von Schar-
pari[j]. Anthonius von Jebunensis[k]. Hainricus von Köln[l]. Johannes Arnbach. Johannes
von Ougspurg[m]. Wylhelmus de Spelunca. Cŭnradus Rinniger. Marcus canonicus in
Primu[n]. Syfrydus. Die alle sind mayster in der ertznie und warend hie mit 160 personen. 10

 (433) [149[r]] Dis[457] sind maister der siben künst. Götfridus von Türsten. Hermannus
Gul von Haymelburg[o]. Hermannus Gaule[p]. Olabans von Tatza[q]. Cŭnradus Ludknig[r].
Cŭnradus Appenteker. Wylh[elmus] de Mestronitz[s]. Olwicus von Frankrich. Wyl-
helmus Gilling[t]. Petrus Pullonis. Gregorius Ansandus. Petrus Prespitery. Sebastianus,
techan zŭ Prixen. Johannes Angeli. Helyas Angeli. Wylhelmus Ancredi[u]. Mathias de 15
Hainoffia. Alberchtus[v] von Behem. Francko von Behem. Andreas von Hailigenberg.
Nicolaus, dechan zŭ Spir. Nicolaus Naso, chorherre zŭ Sant Stephan zŭ Costentz. Jaco-

---

a Ludwig von Mals *E.*
b Conrotz *E*; Chonreti *IZ₁.*
c Poselle *I*; Paselle *Z₁.*
d Dietricus *IZ₁.*
e Appulcon] von Saltz *E.*
f in der – ärtzny] in der ertznei *D₁.*
g Clotstay *A*; Clotstan *Pr*; Clostini *I*; Clostinin *Z₁.*
h Scharpfe *Z₁.*
i *folgt* Heinricus Sultz *E.*
j Schartpar *E*; Scharpfaria *IZ₁.*
k Genuensis *IZ₁.*
l *folgt* Georius Seger, Johannes Enninger, Willibald Schilt, Lienhardus Spitzig *E.*
m Nicolaus de Augusta *A*; Niclaus von Ougspurg *I*; Nicolaus von Ŏgspurg *Z₁.*
n Prinn *A*; Prium *PrIZ₁.*
o Gul von Haymelburg] Sul de Hannelburg *I*; Sul de Hanelburg *Z₁.*
p Gaile *E*; Garle *I*; Geiler *Z₁.*
q Daxia *IZ₁.*
r Lugging *E*; Ludkind *I.*
s Menstronis *I*; Monstonis *Z₁.*
t Sigling *I*; Gilgling *Z₁.*
u Andredi *IZ₁.*
v Albertus *IZ₁D₁.*

---

457 *Die Ettenheimer Namenliste weicht im Folgenden teilweise stark von der in G ab, lässt Teile der*
Äbteliste aus, übergeht die Dom- bzw. Chorherren sowie die Bischöfe und Weihbischöfe.

bus Makkart[a]. Martinus, des küngs ratgeb. Johannes Wigori[b]. Jacobus Stöltzlin[c]. Johannes Burtzen[d]. Petrus de Novo daygine. Nicolaus Bechrer[e]. Petrus von Braug[f]. Petrus Kitzling[g]. Johannes Kitzling[h]. Johannes Andree. Johannes de Valli[i]. Rainhardus Rainbolt. Hainricus Kulpp[j]. Alberchtus[k], plepanus[l] in Nürenberg. Johannes vom Nüwen
5 markt. Johannes Bien[m] de Castris. Jacobus Liechtenberg. Frydericus von Tryel. Johannes Huß, Jeronomus; baid von Behem, kätzer, verbrant zů Costentz. Diß alles sind maister in den süben fryen[n] künsten, warend hie mit 410 personen.

   (434) [149[v]] Dis sind maister in welttlichen rechten. Philippus de Runk[o], ritter. Anthonius de Camario. Anthonius de Monte karnino[p]. Johannes Domini. Matheus de
10 Portu[q], ritter. Paulus von Regenspurg. Gerfrardus[r] Wassgall[s]. Mathias, chorherr zů Tryel. Johannes de Bechorys[t]. Johannes Ouchwardi[u]. Wylhelmus de Anxtegaudio[v], ritter. Johannes Manquini. Karolus Duplicis. Anthonius de Lontuali[w]. Thomas Boskait[x]. Johannes Hugneti. Anthonius de Baldmach, ritter. Justinus de Blanck. Leo Dotis Placentinus. Petrus, officialis in Ludk. Badocus de Badistone. Johannes Gerhardi. Johannes
15 Norre. Johannes de Morsteralio[y]. Die alle sind maister in den weltlichen rechten, warend hie mit 122 personen.

   (435) So sind diss litzenciati und bacularii in allen rechten und künsten. Johannes

---

a   Malckart *E*; Markkart *I*; Markart *Z₁*.

b   Wigari *Z₁*.

c   Stöltzli *IZ₁*.

d   Buntzen *I*; Buntzo *Z₁*.

e   Bochner *IZ₁*.

f   Praga *AIZ₁*.

g   Petrus Kitzling *fehlt D₁*.

h   Kützling *D₁*.

i   de Valli] de Ballus *I*; de Baldus *Z₁*.

j   Kolb *E*.

k   Albertus *Z₁D₁*.

l   pplnus. *G*; pplmis. *D₁*.

m   Vier *I*; Bier *Z₁*.

n   *fehlt D₁*.

o   Rink *IZ₁*.

p   carino *E*; karmo *I*; barma *Z₁*.

q   Porta *Z₁*.

r   Göttfridus *A*; Gerfardus *IZ₁*.

s   Waschgal *E*.

t   Bocharziis *Z₁*.

u   Ochwardi *Z₁*.

v   Axutegaudio *I*; Axutegădio *Z₁*.

w   Kortuwali *I*; Kortziwali *Z₁*.

x   Bosskart *IZ₁*.

y   Monsteralio *IZ₁*.

Gombadi^a. Symon Grandi. Cûnradus Hildishaim^b. Johannes Gegodi^c. Petrus De-
ckinger^d. Petrus de Lucis. Cûnradus Burnow^e. Petrus Achter. Hainricus Kitzbühel.
Hainrich de Satmia^f. Michahel Falkonis. Petrus Hilprandi^g. Hainricus de Lobenstain.
Johannes Helbling. Johannes Torer^h. Johannes Hagendorn. Schotus de Rakavillaⁱ. Johannes Bechorys^j. Wylhelmus de Rotzeta. Hugo Rumnix. Johannes Ockwardi^k. Hainri-   5
cus, dechan in Lützelburg. Johannes Magistri. Thomas Bossikait^l. Johannes Richardi.
Cristanus Pfaff. Turrancus de Turri. Wylhelmus Morat, officialis zů Lüdk, techen. Und
noch by sechtzigen. Ir wäre zů vil ze schribend. Warend hie mit 216 personen, sind alle
licenciati und bacularii in allen rechten und künsten.

    (428b) [150^r] So sind diss aber doctores decretorum. Gyllus^m Martini von Portegal,   10
Anthonius Martini von Portegal, Walaschus Petri von Portegal; mit 12 personen. And-
reas Matzⁿ, lerer der gaistlichen recht uß Napols, Petrandus^o, lerer der gaistlichen recht
uß Napols; mit 7 personen. Sperante in Deo Cordano, lerer götlicher kunst von Arrogo-
nia, 4^p personen. Michelis^q de Naves^r, lerer bayder künst von Arrogoni, v^s personen.
Wylhelmus Barow, lerer der gaistlichen recht von Engelland, 3^t personen. Matheus, lerer   15
der gaistlichen recht und götlicher kunst. Thomas, lerer gaistlicher recht. Andreas, maister der süben fryen künst. Nicolaus^u, maister der süben fryen künst. Die vier warend by
dem ertzbyschoff Strigonensis in Ungern. *Foll. 150^v und 151 leer.*

    (342–364) [152^r] Hienach sind verschriben die ertzbischoff und mit wie vil personen
sy gen Costentz komen sind: Dominus Johannes, ertzbyschoff zů Mäntz, des hailigen   20

---

a   Gembadi *I*; Gambadi *Z₁*.
b   Haildisshain *I*; Heildishein *Z₁*.
c   Jogodi *I*; Rogadi *Z₁*.
d   Detingen *I*; Detinger *Z₁*; Dinckinger *D₁*.
e   Unrůw *IZ₁*; Burnaw *D₁*.
f   Satua *IZ₁*.
g   Philippardus *IZ₁*.
h   Torn *I*; Tarn *Z₁*.
i   Rakna *A*; Rakaulla *IZ₁*.
j   Licharys *Z₁*.
k   Otwardi *IZ₁*.
l   Possikat *IZ₁*.
m   Gallus *IZ₁*.
n   Motz *Z₁*.
o   *folgt* Matz *AI*.
p   mit vier *D₁*.
q   Michel *EZ₁*.
r   Nanis *I*; Navis *Z₁*.
s   mit fünff *D₁*.
t   mit dreyen *D₁*.
u   *folgt* Dadens de vice mercato *I*; *folgt* Dadens de victe mercato *Z₁*.

römschen richs obroster dechan[a], geborn ain grauff von Nassow, mit 460 personen. Von dem ertzbyschoff von Köln[b], ain grauff von Dyest, ain graff von Firmenbach[c], baid thůmherren zů Köln, mit 20 personen. Von dem ertzbyschoff von Tryel[d], grauff Ott von Zigenhain und ain grauff von Sponhain[e], thumherr zů Tryel, mit 20 personen. Dominus

5 Eberhardus, ertzbyschoff zů Saltzburg und erborner legat des stůls zů Rom, mit 360 personen. Pyleus[f], ertzbyschoff zů Janowe[g], mit 12 personen. Johannes de Nanco[h], ertzbyschoff Vyonensis, das lit im Delphanat[i], mit 14 personen. Dominus Anthonius, ertzbyschoff zů Ragusin in Dalmacia, mit 10 personen. Dominus Johannes Waldroder[j], ertzbyschoff Rigensis[k], daz ist zů Rig, das lit in Niffenland, mit 180 personen. Dominus

10 Andreas, ertzbyschoff zů Colocensis in Unger, mit 28 personen. Dominus Frantziscus, ertzbyschoff Narbonensis und general Avionensis, daz ist zů Avion, mit 70 personen. Dominus Nicolaus, ertzbyschoff Cornotensis[l] in Ungern und in Türgen, mit 3 personen. Dominus Frantziscus de Comacellis[m], ertzbyschoff zů Cusentin in Napuls, dem küngkrich, mit 5 personen.

15 [152[v]] Dominus Thomas, ertzbyschoff Liciensis[n] in Napuls, mit 6 personen. Dominus Philippus, ertzbyschoff zů Cappüanůs[o] in dem kungkrich zů Sicilia, mit 20 personen. Dominus Petrus, ertzbyschoff zů Spolotensis[p], das lit in Schlafonia, mit 6 personen. Dominus Nicolaus, ertzbyschoff zů Gnesnensis[q] in dem küngkrich zů Polan. Dominus Theobaldus de Rubeo monte[r], ertzbyschoff Bysentinus, lit in Tuschgan, mit 28 personen.

20 Dominus Regnaldus de Carnoco[s], ertzbyschoff Remensis in dem küngkrich zů Frankrich, hayst Rymegen, mit 36 personen. Dominus Frantziscus, ertzbyschoff zů Ravenensis in Flammea und Lombardia, mit 12 personen. Dominus Thomas, ertzbyschoff zů

---

a   techan IZ_1.
b   Kelen D_1.
c   Birmenbach D_1.
d   Tryer E; Triel SgZ_1; Triell I.
e   Spanhein $SgIZ_1$.
f   Phileus $SgIZ_1$.
g   Janensis SgI; Javensis Z_1; Janoe D_1.
h   Nautro $SgIZ_1$.
i   Delfinat SgZ_1; Delffinatt I; Delphant D_1.
j   Waldraden IZ_1.
k   Risnensis E.
l   Couincensis $SgIZ_1$.
m   Camcellis $SgIZ_1$.
n   Licensis $SgIZ_1$.
o   Capuensis A; Capuanus Sg; Capnans IZ_1.
p   Spalucensis A; Spalatensis Sg; Spalorensis I; Spalorensis Z_1.
q   Gresnensis I; Grosnensis Z_1.
r   de Rubeo monte] von dem Roten berg $SgIZ_1$.
s   Carnatus $SgIZ_1$.

Maylan^a, mit 10 personen. Dominus Johannes, ertzbyschoff Jadiensis in Astria^b supra mare, mit 3 personen. Dominus Symo[n], ertzbyschoff Vionensis in der Proventz, mit 7 personen. Dominus Johannes, ertzbyschoff Senonensis in Frankrich, mit 14 personen. Dominus Jacobus, ertzbyschoff Turonensis^c in Brittania, mit 6 personen. Dominus Alanus, ertzbyschoff zů Compostell in Hyspania, mit 2 personen.   5

[153^r] Dominus Philippus, ertzbyschoff Anxicanensis in Britania, mit 3 personen. Dominus Petrus, ertzbyschoff zů Edessensis^d in Antyochia, mit 2 personen. Dominus Gangolffus^e, ertzbyschoff zů Rotomagensis, ist gelegen in Normania, mit 6 person[en]. Dominus Nicolaus, ertzbyschoff zů Maylan in Lamparten, mit 26 personen. Dominus Johannes, ertzbyschoff Strigonensis in Ungern, man haisdt^f es von Gran oder Granen,   10 mit 126 personen^g. Dominus Johannes Norri, ertzbyschoff Senonensis^h in Francia, mit 16 personen. Dominus Wylhelmus, ertzbyschoff Buturicensis^i in Francia, mit 16 personen. Dominus Gregorius, kriech ertzbyschoff Kynoniensis^j in Russia und ist der Kriechen sect under Poloni und Littow, mit 30 personen. Dominus Thomas, ertzbyschoff von Ravenna in Montfarrar^k in Ytalia^l. *Foll. 153^v und 154 leer.*   15

[155^r] Dis hienach sind die bischoff und mitt wie vil personen sy gen Costentz komen sind. Und sind ir wauppen vor im bůch.

Bystum von Ůttrich: Herr Frydrich Graffnecker, byschoff zů Ougspurg, mit 18 personen. Her Ott, marggraff zů Hochburg^m, byschoff zů Costentz, mit 24 personen. Her Ůlrich, byschoff zů Prixon^n in tütschem land^o, mit 86 personen. Her Aulbrecht^p, by-   20 schoff zů Regenspurg, mit 40 personen. Her Jörg von Hochenloch, byschoff zů Passow^q, mit 100 personen. Her Rabanus, byschoff zů Spir am Rin, mit 80 personen. Her Anshalm, byschoff zů Ougspurg, mit 40 personen. Herr Růprecht, byschoff Macloniensis in

---

a Meiland *SgZ_1*; Mailand *I*; Mayland *D_1*.
b Histria *Sg*; Asria *Z_1*; Austria *D_1*.
c Thinonensis *SgIZ_1*.
d Edosensis *E*; Edissensis *Sg*.
e Rangolff *E*.
f heysset *D_1*.
g 126 personen] zwey hundert unnd sechsundzweyntzig personen *D_1*.
h Semonensis *SgIZ_1*; Genonensis *D_1*.
i Bitturicensis *Sg*; Burinucensis *IZ_1*.
j Kynonensis *E*; Kyoniensis *Sg*; Kromensis *I*; Kyomensis *Z_1*; Kymomensis *D_1*.
k Mantfarrir *E*; Montfornarie *Sg*; Montfornarie *IZ_1*.
l *folgt* Her Heinrich Luck, ertzbischoff zů Schwel in Winden, mit lxij personen. Herr Jacob, ertzbischoff in der Schlesi, mit xiij personen *E*.
m Hochberg *SgIZ_1*.
n Brixen *ESgIZ_1*.
o in tütschem land] in Swaben *SgZ_1*; in Schwaben *I*.
p Albrecht *ESgIZ_1D_1*.
q Passaw *D_1*.

Britania, mit 16 personen. Herr Amodeus Morionensis[a], in Saphoi[b], byschoff, mit 12
personen. Her Vitalis Valentini, byschoff Tholonensis in Proventz, mit 8 personen. Her
Peter Fabri, byschoff Regensis in Proventz, mit 12 personen. Her Rŭprecht, byschoff
Ystericensis in Proventz, mit 9 person[en]. Her Hainrich von Wyl[c], byschoff Tulensis in
5   Proventz, mit 30 personen. Herr Paul[u]s, byschoff zŭ Serennensis[d] in Proventz, mit 2
personen. Herr Jacob, byschoff zŭ Carniß[e] by Venedi[f], mit 10 personen. Herr Johans,
bischoff Schlewitensis in Tenmark, her Peter, byschoff Rypensis in Tenmarck; mit[g] 106
personen. Her Bartholome[h], byschoff zŭ Placentin[i] in Friül, mit 40 personen. Her Johans, byschoff Adriensis in Lamparten, mit 6 person[en]. Her Johanß, byschoff Naulen-
10 sis in Riparia[j] in Lamparten, mit 5 personen. Her Hainrich, byschoff Veldrensis[k] in
Lamparten, mit 8 person[en]. Her Aulbrecht[l], byschoff zŭ Ast in Lamparten, mit 12
person[en]. Her Benedict von Montfred, byschoff zŭ Glusin[m] in Lamparten, mit 10 personen. Her Jacob, byschoff Adriensis in Lamparten, mit 8 person[en]. Her Frantziscus,
byschoff zum[n] tod Tudertinus in Lamparten, mit 12 personen. Her Cŭnrat, byschoff
15 Ebronensis in Lamparten, mit 10 person[en]. Her Anthonius, byschoff zŭ Paruß[o], mit 6
person[en]. Her Thomas, byschoff Liciensis im rich Napuls[p], mit 10 personen. Her Fla-
minus, byschoff zŭ Nolans in Napuls, mit 8 personen. Her Marchio de Tarroco[q], byschoff Abonensis[r] in Montfar. Her Pretifalus[s], byschoff Aquensis in Montfarer, baid mit
20 personen. Her Nicolaus, byschoff zŭ Lucan in Tuschgan, mit 10 person[en]. Her
20 Blasius, byschoff zŭ Clusin in Tuschgan, mit 10 personen.
[155ᵛ] Her Nicolaus, byschoff zŭ Aschinas[t] in Tuschgan, mit 6 personen. Her Ste-

---

a   Morianensis *Sg*; Maromensis *I*; Moraniensis *Z₁*.
b   Sophey *D₁*.
c   de Villa *SgZ₁*; de Willa *I*; von Weil *D₁*.
d   Serensis *E*; Gernienensis *SgI*; Germensis *Z₁*.
e   Tarttis *Sg*; Tarins *I*; Tarnis *Z₁*.
f   Venedig *SgD₁*.
g   mit] dye baid mit *D₁*.
h   Berchtold *SgIZ₁*; Bartolme *D₁*.
i   Blacentz *E*.
j   Yspania *SgZ₁*; Ripania *D₁*.
k   Feldrensis *SgI*; Feldiensis *Z₁*.
l   Albrecht *SgIZ₁D₁*.
m   Glusi *SgIZ₁*; Glosin *D₁*.
n   zum] tzŭ dem *D₁*.
o   Paruseo *Sg*; Parusco *IZ₁*.
p   im rich Napuls] im rich zŭ Napuls *SgI*; im rich zŭ Napuls *Z₁*; in dem reich zŭ Napels *D₁*.
q   Tharraco *Sg*; Charroco *IZ₁*.
r   Aponens *E*; Odonensiß *SgZ₁*; Abenenis *D₁*.
s   Bertzifalus *I*.
t   Achin *E*.

phan, byschoff Wulteranus in Tuschan Florentzer land, mit 8 personen. Her Rudolff, byschoff Batoniensis[a], her Rûpertus, byschoff Salusburgensis, her Johans, byschoff zů Costry[b]; die dry sind uß Engelland, mit 400 personen. Her Symon, byschoff Tragurensis[c] in Dalmacia, mit[d] 6 personen. Herr Johanß, byschoff zů Lebus in der Mark, mit 30 personen. Herr Dydacus, byschoff Kameresis[e], herr Jacob, byschoff zů Sennes[f]; us Ar 5 rogoni, mit 73 personen. Her Jacob, byschoff zů Plotzgen in der Masophie by Polan, mit 24 personen. Her Nicolaus, byschoff Lubicensis, mit 12 personen, her Andreas, byschoff Bosnamensis[g], mit 20 personen, her Johanns, byschoff Vratislanensis[h], mit 10 personen, her Johanns, byschoff Vladislamensis[i], mit 24 personen; die vier sind uß Polan. Her Jo hans, byschoff Paigonensis[j] in Püll, mit 9 personen. Her Ludewig[k], byschoff Pagorensis[l] 10 in Engelland, mit 10 personen. Her Ester, byschoff Ravelensis[m] in Cecili, mit 10 perso nen. Her Frantziscus in Tuschania, byschoff zů Arentin, mit 12 personen. Her Johans, byschoff zů Ludmutschell[n] in Behem, mit 110 personen. Her Rûdolff, byschoff zů Metz an der Misel[o], mit 60 personen. Her Symon, byschoff zů Bastoria[p] in Florentzer land, mit 10 personen. Her Anthonius, byschoff zů Cordiensis[q] in Maritana[r], mit 6 personen. Her 15 Johans Burla[s], byschoff Mittensis in Saphoi, mit 10 personen. Her Jacob von Parus[t], by schoff zů Esmus in der Mark Anthonica, mit 12 personen. Her Philippus de Silitzia, byschoff Bellicastrensis usser Kriechenland, mit 12 personen. Her Johans, byschoff Vi toriensis[u] in Frankrich, mit 10 personen. Her Nicolaus, byschoff Wydliensis[v] in Frank-

a   Bathoniensis *Sg*; Bithomensis *I*; Bithoniensis *Z₁*.
b   Sestry *SgIZ₁*.
c   Stragur *E*; Umariensis *SgIZ₁*.
d   *fehlt D₁*.
e   Kamrensis *Sg*; Kamresis *I*; Kamaresis *Z₁*; Kamerensis *D₁*.
f   Seniß *E*.
g   Rosnames *E*; Bosnaniensis *Sg*; Bosnamensis *I*; Losnamensis *Z₁*.
h   Pratispan *E*; Wittilaniensis *Sg*; Wittilamensis *IZ₁*.
i   Blassdisslaniensis *Sg*; Blassdisslamensis *IZ₁*.
j   Paigonensis] zů Pargoiensis *I*; zů Bargoiensis *Z₁*.
k   Johans *Sg*.
l   Pavorens *E*; zů Pargoiensis *Sg*; zů Paigoiensis *I*; zů Bagonensis *Z₁*
m   Paigorens *E*; Ranelensis *Sg*; Ranelensis *I*.
n   Ludmutschel *E*; Ludumpschell *Sg*; Ludumpschel *I*; Lüdmüschell *Z₁*; Lucmutschell *D₁*.
o   Musel *SgIZ₁*.
p   Bastoriat *E*.
q   Cagoriensis *E*; Concordiensis *SgIZ₁*.
r   *korr. aus* Marttana *G*.
s   Burli *Z₁*.
t   Parusco *SgZ₁*; Porusco *I*.
u   Vitariensis *Sg*.
v   Nidliensis *Sg*; Wissliensis *Z₁*.

rich, mit 13 personen. Her Johans, byschoff Viniariensis[a] in Frankrich, mit 30 personen. Her Johans, byschoff Thomeriarum[b] in Frankrich, mit 12 personen. Her Hartman, byschoff zů Chur in Churwalhen, mit 40 personen. Her Donadeus, byschoff Narniensis[c] in Lamparten, mit 10 personen. Her Nicolaus, byschoff Wysliensis in Napuls, mit 6
5   personen. Her Peter[d], byschoff Tarentinensis[e] in Napuls, mit 8 personen. Her Jacob[f], byschoff Adriensis in Montfarer, mit 10 personen. *Nach fol. 155^v fehlt in G, was D₁ foll. 155^v–157^r bringt.*

(365–367) [D₁ fol. 155^v] Hienach seind verschriben die åpt in disem bistum unnd ire wappen gemalet. Der erwirdig herr grauf Friderich von Zolr, apt in der Reichenawe.
10   *Wappen.* Der erwirdig herr, herre Haug[g], von Rosenegg geboren, abt zů den Einsidlen. *Wappen.* Der erwirdig herre, herr Hainrich von Gundelfingen, apt zů Sant Gallen. *Wappen.* Der erwirdig herr Friderich, abbt tzů Kempten. *Wappen.* Der erwirdig herr Cůnrath[h], apt zů Salmensweyer. *Wappen.* Der erwirdig herr abt[i] zů Wettingen. *Wappen.*

[156^r] *Vier Wappen ohne Beischrift, drei unausgeführt.* Der erwirdig abt Erhart[j] Lind,
15   herr zů Creützlingen. *Wappen.* Der erwirdig apbt Johannes Stokrümel, herre zů Petterßhausen. *Wappen.*

[156^v] Herr Johannes, abbt zů Weingarten. *Wappen.* Herr Cromatus[k], abt zů Schotten, domesticus. *Wappen.* Herr Ymbertus[l], abt zů Sůssen. *Wappen.* Herr Johannes[m], apt tzů Schauffhausen. *Wappen.* Herr Johannes, abt zů Stain. *Wappen.* Herr Hainrich, abbt
20   zů Reünaw[n]. *Wappen unausgeführt.*

[157^r] Johannes, abt zů Sannt Blåsy[o] am Schwartzwalde. *Wappen.* Nicolaus, apt in Raytthaßlach. *Wappen.* Wilhelmus, abt Amirane in regno Francie. *Wappen.* Fridericus, apt zů Sanntgans. *Wappen.* Johannes, apt Cistercensis in Burgundi. *Wappen.* Johannes, apt Castellensis in Franckreich. *Wappen. Danach setzt G wieder ein.*

25   [G fol. 158^r] Apptt de Precibus. *Wappen. Wappen ohne Beischrift.* Her Wolffo, apptt

a   Vinariensis *SgIZ₁*.
b   Thomoriaris *SgIZ₁*.
c   Marmens *E*.
d   Niclaus *E*.
e   Tarriencinensis *SgZ₁*; Tarrienturensis *I*.
f   Peter *E*.
g   Hug *SgIZ₁*.
h   Jodocus *I*; Judocus *Z₁*.
i   Johannes abt *SgIZ₁*.
j   Eberhardus *Sg*; Erhardus *I*; Eberhardus *Z₁*.
k   Cornatus *SgIZ₁*.
l   Winbertus *SgZ₁*; Umbertus *I*.
m   Cůnradus *SgIZ₁*.
n   Rinöw *SgIZ₁*.
o   Blasia *Sg*; Plasien *I*; Blasien *Z₁*.

zů Zwiffaltten. *Unausgeführtes Wappen.* Her Jörgᵃ, apptt zů Bregentz. *Unausgeführtes Wappen.* Her Aulbrechtᵇ, apptt zů Santt Johanns im Turtall. *Unausgeführtes Wappen.* Johanns apptt zů Ouchssenhusenᶜ. *Unausgeführtes Wappen.*

[158ⱽ] Her Nicolausᵈ, apptt zů Wiblingen. *Unausgeführtes Wappen.* Her Johannsᵉ, apptt zů Alperspach. *Unausgeführtes Wappen.* Her Göttfridus, apptt zů Rüttiᶠ. *Unaus-* 5 *geführtes Wappen.* Her Hainrich, appt zů Bebenhusenᵍ. *Unausgeführtes Wappen.* Her Cůnratt, apptt zů Wagenhusen. *Unausgeführtes Wappen.* Her Hainrich, apptt zů Cappell. *Unausgeführtes Wappen.*

[159ʳ] Hienach sind verschriben die åpptt, die da sind inkomenʰ gen Costentz und mitt so vil personen.   10

Frantziscus, abbt Sant Engetiⁱ in Saphoi, mit 6 personen. Ymbertus, abbt in Butzino in Saphoi, mit 3 person[en]. Nicolaus, abbt in Abrunʲ in Proventz, mit 6 person[en]. Johannes, abbt in Altachᵏ in Baygernˡ, mit 8 person[en]. Ůlricus, abbt zů Haymrain in Würtzburger bystum, mit 11 personen. Ymarus, abbt zů den Schotten Wirtzburger bystum, mit 4 personen. Johannes, abbt Sancti Burkardi Wirtzburger bystum, mit 12 per- 15 sonen. Erhartᵐ, abbtte zů Pantz Würtzburger bystum, mit 4 personen. Enfridusⁿ, abbtte in Honbergᵒ Würtzburger bystum, mit 4 personen. Johannes, abbtte zů Barmbachᵖ Würtzburger bystum, mit 10 personen. Hainricus, abbtte in Schöntal Würtzburger bystum, mit 10 personen. Hainricus, abbtte Ebracensis Würtzburger bystum, mit 5 personen. Cůnradus, abbtte in Münch Urach Würtzburger bystum, mit 10 personen. Johan- 20 nes, abbtte Demerla in Fultᵠ Büchner, mit 38 person[en]. Hartmannus, abbt Sant Albani ob Mäntz, fürstʳ, mit 20 person[en]. Johannes, abbt zů Melch in Österrich, mit 23

---

a   Georius *IZ₁*.
b   Alberchtus *SgZ₁*; Albertus *I*; Albrecht *D₁*.
c   Johannes apt zů Nichsenhusen *Z₁*; Johannes apt zů Ochßenhausen *D₁*.
d   Johannes *SgIZ₁*; Niclas *D₁*.
e   Johannes *SgIZ₁D₁*.
f   Ruti *SgIZ₁*; Reütti *D₁*.
g   Gebenhusen *I*; Rebenhausen *D₁*.
h   imkomen *G*; eynkommen *D₁*.
i   Angnetti *Z₁*.
j   Brun *E*.
k   Nideraltach *SgZ₁*; Maideraltach *I*.
l   Paigern *SgI*; Peigeren *Z₁*; Bayren *D₁*.
m   *folgt* von Schöwenberg *Sg*; *folgt* von Schowenberg *IZ₁*.
n   Eufridus *Z₁*.
o   Heinberg *SgIZ₁*.
p   Brunbach *SgZ₁*; Brunnbach *I*.
q   *folgt* ein *SgZ₁*; *folgt* in *I*.
r   fürst] ein gefürster appt *D₁*.

person[en]. Johannes, abbtte zů Kemnütz^a in Missen, mit 6 person[en]. Syfridus, abbtte
zů Ellwangen^b Ougspurger bystum, mit 18 personen. Hainricus, abbtte zů Cappel in
Costentzer bystum, mit 10 person[en]. Cunradus, abbtte zů Lützel in Basler bystum, mit
12 person[en]. Cůnradus, abbtte zů dem Han in Mäntzer^c bystum, mit 4 person[en]. Jo-
5 hannes, abbtte Johannis baptiste zů Stams Prixer bystum, mit 7 personen. Alberchtus,
abbtte zum Hailigen Crütz in Passower^d bystum, mit 6 personen. Alberchtus^e, abbtte zů
Mulbrunnen in Spirer bystum, mit 6 personen. Eggo, abbtt zů Ottenbüren in Ögstburger
bystum, mit 7 personen. Lanpertus^f in dem Berg Münch Urach Babenberger bystum,
mit 10 personen. Cůnradus, abbtte in Schönow in Wurmser bystum, mit^g 10 personen.
10 Arnoldus, abbtte de Fonte Salutis in Aystetter^h bystum, mitⁱ 6 personen. Nicolaus,
abbtte in Lankain^j Babemberger^k bystum, mit 4 personen. Haintzmannus^l, abbtte zů
Bellela Basler bystum, mit 8 personen. Ůdalricus, abbt zů Etal in Frysinger bystum, mit
4 personen. Johannes, abbte zů Gaisham^m Passower bystum, mit 14 personen. Hugo,
abbas Sancti Anthoni Vionenser bystum, mit 40ⁿ person[en].
15   [159^v] Nicolaus, abbtte zů Florentin Bysaner bystum, mit 11 personen. Jacobus,
abbtte zum^o Zedlitz uff den Kutten in Behem, mit 10 personen. Petrus, abbt zů Parußeo^p
in Rom, mit 4 person[en]. Symon, abbt Sancti Salvii in Florentz, mit 12 person[en]. Lau-
dabus, abbt in Mosgetten in Florentz, mit 2 personen. Nicolaus, abbt von der Colnrunp^q
in Romland, mit 10 personen. Jacobus, abbtte Sancti Passiani Lardenser^r bystum, mit 11
20 person[en]. Wylhelmus, abbt Wess^s monastery, fürst, Thomas, abbt unser froen^t von

---

a   Kemnüntz *E*; Konmütz *SgIZ₁*.

b   Helwang *SgIZ₁*.

c   Matzer *Sg*; Metzer *Z₁*; Matzen *I*.

d   Passawer *D₁*.

e   Albertus *SgIZ₁D₁*.

f   Lampertus *SgZ₁*; Lamperdus *I*.

g   *fehlt D₁*.

h   Eichstetter *Z₁*; Aichstetter *D₁*.

i   *fehlt D₁*.

j   Lanckhein *Sg*; Lamkhein *IZ₁*.

k   Babenger *D₁*.

l   Hermannus *Sg*; Hentzmannus *I*; Hemtzmannus *Z₁*.

m   Gaischaim *Sg*; Gaistham *IZ₁*.

n   40] vier *D₁*.

o   zum] tzů dem *D₁*.

p   Parnseo *SgI*; Parusio *Z₁*.

q   Colump *SgIZ₁*.

r   Laudensis *SgZ₁*; Landensis *I*.

s   West *ESgIZ₁*; Weß *D₁*.

t   fröwen *SgI*; frowe *Z₁*; frawen *D₁*.

Eboraco[a], Rickardus, abbt zů Joriwaldiß[b], Johannes Ripon, abbt de Fontibus[c], Rickardus, abbt de Belliloco[d]; alle fünff von Engelland, mit 220 personen[e]. Cůnradus, abbt zů Merspurg, ain fürst, mit 30 personen. Nicolaus, abbtte Sant Benedicten by Gron[f], mit 18 personen. Johannes, abbtte zů Blabüren[g], gefürst, mit 10 personen. Cristanus, abbtte Sant Vincencii Würcasliensis[h] bystum, mit 6 personen. Johannes, abbtte des ordens cy- 5 sterciensis in Burguni, mit 10 personen. Johannes[i], abbtte zů Wermisellery[j] Merspurger bystum, mit 10 personen. Johannes, abbtte zů Mormundi[k] in dem hertzogtům Barensis, mit 8 personen. Frantziscus, abbt zů Castellariis in Frankrich, mit 10 person[en]. Johannes de Castello, abbt Sancti Lupi in Frankrich, mit 8 person[en]. Wylhelmus, abbt zů Romonensis[l] in Frankrich, mit 10 person[en]. Jacobus, abbt zů Müymundensis[m] in 10 Frankrich, mit 6 person[en]. Hugo, abbt von Corbinaco Sant Lienhartz[n] in Frankrich, mit 12 personen. Felix de Belleloco[o], abbt Senanenßis[p] bystums in Frankrich, mit 8 personen. Wylhelmus, abbt Sancti Georii Rotomagenser bystum in Frankrich, mit 10 personen. Wylhelmus, abbtte zů Arriany[q] in Franckrich, mit 4 person[en]. Petrus, abbt des münsters Villelupensis[r] in Frankrich, mit 3 personen. Nicolaus, abbtte Clumacensis[s] in 15 Frankrich, mit 10 person[en]. Thomas, abbt de Sancta Trinitate in Ungern, Frantziscus, abbt zů Cappürna in Ungern; mit 12 personen. H[ainricus[t]] von Albon, abbt zů den Sübenbürgen in Unger, mit 6 personen. Bartholome[u]s[u], abbt de Pistorio in Tuscha[v]

---

a Eborot *E*.
b Joribalt *E*.
c Fronte *E*.
d Bellilo *E*.
e alle – personen] Die alle fünff seind kommen mit tzweihunde[r]tt unnd zweintzig personen *D₁*.
f Gran *SgI*; Grau *Z₁*.
g Blabeüren *D₁*.
h Wirtalensis *SgIZ₁*.
i Hainricus *ASg*; Hainrich *I*; Heinricus *Z₁*.
j Mermifelerii *A*; Wermifelden *Sg*; Werimfelden *IZ₁*.
k Mermund *E*; Morimundi *SgZ₁*; Mormundi *I*.
l Remonensis *SgIZ₁*.
m Munimudensis *E*; Muimundensis *Sg*; Münmundensis *I*; Mümaundensis *Z₁*.
n Leonhardi *SgI*; Leonardi *Z₁*.
o Belloloco *SgIZ₁*.
p Senamensis *SgIZ₁*; Sananensis *D₁*.
q Armariam *SgZ₁*; Amariam *I*.
r Inpellupensis *SgI*.
s Clunicensis *IZ₁*.
t Hainricus *A*; H. *GD₁*.
u Berchtoldus *SgZ₁*; Berchtholdus *I*.
v Tussia *SgIZ₁*.

Florentzer land, mit 10 personen. Galiatz, abbt des münsters Permensis[a] in Lamparten[b], mit 10 personen.

[160[r]] Andreas, abbt Sancti Vincencii in der Schlesi, mit 8 person[en]. Frantziscus, abbt Sant Ambrosii zů Mayland, mit 10 personen. Johannes, abbtte zů Vilerio in Metzer[c]
5   bystum, mit 6 personen. Wylhelmus, abbte Sancti Pauli commercato[d] in Frankonia, mit 2 personen. Hermannus, abbtte Sancti Apri in Luttringen, mit 6 personen. Wylhelmus, abbt in Fusso in Arragoni[e], Garsias[f], abbt de Pondolo in Arragoni[g]; by dem cardinal von Fussi. Johannes, abbt Castri Durantis in Ytalia, mit 6 person[en]. Abbas Sancti Admundi[h] in Engellend[i], mit 12 person[en]. Johannes, abbtte Florentinorum in der stat
10 Florentz, mit 10 personen. Casparus, abbtte Sant Johans der ainsidel, von Paruß[j]. Matheus, abbtte Clarevallis, lerer der gőtlichen kunst. Gwillinus[k], abbtte Sancti Salvatoris Mogolensis[l] bystums. Johannes, abbtte Sancte Marie de Columpna ordinis cysterciensis[m]. Nicolaus, abbtte de precibus ortistertis Veneciarum[n]. Gwyllinus[o], abbtte de Cellis Byturicensis bystums. Angelus, abbtte des münsters[p] in Runa Saltzburger bystums.
15 Cůnradus, abbtte Pigamensis[q] Sant Benedicten orden.

(376) [160[v]] So waurend dozůmaul im concilio dis thůmherren zů dem thům zů Costentz[458], hienach ir namen[r] etc.

(378) Maister Johanns Schürpffer, techen und thůmherr zů Costentz. *Wappen.* Herr Ůlrich Blårer, tůmpropst, und starb im concilio zů Costentz. *Wappen.* Her Ůlrich

---

a   Pellupensis *SgZ₁*.
b   *folgt* lant *D₁*.
c   Mentzer *SgIZ₁*.
d   commentator *Sg*; comertator *I*; commemorato *Z₁*.
e   Arrogoni *Z₁D₁*.
f   Carpasius *A*.
g   Argoni *SgI*; Arrogoni *Z₁D₁*.
h   Amandi *Z₁*.
i   Engenland *Sg*; Engelland *IZ₁D₁*.
j   Parusio *Sg*; Pusio *I*; Pusia *Z₁*.
k   Gwilhelmus *ASgIZ₁*.
l   Magolonensis *Sg*; Mogodolonensis *Z₁*.
m   Johannes, abt de precibus ortistertis Veneciarum *Sg*; Johannes, abt de precibus ontistertis de Columpba ordo destert Placentini *I*; Johannes, apt de episcopatu antistitis Veneciarum *Z₁*.
n   Nyclås, abt Sanctae Marie de Columpa ordo destort placentini *Sg*; Niclaus, apt Sancte Marie de Calumpna ordo destort placentini *Z₁*.
o   Gwilhelmus *A*; Wilhelmus *SgIZ₁*.
p   des münsters] monasteri *Sg*; monastory *I*; monastery *Z₁*.
q   Piganiensis *Sg*; Pigamen *IZ₁*.
r   *folgt* unnd wappen *D₁*.

---

458   *Zu den Konstanzer Domherren während der Konzilszeit vgl.* K. RIEDER *(Hg.), REC, Bd. 3 (1913) S. 198, Nr. 8430.*

trucksås von Diessenhoffen, thůmherr und senger zů dem thům[459]. *Wappen.* Her Hainrich von Randegg, ward nach dem obgenanten Blårer tůmpropst. *Wappen.* Her Růdolff
von Tettikoven, thůmherr und custor zů dem thům zů Costentz. *Wappen.* Maister
Cůnrat Helye, thůmherr und oufficiaul[a] zů Costentz. *Wappen.*

[161[r]] Maister Petter Liebinger, thůmherr zů Costentz. *Wappen.* Her Cůnrat von   5
Münchwil, thůmherr zů Costentz. *Wappen.* Her Aulbrecht von Rechberg, thůmherr[b].
Wappen. Her Johanns von Rast, thůmherr zů Costentz. *Wappen.* Her Walther von Ulm,
thůmherr zů Costentz. *Wappen.* Maister Johanns Hellnung[c], thůmher zů Costentz und
procurator des hoffs zů Rőm[d]. *Wappen.*

[161[v]] Her Aulbrechtt[e] Blaurer, tůmherr und was erwelt zů bischoff vor dem concilii   10
zů Costentz. *Wappen.* Her Diethelm Blaurrer, tůmherr zů Costentz. *Wappen.* Her
Cůnrat Burg[f], tůmherr zů Costentz. *Wappen.* Maister Johanns[g] Bollin, tůmherr[h]. *Wappen.* Her Jörg von Fridingen, tůmherr[i]. *Wappen.* Her Johanns Lütte, tůmherr[j]. *Wappen.*

[162[r]] Her Eberhart Last, tůmherr zů Costentz. *Wappen.* Maister Johannes
Krågenberg, tůmherr. *Wappen.* Her Fridrich von Hewen, tůmherr zů Costentz. *Wap-*   15
pen. Her Cůnratt Eckartt, tůmherr zů Costentz. *Wappen. Es folgen zwei unausgeführte*
Wappen ohne Beischrift.

(379) [162[v]] So wårend dis corherren zů Sant Steffan[k]. Maister Ludwig Nitthartt[l],
corherr und lüpriester[m] zů Santt Steffan. *Wappen.* Maister Johanns Růff[n], corherr. *Un-*
ausgeführtes Wappen. Maister Johannes Tenger. *Wappen.* Her Johanns Bischoff. *Wap-*   20
pen. Her Cůnratt Hofflich. *Unausgeführtes Wappen.* Her Johannes Kåfer. *Wappen.* Her

---

a   official *D₁*.
b   *folgt* zů Costentz *D₁*.
c   Hellung *D₁*.
d   hoffs zů Rőm] hofmůs roz *D₁*.
e   Albrecht *D₁*.
f   Drunsburg *A*.
g   Hanns *D₁*.
h   *folgt* zů Costentz *D₁*.
i   *folgt* zů Costentz *D₁*.
j   *folgt* zů Costentz *D₁*.
k   So wårend – Steffan] *fehlt D₁*.
l   Neithart *D₁*.
m   layenpriester *D₁*.
n   Růß *A*; Růffe *D₁*.

---

159 *Das Amt des Domkantors bekleidete zur Zeit des Konzils Eberhard Last und nicht Ulrich von*
Diessenhofen, wie A an dieser Stelle notiert. Vgl. M. SCHULER, *Die Musik in Konstanz während des*
Konzils 1414–1418, in: Acta Musicologica 38 (1966) S. 153.

Jacob Bartt[a]. *Wappen.* Her Cûnratt Schmid. *Wappen.* [163[r]] Maister Nicolaus Nass[b], propst zů Emrach. *Wappen.* Her Johanns Messerschmid. *Wappen.*

(380) Dis wǎrend corherren zů Sant Johanns. Her Ůlrich Keller, den man nemptt Luppff, corherr und lüpriester[c]. *Wappen.* Her Růdolpf von Tettikoffen. *Wappen.* Maister
5 Johanns Hůber, corherr und custor zů Santt Johanns. *Unausgeführtes Wappen.* Her Nicolaus Mayger[d], corherr zů Sant Johanns. *Unausgeführtes Wappen.* Her Johanns[e] Schürpffer, corherr zů Sant Johanns. *Unausgeführtes Wappen.* Her Johanns Wundrer[f], corherr zů Sant Johanns. *Unausgeführtes Wappen. Fol. 163[v] leer.*

[164[r]] Hienach sind aber[g] verschriben die bischoff, die danne gen Costentz komen
10 und mitt wie vil personen.

(342–357) Dominus Martinus, byschoff Accrabacensis[h] in Burgundia, mit 10 personen. Dominus Johannes, byschoff Ravanacensis[i], mit 6 person[en]. Dominus Helyas, byschoff Aviciensis[j], nulli subditus praeter romanae ecclesie, das ist, das er niemant undertänig ist dann der römschen kilchen, mit 12 personen. Dominus Martinus, byschoff
15 Alprucensis, mit 4 person[en]. Dominus Johannes, byschoff Silvanettensis[k], mit 3 person[en]. Dominus Jacobus, byschoff Lemonicensis in Frankrich, mit 10 personen[l]. Dominus Ludewicus, byschoff Rangherensis[m]. Dominus Jacobus, byschoff Lardensis[n]. Dominus Nicolaus, byschoff Spoletanensis. Dominus Johannes, byschoff Firmeanus. Dominus Nicolaus, byschoff Assismanensis. Dominus Martinus, byschoff Acrebatensis
20 in Burgundia. Dominus Johannes, byschoff Vaurensis[o] in der provintz Tholosiacensis. Dominus Patricius, byschoff Carthagensis provintz Cassalensis. Dominus Martinus, byschoff Alprucensis[p]. Dominus Symon, byschoff Aronicanensis[q]. Dominus Thomas, byschoff Emonensis. Dominus Astorgius[r], byschoff Milicensis im ertzbistum Sydrow-

---

a Barrt D_1.

b Naso *A*; Naß D_1.

c layenpriester D_1.

d Mayer D_1.

e Johannes D_1.

f Wunder D_1.

g *fehlt* D_1.

h Atrabacensis *SgIZ$_1$*.

i Ravennacensis *SgIZ$_1$*.

j Aniciensis *SgI*.

k Silvanectensis *SgIZ$_1$*.

l *fehlt* D_1.

m Bangherensis *SgIZ$_1$*.

n Laudensis *SgZ$_1$*; Landensis *I*.

o Naurensis *SgIZ$_1$*.

p Alprutensis *SgZ$_1$*.

q Anconitanensis *Sg*; Anconicanensis *I*; Antonicanensis *Z$_1$*.

r Astorius *SgIZ$_1$*.

cinensis. Dominus Maurinus, byschoff Apprutinus, ambasiator cardinalis Petre Sancte
Marie in Cosmodin[a]. Dominus Johannes, byschoff Warmensis[b]. Dominus Bertrandus[c],
byschoff Appomiarum[d] im hertzogtům Fussi, mit 12 person[en]. Dominus Johannes,
byschoff Ariminensis[e] [mit] 8 personen. Dominus Frantziscus, byschoff in Malphe[f] in
Ytalia, mit 10 personen. Dominus Johannes Langreti[g], byschoff Boiocensis[h] in Norma-   5
nia, mit 24 personen. Dominus Ursinus de Talenede[i], byschoff Constanciensis Rotomagenser provintz, ist hie tod, lit zu den[j] predigern begraben, [mit] 22 personen[k]. Dominus
[Lücke], byschoff Amicacensis in Ytalia, mit 3 personen. Dominus [Lücke], byschoff
Bytumiensis[l] in Frankrich, mit 16 personen. Dominus [Lücke], byschoff Consensis in
Yspania, mit 6 personen. Dominus Ludwicus, byschoff Buricensis[m], comes de Prat[is[n]],   10
mit[o] 40 personen. Dominus Theodolus, byschoff zů Ůliffa in Kriechen, mit 6 person[en].

[164[V]] Dominus Johannes Crispanus, byschoff Theanensis[p] in dem küngrich Cicilie
alcior et ambasiator, mit 20 personen. *Rest des Blattes leer.*

[165[r]] Item es ist zů wissend, das ze Costentz waurend xxxv wichbischoff all namlich
jegklicher ainer selbander, ainer selb dritt, ăne die wichbischoff[q] in den örden, der was   15
ouch vil.

Hienach aber bischoff, die gen Costentz komend und mitt wie vil personen und vindest ir wauppen fornen[r] in dissem bůch.

(342–359) Dominus Gwylhelmus, byschoff Boriensis[s] in Lombardia, mit 7 personen.
Dominus Ysiderus[t], byschoff Caffanensis in Calabria, mit 3 personen. Dominus Paulus,   20

---

a   Cosmadin *Sg*; Cosmatin *IZ₁*.
b   Warmiensis *SgIZ₁*.
c   Benerandus *I*; Beneradus *Z₁*.
d   Appomiarum] Appaniarum *SgI*; Appanarum *Z₁*; Appamiarum *D₁*.
e   Arminensis *SgZ₁*.
f   Melphe *Sg*; Mophe *I*; Monphe *Z₁*.
g   Langröti *A*; Lang *Pr.*
h   Baiocensis *SgZ₁*; Biocensis *I*.
i   Talenende *SgI*; Taleuende *Z₁*.
j   *fehlt D₁.*
k   *fehlt D₁.*
l   Bictaniensis *Sg*; Bictumensis *IZ₁*.
m   Mauricentonsis *I*; Mauricentensis *Z₁*.
n   Pratis *A*; Prat. *GD₁*; Paris *SgI*; Pariß *Z₁*.
o   *fehlt D₁.*
p   Theaniensis *Sg*; Theminensis *I*; Theamensis *Z₁*.
q   bischoff *D₁*.
r   vornen *D₁*.
s   Poriensis *ASgI*; Pariensis *Z₁*.
t   Isidanus *A*; Ysidorus *SgIZ₁*.

byschoff Cataniensis[a] in Monte regali, mit 2 personen. Dominus Lampertus, byschoff Poctontinensis[b] zů Appuleo, mit 3 person[en]. Dominus Jacobus, byschoff Calmensis in terra laboris, mit 4 personen. Dominus Nicolaus[c], byschoff Adriensis in Flammea Lombardia, mit 2 personen. Dominus Andreas, byschoff Cenetinensis[d] zů Dalmaci supra
5 mare, mit 2 personen. Dominus Thitus, byschoff Ultisalanie[n]sis[e], dominus Clemens byschoff Stagnensis[f]; in Schlavia, mit 3 personen. Dominus Johannes Bayer[g], byschoff zů Metz[h], nülich erwelt, mit 22 personen. Dominus Petrandus, byschoff Palmarum in Fussi, mit 7 person[en]. Dominus Wylhelmus, byschoff zů Strausburg[i], mit 32 person[en]. Dominus Ůdalricus, byschoff zů Verdens, mit 12 person[en]. Dominus Laurencius, by-
10 schoff Adversanus uß Napuls, mit 10 person[en]. Dominus Johannes Wagring[j], byschoff Norwycensis in Anglia, mit 40 personen. Dominus Rikardus[k] Clifford, byschoff Lodomensis[l] in Anglia, mit 68 personen. Dominus Dydacus, byschoff Conthinensis in Castel, mit 42 person[en]. Dominus Johannes, byschoff Passensis in Castell, mit 32 personen. Dominus Johannes, byschoff Xacensis in Castell, mit 12 person[en]. Dominus
15 Magnus[m], byschoff Caninensis[n], hertzog zů Sachsen, mit 22 personen. Dominus Johannes, byschoff Appaiarmensis, mit 10 personen. Dominus Johannes de Waldow, byschoff Brandenburgensis, mit 20 personen. Dominus Nicolaus, byschoff Seggawiensis[o], starb zů Costentz. Dominus Theobaldus, byschoff Syonensis, daz Syon ist fünff tagwaid von Jherusalem, mit 5 personen. *Fol. 165ᵛ–168ᵛ leer.*
20 *(368 und 381)* [169ʳ] Hienach sind verschriben die bröbst, so danne gen Costentz zů dem concilio komend, und mitt wie vil personen.

Her Wentzlaus bropst zů Passow[p], des hailige[n] stůls zů Rom prothonotari, mit 10 personen. Her Ůlrich bropst zů Friull und bott der patriarchen von Agla und von Friul

---

a   Taraniensis *SgZ₁*; Tharamensis *I*.
b   Portantinensis *Sg*; Portoneimensis *I*; Portontinensis *Z₁*.
c   Vitalis *SgIZ₁*.
d   Cenectinensis *SgIZ₁*.
e   Ulcicislamensis *SgIZ₁*.
f   Stanensis *SgIZ₁*.
g   Peiger *SgI*; Peyer *Z₁*.
h   Mentz *Sg*; Mentz *IZ₁*.
i   Sträßburg *Sg*; Strasburg *IZ₁*; Straßburg *D₁*.
j   Wangring *A*.
k   Ricardus *Sg*; Richardus *Z₁D₁*.
l   Londoniensis *Sg*; Landomensis *IZ₁*.
m   Fridricus *A*.
n   Caminensis *ASg*; Camerensis *Z₁*; Carmironsis *I*.
o   Saggawienensis us der Stirmark provincie Saltzburg *SgZ₁*; Seggawiensis uss der Stiermark provincie Saltzburg *I*.
p   Bassaw *D₁*.

hertzog Ludewigs von Teck, mit 10 personen. Her Hiltmar[a] bropst und chorher zů Wirtzburg, mit 6 personen. Her Albrecht[b] bropst in closter Nüwenburg[c], mit 40 personen. Herre der maister Sant Anthonien zů Mäningen[d], mit 9 personen. Herre der bropst Sant Anthonien in Altze[e], mit 4 personen. Herr Peter[f] bropst in Berchtoldsgaden, mit 12 personen. Herr Angelus bropst von Vitterb[g], herr Hainrich bropst Lupo[h], herr Bonanus 5 bropst von Reace, herr Laurentius bropst zů Rom; sundrig[i] schriber des baupstes[j], 13 personen[k]. Herr Benedictus bropst zů Albens, herr Gregorius bropst Sant Nicolaus; baid schriber des römsch küngs, 32 personen. Herr Johans bropst Fritzlasiens, chorherr zů Mäntz, mit 9 personen. Herr Benedictus bropst und prior de Mittna[l], mit 10 person[en]. Herr Albrecht bropst und chorherr zů Magdburg, mit 6 personen. Herr[460] Johans 10 Kerchoff, herr Hainrich Syfridi; bayd bröpst in Römerland und rechtvertiger bäpstlich bullen[m], 12 personen. Herr Johans bropst in Staingaden, mit 8 personen. Her Johans bropst Machtallensis[n], mit 8 person[en]. Herr Cůnrat bropst zů Ulme. Herr Jacob[o] bropst zů Waltzsee. Herr Johans[p] bropst uff Zürcherberg. Herr Cůnrat bropst zů Ömingen. Her Cůnrat bropst zů Ittingen[q]. Herr Nicolaus bropst zů Emrach[r]. Her Johans 15 bropst zů Ynsni[s]. Herr Petrus bropst zů Staingaden[t]. Her Johans bropst zů Diessen[u]. Herr Cůnrat bropst [zů[v]] Zürich.

---

a   Wiltmar *E*; Hiltman *SgI*; Hiltprand *Z₁*.
b   Ůlrich *E*.
c   Nürenburg *E*; Neüwenburg *D₁*.
d   Memingen *AZ₁D₁*; Männiger *Sg*; Väningen *I*.
e   Waltze *Z₁*.
f   Peter] Bentznöwer *SgIZ₁*.
g   Viterbio *Wo*; Victobio *SgIZ₁*.
h   Lipo *I*; Låpa *Z₁*.
i   sundrig] all sunderich *D₁*.
j   *folgt* mit *ED₁*.
k   13 personen] xxxj p. *E*.
l   Muctua *A*; Mittma *F*; Mictua *SgIZ₁*.
m   *folgt* beyd mit *D₁*.
n   Machcellensis *SgZ₁*; Machzellensis *I*.
o   Johannes *E*.
p   Jacobus *E*.
q   Jactingen *Sg*; Joctingen *IZ₁*.
r   Emerach *Sg*.
s   Ysin *F*; Isni *SgZ₁*; Insin *I*.
t   Stern *E*.
u   Diessenhofen *SgZ₁*.
v   zů *SgID₁*; ze *Z₁*.

---

460 *Ab hier lassen sich die Namen nicht mehr eindeutig zuordnen; das gilt auch für das nachfolgende Kapitel.*

(373) [169^V] Her Augustinus, advocat uff dem consistori, her Arraganus^a bropst zů Mala Spina; baid prothonotarii des bǎpstz, mit 12 personen. Herr Jacobus bropst zů Rodimus^b. Herr Otto grǎff von Zigenhaim bropst zů Tryel, mit 14 personen. Herr Dominicus bropst Waradiensis, herr Petrus bropst Strigonensis, herr Ladislaus^c bropst Sant

5   Georien, herr Symon bropst Sant Wadislawi; uß Ungern by dem ertzbyschof von Strigonensis. *Fol. 170 leer.*

(444a–445) [171^r] Hienach sind verschriben der gebornen grauffen namen und mitt wie vil personen[461]. Und vindest gemaullett ir wauppen hienach am lxxxxiiij.^{d} blatt^e.

Grauff Herman von Zylin^f, grauff Fryderich von Zylin, sin sun; mit^g 250 personen.

10   Grǎff Nicolaus, großgrauff zů Ungern, mit 300 person[en][462]. Grǎff Nicolaus, großgrauff zů Ungern, sin sun, mit 40 person[en]. Graff Stieber von Stieboritz^h, grǎff Pypo, herr zu^i *[Lücke]*; in Ungern, mit^j 60 person[en]. Grǎff Phylipp von Gorot^k usser Ungern, mit 30 person[en]. Grǎff Johans von Liningen, mit 20^l person[en]. Graff Brŭnor^m von der Laiter, grǎff Pauls^n von der Laiter, grǎff Nicodemus^o von der Laiter; gebrŭder^p, herren zů

15   Bern[463], mit 16 personen. Graff Ludewig zů dem Röslin, mit 10 personen. Grǎff Johanß

---

a   Arroganus *D₁*.

b   Rodimus] Rodinus *SgIZ₁*; *folgt mitt* zwǒlff personen *D₁*.

c   Laslaus *E*.

d   *korr. zu* clxxxxiiij *G*.

e   *folgt ausgestr.* und am c. blatt *G*.

f   Zili *SgIZ₁*.

g   mit] beyd mit *D₁*.

h   Stiborich *SgIZ₁*.

i   *fehlt D₁*.

j   mit] beyd mit *D₁*.

k   Phylipp von Gorot] Philip Ingoro *A*; Philipp von Caroct *Sg*; Philipp von Corott *I*; Philipp von Coroct *Z₁*; Philip von Sorot *D₁*.

l   20] xxx *D₁*.

m   Braner *E*; Prüner *SgI*.

n   Pauls] Niclaus *E*; Paulus Nicodemus *Sg*; Paulus *I*.

o   Ludwig *E*.

p   gebrŭder] all prŭder und *D₁*.

---

461 *Zur Präsenz des südwestdeutschen Adels auf dem Konzil vgl. Th.* ZOTZ, *Der deutsche Südwesten, S. 142f.*

462 *Gemeint ist hier der Palatin und Großgraf Nikolaus von Gara bzw. Miklós Garai, der mit der älteren Schwester der Königin Barbara vermählt war. Vgl. A.* FRENKEN, *Der König und sein Konzil, S. 223f. mit Anm. 129; D.* DVOŘÁKOVÁ, *The Chronicle of Ulrich Richental as an Exceptional Source, S. 9f. mit Anm. 24 auf S. 9;* DIES., *Die Delegation der ungarischen Kirche, S. 71f.; C. N.* NEMES, *Hunnen, Awaren und Magyaren am Bodensee in der Spätantike und im Mittelalter, in: SVG Bodensee 133 (2015) S. 28.*

463 *Verona.*

von Luppffen, lantgräff zů Stůlingen, mit 40 personen. Gräff Johans von Gwernfort[a], mit 16 personen. Gräff Saphingo[b] von Holenstain, ain Behem, mit 12 person[en]. Graff Gunther von Swartzburg[c], hoffrichter[d], Gräff Růdolff von Schwartzburg, sin sun; mit[e] 40 personen[f]. Gräff Albrecht von Schwartzburg, ir vetter, mit 12 person[en]. Graff Albrecht von Werdemberg[g], herr zů Pluditz[h], mit 12 personen. Gräff Eberhart von Kilch-   5 berg, mit 10 person[en]. Graff Johans von Lüchtemberg[i], mit 12 person[en]. Gräff Wylhalm von Hennenberg[j], mit 10 person[en]. Graff Ludewig von Liechtemberg, graff Johans von Sponhain[k], graff Johans von Lini[n]gen der junger; mit 33 person[en]. Graff Růdolff von Montfort, lantvogt, mit 30 personen. Graff Wylhalm von Montfort, sin brůder, mit 12 personen. Gräff Wylhalm von Montfort zů Pregantz[l], mit 22 personen.   10 Gräff Frydrich von Fellentz[m], gräff Johans von Werthain[n], gräff Michel von Werthain; mit 60 person[en]. Gräff Wylhalm von Nassow[o], chorherr zů Mentz, mit 10 personen. Graff Frydrich von Zolr, korherr zů Strasburg, ward byschoff zu Costentz, mit 8 personen.

[171ᵛ] Gräff Ott von Zigenhain, bropst zů Tryel[p], mit 20 person[en]. Gräff Ludewig   15 von Öttingen, graff Ludewig von Öttingen, sin sun; mit 22 person[en]. Graff Hug[q] von Arpagone[r] zů Landrico in Frankrich, graff Johans von Arpagone, sin sun; mit 28 person[en]. Graff Dydacus von Frentsalida[s], graff Johans von Yxare; uss Arrog[o]ni, mit 44 personen. Graff Hug[t] von Montfort, maister Sant Johans orden, mit 30 personen[u].

---

a   Gwernfurt *SgIZ₁*; Schwerenfort *D₁*.

b   Sobingo *SgZ₁*; Sophingo *I*.

c   Schwartzenburg *Sg*; Swartzenburg *IZ₁*.

d   hoffritter *I*.

e   mit] beyd mit *D₁*.

f   *fehlt D₁*.

g   Werdenberg *SgIZ₁D₁*.

h   Bludentz *ASgZ₁*.

i   Johans von Lüchtemberg] Johans von Liechtemberg *E*; Johans von Lüchtenberg *SgZ₁*; Johans von Lüchtenburg *I*; Johannes Liechtemberg *D₁*.

j   Hennenburg *I*.

k   Spanhein *SgZ₁*; Spanghein *I*; Schonhein *D₁*.

l   Bregentz *Sg*.

m   Bellentz *K*; Feldentz *E*.

n   Weinhein *Sg*; Wernhein *I*; Wernhem *Z₁*.

o   Nassaw *D₁*.

p   Driel *D₁*.

q   Haug *D₁*.

r   Argagonie *Sg*; Arpogonie *IZ₁*.

s   Fuentsalida *ASg*; Fnentsalida *KI*.

t   Haug *D₁*.

u   mit 30 personen] xxx *D₁*.

Gräff Fryderich von Togkenburg, mit 20 person[en]. Gräff Eberhart von Nellenburg, gräff Cůnrat von Nellenburg; lantgrafen im Hegö[w][a] und Madach[464], mit 24 person[en]. Gräff Franko von Karbow[b], mit 10 personen. Graff Nicolaus von Brun[c] in Ungern, graff Lassla von Brun in Ungern; mit[d] 26 person[en]. Graff Hainrich, graff Egko[e], graff

5 Cůnrat, graff Johans; von Fürstenberg, gepruder[f], mit 22 personen. Graff Fryderich, graff Cůnrat, graff Johans; von Helfenstain, mit[g] 50 person[en]. Graff Eberhart von Kilchberg, der elter, mit 12 personen. Graff Herman von Sultz, graff Růdolff von Sultz; mit[h] 20 personen. Gräff Fryderich von Fellentz[i], graff Cůnrat von Bitsch[j]; us Westerrich[k] mit 22 personen. Graff Emich von Liningen, graff Frydrich von Zolr, graff Wilhalm von

10 Eberstain; mit[l] 33 person[en]. Graff Albrecht von Hohenloch[m], mit 13 person[en]. Gräff Fryderich von Hennenberg, graff Thoma von Rinegk[n]; mit[o] 20 person[en]. Graff Herman von Hennenberg, chorherr zů Würtzburg, mit 20 personen[p]. Graff Albrecht von Werdenberg von Hailigenberg[q], mit 20 personen. Graff Hans von Sponhain[r], mit 20 person[en]. Gräff Růdolff, graff Hainrich, graff Johanns; von Werdenberg von Salgans[s],

15 mit 10 personen. Graff[t] [Lücke].

[172[r]] Gräff Lucas von Flischgo zů Placentin und zů Luanie[u]. Graff Albrecht de Schotis von Placentz, graff Nicolaus marggräff Valery; römer by dem cardinal von

---

a   Hegs D_1.
b   Kanbaw $SgIZ_1$; Karbaw D_1.
c   Brim IZ_1.
d   mit] beyd mit D_1.
e   Ego $ASgIZ_1$; Eggo KE; Eglo D_1.
f   gepruder] all vier geprůder D_1.
g   mit] alle drei mit D_1.
h   mit] beyd mit D_1.
i   Bellentz K.
j   Bütz $SgIZ_1$.
k   Wͦsterreich D_1.
l   mit] all drei mit D_1.
m   Hohenberg SgZ_1.
n   Reinegk D_1.
o   mit] beyd mit D_1.
p   mit 20 personen] xx D_1.
q   Hailgenberg Sg; Hagenberg IZ_1.
r   Spanhan $SgIZ_1$.
s   Sangans Sg; Santgans I; Sanganß Z_1.
t   fehlt D_1.
u   Lavanie $SgIZ_1$.

---

464   Die Hegaugrafschaft ist nach der Nellenburg bei der Stadt Stockach, der nordöstliche Teil nach der salemischen Grangie Madach benannt. Vgl. W. BAUM, Die Habsburger und die Grafschaft Nellenburg, in: SVG Bodensee 110 (1992) S. 73, 78f.; Th. ZOTZ, Der deutsche Südwesten, S. 144.

Flischgo. Graff Frydrich von Mors, mit 24 personen. Graff Fryderich von Katzenelen-
bogen, mit 16 personen. Gräff Ludewig von Perthilionibus vicecomes Rodi Parony de
Catholonia, graff Reimundus[a], sin sun; mit 23 person[en]. Gräff Diettrich Hanhan us-
serm Rinbirg[b], mit 10 personen. Graff Johans Remundus Vock[c], comes Cardone und
vicecomes von Vilamur us Arrogony, mit[d] 35 personen. Gräff Johans zů Canise[e] in Un-   5
gern, des ertzbyschoffs zů Strigonensis brůder sun.

   (446) Dis sind grauffen, die da komentt mitt dem margrauffen von Missen[f], landgrauff zů Thüringen.

   Grauff Hainrich, burgrauff ze Missen[g]. Gräff Hainrich von Honstain, her zů Hel-
drung[h]. Graff Hainrich von Honstain[i], her zů Lar. Graff Berent zů Regenstain, her zů   10
Blankenburg. Graff Bota[j] zů Stalberg[k]. Graff Frydrich von Bichlingen. Graff Frydrich
von Bichlingen, sin sun. Graff Protze[l] von Wernfürt. Gräff Albrecht, burggräff von
Lising[m], herr zů Perig. Graff Schenigi von Donoy[n]. Graff Vitt, her zů Schonburg. Graff
Anang[o], her zů Waldenberg. Gräff Wylhalm von Villary[p], grauff zů Ruppe[q] by dem von
Schalon[r], mit 12 person[en]. *Fol. 172^v leer.*   15

   Bild: *König Sigmund, mit zwei Wappen, D_1 nach fol. 168. Bildtext:* Der aller durch-
leüchtigest künig Sigmund, rômischer künig zů Unger, Behem, Dalmacia. Rômisch
reich. Croacia. Herr zů Lützelburg. Keysertum. *Das Bild mit den drei entsprechenden
Wappen fehlt in G, das nach fol. 172^v gleich die nachstehende Urkunde[465] bringt[466].*

---

a   Remundus *SgI*; Reymundus *Z_1*.
b   Ringebirg *SgZ_1*; Rinpirg *I*; Reinbürg *D_1*.
c   Rennund Vock *E*; Remundus Vok *SgIZ_1*; Reimundus Volck *D_1*.
d   *fehlt D_1.*
e   Canisi *SgIZ_1*.
f   Missenland *I*; Meissen *D_1*.
g   Meissen *D_1*.
h   Huldrung *Z_1*.
i   Hansten *Sg*; Honstein *IZ_1*.
j   Pote *AK*.
k   Stallenberg *A*.
l   Protzgo *AK*; Proce *E*; Brotze *SgIZ_1*; Protz *D_1*.
m   Lisnig *A*; Linsing *KZ_1*; Lysing *E*; Lissing *SgI*.
n   Tentzgo von Donon *AK*; Schemgi von Donan *SgZ_1*; Schemgi von Donay *I*.
o   Anfung *A*; Anfring *K*; Arang *SgIZ_1*.
p   Villarn *Z_1*.
q   Rupp *ED_1*.
r   Schalůn *IZ_1*.

---

465   *Vgl. zu diesem Privileg c. 132 und den entsprechenden Sachkommentar in der vierten Texteinheit.
Siehe auch Th. M. BUCK, Fiktion und Realität, S. 75, 84f.*
466   *Siehe aber die ähnliche Darstellung in Pr foll. 204^v bzw. 199^v.*

[G fol. 175ʳ] *Wyr Sigmund, von gottes gnaden rȯmscher küng, zů allen zyten merer des richs und ze Ungern, ze Behem, Dalmacien, Croacien etc. küng, bekennen und tůgenᵃ kundt offenbar an disem brieff, als wir den ersamen burgermaister, rȧten und burgern der stat ze Costentz, unsern und des richs lieben getrüwen umb ain namlich summe geltz verpfandet und versetzt haben, unser und des richs lantgrauffschafft im Thurgȯw mit der vogttyeᵇ zů Froenveld und mit dem lantgericht, wildban und aller anderᶜ zůgehȯrde nach lut und sag unsers küngklichen maiestat brieffs, den wir in dar über gegeben haben, ist für uns gebrauchtᵈ worden durch der selben von Costentz erber gelobhafftᵉ botschafft, als sich der stat dirre kranken welt von tag ze tag endert und die ding, die nit mit geschrifft warer urchünd gevestnet sind, lichtenclich verschmend, wäre inen nottdürfftig, das ain yegklicher vogt, den danne die rȧt und burgere ze Costentz zů der egenanten grauffschafft und vogtty ye denn setzend, den ban und gewalte von des richs wegen hette über daz plüt ze richtend. Darumb so sin wir durch sölich ir erber bott-schafft demüttenclich gebetten, das wir den selben burgermaistern, rȧten und burgern der stat ze Costentz von sunderlichenᶠ unsern gnaden die fryhait und gnaden geben und tȯn wȯlten, das ain yegclicher ir vogtte und undervogtteᵍ, den sy zů der egenanten länt-grauffschafft im Thurgȯw und der vogttye zů Froenveld mit ir zůgehȯrd ye denn setzend und setzen werdend oder yetz gesetzt habend, den gewalt und den ban haben über daz plüt ze richtend. Und von sölicher hohen gericht wegen ze strauffend und ze bůssend, namlich daz och ain burgermaister ze Costentzʰ, der ye dann ze zyten ist ainen yegcli-chen irem vogtte und undervogtte von unser und des richs wegen den ban habe also zů verlyhende und ze lyhend die wyle und als lang die vogttye und lantgrȧffschafft zů iro handen standen. Des haben wir angesehenⁱ sölich ir redlich bitteʲ und och die wylligen getrüwen dienste, so uns und dem riche die selben burgermaister und räte und burger zů Costentz offt und dick wyllenclich erzaigt und geton haben und noch füro wol dienen und tonᵏ söllen und mȯgen in künfftigen zyten. Und haben in darumb mit wolbedauch-tem můte rȯmscher küngclicher [175ᵛ] macht volkomenhait und mit rate unser und des richs fürsten lieben und getrüwen und von sunderlichen unsern genaden die fryhait und gnade geben und geton, tůn und geben in die, als ain rȯmscher küng mit crafft diß brieffs,*

---

a   tuen *D₁*.
b   vogtei *D₁*.
c   aller hand *D₁*.
d   gebracht *D₁*.
e   gelaubhafft *D₁*.
f   sunderichen *D₁*.
g   und undervogtte] vogt under *D₁*.
h   ze Costentz] *fehlt D₁*.
i   angesehen *D₁*.
j   bitte] bet *D₁*.
k   thůn *D₁*.

daz ain yegclicher vogtte und undervogtte, so die selben burgermaister, rate und burger
der stat ze Costentz gegenwürtig und künfftig zů der lantgrauffschafft im Thurgöw und
vogtty ze Froenveld setzend den gewalt und den ban hŏn und haben sond in der lant-
grauffschafft und vogtty allenthalben, als wyt die lantgraffschafft und vogttie langett
und ze richtend habend, als das untz herkomen und gehalten ist über das plůt ze rich-   5
tend. Und das ain yegklicher burgermaister ze Costentz, der ye dann ist und wirdet den
gewalt haben sol, als wir im och den yetz emphellen und geben, das er von unsern und des
richs wegen ainem yegklichen vogtt und undervogtte der lantgrauffschafft in^a *Thurgöw*
und vogty zů Froenveld die wyle, die zů der von Costentz handen stŏnd, den gewalt und
den ban über daz das^b *blüt ze richtende verlihen sol und mag, als offt daz yetz und hie-*   10
nach ze schulden kompt, doch uns und unsern nachkomen an dem rich an der losung
unvergriffenlich. Und gebietten darumb allen fürsten und prelauten, gaistlichen und
weltlichen, graven, fryen, herren, rittern, knechten, burgermaistern, schulthaissen, råten
und gemainden, allen stett, märkt und dörffern und sust aller mengklich, daz ir die
egenanten burgermaister, rät und burgern zů Costentz an diser unser fryhait und gnad   15
nit sumen^c *noch irren, sunder da by rüwenclich beliben laussen by unsern und des richs*
hulden und by verliesung funffundzwaintzig mark lötiges golds, das ain yegklicher, der
da wyder tätte, als offt das beschicht, zů ainer rechten pene vervallen sin sol, halb in un-
ser und des richs kamer und der ander halbtail den selben burgermaistern, räten und
burgern ze Costentz onablässenclich ze bezalend. Mit urkunde diß brieffs versigelt mit   20
unser küngklichen maiestat anhangendem insigel. Geben tzů etc.

[176^r] Das küngrich zů Unger alt und nüw. *Wappen.* Das küngrich zů Behem. *Wap-*
pen. Das küngrich zů Talmatzia^d. *Wappen.* Das küngrich zů Crawatzia. *Wappen.* Die
herrschafft zů Lützelburg. *Wappen.* Die margrăffschafft zů Brandenburg. *Wappen.*

(440,1a) [176^v] Die hochwirdig fürstin frow Barbara, römsch küngin, küng Sigmunds   25
elich wib, geborn Grăffin von Zily. *Zwei Wappen.* Die hochgeborn fürstin, frow Anna,
küngin und frow zů Wossen⁴⁶⁷, das küngrich, das merentail inne haind der hertzog von
Ratzen und die Venedier. *Wappen.* Die durlüchtig und hochgeborn frow Anna, hertzog
Fridrichs von Österrich elliche frow⁴⁶⁸, geborn ain hertzogin von Brunschwil^e etc. *Zwei*
Wappen.   30

---

a   im *D₁*.
b   das *fehlt D₁*.
c   saumen *D₁*.
d   Talmacien *D₁*.
e   Brunswig *A*; Brunswil *IZ₁*; Brunschweik *D₁*.

---

467   *Gemeint ist wohl Anna von Cilli, vgl. cc. 47–51 in der dritten Texteinheit.*
468   *Gemeint ist Anna von Braunschweig, die Gemahlin Herzog Friedrichs IV. von Österreich; vgl. c.*
144,1 in der dritten Texteinheit.

(440,2) [177ʳ] Die wolgeborn frow und wirdig frow Anna[a], grauff Eberhartz[b] von Wirttenberg elliche frow[469], geborn ain fürstin von Nürrenberg. *Zwei Wappen. Die wirdig erborn frow, frow Clara. Wappen fehlt. Fol. 177ᵛ leer.*

(440,1b) [178ʳ] Die hochgeborn frow, frow Elisabeth[c], ain wittow hertzog Stephans
5　von Payern, genannt Knüsslin, elliche fraw, geborn ain hertzogin von Clewen. *Zwei Wappen. Folgt Wappen ohne Beschriftung.* Die wirdig erborn frow, frow Maria, marggräffin in der mark Anthiochetana in Ytalia. *Wappen.*

(442a) [178ᵛ] Der hochgeborn küng Wentzlaus, küng zů Beham, herr zů Lugnitz, zů Grätz und zů Gatz[d] etc. Der was selb nitt hie, aber mitt siner gewissen bottschafft. *Wap-*
10　*pen.*

(441) Dis hienach sind die dry curfürsten, die da wellen sond[e] ain römschen küng[470]. Und ob sy und die dry gaistlichen curfürsten nitt in ain komen möchtind, so sind[471] sy nemen den küng von Behem.

(442b) [179ʳ] Der hocherborn edell churfürst hertzog Růdolff von Sachssen und ob-
15　raster[f] marschalk des hailgen römschen richs. *Wappen.* Der hochgeborn churfürst hertzog Ludwig von Payern, herr zů Haidelberg und obraster[g] truksäs des hailgen römschen richs, was selb hie und was hůtter des concilio zů Costentz. *Wappen.* Der hochwirdig churfürst her Friderich, margräff zů Brandenburg und burggräff zů Nürenberg. *Wappen.* Die hocherbornen[h] edlen fürsten, hertzog Fridrich und hertzog
20　Ernst, geborn von Österrich. *Zwei Wappen.*

(443) [179ᵛ] Hertzog Ott von Paygern, pfallentzgräff by Rin[i]. *Wappen.* Hertzog Hainrich von Paygern, pfallentzgräff by Rin. *Wappen.* Hertzog Steffan[j] von Payer, pfallentzgrauff bim Rin. *Wappen.* Hertzog Wilham von Payern, pfallentzgrauff bim

---

a　Anna] Katerina *Pr; über der Zeile von anderer Hand* Elisabeth G.
b　Erhartz *D₁*.
c　Elsbeth *Z₁*.
d　Sätz *A*.
e　wőlen sőllen *D₁*.
f　obroster *SgI;* obrester *Z₁D₁*.
g　obroster *SgI;* obrester *Z₁D₁*.
h　hochgebornen *D₁*.
i　bey dem Rein *D₁*.
j　Steffen *D₁*.

469　*Gemeint ist Elisabeth von Württemberg, eine Tochter des Burggrafen Johann III. von Nürnberg, Gemahlin Graf Eberhards des Milden. Vgl. O.* Feger, *Das Konzil zu Konstanz, Bd. 2, S. 170; H.* Heimpel, *Königlicher Weihnachtsdienst auf den Konzilien von Konstanz und Basel, S. 391 Anm. 23; M.* Papsonová *u. a., Ulrich Richental. Kostnická kronika, S. 106 Anm. 90.*
470　*Vgl. cc. 4,1–6,3 in A und K.*
471　*Wohl wie oben als* sond *zu lesen G.*

Rin. *Wappen.* Hertzog Ernst von Payern, pfallentzgräff by Rin. *Wappen.* Hertzog Johanns von Payger[a], bischoff zů Lüdk, mitt xiij pfärtt. *Wappen.*

[180ʳ] Von dem durlüchtigen fürsten hertzog Herculus[b] von Sachssen, ain ritter, hiess Johanns von Aldendorff[c], kam mitt vj pfärtten. *Wappen.* Der hochgeborn edel hertzog Ludwig von Brigg[d], hertzog in der Schlesy. Der kam gen Costentz mitt anderthalb hun-   5
dertt pfårtt und mitt[e] sechs wågen. *Wappen.* Von hertzog Hainrichen von der grossen Glawen und der mindren hertzog in der Schlesy. *Wappen.* Hertzog Aulbrecht[f] von Mägelburg[g], hertzog in der Schlesy. *Wappen.*

[180ᵛ] Von dem durlüchtigen fürst hertzog Wentzlaus von Troppaw in Sachssen mit viertzig pfårtten. *Wappen.* Von dem durlüchtigen fürsten hertzog Rainhartt von Urslin-   10
gen von Schilttach. *Wappen.* Von dem durlüchtigen hertzog Ůlrichen von Tekk, waz selb hie. *Wappen.* Von dem edlen hertzog Wasslaus[h], hertzog in Wolgast. *Wappen.*

[181ʳ] Von dem durchlüchtigen fürsten hertzogen Johanns[i] von Stettin, hertzog in der Schlesy. *Wappen.* Von dem durlüchtigen fürsten hertzog Karolus von Luttringen. *Wappen.* Von dem durlüchtigen fürsten hertzog Adolff zů Kleff, grauff zur[j] Mark, ward zů   15
Costentz hertzog gemacht. *Wappen.* Von dem durchlüchtigen hertzog Anthonius von Luttringen, komentt baid mitt lxxxvj pfärtten. *Wappen.*

[181ᵛ] Von dem erwirdigen edlen fürsten von her Karolo, hertzog von Malatest, herr in Rümeln, Philip de Rikonibus, ritter, und Anthonius von Korwario, ritter, und xxij. *Wappen.* Von dem edlen hertzog Philip Marie, herr zů Mayland in Lamparten, ain bi-   20
schoff, ain appt, vier doctor und dry ritter, und kam er darnach selb. *Wappen.* Von dem durchlüchtigen fürsten hertzog Johanns[k] von Prittania. *Wappen.* Von dem hochgebornen fürsten hertzog Hanns von Oppolientz[l] in dem küngrich zu Pollan. *Wappen.*

[182ʳ] Von dem durchlüchtigen edlen herren hertzogen Johannsen von Münsterberg in der Schlesy. *Wappen.* Von dem durchlüchtigen hertzogen her Adolffen von dem Berg.   25
Wappen. Von dem durchlüchtigen fürsten hertzog Philip von Troppaw[m] uss Kriechen,

a   Bairn *D₁*.
b   Ercules *SgI*; Hercules *Z₁*.
c   Johannes von Altendorff *D₁*.
d   Brugg *I*.
e   *fehlt D₁*.
f   Albrecht *IZ₁D₁*.
g   Maggeburg *K*; Meggenburg *SgIZ₁*; Magelburge *D₁*.
h   Wassla *SgIZ₁*.
i   Hans *SgZ₁*; Johannes *D₁*.
j   zur] zů der *D₁*.
k   Johanns] Jos *A*; Johannes *D₁*.
l   Opilens *I*.
m   Tropi *I*.

was selb hie zů Costentz. *Wappen.* Von dem durchlüchtigen hertzog Michel von Troppaw[a], sin sun, komentt baid in bottschafft des kaissers von Constantinopell. *Wappen.*

[182[v]] Von dem durchlüchtigosten hertzog Fedur[b] von wissen[c] Rüssen und herre zů
Schmolentzgi[d]. *Wappen.* Hertzog Adolff zů Schlewit[e] in dem küngrich zů Tennmark[f].
5 *Wappen.* Von dem durchlüchtigosten hertzog und fürsten, von Berrin genantt. *Wappen.*
Von dem durchlüchtigen fürsten hertzogen [*Lücke*] von Bår[g]. *Wappen.*

[183[r]] Von dem aller durchlüchtigosten fürsten und herren hertzogen Johannsen[h] von
Burguny. *Wappen.*

[183[v]] Von dem aller durchlüchtigosten fürsten hertzog Allexander, genantt Wittoltt,
10 gross fürst und herre [von] Lictow[i], ij bischoff und vil ritter und knecht. *Wappen.* Von
dem hochgebornen hertzog Semonitt zů Masophie, das ist in der Massen, mitt xx pfärten. *Wappen.* Von dem durchlüchtigen fürsten hertzogen von Bůrbanie. *Wappen.* Von
dem edlen fürsten hertzog von Orliens etc., her Mislion von Brakmont, Hugo von Ment-
brell und Gerfaldus Wassal, ritter. *Wappen.*
15 [184[r]] Hertzog Adolff zů Schlewit in dem küngrich zů Tennmark. *Wappen.* Von dem
durchlüchtigen fürsten hertzog Rainhartt von Geller und grauff zů Gülch. *Wappen.* Von
dem grossen fürsten von Achaie, hertzog von Saphoyg[j], kam ain gaistlicher herr und
zwen edel mitt x pfärtten. *Wappen.* Von grauff Anthony Fertt von Saffoy, ward zů Costentz zů ainem hertzogen gemacht, kam mitt iiij ritter und ander herren mitt xlij pfär-
20 ten. *Wappen.*

[184[v]] Von dem edlen wolgebornen margrauffen [*Lücke*] in Ferrår[k] in Lampartten.
Wappen. Von dem durlüchtigen fürsten hertzog von Jenow[l]. *Wappen.* Von dem hoch-
bornen fürsten hertzog Hannsen von Stettin[m]. *Wappen.* Von dem hochwirdigen fürsten
und herren hertzog Anthony von Brafantt. *Wappen.*
25 [185[r]] Der hochgeborn hertzog von der Massaw etc., genantt Allexander, by Polan.

a Tropy *I.*
b Kedur *SgI;* Kednr *Z[1].*
c weisen *D[1].*
d Melentzki *SgIZ[1].*
e Schlactwit *SgZ[1];* Schlattwit *I.*
f Mark *SgZ[1].*
g Bår *D[1].*
h Hannsen *D[1].*
i Lictau *D[1].*
j Saffoy *D[1].*
k Ferrår *D[1].*
l Jenaw *D[1].*
m Steten *D[1].*

Wappen. Der hochgeborn hertzog von Orlyens[a] etc., komentt dry ritter mitt xx pfärtten. *Wappen.* Der herr Contesse von Piemontt. *Wappen.* Der herr Dir von Berry. *Wappen.*

[185ᵛ] Von dem edlen wolgebornen herren dem margrauffen von Mantäw in Lampartten. *Wappen.*

[186ʳ] Der hochwirdig herre Marsilius herr zů Badow[b]. *Wappen. Fol. 186ᵛ folgen vier*   5
Wappen ohne Beischrift.

(467) [187ʳ] Dis vier sind Venedyer[c], komentt gen Costentz mitt ainem verdaktem spiswagen und mitt xviij mül[d] mit wǎttseken etc.

Martinus de Carawello. *Wappen.* Franciscus de Fuschary. *Wappen.* Anthonius Conteriny. *Wappen.* Franciscus Michahel. *Wappen.*   10

(453–456) [187ᵛ] Dis sind von Beham, von Merhern und[e] von Missen[f].

Cůnratt von der Nüwenstatt von Märhern. *Wappen.* Nicolaus Schranken von Zernwirtz und Wentzlaus. *Wappen.* Johanns[g] Lattschenbok von Behem, der den Hussen braucht[h]. *Wappen.* Ůlrich de Lutz alias Stall. *Wappen.* Her Johanns de Clon, ritter. *Wappen.* Her Petter Silstrang[i]. *Wappen.*   15

(466) [188ʳ] So sind diss[j] von Polland, uss Türgy[k], von Littow und von Samaritan.

Her Gawisch Faffcius de Sabaischgi uss Polan. *Wappen.* Her Jon Billung[l], Dietrich Billung[m]; von Littow. *Wappen.* Johannes von Garson[n]. *Wappen.* Her Yngoltt von Montfredis. *Wappen.* Her Toniky von Kall, her Johanns Samson. *Wappen.* Stentzla von Mentzgy. *Wappen.*   20

[188ᵛ] *Wappen ohne Beischrift.* Georius Solimyn de Samaicen. *Wappen.* Johanns Wis[o], ritter uss Polan. *Wappen.* Nicolaus Sappienski. *Wappen.* Georius Cappitis Podolenensis[p]. *Wappen.* Thebermur uss der Walachy[q]. *Wappen.*

---

a   Orliens *D₁.*
b   Badaw *D₁.*
c   Venediger *D₁.*
d   mul] meiler *D₁.*
e   *fehlt D₁.*
f   Meissen *D₁.*
g   Hainrich *A.*
h   bracht *D₁.*
i   Schilstrang *D₁.*
j   So sind diss] Dis sint *Z₁;* Disz seind *D₁.*
k   Türgen *D₁.*
l   Billing *D₁.*
m   Billing *D₁.*
n   Sarson *D₁.*
o   Weiß *D₁.*
p   Podolonensis *D₁.*
q   Walchei *D₁.*

(444b) [190r] Dis hienach sind gefürst grauffen[a]. Margrauff Fridrich zů Brandenburg. *Wappen.* Margrauff Johanns Jacobi[b] zů Montferrer[c]. *Wappen.* Margrauff Bernhartt zů Niderbaden[472]. *Wappen.* Margrauff Růdolff zů Roͤtteln und sin sun. *Wappen.* Grauff Richartt[d] von Waronwik[e] uss Engelland. *Wappen.* Burggrauff Friderich und burggrauff Johanns zů Nuͤrenberg. *Wappen.*

[190v] Grauff Fridrich der eltter von Missen[f], sin bottschafft kam mitt xxvj. pfartten. *Wappen.* Grauff Wilha[l]m von Missen[g], der jung. *Wappen.* Friderich, grauff zů Luttringen. *Wappen.* Hainrich[h], grauff zů Goͤrtz. *Wappen.* Grauff Anthony von der Colump, ain Roͤmer, bǎbst[i] vetter. *Wappen.* Grauff Berthold von Ursin[j], ain Roͤmer. *Wappen.*

[191r] *Wappen ohne Beischrift.* Aulbrecht[k], herr und fürst in Amhaltt in Sachssen. *Wappen.* Grauff Hainrich, burggräff zů Missen[l] etc. *Wappen.* Aulbrecht[m], herr und fürst und grauff zů Alschania. *Wappen.* Balthesar[n], ain fürst in Wendi und in Werla und herr zů Ustrow[o]. *Wappen.* Dominus Johannes, ain fürst von Anrage[p], herr in Vienna. Daz ist der herr von Schalun[q]. *Wappen.*

[191v] Grauff Wilha[l]m[r], herre zů Hessen. *Wappen.* Grauff Petter, herr zů Schalun, der jünger. *Wappen.* Grauff Marsilius zů Badow[s], ward hie zů fürst gemacht. *Wappen.* Petrandus de Camerin[t] de marchia Anthiochana senior in Ytalia. *Wappen.* Dominus Jeronimus de Montferaͧr, der eltter. *Wappen.* *Wappen ohne Beischrift.*

a Dis – grauffen] *fehlt* D_1.
b Jacob *SgI*Z_1.
c Muntferraͧr *Sg*; Muntfort *I*; Mundfereaͤr Z_1.
d Rikkart *SgI*; Rikart Z_1.
e Warenwikk *Sg*; Warenwikk *I*Z_1; Warenwilck D_1.
f Meissen D_1.
g Meissen D_1.
h Johans *Sg*Z_1.
i bǎbst] des bapstes D_1.
j Berthold von Ursin] Bechtold von Unsers *Sg*; Berchtold von Unsers *I*; Berchtold von Unseis Z_1.
k Albrecht *Sg*Z_1D_1.
l Meissen D_1.
m Albrecht *SgI*Z_1D_1.
n Balthasar *SgI*Z_1.
o Hustrow *Sg*Z_1; Hustroͧw *I*; Ustraw D_1.
p Anrage *Sg*; Auraga *I*; Aurago Z_1.
q Schallan *Sg*; Schallen *I*; Schalan Z_1; Schalm D_1.
r Wilhelm *SgI*; Wilhelmus D_1.
s Badoͧw *SgI*; Badowe Z_1; Badau D_1.
t Bertrandus princeps de Thamarin *SgI*; Bectrandus fürst von Thamarin Z_1.

472 *Zu seiner Person und Rolle auf dem Konzil A.* FRENKEN, *Der König und sein Konzil, S. 228f. mit Anm. 142; H.* KRIEG, *Ein fürstlicher »Trittbrettfahrer«? Markgraf Bernhard I. von Baden, Johannes XXIII. und das Konstanzer Konzil, in: Alemannisches Jahrbuch 63/64 (2015/2016) S. 60–67.*

(443–446) [192ʳ] Johanns gräff zů Albon und hopttman zů Talmatzia. *Wappen.* Grauff Eberhartt und grauff Ůlrich von Wirtenberg. *Wappen.* Dominus Otto de Monteferär, der jünger. *Wappen.* Hertzog Eberhartt von der Widenᵃ in Ungern. *Wappen.* Grauff Johanns von Camse in Ungern, des ertzbischoff zů Gran vetter. *Wappen.* Grauff Huglinusᵇ Planani in Rümeln. *Wappen.* 5

[192ᵛ] Grauff Friderich von Schwartzenburg. *Wappen.* Grauff Ludwig von Parihilonibus, vice comitis Rody de Chacholonia. *Wappen.* Grauff Guntherr von Schwartzenburg. *Wappen.* Grauff Aulbrechtᶜ von Schwartzenburg. *Wappen.* Grauff Wilha[l]m von Schwartzenburg. *Wappen.* Her Laurentz von Bastach. *Wappen.*

[193ʳ] Hertzog Petter von Lindwachᵈ in Ungern. *Wappen.* Scieborᵉ grauff zů Sciebortz von Plontzg und Waiden in Sibenbürgenᶠ. *Wappen. Wappen ohne Beischrift.* Her Ludwig zumᵍ Rôsslin. *Wappen. Zwei unausgeführte Wappen.* 10

[193ᵛ] Hienach der grauffen wauppenʰ. Grauff Herman, grauff Friderich, sin sun; von Zily. *Wappen.* Grauff Nicolaus, grossgrauffⁱ zů Unger der Nätterspan. *Wappen.* Grauff Scieborn von Scieborn, herr am Wag. *Wappen.* Pypo, grauff zů Themesiedis von Mora 15 hinder den Sibenbürgen. *Wappen.* Grauff Philip Ingoro. *Wappen.* Grauffen von Liningen. *Wappen.*

[194ʳ] Grauff Paulusʲ und Brunor und Nicodemus, herren zů der Laitter, herr zů Bern. *Wappen.* Grauff Ludwig zůᵏ dem Rôsslin. *Wappen.* Grauff Johanns von Lupfen, lantgrauff zů Stüllingen. *Wappen.* Grauff Johanns von Gwernforttˡ. *Wappen.* Grauffen 20 von Nassowᵐ. *Wappen.* Grauffen von Werdenberg. *Wappen.*

[194ᵛ] Grauff Eberhartt von Kilchberg und sin sun. *Wappen.* Grauff Johanns von Lüchtenbergⁿ, lantgrauff zů Ousterhoffenᵒ und zů Halss. *Wappen.* Grauff Wilha[l]m und grauff Fritz von Hennenberg. *Wappen.* Grauff Ludewig von Liechttenberg. *Wappen.* Grauff Johanns von Spanhain, der eltter. *Wappen.* Grauff Cůnratt von Tübingen. 25 *Wappen.*

---

a   Winden *SgI*; Windest *Z₁*; Weiden *D₁*.
b   Hugolinus *SgIZ₁*.
c   Albrecht *D₁*.
d   Lindôw *Sg.*
e   Scieber *D₁*.
f   Sibenbürden *D₁*.
g   ym *D₁*.
h   Hienach – wauppen] *fehlt D₁*.
i   grassgrauff *G.*
j   Pauls *D₁*.
k   zů] von *D₁*.
l   Schwerenfort *D₁*.
m   Nassaw *D₁*
n   Liechtenberg *D₁*.
o   Austerhoffen *D₁*.

[195ʳ] Grauff Hanns von Habchspurg. *Wappen*. Grauff Johanns, grauff Michel; von Wertthain. *Wappen*. Grauff Fridrich von Bellentz. *Wappen*. Grauff Hug[a] de Landrico de Arpagone von Frankrich. *Wappen*. Grauffen von Zolr. *Wappen*. Grauff Johanns de Yxare von Arragoni[b]. *Wappen*.

5 [195ᵛ] Grauff Johanns von Tengen und sin sun. *Wappen*. Grauff Didacus von Fuentsalida von Arragony[c]. *Wappen*. Grauffen von der altten Werdenberg, grǎff Hug[d]. *Wappen*. Grauff Lucas von Flischgo, ain Rŏmer. *Wappen*. Grauffen von Werdenberg von Santgans; Rŭdolff, Hainrich, Johanns. *Wappen*. Grauff Ludwig und grǎff Friderich und sin sun von Öttingen. *Wappen*.

10 [196ʳ] Grauff Friderich von Togenburg[e]. *Wappen*. Grauff Eberhartt und grauff Cŭnratt von Nellenburg. *Wappen*. Grauff Rŭdolff, grauff Herman; von Sultz. *Wappen*. Grauffen von Fürstenberg. *Wappen*. Grauff Friderich, grauff Cŭnratt; von Helffenstain. *Wappen*. Grauff Thoman von Rinegg[f]. *Wappen*.

[196ᵛ] Grauff Wilha[l]m von Eberstain. *Wappen*. Grauff Aulbrecht[g] von Hochen-
15 louch. *Wappen*. Grauff Hanns, grauff Fridrich, grǎff Ott; von[h] Katzenellenbogen. *Wappen*. Grauffen von Monttfortt. *Wappen*. Grauff Hainrich von Kyburg im Ergöw. *Wappen*. Grauff Hainrich von Löwenstain[i]. *Wappen*.

[197ʳ] Grauff Aulbrecht[j] de Scotis de Placencia. *Wappen*. Grauff Jörg, grauff Thomas, grauff Aulbrecht[k]; von Crawatzen. *Wappen*. Margrauff Nicolaus von Valery uss Römer-
20 land. *Wappen*. Grauff Ŭlrich von Mǎttsch. *Wappen*. Grauff Wilha[l]m von Prata uss Friul. *Wappen*. Grauff Cŭnratt[l] von Fryburg von wälschen Nüwenburg. *Wappen*.

[197ᵛ] Grauff Wilha[l]m und grauff Otto von Orlamüntz[m]. *Wappen*. Grauff Wilha[l]m von Arburg. *Wappen*. Grauff Etzel von Orttenburg[n]. *Wappen*. Grauff Johanns und grauff Fridrich von Diescht. *Wappen*. Grauff Hainrich von Salmen[o]. *Wappen*. Grauff
25 Fridrich von Mörs[p]. *Wappen*.

---

a Haug *D₁*.
b Arrogoni *D₁*.
c Arrogoni *D₁*.
d Haug *D₁*.
e Tegenburg *D₁*.
f Reinegk *D₁*.
g Albrecht *D₁*.
h von] all von *D₁*.
i Kŏwenstein *D₁*.
j Albrecht *D₁*.
k Albrecht *SgID₁*.
l Ŭlrich *A*.
m Oramüntz *SgI*; Oramuntz *Z₁*.
n Ortenberg *SgIZ₁*.
o Gräf Hans von Salm *Sg*.
p Mŏres *D₁*.

[198ʳ] Grauff Otto, grauff Johanns, grauff Bernhart, grauf Walraff; von Tierstain. *Wappen.* Grauff Johanns Remundus Vock de Cardine, vice comitis Villamur in Arrigonia[a]. *Wappen.* Grauff Wido de Montis Veretri in Urbino. *Wappen.* Grauff Lantzelacy de Pecaria[b], herr in Garwall[c] in Lamparten. *Wappen.* Grauff Daniel von Schonhoffen. *Wappen.* Grauff Berentt zů Regenstain. *Wappen.* 5

[198ᵛ] Grauff Anfring[d], herr zů Waldenberg. *Wappen. Wappen ohne Beischrift.* Grauff Hug[e] von Montfortt, herr zů Pfannenberg. *Zwei Wappen.* Grauff Tentzgo, grauff Fridrich; von Donon[f]. *Wappen.* Grauff Pote, herre und grauff zů Stallenberg. *Wappen.* Grauff Vitt, herr und grauff zů Schönburg. *Wappen.*

[199ʳ] Grauffen von Zigenhain[g], grauff Otto. *Wappen.* Grauff Etzell von Orttenburg. 10 *Wappen.* Grauff Sophingo von Holenstain, ain Beham. *Wappen.* Grauff Rainhartt von Hanhain. *Wappen.* Grauff Wilham von Casteln[h]. *Wappen.* Grauff Cůnratt von Bittsch[i] in Westerrich. *Wappen.*

[199ᵛ] Grauff Friderich von Honstain, herre zů Heldrung. *Wappen.* Grauff Aulbrecht[j] zů Linsing. *Wappen.* Grauff Hainrich von Hönstain, herr zů Lår. *Wappen.* 15 Grauff Protzgo von Gwernfůrtt[k]. *Wappen.* Grauff Friderich von Bichlingen. *Wappen.* Grauff Fridrich von Bichlingen. *Wappen. Fol. 200 leer.*

(447) [201ʳ] Dis hienach sind fryherren. Her Vitt[l] Liechtenstainer usser Österrich. *Wappen.* Her Friderich von Plan uss Märhern. *Wappen.* Her[m] Friderich von Waltzse. *Wappen.* Her Alsch von Ranow[n] uss Behan. *Wappen.* Her Hainrich von Rosenberg von 20 Behan. *Wappen.* Wilha[l]m von Olmunt uss Urtriecht. *Wappen.*

[201ᵛ] Stechpetter von Schara usser Windenland etc., herr zů Toppellscham. *Wappen.* Her Petter von Strasmtz[o] uss Märhern. *Wappen.* Wilha[l]m Schenck von Sidaw uss Sachssen. *Wappen. Wappen ohne Beischrift.* Johanns von Waldow[p] uss Sachssen. *Wappen.* Hainrich von Rapelstain, fryer herr. *Wappen.* 25

---

a   Arrogonia D_1.
b   Lancelon von der Pittarie Sg; Lantzelon von der Pitarie I; Lantzelon von der Picarie Z_1.
c   Sarswal $SgIZ_1$.
d   Anfeing D_1.
e   Haug D_1.
f   Donen D_1.
g   Zigenheym D_1.
h   Casell IZ_1; Castellen D_1.
i   Bütsche D_1.
j   Albrecht D_1.
k   Swerenfurt D_1.
l   Veit D_1.
m   *fehlt* D_1.
n   Ranaw D_1.
o   Strasmtz *oder* Strasnitz G; Stramstz D_1.
p   Waldaw D_1.

[202^r] Johanns von Abersperg in Paygern^a. *Wappen.* Johanns von Regensperg, fry herr. *Wappen.* Wilham Waldroder in Franken. *Wappen.* Fridrich von Bellmont in Kurwalhen. *Wappen.* Her Rŭdolff von Missnow^b uss Österrich, ain fryer panerherre. *Wappen.* Jacob von Eschenbach, fry herr. *Wappen.*

5   [202^v] Hainrich von Guttingen^c, fry herr. *Wappen.* Hainrich von Hattstatt. *Wappen.* Hanns von Arwangen. *Wappen.* Hanns von Fatz, fry herr in Kurwalhen. *Wappen.* Hainrich von Arwangen, frye herr in dem Ergöw. *Wappen.* Guntther von Schwartzberg^d, fry herr. *Wappen.*

   [203^r] Von Bürglon, fry herr. *Wappen.* Ŭlrich, Ŭlrich^e von; Clingen ob Stain von
10 Hochenclingen, fry herren. *Wappen.* Her Walther, Cŭnrat, Aulbrecht^f; ritter von Bussnang. *Wappen.* Johanns, Hanns, sin sun; von Zimern. *Wappen.* Walther von Clingen ob Stain von Hochenclingen, fry herre. *Wappen.* Her Hainrich, Hanns; von Rosnögg. *Wappen.*

   [203^v] Wilha[l]m^g, Jörg; von End. *Wappen.* Hanns von Wissenburg^h. *Wappen.* Rŭdolff
15 von Arburg, fry herr. *Wappen.* Dietrich von Krenkingen. *Wappen.* Wolffram^i, Petter^j, Hanns; von Hewen. *Wappen.* Her Cŭnratt von Winsperg. *Wappen.*

   [204^r] Ŭlrich, Thüring; von Brandis. *Wappen.* Hainrich von Finstingen. *Wappen.* Her Hanns von Haidegg, fry, aman zŭ Regensperg^k. *Wappen.* Her Stephan, Hanns, sin sun; von Gundelfingen. *Wappen.* Ludman von Liechtenberg, der jung. *Wappen.* Her Hain-
20 rich, Hanns; von Stoffeln. *Wappen.*

   [204^v] Dietrich von Walhusen. *Wappen.* Her Burckartt von Ramstain^l, herr zŭ Gilgenberg. *Wappen.* Wilha[l]m von Elmontt, her^m Hainrich von Rosenberg; uss Urtriecht. *Wappen.* Wilha[l]m Hass von Waldegg. *Wappen.* Burkartt, Ŭlrich; von Sax. *Wappen.* Ott Schenck von Niffen^n. *Wappen.*

25   [205^r] Rainhart von Westerburg usser dem Rinbierg^o. *Wappen.* Wentzla von der Thu-

---

a Payren *D₁*.

b Mißnaw *D₁*.

c Suttingen *D₁*.

d Günthür von Schwartzenburg *D₁*.

e *fehlt D₁*.

f Albrecht *D₁*.

g *folgt* und *D₁*.

h Weissenburg *D₁*.

i Wolfrom *D₁*.

j *folgt* und *D₁*.

k Regenspurg *D₁*.

l Ramstain] Ram *D₁*.

m *fehlt D₁*.

n Neiffen *D₁*.

o Reinbürg *D₁*.

 benᵃ. *Wappen*. Her Schmasman von Rapelstain. *Wappen*. Her Petter Silstrang. *Wappen*.
Hainrich von Blůmnowᵇ von Märhern. Hainrich von Blůmnowᶜ von Cravern. *Wappen*.
Wilha[l]m von Sax von Masaxs von Bellentz. *Wappen*.

[205ᵛ] Hanns von Rotzüntzᵈ usser Kurwalhen. *Wappen*. Hanns von Russeggᵉ. *Wap-*
pen. Johannsᶠ, Hanns; von Tengen. *Wappen*. Herr Alsch von Sternnenberg. *Wappen*. 5
Johanns von Biggenbach. *Wappen*. Johannsᵍ von Waldowʰ uss Sachssen. *Wappen*.

[206ʳ] Her Fridrich Schenk von Warttenbergⁱ uß Beham, ist yetz ain Huss. *Wappen*.
Her Johanns von Haidegg. *Wappen*. Her Gerhartt von Sibenberg uss Braband. *Wappen*.
Johanns von Abersperg in Paygernʲ. *Wappen*. Johanns von Michelsperg. *Wappen*. Rubin
von Rissenburgᵏ. *Wappen*. 10

[206ᵛ] Brun Wernher von Hornbergˡ. *Wappen*. Her Burkart von Ramstainᵐ, herr zů
Gilgenberg. *Wappen*. Wilha[l]m von Sax von Masagx von Bellentz. *Wappen*. Walther von
Geroltzegg. *Wappen*. Wilha[l]m von Bebenburg. *Wappen*. Her Hainrich von Blůmnowⁿ.
Wappen.

[207ʳ] Her⁴⁷³ Cristoffell, Thomanᵒ, Cůnratt; Gerstorffer. Her Wernher, her Hanns; 15
Barsperger. *Wappen*. Her Ůlrich, Wilha[l]m; Starchenbergerᵖ. Her Niggell, her Hanns;
von Stiebitz. *Wappen*. Her Appell, her Jann; Fitztum. *Wappen*. Her Otto, Niggell, Otto;
Pflůg. *Wappen*. Hainrich, Cůnratt; von der End. *Wappen*. Hainrich, Jann; von Bünowᑫ.
Wappen.

a Thauben *D₁*.
b Blůmnaw *D₁*.
c Blůmnaw *D₁*.
d Rotzünß *A*; Rotznuß *K*.
e Russega *D₁*.
f *folgt* und *D₁*.
g Hanns *D₁*.
h Waldnau *D₁*.
i Wartenburg *D₁*.
j Aberspurg in Bairen *D₁*.
k Reissenburg *D₁*.
l Horenberg *D₁*.
ɪɪɪ Rainstain *A*.
n Blůmnaw *D₁*.
o Thoma *D₁*.
p Starckenberger *D₁*.
q Bünaw *D₁*.

473 *Die nachfolgenden Namen fehlen im entsprechenden Kapitel in A.*

(448a) [207ᵛ] Ritter und knecht in Schwauben[a]. Hainrich[474], Aulbrecht[b], Wilha[l]m, Burkart; von Hŏnburg. *Wappen.* Her Johanns Frischhanns, Johanns der altt; von nüwen Bodmen. *Wappen.* Her Eberhartt von Landow[c] und Eberhartt von Landow[d]. *Wappen.* Her Hanns, her Kopp, her Niggel; von Zedlitz. *Wappen.* Ůlrich, Cůnratt; Paygrer. *Wap-*
5 *pen.* Dietrich Kemrer. *Wappen.*

[208ʳ] Ritter und knecht in Schwaben. Johanns, truksås zů Walpurg, ritter, Jacob, truksås, sin sun, ritter. *Wappen.* Her Frischhanns, Hanns Cůnratt, Hanns; von altten Bodmen. *Wappen.* Růdolff von Hochentann[e], Aulbrecht von Hochentann[f]. *Wappen.* Her Hanns, Martin, Dietrich, Ottman; von Blůmberg. *Wappen.* Caspar von Clingenberg,
10 Aulbrecht[g] von Clingenberg, sin sun. *Wappen.* Her Hainrich, truksåssen von Diessenhoffen, Johanns, genannt Molle, Johanns, genantt Bitterlin. *Wappen.*

[208ᵛ] Hopttmarschalk von Papenhain, undermarschalk des römschen richs. *Wappen.* Hanns Ůlrich von Stoffeln von Stŏffen. *Wappen.* Her Hainrich, Hanns, Burkartt; von Randegg. *Wappen.* Herman von Werdegg, die von Landenberg[h], Herman von Bi-
15 chelnsee[i], Ůlrich von Wülffingen. *Wappen.* Her[j] Ůlrich, Růdolff; von Fridingen, Hainrich. *Wappen.* Aulbrecht[k] von der altten Landenberg, Beringer, Herman; von der hochen [Landenberg]. *Wappen.* Aulbrecht[l], Beringer; von Sunnenberg. Hanns Růdolff, Hug[m]; all von Landenberg. *Kein Wappen.*

[209ʳ] Johanns, Cůnratt; von Fridingen. *Wappen.* Aulbrechtt[n] Thum von Kurwal-
20 hen. *Wappen.* Her Hanns Ůlrich, Jacob, Michel, Marquartt; von Ämptz. *Wappen.* Hanns, Hug[o], Ůlrich; von Harnstain[p]. *Wappen.* Hanns, herr Johanns[q]; von Bŏnstetten.

---

a Ritter – Schwauben] *fehlt D₁.*
b Albrecht *D₁.*
c Landaw *D₁.*
d Landaw *D₁.*
e Hohentann *D₁.*
f Albrecht von Hohentann *D₁.*
g Albrecht *D₁.*
h Landenburg *D₁.*
i Bichelsee *D₁.*
j *fehlt D₁.*
k Albrecht *D₁.*
l Albrecht *D₁.*
m Haug *D₁.*
n Albrecht *D₁.*
o Haug *D₁.*
p Horenstain *D₁.*
q Hanns, herr Johanns] Herr Hanns, herr Johannes *D₁.*

---

474 *Die nachfolgenden Namen stimmen nicht in jeder Hinsicht mit dem entsprechenden Kapitel in A überein.*

Hainrich, Cûnratt, sin sun. *Wappen.* Fridrich, Cûnratt, Hainrich; von Fryberg[a]. *Wappen.*

[209[V]] Johanns von Stadigen[b], ritter. *Wappen.* Wolff vom Stain, ritter. *Wappen.* Her Hainrich, [herr[c]] Cûnratt; von Schlandenberg; ob der Ettsch. *Wappen.* Her Michel, Rûff, Egg, Hainrich, Rûff; von Rischach[d]. *Wappen.* Eglin, Rûdolff, Eglin, Rûdolff; von Roschach. *Wappen.* Hanns von Rusegg. *Wappen.* 5

[210[r]] Cûnratt von Wolffurt. *Wappen.* Die von Hochenfels[e]. *Wappen.* Fridrich, Hanns, Hainrich; von Westerstetten. *Wappen.* Her Lienhartt, Johanns, Wolff; von Jungingen[f]. *Wappen.* Burkartt Münch[g] von Bassell. *Wappen.* Hanns von Tettingen. *Wappen.*

[210[V]] Her Burkartt, Folmar, Burckartt, Hainrich; von Mansperg. *Wappen.* Walther, 10 Hanns; von Hürnhain[h]. *Wappen.* Cûnratt, Gussen; von Liphain. Diepoltt und Hanns. *Wappen.* Truksås von Ringingen. *Wappen.* Hainrich von Wittingen, Voltz von Wittingen. *Wappen.* Her[i] Rûdolff Tûrring, Burckartt; von Hallwil. *Wappen.*

[211[r]] Puppillin[j] von Ellerbach. *Wappen. Zwei Wappen ohne Beischrift.* Cûnratt von Aichelberg. *Wappen.* Kamrer. *Wappen.* Von Stoffen. *Wappen.* 15

[211[V]] Die von Lochen. *Wappen. Wappen ohne Beischrift.* Johanns, Walther; von Münchwil. *Wappen.* Cûnratt, Johanns, Jörg, Assum; Laminger. *Wappen.* Hamman, Wilha[l]m; von Grûnnenberg[k]. *Wappen.* Thoman von Falkenstain. *Wappen.*

[212[r]] Her Hainrich, Mantz, Ûlrich; von Roggwil[l]. *Wappen. Wappen ohne Beischrift.* Caspar von Lobenberg. *Wappen. Wappen ohne Beischrift.* Die von Bottenstain. *Wappen.* 20 Hoffmaister von Frowenfeld. *Wappen.*

[212[V]] Aulbrecht[m] von Eglofsstain. *Wappen.* Burkartt, Ûlrich, Pupelin; von Helmenstorff. *Wappen. Zwei Wappen ohne Beischrift.* Wilha[l]m, Eberhartt; im Turn. *Wappen. Wappen ohne Beischrift.*

[213[r]] Schletten. *Wappen.* Randegg im Riess. *Wappen.* Hanns von Ebersperg. *Wappen.* 25

---

a Freyberg *D₁*.
b Stadgen *A*.
c *so D₁*.
d Reischach *D₁*.
e Hohenfels *D₁*.
f Jugingen *D₁*.
g Münich *D₁*.
h Hürnhaim *D₁*.
i *fehlt D₁*.
j Puppelin *D₁*.
k Grûberg *A*.
l Roggweil *D₁*.
m Albrecht *D₁*.

Die von Ramschwag[a], Eberhartt von Ramschwag. *Wappen*. Die von Hugeltzhoffen. *Wappen*. *Wappen ohne Beischrift*.

[213[v]] Johanns, Hanns; von Küngsholtz. *Wappen*. Diettrich Spåtten, Aulbrecht[b] Spått. *Wappen*. Johanns, Hainrich, Walther; Schwartzen von Costentz. *Wappen*. Bur-
5 kartt, Hanns, Fridrich; schenken von Cast[elln[c]]. *Wappen*. Hainrich von Hörningen. *Wappen*. *Wappen ohne Beischrift*.

[214[r]] Dis sind uss Franken. Her Erenfrid, Hanns, Hainrich; von Seggendorff. *Wappen*. Her Årchinger, Hanns von Sansshan. *Wappen*. Karall[d] von Hessberg. *Wappen*. Wilha[l]m von Rottenhan. *Wappen*. Her Hanns Waldroder. *Wappen*. Stephan, Růdger;
10 Sparnegger. *Wappen*.

[214[v]] Hanns Hierssberger. *Wappen*. Cůntz von der Kappen. *Wappen*. Hanns Schott. *Wappen*. Hainrich Rådnitzer. *Wappen*. Herr Ůlrich von Kintsperg, starb zů Costentz im concilio. *Wappen*. Jörg Schenk vom Giren[e]. *Wappen*.

[215[v]] *Zwei Wappen ohne Beischrift*. Die von Herrenberg. *Wappen*. Die von Alttstet-
15 ten. *Wappen*. *Wappen ohne Beischrift*. Die von Dankertschwilen[f]. *Wappen*.

[215[v]] Die herren von Sternnegg. *Wappen*. *Zwei Wappen ohne Beischrift*. Hanns von Griessen. *Wappen*. Die von Ainwile[g], Walther von Ainwil[h]. *Wappen*. Berthold, Volmar; von Mörsperg. *Wappen*.

[216[r]] *Wappen ohne Beischrift*. Die von Gundeltzhain. *Wappen*. Johanns Bock von
20 Straussburg[i] etc.[j] *Wappen*. Apsperg. *Wappen*. Cůnratt, Dietrich; von Feningen. *Wappen*. Hanns von Sachssenhain. *Wappen*.

[216[v]] Cůnratt, Hainrich, Burkartt; von Knöringen. *Wappen*. Wiprecht, Hanns, Cůnratt; die von Helmstatt. *Wappen*. Aulbrecht von Tattenhussen. *Wappen*. Hanns von Buttikan. *Wappen*. *Wappen ohne Beischrift*. Cůnratt, Wilha[l]m; von Seningen.
25 [217[r]] *Wappen ohne Beischrift*. Die von Rechenberg[k]. *Wappen*. Die von Ouchsenstain[l]. *Wappen*. Her Cůnratt von Eptingen. *Wappen*. *Zwei Wappen ohne Beischrift*.

---

a Ramschwage *D₁*.
b Albrecht *D₁*.
c Casteln *A*; Castelln *D₁*.
d Karel *D₁*.
e Geiren *D₁*.
f Dankertschweilen *D₁*.
g Ainweyl *D₁*.
h Ainweyl *D₁*.
i Johannes Bocke vonn Straßburg *D₁*.
j *darüber wohl* Die von Züllnhartt *ausgestr. G*.
k *nachgetr. G*.
l Ochssenstain *D₁*.

[217^V] Aulbrecht[a], Haman, Ůlrich, Fridrich; vom[b] Hus. *Wappen. Fünf Wappen ohne Beischrift.*

[218^r] *Fünf Wappen ohne Beischrift.* Hanns von Ebersperg. *Wappen.*

[218^V] *Vier Wappen ohne Beischrift.* Hainrich Zobell. *Wappen. Wappen ohne Beischrift.*   5

[219^r] Die von Stainegg. *Wappen.* Münch[c] von Sachnang. *Wappen. Vier Wappen ohne Beischrift.*

[219^V] *Fünf Wappen ohne Beischrift.* Schenken von Stöffen. *Wappen.*

[220^r] Her Hainrich von Hörningen, ritter. *Wappen.* Die von Langenstain. *Wappen.* Die von Haidegg, Johanns von Haidegg. *Wappen.* Hainrich, vogt zů Lüpoltz[d]. *Wappen.* 10 Ůlrich von Haimenhoffen[e]. *Wappen.* Wolff, Cůnrat, Märklin; von Halffingen. *Wappen.*

[220^V] Růdolff von Beldegg. *Wappen.* Burkartt, Ytalhanns[f]; von Werdnow. *Wappen.* Hainrich, Wilha[l]m; von Höchenriett[g]. *Wappen.* Wolff von Bůbenhoffen. *Wappen.* Gumpoltt, Hainrich; von Gilttlingen. *Wappen.* Her Wolff, Cůnratt; von Zülnhartt. *Wappen.*   15

[221^r] Dis sind edel im Elsås[h]. Die von Masmünster. *Wappen.* Die vom[i] Hus. *Wappen.* Von Hattstatt. *Wappen.* Marchs. *Wappen.* Von Hailgenstain. *Wappen.* Mans. *Wappen.*

[221^V] Von Råttberg[j]. *Wappen.* Rich von Richenstain. *Wappen.* Ze Rin. *Wappen.* Falchenstain[k]. *Wappen.* Zåssingen. *Wappen.* Schnewlin. *Wappen.*

[222^r] Růdolff von Hochenstain[l]. *Wappen.* Von Mülhan. *Wappen.* Wetzell. *Wappen.* 20 Engelbrecht. *Wappen.* Knoblach. *Wappen.* Råtzenhusen. *Wappen.*

[222^V] Greffstain. *Wappen.* Hüssell. *Wappen.* Her Burkartt Humell, Wernherr von Stoffenberg[m]. *Wappen.* Ramstain. *Wappen.* Her Berthold von Stoffen. *Wappen.* Her Cůnratt von Eptingen. *Wappen.*

[223^r] Hanns von Limburg, fryherr. *Wappen.* Her Jörg von Nüwhussen[n], huskumit- 25

---

a   Albrecht *D₁*.
b   von *D₁*.
c   Münich *D₁*.
d   Leüpoltz *D₁*.
e   Haimhoffen *D₁*.
f   Eytelhanns *D₁*.
g   Hohenried *D₁*.
h   Dis – Elsås] *fehlt D₁*.
i   von *D₁*.
j   Råttberg *D₁*.
k   Falckenstein *D₁*.
l   Hohenstein *D₁*.
m   Stoffenburg *D₁*.
n   Neühausen *D₁*.

ter[a] zů Maygnow[b]. *Wappen.* Rainhartt von Westerburg, fryherr. *Wappen.* Her Cůnrat von Andella, ritter. *Wappen.* Johanns, Cůnratt, Hainrich; von Hoͧwdorff[c]. *Wappen.* Herdegen von Hünwil. *Wappen.*

[223^{v}] Eberhartt von Wiser. *Wappen.* Aulbrecht von Schönow[d]. *Wappen.* Her Hanns Ůlrich, Ůlrich, Marquartt; von Ämptz. *Wappen.* Her Burkhartt Münch[e], ritter. *Wappen.* Her Cůnratt, Töltzer[f], her[g] Marquartt, Hainrich; von Schellenberg. *Wappen.* Wolff Grauffnegger, Wolff, sin sun. *Wappen.*

[224^{r}] Her Johanns, her Ůlrich; Fründsperger[h]. *Wappen.* Růdolff von Rossenberg. *Wappen.* Jerg, Friderich; von Katzenstain. *Wappen.* Her Hainrich von Ysenburg[i]. *Wappen.* Her Fridrich von Scharpffenberg. *Wappen.* Her Cůnrat, Diepold; Waldner. *Wappen.*

[224^{v}] Hainrich, Vitt[j], Aulbrecht[k]; von Rechberg. *Wappen.* Aulbrecht, Egg, Aulbrecht; von Künsegk[l]. *Wappen.* Hanns von Spiegelberg. *Wappen.* Schenken von Erbach, Dietrich Schenk. *Wappen.* Cůnratt von Ysenburg. *Wappen.* Hainrich von Möldingen. *Wappen.*

[225^{r}] Her Johanns Schiling. *Wappen.* Wernher von Waldegg. *Wappen.* Her Cůnratt, her Hainrich, her Cůnratt; Payger von Metz[m]. *Wappen.* Hanns von Rottenstain. *Wappen.* Hamman von Liebegg. *Wappen.* Hanns von Wessenberg. *Wappen.*

(466) [225^{v}] Dis hienach sind usser der Türgy. Her Laschga uß Zersisia. *Wappen.* Brango Excerusia uss der Cernye. *Wappen.* Her Gergo Excerinsia[n] uss der Zersisia. *Wappen.* Her Niclaus Sopnisgi[o], hoffmaister Türgon. *Wappen.* Her Johanns de Chrogo, castellanus Malischgo[p]. *Wappen.* Her Jergo de Sediold[q] cappitanner Türgen. *Wappen.*

[226^{r}] Her Andreas Palitzgy. *Wappen.* Her Thaum Schrium. *Wappen.* Her Stentzel Wienari. *Wappen. Wappen ohne Beischrift. Zwei unausgeführte Wappen.*

---

a haußkometer D_1.
b Maignaw D_1.
c Haͦwdorff D_1.
d Albrecht von Schoͤnaw D_1.
e Münich D_1.
f Tollentzer *A*.
g *fehlt* D_1.
h Fransperger *A*; Freündsperger D_1.
i Eysenburg D_1.
j Veit D_1.
k Albrechte D_1.
l Albrecht, Egg, Albrechte; vonn Küngßegg D_1.
m Metze D_1.
n Exceruisia D_1.
o Niclaus Sopnisgi *oder* Niclaus Sopinsgi *G*; Niclas Sopnigis D_1.
p Molischgo D_1.
q Gediold *A*.

(460a) [226ᵛ] Diss sind uss Engelland und von Schweden[475]. Harttung de Cluxᵃ, Anglicus, miles. *Wappen.* Johanns de Watterthon, Anglicus, miles. *Wappen.* Johanns Siton, Anglicus, miles. *Wappen.* Piers Krafft, Anglicus, miles. *Wappen.* Beringerus de Bellemonte de Frantzia, miles. *Wappen.* Johanns Roche, Anglicus, miles. *Wappen.*

[227ʳ] Nicolaus Sexpon, Anglicus. *Wappen.* Gwilha[l]m Newelant, Anglicus. *Wappen.* Geffron Offlethsch, Anglicus. *Wappen.* Jämgi Hermforttᵇ, miles. *Wappen.* Walthar Hugersfortt, Anglicus. *Wappen.* Hugx Holbach Swedomusᶜ. *Wappen.*

(465) [227ᵛ] Dis sind hienach von Portigal. *Zwei Wappen ohne Beischrift.* Her Alffro de Gunsaluoᵈ de Theida de Monte ferryᵉ, fry ritter. *Wappen.* Herr Aferandusᶠ de Castro, ritter. *Wappen.* Anthonius Consalvi de Visoᵍ. *Wappen.* Johanns de Sosa. *Wappen.*

(460b) [228ʳ] Dis sind aber von Engelland. Hugx[476] Holbach. *Wappen.* Johanns Fitton. *Wappen.* Thomas Vileotusʰ. *Wappen.* Richarttⁱ Tutton. *Wappen.* Olifier uss Dunley. *Wappen.* Piers Crofft. *Wappen.*

[228ᵛ] Johanns Lantzendon. *Wappen.* Johanns Roche. *Wappen.* Niclausʲ Sexpen. *Wappen.* Thomas Fanhes. *Wappen.* Wilha[l]m Neweland. *Wappen.* Johanns Merbory. *Wappen.*

[229ʳ] Egidius de Cencorisᵏ. *Wappen.* Jannue de Saragusa. *Wappen.* Rûperth Hemerfortt. *Wappen.* Ritzartt Stepingley. *Wappen.* Wentzlaus Swestoˡ. *Wappen.* Hermanus Pertoto. *Wappen.*

[229ᵛ] Thomas Bersselle. *Wappen.* Petrus von Schowenbergᵐ, was cardinăl zů Ŏgspurg. *Wappen.* Gôffroy Ufflechⁿ. *Wappen.* Dietrich Horstᵒ. *Wappen. Zwei unausgeführte Wappen. Fol. 230 und 231 leer.*

5

10

15

20

---

a   Hartman Klugs *A.*
b   Hermfrot *D₁.*
c   Swedonus *D₁.*
d   Gunsalmo *IZ₁.*
e   forti *IZ₁.*
f   Ferandus *Z₁.*
g   Niso *IZ₁.*
h   Vilcotus *D₁.*
i   Reichart *D₁.*
j   Nicolaus *D₁.*
k   Cencori *D₁.*
l   Schwesto *D₁.*
m   Schawenberg *D₁.*
n   Auflech *D₁.*
o   Hort *D₁.*

---

475   *Siehe unten in G noch einmal c. 460 auf fol. 243ᵛ.*
476   *Die nachfolgenden Namen gehen teilweise über die im entsprechenden Kapitel von A genannten hinaus.*

(491) [232ʳ] So sind diss fry herren, ritter und knecht, die mitt den obgenantten herren gen Costentz komen sind in der herren costen und nitt in ierem costem.

(492) Des ersten by hertzog Ludwigen[a] uss der Schlesy.

Nickel von Rechenberg[b], Johans von Bergen; ritter. Hainrich von Bittsch[c], Syfryd[d]
5 Nachell, Balthasar Banawitz[e], Bernhart Amptitz, Hainrich ze Schoff[f], Fryderich ze Schoff, Fryderich[g] Unwird, Claus[h] von Rechenberg, Johans Bůchwald, Cristofer[i] Rorenburg[j], Hainrich Schamer; knecht.

(493) By grauff Hannsen von Lupffen.

Burkart von Ryschach[k], Gebhart von Schellenberg[l], Hainrich von Offtringen, Wal-
10 ther von Ainwyll[m], Hainrich von Årtzingen, Cůnrat von Årtzingen[n], Růff von Nüwenhusen[o], Johans von Håwdorff[p]; knecht.

(494) By dem margrauffen von Montferär.

Arsellus de Saluciis, Bonetinus de Thůraco[q], Anthonius de Comitibus, Garfanus de Fraschonello[r]; ritter. Stephanus de Thuchano, Bartholomeus[s] de Lassala[t], Frantziscus
15 Merlinus, Paschaydus[u]; knecht.

(495) [232ᵛ] By dem margrauffen von Niderbaden.

Johans von Kagnek[v], Burkart Humel[w] von Stoffenburg, Hans Zorn, jünger, Nicolaus[x]

---

a   Hainrich *SgIZ₁*.
b   Nyclaus von Rechberg *Sg*; Niclaus von Rechenberg *I*; Nikolaus von Rechberg *Z₁*.
c   Bitsch *EIZ₁*; Pitsch *Sg*; Bütsch *D₁*.
d   Sifrid *EIZ₁*; Seyfrid *D₁*.
e   Bonawitz *D₁*.
f   Scheff *Sg*.
g   Hainrich *A*.
h   Cläws *I*; Clas *D₁*.
i   Cristoff *E*; Cristoffel *SgIZ₁*.
j   Rötenburg *Sg*; Rotenburg *I*; Rottenburg *Z₁*.
k   Rischach *ESgIZ₁*; Reischach *D₁*.
l   Schnellenberg *I*.
m   Anwil *E*; Ainwile *SgI*; Anwile *Z₁*; Ainweyll *D₁*.
n   Cůnrat von Årtzingen] *fehlt D₁*.
o   Newenhoffen *D₁*.
p   Höwdorff *E*; Hödorf *Sg*; Hödorff *I*; Hedorff *Z₁*.
q   Benedictus de Thůraca *Sg*; Benedictus de Thůrato *I*; Benedictus de Thůrata *Z₁*.
r   Garfronus de Fraschon *E*; Garfanus de Fraschenallo *Sg*; Garfanus de Fraschenollo *IZ₁*.
s   Bartolf *E*; Berchtoldus *SgIZ₁*; Bartholus *D₁*.
t   Lasla *E*.
u   Parschardus *SgIZ₁*.
v   Hans von Kasnegg *E*.
w   Schimel *A*; Hunbel *SgZ₁*.
x   Niclaus *EI*; Niclas *D₁*.

von Weschusen, Johans von Stuben[a], Tham von Helmstat, Hainrich von Hohenstain;
ritter. Cûnrat[b] von Ryschach[c], Cûnrat[d] Stainbrecher[e], Diettrich Roder[f], Johans Roder[g],
Johans Lapp, Eberhart vom Stain, Clas Schûch von Entzingen[h], Puppilin[i] von Ellerbach[j], Sitz Marschalk von Pappenhain, Wolff von Westerstetten, Johanns Stoll von Stoffenberg[k]; knecht.   5

(496) By grauff Hugen von Monttfortt, dem landfogtt.

Märk[l] von Schellenberg[m], Bäntilin[n] von Haymenhoven[o], Cûnrat[p] von Wyler, Ûlrich
von Haymenhoven[q], Hainrich[r] vogt zû Lûpoltz, Geory Kröwel[s], Rûdger[t] Hartzer;
knecht.

(497) By dem ertzbischoff von Mäntz.   10

Johans[u] von Biggenbach, Cûnrat[v] von Rudishain[w], Peter Stettenberg[x], Johans[y] von
Löwenberg[z]; ritter. Und sust by edeln knechten by sechs und zwaintzigen.

(498) By dem grauffen von Warenwik uss Engelland.

---

a   Nicolaus – Stuben] Nyclaus von Stuben *Sg*; Niclaus von Stuben *Z₁*.
b   Cûntz *E*.
c   Reyschach *D₁*.
d   Cûntz *E*.
e   Steinbacher *Sg*; Steinbrecher *Z₁*.
f   Bader *SgIZ₁*.
g   Bader *SgIZ₁*.
h   Clas Schûch von Ertzingen *A*; Alschûch von Entzingen *SgZ₁*; Aschûch von Entzingen *I*.
i   Puppelli *SgI*; Buppuli *Z₁*; Pupelin *D₁*.
j   Erenbach *SgIZ₁*.
k   Offenburg *Sg*; Offenberg *IZ₁*.
l   Merk *Z₁*.
m   Schnellenberg *I*.
n   Pantly *E*.
o   Bäntelli von Haimenhofen *Sg*; Pantelli von Heimenhofen *I*; Penteli von Heimanhoffen *Z₁*; Bäntelin von Haymhoffen *D₁*.
p   Cûntz *E*.
q   Haimhoffen *D₁*.
r   Ûlrich *E*.
s   Ger Krall *Sg*; Ger Kroll *IZ₁*.
t   Rügger *SgI*; Rûgger *Z₁*.
u   Hanns *E*; Johannes *D₁*.
v   Cûntz *E*.
w   Rudishan *E*; Rudishein *I*; Rudißhaym *D₁*.
x   Stettberg *SgIZ₁*.
y   Hanns *E*; Johannes *ID₁*.
z   Leonberg *E*.

Wylhalm Gronson[a], Baduwinus Strauß[b], Rick[c] Kyson; ritter. Lampre[ch]th[d] Mack-
ney[e], Gnohis Stok[f], Wylhalm Rochlans[g], Johannes Aston[h], Jon Strauß, Johan Waldiere[i];
knecht. Und noch süben knecht.

(499) [233^r] By dem margrauffen von Rötteln.

5   Haman[j] von Grünenberg, Wylhalm von Grünenberg, Turing Münch[k], Berchtold von
Stöfen, Johans von Richenstain[l]; ritter. Johans von Bühel[m], Adelberg von Baden, Hanß
von Flachsen, Hanß von Roggenbach, Wernher von Roggenbach, Nicolaus von Roggenbach; knecht. Und noch zehen edel.

(500) By grauff Hugen von Monttfortt, grossmaister Santt Johanns ordens.

10   Růdolff von Rosemberg, Eberhart von Ramswag, Bu[r]kart Schenk von Casteln,
Cůnrat[n] von Stainach, Hainrich[o] von Hermenstorff[p], Burkart von Hermenstorff, Johannes von Münchwyl[q], Walther von Münchwyl[r]; knecht.

(501) By hertzog Ludwigen von Brigg.

Johans[s] von Megsperg, Stoff[t] Girstorffer[u], Hainrich Åll, Johans[v] von Zedlitz[w], Nigkel
15 Stiewitz; ritter. Hanß von Langnow[x], marschalk, Hainrich Bonawitz, Peter Scheldorff,

---

a   Grassen *SgZ$_1$*; Grossen *I*.
b   Badwinus Struß *E*.
c   Bik *Z$_1$*; Fick *D$_1$*.
d   Lampart *SgI*; Lapart *Z$_1$*.
e   Maken *E*; Markrey *SgIZ$_1$*; Macknen *D$_1$*.
f   Gnoshis Sok *SgIZ$_1$*.
g   Ronchloß *E*; Rochlang *D$_1$*.
h   Johans Ostan *SgZ$_1$*; Johannes Ostan *I*.
i   Hans Waldrier *E*.
j   Henman *Sg*.
k   Münich *D$_1$*.
l   Johannes von Reichensteyn *D$_1$*.
m   Hans von Bühel *E*; Johans von Büchell *SgI*; Johans von Buchel *Z$_1$*; Johannes von Pühel *D$_1$*.
n   Cůntz *E*.
o   Haintz *E*.
p   Hermanstorf *Sg*; Hermenstorf *Z$_1$*.
q   Münchwyle *Sg*; Münchwile *I*; Münchwiler *Z$_1$*; Münchweil *D$_1$*.
r   Münchwile *IZ$_1$*; Münchweil *D$_1$*.
s   Hans *E*; Johannes *D$_1$*.
t   Stoffel *SgIZ$_1$*.
u   Cristoffer *Sg*; Gisstorffer *I*; Gidstoffer *Z$_1$*; Girstoffer *D$_1$*.
v   Hans *E*; Johannes *D$_1$*.
w   Celitz *SgIZ$_1$*.
x   Langnaw *D$_1$*.

Thoma Girstorffer[a], Hainrich Bongxrüt[b], Hanß Halwystorff[c], Nigkel von Zedlitz, Hainrich Scheldorff, Frytz Landskron[d], Hanß Gerstorffer; knecht.

(504) By bischoff Otten von Costentz, ain margräff von Rôtteln.

Hainrich[e] von Randek, ritter. Hainrich von Randek. Bilgrin von Höwdorff. Johans[f] von Haydek. Fryderich ze Rin[g].

5

(502) [233[v]] By grauff Herman von Zilly.

Andres von Rechnitz, Marcell Waida[h]; frie ritter. Erasmus Liechtenberg[i], Walther Saffner[j], Andres Sûchhaymer[k]; ritter. Johannes Burkart[l] von Elrenbach[m], Ludewigg Sachs, Cûnrat Greburger[n], Rainhart Schirmer, Wylhalm Richenburger[o], Cûnrat Scheldorff[p], Jacob Ramacher, Fryderich Bringer[q], Anthoni Färwer, Hanß Arbanstaler, Lütolt 10 Saffner[r], Stephan Twal, Erasmus Joner, Johans Schrans[s], Nicolaus[t] Gerstorffer[u], Andres Sachs, Jörg[v] Ekkenstaymer[w], Erasmus Fårwer, Jacob Pflegosche, Herman Grûber, Paulus Eb[x], Thoma Brysinger[y], Fritol Gaysrugger[z], Sigmund Graising, Rutsch Gerstorffer, Andres Hochenberg[aa], Johans Kumer, Johans Brantner; knecht.

(503) By dem bischoff von Spir.

15

---

a   Girstoffel *SgIZ₁D₁*.
b   Bonxmit *SgIZ₁*.
c   Heintz Halmstorff *E*; Hans Halwistorff *I*; Hanns Haltwistorff *D₁*.
d   Lantkorn *SgIZ₁*.
e   Johans *Z₁*.
f   Hans *E*; Johannes *D₁*.
g   Rein *D₁*.
h   Waide *D₁*.
i   Bechtenberger *A*; Liechtenberger *SgZ₁*; Liechtenberg *I*.
j   Schaffner *ESgIZ₁*.
k   Sûsshamer *Z₁*; Sûßhamer *D₁*.
l   Bürk *E*.
m   Volrenbach *SgIZ₁*; Elerbach *D₁*.
n   Grieburger *SgIZ₁*.
o   Richenburg *ESgI*; Reichenburger *D₁*.
p   Scholldorf *SgZ₁*.
q   Pringer *D₁*.
r   Seffren *SgIZ₁*.
s   Schums *SgZ₁*.
t   Niclas *D₁*.
u   Gerstrotter *Sg*; Gerströffer *Z₁*.
v   Berg *Sg*; Gerg *IZ₁*.
w   Ekerstainer *I*; Ekkenstayner *D₁*.
x   Ebner *A*; Ebirer *Pr*.
y   Rinsinger *SgZ₁*; Pinsinger *I*; Breysinger *D₁*.
z   Frital Geissenuger *SgZ₁*; Futal Gaissringer *I*.
aa Hohenberg *SgIZ₁D₁*.

Tham Knebel, Johans von Helmstat[a]; ritter. Frydrich von Flekenstain, Wylhalm von Nypperg, Jörg von Nypperg[b], Johans von Helmstat, Růdolff[c] von Helmstat, Wyprecht von Helmstat; knecht.

(507) By dem bischoff von Wirtzburg.

5 Johans, truchsäß von Worthusen[d], ritter. Lamprecht von Rinhofen[e], Rapp von Hoffart, Johans Pfatt von Saltzburg, Anthoni von Bybra[f], Appel von Miltz, Hanß von Miltz, Peter Truchsässe von Werthusen; knecht.

(505) [234ʳ] By hertzog Ludwigen und hertzog Otten und hertzog Steffan von Paygern.

10 Cůnrat von Bickenbach[g], fry ritter. Diettrich Schenk von Erpach[h], Cůnrat Schenk von Fehenbach[i]; fry [ritter]. Johans vom Hirshorn[j], Schwartz Rainhart von Niggingen[k], Johan Gewolff von Tegenberg[l], Johanns von Sickingen, jünger; ritter. Rainhart von Sickingen, hoffmaister. Wylhalm von Falkenstain. Jos von Falkenstain, marsch[alk]. Johans Richschenk. Cůnrat[m] von Rosenberg. Swigger von Sickingen[n]. Wyprecht von Helm-
15 stat[o]. Philipp von Ingelshain[p]. Hainrich[q] von Erenberg. Hartman von Hentishain. Eberhart von Hirsberg. Hornek von Honberg[r]. Wolff von Owe. Marti Bloss. Johans von Rosenberg. Wylhalm Swaiger[s]. Cůnrat[t] von Erlikon. Stephan von Åmershoven. Cůnrat Bůchvelder. Cůnrat von Fäningen[u]. Diettrich von Fäningen[v]. Diettrich Ramach. Bern-

---

a   Hohant *SgI*; Hohand *Z₁*.

b   Nipper *D₁*.

c   Růff *E*.

d   Hans, trugsäß von Worten *E*; Johans, truchsäß von Werthusen *Sg*; Johans, truchsäs von Werchusen *I*; Johans, truksess von Werhusen *Z₁*; Johannes, truchsåß vonn Worthausen *D₁*.

e   Einhofen *Sg*; Ainhofen *I*; Einhoffen *Z₁*; Reinhofen *D₁*.

f   Brig *E*.

g   Rikenbach *E*; Biggenbach *SgZ₁*; Biggerbach *I*.

h   Erbach *Z₁D₁*.

i   Sehenbach *Z₁*.

j   Hirschorn *SgZ₁*; Hirsthorn *I*; Hirßhoren *D₁*.

k   Siggingen *SgIZ₁*.

l   Tegenburg *E*.

m   Cuntz *E*.

n   Swiger von Sigingen *SgZ₁*; Swiger von Siggingen *I*; Sweygger von Sichingen *D₁*.

o   Holnstatt *SgZ₁*.

p   Ingelschein *SgI*; Ingelschen *Z₁*; Ingelßhaym *D₁*.

q   Wyprecht *E*.

r   Honneg von Hannenberg *I*; Heinrich von Hannenberg *Z₁*.

s   Schweiger *Sg*; Sweiger *IZ₁*; Schweiger *D₁*.

t   Cůntz *E*.

u   Pfenningen *SgZ₁*.

v   Pfenningen *SgZ₁*.

hart Swern[a]. Johans Rotzenrüter[b]. Altman Bettendorffer[c]. Ludewig von Mantzingen. Arnolt Schleder. Eberhart von Wachelm[d]. Peter von Bühel[e]. Bernhart von Bühel[f]. Johans von Wingarten. Johans von Branberg. Johans von Hettiken[g]. Rainhart von Sickingen. Johans von Rosnek[h], junger. Alle edel knecht.

(506) By dem burggrauffen von Nůrrenberg.   5

Ott von Ülenburg[i], frye. Niemhart[j] von Loffen, Johans von Lindow, Wierrich von Trütlingen[k], Erenfrid von Säkendorff[l]; ritter. Jörg Schenk vom Grin. Hainrich von Såkendorff[m]. Hanß von Sanshain[n]. Ott von Scheden. Stiebitz uß Polan. Hanß von Ensingen[o]. Wylhalm Fuchs. Johans[p] von Hilpurg. Johans[q] Ratzenberger[r]. Hans Sachs. Alle knecht.   10

(508) [234^V] By dem bischoff von Saltzburg.

Johans[s] Laminger, Gerg[t] Laminger, Edwilhalm[u] von Froberg, Johans Kuchler[v], Ůlrich Wispriacher, Johans Wispriacher[w], Fryderich Bentznoer[x]; ritter. Hanß Michelbeck[y], Wylhalm Kayb, Jörg Marschalk[z], Fryck Bentznöer[aa], Claus Hall; knecht.

(509) By dem edlen hertzog Růdolffen von Sachssen.   15

---

a   Schwern *E*; Swerter *SgIZ₁*.
b   Johans Jotzenmicter *SgI*; Johans Jotzenmitter *Z₁*; Johannes Rotzenreüter *D₁*.
c   Regendorffer *A*; Bottendorffer *SgIZ₁*.
d   Wachhelm *D₁*.
e   Büchel *SgIZ₁*; Pühel *D₁*.
f   Büchel *SgIZ₁*; Pühel *D₁*.
g   Hettikon *SgIZ₁*.
h   Johans von Rosenegg *SgI*; Johans von Rossenegg *Z₁*; Johannes von Rosenegg *D₁*.
i   Tölenburg *Sg*; Tôlenberg *I*; Tölenburg *Z₁*; Eilenburg *D₁*.
j   Lienhart *EZ₁*; Nienhart *Sg*; Rienhart *I*.
k   Trüchtlingen *SgIZ₁*.
l   Seggendorf *SgIZ₁*; Såggendorff *D₁*.
m   Seggendorf *SgZ₁*; Seggendorff *I*; Såggendorff *D₁*.
n   Sanshein *SgIZ₁*; Sanßheym *D₁*.
o   Essingen *SgZ₁*; Eslingen *I*.
p   Hans *E*; Johannes *D₁*.
q   Hans *E*; Johannes *D₁*.
r   von Ratzenberg *E*.
s   Hanns *E*; Johannes *D₁*.
t   Jörg *EIZ₁*; Görg *Sg*; Berg *D₁*.
u   Wilhalm *E*; Wilhelm *I*.
v   Buchler *SgIZ₁*.
w   Wispriaer *SgZ₁*.
x   Bentznower *E*; Bentznöwer *SgI*; Lentznower *Z₁*; Bentzenawer *D₁*.
y   Michelbeck] Bek *E*; Mikel Kumbek *Sg*; Michel Kombek *IZ₁*.
z   *folgt* Boksperg *SgIZ₁*.
aa   Frick Baßler *E*; Fritz Bentzenawer *D₁*.

Hainrich, Hainrich, Ott, Johans[a]; Schenken von Sydow[b], fryherren. Johans von Waldow[c], Albrecht Holtzendorff, Marquart von Holtzendorff, Johans von Kokritz[d], Herman Loser; ritter. Albrecht Wolff. Johans[e] Sengwitz. Ott von Dieben. Gunther von Trudeln. Hug von Rosch. Johans Wylgotz[f]. Berchtold Lest[g]. Diettrich von Manningen[h].
5   Günther von Manningen[i]. Hainrich Marschalk von Pappenheym, Cristofer Froenhoffen[j]. Johans Boss[k]. Eberhart von Bluch. Johans von Libsg. Günther Remstain[l]. Johans Trachtnöer[m]. Würbold von Wald. Hainrich von Honday[n]. Peter Hacht. Hainrich von Lotz. Gebhart Huppffen[o].

(510) Diss hienach verschribnen waurend by hertzog Hainrich von Paygern[p].

10   [235ʳ] Swyger[q] von Gundelfingen, fry. Albrecht Brisinger. Albon Closner, Diettrich Hoffer, Sitz Törringer, Mathis[r] Grans, Cristan Wietzleben; ritter. Caspar Doringer[s], Hanß Fronberger[t], Wylhalm Achamar[u], Assum Sibolstorffer[v], Assum Laimmger[w], Hainrich Fronöer, Ůlrich Egger, Hanß Truchsäsß, Pauls Closner, Hanß Zwayried[x]; knecht.

(511) By hertzog Wilha[l]men von Paygern[y].

15   Eberhart von Fryberg, Cůnrat von Fryberg, Sigmund Fronberger, Wylhalm Torringer, Bernhart Waldegger[z]; ritter. Wylhalm Machselrainer. Hanß, sin sun. Ott Bentz-

a   Hans *E*; Johannes *D₁*.
b   Sidnöw *SgIZ₁*; Sydaw *D₁*.
c   Hans von Waldnöw *Sg*; Hans von Waldow *Z₁*; Johannes von Waldaw *D₁*.
d   Bok *Sg*; Kok *IZ₁*.
e   Hans *E*; Johannes *D₁*.
f   Wilgoltz *SgIZ₁*.
g   Le *SgZ₁*; Lel *I*.
h   Memmingen *SgZ₁*; Mämingen *I*.
i   Memmingen *SgZ₁*; Mämingen *I*.
j   Frowenhofer *E*; Frowenhofen *I*.
k   Poss *SgI*; Posß *Z₁*.
l   Ramstain *SgIZ₁*.
m   Johans Trachtnöwer *SgZ₁*; Johans Trachtnöwer *I*; Johannes Trachtnawer *D₁*.
n   Handen *SgIZ₁*.
o   Gebhart Hupphem *Sg*; Gebhart Hupphen *I*; Bernhart Hupphen *Z₁*.
p   Růdolff von Sachssen *ausgestr. G*.
q   Schwigg *E*; Sweigger *D₁*.
r   Matheis *D₁*.
s   Töringer *Z₁*.
t   Frouburger *Z₁*.
u   Achamer *ESgI*.
v   Abalstraffer *SgI*.
w   Lämminger *Sg*; Laminger *I*.
x   Zwirud *SgIZ₁*.
y   Bayern *D₁*.
z   von Waldegg *E*.

noer^a. Rŭdolff Brysinger^b. Sigmund Wachelmshofer^c. Stephan Oppffer^d. Peter Michel-
speck. Hans von Santlingen. Hans Waichinger^e. Cŭnrat^f von Magenbŭch^g. Wylhalm von
Schellenberg. Cŭnrat Egloffstainer^h. Stoffel von Frybergⁱ. Wylhalm Landsfidler^j. Cŭnrat
von Fryberg^k. Albrecht Türnli.

    (512) By burggrauff Johanns von Nürrenberg.   5

    Cŭnrat von Bomersfeld^l, Burkart von Såkendorff, Frydrich von Kindisperg, Ŭlrich
von Kindisperg; ritter. Mertzgi^m von Waldenvels. Johans Plassenberger. Herman von
Hirpergⁿ. Burkart von Tann^o. Walther von Waldenvels. Eberhart von Vorst. Albrecht von
Uffsåzz^p. Hainrich vom Stain. Albrecht von Hŭnhain. Peter Notthafft^q. Diettrich Ber-
lenstett^r. Nagel Wyld. Jörg von Hirsperg. Lucas Stang. Michel von Rodwitz^s. Johans   10
Roder^t.

    [235^V] Wylhalm von Maigental^u. Ott von Stoffemberg^v. Cŭnrat von Uffsåß^w. Ortolff
zŭ Gerŭter. Johans Schütz. Michel Truchsäß von Bomersveld^x. Wolffhart Tanner. Wyl-
halm Zobel. Johanns von Liechtenstain. Hanß Ratzenberger^y. Frytz von Kuln^z. Hainrich Marschalk. Arnolt von Kamern^{aa}. Jörg von Krawat. Cristan Stainbach. Johans   15

---

a   Botznŏwer *SgZ₁*; Botznŏw *I*; Bentznawer *D₁*.
b   Brisung *I*; Breisinger *D₁*.
c   Wachtlinschaffer *Sg*; Wachtlinschoffer *IZ₁*; Wachelmschofer *D₁*.
d   Appfer *SgIZ₁*.
e   Wechinger *Z₁*.
f   Cŭntz *E*.
g   Machenbŭch *Z₁*; Magenbŭche *D₁*.
h   Stainer *E*; Egnolfstainer *SgZ₁*; Egnolfstamer *I*.
i   Freiberg *D₁*.
j   Lantzsidler *SgIZ₁*; Landssidler *D₁*.
k   Friburg *SgIZ₁*; Freiberg *D₁*.
l   Bomenfeld *SgIZ₁*; Bomerfeld *D₁*.
m   Metzi *SgIZ₁*.
n   Hirtberg *SgI*; Hirtzberg *Z₁*.
o   von Tann] Hirtberg *SgI*; Hirtzberg *Z₁*.
p   Uffsätz *SgI*; Ufsåtz *Z₁*; Auffsåß *D₁*.
q   Notthafft] Norhafter *Sg*; Nocthafter *I*; Nachtschatten *Z₁*.
r   Bernlonstett *SgZ₁*; Bernlonstet *I*.
s   Radwitz *SgIZ₁*.
t   Rader *SgZ₁*.
u   Mayental *Sg*; Maigentail *I*; Meyental *Z₁*; Maiental *D₁*.
v   Stŏffenberg *SgZ₁*; Stoffenberg *ID₁*.
w   Auffsåß *D₁*.
x   Gomerfeld *SgIZ₁*.
y   Katzenberger *D₁*.
z   Köln *AI*; Coln *Sg*; Kŏln *Z₁*.
aa Kemren *SgI*; Komren *Z₁*.

Stainbach. Mathis[a] Kindisperg[b]. Johans[c] Kindisperg[d]. Günther von Emishain[e]. Hug von Mangfrüt[f]. Hainrich Tanndorffer[g]. Johans von Rabenstain. Janigi Bechan[h]. Berchtold Fanower.

(513) Diss hienach verschriben sind gesin by hertzog Ludwig von Paygern in Frank-
5   rich.

Dieppolt Häl, Ludwig Bentznoer[i], Johans[j] von Asperg, Cûnrat Baier[k] von Bûchparten, Herman von Braitenstain, Assum[l] Brisinger[m], Johans Marx von Sträsburg, Gaistlitz von Bolchain[n], Cûnrat Laminger; ritter. Wieland[o] Swelher[p]. Sitz[q] Marschalk, jung. Archung von Rotenberg. Eberhart[r] von Fryberg. Sitz[s] Marschalk von Gaufon[t]. Burkart Mar-
10   schalk von Bibera[u]. Frik Schenk von Grin. Hamman Haslinger. Stephan Bebenhuser[v]. Mauritz von Waltkilch. Frantz vom Stain. Crafft Vetter. Ûlrich Riedrer. Herman von Braitenstain. Hainrich von Asperg[w]. Jacob von Wolffstain[x]. Laurentz von Wolffstain. Wylhalm von Wolffstain. Hilpolt[y] Mondorffer. Und noch by xvj edel knechten.

a   Mathias D_1.
b   Büdisperg A; Kindisspirg I.
c   Johans Kindisperg *fehlt* D_1.
d   Büdisperg A; Kindisspirg I.
e   Einshein *SgI*; Einhein Z_1.
f   Mangfurt *SgI*; Mangfart Z_1.
g   Dandörfer *Sg*; Danndoffer I; Dandorffer Z_1.
h   Bachan *Sg*; Bochan I; Bechen Z_1.
i   Bentznower *ESgIZ₁*; Bentznawer D_1.
j   Cûnrat E.
k   Payer *SgI*; Peyer Z_1; Bauer D_1.
l   Assnig E.
m   Breisiniger D_1.
n   Boltzhain A; Bolhan I; Behem Z_1.
o   Wilhelm A; Witlant *SgZ₁*; Wiclant I.
p   Schwelher *EID₁*.
q   Seitz D_1.
r   Erhart A.
s   Bintz *SgZ₁*; Seitz D_1.
t   Gansen A; Gausan *Sg*; Gauson I; Ganson Z_1; Gafon D_1.
u   Bibrach *ASgZ₁*; Biberbach *Pr*.
v   Rebenhuser A; Lebenhuser *SgZ₁*; Hebenhuser I; Babenhauser D_1.
w   Appsperg *AIZ₁*.
x   Wolffstain] Asperg *Sg*; Appsperg *IZ₁*.
y   Hiltholt *Sg*; Hilbolt I; Hiltpolt Z_1; Hilpot D_1.

477   *Als adlige Begleiter des Bischofs Johann »des Eisernen« von Leitomischl erscheinen hier Puta von Častolovice, Rubin von Riesenburg, Peter von Sternberg (und Konopischt), Johann von Cluwin, Albrecht von (Gurwitz und) Rabenstein und Hans von Pottenstein. Vgl. P. ELBEL, Die Delegation der*

(514) So sind diss[a] gewessen by dem bischoff von Ludmuschell[477].

[236[r]] Ponton von Tzastolowitz[b], Rubin von Risenburg[c]; fry ritter. Peter von Steren-
berg. Jann von Cluwin. Albrecht von Rabenstain. Johannes von Postein[d].

(515) By den von Wirttenberg.

Johans[e] von Zymer, frye ritter. Albrecht von Rechberg[f], Hainrich[g] von Rechberg, Vitt   5
von Rechberg[h], Frydrich von Fryberg, Walther vom Stain, Cůnrat von Rechberg, Cůnrat
von Wyttingen, Voltz von Wyttingen; ritter. Růdolff von Westerstetten[i]. Wylhalm von
Hürnhain. Hanß von Hornstain. Burkart von Ellerbach[j]. Hanß[k] von Halfingen[l]. Märklin von Halfingen[m]. Wolff von Bůbenhofen[n]. Cůnrat von Bůbenhofen. Cůnrat von Ho-
henriet. Wylhalm von Giltlingen. Hanß von Sachsenhain. Dann[o] Zappff. Hug von Be-   10
ringen. Stephan von Gundelfingen, fry ritter. Hainrich[p] von Geroltzeck, Hainrich[q] von
Stöffeln; frye. Berchtold von Mersperg. Volmar von Mersperg. Růdolff von Baldegk.
Hannß Nothafft. Hainrich von Werdnow[r]. Schenk von Talhain. Hainrich von Knöringen. Ott von Knöringen. Frydrich von Knöringen. Sitz vom Giessen[s]. Dieppolt vom
Giessen. Hanß von Helmstat. Jörg von Welwart[t]. Hanß von Liechtenstain. Růdolff von   15
Dachsenhusen[u]. Albrecht von Dachsenhusen. Burkart Gerung. Wylhalm Berger.

(516) By grauff Cůnratten von Fryburg.

---

a   So sind diss] Diß seind *D₁*.
b   Castolowitz *A*; Zustolowitz *IZ₁*.
c   Rissenburg *Z₁*; Reisenbnrge *D₁*.
d   Pastein *IZ₁*.
e   Hans *E*; Johannes *D₁*.
f   von Zimern *I*.
g   Haintz *E*.
h   Friberg *SgZ₁*.
i   *folgt* Cůnrat von Westerstetten *Z₁D₁*.
j   Ebrenbach *SgI*; Erenbach *Z₁*.
k   Johans *IZ₁*; Johannes *D₁*.
l   Haflingen *I*.
m   Bůbenhofen *SgZ₁*; Haflingen *I*.
n   Wolff von Bůbenhofen] *fehlt Z₁*.
o   Damm *A*.
p   Hans *A*.
q   Hanns *D₁*.
r   Werdöw *Sg*; Wordöw *I*; Werdnawe *D₁*.
s   Seitz von Giessen *D₁*.
t   Welwatt *Sg*; Welwat *IZ₁*.
u   Dachenhusen *SgIZ₁*.

Prager Kirchenprovinz und die böhmischen Gegner des Jan Hus in Konstanz, in: 1414–1418. Weltereig-
nis des Mittelalters. Das Konstanzer Konzil. Essays (2013) S. 65.

Cûnrat Waldner[a], Johans von Nüwenburg[b]; ritter. Johans Ůlrich vom Huß[c]. Hainrich
von Altorff. Ůlrich von Schlossenberg[d]. Ymer Honneque[e] von Tal. Ottman von Cleren.
[236[v]] Johans von Wanmerton[f], ritter. Stephan Campra[g]. Burkart von Hermenstorff[h].
Stephan von Tumbre. Bentz von Langdorff[i]. Hanß von Langdorff[j]. Hug Malrer. Viener
5   von Brunnenstain[k]. Stephan von Cleren. Jacob von Theß[l].

(517a) Diss sind by dem cardinaul von Fussi.

Gariardus de Mille Sanctis. Raimundus Beraldi de Luffer. Raimundus de Karrast.
Amonius[m] de Averra[n]. Gwylhelmus Vineti[o]. Sind von Fussi, der grauffschafft von Catha-
lon.

10   (517b) Diss hienach geschriben sind bim margrauffen von Missen[p] und sind alle ritter.

Her Hugolt von Schlignitz, hoffmaister. Hainrich von Honsperg[q], marschalk. Diettrich von Miltitz. Appell[r] Vitzthům. Johans von Schlignitz[s]. Diettrich von Schönenberg.
Nicolaus Pflůg. Ott Pflůg. Cûnrat Marschalk. Jacob von Wangenhain[t]. Diß obgeschriben sind alle ritter. *Foll. 237 und 238 leer.*

15   (450) [239[r]] So sind diss[u], die uff ir[v] costen gen Costentz komen sind, fryherren, ritter
und knecht.

Des[478] ersten usser Kriechenland: Nicolaus von der Morea, Andriuoco[w] von der Mo-

---

a   Wadner *IZ₁*.
b   Newenburg *D₁*.
c   Hans Ůlrich von Husen *E*; Hanns Ulrich von Hauß *D₁*.
d   Slossenberg *IZ₁*.
e   Henneque *IZ₁*.
f   Wamerton *I*; Wanmertan *Z₁D₁*.
g   Tampra *AIZ₁*.
h   Helmenstorff *A*; Hermerstor *I*; Hermenster *Z₁*; Hermanstorff *D₁*.
i   Langendorffe *D₁*.
j   Langendorffe *D₁*.
k   Primenstain *A*.
l   Choss *A*; Thess *I*; Thesß *Z₁*.
m   Almonus *Z₁*.
n   Anerra *A*.
o   Umecy *A*.
p   Meissen *D₁*.
q   Hansperg *Z₁*.
r   Appoll *IZ₁*.
s   Schlingnitz *I*; Slignitz *Z₁*.
t   Wagenhen *IZ₁*.
u   So sind diss] Dis sint *Z₁*; Disz seind *D₁*.
v   *folgt* aignen *E*.
w   Aurmoto *I*; Aurinoto *Z₁*.

---

478   *Dieser Zusatz fehlt in dem entsprechenden Kapitel in A.*

rea, sin sun; ritter mit xvj [personen]. Manuel[a] von Crisolena, ritter, mit viij. Alle dry
botten, fründ und rät des kaysers von Constantinopel.

(451) Diss sind usser Ungerland.

Billing von Conis, Honofrius von Conis; frye ritter, mit xvj. Haidmätz von Latz-
now[b], genant Prescho[c], mit x. Nicolaus von der Loben, Lascha[d] von der Loben; ritter,   5
mit xvj. Mischo[e], her zů Adegg, Thobelitz[f], her zů Adegg; ritter, mit xix. Jörg Mesibor[g],
der dem küng das schwert vortrůg, ritter, mit vj. Johans Merenwitz[h], ritter, mit viij[i]. Nicolaus von Damastia[j], Thomas von Ladwik[k], Baffenschumel von Onaden; ritter, mit viij.
Laurentz Paschga de Damma[l], ritter, mit x. Johans von Morett[m], frye ritter, mit lxxij.
[239ᵛ] Stechpeter von Schara[n], obroster marschalk, frye ritter, mit xxxvj. Michel Jäck   10
von Kassel, Jon Jäck von Kassel; ritter, mit xxx. Hainrich von Balutz[o], Gerg Tannfidri[p],
Taschgin von Fara[q], Andres Pocus; ritter, mit xxxiiij. Benedict von Butsch[r], frye ritter,
mit xxiiij. Peter Bugerschin, Anthonius Kalabri, Peter[s] Silstrang; ritter, mit xij. Sigmund
von Lanans, ritter, mit iiij. Dienot von Losans[t], ritter, mit xvj. Johans Mesibor, Johans
Hernschgo[u]; knecht, mit viij. Ůlrich Flogx, knecht, mit iiij. Nicolaus[v] Vilosandri[w],   15
Bu[r]kart Vilosandri[x], Jan von Taschgin; knecht, mit x.

---

a   Maufel Z₁.
b   Landow E; Lantznow Z₁; Lagnaw D₁.
c   Preschgo IZ₁.
d   Lachsga I; Lachsgo Z₁.
e   Mischgo IZ₁.
f   Thoboletz E.
g   Mesenburg A; Mesiber IZ₁.
h   Menenwitz IZ₁.
i   xiiij D₁.
j   Claus Damascia E.
k   Ludwik Z₁.
l   Damia I; Damina Z₁.
m   Monot A; Morot IZ₁.
n   Peter de Schara E; Stechpeter von Scham Z₁.
o   Babutz E; Bolutz Z₁.
p   Jörg Tannfridi I; Jörg Dannfridi Z₁.
q   Gara AI; Sara E; Gora Z₁; Fårer D₁.
r   Botsch D₁.
s   Jann A.
t   Losat I; Lasat Z₁.
u   Herschgo D₁.
v   Claus E.
w   Vlusandri IZ₁.
x   Vlusandri IZ₁.

(453) [240ʳ] So sind dissᵃ von Beham, von Märhern und von Missenᵇ.

Hainrich von Plümnowᶜ, ritter, Hainrich von Cranerᵈ, herr zů Plümnowᵉ; behem, baid fryherren, mit xxvj. Wentzla von der Tubenᶠ, Wylhalm Has von Waldegk, frye ritter. Johan von der Thubenᵍ, Johans Rodaim, Marquart von Kamnitzʰ, Nicolaus von
5　Ottrawitzⁱ, Nicolaus von Storogotz, Hanß von Littowʲ; frye, Behem, knecht, mit l. Ůlrich von Lutz, genant Stall, Behem, ritter, mit vij.

(454) Johanᵏ von Clon, Behem, ritter, mit x. Nicolausˡ Schrank, Wentzlauᵐ Schrank; Behem, knecht, mit xij. Andres von der Thubenⁿ, frye, ward ain kätzer, mit x. Berung Bewalischgiᵒ, Jon Sidstrangᵖ, Peter Sträl; Behem, knecht, mit xxj. Buben Fronberger,
10　Cůntzschgo von Chalm, Hug von Schönwald, Gerso von Chalmᑫ, Albrecht Sydenstrangʳ; Behem, ritter, mit xxij. Hainrichˢ Lattschenbeckᵗ, Behem, ritter, mit xijᵘ. Brauchtᵛ den Hussen gen Costentz. Cůnrat von der Nüwenstatʷ, uß Märhen, ritter, mit iiij. Ůlrich von Plümnowˣ, frie, uß Märhe[r]n, ritter, mit vj. Hainrich Geboschʸ, Herman Gebotsch, Hans Lingschenk, Wintzig Kramer; us Märhen, knecht, mit xiiij.
15　[240ᵛ] Gerigᶻ von der Lip, Johans von der Lip, Albrecht von Ranowᵃᵃ; us Märhern,

---

a　So sind diss] Disz seind *D₁*.
b　Meissen *D₁*.
c　Blůmnaw *D₁*.
d　Carnern *IZ₁*.
e　Plůmnaw *D₁*.
f　Tuber *E*; Tauben *D₁*.
g　Johannes von der Tuben *I*; Hans von Tuben *Z₁*; Johanns von der Tauben *D₁*.
h　Kemritz *A*; Camitz *E*; Kamuntz *I*; Kanuntz *Z₁*.
i　Claus von Ottrantz *E*.
j　Littaw *D₁*.
k　Johans *IZ₁*; Johanns *D₁*.
l　Claus *E*.
m　Wentzlaus *D₁*.
n　Tauben *D₁*.
o　Kowalschgi *A*; Kewalischgi *ED₁*; Towalschgi *I*; Tolwalschgi *Z₁*.
p　Silstrang *A*; Sid *IZ₁*.
q　Klam *A*.
r　Syden *E*; Seidenstrang *D₁*.
s　Haintz *E*.
t　Latschenkok *I*; Latschenbok *Z₁*.
u　xij] sienbn *D₁*.
v　bracht *D₁*.
w　Neüwenstat *D₁*.
x　Plůmnaw *D₁*.
y　Gebottsch *I*; Gebotsch *Z₁*.
z　Görg *I*; Jörg *Z₁*.
aa　Ranaw *D₁*.

ritter, mit xx. Jon von Merwitz[a], ritter, mit viij. Jango von Fürstenstain, Behem, ritter, mit xij. Hainrich von Lasen, Behem, knecht, mit xij.

(466) So sind diss von Littow[b], von Türgen[c], von Polan, uss der Massen und von Samaicen.

Nicolaus[d] Sopnisgi[e], hoffmaister, Johans de Chrago[f], castellanus Malischgo, Gerg   5
von Gediold[g], hoptman; usser Turigum mit xxiiij. Andreas von Palitzgi[h], Thamin von Schrinin; us Polan, ritter, mit xviij. Johans, castellanus[i] Calisiensis[j], Säwisch Safficinus Saiboschgi[k], Thomky von Kall, Stentzlaus[l] von Mentzki, Johan Kalixgy[m]; usser Polan, ritter, mit xl. Jon Billing[n], Diettrich Billing[o], Johans von Sanso[p]; usser Polan, ritter, mit xviij. [241[r]] Ingold[q] von Montfredis usser Polan, ritter, mit xx. Jan Prognewischgi[r] usser   10
Littow, ritter, mit x. Dobramir[s] usser der Walachy, ritter.

Diss waurend auch von Littow, von Türgen[t]: Her Lanschga. Her Gergo[u]. Her Brango[v]. Usser[w] Cernia zwüschen Littow und Tůrgony warend hayden in dem huß zů dem Esel, mit xl.

(456) [241[v]] So sind diss[x] uss Sachssen von Türingen und uss der Schlesy.   15

Johans Zedlitz, Johans Hundishain, Nickelclaus[y] von Loffen[z]; us Sachsen, knecht, mit

---

a   Morwitz Z_1.
b   Litaw D_1.
c   Turingen *I*; Turigen Z_1.
d   Claus *E*.
e   Sopinssgi *I*.
f   Chrogo IZ_1.
g   Görg von Gediold *I*; Jörg von Gedield Z_1.
h   Phalitzgi IZ_1.
i   cancellarius IZ_1.
j   Cilisiensis Z_1; Caliensis D_1.
k   Sabischgi IZ_1; Salboschgi D_1.
l   Wentzlauß Z_1.
m   Kaligi IZ_1.
n   Billung IZ_1.
o   Billung IZ_1.
p   Senso IZ_1.
q   Pigold *I*; Pigolt Z_1.
r   Jerognewischgi *I*; Erognewischgi Z_1.
s   Dobramur Z_1; Dobeomir D_1.
t   Diss – Türgen] *fehlt* D_1.
u   Görg *I*; Jörgo Z_1.
v   Brando *A*.
w   Usser] All auß D_1.
x   So sind diss] Disz seind D_1.
y   Nicolaus D_1.
z   Loffen] Laffe IZ_1; Lauff D_1.

x. Jörg Zettruß[a], Nicolaus Ribnitz[b]; us der Schlesi, ritter, mit xij. Wylhalm von Sidow, Gerg[c] von Sidow, Hanß von Sidow; us Sachsen, fryen, mit xx. Koppo[d], her zů Zedlitz, Hainrich Hag, Thin[e] Hunntzschge, Peter Silstrang, Niggel Wanstorffer[f], Hainrich von Schag[g], Ott von Schag[h]; us der Schlesi, ritter, mit xxvj. Warntz[i] Wippolt, von Türingen,
5   ritter, Lutzo von Thun[j], Thom[k] von Dorn[l]; von Türingen, knecht, mit xx. Peter von Scheldorff[m], Johans von Scheldorff, Cůnrat von Scheldorff; us der Schlesi, knecht, mit x. *Fol. 242 leer.*

(458) [243[r]] Diss sind von Römerland, von Napultz[n], von Flŏrentzer land, in Tuschgan[o] und uss allem[p] Lampartten.

10   Jacobus von Iseo[q], Johannes[r] Alliprandis; von Lamparten, knecht, mit xv. Theobaldus von Mer prucini[s], des delphins rautgeb, ritter, mit x. Anthonius von der Nüenburg[t], ritter, mit vij. Jacobus von Merendel[u], Symon von Westval, Hainricus von Engelsinis; Lamparter, ritter, mit xiiij. Amodeus von Thalanico[v], ain Römer, ritter, mit x. Marinus Schlafus von Napuls, ritter, mit xiiij. Michel de Ferandis[w], ritter, Berchtoldus de Fero-
15   nis[x], ritter, Ludwicus de Feronis, knecht; us Tuschan, mit xiiij. Jacobus de Candinancia[y],

---

a Zettruß] ze Cruss *A*; Zeldruß *E*; Zectrus *I*; Zertrus *Z_1*.
b Ribuwitz *IZ_1*.
c Jörg *IZ_1*.
d Kappo *EIZ_1*.
e Hun *A*; Thum *IZ_1*.
f Wonstorffer *Z_1*.
g Schlag *D_1*.
h Schlag *D_1*.
i Wartz *IZ_1*.
j Dim *A*; Thum *E*.
k Thoman *D_1*.
l Torn *A*; Thon *IZ_1*.
m Scheldorg *E*; Schodorff *Z_1*.
n Napuls *$SgIZ_1D_1$*.
o Tuschan *D_1*.
p allem] *fehlt D_1*.
q Isia *IZ_1*.
r Johans *IZ_1*; Johanns *D_1*.
s Mer prucini] Mare putrido *A*; Merprutz *E*; Mare brucini *IZ_1*.
t Nüenburg] de Novo castro *I*; Nüwenburg *Z_1*; Newenburg *D_1*.
u Miranda *IZ_1*.
v Thalanto *I*; Thalalancto *Z_1*; Thalanco *D_1*.
w Frandis *D_1*.
x Faronis *D_1*.
y Candinacy *Z_1*.

Römerland, knecht, mit x. Caspar Byschgunt[a], Otto de Mondello[b]; von Mailan[d], ritter, mit xxx. Andreas de Indicis[c] von Napuls, ritter, mit xviij[d]. Gundo de Miseriis[e], Ermardus de Bancco[f], Gwido de Amnasia; frie von Napuls, ritter, mit xlij. Philippus de Rikonnibus von Rümeln[g], knecht, mit viij. Petit[h] Marschalk, ritter, Cristan Kratz, knecht; von Napuls, mit vj. Jacobinus de Esidion[i] uß Lamparten, ritter, mit xij.

(460) So sind diss hienach von Engelland und von Schottenland, von Tennmark, von Schweden und von Norwegen[j].

[243[v]] Andres Linnig[k], Hernung[l] Küngxhoff[m]; usser Tennmark, ritter, mit vj. Hartung von Clugx[n], Johans von Waicerton[o]; engelsch, ritter, mit xij. Johans Fiton[p], Piers Crafft, Johans Roche; engelsch, ritter, mit xvj. Thomais[q] Falkonay, Richayt[r] Tucconio[s]; uß Schotten, ritter, mit viij[t]. Hugx Holbach, Thonneis[u] von Vilkotus; us Sweden, ritter, mit xj. Robent[v] Bunsand[w], Wantzlay Schwöstory[x], Enikmg[y] Merbirey; us Sweden, knecht, mit viij. Nicolaus Sexpenn[z], engelsch, ritter, Gwylhelm Newelant[aa],

5

10

---

a   Bysgunt *E*; Bischunt *I*.
b   Mandello *IZ₁*.
c   Indetis *IZ₁*.
d   xviiij *D₁*.
e   Gwido de Mißys *A*; Gwido von de Miserus *IZ₁*.
f   Gunko *A*; Buncto *IZ₁*.
g   Kümln *I*; Kümeln *D₁*.
h   Peter *IZ₁*.
i   Crsidio *I*; Crisidio *Z₁*.
j   Narwegen *I*; Norweigen *Z₁*; Norweden *D₁*.
k   Lung *AIZ₁*; Lining *E*.
l   Hennung *IZ₁*.
m   Küngshoff *E*; Küngs *Z₁*; Künigshof *D₁*.
n   Hartman Klugs *A*; Hartung von Glugx *IZ₁*
o   Wacterton *IZ₁*.
p   Syton *E*; Viton *I*; Witon *Z₁*.
q   Thomas *ED₁*; Thomarys *IZ₁*.
r   Richart *EIZ₁*.
s   Cuncconio *I*; Cucconio *Z₁*.
t   mit viij] mit zehen *D₁*.
u   Camus *IZ₁*.
v   Robert *IZ₁*; Robend *D₁*.
w   Sunsent *IZ₁*; Busant *D₁*.
x   Swöstory *I*; Swŏstory *Z₁*.
y   Eniküng *IZ₁*.
z   Sexporei *A*; Sexporn *Pr*; Sexbemi *I*; Sexbenn *Z₁*.
aa   Nicolaus Newelort *A*; Wilham Newelan *E*; Wilhelm Newelant *I*; Wilham Newelant *Z₁*.

ritter, Geffron Offlechsch, knecht, Hemerfort[a], knecht; engelsch, mit xij. Nitschol[b] Sexpetitin[c], Froeten[d] Alltstorff; us Norwegen, ritter, Gwil Torliton[e], Nitzo Knotern, Risshart[f] Allisander; us Norwegen, knecht, mit xiij. Johans Ottlinger, des küngs von Engelland knecht, mit iij. Růdolff[g] von Rehenfürt[h], engelsch, mit xxvj. Walther von
5 Hungersfort[i], engelsch, mit xxx. Hainrich Wylhalm Visu, Wylhalm Visu; baid kamrer des küngs von Engelland, ritter, mit xlviij.

(462) Diss hienach sind von[j] Franckrich, von Orlyentz, von Burguny, von Saphoyg[k], von Gortz, und da in den landen von Luttringen.

[244ʳ] Beringerus von Belle[l] von Frankrich, ritter, mit x. Misslion von Brakanat von
10 Orliens, ritter, mit xx. Paul von Poysteria von Saphoy, knecht, mit x. Wyhalm von Wiene, here zů Sant Jörgen und zů[m] hailigen Crütz und Wylhalm, sin sune, Johan von der Nüwen stat, fryen, ritter, Wylhalm von Nabanna[n], Jon von Rüland, us Burguni, knecht; mit lxviij. Gelforinus von Pampodoria, Eliotus von Pissatho[o], Petrus[p] von Pauliano, Wylhelmus[q] von Badiovalle[r], Eliocus von Wigarim[s]; us Frankrich, ritter, mit xxxiij. Jo-
15 hannes von Calavilla[t], Karolus von Kalavilla[u]; us Franckrich, knecht, mit xij. Hainricus Bayer, Johannes[v] von Hosawilla, Pfenricus[w] von Paygori; von Orliens, knecht, mit x. Makko[x] von Zwaybrugk, Walther von Tam[y], Johans von Riselea; von Luttringen, knecht,

---

a   Hemefort D_1.

b   Nictscholl *I*; Pikscholl Z_1; Nischol D_1.

c   Sexpentin *E*.

d   Violten *I*; Fiolten Z_1.

e   Corliton IZ_1.

f   Richart *A*; Risshart *I*; Rischart Z_1.

g   Rütsch *A*.

h   Rechenfurt IZ_1.

i   Hungerfeld *A*; Hungerfort IZ_1.

j   von] ausz D_1.

k   Saphoy SgZ_1D_1; Saphoi *I*.

l   Bellemonte IZ_1.

m   *folgt* dem ID_1.

n   Sabanna IZ_1.

o   Pischsao *I*; Pischao Z_1.

p   Paulus Z_1.

q   Paulus Z_1.

r   Padioballe *I*; Padiobelle Z_1.

s   Wigarur *A*.

t   Calavilla] Hasawilla IZ_1; *danach* Hainz Payger *ausgestr.* G.

u   Balavilla *I*.

v   Hans *E*.

w   Johannes Z_1.

x   Maggo *E*.

y   Tann IZ_1.

mit x. Ůlrich von Blankenburg von Luttringen, ritter, mit xij. Cristoffel von Veltsperg, Wylhalm von Grǎffsteg, Peter Nürhamer[a], Ůlrich[b] Nürhamer[c], Johans Seman; by dem grafen von Görtz, knecht, mit xxij. Her Muschenburg Pasthard[d], her Muschi Johan de Befort, cancellarius, her Muschi Caspar de Numbeo[e], marschalk, her Muschi Ambi de Calanc, her Muschi Lamper de Zittra; von Saphoy, ritter, mit lx.   5

(463) [244ᵛ] Diss sind von Yspania, von Arrigon[f], von Castell, von Payorik und von Navern.

Matheus de Cardone, Reimundus Setirena, Frantziscus Miranus; von Arrogoni, ritter, mit xij. Anthonius de Viko, Nicolaus[g] de Prosida, Manuel Vitalus[h], Roger de Pergera[i]; by dem graven Cardonie, knecht. Anthonius Bertrami, ritter, mit vj. Reimundus[j] Xet-   10
mar[k], ritter. Remundus Xetmar[l], sin sun, Wylhalm Fabri, Bernhard Burdurus, Wylhalm Rennundi[m] de Stall, Anthonius Pinion; knecht, mit xvj[n].

(450–451) Diss hienach sind von[o] Ungern.

Ladislaus de Mettri[p], Beled de Los, Johannes Yspani, Jacobus de Setsch[q], Sabonia[r], Johannes Ost[s], Nicolaus[t] de Thatin; usser Ungern, by dem ertzbyschoff Strigonensis.   15
Fol. 245 leer.

(448b) [246ʳ] So sind diss hienach von Schwaben, von Francken, von Paygern[u], usser dem Elsǎß[v], am Rin, uss Westerrich und in den landen gesässen. Und ir wǎppen vindest fornen[w].

---

a   Murhammer *A*.

b   Hainrich *I*; Heinrich *Z₁*.

c   Murhammer *A*.

d   Muschenburg Pasthard] Muschumber *A*; Mustunberg Paschart *I*; Mustenberg Baschart *Z₁*.

e   Mumbco *IZ₁*.

f   Arogoni *I*; Arrogoni *Z₁*.

g   Claus *E*.

h   Vitalis *EI*.

i   Pegera *IZ₁*.

j   Reymanus *E*; Remundus *IZ₁*.

k   Petinar *I*.

l   Petinar *I*.

m   Remundi *IZ₁*.

n   mit xvj] *fehlt D₁*.

o   von] ausz *D₁*.

p   Demcetri *AIZ₁*.

q   Sechst *A*; Sachs *IZ₁*.

r   Victus Sobonia *A*; Sobonia *I*; Soboma *Z₁*.

s   Ast *Z₁*.

t   Claus *E*.

u   Payern *SgI*; Peieren *Z₁*; Payren *D₁*.

v   Elsiess *Z₁*.

w   fornen] du vornen in dem bůch gemalet ordenlich *D₁*.

Walther[a] von Busnang, frye, ritter, Cunrat, Albrecht, Walther; von Busnang, gebrůder, fryen, knecht, mit viij. Walther, Ůlrich, Ůlrich; von der Hohenclingen ob Stain, frien, knecht, mit xij. Johans von Zymern, frye, ritter, mit vj. Hainrich von Rosnek[b], ritter, Johans von Rosnek[c], knecht; frye, gebrůder, mit x. Wylhalm, Gerg[d]; von End, gebrůder,
5 fryen, knecht, Gerg[e], Cůnrat; von End, münch, fryen, mit x. Hunward[f] von Altare, Gerhard[g] von Pistoria; us Lützelburg, ritter, mit x. Hainrich von Holenstain, Hartman von Wangen, Růdolff von Holenstain; knecht, mit xij. Eberhart von Landow[h], ritter, Eberhart von Landow[i], knecht, gebrůder; mit xij. Wolff Graffnecker[j], Růdolff von Hohentann, Cůnrat Findinsen[k]; knecht, mit viij. Albrecht von Künsegk[l], Bu[r]kart von Werdnow[m],
10 Ytal von Werdnow[n]; knecht, mit x. Hoptmarschalk von Pappenhain, knecht, mit x.

[246[V]] Niggel[o] von Kürlitz[p] us Westval, frye ritter, mit x. Burkart von Wyssemburg[q], Růdolff von Arburg, Albrecht der Thum; fryen, knecht, mit xxvj. Johans[r] Fronsperger, Ůlrich Fronsperger; ab der Etsch, ritter, mit xvj. Hainrich von Schlandenspurg[s], ab der Etsch, ritter, mit xvj. Oswal[d], Claus[t], Hanß[u]; Volkenstann[v], ab der Etsch, knecht, mit
15 vj. Erasmus Liechtenberger[w], ab der Etsch, ritter, Walther Haffner[x], Andres Süshamer; ab der Etsch, knecht, mit x. Frydrich von Scharfpenberg[y], ritter, Hainrich Tzobel, ab der

a   Wilhelm *I*; Wilhalm *Z₁*.
b   Rosnegk *E*; Rossnegg *I*; Rosnegg *Z₁*; Rosenegg *D₁*.
c   Rosenegg *D₁*.
d   Jŏrg *Z₁D₁*.
e   Jŏrg *D₁*.
f   Hunwald *IZ₁*.
g   Gebhardus *I*.
h   Landaw *D₁*.
i   Landaw *D₁*.
j   Graffnegger *I*; Grafenegger *Z₁*; Grauffenegger *D₁*.
k   Findeisen *D₁*.
l   Küngsegg *IZ₁D₁*.
m   Werdow *Z₁*; Werdennaw *D₁*.
n   Werdow *Z₁*; Werdnaw *D₁*.
o   Niclas *E*.
p   Külütz *I*; Knülütz *Z₁*.
q   Wissenburg *IZ₁*; Weissembург *D₁*.
r   Hans *E*; Johannes *D₁*.
s   Schlandensperg *EI*; Slandensperg *Z₁*; Schlandenburg *D₁*.
t   Claws *I*; Clas *D₁*.
u   Hanß] *fehlt D₁*.
v   Volkenstain *E*; Wolkenstainer *I*; Wolkenstein *Z₁*.
w   Liechtenberg *E*.
x   Saffrer *I*.
y   Schaffenberg *E*.

Etsch, knecht, mit xviiij[a]. Hainrich Vischgul von der stat tzu Linburg[b], ritter, mit viij.
Johans Frischhans von Bodmen[c], Johans der alt von Bodmen[d], Hans Cûnrat von Bodmen[e], ritter, Hanß von Bodmen[f], Wylhalm von Honburg[g], Peter von Hochnek[h]; knecht,
mit xxvj. Frydrich von Fryberg[i], Cûnrat von Fryberg, Hainrich von Fryberg, Cûnrat
von Knöringen, Hainrich von Knöringen; knecht mit xx. Burkart von Knöringen, ritter,   5
mit iiij. Wolff von Höwen[j], Peter von Höwen[k], Johans von Höwen[l]; fry, knecht, mit vj.
Johans von Flanders, der alt, Johans von Flanders, sin sun, und vier von Schlandensperg,
knecht, mit xviij.

[247[r]] Johans Schwartz, Hainrich von Rokwyl[m]; ritter, Hainrich Schwartz, Mantz
von Rokwyl[n]; von Costentz, knecht, mit viij. Cûnrat von Scharpfenstain vom[o] Rin, fry-   10
here, knecht, mit xiiij. Johans von Strausburg[p], genant Zorn, ritter, mit x. Johans von
Bonstetten, ritter, mit vj. Jörg von Katzenstain, ritter, Frydrich von Katzenstain, knecht;
mit x. Ludewig Bentznöwer[q], ritter, Johans Bentznöwer[r], knecht, Ludewig ab dem Stain;
[auß[s]] Franken, mit xij. Caspar von Clingenberg, Johans Hüruß[t], Albrecht von Schönow[u], Hanß von Schwamdorff[v]; knecht, mit xx. Jacob Friehait[w] im Elsäß, ritter, mit iiij.   15
Wetzel von Hege[x], Hug[y] von Hege, Hainrich vom Stain, Eberhart von Wylar[z], Wolff von

a   mit xviiij] mit achtzehen *D₁*.
b   Lingburg *IZ₁*.
c   Badnigen *I*; Badingen *Z₁*.
d   Badnigen *I*; Badingen *Z₁*.
e   Badnigen *I*; Badingen *Z₁*.
f   Badinen *I*; Badingen *Z₁*.
g   Hornburg *IZ₁*.
h   Hochnegg *E*; Hohnegg *I*; Hochenegg *Z₁*; Hohenegg *D₁*.
i   Fridpert *E*.
j   Helven *I*.
k   Helven *I*; Håwen *D₁*.
l   Helven *I*; Håwen *D₁*.
m   Rogwile *I*; Rogwiler *Z₁*; Rokweil *D₁*.
n   Rogwile *I*; Rogwiler *Z₁*; Rokweil *D₁*.
o   vom] von dem *D₁*.
p   Strasburg *Z₁*; Straßburg *D₁*.
q   Bentzenawer *D₁*.
r   Johannes Bentzenawer *D₁*.
s   so *D₁*.
t   Heürauß *D₁*.
u   Schöwnöw *I*; Schöwnow *Z₁*; Schönaw *D₁*.
v   Swaindorff *A*; Schwaindorff *E*; Swamdorff *I*; Swamdorf *Z₁*; Schwandorf *D₁*.
w   Fricheit *IZ₁*.
x   Hego *IZ₁*.
y   Hugo *I*; Haug *D₁*.
z   Wyler *E*; Weiler *D₁*.

Kallenberg; knecht, mit xix. Herman[a] von Werdegk, Ytal[b] Herman von Bichelsee[c]; ritter, Albrecht von der alten Landenburg[d], Ůlrich von Wülfflingen[e], Beringer von der hohen Landenburg[f], Herman von der hohen Landenburg, Albrecht von Sonnenberg[g], Beringer von Sonnenberg[h], Hanß von Wellenberg, Hug[i] von Wellenberg; alle von Landenburg in
5 dem Turgöw gesessen, knecht, mit xl. Nicolaus Zorn von Straußburg, ritter, mit vj. Wilhelm im Turn, Eberhart im Turn; von Schaffhusen, ritter, mit vj.

    [247ᵛ] Johans von Küngsholtz, Johans von Küngsholtz; knecht, mit iiij. Ůlrich von Wyssenburg[j], frye, Ekhart von Vilanders, Berchtold vom Stain[k]; zů Friedberg[l], Rainhaldus[m] von Swalbach[n]; ritter, mit vj[o]. Lienhart von Jungingen, ritter, mit x. Johans von
10 Jungingen, Wolff von Jungingen; sin süne, knecht, mit x. Johans von Froberg im[p] Brisgö[q]. Wolff von Brandiß, Ůlrich[r] von Brandiß, sin sun, knecht, Diettegen von Marmels[s], ritter; fry herren, Diettegen von Marmels, Andres von Marmels, sin sün, Johans von Schlandensperg[t]; knecht, mit xl. Hainrich von Rechberg, Albrecht von Rechberg; ritter, mit xvj. Willung[u] von Ůlenburg, Johans[v] von Ůlenburg; ritter, mit xij. Michel[w] von
15 Ryschach[x], ritter, Růff, Egk, Hainrich, Ůlrich; von Ryschach[y], und noch vier von Ry-

a   Hans Z_1.
b   Intal I; Itel Z_1; Eytel D_1.
c   Bichelsee] Butz E.
d   Landenberg IZ_1.
e   Wolflingen I; Wulfingen Z_1.
f   Landenburg] Land E; Landenberg IZ_1.
g   Sonnenburg D_1.
h   Sonnenburg D_1.
i   Haug D_1.
j   Wissenburg IZ_1; Weissenburg D_1.
k   *folgt* Eberhart Löw I; *folgt* Eberhart Lŏwburg Z_1.
l   Fryeburg I; Frieberg Z_1.
m   Rennhart A; Reinhaldus Z_1.
n   Schwalbach D_1.
o   *folgt* Lienhart von Tropfen A.
p   im] in dem D_1.
q   Hans von Frowenberg E.
r   Wolf Z_1.
s   Marmoltz A.
t   Johans von Slandensperg Z_1; Johannes von Schlandersperg D_1.
u   Schiling A; Hillung D_1.
v   Hans E; Johannes D_1.
w   Michahel D_1.
x   Rispach Z_1; Reischach D_1.
y   Rischach IZ_1; Reischach D_1.

schach von Richenstain[a]; knecht, mit xxx. Berchtold von Mersperg[b], Hainrich von Mers-
perg[c]; knecht, mit vj. Hainrich von Gumpenberg, knecht, mit iiij. Rŭdolff von Endingen.
Hainrich Güsß[d], Cŭnrat Güsß; von Strausburg[e], ritter, mit xiij. Johans von Horburg us
Westerich, frye knecht, mit vj.

[248[r]] Fryderich Schetner[f], Cŭnrat von Löwenstain[g]; us dem Westerich, knecht, mit   5
vj. Caspar[h] von Fryberg[i], Hanß von Westernach; ritter, mit vj. Johans truchsäß zŭ Walt-
purg, ritter, Jacob, Ŭlrich und Hanß, sin sün, knecht, Walther von Stadigen[j], ritter,
Töltzer[k] von Schellenberg, Egk von Künsegk, Albrecht von Künsegk, Albrecht Tol-
bischam[l]; knecht, mit xliiij. Cŭnrat von Winsperg, fryher, des römschen richs ertzkam-
rer, knecht, mit xiiij. Burkart Münch, Albrecht von Egloffstain; von Basel, ritter, mit x.   10
Cŭnrat[m] Schenk von Linperg, Johans von Haidek; knecht, mit x. Wilhalm von Rinpfen,
Johans Zoller, Ott Pfatt, Appel von Liechtenstain; ritter, mit xiiij. Johans von Bomerdin-
gen[n], Cŭnrat Waldner, Dieppolt Waldner; ritter, mit x. Johans von Höwdorff[o], Cŭnrat
von Höwdorff[p]; ritter, Hainrich von Höwdorff[q], knecht; mit viij. Jordan Ploschgan[r],
Marquart von Dormian[s], Rainhart[t] von Kalffen[u]; us der stat zŭ Lübegg, ritter, mit xij.   15
Johans von Mulmen[v], genant Lansperg. Johans Bock, Rŭdolff[w] Barpfening[x]; von

---

a   Ryschach von Richenstain] bischoff von Reichstein D_1.
b   Berchtold von Merspurg E; Berchtold von Morsperg I.
c   Morsperg I.
d   Süß E; Güss IZ_1.
e   Strasburg IZ_1; Straßburg D_1.
f   Schotner IZ_1.
g   Cŭntz von Leonstain E.
h   Fridrich E.
i   Freiberg D_1.
j   Stadingen E; Stadgen IZ_1.
k   Tollentzer A, Collencer I; Coblentzer Z_1.
l   Colbishein IZ_1; Tolbißham D_1.
m   Cŭntz E.
n   Hanns von Bomersfeld A; Johans von Bomerdnigen I; Johans Bomerdinger Z_1.
o   Hans von Höwdorff E; Johannes von Heüdorff D_1.
p   Heüdorff D_1.
q   Heüdorff D_1.
r   Ploschgon IZ_1.
s   Torinen A; Dornen IZ_1; Darmian D_1.
t   Burkart A.
u   Kalfsten I; Kalfstein Z_1
v   Mulinen AE; Mulinen I.
w   Rŭff E; Johans Z_1.
x   Barpfennig I; Barphennig Z_1; Parpfenning D_1.

Stråsburg, ritter, mit xxij. Frantz Hagendorn von Stråsburg, ritter, mit iiij. Würbolt von Loffen[a], ritter, mit iij.

[248[v]] Johans von Stadigen[b], Hainrich von Hŏrningen[c], Wolff vom Stain, Hainrich von Ysenburg[d]; ritter, Puppilin von Ellerbach[e], Thoma von Fryberg[f], Johans von Ast;
5   knecht; mit xlij. Wernher von Waldegk, Wylhalm von Bebenburg[g]; ritter, mit xij. Hanß Bernhart von Hasenburg, Hainrich von Finstingen; fryen, Lütolt von Berenvels, Johans Schilling, Hainrich von Effringen, Rainhart von Ramchingen[h]; knecht; mit xxxiij. Brun von Lupffen, ritter, Hainrich von Lupffen, knecht; mit vj. Ott Schenk von Missen[i], frye, mit x. Schmasman von Rapperstain[j], frye, mit xiiij. Johans von Hönburg, der elter, Jo-
10   hans von Honburg, der junger; von Stoffen, knecht, mit vj. Ůlrich von Ämptz[k], Hanß Ůlrich von Ämptz; knecht; mit xij. Ůlrich von Frydingen, ritter, Rŭdolff[l] von Frydin-gen, Johans[m] von Frydingen, Cŭnrat von Frydingen; knecht; mit xij. Hamman von Grünenberg[n], Wylhalm von Grünenberg; ritter, mit x. Hamman vom Huß[o], Ůlrich vom Huß[p]; von Wittenhain, knecht, mit vj. Cŭnrat Bayer[q], Hainrich Bayer[r], Cŭnrat Bayer[s],
15   sin sün, von Metz[t]; ritter, mit x.

[249[r]] Rainhart von Westerburg, frye. Arnolt von Hessen[u]. Wylhalm von Reisß. Mit[v] hertzogen von Berg und mit dem hertzogen von Clewen. *Fol. 249[v] und 250 leer.*

---

a   Lauffen *D₁*.

b   Stadgen *IZ₁*.

c   Höringen *A*; Hŏringen *D₁*.

d   Isenberg *Z₁*; Eisenburg *D₁*.

e   Erlenbach *I*; Elribach *Z₁*.

f   Freiberg *D₁*.

g   Bŭbenberg *I*; Blŭmenegg *Z₁*.

h   Rennhart von Ramthingen *A*; Rainhart von Rehingen *I*.

i   Meissen *D₁*.

j   Schmasman von Rapprenstain *I*; Smasman von Rapoltstein *Z₁*.

k   Emptz *EZ₁D₁*; Emtz *I*.

l   Rŭff *E*.

m   Johannes *D₁*.

n   Grŭberg *A*.

o   von Hauß *D₁*.

p   von Hauß *D₁*.

q   Paiger *I*.

r   Paiger *I*; Peiger *Z₁*; Bair *D₁*.

s   Peiger *Z₁*; Bair *D₁*.

t   Mentz *IZ₁*.

u   Essen *IZ₁*.

v   *folgt* dem *D₁*.

(397) [251ʳ] So sind diss^a frömd lütt von koufflütten, krömer^b und ander werklütten åne die, die in der statt vorhin^c wårend.

(398) Appenteger mit iren knechten warend lxvij. Goldschmid mit iren knechten warend xlv. Kofflüt us allen landen mit iren knechten warend^d cccxxx. Cramer^e us allen landen mit iren knechten warend ccxlij. Schůchmacher^f mit iren knechten warend lxx. 5 Hůffschmid der heren und sust warend lxxxxij. Kürsener^g mit iren knechten warend xxxxviij.

(399) Brotbecken, die allain pastet^h und fladen bůchend, warend^i lxxv. Brotbeken des båpstz, cardinäl und herren warend ccl.

(400) Wirt, die wälschen win schanktend, warend lxxxiij. Wirt, sust ander armen lüt, 10 warend xliij. Wirt, allerlay volks und ir diener, warend lij.

(401) Wechsler, one Florentzer, warend lviij.

(402) Schnider^j und ire knecht warend ccxxviij.

(403) Herolten^k us allen küngkrichen und ire knecht^l warend^m xlv.

(404) Pusuner, pfiffer und spillüt^n warend cccxlvj. 15

(405) Scherer uss allen geginen^o warend cccvj.

(406) Offen gemain froen^p, als man sy vand von ainem huß in das ander[479], warend mer dan vij^c.^q *Fol. 251ᵛ leer.*

---

a diss] *fehlt D₁.*
b kramer *SgZ₁D₁;* krämer *I.*
c vorhin] dahaim *E.*
d warend] *fehlt SgIZ₁D₁.*
e Krömer *E;* Krämer *SgIZ₁.*
f Schůchwertter *Sg;* Schůchwertten *I.*
g Kürsiner *SgIZ₁.*
h pastetten *EZ₁;* bisteten *Sg;* pistetten *I.*
i warend] *fehlt SgIZ₁D₁.*
j Schneider *D₁.*
k Herolten] Recht herolt *SgZ₁;* Recht herolden *I.*
l *folgt von anderer Hand* von Saigerloch *oder* von Daigerloch *G.*
m warend] *fehlt SgIZ₁D₁.*
n Prusuner, pfiffer und spillüt *E;* Pusuner, pfiffer und sölich spillüt *Sg;* Prusuner, pfiffer und söllich spillüt *I;* Prasuner, pfiffer und sölich spillüt *Z₁;* Pusaner, pfeiffer und spilleüt *D₁.*
o landen *E;* gegnussen *I;* gegnissen *Z₁;* gegenten *D₁.*
p gemain frowen *EI;* gemain fröwen *Sg;* gemein frowen *Z₁;* gemein frawen *D₁.*
q *folgt* Bettler on zal *E.*

---

479 *Zu dieser Textstelle und zur öffentlichen Prostitution siehe auch den Codex Elstrawiensis (ÖNB Wien, Cod. 5070) fol. 120ʳ:* Mulieres communes, quas reperi in domibus et ultra et non minus exceptis aliis vij^c *und H. von der Hardt, Magnum Oecumenicum Constantiense Concilium de universali ecclesiae reformatione, unione, et fide 5 (1699), Prolegomena, S. 19f., 5 (1699) S. 50. Vgl. W. Matthiessen, Ulrich Richentals Chronik, S. 84–86, 154f.; B. Schuster, Die unendlichen Frauen. Prostitution und*

(407–410) So sind das[a] die sprächen, die ouch[b] gen Costentz komen sind[c] von allen
landen: Latinsch[d]. Krieschs[e]. Hebräesch. Schlafoni. Behem. Polan[f]. Arrabick. Medö-
nesch[g]. Ungerisch. Türgen. Tütsch[h]. Engelsch[i]. Schotten. Frantzösesc[h]. Arragoni[j].
Castelle. Navarre. Baygiorik[k]. Lamparten[l]. Kurwälsch. Armenie[m]. Littowesch. Dalm[a]-
5 tzia. Yspania. Normania. Picardia. Antiochia. Mesophitesch. Jüdesch[n]. Tartaria. Orma-
nia, da die besten kofflüt sind. *Foll. 252^v und 253 leer.*

(479–482) [254^r] Hienach sind verschriben der stett bottschafft.

Von der loblichen wirdigen statt Röm ain mächtige grosse bottschafft. *Wappen.* Venedyer bottschafftt komentt vier edell. Ir namen und wauppen findest in dissem bůch,
10 und komentt mitt xviij můll mitt wåttseken[o]. *Wappen.* Von der sttatt Janow[p] ain grosse
lobliche bottschafft. *Wappen.* Von der statt Florentz ain mächtige bottschafft. *Wappen.*
Von der statt Mayland ain erliche bottschafft. *Wappen.* Von der statt Badow[q] ain erwir-
dige bottschafft. *Wappen.* [254^v] *Wappen ohne Beischrift.* Von Parus, der statt, ain erlich
bottschafft. *Unausgeführtes Wappen.* Von Ostiensis, der statt, ain erlich bottschafft.
15 *Unausgeführtes Wappen.* Von Trientt, der statt, ain erlich bottschafft. *Unausgeführtes*
Wappen. Von Vitterb ain ersam bottschafft. *Unausgeführtes Wappen.* Von Senensis in
Lampartten und Bonony zwen doctor baider rechten irs rauttes. *Unausgeführtes Wap-*
pen.

a   So sind das] Dis sint *IZ₁*; Disz seind *D₁*.
b   ouch] *fehlt D₁*.
c   komen sind] kamen *D₁*.
d   Latinisch *ED₁*; Latin *SgIZ₁*.
e   Kriegsch *E*; Kriechs *Sg*; Kriechg *Z₁*; Kriechisch *D₁*.
f   Polach *SgIZ₁*.
g   Medoni *SgIZ₁*.
h   Teütsch *D₁*.
i   Englisch *D₁*.
j   Arrogani *E*; Arrogon *Z₁*; Arrogoni *D₁*.
k   Baiorick *E*; Baigiark *Sg*; Baiork *Z₁*.
l   Lampartisch *E*; Lompart *Z₁*.
m   Armeni *Z₁*; Armanie *D₁*.
n   Judisch *ESgIZ₁*; Jüdisch *D₁*.
o   und – wåttseken] kamen mit xviij maul *D₁*.
p   Genöw *A*; Jenaw *D₁*.
q   Badaw *D₁*.

städtische Ordnung in Konstanz im 15. und 16. Jahrhundert (1996) S. 19–33; A. Frenken, Wohnraum-
bewirtschaftung, S. 142f.; Ders., Das Konstanzer Konzil, S. 131f.; J. Helmrath, Das Konzil von Kon-
stanz und die Epoche der Konzilien, S. 47f.; Th. M. Buck, Und wie vil herren dar koment, S. 320–323,
345; Ders. / H. Kraume, Das Konstanzer Konzil, S. 218–223; H. Siebenmorgen, in: 1414–1418.
Weltereignis des Mittelalters. Das Konstanzer Konzil. Katalog (2014) S. 184f. (Nr. 113); K. Oschema,
Die Herren und die Mädchen, S. 232f.

[255[r]] Von der statt Köln her Jacob von Nüwenstain[a], ritter, Walther von Kessingen, baid lerer weltlichs rechten, und noch dry burger. *Wappen.* Von Brugg[b] in Flander. *Wappen.* Von der statt Auch her Johanns Scharppfe[c], ritter, Johanns Ellenborn, lerrer welttlichs rechten, und dry burge[r]. *Wappen. Wappen ohne Beischrift.* Von Mastriel, der statt, ain ersam bottschafft. *Wappen.* Von Gentt ain erber bottschafft. *Wappen.*

[255[v]] Von der statt Lüdgk her Ludwig von Fulgenio, ritter, und noch dry burger. *Wappen.* Von der statt Mächel. *Wappen.* Von der statt Mentz her Petter Bartt, ritter, Cůnrat von Casteln, und dry burger. *Wappen.* Von der statt Metz her Jacob von Urnbach, her Thoman Schieg, ritter, und[d] vier burger. *Wappen.* Von gantzem cappitell und aller pfaffhait zů Spir[e]. *Wappen.* Von der statt Strǎssburg Růdolff zum[f] Mülinen, ritter, Růdolff Parpfening, Fridrich Zorn. *Wappen.*

[256[r]] Von der statt Spirr Johanns Kamrer[g], ritter, und zwen burger. *Wappen.* Von der statt Wurms zwen burger. *Wappen.* Von der statt Basel her Burckart Münch, her Růdolff zů Rin, ritter, Hamman Ouffenburg[h], Claus Mürer[i], und noch vier. *Wappen.* Von der statt Lübegg am Häringsee[j] her Jordan Ploschgon, her Marquart von Dornon[k], her Rainhart von Casteln. *Wappen.* Von der statt Triell an der Müsell Januin von Schǒnburg, ritter, und zwen burger. *Wappen.* Von der statt Hagnow[l] im Elsäß gelegen. *Wappen.*

[256[v]] Von der statt Schlettstatt im[m] Elsäs. *Wappen.* Von der statt Nüwenburg[n] ain ersam bottschafft. *Wappen. Wappen ohne Beischrift.* Von der statt Frankenfurtt an dem Mǒn[o] Johanns und[p] Jacob von Holenstain, mit x. *Unausgeführtes Wappen.* Von der statt Hall in Schwaben Nicolaus Hůrd und Andres von Hailgenberg. *Unausgeführtes Wappen.* Von der statt Fryburg[q] im Brissgǒw ain bottschafft. *Wappen.*

[257[r]] Von der statt Nürrenberg ain ersam gross bottschafft Sebold Pfitzinger, Petter

---

a Newenstein *D₁*.
b Brugk *D₁*.
c Scharpf *D₁*.
d und] *fehlt D₁*.
e Speir *D₁*.
f zů *D₁*.
g Spirr Johanns Kamrer] Speir Johannes Kamerer *D₁*.
h Ofenburg *D₁*.
i Maurer *D₁*.
j Hǒringsee *D₁*.
k Dornen *D₁*.
l Hagnaw *D₁*.
m im] in dem *D₁*.
n Neüwenburg *D₁*.
o Franckfurt an dem Mǒn *D₁*.
p und] von *D₁*.
q Freiburg *D₁*.

Volkmaiger^a, und noch iiij burger, [mit] xxij pfärtten. *Wappen*. Von der statt Baubenberg ain erwirdig bottschafft. *Wappen*. Von der statt Regenspurg ain erlich bottschafft ain ritter und dry burger. *Wappen*. Von der statt Ougspurg Růdolff von Haidegg, fryher, ir amann und dry burger, mitt xxij pfärtten. *Wappen*. Von der statt Passow^b ain mächtig
5 bottschafft. *Wappen*. Von der statt München ain erber bottschafft. *Wappen*.

[257^v] Von der statt Ulm bottschafft Harttman Echinger, Hanns Strålin^c, Hanns Bessrer der Pfefferkorn, und^d sust vier burger, xxiiij. *Wappen*. *Wappen ohne Beischrift*. Von der statt Rattolffzell in under sew ain erlich bottschafft. *Wappen*. *Wappen ohne Beischrift*. Von der statt bottschafft Memingen^e ain erliche. *Wappen*. Von der statt
10 Růdlingen ain erliche bottschafft. *Wappen*.

[258^r] Von der statt Willnow^f, hoptstatt in Littow^g etc., ain ritter und^h zwen burger. *Unausgeführtes Wappen*. Von der statt Clussenburg in Unger ain bottschafft, mitt sechß pfärtten. *Unausgeführtes Wappen*. Von der statt Spalcee in Dalmatzia Nicolaus Dominicus, ritter, und zwen burger, vj. *Unausgeführtes Wappen*. Von Pressla in der Schlesy
15 Nicolaus Burstnitz, ritter, und ij gelertt und dry burger. *Unausgeführtes Wappen*. Von Toran und von Tantzg in Prüssenⁱ zwen ritter und fünff burger. *Unausgeführtes Wappen*. Von der statt Erdfůrtt, in Tůringen gelegen, zwen ritter und iij burger. *Wappen*.

[258^v] Von Überlingen botten. *Wappen*. Von Raffenspurg botten. *Wappen*. Von Lindow^j botten. *Wappen*. Von Ysni^k botten. *Wappen*. Von Bůchhorn botten. *Wappen*. Von
20 Pfulwendorff botten. *Wappen*. *Wappen ohne Beischrift*. Von Bibrach botten. Wappen.

(481) [259^r] Dis sind hertzog Fridrich von Österrich stett. Hienach ir namen:

Isbrugg^l. Bludentz. Veltkilch. Fryburg im Brisgow^m. Kentzingen. Endingen. Ouffenburgⁿ. Villingen. Ach. Engen. Schauffhusen. Rattolffzell. Stain. Diessenhoffen. Frowenfeld. Wintterthur^o. Baden. Brug. Bremgartten. Lentzburg. Mellingen. Loffenberg^p.
25 Rinfelden. Waltzhůtt. Raupperswil.

---

a Volckmaier *D₁*.
b Bassaw *D₁*.
c Strôlin *D₁*.
d *fehlt D₁*.
e bottschafft Memingen] Memingen botschaft *D₁*.
f Willnaw *D₁*.
g Litaw *D₁*.
h *folgt* mit im *D₁*.
i Preissen *D₁*.
j Lindaw *D₁*.
k Eißni *D₁*.
l Ysbruk *E*; Eißbrugk *D₁*.
m Freiburg in dem Breißgew *D₁*.
n Offenburg *ED₁*.
o Winthertheür *D₁*.
p Louffenberg *E*; Laffenberg *D₁*.

(482) Stett[a] im Elsäs: Colmar. Schlettstatt. Hagnow[b]. Brisach[c]. Rapreswil. Stett[d]: Hail-
prunnen. Wil. Bopffingen. Esslingen. Alun.

(479) Von den stetten in Unger[e].

Astellan. Feretran[f]. Rannen. Loden. Ast. Clusin[g]. Pauy. Placentz. Rosann[h]. Pys. Allexandria. Nolens. Fryul. Aglay. Chum. Urtriecht. Priell. Coblentz. Wesel. Sundens. Zů   5
Stettin. Erdfůrtt. Offen. Pressburg. Diernach. Sundens. Wissenburg[i]. Limburg. Haim-
burg. Cronstatt[j]. Cascha. Magburg. Yporaida. Willnow[k], Kye; in Littow[l].

(481–482) [260[r]] Von der statt Bern botten. *Wappen.* Von der statt Zürich botten.
Wappen. Von der statt Lutzern botten. *Wappen.* Von Ury botten. *Wappen.* Von Schwitz[m]
botten. *Wappen.* Von Underwalden botten. *Wappen.* Von der statt Zug botten. *Wappen.*   10
Von Glaris botten. *Wappen.* [260[v]] Von der statt Fryburg[n] in Ůchtland dry burger. *Wap-*
pen. Von Stantzdorff und von dem Ouberwald[o]. *Wappen.* Von Solottern botten. *Wappen.*
Von Baden im Ergőw[p] botten. *Wappen.* Von Santt Gallen[q] botten. *Wappen.* Von Schauffhusen botten. *Wappen.* Von Wil im Thurgőw[r] ersam botten. *Wappen.* Von der land-
schafft Appenzell botten. *Wappen. Fol. 261[r] leer.*   15

(480) [261[v]] Dis stett sind in Polan.

Laymow[s], Krakow[t], Plotzga, Gnesnentz[u], Posna, Couramin[v], Mosna, Vladisla, Lu-

---

a   Stett] Die stet *D₁*.

b   Hagnaw *D₁*.

c   Breisach *D₁*.

d   Stett] *fehlt D₁*.

e   Von – Unger] Disz seind stet in Unger *D₁*.

f   Ferotron *E*.

g   Clusy *E*.

h   Rosam *ED₁*.

i   Weissenburg *D₁*.

j   Cronstet *E*.

k   Wilnaw *D₁*.

l   Littaw *D₁*.

m   Schweitz *D₁*.

n   Freyburg *D₁*.

o   Oberwald *D₁*.

p   Ergeü *D₁*.

q   Santt Gallen] der stat Gallen *D₁*.

r   Türgewe *D₁*.

s   Laimaw *D₁*.

t   Krakaw *D₁*.

u   Suesuentz *D₁*.

v   Cauramin *E*.

bit[a], Pomern, Clusenburg; in Bolan[b]. Spaltter. Pressla. Brigg[c]. Clewen[d]. Münsterberg. Lips. Frankenfurtt an der Auder[e]. Toran. Tantzg. Ülenburg[f]. Olmutz[g]. Ludmüschell. Utzg. Brünn. Zenaym[h]. Ygla. Diernach. Wyen[i]. Nüwstatt[j]. Judenburg[k]. Rorstatt[l]. Saltzburg. Prixen. Frissingen[m].

5   *(483)* [262[r]] Es ist ouch[n] zů wissen, das diss stett, die nitt unssers gloubens sind, in Kriechenlanden, in Rüssenlanden, uss Türgy und ander stett vil, die ir gewissen bottschafft zů Costentz hatten und ir redlich brieff. Die bottschafft kam mitt hertzog Wittoltz bottschafft und mitt des ertzbischoffs Cinionensis[o] bottschafft und mitt der küng bottschafft von Türggen etc. Und maintt man, were die reformacion für sich gangen[p], so 10 weren sy ouch in unssern glouben[480] komen[q]. Und sind diss die sttett hienach.

In Kriechen[r].

    (484) Karbatha[s]. Kalista. Tribenda. Athriachika. Gorgiopolim[t]. Constantinopolim.

---

a   Bubit *E.*

b   in Bolan] *fehlt D₁.*

c   Brigk *D₁.*

d   Glawen *A*; Clawen *E.*

e   Ader *E.*

f   Tilenburg *A.*

g   Grosmutz *E.*

h   Naym *E.*

i   Wienn *E*; Wien *D₁.*

j   Neüwstat *D₁.*

k   Indenburg *A.*

l   Rarstat *E.*

m   Frysingen *E*; Feisingen *D₁.*

n   *fehlt EIZ₁D₁.*

o   Kyvionensis *A.*

p   gegangen *D₁.*

q   in unssern glouben komen] cristen worden *E.*

r   In Kriechen] Disz seind die stet in Kriechenland *D₁.*

s   Kabatha *I*; Cabata *Z₁.*

t   Gorgopolim *IZ₁.*

---

480   *Vgl. hierzu cc. 284,1b und 483 in A. In I und Z₁ folgt noch im Hinblick auf die in Konstanz unterlassene* reformacio *der Nachsatz:* Do aber das nit mocht sin, do appellizierten si zů dem nächsten concilium, *in Sg:* Und wan die reformacion da nit beschach, do appelliertand sy zů dem nächsten concilium. *Zu dieser konzilskritischen Haltung siehe auch* ROLKER, *Die Richental-Chronik als Wappenbuch, S. 95–98;* DERS., *Hinter tausend Wappen eine Welt, S. 132f.*

Usser Rüssen und Türggen[a].

(485) Wissenburg[b]. Kylo. Tripasunda. Nigraponte[c]. Thappsa[d]. Solatt. Metalin. Syon. Calapolim. Rodiss.

Usser der grossen Walachie[e].

(486) Moderland[f]. Heratt. Sorscha. Maida[g]. Mentz. Remsmarckt[h]. Jesmarckt[i], Molga; 5
das sind philistai[j].

Die minder Walachye[k].

(487) Nüwmarktt[l]. Langnow[m]. Ergx. Zůrm[n]. [262[v]] Ouch die minder Walachie[o]. Ottall. Lona. Assatt. Krekostain[p]. Burlatt[q]. Bachlo[r].

Die verbunden sich under vier instrumentt mitt zwain ertzbischoffen und sust siben 10
bischoff irs landes, die darumb von ir wegen zů Costentz wåren mitt vil gelertten und vil
erbern laygen[s].

(489) Usser der hinder Rüssenland litt ain statt, haist die gross Novagrott, und ist ain
statt für sich und wellend[t] ain hopttman, wen sy under inen wend[u], und sol die richst
statt sin von silber und von gefill[v], und haind[w] ain portt des mers, und hatten ir bott- 15
schafft von ires gelouben wegen etc.

---

a   Usser – Türggen] Disz seind die stet aus Reissen und Türggen *D₁*.

b   Weissenburg *D₁*.

c   Nigrapont *D₁*.

d   Caffa *A*; Chapsa *F*; Chappsa *I*; Capsa *Z₁*.

e   Usser – Walachie] Disz seind die stet ausz der grossen Walchei *D₁*.

f   Maldenland *I*; Moldenland *Z₁*.

g   Media *I*; Meida *Z₁*.

h   Remsmark *E*; Romsmarkt *IZ₁*; Reinßmarck *D₁*.

i   Josmarkt *E*.

j   das sind philistai] dis sint philisten *I*; daz sint philisten *Z₁*; die zwů seind philistei *D₁*.

k   Die – Walachye] Disz seind die stet auß der mindern Walchei *D₁*.

l   Newmarckt *D₁*.

m   Langnaw *D₁*.

n   Zurn *E*.

o   Ouch – Walachie] *fehlt D₁*.

p   Krakostain *E*; Grogenstain *IZ₁*.

q   Bursant *I*; Burlant *Z₁*.

r   Parlo *E*.

s   layen *ESgD₁*; legen *IZ₁*.

t   erwelent *E*; wellent *SgIZ₁*; wôlent *D₁*.

u   wôllent *D₁*.

v   gefill] gold *SgZ₁*; *korr. zu* gold der gevil *I*; gefüll *D₁*.

w   hand *I*; heind *Z₁*; habent *D₁*.

(488) Item es[a] ist ouch zů wissen, das die kaisser usser Tartary ir bottschafft da hatten ze Costentz. Der selben sind gesin[b] fünff und schribend sich also die kaisser.

[263[r]] Kaysser Schygra, kaisser Edigo[c], kaisser Takramsch[d], kaisser Soldan, kaisser Schürla; all von Ordo, der statt, da by dritthalb mil wegs stätt das hus, da man den pfef-
5   fer hollat[e]. Und herren zů Sollat.

(490) Dis stett hatten ir bottschafft zů Costentz, die under hertzog Wittoltten ligend in Littow[f] von des glouben wegen.

Lutz. Krunnitz[g]. Brissg. Plon. Kynpff[h]. Will. Wittoffsgi. Schmabersgi[i]. Brantzg[j]. Sta-radub[k]. Soggull[l]. Tossgi[m]. Brissgi. Gross Brantzgi[n]. Plotzigi[o]. Rodla[p].
10 In der Bodölly. Kamnitz[q]. Clingenburg. Kottggi[r]. Bretzla[s]. Talmatsch[t]. Brantzg[u]. Die Butten[v]. Grossargi[w]. Clainargi.

In Rüssen[x]. Resch. Lantzhůtt. Sperbursgi[y]. Jerassla. Primissil. Wischna. Grodik[z]. Lamberg. Büchür. Samber. Sanak. Krossen[aa]. Rossnow[ab]. Trochenbitsch[ac]. Fulnegg[ad].

---

a   es] *fehlt D₁.*

b   gewesen *D₁.*

c   Ediga *D₁.*

d   Takamsch *E*; Taktamsch *SgIZ₁*; Takranisch *D₁.*

e   reichet *I*; hollet *D₁.*

f   Litau *D₁.*

g   Krunntz *E*; Kunnutz *Z₁.*

h   Kymp *E*; Kinpf *IZ₁*; Kympff *D₁.*

i   Smalersgi *IZ₁.*

j   Brang *E.*

k   Staradul *E.*

l   Sogall *Z₁.*

m   Cosgi *IZ₁.*

n   Gross Brantzgi] In der Bödösse *IZ₁.*

o   Plotzgi *Z₁.*

p   Redla *Z₁.*

q   Kamintz *IZ₁.*

r   Kottegi *I*; Cottegi *Z₁.*

s   Brentzla *IZ₁.*

t   Tolmasch *IZ₁.*

u   Brangs *I*; Brango *Z₁*; Brantzga *D₁.*

v   Die Butten] Diernsche *E.*

w   Argi *E.*

x   In Reüssen *D₁.*

y   Spebursgi *E*; Sperburgi *IZ₁.*

z   Gredik *IZ₁.*

aa   Grossen *IZ₁.*

ab   Roßnaw *D₁.*

ac   Trochenlutsch *Z₁.*

ad   Fulnegk *D₁.*

In hinder Rüssen[a]. Schmelentzgi. Gross Novagrott. Aurea Vettula.

(519) [263ᵛ] Dis[b] hienach sind verschriben alle die herren und diener, die zů[c] unsserm hailgen vatter dem baubst komend in concilio[d] gen Costentz, und mitt wie vil personen etc.

(520) Baupst Johannes der XXIII. mitt vjᶜ personen[e]. Baubst Martinus der fünfft, der 5
zů Costentz im concilio[f] erweltt ward, mitt drissig personen. Fünff pattriarchen waurend hie mitt cxviij personen. Drissig und dry cardinåll mitt iijᵐ und lvj personen[g]. Viertzig und siben ertzbischoff mitt iiijᵐ und vjᶜ personen[h]. Hundertt fünff und fiertzig bischoff vᵐ und vᶜ personen. Achtzig und dry wichbischoff iijᶜ und lx personen. Fünffhundertt gaistlich fürsten [mit[i]] iijᵐ und vᶜ personen. Vier und zwaintzig audito- 10
res und secratarii[j] wårend hie mitt iijᶜ personen. Siben und drissig hocher schüllen mitt ijᵐ personen. [264ʳ] Zway hundertt und xvij doctor in theolya[k] von allen nacionen ijᵐ und vjᶜ personen[l]. Drü hundertt und lxj doctores utroque juris in baider rechten jᵐ ijᶜ und lx personen. Hundertt ain und sibentzig doctores in medicinis mitt xvjᶜ personen. Vierzechen hundertt magistri arcium und littenciati[m] mitt iijᵐ personen[n]. Ainvalttig 15
priester und schüller, ettlicher selb ander, ettlicher selb dritt, ettlicher aineg[o], wårend hie mitt vᵐ und iijᶜ personen.

Sechzechen appenteger, die zů gaden[481] stůndentt, wårend hie [mit[p]] iijᶜ personen. Goldschmid, die zů gaden stůndentt, [mit[q]] lxxij personen.

Recht heroltten der küng. Dero waurend hie[r] xxiiijᶜ personen[s]. [264ᵛ] Koufflütt, 20

---

a   Rüssen] Reissen die stet *D₁*.
b   Dis] *fehlt D₁*.
c   zů] *fehlt D₁*.
d   in concilio] in daz concilium *D₁*.
e   mit sechzehenhundert personen *D₁*.
f   zů – concilio] in dem concilio *D₁*.
g   mit ccc und lvj personen *D₁*.
h   mitt – personen] mit m d cccc personen *D₁*.
i   *so E*.
j   secretarii *D₁*.
k   theoloya *E*; theologia *D₁*.
l   und vjᶜ personen] und vijᶜ per[sonen] *E*; unnd sibenhundert personen *D₁*.
m   licenciati *D₁*.
n   mitt iijᵐ personen] mitt dreühundert personen *D₁*.
o   ainig *E*; cinig *D₁*.
p   *so D₁*.
q   *so D₁*.
r   *folgt von anderer Hand* von Haigerloch *G*.
s   xxiiijᶜ personen] vierundzweintzig personen *D₁*.

---

481   *Markt- oder Verkaufsstände.*

kråmer, kürsanar^a, schmid, schůchmacher, wirtt, schnider^b; alle [h]anttwerck^c, die zů
gaden stůndentt und hüsser^d miettend, dero waurend ob xiiij hundertt personen, ån ire
dienst. Prasuner^e, pfiffer, flötther; allerlay spillütt wårend xvij^c personen.

Ouffen^f frowen in den hůrhüssern^g und sust^h frowen, die hüserⁱ gemiett hattend und
5 in den stålen lagend und wa sy mochttend. Dero wårend ob siben hundertten, åne die
haimlichen, die lauß ich beliben⁴⁸² etc.

Dis hienach sind die hoffdiener und hoffgesind, die zů des baubst hoff gehorttend. *In
G fehlt, was D₁ foll. 241ᵛ Z. 16–242ʳ bringt.*

[D₁ fol. 241ᵛ] Vier und zweintzig secretarii mit zwaihundert personen. Thorhůtter des
10 bapstes sechzehenhundert personen^j. Büttel, die silbrin ståb trůgent, zwölff personen.
Ander büttel der auditores und der cardinål unnd des auditor kamre bey lx personen. Alt
frawen, die den römischen herrn ire kleinat^k wůschent und besseroten, der warent vil.

Hundert und zwen und dreissig åppt mit ir namen, dero waren zwaihundert personen. Hundert fünfftzig und fünf pröpst, alle mit iren namen, dero was sibenzehenhun-
15 dert personen.

Disz hienach verschriben seind die fürsten und die herrn, die alle personlich zů Costentz seind gewesen oder ir vollmåchtig gewalt^l.

[242ʳ] Unser herr der römisch künig, der kam mit seinen dienern, als dann vor geschriben stand. Zwů küniginen, die kamen mit iren dienern. Fünff gefürst frawen, die
20 kamen auch mit vil volckes.

Dreissig und neün hertzogen kament mit vil volckes. Dreissig und zwen gefürst
herrn, die kament mit iren dienern, als vor geschriben stat. Grauffen, der warend hundert und xxxj personen. Freyherren, der warend einundsibentzig personen^m. Ritter von
allen nacionen, von Assia, Affrica und Eüropa, was fünffzehen hundert ritter. Edel
25 knecht, on ir diener, warend xx tausent edel.

---

a   kürßner *D₁*.
b   schneider *D₁*.
c   handwerck *D₁*.
d   heüser *D₁*.
e   Pusaner *D₁*.
f   Offen *D₁*.
g   frawenheüssern *D₁*.
h   Ouffen frowen – und sust] *ausgestr. G.*
i   heüsser *D₁*.
j   sechzehenhundert personen] xvj personen *E*.
k   kleinat] klaider *A*; hemet und clainot *E*.
l   gewalt] botschafft *E*.
m   einundsibentzig personen] lxxxj *E*.

---

482   *Zu dieser Textstelle vgl. A.* FRENKEN, *Das Konstanzer Konzil, S. 131 mit Anm. 271 auf S. 175; K.*
OSCHEMA, *Die Herren und die Mädchen, S. 232.*

Bottschafften von künigen von Asia, Affrica und Eüropa ob lxxxiij künigen mit vollem gewalt. Von botschafften des reiches stet zwů und sechtzig stett. Von botschafften
der herren stetten ccc hundert und lij. Von andern herren, der was on zal, die tåglich auß
und ein rittend, ob fünff tausenten.

(147,2) [G fol. 267ʳ] Als[483] nun das concilium gen Costentz kommen was und die ses- 5
siones redlich gehept wurdend, do wurden sy ze råt, das sy die kätzry[a] in behemer land
verdampnen und vertilken[b] wölten. Und lůdend für daz concilium und ir gericht den
Hussen und Iheronomum[c]. Die kamen nit, noch niemant von iren wegen. Do täten sy sy[d]
in den ban. Sy woltend sich an den ban nit keren noch nichtes darumb geben. Und woltend des conciliums gericht noch ban nit halten. Do embutten sy dem küng Wentzlao[e] 10
von Behem, und verschribend im, daz er so[f] wol tät durch cristans globens wyllen und
die zwen gen Costentz sandte, wan doch da yetz der grund der lerer[g], so alle cristenhait
hette, da wäre. Und batend unsern herren den römschen küng Sigismunden, das er kung
Wentzlaw[h], sinem brůder, och darumb schribe. Daz tett och er. Dannocht wolten sy nit
komen. Unser herr der römsch küng sandte dann dem selben maister Hansen Hussen ain 15
fryes, sicher gelait mit sinem brieff und sigel, sich[er[i]] dar zů komend und sicher wyder
haym ze komend an sin gewarsami[j]. Daz gelait sant och im unser her[k] der römsch
küng[484].

---

a   kåtzerey *D₁*.
b   vertilgen *D₁*.
c   Iheronomum] Jheronimum *D₁*; *folgt* sinen gesellen *St₁*.
d   in *St₁*.
e   Wentzlaus *St₁*.
f   so] also *St₁D₁*.
g   grund der lerer] grund und die ler *A*; grund aller künst *K*.
h   Wentzlav *St₁*; Wentzelao *D₁*.
i   *so K*.
j   gegewarsami *G*.
k   unser her] *fehlt D₁*.

---

483   *Hier beginnt die siebte Texteinheit der St. Georgener Handschrift mit der Verurteilung und Hinrichtung von Jan Hus und Hieronymus von Prag. Die cc. 155,2–156,2 waren bereits fol. 21ʳᵇ⁻ᵛᵃ in der
dritten Texteinheit stark verkürzt gebracht worden. Jetzt werden sie noch einmal foll. 267ʳᵃ⁻268ᵛᵇ,
Bʳᵃ⁻Cʳᵃ präsentiert. Die inkohärente Textverteilung ergibt sich daraus, dass die St. Birgitten-Geschichte in G als textfremdes Einschiebsel in der Hus-Geschichte erscheint. Fol. A, das die St. Birgitten-
Geschichte bietet, ist fälschlich in die Hus-Geschichte eingebunden worden.*
484   *Der salvus conductus war von König Sigmund am 18. Oktober 1414 zu Speyer ausgestellt worden.
Hus, der am 11. Oktober von der Burg Krakovec nach Konstanz aufgebrochen war, erhielt den Geleit-
brief allerdings erst, nachdem er in Konstanz angekommen war. Vgl. J. Stumpf, Des grossen gemeinen
Conciliums zů Costentz gehalten/kurtze/doch grundtlichere und volkommnere [...] beschreybung (1541)
foll. IXʳ⁻ᵛ; H. von der Hardt, Magnum Oecumenicum Constantiense Concilium de universale ecclesiae reformatione, unione, et fide 4 (1699) S. 12; W. Berger, Johannes Hus und König Sigmund, S. 102–*

(148) Also sandt in küng Wentzlaus erlich gen Costentz und rittend mit im, die in belaitend[a]: her Wentzlaw von der Tuben[b] und her Hainrich Latschenbeck, ritter, mer dann mit dryssig pfäriden und mit zwain wägen. Do hett der Huß selb ain wägenlin, daruff er und sin caplän[c] såssend, und zugend in der Pfistrinen hus[485] an Sant Paulus
5   gassen by der Zuben[486] allernächst[487].

---

a   belaiteten *D₁*.
b   Tauben *D₁*.
c   *folgt* Jeronimus *St₁*.

104, 177–179; P. HILSCH, Johannes Hus (um 1370–1415). Prediger Gottes und Ketzer (1999) S. 247; W. BRANDMÜLLER, Das Konzil von Konstanz, Bd. 1, S. 328; T. SCHMIDT, König Sigmund und Johannes Hus, in: Das Zeitalter König Sigmunds in Ungarn und im Deutschen Reich, hg. von T. SCHMIDT und P. GUNST (2000) S. 151f.; Th. A. FUDGE, Jan Hus. Religious Reform and Social Revolution in Bohemia (2010) S. 125; Th. M. BUCK / H. KRAUME, Das Konstanzer Konzil, S. 130f.; F. MACHILEK, Jan Hus (um 1371–1415) – Prediger, Wahrheitszeuge, Reformator, in: Gewissen und Reform. Das Konstanzer Konzil und Jan Hus in ihrer aktuellen Bedeutung, hg. von J. KÖHLER und F. MACHILEK (2015) S. 32, 35; A. KOHNLE / Th. KRZENCK (Hg.), Johannes Hus Deutsch (2017) S. 605–608.
485   Haus »Zur roten Kanne« der Fida Pfister, heute Hussenstraße 22. Vgl. J. MARMOR, Das Konzil zu Konstanz in den Jahren 1414–1418 (²1864) S. 69; F. PALACKÝ, Documenta Mag. Joannis Hus vitam, doctrinam causam in Constantiensi concilio actam [...] (1869, ND 1966) S. 77, 245f.; J. BUJNOCH, Hus in Konstanz. Der Bericht des Peter von Mladoniowitz (1963) S. 62; G. BLECHNER, Wo in Konstanz war die Herberge des Jan Hus? Eine Hauslokalisierung anhand zeitgenössischen Quellenmaterials, in: SVG Bodensee 101 (1983) S. 49–71 mit Abb. 4; DERS., Auf den Spuren der Fida Pfister. Die »verschollene« Wirtin des Jan Hus bekommt ein Gesicht in: Konstanzer Beiträge zu Geschichte und Gegenwart 4 (1995) S. 105–121; H. MAURER, Konstanz im Mittelalter, Bd. 2, S. 28; P. HILSCH, Johannes Hus (um 1370–1415). Prediger Gottes und Ketzer (1999) S. 247; D. LEYKAM, Das Hus-Museum in Konstanz. Zwischen historischem Museum und Erinnerungsort, in: SVG Bodensee 133 (2015) S. 205; W. RÜGERT, Jan Hus. Auf den Spuren des böhmischen Reformators (2015) S. 53f.; O. PAVLÍČEK, The Chronology of the Life and Work of Jan Hus, in: A Companion to Jan Hus, hg. von F. ŠMAHEL und O. PAVLÍČEK (2015) S. 63; Th. A. FUDGE, Jerome of Prague and the Foundations of the Hussite Movement (2016) S. 173; Th. M. BUCK, Das »Kunst- und Alterthumskabinett« Joseph Kastells, S. 149f.
486   Der Hinweis, der sich in A und K nicht findet, ist wohl als Tuben (abgel. von lat. tubus = Röhre) zu lesen, obwohl in G, St₁ und D₁ Zuben, in Wo Zueben steht. In einer Textweiterung zu c. 267,1 (Umritt des Papstes Martin V. nach seiner Wahl) werden in einer Variante von Wo und St₂ sowohl der Begriff zůben als auch der Brunnen erwähnt. Die Herberge Hussens befand sich offenbar in der Nähe eines Röhrenbrunnens, der in allen drei Versionen in c. 72,1 erwähnt wird. Vgl. Aegidius Tschudis Chronicon Helveticum (Quellen zur Schweizer Geschichte N.F. I. Abt., Bd. VII, 7), bearb. von B. STETTLER (1988) S. 264 mit Anm. 175; F. HIRSCH (Hg.), Konstanzer Häuserbuch, Bd. 1 (1906) S. 33; G. BLECHNER, Wo in Konstanz war die Herberge des Jan Hus? Eine Hauslokalisierung anhand zeitgenössischen Quellenma- terials, in: SVG Bodensee 101 (1983) S. 50, 59–61 und Abb. 4; H. MAURER, Das Hus-Haus und die Hussenstraße in Konstanz, in: Johannes Hus in Konstanz. Festschrift zur Einweihung des Hus-Hauses (1985) S. 19.
487   3. November 1414. Vgl. zur Ankunft auch den Brief des Jan Hus vom 4. November 1414, in dem er berichtet, er sei in Konstanz eingetroffen und wohne in einer Straße »nahe dem päpstlichen Quartier«.

(149) Do sy nun in dem hus ain tag oder zwen rüwotend, do hett der selb maister Hanß Huß in der kamer neben der stuben meß. Und kamen vil der nachgeburen[a] und hortend by im meß, do des loffs[b] als vil ward. Wie doch das er meß hett als unser priester. Und des unser herr von Costentz, byschoff Otto, [267ᵛ] geborn[c] ain marggraff von Rötel, [vernam[d]], do sandt er zů im sinen vicarien, mayster Hansen Tenger[488], und sinen of‑ ficial[489], maister Cůnraten Heligen[e]. Die zwen kamen zů im und redten mit im, warumb er meß hette. Dan doch er wol wesdte[f], das er lang zyt in des baupsts ban gewesen wäre[490]

5

---

a der nachgeburen] nachburen *St₁*; nachbauren *D₁*.
b lofs *St₁*; lauffs *D₁*.
c geborn] *fehlt St₁D₁*.
d *so A*.
e Helye *A*; Helling *St₁*.
f Dan – wesdte] Er wiste doch woll *St₁*; Er wißte doch wol *D₁*.

Vgl. W. BERGER, Johannes Hus und König Sigmund, S. 115; J. DACHSEL, Jan Hus. Ein Bild seines Lebens und Wirkens. Seine Briefe vom Herbst 1414 bis zum Juli 1415, ins Deutsche übersetzt in Zusammenarbeit mit F. POTMĚŠIL (1964) S. 144; W. SCHAMSCHULA (Hg.), Jan Hus. Schriften zur Glaubensreform und Briefe der Jahre 1414–1415 (1969) S. 111. Hierzu J. BUJNOCH, Hus in Konstanz. Der Bericht des Peter von Mladoniowitz (1963) S. 62; DERS., Die Hussiten. Die Chronik des Laurentius von Březová 1414– 1421 (1988) S. 37; R. HOKE, Der Prozeß des Jan Hus und das Geleit König Sigmunds, in: AHC 15 (1983) S. 172; A. FRENKEN, Das Konstanzer Konzil, S. 72f.; W. RÜGERT, Jan Hus. Auf den Spuren des böhmi‑ schen Reformators (2015) S. 49–52; F. MACHILEK, Jan Hus (um 1371–1415) – Prediger, Wahrheitszeuge, Reformator, in: Gewissen und Reform. Das Konstanzer Konzil und Jan Hus in ihrer aktuellen Bedeu‑ tung, hg. von J. KÖHLER und F. MACHILEK (2015) S. 33f.; A. KOHNLE / Th. KRZENCK (Hg.), Johannes Hus Deutsch (2017) S. 611.
488 *Zur Person des Kanonikers Johannes Tenger vgl. U. JANSON, Otto von Hachberg (1388–1451), Bischof von Konstanz, und sein Traktat »De conceptione beatae virginis«, in: FDA 88 (1968) S. 250 mit Anm. 183; H. MAURER, Das Stift St. Stephan in Konstanz (Germania Sacra, N.F. 15) (1981) S. 126, 328, 338; Helvetia Sacra Abt. I, Bd. 2, 1 (²1996) S. 540.*
489 *Vgl. cc. 378 und 431 in der sechsten Texteinheit. Zu dem Offizial Konrad Elye, dem Vertreter des Bischofs im Vorsitz des geistlichen Gerichts, siehe K. RIEDER (Hg.), REC, Bd. 3 (1913) S. 198, Nr. 8431; M. SPINKA, John Hus at the Council of Constance (1965) S. 105 mit Anm. 64 und 65; J. BUJNOCH, Hus in Konstanz. Der Bericht des Peter von Mladoniowitz (1963) S. 67, 77, 104; Helvetia Sacra Abt. I, Bd. 2, 2 (²1996) S. 589f.; P. SOUKUP, Jan Hus (2014) S. 41, 127, 158, 190; A. BIHRER, Eine Feier ohne den Haus‑ herrn, S. 19, 26.*
490 *Hus befand sich seit dem 18. Juli 1410 im Kirchenbann, der 1412, da er der Ladung nach Rom nicht nachkam, verschärft wurde. Der Vollzug sakramentaler Akte in der Zeit des Banns war, wie Hus in ei‑ nem Brief vom 16. November 1414 selbst konstatiert, durch das Kirchenrecht aber verboten. Papst Jo‑ hannes XXIII. hatte, nachdem Hus in Konstanz eingetroffen war, die kanonischen Strafen, die über ihn verhängt worden waren (Interdikt), jedoch aufgehoben. Die Gesandtschaft Ottos von Hachberg zu Jan Hus ist die einzige Handlung des Ortsbischofs, die in der Chronik Erwähnung findet. J. Jeffery TYLER, Lord of the sacred city. The episcopus exclusus in late medieval and early modern Germany (1999) S. 55 betont, dass der Ortsbischof »does not appear in civic negotiations regarding the imminent ecumenical council«. Vgl. W. BERGER, Johannes Hus und König Sigmund, S. 69f., 115–118; Th. VOGEL, Studien zu*

und sunder yetz och in des hayligen concilio. Do anttwürt er inen, er hielten[a] kain ban und wölt meß haben, als dick im got gnad täte[491]. Do verbot unser herr von Costentz durch sinen vicary und official dem volk, so umb sin herberg gesessen was, und sust mengclichen, das niemant mer mes hinder im horte noch darzů gienge.

5 *(150)* Do[492] der Huß diß markt und och anders hörtt sölicher böser sachen, so man im zů redt[b] und uff in trach[c], do fůr er zů an ainem sonnentag in der vasten, als man singet Oculi mei, nach siner meß, und nam ain bröt und ain fläschlin mit win zů im, und verbarg sich in des Latschenbecks wagen, wan den selben wagen wolt man füren uff das land und die knecht [wolten da[d]] kouffen fůter, höw und strow in ainem dorff, dar inne
10 sy das koufft hettend[493]. Und wolten daz nach dem ymbis mit dem wagen geholet haben[e].

---

a   hielte *A*; hielt *St₁D₁*.
b   im zů redt] zů im rett *St₁*; zů im redt *D₁*.
c   trachte *St₁*; trache *D₁*.
d   *so St₁*.
e   mit dem wagen geholet haben] da usnen hollen *St₁*.

Richental's Konzilschronik, S. 57; J. BUJNOCH, Hus in Konstanz. Der Bericht des Peter von Mladioniowitz (1963) S. 67; J. DACHSEL, Jan Hus. Ein Bild seines Lebens und Wirkens. Seine Briefe vom Herbst 1414 bis zum Juli 1415, ins Deutsche übersetzt in Zusammenarbeit mit F. POTMĚŠIL (1964) S. 149; U. JANSON, Otto von Hachberg (1388–1451), Bischof von Konstanz, und sein Traktat »De conceptione beatae virginis«, in: FDA 88 (1968) S. 250 mit Anm. 183; W. SCHAMSCHULA (Hg.), Jan Hus. Schriften zur Glaubensreform und Briefe der Jahre 1414–1415 (1969) S. 116; R. HOKE, Der Prozeß des Jan Hus und das Geleit König Sigmunds, in: AHC 15 (1983) S. 172f.; W. BRANDMÜLLER, Hus vor dem Konzil, in: Jan Hus. Zwischen Zeiten, Völkern, Konfessionen, hg. von F. SEIBT (1997) S. 235f.; P. HILSCH, Johannes Hus (um 1370–1415). Prediger Gottes und Ketzer (1999) S. 116–146, 249; K. HRUZA, Die Verbrennung von Jan Hus auf dem Konstanzer Konzil 1415, in: Höhepunkte des Mittelalters, hg. von G. SCHEIBELREITER (2004) S. 215; J. KEJŘ, Die Causa Johannes Hus und das Prozessrecht der Kirche (2005) S. 109, 146, 154, 158, 191; A. FRENKEN, Die Rolle der Kanonisten auf dem Konstanzer Konzil, S. 410f.; DERS., Das Konstanzer Konzil, S. 72f.; Th. A. FUDGE, The Trial of Jan Hus. Medieval Heresy and Criminal Procedure (2013) S. 26, 241; DERS., Jerome of Prague and the Foundations of the Hussite Movement (2016) S. 125; Th. M. BUCK / H. KRAUME, Das Konstanzer Konzil, S. 127, 230f.; P. SOUKUP, Jan Hus (2014) S. 41, 116, 127, 148, 158; W. RÜGERT, Jan Hus. Auf den Spuren des böhmischen Reformators (2015) S. 53f.; O. PAVLÍČEK, The Chronology of the Life and Work of Jan Hus, in: A Companion to Jan Hus, hg. von F. ŠMAHEL und O. PAVLÍČEK (2015) S. 53; S. PROVVIDENTE, Hus's Trial in Constance: Disputatio aut Inquisitio, *in: A Companion to Jan Hus, hg. von F. ŠMAHEL und O. PAVLÍČEK (2015) S. 265f.; F. MACHILEK, Jan Hus (um 1371–1415) – Prediger, Wahrheitszeuge, Reformator, in: Gewissen und Reform. Das Konstanzer Konzil und Jan Hus in ihrer aktuellen Bedeutung, hg. von J. KÖHLER und F. MACHILEK (2015) S. 26f.; A. BIHRER, Eine Feier ohne den Hausherrn, S. 14 mit Anm. 9, 17–19, 26; A. KOHNLE / Th. KRZENCK (Hg.), Johannes Hus Deutsch (2017) S. 159–163.*

491   *In den Artikeln 17 und 18 der in der 15. Konzilssession am 6. Juli 1415 verurteilten 30 Artikel von Jan Hus ist davon die Rede, dass ein Priester Christi – ungeachtet einer angeblichen Exkommunikation – weiterpredigen muss. Vgl. A. KOHNLE / Th. KRZENCK (Hg.), Johannes Hus Deutsch (2017) S. 682f.*
492   *Vgl. c. 109 in A und K.*
493   *Vgl. zu der im zeitgenössischen Konstanz wohl kolportierten, aber unwahren Fluchtgeschichte, die*

Do nun die ritter und das volk ze tisch kamen und essen wolten, do fragten sy dem Hussen nach. Do man sin nit vinden kund, do luff der Latschenbeck zů dem burgermaister zů Costentz und clegt[a] im das. Der selb burgermaister hieß an stet der stat tor[b] beschliessen und[c] mengclich berait sin zů roß und ze fůß, das man im nachylte, wan er doch durch sölich ryck[d], die umb Costentz[e] sind, nit wol komen möchte, in dem do sich mengclich[f]   5
berait hett. Do ward er uff dem wagen funden[g]. Und das seit[h] man anstet dem burgermaister. Der hieß mengclich wyder haym gän und ryten[i].

---

a   clagt *St₁*; klagt *D₁*.
b   der stat tor] die tor der statt *St₁*; die thor der statt *D₁*.
c   *folgt* solt *St₁D₁*.
d   rick *St₁D₁*.
e   Costentz] die stat zů Costentz *St₁*; die statt Costentze *D₁*.
f   mengclich] alß mencklich *St₁*; aller mengklichen *D₁*.
g   gefunden *D₁*.
h   sagett *St₁*; saget *D₁*.
i   *folgt* und waß do zumal bürgenmaister Johannes von Schwartzach *St₁*.

---

ganz ähnlich wie die Papststurzgeschichte (c. 19) in der von Richental gestalteten Geschichtserzählung eine bestimmte Funktion hat, den Bericht des Peter von Mladoniowitz, hg. von J. BUJNOCH (1963) S. 75 sowie F. PALACKÝ, Documenta Mag. Joannis Hus vitam, doctrinam causam in Constantiensi concilio actam [...] (1869, ND 1966) S. 247f. Grundsätzlich J. MARMOR, Geschichtliche Topographie der Stadt Konstanz, S. 294; W. BERGER, Johannes Hus und König Sigmund, S. 119–122, 219f., 224f.; Th. VOGEL, Studien zu Richental's Konzilschronik, S. 51, 58–68, 95; H. G. PETER, Die Informationen Papst Johanns XXIII. und dessen Flucht von Konstanz bis Schaffhausen (1926) S. 39f.; O. FEGER, Das Konzil zu Konstanz, Bd. 2, S. 188, 202; M. SPINKA, John Hus at the Council of Constance (1965) S. 110 mit Anm. 1; DERS., John Hus. A Biography (1968) S. 290 Anm. 42; G. BLECHNER, Wo in Konstanz war die Herberge des Jan Hus? Eine Hauslokalisierung anhand zeitgenössischen Quellenmaterials, in: SVG Bodensee 101 (1983) S. 68f.; W. MATTHIESSEN, Ulrich Richentals Chronik, S. 324, 330–335, 359; M. MÜLLER (Hg.), Chronik des Konstanzer Konzils 1414–1418, Übersetzung, Anm. 74; E. WERNER, Jan Hus. Welt und Umwelt eines Prager Frühreformators (1991) S. 200–215; W. BRANDMÜLLER, Das Konzil von Konstanz, Bd. 1, S. 323–363; P. HILSCH, Johannes Hus (um 1370–1415). Prediger Gottes und Ketzer (1999) S. 251; Th. RATHMANN, Geschehen und Geschichten des Konstanzer Konzils, S. 236 Anm. 63, 254; J. KEJŘ, Die Causa Johannes Hus und das Prozessrecht der Kirche (2005) S. 187; Th. A. FUDGE, Jan Hus. Religious Reform and Social Revolution in Bohemia (2010) S. 132 mit Anm. 85; DERS., The Trial of Jan Hus. Medieval Heresy and Criminal Procedure (2013) S. 12, 245; DERS., The Secret Life of a Heretic's Coat: Jan Hus and the Modern Pilgrimage of a »Medieval Relic«, in: Kosmas. Czechoslovak and Central European Journal 28 (2) (2015) S. 197f.; T. WEGER, Konstanz/»Kostnice« als verflochtener Jan-Hus-Erinnerungsort, in: Jan Hus – 600 Jahre Erste Reformation, hg. von A. STRÜBIND und T. WEGER (2015) S. 174f.; Ph. N. HABERKERN, Patron Saint and Prophet. Jan Hus in the Bohemian and German Reformations (2016) S. 42f., 266; A. FRENKEN, Zeremoniell, Ritual und andere Formen symbolischer Kommunikation, S. 59; F. MACHILEK, Jan Hus (um 1371–1415) – Prediger, Wahrheitszeuge, Reformator, in: Gewissen und Reform. Das Konstanzer Konzil und Jan Hus in ihrer aktuellen Bedeutung, hg. von J. KÖHLER und F. MACHILEK (2015) S. 34.

(151) Glich nach ymbis, als es ains schlůg[a], do nam derselb her Hainrich Lat[268[r]]schen-
beck den maister Hansen Hussen uff ain roß und sinen caplan och uff ain roß, und vil
ander Behem, die mit inen rittend, und fůrtend in uff den obern hof für die pfallatz, für
baupst Johansen[b]. Do sprach der Huß, er sölte in in kain gefangknüß bringen, wan er
5 hette ain gůt fry sicher gelait für aller mengclich. Do anttwurt im her Hainrich Latt-
schenbeck und sprach: Es ist also angesehen, das ir iwer[c] sachen zů wegen bringen, das
die gerecht und nit kätzersch syen, ob ir mögend oder darumb sterben. Also tratt der
Huß behend ab dem roß und wolt under daz behemer volk geloffen[d] sin, wan es was mer
dann achtzig tusend[e] menschen uff dem obern hoff, die all zů geloffen[f] warend von des
10 wunders wegen und das sy den Hussen gesähen, die des innen warend worden, das man
in baupst Johannes bringen wolt[g]. Do die püttel des baupsts und der cardinäl, die dann
die vergülten steken trůgend, das ersahend, das er wolt geflohen sin, die begriffend in
und fůrtend in in die pfallatz[h] und beschlussen die pfallatz[i] und liessen den capplon[j]
enweg ryten. Do er also in der pfallatz[k] behůtt ward, in dem[l] selben zyt hette im unser
15 her der küng gern geholffen und ledig gemacht. Und vorcht villicht sines brůders zorn
und och, das er dester fürderlicher der Behemer huld verlur und maint, es wäre im ain
groß unere, sölte er sin fry sicher gelait, so er im gegeben[m] hett, also brechen. Do antt-
wurtend im die gelerten, es enmöcht noch enkünd mit kainem rechten sin, das kain
kätzer, der in der kätzri[n] begriffen wirt, möge noch künde gelait haben[494]. Do unser her

---

a   ains schlůg] ainß geschlůg *St₁*; eines geschlůg *D₁*.

b   für baupst Johansen] *fehlt St₁*.

c   uwer *St₁*; eüer *D₁*.

d   geflochen *St₁*; gelaufen *D₁*.

e   achtzehen tusend *A*; achtzig tusent *K*; acht tüssend *St₁*.

f   gloffen *St₁*; gelauffen *D₁*.

g   das man – bringen wolt] daß man in dem concilium gen antwurtten wolt *St₁*.

h   pfalantz *St₁*; pfaltze *D₁*.

i   und beschlussen die pfallatz] *fehlt St₁D₁*.

j   *folgt* Jeronimus *St₁*.

k   pfallantz *St₁*; pfaltz *D₁*.

l   der *St₁*.

m   geben *St₁D₁*.

n   ketzery *St₁*; kåtzerey *D₁*.

---

494   *Vgl. zur Gültigkeit des königlichen Geleitbriefs* H. HEIMPEL, *Dietrich von Niem (c. 1340–1418)*
(1932) S. 343–349; R. HOKE, *Der Prozeß des Jan Hus und das Geleit König Sigmunds, in: AHC 15 (1983)*
S. 175–193; A. FRENKEN, *Die Erforschung des Konstanzer Konzils, S. 265f.;* DERS., *Der König und sein*
Konzil, S. 179; P. HILSCH, *Johannes Hus (um 1370–1415). Prediger Gottes und Ketzer (1999) S. 253;* Th.
A. FUDGE, *Jan Hus. Religious Reform and Social Revolution in Bohemia (2010) S. 125–127;* DERS., *Je-*
rome of Prague and the Foundations of the Hussite Movement (2016) S. 179; O. PAVLÍČEK, *The Chrono-*
logy of the Life and Work of Jan Hus, in: A Companion to Jan Hus, hg. von F. ŠMAHEL *und* O. PAVLÍČEK
(2015) S. 63f.

der küng daz erhort und vernam, do ließ er es gůt sin[495]. Do[a] ward der selbe Huß uß der pfallatz[b] gefürt und ward gefangen geleit[c] zů den bredigern zů Costentz. Und ward im ain besunder gemach gegeben und vil hůter, die in behůtend für fluchtsami. Und giengen zů im alle tag die gelertosten in der götlichen kunst und redten im vor und bewysten mit der hailigen geschrifft, daz er über[d] globte und übel gepredigot hette. Und tåten es darumb, ob sy in von sinem bösen globen bringen möchten.   5

(152) Darnach am mentag nach dem hayligen tag[e] [268ᵛ] ze ostran, do kam Iheronomus[f] mit ainem schüler gar haymlich gen Costentz, das es nieman wysot[g] noch in[h] erkant, noch sin gewar werden mocht von der mengi[i] des volks, und schlůg ainen brieff an Sant Stephans kilchtür zů Costentz[496]. Der wyset und seit in latin: Er wysde anders nit,   10 dann das maister Hans Huß recht gelert und geprediget hett. Do[j] so wären im ettlich

---

a Do] Nach dem da *St₁*; Nach dem do *D₁*.
b pfallantz *St₁*; pfaltze *D₁*.
c glet *St₁*; gelegt *D₁*.
d übel *KSt₁D₁*.
e tag tag *G*.
f Iheronomus] Jeronimus sin caplon und gesell *St₁*; Jeronimus *D₁*.
g wißt *A*; wist *St₁D₁*.
h in] *fehlt St₁D₁*.
i menig *St₁D₁*.
j Doch *AK*; Da *St₁*.

---

495 *Vgl. zur Haltung König Sigmunds auch seine Auffassung, dass es sich bei der causa Hus nur um* alia minora *handele, der Reformprozess der Kirche deswegen nicht gefährdet werden dürfe, H. FINKE, ACC, Bd. 2 (1923) S. 203; R. HOKE, Der Prozeß des Jan Hus und das Geleit König Sigmunds, in: AHC 15 (1983) S. 182–184; E. WERNER, Jan Hus. Welt und Umwelt eines Prager Frühreformators (1991) S. 201f.; P. HILSCH, Johannes Hus (um 1370–1415). Prediger Gottes und Ketzer (1999) S. 253; W. BRANDMÜLLER, Das Konzil von Konstanz, Bd. 1, S. 179, 332; A. FRENKEN, Der König und sein Konzil, S. 179; DERS., Das Konstanzer Konzil, S. 75, 216, 219; J. SCHNEIDER, Sigismund. Römisch-deutscher König auf dem Konstanzer Konzil, in: 1414–1418. Weltereignis des Mittelalters. Das Konstanzer Konzil. Essays (2013) S. 45; P. SOUKUP, Jan Hus (2014) S. 192f.; H. MÜLLER, Die kirchliche Krise des Spätmittelalters, S. 32, 87; O. PAVLÍČEK, The Chronology of the Life and Work of Jan Hus, in: A Companion to Jan Hus, hg. von F. ŠMAHEL und O. PAVLÍČEK (2015) S. 63; Ph. N. HABERKERN, Patron Saint and Prophet. Jan Hus in the Bohemian and German Reformations (2016) S. 43.*
496 *Vgl. zur Publikation von Pamphleten durch Hieronymus von Prag, der am 1. April 1415 nach Konstanz gekommen war, Th. VOGEL, Studien zu Richental's Konzilschronik, S. 69; R. N. WATKINS, The Death of Jerome of Prague: Divergent Views, in: Speculum 42 (1967) S. 111; R. R. BETTS, Jerome of Prague, in: Essays in Czech History (1969) S. 221; G. BLECHNER, Wo in Konstanz war die Herberge des Jan Hus? Eine Hauslokalisierung anhand zeitgenössischen Quellenmaterials, in: SVG Bodensee 101 (1983) S. 62f.; W. MATTHIESSEN, Ulrich Richentals Chronik, S. 119 mit Anm. 48, 144; Th. A. FUDGE, Jan Hus. Religious Reform and Social Revolution in Bohemia (2010) S. 149f.; DERS., The Trial of Jan Hus. Medieval Heresy and Criminal Procedure (2013) S. 258–261; DERS., Jerome of Prague and the Foundations of the Hussite Movement (2016) S. 175f., 224.*

artikel zů gezogen von haß und vigentschafft[a] wegen. Wäre da, daz er die hielte und geprediget hette, da vor künde er in nit geschirmen. Aber er globte das nit, das er es getőn habe. Und als bald er den brieff angeschlagen hett, do luff er und der schüler glich enweg[b] von Costentz, daz sin nieman innen ward. Und beschach im so not, das er sines

5 schwertz in der herberg vergaß, oder villicht vor vorcht nit nemen getorst. Do ward ich Ůlrich Richentaler[c] vil gefraget, wahin er komen wäre oder wa er ze herberg gewesen wär. Do wysset nieman nichtes dar umb. Darnach über sechs tag, do ward man innen, das er by dem Gůtjar[497] an Sant Pauls gassen ze herberg gesin[d] was. Und kam an den Behemer wald und wolt da růwen[498]. Und als dan ain yeder[e] gelerter man sůcht ander

10 gelert man, also kam er zů dem lütpriester[f] daselb. Der hett ungeschicht[g] all pfaffhait geladt. Do kam Iheronomus[h] zů inen inhin[i] über daz mål. Und vieng an ze redend, dann er vast wol gespräch was in latin und in tütsch[j]. Und sprach, wie das er zů Costentz in dem concilium gewesen wär, das da wol hieß ein schůl des tieffals[k] Sathane und ain synagog unrechttůnder lüt und aller verkerter lüt[499]. Und hett des brieff by im mit sübentzig[l]

15 insigeln, das maister Hans Huß und och er wol bestanden wären, und noch möcht inen

---

a   findschaft *A*; vindschaft *K*; vintschaft *St₁*; veindschafft *D₁*.
b   hinweg *St₁D₁*.
c   Richentaller *St₁*; Reichentaler *D₁*.
d   gewesen *D₁*.
e   jeclicher *St₁*; jegklicher *D₁*.
f   laienpriester *D₁*.
g   ungeschicht] von geschicht *AK*; on al geschicht *St₁*.
h   Jeronimus *St₁*; Jheronimus *D₁*.
i   hinin *St₁*; hinein *D₁*.
j   tüsch *St₁*; teütsche *D₁*.
k   tüfels *AK*; tüffelß *St₁*; teüfels *D₁*.
l   sibenzig *St₁*; sibentzig *D₁*.

---

497   *Hieronymus von Prag hatte bei Hans Gutjar in dem später »Zum Delphin« genannten Anwesen (heute Hussenstraße 14) Herberge genommen. Vgl. Aegidius Tschudis Chronicon Helveticum (Quellen zur Schweizer Geschichte N.F. I. Abt., Bd. VII, 8), bearb. von B. STETTLER (1990) S. 40; G. BLECHNER, Wo in Konstanz war die Herberge des Jan Hus? Eine Hauslokalisierung anhand zeitgenössischen Quellenmaterials, in: SVG Bodensee 101 (1983) S. 62; DERS., Von Hieronymus zum Delphin-Kreis. Das Haus »zum Delphin« an der Hussenstraße, in: Konstanzer Beiträge zu Geschichte und Gegenwart 6 (2000) S. 102–132; D. MERTENS, Art. Richental, Sp. 55; H. MAURER, Konstanz im Mittelalter, Bd. 2, S. 29; Th. A. FUDGE, Jerome of Prague and the Foundations of the Hussite Movement (2016) S. 5, 174.*
498   *Vgl. hierzu M. SPINKA, John Hus at the Council of Constance (1965) S. 70; Th. A. FUDGE, Jerome of Prague and the Foundations of the Hussite Movement (2016) S. 175.*
499   *Siehe zu dem Begriff synagoga satanae (Offb 2,9; 3,9) den 37. Artikel der in der achten Sitzung des Konzils am 4. Mai 1415 von der Synode verurteilten 45 Artikel des John Wyclif. Vgl. P. HILSCH, Johannes Hus (um 1370–1415). Prediger Gottes und Ketzer (1999) S. 55; J. WOHLMUTH (Hg.), Dekrete der ökumenischen Konzilien, Bd. 2: Konzilien des Mittelalters (2000) S. 413; G. WACKER, Ulrich Richentals Chronik, S. 131; Th. A. FUDGE, Jerome of Prague and the Foundations of the Hussite Movement (2016) S. 181.*

enkain[a] gelerter man noch herre nit wyder reden noch sy überwinden[b]. Und sagt vil übels von dem concilio, des do die priester gar sere[c] erschrakend, und wurdend haymlich ze raut, das sy daz dem herren, der by inen saß und in dem stätlin gewaltig was[500], sagen sölten. Also sy och tetten. Der anttwurt inen, das sy baytotend bis mornend und nichtes us der sach redttend, das sy och tettend. Und[d] mornend do hielt er uff in mit sinen   5 knechten vor dem[501] [D₁ fol. 244ᵛ] stätlin. Und als bald er außher kam, do graiff er zů im und sprach tzů im: Meyster Jeronimus, ir habt gester geredet von dem concilio zů Costentz. Do můß ich je wissen, ob das war sey oder nicht, wann ich und alle herren, graffen, freien, ritter unnd knecht geschworen haben und schuldig seien, das concilium zů beschirmen. Und yr müssent mitt mir wider umb in das concilium gen Costentz. Da   10

a   kain *St₁*; kein *D₁*.
b   *folgt* waß im joch geschechen wor, lies er sin *St₁*.
c   ubel *St₁*; übel *D₁*.
d   Und] *fehlt St₁D₁*.

Noch Martin Luther spricht 1521 auf dem Wormser Reichstag (Deutsche Reichstagsakten. Jüngere Reihe, Bd. 2, bearb. von A. WREDE *(1896) S. 647 Z. 23) zur Schmähung des Konstanzer Konzils von einer sinagog des teufels. Hierzu E.* WOLGAST, *Das Konstanzer Konzil im Urteil Luthers und der reformatorischen Geschichtsschreibung, in: K.-H.* BRAUN / Th. M. BUCK *(Hg.), Über die ganze Erde erging der Name von Konstanz, S. 56.*

500 *Soldaten des wittelsbachischen Pfalzgrafen Johann von Neunburg/Neumarkt sollen den flüchtigen Hieronymus von Prag in Hirschau gefasst und in Sulzbach (Haupt- und Residenzstadt des von Karl IV. erworbenen Neuböhmen) eingekerkert haben. Siehe zum Itinerar auch den Brief des Jan Hus vom 24. Oktober 1414 an seine böhmischen Freunde, in dem er von seiner Reise nach Konstanz berichtet. Vgl. J.* DACHSEL, *Jan Hus. Ein Bild seines Lebens und Wirkens. Seine Briefe vom Herbst 1414 bis zum Juli 1415, ins Deutsche übersetzt in Zusammenarbeit mit F.* POTMĚŠIL *(1964) S. 141–143; W.* SCHAMSCHULA *(Hg.), Jan Hus. Schriften zur Glaubensreform und Briefe der Jahre 1414–1415 (1969) S. 109–111. Hierzu O.* FEGER, *Das Konzil zu Konstanz, Bd. 2, S. 203; F.* ŠMAHEL, *Leben und Werk des Magisters Hieronymus von Prag. Forschung ohne Probleme und Perspektiven, in: Historica 13 (1966) S. 110 mit Anm. 70;* DERS., *Die hussitische Revolution (MGH Schriften, Bd. 43), Bd. 2 (2000) S. 921;* DERS., *Mag. Hieronymus von Prag und die Heidelberger Universität, in:* DERS., *Die Prager Universität im Mittelalter. Gesammelte Aufsätze (2007) S. 537f.;* DERS., *in: 1414–1418. Weltereignis des Mittelalters. Das Konstanzer Konzil. Katalog (2014) S. 273f.; R. N.* WATKINS, *The Death of Jerome of Prague: Divergent Views, in: Speculum 42 (1967) S. 111; R. R.* BETTS, *Jerome of Prague, in: Essays in Czech History (1969) S. 222; W.* MATTHIESSEN, *Ulrich Richentals Chronik, S. 332; J.* BUJNOCH, *Die Hussiten. Die Chronik des Laurentius von Březová 1414–1421 (1988) S. 42f.; P.* HILSCH, *Johannes Hus (um 1370–1415) Prediger Gottes und Ketzer (1999) S. 260 mit Anm. 23; G.* WACKER, *Ulrich Richentals Chronik, S. 131; F.* MACHILEK, *Die hussitische Revolution. Religiöse, politische und regionale Aspekte (2012) S. 183f. mit Anm. 9 auf S. 184; W.* RÜGERT, *Jan Hus. Auf den Spuren des böhmischen Reformators (2015) S. 49–52, 72; Th. A.* FUDGE, *Jerome of Prague and the Foundations of the Hussite Movement (2016) S. 180f., 183.*

501 *Hier bricht die Hus- und Hieronymus-Geschichte ab; es folgt fol. A die heute falsch platzierte St. Birgitten-Geschichte, die fol. B von der Fortsetzung der Hus-Geschichte abgelöst wird. Dazwischen ist Text ausgefallen. Es fehlt, was sich in D₁ foll. 244ᵛᵃ Z. 28 – 245ᵛᵇ Z. 17 findet.*

antwurtet er, er het ein gůt frei sicher gelayt, und wårent sein red und sachen war. Da
sprache der herr: Das mage sein oder nitt. Auff die rede, so yr gethan habent, so můssent
yr ye gen Costentz^a.

(153) Unnd also da prachte er in wider gen Costentz an dem ein unnd zweintzigesten
tage nach ostern[502]. Do ward er an stet gelegt gen Gotlieben in daz schloß in ein sunderlich gemach[503]. Und rittent unnd fůren die gelerten leüt zů im, verhortent in, und dispu-
tiertent mitt ym auß dem selben seinem bösen ungelauben und von anderen götlichen
künsten. Die meineten, das er vierstent^b mer gelerter wår dann der Huß. Unnd[504] giengen dye gelerten als dick zů inen beyden^c und erweisten sy^d und prachten [245ʳ] sy^e
darzů, das sy beid sprachen, sy wölten von yrem^f bösen ungelauben lassen und wölten^g
das widerpredigen, so sy gelert heten[505], das wölten sy widerrůffen^h. Des waz mengklich
fro und leütet man dreistund laudes inn aller statt, als vor steet laudes ze leüten.

a   so – Costentz] so müsend ir wider mit mir in das concilium gen Costentz *St₁*.
b   vierfalt *A*; vierstund *K*; virstund *St₁*.
c   inen beyden] im *St₁*.
d   in *St₁*.
e   in *St₁*.
f   das sy – von yrem] das er sprach, er wolte von sim *St₁*.
g   wolt *St₁*.
h   so sy – widerrůffen] so er gelert het und welt das widerrůffen *St₁*.

502   *Nach Th. A. FUDGE, Jerome of Prague and the Foundations of the Hussite Movement (2016) S. 182*
am 23. Mai 1415.
503   *Die Internierung in der Bischofsburg Gottlieben hält Th. A. FUDGE, Jerome of Prague and the*
Foundations of the Hussite Movement (2016) S. 186 für eine Falschmeldung des Chronisten. Nach A.
BIHRER, Eine Feier ohne den Hausherrn, S. 26 wurde der tschechische Reformator dort »für etwa zehn
Wochen gefangen gehalten«.
504   *Dieser Textteil begegnet in St₁ zwei Mal, fol. 136ᵛᵇ wird er ausschließlich auf Hus, fol. 140ᵛᵃ aus-*
schließlich auf Hieronymus (und nicht auf beide) bezogen, ist also in der 3. Person Sg. und nicht in der 3.
Person Pl. gehalten.
505   *Im Gegensatz zu Hieronymus von Prag, der in der 19. Sitzung des Konzils am 23. September 1415*
seinem Glauben feierlich abschwor, hat Jan Hus nachweislich nie widerrufen. Vgl. Aegidius Tschudis
Chronicon Helveticum (Quellen zur Schweizer Geschichte N.F. I. Abt., Bd. VII, 8), bearb. von B.
STETTLER (1990) S. 149; O. FEGER, Das Konzil zu Konstanz, Bd. 2, S. 204, 206f.; W. BRANDMÜLLER, Das
Konzil von Konstanz, Bd. 2, S. 62f., 121f., 135; J. WOHLMUTH (Hg.), Dekrete der ökumenischen Konzi-
lien, Bd. 2: Konzilien des Mittelalters (2000) S. 433; J. KEJŘ, Die Causa Johannes Hus und das Prozess-
recht der Kirche (2005) S. 157f.; Th. A. FUDGE, The Trial of Jan Hus. Medieval Heresy and Criminal
Procedure (2013) S. 269, 274, 277; P. SOUKUP, Jan Hus (2014) S. 199, 205–207, 209; O. PAVLÍČEK, The
Chronology of the Life and Work of Jan Hus, in: A Companion to Jan Hus, hg. von F. ŠMAHEL und O.
PAVLÍČEK (2015) S. 67f.; F. MACHILEK, Jan Hus (um 1371–1415) – Prediger, Wahrheitszeuge, Reforma-
tor, in: Gewissen und Reform. Das Konstanzer Konzil und Jan Hus in ihrer aktuellen Bedeutung, hg.
von J. KÖHLER und F. MACHILEK (2015) S. 39, 43.

(154) Darnach[506] ward ei[n] session. In der selben session ward gemeinklichen erteylt, das man sy in Schwabenlanden behalten sŏlt, in wŏlchem kloster unnd orden sy wŏlten, und das yr jegklicher selb sechst gnůg hetten ze brauchen, doch das sy gen Behem nymmer mer kommen sollten, und daz sy auch bayd mit iren eygnen henden under iren eygnen insigeln schreiben sŏlten, das sy falsch und unrecht ge[g]laubt[a], geprediget unnd 5
gehalten hetten, unnd das es nunhinnan hinfüro niemant mer halten noch gelauben sŏlt.
Daz alles wolten sy gern haben gehalten unnd dobey belyben sein, dann allein umm das schreiben gen Behem. Das wolten sy ye nit thůn, und wolten dye demůtigkeyt nitt auffnemen und sprachent: Das laster wŏllen wir ye unß selb nit thůn, wann wir nement mitt
unser geschrifft und mit unsern wordten mengen ausser dem hymelreich, den wir dar- 10
pracht habent mit unser gŏtlicher lere, als man das alles in der latein[507] eygentlichen vindet, das ich auch erfaren hab[508]. Wye man den Hussen degradiert, vindest hienach[b].

(155,2) An dem freitage[c] nach Sant Ulrichs tag, was do der achtent tag im Hewet, der jarzal Cristi tausent vierhundert unnd fünfftzehen yar, do warde aber ein session mit
gantzer pfafheyt. Und was unser herr der rŏmisch künig auch dobey[d], hertzog Ludwig 15
von Bairen von Haydelberg und ander vyl weltlicher fürsten unnd herrn. Und was auch die selb session zů der sechsten stund vor mittag[e]. [245ᵛ] Do ward der Huß besandt, der ketzer von Behem, für die session. Unnd prediget do vor im der hochgeleret Johannes Carceri[f], ein lerer gŏtlicher kunst und meyster der obresten schůl zů Pariß und regierer
gŏtlicher kunst unnd rechten, von seiner bŏser kåtzerlichen lere[509]. Und ward mit rech- 20
ter gŏtlicher lere auß der heyligen geschrift überwunden, das seine artickel, die er geprediget unnd gelert het, falsch, unrecht und rechte kåtzerey was.

---

a   gelobt *K*; glŏpt *St₁*.
b   vindest hienach] staut hernach *St₁*.
c   samßtag *A*.
d   daby *St₁*.
e   vor mittag] nach mitternacht *A*.
f   Thacheri *A*; Tatteri *K*.

---

506   *Auch dieses Kapitel wird in St₁ nur auf Hus bezogen und ist daher ebenfalls in der 3. Person Sg. und nicht in der 3. Person Pl. gehalten. Auf die Verzeichnung der entsprechenden Varianten wird verzichtet.*
507   *Vgl. c. 138 in der dritten Texteinheit.*
508   *Hier findet sich in G, St₁, Wo, St₂ und D₁ ein Ich-Erzähler, der in A und K so nicht vorhanden ist.*
509   *Gemeint ist wohl Jean d'Achery, Bischof von Senlis. Es predigte jedoch Giacomo Arrigoni de Balardis, Bischof von Lodi. Vgl. Th.* VOGEL, *Studien zu Richental's Konzilschronik, S. 73; L.* DAX, *Die Universitäten und die Konzilien von Pisa und Konstanz (1910) S. 47 Anm. 2; H.* FINKE, *ACC, Bd. 2 (1923) S. 413 Anm. 1; P.* ARENDT, *Die Predigten des Konstanzer Konzils. Ein Beitrag zur Predigt- und Kirchengeschichte des ausgehenden Mittelalters (1933) S. 21, 156f.; K.* EUBEL, *Hierarchia Catholica Medii Aevi, Bd. 1 (1960) S. 476; O.* FEGER, *Das Konzil zu Konstanz, Bd. 2, S. 204; W.* BRANDMÜLLER, *Das Konzil von Konstanz, Bd. 1, S. 62f.;* DERS., *Das Konzil von Konstanz, Bd. 2, S. 134; P.* SOUKUP, *Jan Hus (2014) S. 200; M.* KÜBLE / H. GERLACH, *Augenzeuge des Konstanzer Konzils, S. 101 Anm. 198.*

(156,1) Und gabent[a] ein rechtlich urteyle über in. Des ersten, als er tzů einem priester geweicht waz, das man in dann degradieren und sein weihin abnemen solt[510]. Do stalten sy in auf einen hohen stůl, das in menigklich sehen mocht. Und stůnd zů ym der hoch-wirdig meyster Nicolaus, ertzbischoff zů Mayland[b], tzů einer[c] seiten[511], und zwen
5   cardinål und zwen bischoff und zwen weichbischoff, und legt in an als ein priester unnd zugent in wider ab mitt gebeten, dye sy darzů sprachen, und wůschen im sein caracte-res[512] ab. Da machet er ein gespöte darauß. Do nun daz volgieng, do gaben sy ein urteyl über in also, das er ein kåtzre[d] wåre und ein unstrafber unweisiger man, seiner boßheyt abzůstånd. Und empfulhen in dem weltlichen rechten. Und baten unsern herrn den kü-
10 nig unnd das weltliche recht, das man in nitt tödten sölt, unnd man in sunst behielt und im ein ewigen kårcker gåb. Do sprach der künig zů hertzog Ludwigen, [G fol. B^r] pfaltz-graven by Rin: Syder[e] wir syen, der das weltlich swert inn haltet: Lieber öhem, so ne-mend in an unser stat und tönd im als ainem kätzer. Do růfft hertzog Ludewig zů im dero von Costentz vogt, der och zůgegen was und zů im kam. Und sprach: Durchlüch-
15 tender fürst, was gebüt[f] iwer[g] fürstlich gnad? Do anttwurt er im und sprach: Nement hin da mayster Hansen Hussen von unser bayder wegen und von unser urtail, verbrendt in als ainen kätzer. Der selb vogt zů Costentz hieß do[h] des rautz knecht zů Costentz, die da warend und den nachrichter, das sy in usfürtend ze verbrennend und im kain sin håß, gürtel noch gewand, seckel, messer, noch pfenning, hosen, noch schůch nit nåmen, noch

---

a   gabent] gab daß hailig concilium *St₁*.
b   *folgt* und der bischof von Bysentz *St₁*.
c   *folgt* zů einer *D₁*.
d   kätzer *Wo*.
e   Sider *St₁Wo*; Seider *D₁*.
f   gebütt *Wo*; gebeüt *D₁*.
g   üwer *St₁*; ewer *D₁*.
h   do] *fehlt St₁D₁*.

---

510 *Durch die Degradation verliert der Geistliche die klerikalen Standesrechte (Laisierung), so dass er dem weltlichen Gericht zur Verurteilung übergeben werden kann. Vgl. G. Fillastre, in: ACC, Bd. 2 (1923) S. 48; J. Bujnoch, Hus in Konstanz. Der Bericht des Peter von Mladoniowitz (1963) S. 245, 250f.; P. Landau, Die Entstehung des kanonischen Infamiebegriffs von Gratian bis zur Glossa Ordinaria (1966) S. 60f.; B. Schimmelpfennig, Die Degradation von Klerikern im späten Mittelalter, in: Zeit-schrift für Religions- und Geistesgeschichte 34 (1982) S. 313 mit Anm. 26; P. Hilsch, Johannes Hus (um 1370–1415). Prediger Gottes und Ketzer (1999) S. 279; J. Wohlmuth (Hg.), Dekrete der ökumenischen Konzilien, Bd. 2: Konzilien des Mittelalters (2000) S. 429 Z. 7–13; T. Schmidt, König Sigmund und Jo-hannes Hus, in: Das Zeitalter König Sigmunds in Ungarn und im Deutschen Reich, hg. von T. Schmidt und P. Gunst (2000) S. 158; J. Kejř, Die Causa Johannes Hus und das Prozessrecht der Kirche (2005) S. 164, 183f. Anm. 284; S. Provvidente, Hus's Trial in Constance: Disputatio aut Inquisitio, in: A Companion to Jan Hus, hg. von F. Šmahel und O. Pavlíček (2015) S. 288.*
511 *Bartolomeo della Capra.*
512 *character indelebilis.*

abzügen[a]. Das beschach och. Und hett doch zwen gůt schwartz röck an von gůtem tůch[513] und ain gürtel, was ain clain beschlagen mit vergültem silber und in ainer schaid zway gůte bymesser[b] und ain lydrin[c] seckel, da wol pfenning mochten innen sin. Und het ain hoch wyß ynfel uff sinem hopt, die was mit pappir[d] gemacht[514], und stůnden daran zwen tieffal[e] gemalet und entzwüschen den tieffaln[f] geschriben: Heresiarcha, ain ertzkätzer 5 aller kätzer. Und fůrtend in die von Costentz uß me[g] dann mit tusend gewapoten mannen, und die layen fürsten und herren och gewappet. Und fůrtend in zwen hertzog Ludewigs diener, ainer zů der rechten, der ander zů der linken syten[h]. Und was nit gebunden, dann das sy sust neben im giengen. Und giengend vor im[i] zwen rautzknecht und och zwen hinder im dero von Costentz. Und giengen mit im zů Geltinger tor ushin. Und 10 vom[j] grossen überdrang můst man in füren umb Richmans[k] Wyden hus[515] den Průel[l]

---

a abzugind *St₁*; abziehen *D₁*.
b beymeßser *D₁*.
c lidrin *Wo*; lüdrin *D₁*.
d bappir *St₁*; pappeir *D₁*.
e tüffell *St₁*; tieffel *D₁*.
f tieffaln] 2 tuffell *St₁*; zweien tieffelen *D₁*.
g mer *St₁D₁*; mehr *Wo*.
h gelincken seitten *D₁*.
i *folgt* do *D₁*.
j vom] von dem *St₁D₁*; von *Wo*.
k Reichmans *D₁*.
l Brüll *St₁*; Prüll *Wo*; Brůel *D₁*.

---

513 *Zur Bekleidung von Hus vgl. S.* Rau / O. Morr, *Konstanzer Konzil – Ein gut zu vermittelndes Thema, in: Restauro. Zeitschrift für Restaurierung, Denkmalpflege und Museumstechnik 5 (2014) S. 51;* Th. A. Fudge, *The Secret Life of a Heretic's Coat: Jan Hus and the Modern Pilgrimage of a »Medieval Relic«, in: Kosmas. Czechoslovak and Central European Journal 28 (2) (2015) S. 173–199; R. und H.* Rosenberg, *Die vielen Gesichter des Jan Hus, S. 198.*

514 *Zur papiernen Schand- bzw. Ketzermütze vgl. J.* Bujnoch, *Hus in Konstanz. Der Bericht des Peter von Mladoniowitz (1963) S. 252f.; H.* Herkommer, *Die Geschichte vom Leiden und Sterben des Jan Hus als Ereignis und Erzählung, in: Literatur und Laienbildung im Spätmittelalter und in der Reformationszeit, hg. von L.* Grenzmann *und K.* Stackmann *(1984) S. 114f., 116, 120f., 130; W.* Brandmüller, *Das Konzil von Konstanz, Bd. 1, S. 354f.; Th.* Rathmann, *Geschehen und Geschichten des Konstanzer Konzils, S. 265–267; Th.* Werner, *Den Irrtum liquidieren. Bücherverbrennungen im Mittelalter (2007) S. 454; Th. A.* Fudge, *Jan Hus. Religious Reform and Social Revolution in Bohemia (2010) S. 203f.;* Ders., *The Trial of Jan Hus. Medieval Heresy and Criminal Procedure (2013) S. 13, 283; G. J.* Schenk, *Die Lesbarkeit von Zeichen der Macht, S. 293; Th. M.* Buck, *Das »Kunst- und Alterthumskabinett« Joseph Kastells, S. 152f.; R. und H.* Rosenberg, *Die vielen Gesichter des Jan Hus, S. 194f., 198.*

515 *Zu dieser Lokalität vgl. J.* Eiselein, *Begründeter Aufweis des Plazes bei der Stadt Constanz, auf welchem Johannes Hus und Hieronymus von Prag in den Jahren 1415 und 1416 verbrannt worden (1847) S. 17–20; J.* Marmor, *Geschichtliche Topographie der Stadt Konstanz, S. 138 mit Anm. 1.*

umbhin[516]. Und warend der gewappoten man mer dann drütusend öne gewappotes volk, des öne zal was, und froen[a]. Und můst man die lüt an Geltinger tor halten ye als lang, das ain schar überhin kam, und darnach die ander, biß das sy alle überhin kamen. Dan man [B[v]] vorcht, das die bruk nyder gienge und bräche. Und man fůrt in uff daz clain

5   inder usser veld[517] enmitten[b]. Und in dem ushin füren, do růfft er die lüt[c] nit vast an und bettet nit anders dann: Jhesu Criste, fili Dei vivi, miserere mei[d]. Und do er kam zů dem indren ussern veld über das brüklin und er das holtz ersach[e], das strö und das für[f], do viel er zů drymalen uff sine knie und sprach lut: Jhesu Criste, fili Dei vivi, qui passus es[g] pro nobis, mißerere mei. Darnach[h] ward er gefraget, ob er bichten[i] wölt, wan doch kainer in

10 sölichen nöten one bicht[j] hinfaren sölt. Do sprach er: Ich wyl gern bichten[k], es ist aber hie ze eng. Und[l] er in den ring kam, do[518] machet man ainen wyten ring. Do ward ich

---

a   und froen] man und frowen *St₁*.
b   *folgt* uff dem itzund schitterbigen sind *St₁*.
c   lüt] lewte *D₁*.
d   *davor* nobis *ausgestr. St₁*.
e   ersahe *D₁*.
f   feüer *D₁*.
g   est *St₁*.
h   *folgt* do *D₁*.
i   beichten *D₁*.
j   bichtet *St₁*; beicht *D₁*.
k   beychten *D₁*.
l   *folgt* do *Wo*.

---

516 *Heute im Stadtteil Paradies im Westen der Stadt; vgl. cc. 155,2–156,2 in der dritten Texteinheit und den dortigen Sachkommentar.*
517 *Die Hinrichtungsstätte des Jan Hus, das* inder usserfeld, *ist mit dem kleinen Brühl im Stadtteil Paradies vor der Stadtmauer identisch, einer Wiesenfläche im Westen der Stadt, auf der Hinrichtungen und Turniere (c. 119,1) stattfanden und zu der man durch das innere Geltingertor oder das innere Paradieser Tor gelangte. Der genaue Ort der Hinrichtung lässt sich nicht mehr ermitteln. Der 1862 errichtete Hussenstein dürfte nach Feger »etwas südlich der Richtstätte liegen«. Vgl. J. EISELEIN, Begründeter Aufweis des Plazes bei der Stadt Constanz, auf welchem Johannes Hus und Hieronymus von Prag in den Jahren 1415 und 1416 verbrannt worden (1847) S. 30–39; DERS., Geschichte und Beschreibung der Stadt Konstanz und ihrer nächsten Umgebung (1851) S. 72f.; J. MARMOR, Geschichtliche Topographie der Stadt Konstanz, S. 137f., 139, 143 sowie die Nrn. 50 und 84 auf der beigegebenen Karte; F. PALACKÝ, Documenta Mag. Joannis Hus vitam, doctrinam causam in Constantiensi concilio actam […] (1869, ND 1966) S. 322; O. FEGER, Das Konzil zu Konstanz, Bd. 2, S. 191, 205; H. MAURER, Konstanz im Mittelalter, Bd. 2, S. 30 (mit Karte); S. WOLFF, Die »Konstanzer Chronik« Gebhart Dachers, S. 530 Anm. 1216.*
518 *Ab hier (do machet man) findet sich der Kapiteltext in der Handschrift E auf einem kleinen nach fol. 55 eingeklebten Blatt exzerpiert bis* wöllend ir abtretten. *Der Auszug dürfte von Jakob Reutlinger, dem Besitzer der Handschrift stammen.*

Ůlrich Richental[a] gehaissen, das ich in fragen sölt, ob er bichten[b] wölt. Da wäre ain priester, caplan zů Sant Stephan, der hieß her Ůlrich Schorand[519], der wäre gelert und het och des byschoffs gewalt und des concilium. Do sprach er: Ja gern. Also růfft im ich Ůlrich Richental[c] dem selben priester her Ůlrichen[d]. Der kam zů dem Hussen und sprach: Lieber her und maister, wöllend ir abtretten des ungelobens und der kätzrie[e], 5 darumb ir lyden müssend, so wyl ich iwch[f] gern bicht[g] hören. Wöllend ir aber das nit tůn, so wyssend ir selb wol, das in gaistlichen rechten geschriben staut, das man kainem kätzer götlich sachen nit geben noch tůn sol. Do sprach der Huß: Es ist nit notdürfftig, wan ich bin kain todsünder. Darnach wolt er hon[h] angefangen ze predigend in tütsch[i]. Das wolt hertzog Ludwig, pfaltzgrauff by Rin[j], nit lyden noch verhengen und hieß in 10 von stund an verbrennen. Do nam in der nachrichter[k] und band in mit häß und mit allem, als er dann anhett, an ain hoches[l] brett, das stůnd uffrecht. Und stalt im ain hohen schämel under sin füß, und leit[m] holz und strow umb in und schut bech darin und zundt[n] es an. Do gehůb er sich mit schryen vast übel[o] und waz bald [C^r] verbrunnen[520].

a   Reichental D_l.
b   beichten D_l.
c   Reichental D_l.
d   Also růft ich dem selbigen briester her Ulrichen St_l.
e   ketzery St_l; kätzerye Wo; kåtzerei D_l.
f   uch St_l; üch Wo; eüch D_l.
g   beicht D_l.
h   hon] han St_l; haben WoD_l.
i   tüsch $St_l Wo$; teütsche D_l.
j   by Rin] bey dem Rein D_l.
k   henker Wo; nachritter D_l.
l   hoch Wo; hohes D_l.
m   leit] legt St_l; laitt Wo; leget D_l.
n   zündet $St_l D_l$; zünt Wo.
o   mit schryen vast übel] fast ubel mit geschray St_l; vast übel mit geschrey D_l.

519   *Zu dem Kaplan Ulrich Schorand, der als Vertreter des Konzils bei der Hinrichtung zugegen war, vgl. W. BERGER, Johannes Hus und König Sigmund, S. 169; M. SPINKA, John Hus at the Council of Constance (1965) S. 232 mit Anm. 22; DERS., John Hus. A Biography (1968) S. 290 Anm. 42; H. MAURER, Das Stift St. Stephan in Konstanz (Germania Sacra, N.F. 15) (1981) S. 411; Th. WERNER, Den Irrtum liquidieren. Bücherverbrennungen im Mittelalter (2007) S. 458; Th. A. FUDGE, Jan Hus. Religious Reform and Social Revolution in Bohemia (2010) S. 145; A. KOHNLE / Th. KRZENCK (Hg.), Johannes Hus Deutsch (2017) S. 694 mit Anm. 22.*
520   *Johannes Hus starb am 6. Juli 1415 auf dem Scheiterhaufen in Konstanz, nachdem er am 28. November 1414 auf Druck der Kardinäle festgenommen worden war. Zum Leiden und Sterben von Hus vgl. J. BUJNOCH, Hus in Konstanz. Der Bericht des Peter von Mladoniowitz (1963) S. 251–257; DERS., Die Hussiten. Die Chronik des Laurentius von Březová 1414–1421 (1988) S. 45f.; U. JANSON, Otto von Hachberg (1388–1451), Bischof von Konstanz, und sein Traktat »De conceptione beatae virginis«, in: FDA 88 (1968) S. 251 Anm. 183 von S. 250; H. HERKOMMER, Die Geschichte vom Leiden und Sterben*

(156,2) Do er nun aller ding verbrunnen was, dannocht was die pappirin ynfel in dem für[a] gantz und nit verbrunnen. Do zerstieß sy der nachrichter. Do verbran sy erst och und ward der aller bösest schmack, den man schmeken mocht; wan der cardinal Pangracius[521] het ain groß alt mul[b], das im starb von eltin. Und an der stat, da der Huß verbrent

5 ward, da was das mul[c] vorhin vergraben worden[522] und in die erde gelaussen[d]. Und von der hitze wegen des fürs[e] tet sich das erttrich uff, das der böß schmak heruß kam[523]. Dar-

---

a   feür *D₁*.
b   mull *St₁*; maul *D₁*.
c   maul *D₁*.
d   glaussen *St₁*; gelassen *D₁*.
e   feüres *D₁*.

---

des Jan Hus als Ereignis und Erzählung, in: Literatur und Laienbildung im Spätmittelalter und in der Reformationszeit, hg. von L. GRENZMANN und K. STACKMANN (1984) S. 114–151; K. HRUZA, Die Verbrennung von Jan Hus auf dem Konstanzer Konzil 1415, in: Höhepunkte des Mittelalters, hg. von G. SCHEIBELREITER (2004) S. 202–220; P. BURSCHEL, Sterben und Unsterblichkeit. Zur Kultur des Martyriums in der frühen Neuzeit (2004) S. 22f.; Ph. N. HABERKERN, Patron Saint and Prophet. Jan Hus in the Bohemian and German Reformations (2016) S. 42f. Zum Zusammenhang von »Haec sancta« und Hus-Prozess vgl. S. PROVVIDENTE, Inquisitorial process and plenitudo potestatis at the Council of Constance, in: The Bohemian Reformation and Religious Practice 8 (2011) S. 98–114; DERS., La causa Hus entre plusieurs traditions académiques: conciliarisme, studia hussitica *et pratiques juridiques dans le Moyen Âge tardif, in: AHC 47 (2015) S. 138–144; DERS., Hus's Trial in Constance: Disputatio aut Inquisitio, in: A Companion to Jan Hus, hg. von F. ŠMAHEL und O. PAVLÍČEK (2015) S. 254–288; H. MÜLLER, Ein deutsch-französischer Blick auf das Konzil von Konstanz (1414–1418), in: AHC 47 (2015) S. 15; A. KOHNLE / Th. KRZENCK (Hg.), Johannes Hus Deutsch (2017) S. 685–697.*

521   *Rainaldo Brancaccio, Kardinaldiakon von SS. Vito e Modesto; vgl. H. HERKOMMER, Die Geschichte vom Leiden und Sterben des Jan Hus als Ereignis und Erzählung, in: Literatur und Laienbildung im Spätmittelalter und in der Reformationszeit, hg. von L. GRENZMANN und K. STACKMANN (1984) S. 117, 122, 132 Anm. 11; G. WACKER, Ulrich Richentals Chronik, S. 130 mit Anm. 642; R. SCHMITZ-ESSER, Der Leichnam im Mittelalter. Einbalsamierung, Verbrennung und die kulturelle Konstruktion des Körpers (2014) S. 563f.*

522   *Der Ort, an dem Hus verbrannt wurde, das* inder usserfeld, *diente der Stadtgemeinde auch als Schindanger, wo tote Tiere vergraben wurden; die eigentümliche Geschichte hat also durchaus nicht nur eine symbolische, sondern auch eine realistische Dimension. Vgl. J. EISELEIN, Begründeter Aufweis des Plazes bei der Stadt Constanz, auf welchem Johannes Hus und Hieronymus von Prag in den Jahren 1415 und 1416 verbrannt worden (1847) S. 35.*

523   *Zur Verbrennung, dem Öffnen des Erdreichs und dem entsetzlichen Gestank vgl. H. HERKOMMER, Die Geschichte vom Leiden und Sterben des Jan Hus als Ereignis und Erzählung, in: Literatur und Laienbildung im Spätmittelalter und in der Reformationszeit, hg. von L. GRENZMANN und K. STACKMANN (1984) S. 116f., 121f.; P. HILSCH, Johannes Hus (um 1370–1415). Prediger Gottes und Ketzer (1999) S. 280f.; G. WACKER, Ulrich Richentals Chronik, S. 129f.; K. HRUZA, Die Verbrennung von Jan Hus auf dem Konstanzer Konzil 1415, in: Höhepunkte des Mittelalters, hg. von G. SCHEIBELREITER (2004) S. 206f.; R. SCHMITZ-ESSER, Der Leichnam im Mittelalter. Einbalsamierung, Verbrennung und*

nach do[a] fûrt man die ặschen, daz gebain und was da dannocht nit verbrent was, gantz und gar in den Rin[b].

Wie der Huß degradiert und verbrent ward, daz vindt man an dem zway und zwaintzigosten platt da vornen im bûch[524].

Gebhartt Dacher[525].   5

---

a   do] *fehlt St₁WoD₁*.
b   Rin] Rein *D₁*; *folgt* anno 1415 jar *St₁*.

---

die kulturelle Konstruktion des Körpers (2014) S. 563f.; Ph. N. HABERKERN, *Patron Saint and Prophet. Jan Hus in the Bohemian and German Reformations (2016) S. 43.*

524   *Gemeint sind die Hus betreffenden Darstellungen, die sich zwar nicht in G, aber in D₁ foll. 33ᵛ– 34ʳ erhalten haben. Der Bildhinweis fol. 21ᵛᵃ indes zeigt, dass die Illustrationen in G ursprünglich vorhanden waren. Der voranstehende Text fol. 21ʳᵇ–21ᵛᵃ berichtete bereits knapp von Hus und verweist auf die am Ende der Handschrift stehende ausführlichere Erzählung.*

525   *Am Ende der St. Georgener Handschrift fol. Cʳ (= fol. 85ʳ) findet sich der Name Gebhard Dachers. In Wo findet sich nach c. 437 ebenfalls sein Name fol. 229ʳ. Vgl. R.* KAUTZSCH, *Die Handschriften, S. 479f. In D₁ fehlt am Ende Dachers Name, der sich allerdings – im Anschluss an den Psalmvorspruch – fol. 11ʳ findet. Der Druck endet fol. 247ʳᵇ mit einem apprekativen AMEN und folgendem Kolophon:* Hie endet sich das concilium bûch, geschehen zů Costentz, darinn man vindet, wie die herren, gaystlich unnd weltlich, eingeritten seind, und mit wievil personen, auch ir wappen gemalet, und wie sy abgeschiden seynd, auch die sachen, die darinn geschehen seind, hüpsch und gerecht. Gedruckt und volendt in der keiserlichen stat Augspurg von Anthoni Sorg am afftermontag nach Egidy [2. September 1483], do man zalt nach Cristi gepurt MCCCC und in dem LXXXJJJ jare.

Glossar

Das nachstehende Glossar soll das Verständnis des Textes erleichtern. Es erhebt keinen sprachwissenschaftlichen Anspruch, sondern orientiert sich an den diesbezüglichen Hilfsmitteln, die Michael Richard Buck 1882 und Otto Feger 1964 ihren Editionen der Aulendorfer bzw. der Konstanzer Handschrift jeweils beigegeben haben. Die Begriffe folgen in der Schreibung den hier vorliegenden drei Textversionen. Der Umlaut ist bei der Einreihung berücksichtigt, äßig ding (Nahrungsmittel) steht also z. B. vor agnus Dei (Lamm Gottes), öpfel (Apfel) vor oflaten (Oblaten). Zum besseren Verständnis sind bei Verben, aber auch bei Nomina mitunter die mittelhochdeutschen Entsprechungen angegeben. Vollständigkeit ist nicht beabsichtigt[1].

A

aber	wiederum, erneut
Aberhanggen, Aberhagen	Aberhaken, Aberhaggen, Aberhagken (ehemaliger Turm in Konstanz am See in der Nähe des Kaufhauses)
Abrellen, Abrelle, Aberelle	April
absiten (absîte)	überwölbter Nebenraum in einer Kirche, Nebengebäude (Apsis)
ad rotam	→ rota
äl (âl)	Aal
ärbis, ärwis, ärbs (areweiz, arwîz)	Erbse(n)
ärger, ärgger, argger, erger (ärkêr)	Erker (Treppenturm der ehemaligen Bischofspfalz, von dem aus häufig der Segen erteilt wurde)
äschen, äsch	Asche
äßig ding, assige ding	Nahrungsmittel
Affin, Affenn	Avignon
agnus Dei	Lamm Gottes (Osterspeise in gebackener Form)

---

1 *Siehe auch B.-U. HERGEMÖLLER, Promptuarium ecclesiasticum medii aevi. Umfassendes Nachschlagewerk der mittelalterlichen Kirchensprache und Theologie. Unter Mitarbeit von N. CLARUS, Frankfurt a. M. 2011; DERS. / N. CLARUS, Glossar zur Geschichte der mittelalterlichen Stadt, Frankfurt a. M. 2011.*

aichen, aichin	aus Eichenholz
Aichorn	Eichhorn (Flurname in Konstanz) [= die östliche Spitze des Bodanrücks]
ailif, ainlif, ailffen	elf
ainhellig hopt, ainwellig hopt	ein Haupt der Christenheit (causa unionis)
ainhellung, ainwellung, ainhellikait	Herstellung der kirchlichen Einheit (Schisma)
ainist, ainost	einmal
ainwellig	einstimmig gewählt (nicht schismatisch)
alb, albe	Alba, weißes Chorhemd der Geistlichen als liturgisches Untergewand des Priesters
albeg	immer
ald	oder, sonst
als verr, als ver	soweit
ampelli, empeli, ämpeli	Ampulle, Fläschlein (ampulla)
angelait, angeleit	angezogen, gekleidet
angstern, angstren, glesinen angstren	Gefäß aus Glas mit engem Hals
anlang, anlag	anbelangt, betrifft
ansprach	Anspruch, Recht auf etwas, Forderung, Klage
an stet, an stett	bald, sofort
antiffen, antiffan, antiphen, antiphon	Antiphon, liturgisch-musikalischer Vorvers, Refrain, kirchlicher Wechselgesang
antlit	Antlitz, Gesicht
anvahen	anfangen
appentecker	Apotheker
applas	Ablass, Vergebung zeitlicher Sündenstrafen
arger ledi	Lastschiff aus Langenargen, Schiffsladung mit Holz aus Langenargen (Maß- bzw. Mengeneinheit im Sinne einer Ladung) (→ ledi)
Armenia, Ormany	Armenien
asätz	frei, vakant
aucht	Acht, Reichsacht

auditor	Richter am päpstlichen Gericht (rota)
auss, auß, ass (der küng) (ëzzen)	aß (der König)
aussen	aßen
ay, ayer	Ei, Eier
Ayos	Hagios, heilig

B

bachen (schwinin, schweinin)	(geräucherte) Speckseite vom Schwein
bappir	Papier
baculierer	Baccalarius, Baccalaureus (niederer akademischer Grad)
Bag, Pag, Wag	Váh/Waag (Fluss in der Slowakei)
baigen, bayen	Bogen, Fensterbogen, Nische
baiten	warten
baitotind	warteten
balmen	→ palmen schiessen
balmtag	Palmsonntag
baner, paner, panier	Banner, Fahne am Speer
bar, baur	Bahre, Totenbett
barfůß, barfůssen	Franziskaner
barretli, birretli, birreten (barretum, birretum)	Barett, Kopfbedeckung
bas, baß	sehr, mehr, um vieles, besser
basteten	Pasteten
baten, paten	→ paten
bech	Pech
bedaucht	erschien
beghart und beginen	Beg(h)arden und Beg(h)inen (Laienbrüder und Laienschwestern, die zwischen Ordens- und Laienstand ein geistliches Leben in klosterartigen Gemeinschaften führen)
begrept, begrebt	Begräbnis
Behem	Böhmen
behemsch	seit dem beginnenden 14. Jahrhundert aus Kuttenberger Silber geprägter böhmischer Groschen

behends, behend	passend, geschickt, schnell, bereitwillig
behengnuß	Behang
beken	Bäcker
belaiten	begleiten
belder	schneller
beldost	am schnellsten, bald
benn, bänn, ban, bann	Bann
benůgt (benüegen)	genügt
berlon, berlen	Perlen
besamnot (besamenen, besamnen)	vereinigen, versammeln
beschenst (beschëhen)	geschehen
beschützt, beschlützt (beslützen)	ein-, zugeschlossen, verschlossen (→ gelten)
besechen (besëhen)	sehen, wahrnehmen
bestät, bestäten, bestätgot (bestaten)	bestätigt, eingesetzt
bestund (bestên)	hatte Bestand, wurde so gehandhabt
bet	Bitte
betorst (beturren)	wagte, hatte den Mut
betstatlin	kleines Bett
bettotend, bettotin (bëten)	beteten
bewarnot, warnot (bewarn)	versorgt
biberis	Fleisch vom Biber
bicht	Beichte
bienen (bennen)	bannen
birg, bierg, pirg, gebirg	Gebirge, die Alpen
bisem, bisam	Wohlgeruch, Weihrauch
bläweli	Blaumeise
blaphartt	Plappart, Silbermünze
blatten	Glatze, Tonsur
Blatten	Straße in Konstanz (heute Wessenbergstraße)
bliden	Wurfmaschine
Blidhus	Zeughaus, Geschützhaus
blöd, blöwd, plöwd	unpässlich, unwohl, krank, schwach
blödikait	Unwohlsein, Krankheit
blygini	bleiern, aus Blei

bögger (boc)	Saitenspieler
böß	schlecht, gering, wertlos
bogen (biegen)	beugen, sich beugen
Boland	Polen
bolstar (bolster, polster)	Polster
bom, bomm, bam	Baum, auch Sarg
bŏmöl	Olivenöl
bon, bonen, bonan	Bohne, Bohnen
bottschafft	Nachricht
Brach, Brachot, Brachmonott	Zeit der Brache, Brachmonat (Juni)
brachßman, brachsamen	Brachsme, Brachse (Fischart)
brätschelen, bräschelen	Brezeln
brest (brëst)	Mangel, Gebrechen
britter	Bretter
brottbeken	Brotbäcker
brügi, prügi, brugg	Brücke
Brül, Prül	der Brühl (Stadtteil Paradies in Konstanz)
brunne (brennen)	brannte
brunst	Feuersbrunst
brusunen	→ prusunen
büllen, zübüllen, zůbillen	Zwiebeln
büni, büne	Bühne, Empore, Tribüne, Erhöhung des Fußbodens
bůchend	buken
burdi, bürde, burde	Last, Gewicht, Fülle, Bürde (Heu, Stroh, Holz)
Burgunn, Burgoni	Burgund
buwen (bûwen)	bauen

C

carren (kerrîne)	→ karrenen
caracteres	→ karacteres
Castell	Kastilien
Churwalchen	Churrätien, Rätien
clainet (klainôt)	Kleinod, kleine, kunstreich gearbeitete Sache, Schmuck, Helmschmuck, Zimier
clait	Kleid, bekleidet

complet, completorium (hora completa) — Komplet (Tagesschluss = nach Sonnenuntergang)

cortisan, corttisan, curtisan — Höfling, Diener
crisam, crisum, krisem — geweihtes, mit Balsam gemischtes Salböl

Croatz, Croatzi — Kroatien
crütz, krütz — Kreuz, Prozession
crützen (kriuzen) — Prozession halten
crützgang, crütz (kriuzganc) — Prozession, Kreuzgang

D
dackt (decken) — decken, bedecken
Dalmatz — Dalmatien
dammast, damasch — Damast
dar — dorthin
dehain, dehein — kein, irgendein
demmen — eindämmen
dick, dik — viel, oft, sehr
Dimpfel — Dümpfel (Haus in Konstanz)
dirre, dirr — diese, dieser
disetz — entsetzt, vakant
distelvogel — Distelfink
Dominus dixit ad me — »Der Herr sprach zu mir« (Erste Weihnachtsmesse) (Mitternacht)

do zemaul — damals
dråmen — → tromen
dristund, drüwstund — dreimal
drüw — drei
ducht (dunken) — dünkt
durlich — sicher, gewiss

E
ebny, ebni (ëbene) — Fläche
ee — Ehe, Hochzeit
ee, e — ehe, bevor
eelich, elich — ehelich
egerd, egerdt (egerde, egerte) — Brachland
eggoten — eckigen
ellectio, electio — Wahl
eln — Elle

eln messig	eine Elle lang
elti (elte)	Alter
empeli (empelîn)	→ ampelli
enbieten, enbutten	entbieten, gebieten
enbiß	Imbiss, Essen, kurze Mahlzeit
enbissen	essen, speisen
enend, yenend, ennent	drüben, jenseits
engen, engegen	entgegen
enkain	kein
enthielte (enthalten)	bei jemandem bleiben, Aufenthalt nehmen
entsetzen	absetzen, eines Amtes entheben
entwert, entwern (entwërn)	aus dem Besitz setzen, berauben, einem etwas nehmen
epistler	→ evangelier
er (êre)	Ehre
erber (êrbaere)	ehrbar
Ergöw	Aargau
erlobung (erloubunge)	Erlaubnis
ermurt, ermürt, ermürdet (ermürden)	ermordet
ersůcht	versucht, probiert
ertött (ertoeten)	getötet
ertrungen	erdrückt
erzögt (erziugen)	erzeigt, erwiesen
eschen, äschen	Asche
Esto michi	»Sei mir ein starker Fels« (Sonntag vor der Passionszeit)
ettwe	einige
ettwelang zit	einige Zeit
etzwischen	dazwischen
evangelier, ewangelier	Epistolar, der Subdiakon bzw. Diakon, der das Evangelium liest
ewenklich/ewencklich	ewiglich

F

failer	billiger
felken	Felchen (Fischart)
felwen, felben, felb (vëlwe)	Weidenbaum, Weidengeflecht
fenli, fenlin	Fahne, Banner

ferer	weiter
fienster	Fenster
fierling (vierlinc)	Viertel eines Maßes, ein Viertel
firen (vîren)	feiern
fladen	Osterfladen
fletz, pfletz (vletz)	Langschiff des Münsters, Gang, Flur, Vorhalle
fröwd, fröde	Freude
früger, früge, frůger	früher, früh
Fülli	kleiner Friedhof östlich des Konstanzer Münsters, der sich einer Auffüllmaßnahme verdankt
für (viur)	Feuer
fürholtz	Feuerholz
fürbas, fürohin	weiterhin
funst (vûst)	Faust
furdroti (vürdern, vurdern)	hervorbrächte
furken, furcken (furke)	Mistgabel
Fussi	Foix (Grafschaft)

G

gaden, gadem	Magazin, Kammer, Gemach, Bude, Hütte, Werkstatt (oft im Erdgeschoss gelegen)
gadmer	Verkaufsstände für Händler auf dem Markt, Buden, Läden, Geschäftslokal, verschließbare Lager
gankfisch, ganckvisch, ganggfisch	Gangfisch, Felchenart (Fischart)
gatter	Gitter, Absperrung
gebrächtz (gebrëch)	Geschrei, Lärm, Krach
gebrest	Mangel
gebrist (gebrëchen)	fehlt
gebut	gebot
geferket, geferkot (fercken)	mit Rudern versehen, ausgerüstet, bereit zur Abfahrt (Ferge = Fährmann)

gefründoter	befreundeter
gehorsamen (gehôrsamen)	gehorsam sein, sich einer Obödienz unterwerfen
gehorsammi (gehôrsame)	Obödienz (Gehorsamsbereich)
geieret, geiert (irren)	gestört, beeinträchtigt, irre gemacht, in Verwirrung gebracht, gestört
gel (gël)	gelb
gelid	Glied, Geschlecht
gelimpf, glimpf	Angemessenheit, Billigkeit, Gunst, Gewogenheit
gellt	Geld
gelöff	Auflauf, Ansammlung von Menschen
gelten (gëlten)	entgelten, bezahlen, zurücker-statten, vergüten
gelten, geltli, geltlin (gelte)	hölzernes Gefäß für Nahrungs-mittel und Flüssigkeiten (Konklave)
gelük (gelücke)	Glück
gelüpt	Gelübde
gem	gegen das
gemacher	Gemächer, Zimmer, Räume
gemacht, gemach	langsam
gemät	gemäht
gemahel, gmahel	Gemahl
gemain	allgemein
gemelt, ob gemelt	gemeldet, wie oben angegeben
genäget (naejen, naen)	genäht
Genner	Jänner (Januar)
Genower	→ Janner
genuchtsammi	ausreichende Fülle (z. B. an Nahrung), Auskommen, Genügen
gepärd	Gebärde, Gestik
geradprechett (radbrëchen)	gerädert, auf ein Rad geknüpft
gerochot/geröcht	geräuchert
gerüwet (geriuwen)	bereut
geschier	Geschirr
geschlaipft	geschleppt

geschraig	Geschrei
gesich	Sicht, Sehen, hier: wohl die Möglichkeit, in ein Gebäude zu sehen. Die Fensteröffnungen des Kaufhauses wurden während des Konklaves zugemauert bzw. mit Brettern verschalt
gest (gast)	Gäste, Konzilsgäste
gestäch (gestëche)	Turnier, Stechen
geste	Gäste
gestert	gestern
gesücht (gesühte)	Gliederschmerz (Rheuma, Gicht)
gesumpt (sûmen)	versäumt
getorst (geturren)	durfte, wagte, hatte Mut
getreng, getrang, trang (drengen)	Gedränge
getrute (trûwen)	vertraute, traute
gewapot, gewapotz, gewapet	gewappnet, bewaffnet
gewarlich	wahrhaft
gewat, meßgewat	Gewand, Messgewand
gewitert (wîtern)	erweitert
giend (gân, gên)	ging
gilgen	Szepter, Lilie
gisel, gisell	Geisel
glait	Geleit
glougen	Glocken
gmach, gmächlich, gemächlich	gemach, langsam
gö, göw	Gau
grauf	Graf
grebt	Begräbnis
grech, gerech (gerëch)	gerichtet, bereit, fertig, wohl geordnet
grechnot, gerechnott (gerëchen)	sich bereit, sich fertig machen
groppen	Groppe, Koppe, Kaulkopf (Fischart)
großen dornstag	Gründonnerstag
grüns flaisch	frisches, rohes Fleisch (nicht geräuchert)
grützt (grützen)	grüßt

grundelen	Grundel, Gründling (Fischart)
grůtzt (grüezen), grützt	grüßt
guckeren	Ausgucke, Fenster
guldin tůch	Baldachin
gůter mittwoch	Mittwoch in der Karwoche
gutren, guttren	Flasche, Krug
gutter	Güter
gwellfisch	Gewellfisch (Aalraupe)

H

haber	Hafer
habit	Tracht, Gewand
härin hůt	Filzhut
härin kutzhůt	buntes Pelzwerk
häring	Salzfisch, Hering
häß	Gewand, Kleid
hailtum, hailtumb, hailkait (heiltuom)	Heiligtum, Reliquien und gottesdienstliche Gegenstände
haimlicher	Beamter der Stadt, Rat
haind, habend	haben, besitzen
harnasch	Harnisch
heber	Steinschleuder
hebysen (hebîsen)	Stemmeisen, Hebeisen, Hebel
Hegöw	Hegau
henffin	aus Hanf
henken	hängen
herbstmonat	September, Oktober oder November
hert, hört	hart, streng
herttikait, hertikait	Härte
hew	Heu
hillet, hellend (hëllen)	ertönt, hallt, klingt
hilzi	hölzern
himel, himeli, himeltzen	Baldachin
hinacht	heute Nacht
hinfart	Abreise
hinna, hinden	hinten
hirßis	vom Hirsch
hirtz, hirßis	Hirsch

hirtzin wilprät	Hirschfleisch
hobet, hobt, hopt (houbet)	Haupt, Kopf
hochzit	Fest, Hochzeitsfest
hört, höret	gehört
hört	hart
höw, hö (höu)	Heu
Höwat, Hȯwat, Höwet, Howat	Zeit der Heuernte, Heumonat (Juli)
hoppatzger, hoppitzer, hoppatzer	Frosch, Frösche
Hornung	Februar
hort, hört, hortti (hoeren)	gehört, gehörte
hosty	→ osti
hülen (hiulen)	heulen, weinen
hültzin	hölzern
hürling	Heuerling, Hürling (Barsch) (Fischart)
hüt	Hütte, Haus
hütt (hiute)	heute
huffen	Haufen
hulten(d), hülten, hultind (hulden)	huldigten
hůn	Huhn
husen, huser	Huse, Hausen (Stör) (Fischart)
hußzins	Miete
hut	Haut
huwen (houwen, howen)	hauen, Holz machen

I

ieren, irren, irti (irren)	irren, fehlgehen, stören, schädigen
imber, ymber, iemer, ingewer, ingber	Ingwer
imbiß	→ enbiß
inful, infel, infele, ynfalen	Mitra, liturgische Kopfbedeckung
ingendem	beginnendem
ingendes jar	beginnendes Jahr (Neujahrstag)
ingos	hineingoß
iniemer, innemer (innëmer)	Einnehmer
inlanken	Rheinanken, Illanken, Inlancken (große Rheinlachse)
innwendig	innerhalb

insigel	Siegel
insprechung	Fürsprache
Introit	Introitus (Einzug = einleitender Teil der Messe)
irret (irren)	mangelt
isentrat	Eisendraht
ital, ytal, ytall, yttal, intel, intall (îtel)	vollständig, ganz, lauter, nichtig, töricht, bloß, nur

J

Janner, Januer, Jenower	Genuesen
Jenf	Genf
juchart	Juchart, Juchert, Joch, Juck (entspricht ungefähr der Fläche, die an einem Tag mit einem Ochsengespann gepflügt werden kann)
jüdschait	jüdische Gemeinde

K

kabuß (kabez)	Kraut, Kohl
kabuß hopt	Kohlkopf
käckt	Osterfladen
kärcher	Kerker
käß	Käse
kalch	Kalk
kamren, kamer	Kammer (Konklave)
kanten, kante	Kannen, Behälter
kaps	→ sigental
karacteres	character indelebilis (Priestertum)
karpplon (mlat. carpa, carpo)	Karpfen
karrenen, karrinen, carren (carena)	vierzigtägiger Ablass auf zeitliche Sündenstrafen (Fastenzeit)
kelbri	Fleisch vom Kalb
kemerling	→ cortisan
kerhals	Kellerhals, Erker
kern, kernen	enthülster bzw. entspelzter Dinkel oder Weizen

kertzstal, kertzstall (kerzestal)	Kerzenständer
kessi, kessy, kessel	Kessel
kilchen, kilche	Kirche
kilchoff	Kirchhof, Friedhof
kitzi	Ziegenfleisch
knüwt, knüwot (kniuwen)	knien, auf die Knie fallen
koff (kouf)	Handel, Einkauf
koffer, verkoffer	Käufer, Verkäufer
komerlich, kom, kum	kaum
krayen, krägen, kraygen	Rabenkrähen, Krähen
krepfen, krepffen	Gedränge, Tumult
kriegen (kriec, krieg)	Krieg führen, streiten
kromer (krômer)	Krämer, Händler
kuchi, kuchin, kuche, kuchen	Küche
kürsiner (kürsenaere)	Kürschner
küssi, küssin	Kissen, Kopfkissen
kumer	Kummer, Leid, Not
kunt, verkundt	verkündete
Kurwalhen	→ Churwalchen
kust	küsste
kutzhůt	→ härin kutzhůt

L

lad, lade	Lade, Behälter, Kasten
laden (lade, laden)	Brett, Bohle, Fensterladen
lägelan, legenlen (lâgele, lâgel)	Fässchen Wein von bestimmtem Maß
laigen, layen	Laien
laimy, lainin	leinen
laimy stuben	Zelte
lamm (lam)	lahm
Lamparten	Lombardei (Italien)
lasur (lasurium)	blau
laudes	kirchlicher Lobgesang
lech (lîhen)	zu Lehen geben
ledi, lädi, lädin (lede)	Lädine, Ledine (Lastensegler bzw. Lastschiff auf Rhein und Bodensee) (→ arger ledi)
lembris (lembelîn)	Lammfleisch

letany, letani (letanîe)	Litanei, rhythmisches, meist gesungenes Bitt- und Lobgebet
Letare, Laetare	»Freue dich« (Vierter Sonntag der Fastenzeit)
letzgner, letzger (lëczener)	→ evangelier
lewtet	läutet
lich (lîcham), lichen	Leiche, Leichnam, Leichen
liebery, liebry (lieberîe)	Livrée, Wappen, Abzeichen an der Kleidung
libloß getan	wurden entleibt, getötet
linlachen, lylachen	Leintuch, Leintücher
linsi (linse)	Linsen
löffen	laufen
lopt, lopten (geloben)	gelobte, gelobten
lotionem pedum	Fußwaschung
lucken	Lücken
lümd, lünd (liumunt)	Leumund, Nachricht, Gerücht, Gerede
lüpriester, lupriester (liutpriester)	Pfarrer
lüt (liut)	Leute, Menschen
lugty (luogen)	schaute
lůgentend	schauten
Lusnitz	Lausitz
luter, luterlich (lûter, lûterlich)	klar, lauter, rein, ohne Hintergedanken
Lux fulgebit	»Licht strahlt auf« (Zweite Weihnachtsmesse) (Morgen)

M

mängklich	jeder, jede
mär, mer	Nachricht, Kunde
Märhern	→ Mernher
malenschloss (malensloz)	Vorhängeschloss
malter, maltar	Getreidemaß
Malvasier, Malmasy, Malmasie	italienischer, griechischer oder spanischer Süßwein
manot (manen)	mahnt, erinnert, fordert auf
march (Anchochina)	Mark (Ancona)
marmolinen	aus Marmor
Masaw	Masowien

mayenstat	Majestät
menglich, menklich	viele, manche, irgendwer
mentag	Montag
mentlen (mantel)	Mäntel
Merkstatt, Mergstatt, Merckstat	Marktstätte, Marktplatz, Kontrollposten
Mernher	Mähren
mertal	Mörtel
messachel (mëssachel), meßgewat	Messgewand des Priesters
mette, metti	Messe (Matutin)
metzibenck	Tische, auf denen Fleisch zum Verkauf angeboten wurde (Fleischbänke)
michel, michler, michli	groß, weit
michler hût	eine Art Baldachin als Teil des päpstlichen Reisezeremoniells (Conopeum)
mil (mîle, mîl)	Meile
misshellung	Misshelligkeit, Zwist, Streit
moß (mos)	Moos, sumpfige Wiese
müng, munch	Mönche
mul (mûl)	Maultier
mût, mutt, ain mut kernen (modius)	Malter (Getreidehohlmaß)
mur (mûr, mûre)	Mauer
murwerchs	Mauerwerk
mustrantz, monstrantz (monstranze)	Monstranz
mut (mûte)	Maut, Zoll

N

nach	nah
nachgebur(en), nachburen (nâchgebûre)	der in der Nähe Wohnende, Anwohner, Nachbar
nachrichter	Henker
Nanern, Navarn, Naverr	Navarra
niendert, niena (niener, niender)	nirgendwo, nirgends
Nifenland	Livland
non (hora nona)	Nona (Neunte Tagesstunde = ab 14 oder 15 Uhr)
noß/nos (niezen)	genoss
nüchter	nüchtern

nüßen (niezen)	genießen
nüt, nüntz	nichts
nütz (nütze)	nützlich, auch Einnahmen
numend, nument	nur

O

obedientz (oboedientia)	→ gehorsammi
obediern (oboedire)	formelle Huldigung mit Kniefall
obrost, obrast	oberster
Oculi	»Meine Augen« (Dritter Sonntag der Fastenzeit)
öpfel	Apfel (Reichsapfel)
ötteris	vom Otter
oflaten (oblâte)	gebackene Oblaten
ordnen	→ organan
organan, organis, orgenen (organâ, organe)	Organum (= Orgel)
Ormany	→ Armenia
osti, osty (hostie)	Hostie
otteris	Otter, Otterfleisch
Ougsten, Ougst	August

P

palmen, palman	Palmzweig, Palmbaum
palmen schiessen	am Palmsonntag Palmzweige werfen
paner	Banner, Fahne, Feldzeichen
panit, paniot	La Pignotte (Pignote) (Almosenbehörde in Avignon)
Paradiß	Paradies (Stadtteil von Konstanz)
paten, pathen (patina)	Patene, goldener Teller, auf dem die Hostie liegt (Oblatentellerchen)
Pelayen	Pelagius ist neben Konrad Patron der Konstanzer Bischofskirche
pen, pin (poena) (pêne, pên)	zeitliche Sündenstrafe, Buße
penitencier	Beichtvater, Bußprediger
pestilentz	Seuche, Pest
pfärit	Pferd

pfallatz	(Bischofs-) Pfalz (palatium)
pfiffoten, pfiffotend (phîfen)	pfiffen
pfletz	→ fletz
pflicht	pflegt, gewohnt ist
pfulwen, pfulben (phulwe)	Bettdecke (Federbett), Federkissen
pild	Brustbild, Büste
pirg	→ birg
plaw	blau
plöwd	→ blöd
plunder	Hausrat, bewegliche Habe
prediger, predyer	Dominikaner (auf der Insel)
prim, primzit (hora prima)	Prim (Erste Tagesstunde = ab 5 oder 6 Uhr)
Prißgöwer	Wein aus dem Breisgau
procedieren	prozessieren, das Recht suchen
procuratores	Prokuratoren (päpstliche Konzilsbeamte)
prophet	Abort
prügi	→ brügi
prünschen herren	Mitglieder des Deutschen Ordens in Preußen
prusunen, prusonen, brusunen	posaunen, trompeten
prusuner	Posaunist, Trompeter
Puer natus est nobis	»Ein Kind ist uns geboren« (Dritte Weihnachtsmesse) (Tag)
püscheli, püchsli, büschli, buschelin	Büschel
pulet, pulle, bulle	Siegel, Urkunde, schriftlicher Ausweis
pull	Bulle
puren	Bauern

Q
Quasi modo geniti	»Wie die neugeborenen Kinder« (erster Sonntag nach Ostern)

R
räch	rau, starr, steif
rafen (râve, râfe)	Dachsparren
raigott, raiget, raigen (reichen)	reicht, reichen, hinüberreichen

Rainfan	istrischer oder veronesischer Wein
raisen	Krieg führen, reisen
raisig	kriegerisch, kriegsbereit, bewaffnet
rappen	Raben
Rebmonat	Februar
rechis	vom Reh
reckholter fogel	Krammetsvogel (Wacholderdrossel)
refental, revental (reventer, revent)	Refektorium (Speisesaal eines Klosters)
regenlich	regnerisch
rehi wilprät, rechis	Rehfleisch
retten	redeten
richti (rihten)	sich umtun, sich kümmern
richtung	Sühne, Vertrag, Abmachung
rick, ric, ricken (ric)	enger Weg, Engpass
riffwin	Wein aus Riva
rigel	Querholz, Stange, Balken (im See)
rindris	Rindfleisch
ring	ringförmiges Brot
ring	um Ringe stechen (Turnier)
ring, ringer	gering, klein, geringer
rintal	Rheinebene, Rheintal
roch, rochen (rôch, rôchen)	Weihrauch, beweihräuchern
roch, rochvass, rochfass	Rauchfass, Weihrauchfass
röcht es	raucht es
Römnyer, Romaine	Südwein (ursprünglich wohl Wein aus der Romagna)
rötelin	Rotkehlchen, Rotschwänzchen
rosen, roßen, roß	goldene Rose, durch den Papst am Sonntag Laetare (Rosensonntag) geweiht
rossmul	Maultier
rosstrenki	Pferdetränke
rota, ad rotam	Rota, päpstliches Gericht (Sacra Romana Rota)
rüw	Reue

rüwte	bereute
ruggen (rucken)	Rücken
rugglingen	rücklings, auf dem Rücken liegend
runen (rûnen)	flüstern, zuraunen
rûben, rûb, rûw (ruowe)	Ruhe
rûchen	Saatkrähen, Häher

S

saffra	Saffran
saiti, sait (sagen)	sagte
Samaritani, Samaritan	Schemaiten, Samaiten oder Samogitier (Bewohner der Provinz Samogitia im Herzogtum Litauen)
samnoten(d), samloten (samenen, samnen)	versammelten sich
samnung	Versammlung
samot	Samt
sandet	sandte
santi (senden)	sendete
Sant Marx	Hl. Markus
schauf	Schafe
schemel, schämel	Schemel, kleiner Stuhl ohne Rückenlehne
schenki (schenke, schenk)	Geschenk
scherer	Bader
schilt	Wappen
schlachen	schlagen, anschlagen
schlecht	schlicht, einfach, gewöhnlich
schlegochßen, schlegochsen	Schlagochse, zur Schlachtung bestimmter Mastochse
schlygen, schlyen	Schleie (Fischart)
schmachk, schmak, schmack (smac, smach)	Geschmack, Geruch, Gestank
schmah, schmauche, schmach (smaehe, smâch)	Schmach, Unehre
schnetzly	Schnetz, Schnetzling (junger Hecht)
schob, schober	Haufen von Garben, Stroh, Heu (?)
Schotten	Schottenkloster in Konstanz
schrepfer (schraffer, schröpfer)	Schröpfer

schüslen	Schüssel
schuflen	Schaufeln
schuochzer	Schuhmacher
schůlen	Universitäten
schůlpfaffen	geistliche Repräsentanten der Hochschulen
schutz (ain armbrost schutzes) (schuz)	Schuss (so weit eine Armbrust schießt)
schwechern (swechern)	verschlechtern
schweren (swern)	schwören
scutiferi honoris	→ stutiferi honoris
sechen	sehen
sel	Seele
selmess, selampt	Seelen-, Totenmesse (Requiem)
sew	See, Bodensee
sexsternen, sexternen	Sexternio, Senio (Lage aus sechs Doppelblättern)
sext, sexst (hora sexta)	Sext (Sechste Tagesstunde = ab 11 oder 12 Uhr)
Sicientes, Sitientes	»Kommet zu den Wassern, ihr Dürstenden« (Die Woche von Laetare endet mit dem Samstag Sitientes venite)
sid, sider, sidmal	seither, nachdem, weil, da
sidin, sydin	aus Seide
siech	krank, unwohl
sieltzen (salzen)	salzen, einsalzen
sig	sei
sigental, sacristie, sacrastie	Sakramentshäuschen, Sakristei
sigillum	Siegel
sigind (sîn)	seien, sind
simlen, simel (sëmele, sëmel, simel)	Semmeln
sind	Sünde
soldan	Sultan
som, sŏm	Saumtier; Maß für die Last eines Saumtieres
sonder	besonders
sonderbaren	besonderen
Sophay	Savoyen
spis	Speise

sprotzen	Leitersprossen, Stufen
stad	Gestade, Ufer
staffel	Stufe
stǎt, stǎtt, stat	Stand
stegen, steg	Treppe, Stufen
sterbatt, sterbet, sterbot	Sterben, Seuchenzug (Pest)
stigleder	Steigriemen
stillen fritag	Karfreitag
stintzen, stitzen	kleiner Zuber, offenes Fässchen
stöß/stoß	gewalttätige Auseinandersetzung
stößig	uneins, feindlich gesinnt
stokfisch	getrockneter Kabeljau
stoskerlin	Stoßwagen, -karren
Stouff, Stof	Stauf (Haus zum Stauf, Domherrenhof)
strencklich	laut
struß(en)federn	Straußenfedern
stub	Stube
stübi, stübe, stübin	Stube, Trinkstube oder Zeit nach Schließung der Trinkstube, nach Einbruch der Dunkelheit (*daz ist viiij in der nacht*)
stür	Beisteuer
stür noch hülff	Anleitung, Unterstützung, Hilfe
stůl	Tisch
stutiferi honoris (scutiferi)	Ehrenschild-, Wappenträger, Knappen, Diener des Papstes (scutulum = kleiner Schild)
Sül, Süll, Sülen	Straße bzw. Gasse in Konstanz (heute Kanzleistraße)
sül, süln, sülen	Säule, Säulen
sümig (sûmen)	auf-, hinhalten, verzögern, versäumen, nachlässig sein
suffraganien	Suffraganbischöfe (einem Metropoliten unterstellt)
sumen, gesumt (sûmen)	verzögern, verweilen, versäumen, sich aufhalten
sundrig	gesondert
sunnentag, suntag	Sonntag

suß, suss, sust	sonst
sweher, schwecher	Schwager
swinis	Schweinefleisch
Switz	Schweiz

T

tach	Dach
tackt (decken)	deckt
tächs, tachsis (dahs)	Dachs, vom Dachs
täding, tädingen	Vereinbarung, Verhandlung, Auseinandersetzung
tädingoten, tädingotend (tädingen)	eine Vereinbarung treffen, verhandeln
tagwaid (tageweide)	Tagesreise, Tagwerk
tagwan (tagewan)	Tagwerk, Arbeit um Taglohn
Talmatzi	→ Dalmatz
tannriß, tannkress, tanen kreß	Tannenreis, Tannenzweige
tegan, tegen, techan, techen (tëchan)	Vorstand, Führer, Dekan, Domherr
tekki, tecki, teki (decke)	Decke
teller	Täler
teninne britter	Tannenbretter
tertz (hora tertia)	Tertia (Dritte Tagesstunde = ab 8 oder 9 Uhr)
theolia, theoliga, teoligia	Theologie
thům b	Dom, Münster
thůmherren	Domherren
thům ze Costentz	Konstanzer Münster
Thurgöw, Turgöw	Thurgau
thurn	Turm
tili (tille, dille)	Boden, Diele, Decke eines Zimmers
tischlachen	Tischtuch, Tischtücher
töckli bild (tockelîn)	Brustbild, Statuette, Reliquien- büste (der Hl. Birgitta)
töffer, töfer	Täufer (Johannes der Täufer)
toff (toufe, touf)	Taufwasser
tonder und blitzgen	Donner und Blitz
torggel	Torkel, Kelter, Trotte
torst, getorst (turren)	wagte

trakait, traukhait (trâcheit)	Trägheit, Verdrossenheit
trang, treng (trenge)	→ getreng
trat	Draht
treit (tragen)	trägt
tremel, trembel, trömel (drëmel)	Stab, Stecken
trog	Sarg
tromen, tramen, dråmen (drâm, trâm)	Balken, Baustück, Riegel, Verschläge
trost (troesten)	tröstete
trostel, trostellen (droschel, trostel)	Singdrossel
truchen	Truhe
trucken, truken	trocken
trupha (trufa, truffa)	Betrug, Gemeinheit, Ulk
truren	trauern, wehklagen
tür (tiure, tiur)	teuer
türe	Teuerung
türr (dürre, durre)	getrocknet, gedörrt
tugatten	Dukaten
tulen (tâhele, tâle, dôle)	Dohlen, Turmkrähen
tunkel	dunkel
Tur	Thur (Fluss)
turlich (tûrlîche)	wahrlich, wirklich, gewiss
turn	Turm
tyer	Tier
tzwen	zwei

U

übergült, vergült (übergulden, übergülden)	vergoldet
üntz, üt	etwas
uffart	Auffahrt, Himmelfahrt (Christi Himmelfahrt)
ufloff	Auflauf
umblofen (umbeloufen)	Umherlaufen
umler	Humerale (Schultertuch, das Priester unter der Alba tragen)
under ougen	unmittelbar in die Augen
undern schöpfen	Gelände, das seinen Namen von einem Wirtschaftsgebäude, einem Schopf, ableitete
unfûr (unvuore)	rohe Art, üble Aufführung

ungelt	Abgabe, Verbrauchssteuer auf Lebensmittel
unschlit	Talg, aus geschlachteten Wiederkäuern gewonnenes Fett
untz	bis
unverzogenlich (unverzogenlîche)	unverzüglich, ohne Aufschub
unwill	Aufstand, Erhebung
urfech (urfêhe, urvêhe, urvêhede)	Urfehde, Verzicht auf Rache für erlittene Feindschaft
urlob (urloup)	→ erlobung
usnen	außen

V

vahet es nun an (anvangen)	fängt es nun an
vail	feil, zum Verkauf stehend
vanknuß, vancknuß (vancnus)	Gefängnis
vasen (vaser)	Fasern, Fransen, Bänder (?)
vast	sehr, fest, ziemlich, heftig
vech, vechen, vechin (vêch)	bunter Pelzbesatz, aus Pelzwerk gemacht
vehen huot	aus Pelzwerk gemachter Hut
velken, velcken	→ felken
Venie	Venia, Kniefall (Gefälligkeit, Gnade, Erlaubnis, Verzeihung, Ablass = um Verzeihung bitten, Opfer darbringen, sich vor Gott verbeugen)
verbißmen (bisemen)	einbalsamieren
vergült, vergülti, vergüldet (vergulden, vergülden)	vergoldet
verharzt	mit Harz bestreichen
verheft (verheften)	verhaften, fest machen, sichern
verjach (verjëhen)	gestand, sagte aus
verjëhen, veriechen	erzählen, aussagen, eingestehen, bekennen, geloben, öffentlich erklären
verkam (verkomen)	verhinderte
verkunt	verkündete
verlich	verlieh
verliesung	Verlust
vernüten (vernützen)	zunichte machen

vernuß, von vernuß	Ferne, aus der Ferne
verr	weit, fern
verschlützt (versliezen)	verschlossen
versiglott (versigelen)	versiegeln, fest verschließen
versofft/versoft sin	untergegangen sein
versotten (versieden)	gekocht
versprechen (versprëchen)	sich erklären, sich verteidigen, sich rechtfertigen, entschuldigen
vertädingotten (vertagedingen)	aushandeln, vereinbaren, vermitteln, übereinkommen
vertailt (verurteilen)	verurteilt
verwachst	mit Wachs verschließen
verwandot, bewandet (bewanden)	mit einer Wand versehen, verschalen
verziehen, verzoch	dauern, dauerte
verzoch sich	→ werot
vesper (hora verspera)	Vespera (Eine Stunde vor Sonnenuntergang = ab 16 oder 17 Uhr)
vesti(n), vest, festi (veste)	Festung, Burg, Gefängnis
vidimus (videre)	Vidimierung, beglaubigte Abschrift, Form der Beglaubigung der Kopie einer Urkunde
vierdung (vierdunc)	→ fierling
vierschröt (vierschroete)	viereckig
vigily, vigili (vigilje)	Vigil, Abendgottesdienst
vili (vile)	Menge, Vielzahl
vindschaft	Feindschaft
virtagen	Feiertage
voltren	foltern
von geschicht	zufällig, von ungefähr (?)
vorchenen	Forelle (?)

W

wa	wo
wadel (wadel, wedel)	Spreng-, Weihwedel
wägers, nit wägers (waege)	nichts Besseres
wåen, wayen, wågen	wehen
wal	Papstwahl

Walchen (Walch, Walhe)	Wälscher (Bezeichnung für romanische oder romanisierte keltische Völker)
wan	da, dann, weil
warnot	→ bewarnot
wart, wartend (wërn, wëren)	verwehrte, verwehrten
Wassen	→ Wossten
watseck	→ wautsecke
waupen (wâpen)	Wappen
wautsecke, wă̊tseck, watsecke (wâtsac)	verschnürbare Säcke mit Gewand und Gepäck, Reise- bzw. Anhängetasche, Mantelsack
weler	welcher
wellen, welung (weln, welen)	wählen, Wahl
wendelstain	Wendeltreppe
wendig (wendec, wendic)	rückgängig machen, beenden, gerichtet
werch	Werg, Flachs, Flachsbüschel (päpstliches Krönungszeremoniell)
werch, wärch (wërc, wërch)	Tat, Handlung, Werk, Geschäft, Arbeit
werchotend (wërken)	arbeiteten
weren (wer, were)	gemeint ist wohl eine zum See hin ausgerichtete Wehranlage bzw. Uferbefestigung um das Kaufhaus (Konklave)
werot, wertt, wert (wërn, wëren)	währte, dauerte
wichkessel	Weihwasserkessel
wichwadel	Weihwasserwedel
wichwasser	Weihwasser
wiert	Wirt
wihen, wichen (wîhen)	weihen
wihi (wîhe)	Weihe (Priesterweihe), Segnung
wildi (wilde)	Wildheit, Heftigkeit
willenklichen (willeclîchen)	freiwillig, gern
wilprät, wildprät (wiltbraete)	Wildbret, erlegtes Wild
Wincklefysten	Wycliffiten (John Wyclif)
Windenland, Winden	Slowakei, Slowaken

winfassen	Weinfässer
winglogge	Komplet (→ complet)
winmer, wimner, wimler, wimmler (windemer)	Wimmler, Winzer, Weinleser
wit, wyt	weit
witi, wite (wîte)	weiter Raum, weiter Kreis
wittöw	Witwe
wond (wundern)	wunderte, fragte sich
Wossten, Wossen, Wassen, Wossa	Bosnien
wuchen	Woche
wulini	aus Wolle
wůsten (wüesten)	verwüsten

Y

ymber	Ingwer
ysen (îsen)	Eisen
ytall	→ ital

Z

zalt (zaln, zalen)	zählt
zandot (zindâl, zindât)	Zindel, baumwollenes Tuch
zechnen	zehn
zechenden stund	zehnte Stunde
zedel (zëdele, zëdel)	beschriebenes Dokument (schedula)
zehen bot	die Zehn Gebote
zellen, zelen (zeln, zelen)	zählen
zeräch	zuschanden, lahm
zergat	zergeht, vergeht
zerung	Nahrung
zil	festgesetzter Zeitpunkt, Termin, Frist, Absicht, Zweck
zinslin (zîselin)	Zeisig
zinstag (zinstac)	Dienstag
zisma	Schisma, Zwietracht
zöget, zogt	zeigt
zöll und mut	Zoll und Maut
zom (zoum)	Zaum
zübüllen, zůbillen	→ büllen
züchgotten	züchtigten, bestraften
züg, gezüg (ziuc, ziug)	Zeug, Belagerungsmaterial

zün	Zäune
zunftkerzen	prunkvolle Kerzenhalter der Zünfte
zůkunft	An-, Wiederkunft, Herannahen
zůmůß, zůmiß (zuomuose)	»Zugemüse« (Feldfrüchte außer Getreide), Zuspeise, Gemüse
zunt	zündete
zůspruch	→ ansprach
zů trechen (zuotragen)	zutragen, berichten
zwachen, zwacht, wäscht (twahen, zwahen)	waschen, baden, wäscht
zwähel, zwachel, zwaheln (twehele, twahel)	Leinenbezug, Handtuch, Tuch
zwayen (zwêne, zwô)	zwei
zwifalt (zwivalt)	doppelt, zweifach
zwirend, zwürend, zwüren (zwir, zwier, zwire)	zweifach, zweimal

Register

Das nachstehende Register beschränkt sich auf den ersten, historisch-chronologischen Chronikteil, also auf die cc. 1–319, wobei für die G-Version zu beachten ist, dass sich aufgrund des gegenüber A und K exzeptionell anderen Textaufbaus (siehe Einleitung zur G-Version, S. 38) Informationen in den sieben Texteinheiten teilweise wiederholen. Das Register erfasst Orte, Namen und Häuser des zeitgenössischen Konstanz, soweit sie iden-tifiziert werden konnten. Der Umlaut ist bei der Einreihung berücksichtigt, Öttingen erscheint also z. B. vor Oppeln (Opole). Im Ortsregister werden alle Namen und Begriffe in ihrer modernen Schreibung aufgenommen. Falls Namen oder Orte nicht identifizier-bar waren, werden sie nach der Handschrift kursiv gegeben. Personen erscheinen in der Regel nur dann im Register, wenn sie namentlich genannt werden. Das gilt in besonderer Weise für König Sigmund, der als unßer herre der römsch küng *(c. 9) nahezu auf jeder Seite der Chronik erscheint, ohne dass der Name immer erwähnt wird. Konstanz, das in der Regel als „Costentz" erscheint, ist ausgelassen. Häuser, deren Bezeichnungen für die Konzilstopographie von nicht geringer Bedeutung sind, werden häufig im Hinblick auf ihre jeweiligen Eigentümer benannt. Diese werden jedoch nur dann in das Personenre-gister aufgenommen, wenn der Name eindeutig ist, z. B. in* Haugen Flachen hauß *(c. 54,2) und nicht* by dem Gůtjar an Sant Pauls gassen *(c. 152) oder der* Fel[i]xinen hauß *(c. 83,2). Zum Baubestand des spätmittelalterlichen Konstanz sei auf das zweibändige „Konstanzer Häuserbuch" von Fritz Hirsch, Konrad Beyerle und Anton Maurer (1906–1908) verwiesen. Für die Teilnehmer- bzw. Besucherfrage grundlegend ist nach wie vor die Freiburger Dissertation von Joseph Riegel (1916), siehe hierzu aber künftig die Arbeit von Sabine Strupp. Die handschriftlichen Teilnehmerlisten, die die Grundlage von Rie-gels Arbeit boten und etwa 400 Seiten umfassen, aber unpubliziert blieben, finden sich in zwei Bänden in der Fakultätsbibliothek Theologie der Albert-Ludwigs-Universität Freiburg unter der Signatur Jb 342. Die Teilnehmer des Konklaves (Kardinäle und Ver-treter der Nationen) sind geschlossen in den cc. 253,1 und 255,4a–b (S. 205–207, 208f.) aufgeführt. Die cc. 288 und 289 benennen S. 229 fünf griechische Bischöfe, die angeblich Grigorij Camblak von Kiew begleitet haben. Im Register werden folgende Abkürzungen verwendet: Kg. = König, Kg.ın = Königin, Ks. = Kaiser, röm. = römisch, dt. = deutsch und Hl. = Heiliger/Heilige.*

1. Orte

---

[1] Nach L. R. Loomis, The Council of Constance (Register) (1961) S. 561 »Tropaia«.

2. Namen

---

2 Nach O. FEGER (Hg.), Das Konzil zu Konstanz, Bd. 2 (Orts- und Personenverzeichnis) (1964) S. 285
»Herzog Dispot von Ratzen«. Siehe aber W. BRANDMÜLLER, Das Konzil von Konstanz, Bd. 2 (1997), S.
399 Anm. 102 und 442 den Hinweis auf den zu Witold, Großfürst von Litauen, abgeordneten Gesandten
»Dishypatos«.

---

3 Nach den handschriftlichen Listen von Joseph Riegel (Fakultätsbibliothek Theologie der Albert-Ludwigs-Universität Freiburg, Jb 342) handelt es sich hier um »Johannes de Arpagone (de Landrito in Francia)«.

---

4   Nach Joseph Riegel handelt es sich ebenda um »Hugo de Arpagone (de Landrito in Francia)«. L. R. Loomis, The Council of Constance (Register) (1961) S. 551 führt die Person als »Hugo of Landrecies, count of Arpajon« auf.

---

5   Nach O. Feger (Hg.), Das Konzil zu Konstanz, Bd. 2 (Orts- und Personenverzeichnis) (1964) S. 283
»Laurenz von Hadristurm«.

3. Häuser